Perspektiven kritischer Sozialer Arbeit
Band 30

Reihe herausgegeben von
R. Anhorn, Darmstadt, Deutschland
J. Stehr, Darmstadt, Deutschland

In der Reihe erscheinen Beiträge, deren Anliegen es ist, eine Perspektive kritischer Sozialer Arbeit zu entwickeln bzw. einzunehmen. „Kritische Soziale Arbeit" ist als ein Projekt zu verstehen, in dem es darum geht, den Gegenstand und die Aufgaben Sozialer Arbeit eigenständig zu benennen und Soziale Arbeit in den gesellschaftspolitischen Kontext von sozialer Ungleichheit und sozialer Ausschließung zu stellen. In der theoretischen Ausrichtung wie auch im praktischen Handeln steht eine kritische Soziale Arbeit vor der Aufgabe, sich selbst in diesem Kontext zu begreifen und die eigenen Macht-, Herrschafts- und Ausschließungsanteile zu reflektieren. Die Beiträge in dieser Reihe orientieren sich an der Analyse und Kritik ordnungstheoretischer Entwürfe und ordnungspolitischer Problemlösungen – mit der Zielsetzung, unterdrückende, ausschließende und verdinglichende Diskurse und Praktiken gegen eine reflexive Soziale Arbeit auszutauschen, die sich der Widersprüche ihrer Praxis bewusst ist, diese benennt und nach Wegen sucht, innerhalb dieser Widersprüche das eigene Handeln auf die Ermöglichung der autonomen Lebenspraxis der Subjekte zu orientieren.

Weitere Bände in der Reihe http://www.springer.com/series/12405

Johannes Stehr · Roland Anhorn
Kerstin Rathgeb
(Hrsg.)

Konflikt als Verhältnis – Konflikt als Verhalten – Konflikt als Widerstand

Widersprüche der Gestaltung
Sozialer Arbeit zwischen Alltag
und Institution

Springer VS

Herausgeber
Johannes Stehr
FB Sozialpädagogik
Evangelische Hochschule Darmstadt
Darmstadt, Deutschland

Kerstin Rathgeb
FB Sozialpädagogik
Evangelische Hochschule Darmstadt
Darmstadt, Deutschland

Roland Anhorn
FB Sozialpadagogik
Evangelische Hochschule Darmstadt
Darmstadt, Deutschland

ISSN 2512-1235   ISSN 2512-1251   (electronic)
Perspektiven kritischer Sozialer Arbeit
ISBN 978-3-658-19487-1   ISBN 978-3-658-19488-8   (eBook)
https://doi.org/10.1007/978-3-658-19488-8

Die Deutsche Nationalbibliothek verzeichnet diese Publikation in der Deutschen National-bibliografie; detaillierte bibliografische Daten sind im Internet über http://dnb.d-nb.de abrufbar.

Springer VS
© Springer Fachmedien Wiesbaden GmbH, ein Teil von Springer Nature 2018
Das Werk einschließlich aller seiner Teile ist urheberrechtlich geschützt. Jede Verwertung, die nicht ausdrücklich vom Urheberrechtsgesetz zugelassen ist, bedarf der vorherigen Zustimmung des Verlags. Das gilt insbesondere für Vervielfältigungen, Bearbeitungen, Übersetzungen, Mikroverfilmungen und die Einspeicherung und Verarbeitung in elektronischen Systemen.
Die Wiedergabe von Gebrauchsnamen, Handelsnamen, Warenbezeichnungen usw. in diesem Werk berechtigt auch ohne besondere Kennzeichnung nicht zu der Annahme, dass solche Namen im Sinne der Warenzeichen- und Markenschutz-Gesetzgebung als frei zu betrachten wären und daher von jedermann benutzt werden dürften.
Der Verlag, die Autoren und die Herausgeber gehen davon aus, dass die Angaben und Informa-tionen in diesem Werk zum Zeitpunkt der Veröffentlichung vollständig und korrekt sind. Weder der Verlag noch die Autoren oder die Herausgeber übernehmen, ausdrücklich oder implizit, Gewähr für den Inhalt des Werkes, etwaige Fehler oder Äußerungen. Der Verlag bleibt im Hinblick auf geografische Zuordnungen und Gebietsbezeichnungen in veröffentlichten Karten und Institutionsadressen neutral.

Verantwortlich im Verlag: Stefanie Laux

Gedruckt auf säurefreiem und chlorfrei gebleichtem Papier

Springer VS ist ein Imprint der eingetragenen Gesellschaft Springer Fachmedien Wiesbaden GmbH und ist ein Teil von Springer Nature
Die Anschrift der Gesellschaft ist: Abraham-Lincoln-Str. 46, 65189 Wiesbaden, Germany

Inhaltsverzeichnis

Konflikt als Verhältnis – Konflikt als Verhalten –
Konflikt als Widerstand: Widersprüche der Gestaltung
Sozialer Arbeit zwischen Alltag und Institution
Einleitende Anmerkungen zum Bundeskongress Soziale Arbeit 2015 . . .   1
Johannes Stehr und Roland Anhorn

Teil I Konfliktperspektiven in Fall-, Feld- und Sozialraumorientierung

Konfliktorientierung und Konfliktbearbeitung in der Sozialen Arbeit
Mit einer kasuistischen Erörterung   43
Maria Bitzan und Franz Herrmann

Soziale Medien als Ressource und Arena jugendlicher Konflikt-
bewältigung   55
Elke Schimpf und Johannes Stehr

BeSchränkungen des Nutzens Sozialer Arbeit   83
*Kerstin Herzog, Jacqueline Kunhenn, Michael May,
Gertrud Oelerich, Andreas Schaarschuch und Rebekka Streck*

Überlegungen zum un/sichtbaren Aufbegehren und den Un/Möglichkeiten Sozialer Arbeit 105
Tilman Kallenbach und Christina Müller

Verordnete Zusammenarbeit
Antinomien der (Rechts-)Norm ‚Kindeswohl' 117
Katharina Liebsch

Die Kategorie der ‚Risikomutter'
Klassifizierung und Responsibilisierung im Namen des Kindes 127
Alexandra Klein, Marion Ott, Rhea Seehaus und Eva Tolasch

Frauen in Situationen der Wohnungslosigkeit
Repräsentationen raumbezogener Aneignungsformen 143
Silvia Schwarz

Über Widersprüche Sozialer Arbeit in Sammelunterkünften
für Asylsuchende 155
Sebastian Muy

Teil II Partizipation, Inklusion und Diversität im Neoliberalismus

Nur ein Quadratmeter Stoff? 171
Regina-Maria Dackweiler

Interkulturelle Öffnung als Auftrag einer kritischen Sozialen Arbeit .. 187
Sevim Dylong und Olga Zitzelsberger

„Entweder vor dem Tresen oder dahinter"
Barrieren und Chancen für Partizipation in der Zusammenarbeit
von Professionellen, Engagierten und Adressat_innen in
gemeinwesenbezogenen Projekten „gegen Armut" 201
Monika Alisch

Überlegungen zur Historizität von Prozessen der Transformation
Sozialer Arbeit
Strategien der Integration im sozialstaatlich geregelten Kapitalismus .. 213
Nils Wenzler

Soziale Ausgrenzungen im Namen der Inklusion 225
Eckhard Rohrmann

Perspektiven einer inklusionsorientierten Weiterentwicklung der Kinder- und Jugendhilfe 239
Susanne Gerner, Andreas Oehme und Albrecht Rohrmann

Barrierefreie Partizipation
Herausforderung für die Soziale Arbeit.......................... 253
Miriam Düber, Albrecht Rohrmann und Marcus Windisch

Commons als Sozialgenossenschaften in der Sozialen Arbeit 265
Timm Kunstreich

Teil III Praktiken der Normierung, Normalisierung, Disziplinierung und Ausschließung

Dressur zur Mündigkeit?
„Stufenvollzug" als Strukturmerkmal nicht nur von offiziell geschlossenen Einrichtungen................................... 281
Timm Kunstreich und Tilman Lutz

„Die totale Verhaltenstherapie"
Der Ansatz „IntraActPlus" als Legitimationsinstrument gewaltförmiger Übergriffe in Kinder- und Jugendwohngruppen 295
Friederike Lorenz und Fabian Kessl

Der Abschied von der Körperstrafe
Ein Meilenstein auf dem Weg zu pädagogischer Professionalität? 315
Sven Werner

Jugendberufsagenturen – Die „richtige" Hilfe?
Perspektiven auf die rechtskreisübergreifende Zusammenarbeit....... 331
Thomas Verlage, Bianca Lenz und Christian Kolbe

Freiwilligkeit, Selbstbestimmung, Verlässlichkeit
Perspektiven niederschwelliger Jugendhilfe für junge Menschen in besonderen Lebenslagen 347
Claudia Steckelberg und Manuela Grötschel

Prävention zwischen vorausschauender Unterstützung
und normierender Disziplinierung?
Ethnografische Perspektiven auf drei Handlungsfelder Sozialer Arbeit .. 359
Ursula Unterkofler, Rebekka Streck und Kathrin Aghamiri

Biographie und sozialstaatliche Transformation
Methodologische Erörterungen zu ihrer Vermittlung 371
Kerstin Discher, Christian Gräfe und Anna Kristina Hartfiel

Zukunftsvisionen
Zur Subjektivierung diskursiver Ordnungen einer Politik
des Verhaltens 385
Tina Spies

Normierungsprozesse im Lebenslauf 397
Claudia Buschhorn, Mark Humme und Martin Wazlawik

Wie normal ist es, verschieden zu sein?
Normalistischer Homogenisierungszwang trifft auf professionelles
Heterogenitätsverständnis.. 415
Daniela Reimer, Birgit Papke und Marcus Windisch

Soziale Arbeit als Psychotechnik?
Risiken und Nebenwirkungen gesundheitsorientierter Sozialer Arbeit .. 431
Thomas Schübel

Teil IV Macht- und Wissensverhältnisse in Ausbildung
und (Lohn-)Arbeit

Kapital(istisch) finanzierte soziale Arbeit
Wirkungsorientierte Finanzierungsformen sozialer Dienste als
Instrument einer verhaltensbezogenen sozialen Dienstleistungspolitik .. 445
Monika Burmester und Norbert Wohlfahrt

Überlegungen zu einer genderkritischen Professionalisierung unter
neoliberalen Bedingungen 459
Nadine Balzter und Florian Cristobal Klenk

Das Verhalten zu den Verhältnissen
Oder: Wie sozialpolitisch sind Wissenschaftler_innen der
Sozialen Arbeit/Sozialpädagogik?.............................. 479
Stefan Köngeter, Andreas Herz und Nicola Sievert

Rahmenbedingungen von Wissenspolitik(en) in der Hochschulausbildung
Trends und Gegenbewegungen.................................. 497
Matthias Müller und Alf Scheidgen

Professionalisierung trotz „marktgerechter" Studiengänge?.......... 509
Carina Fischer

Macht- und Wissensverhältnisse in der spezialisierten
ambulanten Palliativversorgung................................ 519
Michael May und Christian Schütte-Bäumner

Die Übernahme von sorgenden Tätigkeiten im Postfordismus
Freiwilliges Engagement und die Reproduktion
von Geschlechterungleichheiten................................ 533
Yvonne Rubin

Autor_innen... 545

Konflikt als Verhältnis – Konflikt als Verhalten – Konflikt als Widerstand: Widersprüche der Gestaltung Sozialer Arbeit zwischen Alltag und Institution

Einleitende Anmerkungen zum Bundeskongress Soziale Arbeit 2015

Johannes Stehr und Roland Anhorn

Der vorliegende Sammelband präsentiert eine Auswahl von Beiträgen, die im Rahmen des Bundeskongresses Soziale Arbeit 2015 in Darmstadt vorgetragen und zur Diskussion gestellt wurden. Damit stellt diese Textsammlung den zweiten und abschließenden Band der Dokumentation des Darmstädter Bundeskongresses dar, deren erster unter dem Titel „Politik der Verhältnisse – Politik des Verhaltens. Widersprüche der Gestaltung Sozialer Arbeit" bereits erschienen ist (vgl. Anhorn/ Schimpf/Stehr u.a. 2018). Im Unterschied zum ersten Band, in dem die Beiträge aus den ‚großformatigen' (Plenums-)Veranstaltungen zusammengestellt wurden, repräsentiert der aktuelle Band Vorträge, Arbeits- und Diskussionspapiere, Theorie- und Forschungsprojekte, die aus den rd. 100 Angeboten der ‚Workshops' und ‚Offenen Veranstaltungen' hervorgegangen sind.

Mit der Publikation eines weiteren Dokumentationsbandes ist der Anspruch der Herausgeber_innen verbunden, das breite Spektrum der Themenfelder, Theorieangebote, analytischen Zugänge und Forschungsperspektiven und -praktiken abzubilden, die sich im Umfeld einer – im weitesten Sinne – kritischen Sozialen Arbeit und damit innerhalb der konzeptionellen Ausrichtung des Bundeskongresses 2015 bewegen. Da im Rahmen einer ‚Großveranstaltung', wie sie ein Bundeskongress mit mehreren hundert Teilnehmern darstellt, immer die Schwierigkeit gegeben ist, durch Planungs- und Organisationsnotwendigkeiten für die Vielzahl der ‚kleinformatigen' Angebote ein strukturelles ‚Aufmerksamkeitsdefizit' zu erzeugen, haben wir uns als Mitveranstalter_innen des Bundeskongresses und als

Herausgeber_innen des vorliegenden Bandes die bisweilen mühsame, insgesamt aber lohnenswerte Aufgabe gestellt, über 60 Referent_innen um die Verschriftlichung ihrer Beiträge zu bitten. Damit ist es gelungen, die große Zahl und Bandbreite der Forschungsprojekte und -aktivitäten in der Sozialen Arbeit sichtbar zu machen[1] und einer Vielzahl von Wissenschaftler_innen und Forscher_innen, die sich im thematischen Kontext der Sozialen Arbeit bewegen, die Möglichkeit zu eröffnen, die (Zwischen-)Ergebnisse ihrer Theorie- und Forschungsarbeit einer breiteren Öffentlichkeit vorzulegen.[2]

Auf Wunsch des Verlags erscheint der zweite Band der Dokumentation unter einem veränderten Titel. Gleichwohl gelten die konzeptionell-inhaltlichen Überlegungen, die dem Bundeskongress 2015 und dem ersten Band seiner Dokumentation zugrunde liegen, ebenso für den vorliegenden Band (vgl. hierzu Anhorn/Schimpf/Stehr 2018). Sie stellen auch das maßgebliche Auswahlkriterium für die hier versammelten Beiträge dar. Wir wollen jedoch im Folgenden den Verlagswunsch als Gelegenheit nutzen, mit der *Konfliktorientierung* einen Aspekt stärker in den Vordergrund zu rücken, der unseren programmatischen Vorüberlegungen zum Bundeskongress zwar als elementare macht- und herrschaftstheoretische Prämisse zugrunde lag, aber nicht in der Weise und in dem Maße expliziert wurde, wie es im Nachhinein – für uns – erforderlich und – für die Leser_innen – wünschenswert erscheint. Wir nehmen deshalb die Möglichkeit einer erneuten Einleitung zum Anlass, über die Ausführungen zum ersten Band hinausgehend die basale Kategorie des Konflikts und die der Konfliktorientierung detaillierter zu entwickeln und in ihrer Relevanz für die Theoriebildung, die Forschungsperspektiven und Handlungspraxen in der Sozialen Arbeit zu verdeutlichen.

In einem ersten Schritt werden wir deshalb versuchen, einen kritischen Konfliktbegriff zu skizzieren und seine Bedeutung für die Theoriearbeit, die For-

---

[1] In der zunehmenden Bedeutung, die der Forschung in der Sozialen Arbeit mittlerweile zukommt, spiegelt sich eine der markantesten Veränderungen, die sich nicht zuletzt an der Entwicklung des Bundeskongresses Soziale Arbeit (und damit der Sozialen Arbeit insgesamt) seit Anfang der 1990er Jahre ablesen lässt – jedenfalls was die veröffentlichte Form ihrer Inhalte und Schwerpunkte anbelangt. Man vergleiche hierzu nur die Sammelbände zum ersten (1991) und zweiten (1995) Bundeskongress Soziale Arbeit (Akademie für Sozialarbeit und Sozialpolitik 1994; Müller/Reinl 1997), die zwar eine breite Rezeption von Forschung, nicht aber eigenständige sozialarbeiterische/sozialpädagogische Forschungsprojekte mit ihren jeweiligen Ergebnissen dokumentieren.

[2] Mit der Publikation eines zweiten Dokumentationsbandes ist darüber hinaus auch ein weiterer willkommener Nebeneffekt verbunden, insofern damit einem mehrfach geäußerten Wunsch von Tagungsteilnehmer_innen entsprochen werden kann, an Angeboten des Bundeskongresses, die aufgrund zeitlicher Überschneidungen nicht wahrgenommen werden konnten, wenigstens im Nachgang ‚teilhaben' zu können.

schungszugänge und Handlungsorientierungen in der Sozialen Arbeit aufzuzeigen. Im anschließenden zweiten Schritt werden wir – gewissermaßen in Umkehrung der Bundeskongress-Perspektive – der Frage nachgehen, wie Konflikte zum Verschwinden gebracht, transformiert, neutralisiert und in Konsensthemen verwandelt werden. Dabei werden wir insbesondere mit den Praktiken der Kriminalisierung und Pathologisierung/Therapeutisierung zwei Macht- und Herrschaftsstrategien in den Blick nehmen, denen bei der ‚Umarbeitung' von gesellschaftlichen Konfliktverhältnissen in personalisiertes individuelles ‚Problemverhalten' eine zentrale Bedeutung zukommt.

1 Wie Konflikte (mit und in der Sozialen Arbeit) sichtbar gemacht werden (können)

Der Konfliktbegriff kann nicht per se als kritischer Begriff gelten. Wie Adorno (2015 [1972]) in seiner Kritik an funktionalistischen Ansätzen (vor allem am Beispiel von Lewis A. Coser) und an der Konflikttheorie von Ralf Dahrendorf aufzeigt, wird der soziale Konflikt in Konflikttheorien oft als Vergesellschaftsmechanismus zwar herausgestellt, zugleich aber wird der Begriff auch entschärft und erhält konsenstheoretische Färbungen, wenn „die soziale Kontrolle der Konflikte (bereits) mitgedacht (wird), die zu ‚regeln', ‚eingreifend' zu ‚steuern' und zu ‚kanalisieren' wären" (ebd., S. 181). Soziale Konflikte gehen Adorno zufolge mit der Enteignung von Erfahrung durch die verwaltete Welt einher, die wieder zu gewinnen sei – als Erfahrung von Gesellschaft als alles durchdringendem Herrschaftszusammenhang, der „bis ins verschwindend Geringfügige" hinein zu entziffern sei, der das „Erstarrte und Verstummte zum Sprechen (zu) bringen (hätte)", „dessen Nuancen ebenso Spuren von Gewalt (seien) wie Kassiber möglicher Befreiung" (ebd., S. 194). Er argumentiert daher gegen eine „strenge soziologische Definition dessen, was nun sozialer Konflikt sei" (ebd., S. 193), um den Zugang zu enteigneten Erfahrungen nicht von vornherein zu blockieren. Die von Adorno kritisierten Enteignungen von Erfahrungen lassen sich mit Nils Christie (1986) auch als Enteignungen vom sozialen Konflikt beschreiben, als Enteignungen von den Möglichkeiten, um die eigene gesellschaftliche Positionierung zu verhandeln und die eigenen Interessen gesellschaftlich zur Geltung zu bringen. Solcherart Enteignungen werden vor allem von „professionellen Dieben" (Christie 1986, S. 129) vorgenommen, die aus Konflikten „Fälle" werden lassen, die durch fachkundige Experten zu bearbeiten und zu lösen sind. „Fälle" wiederum werden aus konstruierten sozialen Problemen abgeleitet bzw. ihnen zugeordnet und sind durch den Raub von Partizipations- und Aushandlungsmöglichkeiten bestimmt. Ein kritischer Konfliktbegriff benötigt folglich die Abgrenzung vom Problem-Begriff, mit dessen Verwendung zu kritisierende Macht- und Herrschaftsverhältnisse umgewandelt werden können in zu entwickelnde oder zu verteidigende ‚gute Ordnungen' und Interessensgegensätze sich in Fragen der Abweichung von der Norm und der ‚gemeinsamen Moral' transformieren lassen (vgl. Stehr/Schimpf 2012).

Soziale Arbeit ist Bestandteil des Mechanismus der Verschiebung von gesellschaftlich bedingten Konfliktverhältnissen auf die Ebene individueller ‚Verhaltensprobleme' und sozialer ‚Problemgruppen'. Dieser Verschiebungsprozess ist wiederum durch Widersprüche und Konflikte gekennzeichnet, mit denen die Soziale Arbeit als Vermittlungsinstanz zwischen Gesellschaft und Subjekten konfrontiert wird: mit dem Widerspruch zwischen Ressourcen, die zur fachlichen Bearbeitung von Konfliktsituationen notwendig sind, und den tendenziell knappen Ressourcen, die ihr zur Verfügung stehen, mit dem Widerspruch zwischen Freiwilligkeit und Zwang in Bezug auf die Art der vorgehaltenen Angebote, mit den Widersprüchen des ‚doppelten Mandats' u.a.m. Soziale Arbeit, die ihren Gegenstand als „Bearbeitung und Lösung sozialer Probleme" definiert (vgl. kritisch dazu Stehr/Schimpf 2012) befindet sich in unauflösbaren Widersprüchen, die auf der einen Seite durch die Zugänglichmachung wohlfahrtsstaatlicher Ressourcen charakterisiert sind, welche aber auf der anderen Seite in der Regel auf eine Art und Weise organisiert wird, die zugleich diskreditierbare und stigmatisierbare, zu disziplinierende wie auch ausschließbare Adressat_innen konstituiert. Sowohl auf Seiten der Sozialen Arbeit als auch auf der Seite der Adressat_innen ergibt sich die Notwendigkeit, gesellschaftliche Widersprüche und Konfliktverhältnisse ‚zwischen Alltag und Institution' zu bearbeiten. Hier gilt es insbesondere nach dem kritischen Potential einer *Konfliktperspektive* und einer daran – in der Forschung wie auch in der Praxis – anknüpfenden *Konfliktorientierung* zu fragen, die u.E. in der Sozialen Arbeit notwendig wird, sollen die bestehenden gesellschaftlichen wie auch institutionellen Widersprüche und Begrenztheiten nicht in individuelles Problemverhalten transformiert werden, das dann normalisierend, moralisierend, disziplinierend und gegebenenfalls auch ausschließend bearbeitet wird, womit gesellschaftliche Konflikte zum Verschwinden gebracht werden. Eine solche Konfliktperspektive kann unterschiedliche Ebenen unterscheiden: eine gesellschaftsstrukturelle und institutionelle Ebene, eine Ebene der Organisation und der kollektiven Akteure sowie die interpersonelle Ebene der sozialen Interaktion im Kontext konkreter (Konflikt-)Situationen. In all diesen Ebenen geht es darum, Interessen und ihre Gegensätze zu identifizieren und auch darum, diese Interessensgegensätze (wieder) sichtbar und als Auseinandersetzungen um gesellschaftliche Positionierungen und Partizipation erkennbar werden zu lassen.

Mit dem Titel dieses 2. Bandes zur Dokumentation des Bundeskongresses Soziale Arbeit 2015 sind die Widersprüchlichkeiten des Arbeitens am und mit dem Konfliktbegriff umrissen: *Konflikt als Verhalten* verweist auf ‚Enteignungen' und ‚Auflösungen' des Konflikts in problematisiertes und Individuen oder Gruppen zugeschriebenes, von Normen bzw. Normalitätsvorstellungen abweichendes Verhalten. *Konflikt als Verhältnis* lenkt den Blick auf gesellschaftliche Macht- und Herrschaftsverhältnisse und die in ihrem Rahmen ausgetragenen sozialen Kämpfe und Auseinandersetzungen – vor dem Hintergrund unterschiedlicher Interessenslagen und ungleicher Machtressourcen. Hegemoniale gesellschaftliche Ordnungen entwickeln sich aus historisch spezifischen Formen von Ungleichheits- und Ausschließungsverhältnissen, die ideologisch als ‚gute Ordnungen' legitimiert und über entsprechende institutionelle Praktiken abgesichert und damit gesellschaftlich verdeckt werden. *Konflikt als Widerstand* verweist auf Strategien der Aufdeckung und Wiedervergesellschaftung von Konflikten, die vor allem damit verbunden sind, Perspektiven und daran anknüpfende Praktiken herauszuarbeiten, sichtbar zu machen, begrifflich zu fassen, die nicht in einer ‚institutionellen Perspektive' aufgehen, die sich der ‚guten Ordnung' entgegenstellen und die damit Ausdruck von Eigensinn, Subversion und Widerstand sein können und auf Interessen und Perspektiven verweisen, die sowohl im gesellschaftlichen Diskurs als auch in den institutionellen Praktiken – der Problematisierung, Moralisierung, Kriminalisierung, Pathologisierung – unterdrückt und tendenziell unsichtbar gemacht werden.

Eine solche ‚andere', nicht-institutionelle Perspektive stellt der *Alltag* dar, der das eigene Leben, die unmittelbare Lebenssituation der Akteur_innen zum Ausgangspunkt nimmt und damit auf die Potenzialität einer nicht-institutionellen Logik verweist. Versteht man Alltag nicht als einen Bereich gesellschaftlichen Lebens, sondern als eine Perspektive auf die Gesellschaft und ihre Institutionen, in der das Wissen, die Erfahrungen und die Handlungsstrategien von sozialen Akteur_innen relevant werden, lässt sich die Alltagsperspektive einer institutionellen Perspektive gegenüberstellen, in der die Erfahrungen, Situationsdefinitionen und Interessen der konkreten sozialen Akteur_innen überdeckt und überformt werden durch institutionell entwickelte und verwaltete Kategorien von Normalität und Abweichung und damit einhergehender Problemkonstruktionen. Alltag ist insofern auch eine soziale Praxis, da die Akteure herausgefordert sind, mit den erfahrenen institutionellen Mechanismen der Normierung, Moralisierung, Disziplinierung und Ausschließung und den in diesen Praktiken enthaltenen Zuschreibungen umzugehen, von Akzeptanz und Anpassung über die eigensinnige Bearbeitung bis hin zur expliziten (auch kollektiven) Abwehr. Damit ist das Programm eines kritischen, konfliktorientierten Forschens umrissen: aus der Alltagsperspektive und

Alltagslogik heraus Begriffe zu erarbeiten, über die nicht nur ‚andere' Perspektiven sichtbar werden, sondern diese auch als Kritik an und Auseinandersetzung mit vorherrschenden Sichtweisen und (dominanten) institutionellen Praktiken beschreibbar werden. Forschung kann sichtbar machen, wie Konflikte in ‚Probleme' transformiert werden; aber auch der umgekehrte Prozess, aus (individuellen oder sozialen) ‚Problemen' wieder Konflikte werden zu lassen, ist eine zentrale Herausforderung von Forschung wie auch einer kritischen Handlungspraxis (in) der Sozialen Arbeit.

Die Forschungsperspektive, aus ‚individuellen und sozialen Problemen' wieder Konflikte werden zu lassen und diese damit thematisierbar und verhandelbar zu machen, fokussiert auf die vielfältigen Widersprüche, die sich durch das Aufeinanderprallen von Regeln der Institutionen (und den damit einhergehenden Normalitätsvorstellungen) mit Alltagslogiken und Alltagsperspektiven ergeben, mit denen und über die soziale Akteur_innen ‚ihre eigenen' Schwierigkeiten und Konflikte wahrnehmen und bearbeiten. Aufeinander prallen hier folglich auch Deutungskonzepte und Wahrnehmungsweisen, wobei die vielfältige alltägliche Arbeit an (Konflikt-)Situationen aus institutioneller Perspektive in der Regel als individuelle Abweichung von der Norm und Normalität und damit als „Nicht-Situation" definiert und ‚behandelt' wird (vgl. Laing 1974; Cremer-Schäfer 2012). „Soziale Arbeit in Institutionen bedient sich eben dieser Interpretationsregeln, die eine Situation als eine Nicht-Situation erscheinen lassen. Der eigene Part im Interaktionsprozess wird damit getilgt" (Cremer-Schäfer 2012, S. 146). Dies geschieht in der Regel über die Konstruktion von ‚Fällen' und ‚Adressat_innen', bei denen konkrete Situationsdefinitionen und situationsbezogene Handlungsstrategien und Handlungsmuster dekontextualisiert und den Adressat_innen als (sozial abweichende) Charaktermerkmale zugeschrieben werden (vgl. Urek 2012). Kritisches, konfliktorientiertes Forschen in der Sozialen Arbeit ist daher aufgerufen, institutionell definierte und reproduzierte Nicht-Situationen wieder zu Situationen werden zu lassen, in denen höchst ungleiche Akteure mit unterschiedlich weitreichenden Ressourcen aus verschiedenen Perspektiven um Definitionsmacht ringen. Das sich hier öffnende Forschungsfeld umfasst hegemoniale (Problem-)Diskurse ebenso wie die institutionellen Praktiken der Sozialen Arbeit, die auf die Bearbeitung „sozialer Probleme" zielen. Konflikte werden erkenn- und benennbar über die Herausarbeitung von alternativen Sichtweisen, die zumeist als (Alltags-)Narrationen geformt sind und über die Positionierungen eingenommen, eigene Erfahrungen bearbeitet werden, subjektive Relevanzen formuliert werden und mitunter auch (Gegen-)Moralisierungen zum Tragen kommen (vgl. Ewick/Silbey 1995). Die Generierung von Konflikt-Erzählungen lässt sich sowohl als Aufgabe einer kritischen Forschungsperspektive verstehen wie auch als Kernmoment einer kritischen Handlungspraxis und eines damit einhergehenden „kritischen Professionsverständnisses" (Bareis 2012) fassen. Jeweils geht es um die Frage, wie Forschungs- und auch Praxis-Situationen zu gestalten sind, sollen Konflikte nicht verdeckt, sondern artikulierbar werden. Dies gelingt am ehesten über situativ erzeugte Möglichkeiten des Erzählens von Konfliktgeschichten – auf Seiten der Adressat_innen, aber auch im Kontext von Auseinandersetzungen um eine angemessene (Forschungs- und Handlungs-)Praxis, die auf die Aufhebung von gesellschaftlich/institutionell erzeugten Blockierungen und Behinderungen in der Nutzung gesellschaftlich erzeugter Ressourcen zielt (vgl. Herzog 2013). Für eine solch kritische Praxis ist ein Ordnungs-, Normalisierungs- und Problemwissen wenig förderlich bis explizit hinderlich, ebenso wie ein Wissen, das gesellschaftlich erzeugte Grenzziehungen und Unterscheidungen in Kategorien umwandelt, mit denen die soziale Ausschließung entsprechend etikettierter Personen(-Gruppen) legitimierbar wird. Es bedarf daher reflektierter Arbeitsbündnisse, über die die eigene Verstrickung in Macht- und Herrschaftsverhältnisse als unausweichliche Bestandteile von Forschung und professioneller Praxis erkennbar wird und über die es gelingen kann, soziale Situationen und Phänomene darüber verstehbar zu machen, dass eine Perspektivenvielfalt ermöglicht und von einer grundlegenden Konflikthaftigkeit sozialer Phänomene ausgegangen wird. In einer solchen Perspektive wird es zur Aufgabe, gesellschaftlich vorherrschende Diskurse und insbesondere dominante Konstruktionen sozialer Probleme daraufhin zu analysieren, auf welche Weise und in welchen Bereichen mit ihnen Perspektivenvielfalt verdeckt und verunmöglicht wird, wessen Interessen damit irrelevant gemacht und negiert und wessen Konflikte damit enteignet werden. Es wird auch zur Aufgabe, die in den Diskursen entwickelten und von Institutionen verwalteten Kategorisierungen daraufhin zu befragen, welche normalisierenden, disziplinierenden, diskreditierenden und ausschließenden Momente mit ihnen einhergehen und welche Konflikte wiederum daraus resultieren, dass um Kategorisierungen gerungen und verhandelt wird. Es wird außerdem zur Aufgabe, die widersprüchlichen Politiken und institutionellen Praktiken, die die Soziale Arbeit betreffen und die sie kennzeichnen, daraufhin zu analysieren, inwieweit sie trotz vielfacher Behinderungen und Blockierungen auch Räume eröffnen für die Entwicklung von bislang verdeckten und gesellschaftlich unterdrückten Perspektiven und Sichtweisen, was als eine zentrale Voraussetzung für das Wahrnehmen von Interessensgegensätzen und deren (auch eigensinnige) Bearbeitungen gelten kann.

Auf welche Weise institutionelle Praktiken und Politiken einer ordnungs- und konsenstheoretischen Soziale-Probleme-Perspektive (vgl. Anhorn/Stehr 2012, S. 58ff.) die Ansprüche einer kritisch-konfliktorientierten Sozialen Arbeit unterlaufen, soll im Folgenden am Beispiel der kriminalisierenden bzw. pathologisierenden ‚Umarbeitung' von Konfliktverhältnissen (in der Schule, am Arbeitsplatz, in der Famile) in personalisierte (Problem-)Verhaltensweisen (der Schüler_innen, der Arbeitnehmer_innen, der Partner_innen und Familenmitglieder) ausführlicher dargestellt und analysiert werden.

2 Wie Konflikte (mit und in der Sozialen Arbeit) unsichtbar gemacht werden

Gesellschaftliche Bedingungen, die systematisch soziale Ungleichheits- und Ausschließungsverhältnisse erzeugen und Ausbeutung, Diskriminierung, Kontrolle und Disziplinierung zu ‚legitimen' Bestandteilen der Funktionsweise und des Selbstverständnisses ‚moderner' Gesellschaften machen, konfrontieren die Soziale Arbeit mit Lebenszusammenhängen und Existenzweisen, die mit sichtbar widersprüchlichen und konflikthaften Interessenslagen und Bedürfnissen verbunden sind. Obwohl die neoliberal (re-)formierte Gesellschaft des flexibilisierten postwohlfahrtsstaatlichen Kapitalismus von strukturell bedingten Widersprüchen und Konflikten geradezu ‚durchtränkt' ist, werden diese auf bemerkenswert erfolgreiche Weise – nicht zuletzt in der Sozialen Arbeit und durch die Soziale Arbeit – in den gesellschaftlich bedeutsamen Diskursen weitgehend ausgeblendet, verborgen und verdrängt und damit einer politisch wie wissenschaftlich relevanten Thematisierung entzogen. Es sei denn, die sozio-strukturellen Konflikte und Widersprüche lassen sich dergestalt ‚umarbeiten' und konzeptionell ‚reframen', dass sie als primär psychologisch und/oder mikrosoziologisch erklär- und verstehbare Varianten eines persönlich-individuellen, innerpsychischen, privaten oder familiären *psychosozialen (Beziehungs- und Kommunikations-)Problems* dargestellt und bearbeitet werden können. Traditionsgemäß gründen wesentliche Komponenten der nachgefragten Fachlichkeit der Sozialen Arbeit in der im Zuge ihrer Professionalisierung ausgebildeten Kompetenz, aus ‚systemisch' bedingten Konflikten (und einer darauf abzielenden ‚Politik der Verhältnisse') ein individualpsychologisches oder bestenfalls interpersonales ‚psychosoziales Problemgeschehen' zu machen, das sich in seinem Interventionsradius weitgehend auf die ‚Unmittelbarkeit' des sozialen Nahraums und die ‚greifbaren' Akteur_innen (Eltern, Kinder, Familie, Arbeitskolleg_innen, Lehrer_innen etc.) beschränkt. Damit leistet Soziale Arbeit einen wesentlichen Beitrag zu einer ihres weiteren gesellschaftspolitischen und institutionellen Kontextes entkleideten ‚Politik des Verhaltens'.[3]

---

3 An dieser Stelle sei angesichts erwartbarer Einwände darauf hingewiesen, dass damit zum einen nicht die Soziale Arbeit als Ganze, sondern lediglich ihre aktuell hegemoniale Form angesprochen wird. Und zum anderen ist damit nicht gesagt, dass die mit

Bei einer aktuell hegemonialen Sozialen Arbeit, die wie eine gewaltige Transformationsagentur zu operieren scheint, um unauflösbare strukturelle Konflikte und institutionalisierte Widersprüche in ‚bearbeitbare' und ‚heilbare' intrapsychische und interpersonale Problemkonstellationen ‚umzuarbeiten', drängt sich natürlich die Frage auf, *wie* ein solchermaßen selektives und verengtes Konfliktverständnis hergestellt wird, *wie* eine dieserart personalisierende Perspektive auf gesellschaftlich bedingte Widersprüche und Interessensgegensätze sich in der Sozialen Arbeit (und darüber hinaus) dauerhaft und erfolgreich reproduzieren lässt.[4]

Hinter der gegenwärtigen Fokussierung auf eine Politik des Verhaltens, die die Gesellschaftsmitglieder in erster Linie als *Individuen* adressiert und mit Fragen nach der *individuellen* Lebensführung und des ‚(selbst-)gewählten' Lebensstils, nach der *persönlichen* (Sozial-)Kompetenz und ihrer kontinuierlichen (Selbst-)Evaluation, nach den (*selbst*) auferlegten Programmen der (Selbst-)Disziplinierung und (Selbst-)Sorge, nach der Kohärenz der *eigenen* Identität und biographischen Entwicklung von allen nur denkbaren Seiten aus bedrängt – hinter dieser in nahezu allen gesellschaftlichen Bereichen (der Familie, der Schule, des Arbeitsplatzes) ablesbaren Entwicklung einer „Politik der Individuen" steht ein grundlegender und für die Soziale Arbeit eminent bedeutsamer *Wandel der Macht- und Herrschaftstechnologien*. Die zurückliegenden, im Zeichen einer neo-liberalen Reorganisation der Gesellschaft stehenden Jahrzehnte lassen – nicht zuletzt angetrieben durch Neuerungen in der Informationstechnologie – einen ‚Modernisierungsschub' der Formen, Prozeduren und Mechanismen der Macht- und Herrschaftsausübung er-

---

Sozialer Arbeit verbundenen Leistungen sich mit Blick auf ihre Nutzer_innen in jedem Fall als unzweckmäßige, kontraproduktive oder gar widersinnige Unterstützungs- und Hilfeangebote darstellen. Auch eine solcherart personalisierende und auf Verhalten verkürzte Soziale Arbeit kann durchaus in einem gewissen, wenn auch strukturell begrenzten Rahmen mit einem wünschenswerten Zugewinn an Lebensqualität, subjektivem Nutzen und individueller „Befreiung" für die Adressat_innen verbunden sein.

4   Die Frage nach dem *Warum* der gesellschaftlichen – ökonomischen, politischen, sozialen und kulturellen – Veränderungsprozesse, die eine Politik des Verhaltens (und der personalisierenden Konfliktbewältigung) zulasten einer Politik der Verhältnisse (und der strukturellen Konfliktbearbeitung) seit nunmehr etlichen Jahrzehnten antreiben, tritt in dieser Einleitung im Vergleich zu der Frage nach dem *Wie* der Transformation durch spezifische Technologien und Praktiken der Macht- und Herrschaftsausübung in den Hintergrund. Auf die Ursachen des Übergangs von einem sozialstaatlich eingehegten ‚integrativen' Kapitalismus fordistischer Prägung zum neo-liberalen Leitbild eines flexibilisierten, deregulierten und entkollektivierten Kapitalismus universalisierter Wettbewerbs- und Konkurrenzverhältnisse sind wir an anderer Stelle ausführlicher eingegangen (vgl. hierzu Anhorn 2008 und die darin angegebene grundlegende Literatur).

kennen, der sich in einer fortschreitenden Ausdifferenzierung und Rationalisierung von Praktiken der Kontrolle und Überwachung, der Führung und Lenkung von individuellem und kollektivem Verhalten niederschlägt. Eine breite Palette an historisch gewiss nicht immer neuen, aber in neuer Weise und in neuer Qualität virulent gewordenen Macht- und Herrschaftstechniken, eröffnet mit ihrer Verallgemeinerung (in den Alltag hinein) und ihrer Ausweitung (in bisher ‚verschlossene' Sphären des ‚Öffentlichen' und ‚Privaten') qualitativ neue Möglichkeiten einer „Regierung von Menschen", d.h. von Formen und Verfahren der (Verhaltens-)Führung und (Selbst-)Steuerung, die auf Anhieb nicht mehr als Macht- und Herrschaftspraxis wahrgenommen und benannt, geschweige denn analysiert und kritisiert werden.

Eine der zentralen Voraussetzungen dafür, dass die eingespielten Routinen der politischen, wissenschaftlichen und professionellen Umwandlung von gesellschaftlichen Strukturkonflikten in personalisierte Verhaltenskonflikte dauerhaft und effektiv funktionieren kann, stellt dabei ein Verständnis von Macht- und Herrschaftsstrukturen und -prozessen dar, das diese in erster Linie – und vielfach auch ausschließlich – mit den sicht- und fühlbaren Praktiken der Repression, der offenen Unterdrückung und Unterwerfung, des physischen Zwangs und der Vernichtung, des rechtlichen Verbots, der demonstrativen Grenzziehung und öffentlichen Zensur in Verbindung bringt. Mit einem solchermaßen auf Repression verkürzten und vereinseitigten Verständnis wird die Entfaltung eines sehr viel umfassenderen und ‚verdeckteren' Funktions- und Wirkungszusammenhangs moderner Macht- und Herrschaftspraktiken erst möglich gemacht und dauerhaft befördert. Auf der Grundlage einer heterogenen Vielfalt von sehr viel diskreteren, subtileren und ‚sanfteren', weil produktiven, positiven, kreativen und bisweilen vollständig unkörperlichen und unsichtbaren Formen ihrer Ausübung, vollziehen sich unter dem großen Schatten der Repression erfinderische Prozeduren und Mechanismen einer individualisierenden Zurichtung und „Umarbeitung" von Konfliktverhältnissen, die *als Macht- und Herrschaftsphänomene* weitgehend jenseits der Wahrnehmungsschwelle der Theorie und Praxis Sozialer Arbeit bleiben und damit ein ausgedehntes Feld nicht thematisierter bzw. der Reflektion und Kritik entzogener professioneller Handlungspraxis darstellen.[5] Wir knüpfen damit an eine elementare Einsicht Michel Foucaults (1983, S. 87) an, wonach die moderne Form der

---

5 Man betrachte hierzu nur einmal das elaborierte und stetig ergänzte und erweiterte Arsenal der Konzepte, Arbeitsweisen und Methoden der ‚psychosozialen Problembearbeitung' in der Sozialen Arbeit und man bekommt selbst beim flüchtigsten Blick einen nachhaltigen Eindruck von den Möglichkeiten, wie eine methodisch angeleitete professionelle „Umarbeitung" von Konfliktverhältnissen in Problemverhalten in der Sozialen Arbeit vonstattengehen kann.

Macht- und Herrschaftspraxis „nur unter der Bedingung, daß sie einen wichtigen Teil ihrer selbst verschleiert, […] erträglich [ist]" und „ihr Durchsetzungserfolg […] ihrem Vermögen [entspricht], ihre Mechanismen zu verbergen."

Wie nun dieser von Foucault ins Zentrum seiner Analysen gerückte macht- und herrschaftsstabilisierende „Verdeckungszusammenhang" (Bitzan 2018) hergestellt und mit den Effekten einer ‚Verkleidung' struktureller Konflikte und Interessensgegensätze dauerhaft abgesichert wird, soll an zwei zentralen gesellschaftlichen Macht- und Herrschaftsstrategien – der Kriminalisierung auf der einen und der Pathologisierung/Therapeutisierung auf der anderen Seite – deutlich gemacht werden. Neben den zentralen ‚ordnungsstiftenden Leistungen', die vom zwanglosen Zwang des (Arbeits-)Marktes, sprich der Nötigung zur Lohnarbeit für die individuelle und familiale Reproduktion, ausgehen, stellen Kriminalisierung und Pathologisierung/Therapeutisierung zwei der wesentlichen flankierenden und ergänzenden Verfahren dar, mit denen sich die Defizite und Risiken einer Marktvergesellschaftung in erfolgversprechender Weise kompensieren und neutralisieren lassen. Sie stellen jedenfalls maßgebliche Formen einer herrschaftlichen Vergesellschaftung dar, mit denen ein breites Spektrum an Techniken, Praktiken und Prozeduren verbunden ist, die im Sinne einer Politik des Verhaltens neue Möglichkeiten – in der Reichweite, der Nachhaltigkeit und Wandlungsfähigkeit ihrer Wirkungen – eröffnen.

2.1   Kriminalisierung

Strategien der Kriminalisierung haben in modernen Staatsgesellschaften seit jeher eine maßgebliche Rolle bei der Herstellung, Stabilisierung und Erweiterung von Macht- und Herrschaftsverhältnissen eingenommen.[6] Kriminalisierung als Macht- und Herrschaftsstrategie hat allerdings seit den 1970/80er Jahren einen grundlegenden (Form- und Funktions-)Wandel durchlaufen, der weit über das ‚originäre' Terrain des Kriminaljustizsystems und der Kriminalpolitik hinaus reicht und zunehmend in gesellschaftliche Bereiche (Schule, Familie, Arbeitsplatz) expandiert, die bislang der ‚Logik' der Kriminalisierung weitgehend entzogen waren (vgl. Simon 2007).

---

6   Die Geschichte der Armenfürsorge ist ebenso voll von Beispielen einer wiederkehrenden Kriminalisierung von Armut, Bettelei, Vagabundage und Arbeits- oder Wohnungslosigkeit, wie die Geschichte der sozialen Bewegungen von vielfältiger staatlich geduldeter oder initiierter Verfolgung, Verboten, Diskreditierung und Unterdrückung zeugt.

Die Grundlage für diese Entwicklung stellt ein seit den 1970er Jahren schleichend eingeleiteter und in den 1990er Jahren politisch massiv forcierter diskursiver und struktureller Wandel der gesellschaftlichen Bedingungen dar. Das fordistische Modell einer sozialstaatlich fundierten und moderierten Vergesellschaftung, das programmatisch – wenn auch häufig genug nicht der realen Praxis nach – auf umfassende und kollektiv verantwortete Integrations-, Umverteilungs- und Kompensationsleistungen ausgerichtet war, wurde nach und nach von einem neo-liberalen Modell gesellschaftlicher Regulation abgelöst, das sich in seiner Funktionsweise an den Prinzipien des Wettbewerbs und der Aktivierung und das heißt konkret an der eigenverantwortlich-privaten und dementsprechend kollektiv immer weniger abgesicherten (Selbst-)Behauptung auf deregulierten und flexibilisierten (Arbeits-, Bildungs-, Wohnungs-)Märkten ausrichtet. Die Lücken, die im Zuge der neo-liberalen Transformation dabei in das soziale Sicherheitsnetz gerissen wurden, bedurften in der Folge – zugespitzt formuliert – der gesteigerten repressiven Kompensation und ‚sicherheitspolitischen' Einhegung. Mit dieser häufig als „punitive Wende" beschriebenen Entwicklung ist eine grundsätzliche Rehabilitierung nicht nur der staatlichen, sondern auch der (sozial-)pädagogisch begründeten Strafe verbunden (vgl. Lutz/Stehr 2014; Kessl 2011; Lutz 2010). Die vorbehaltlose, allein durch den Normverstoß ausgelöste und ‚gerechtfertigte' Leidzufügung, die damit verbundene soziale Ausschließung und als Teil der Sanktionierung gezielt herbeigeführte Beschränkung bzw. Vorenthaltung von Teilhabemöglichkeiten wurde (wieder) zu einem legitimen Mittel staatlicher und gesellschaftlicher ‚Ordnungsproduktion'. Gleichzeitig werden darüber hinaus mit der (Re-)Legitimierung der ‚verdienten' Strafe und ‚gerechten' Ausschließung auch in den ihnen vorgelagerten Instanzen der Disziplinierung und Normalisierung spürbar punitivere, d.h. auf striktere Grenzziehungen und Regelbefolgung bedachte institutionelle Reaktionen sichtbar. Die im Rahmen des Strafvollzugs, des Jugendarrests oder der geschlossenen Heimerziehung als ‚letztinstanzliche' Maßnahmen der ‚Besserung' und ‚Sicherung' vollzogenen Strafpraktiken strahlen unverkennbar auf die vorgeordneten Sphären der gesellschaftlichen Reproduktion – die Regelschulen, die Normalarbeitsverhältnisse, den öffentlichen Raum – aus.

Als Ergebnis dieser Entwicklung lässt sich eine neuartige Intensivierung und Ausweitung in der Verschränkung von Sozial- und Kriminalpolitik beobachten. Die zunehmenden sozialstaatlichen (Versorgungs- und Gewährleistungs-)Defizite und die damit verbundene Prekarisierung der sozioökonomischen Grundlagen einer breiten Schicht von Gesellschaftsmitgliedern zieht notwendigerweise – wie erwähnt – einen vermehrten Einsatz sicherheitsstaatlicher Zwangsmittel und Sanktionsdrohungen nach sich (vgl. Wacquant 2009; Garland 2001). Der wohlfahrtsstaatlich-integrative Kapitalismus fordistischer Prägung verfuhr noch nach der programmatischen Losung: „Die beste Kriminalpolitik ist eine gute Sozialpolitik". In diesem Sinne wurden der sukzessiven Erweiterung des sozialstaatlichen Leistungsspektrums ‚positive', d.h. sowohl die gesamtgesellschaftliche Kriminalitätsbelastung wie die individuelle Kriminalitätsneigung reduzierende ‚integrative' Effekte zugeschrieben. Mit der Wende zum marktwirtschaftlichen Konkurrenzkapitalismus neo-liberaler Prägung kehrte sich das Verhältnis von Kriminal- und Sozialpolitik um. An die Stelle der unterstellten kriminalpräventiven Wirkung des ‚Sozialen' tritt eine ‚neue' gesellschaftliche Dominanz kriminal- und sicherheitspolitischer Orientierungen, die nach dem ebenso eingängigen wie alle einschlägigen Erfahrungen und wissenschaftlichen Untersuchungsergebnisse ignorierenden Motto verfährt: Die beste Sozialpolitik ist eine robuste, Regelverstöße und Normabweichungen konsequent und ‚fühlbar' sanktionierende Kriminalpolitik, die die ‚sozialen Sicherheitslücken' eines nurmehr auf Existenzsicherung zielenden und zunehmend rudimentären Sozialstaats mit den repressiven Mitteln eines kontinuierlich erweiterten staatlichen und privaten Sicherheits- und Kontrollapparats einzuhegen und zu neutralisieren versucht.[7]

Dem Wandel von einem integrativ-disziplinierenden *Sozialstaat* zu einem strafend-ausschließenden *Sicherheitsstaat*, der Kriminalisierungsverfahren, innere und äußere Bedrohungsszenarien und Moralpaniken als ordnungsstiftende politische Strategien nutzt, korrespondieren tiefgreifende Veränderungen auf der Ebene der Kriminalitätstheorien. Insbesondere im Hinblick auf die ‚Kriminalität' von Kindern, Jugendlichen und jungen Erwachsenen lässt sich eine radikale Umkeh-

---

7 Vordergründig scheint die gegenwärtige Inklusionsdebatte und -praxis der hier vertretenen These vom paradigmatischen Wandel der Vergesellschaftungsweisen von der sozialstaatlichen (disziplinierenden) Integration zur postwohlfahrtsstaatlichen ‚gerechten' Strafe und ‚verdienten' Ausschließung zu widersprechen. Aber abgesehen davon, dass jeder Vergesellschaftungsmodus – auch der sozialstaatliche mit seinen ‚normalisierend-disziplinierenden' Integrationsansprüchen der ‚Resozialisierung' und ‚Rehabilitation' – seine je eigenen Widersprüche erzeugt, werden in der aktuellen Inklusionsdebatte durchaus vertraute Teilungs- und Ausschließungspraktiken sichtbar, die historisch auf eine lange Tradition zurück blicken können, die jedoch im Rahmen der neo-liberalen (Re-)Formierung der Gesellschaft eine neue Akzentuierung erfahren: die Trennung in ‚würdige' und ‚unwürdige' Hilfe-, sprich Inklusions-Adressat_innen. ‚Behinderte' gelten als ‚würdige', weil unverschuldet Bedürftige und Ausgeschlossene und sind nicht zuletzt dank einer erfolgreichen (und gerechtfertigten) Skandalisierung ihrer Exklusion zu einem bevorzugten – und mit der UN-Behindertenrechtskonvention sogar menschenrechtlich legitimierten – ‚Gegenstand' gesellschaftlicher Integrationsbemühungen geworden. Dafür wird umgekehrt die Sanktionierung und Ausschließung von ‚unwürdigen Problemgruppen' (z.B. straffälligen Migranten, 'Schulversagern', 'Intensivtätern', 'wohnunfähigen' Obdachlosen, 'therapieresistenten' Jugendlichen) mit umso größerer Härte und Selbstverständlichkeit betrieben.

rung der theoretischen Perspektiven und Zugänge konstatieren. Galten die Debatten um die Erklärung und Behandlung von ‚Jugendkriminalität' über Jahrzehnte hinweg als Avantgarde einer schrittweise liberalisierten Strafrechts- und Kriminalpolitik insgesamt, so ist diese mittlerweile zur Speerspitze einer punitiv-repressiven Kehrtwende und der Propagierung einer neuen Straflust mutiert. Bis weit in die 1980er Jahre hinein dominierte eine kriminologische Deutung kindlicher und jugendlicher Normverstöße als eines altersspezifischen, episodenhaft-passageren, entwicklungsbedingten und bisweilen gar als entwicklungsnotwendig erachteten psychosozialen Faktums, das sich im Zuge eines quasi-natürlichen Reifungsprozesses in aller Regel wieder normalisiert und das deshalb eine behutsame und restriktive, gelegentlich sogar radikal nicht-interventive Handhabung strafrechtlicher Sanktionsmittel nahelegte. Dieses ehemals weitgehend konsensuelle Deutungsmuster für ‚jugendspezifische' Normabweichungen ist mittlerweile im öffentlichen und über weite Strecken auch im fachpolitischen Diskurs von einer diametral entgegengesetzten Position verdrängt worden, die sich in aller Kürze folgendermaßen charakterisieren lässt: Selbst die geringfügigsten Verhaltensabweichungen bzw. die unscheinbarsten Zeichen ihrer möglichen ‚Ausgeburt' oder Realisierung – ob in der frühesten Kindheit in der Familie oder im Kindergarten, ob in der Schule oder im Berufsleben – werden als erste, grundsätzlich ernstzunehmende Indizien gedeutet, denen als nur vordergründig harmlose ‚Symptome' bei der Einleitung einer abweichenden ‚Karriere' eine große prognostische Bedeutung zugeschrieben wird. Aus der Normalisierungserwartung und einem daraus abgeleiteten restriktiv(er)en Einsatz strafrechtlicher Mittel wird so die Propagierung einer neu-alten Straf-Politik und Maßregel-Pädagogik, die unter der eingängigen Prämisse des „Wehret-den-Anfängen" und der „Null-Toleranz" danach trachtet, mit strikten, frühzeitigen, unmittelbaren, lückenlosen und harten strafenden Eingriffen der unterstellten ‚grassierenden Regellosigkeit' unter Jugendlichen und jungen Erwachsenen wirksam Einhalt zu gebieten.[8]

Im Windschatten des hier lediglich grob skizzierten Politik- und Theoriewechsels von einem sozialstaatlich-integrativen Modell normalisierender und disziplinierender Interventionen zu einem wettbewerbs- und konkurrenzbestimmten Regime individualisierter Haftbarkeit, legitimer Ausschließung und gerechter Strafe, hat sich mit der ‚Opferorientierung' eine weitere für die Mechanismen

---

8 Vgl. hierzu exemplarisch Heise (2010) und Müller (2013), die sich mit dem Glaubwürdigkeitsbonus der erfahrenen Praktiker_innen, die „wissen, wovon sie reden und schreiben", bestens darauf verstehen, die punitive Wende in den gesellschaftlichen Reaktionen auf ‚Jugendkriminalität' politisch und medial wirkungsvoll in Szene zu setzen.

der Konfliktverdeckung bedeutsame Verschiebung vollzogen. ‚Kriminalisierung' als macht- und herrschaftsstrategisch genutzte Interpretationsfolie ist nicht zuletzt deshalb so attraktiv, weil sich mit ihr Situationen, Ereignisse, Zustände und Prozesse in spezifischer Weise zurichten lassen. (Traditionelle) Kriminologie und Strafrecht stellen ein (Institutions- und Professions-)Wissen und ein (Ordnungs- und Handlungs-)Schema bereit, das Interpretationen und Klassifikationen von Personen und Handlungen zulässt bzw. erfordert und Formen der staatlichen Reaktion nahelegt, die sich mehr oder weniger reibungslos in eine ‚Politik des Verhaltens' einfügen. Komplexe, widersprüchliche und häufig uneindeutige Konfliktsituationen und Interessenslagen lassen sich im Rahmen der durch das Strafrecht vorgegebenen Notwendigkeit zur individuellen Schuldfeststellung und Dichotomisierung von ‚Tätern' und ‚Opfern' in vereindeutigte Rollenzuschreibungen und fest umrissene professionelle Zuständigkeiten auflösen. Konfliktverhältnisse – als solche verstehen wir ‚Kriminalität' – lassen sich so in übersichtliche Beziehungskonstellationen überführen, die als individualisierte, personalisierte und moralisierte Normverstöße der staatlichen Bearbeitung zugeführt und mit den Mitteln der Strafe und Ausschließung ‚gelöst' werden können. Mit dem dichotomen Täter-Opfer-Schema lassen sich m.a.W. Macht- und Herrschaftsverhältnisse mit eindeutigen Rollenverteilungen und sozialen Positionierungen herstellen. Staatlichen Instanzen wird dabei über das Gewaltmonopol nicht nur das Privileg der ‚Problemlösung' eingeräumt. Indem die ursprüngliche Konfliktkonstellation zwischen ‚Täter' und ‚Opfer' in eine ‚Machtprobe' zwischen staatlicher Herrschaftsgewalt und (Einzel-)Täter transformiert wird (vgl. Christie 1986), werden darüber hinaus dezidiert hierarchische Verhältnisse (zwischen Staat und Täter, Staat und Opfer, Täter und Opfer) und professionelle Bearbeitungsmonopole (durch Richter, Staatsanwälte, Bewährungshelfer etc.) etabliert. Die strafrechtlich-kriminologische Rollenverteilung sieht dabei als Part für den (‚idealtypischen') Täter das aktive und verantwortliche Subjekt vorsätzlicher Handlungen vor, das als schuldiger, moralisch diskreditierter, unwürdiger, machtvoller und im Verhältnis zum Opfer überlegener Akteur konzipiert wird und ohne staatliche Intervention i.d.R. als widerrechtlicher ‚Profiteur' eines Normbruchs aus der Situation hervorgehen würde. Demgegenüber nimmt das (‚idealtypische') Opfer die Rolle eines passiven Objekts ‚krimineller Handlungen' ein, dem mit einem Bündel an Eigenschaftszuschreibungen – unschuldig, schwach, physisch und psychisch beschädigt, traumatisiert, hilflos und hilfebedürftig – im Verhältnis zum Täter eine Position der Machtlosigkeit und Unterlegenheit zugewiesen wird, aus der die Betroffenen ohne machtvolle staatliche Stellvertretung und Interessensbehauptung i.d.R. als ‚Verlierer_in' aus der Täter-Opfer-Konstellation hervorgehen würden (vgl. hierzu Stehr 2016, 2008).

Vor diesem Hintergrund erzeugt die regelmäßige politisch-mediale Ausrufung einer zunehmenden Kriminalitätsbedrohung (ob durch das Drogen-, Ausländer- oder Flüchtlings-‚Problem', ob durch Jugendgewalt, organisierte Kriminalität oder Terrorismus) nicht nur eine beständige und verlässliche Legitimationszufuhr für staatliche Herrschaft und den ‚begründeten' Einsatz repressiv-ausschließender Zwangsmittel. Mit dem durch das Täter-Opfer-Schema der Kriminalisierung etablierten Modus der Problemzurichtung und -bewältigung und hier insbesondere mit der fortschreitenden (kriminal-)politischen Aufwertung des Opfers und der Fokussierung auf den „präventiven Opferschutz" (Kessl 2011) geht darüber hinaus eine sukzessive Vorverlagerung, Ausweitung und Verdichtung staatlicher Eingriffe und gesellschaftlicher Kontrollmöglichkeiten einher, die angesichts der drastischen Bedrohungsszenarien in hohem Maße konsensfähig sind. Sozioökonomische Verteilungskonflikte, asymmetrische Macht- und Herrschaftsbeziehungen und sozialstrukturell bedingte Ungleichheiten (*Verhältnisse*) lassen sich auf diese Weise jedenfalls mühelos in moralisierbare Konflikte um individuelle und kollektive Normabweichungen (*Verhalten*) umdefinieren.

In dieser Funktion ist das ‚Kriminalisierungs-Modell' mittlerweile weit über den engeren Bereich des Kriminaljustizsystems (Strafvollzug, Strafgerichte, Polizei, Jugendgerichts- und Bewährungshilfe etc.) hinaus in gesamtgesellschaftlicher Hinsicht zunehmend bedeutsamer geworden. Im Zuge der postwohlfahrtsstaatlichen Renaissance punitiver Programmatiken in der Kriminal- *und* Sozialpolitik und der (Re-)Legitimierung von Praktiken der Repression, des Zwangs und der Ausschließung hat sich in den unseren Alltag bestimmenden Institutionen und Lebenszusammenhängen (Schule, Familie, Arbeitsplatz) zunehmend ein Wahrnehmungs- und Reaktionsmuster durchgesetzt, das sich – im übertragenen Sinne und vielfach vermittelt – vermehrt am (Interpretations- und Handlungs-)Modell ‚Kriminalität' orientiert.[9]

---

9 Die These von der Verallgemeinerung des (Wahrnehmungs- und Deutungs-)Modells ‚Kriminalität' in gesellschaftliche (Alltags-)Bereiche wie der Schule, der Familie und des Arbeitsplatzes hinein greift ein zentrales Argument von Jonathan Simon (2007) auf. Mit Simon begreifen wir die Techniken des „governing through crime", der „Regierung durch Kriminalität" als Macht- und Herrschaftsstrategie, die die (Interpretations- und Handlungs-)Logik des Strafrechts und der (traditionellen) Kriminologie in bisher weitgehend davon nicht oder nur am Rand berührte gesellschaftliche Bereiche transferiert und dadurch eine neue Qualität und erweiterte Reichweite in die Macht- und Herrschaftspraktiken einbringt. Wir haben an dieser Stelle bewusst darauf verzichtet, unsere Argumentation an Bespielen zu entwickeln, die sich unmittelbar auf die Soziale Arbeit beziehen. Zum einen finden sich in diesem Band zahlreiche Beiträge, die das implizit oder explizit leisten. Zum anderen wollten wir gezielt Bereiche heraus-

Beispiel: „Tatort Schule"
Die sukzessive Verallgemeinerung des (Wahrnehmungs- und Handlungs-)Modells „Kriminalität" hat Schulen u.a. zu einem ‚Hotspot' der Störung der sozialen Ordnung gemacht und im pädagogischen und politischen Bemühen um ihre (Wieder-) Herstellung dazu geführt, dass Schulen zunehmend nach dem Muster eines autoritären – in abgeschwächter Form auch als „autoritativ" ausgegebenen – Führungs- und Erziehungsstils betrieben und ‚gemanagt' werden (sollen).[10] Prinzipien einer mechanistisch anmutenden, kognitiv-behavioralen Verhaltenskonditionierung und Wahrnehmungs- und Mentalitätsprägung, wie sie uns aus der ‚kriminalpädagogischen' Arbeit mit Straffälligen in Boots Camps und Anti-Aggressivitäts-Trainings vertraut sind, geben dabei mittlerweile für die Schule die Fixpunkte einer ‚sozialräumlich-temporalen' Problemanalyse und daraus abgeleiteten verhaltenssteuernden Interventionsstrategien vor:

> Die Schule definiert ihre besonders konfliktträchtigen Bereiche, wie Pausen, den Wechsel von einem Klassenzimmer ins andere, das Umziehen beim Turnunterricht, die Zeit vor Unterrichtsbeginn und nach Schulschluss usw. Sie bestimmt für jeden dieser Bereiche die Grenzlinie zwischen akzeptablem und nichtakzeptablem Schülerverhalten, wobei eine Haltung der Null-Toleranz Eltern und Schülern klar signalisiert, dass die Schule alles in ihren Kräften Stehende unternimmt, um gegen jedes psychisch oder physisch unangemessene Verhalten vorzugehen. (Eichorn 2015, S. 208)

Die Thematisierung der institutionalisierten sozialen Selektions- und Platzierungsfunktion, die die Schule im Hinblick auf die ‚leistungsbegründete' Zuweisung ungleicher Lebenschancen an die Schüler_innen einnimmt, tritt dabei im Vergleich zu ‚Risikobewertungen' und ‚Gefährdungsabschätzungen' deutlich in den Hintergrund. ‚Pädagogisch-therapeutisch' unterfütterte und legitimierte Interpretationsraster und Klassifikationsschemata, die sich bevorzugt an den Kriterien der Regelkonformität bzw. des Normbruchs ausrichten und von moralisch aufgeladenen Kategorien wie ‚Gewalt', 'Aggressivität', 'Mobbing' und ‚Schulabsentismus' geleitet werden, bilden zunehmend die Grundlagen für ein ‚Profiling' der Schüler_innen. Für die Erstellung der individuellen Leistungs-, Kompetenz- und Risikoprofile

---

greifen, in denen die Soziale Arbeit zwar eine wichtige Rolle spielt, die aber in ihrer gesellschaftlichen Bedeutung weit über die Soziale Arbeit hinausreichen.

10 „Tatort Schule", „Gewalt an der Schule" oder „in der Schule" oder „Gewalt und Schule", „Brennpunkt Schule", „Brennpunkt Klassenraum": Publikationen mit gleichlautendem oder ähnlichem Titel sind – wie selbst die flüchtigste Recherche belegt – mittlerweile Legion.

der Schüler_innen wird unter einer traditionellen schulpädagogischen Oberfläche immer nachdrücklicher auf die verdeckte (Deutungs- und Handlungs-)Logik des Strafrechts Bezug genommen. Nicht zuletzt infolge einer fortschreitenden Integration der Schulsozialarbeit und ihrer vorwiegenden Festlegung auf ‚problematische Schüler_innen' und schwierige Schulsituationen sind in der Institution ‚Schule' Entwicklungen verstärkt worden, die dem strafrechtlich-kriminologischen Muster einer Täter-Opfer-Dichotomisierung folgen und ein besonderes Augenmerk auf die (strafend-erzieherische) ‚Resozialisierung' von ‚Schüler-Tätern' und die (therapeutisierende) Restitution von ‚Schüler-Opfern' legen. Ein Bildungsverständnis, das auf die vordringliche Schaffung von bestmöglichen Verhältnissen für eine gedeihliche Entwicklung und die Ermöglichung einer selbstbestimmten Lebensführung von Kindern und Jugendlichen zielt, gerät damit sichtlich ins Hintertreffen. Zumal auch im Bereich der Schule vermehrt nach den (kriminal-)pädagogischen Imperativen des „Wehret-den Anfängen" und der „Null-Toleranz" verfahren werden soll, mit denen jegliche – auch die vermeintlich unscheinbarsten – Formen der Normabweichung unmittelbar, konsequent, fühl- und sichtbar zu sanktionieren sind.

> Im Schulalltag gibt es viele kleine und einige große Störungen. Worauf soll der Lehrer achten? Die Antwort ist klar: auf die kleinen, geringfügigen Störungen. Warum? […] Große, gravierende Störungen entwickeln sich oft aus kleinen. Der erfolgreiche Lehrer reagiert bereits auf kleine Verstöße klar und eindeutig. (Eichhorn 2015, S. 169f.)

Um das schulische Programm einer kriminologisch begründeten Null-Toleranz-Politik realisieren zu können, wird im Schulalltag vermehrt ein System von Anreizen installiert, das die ‚Anzeigebereitschaft' für Normabweichungen jedweder Art steigern und damit eine umfassende Transparenz des Verhaltens der Schüler_innen herstellen soll. Das Ideal einer vollständigen Transparenz aller vorkommenden, besser noch aller *drohenden* Regelverstöße und die damit verbundene Postulierung der Notwendigkeit einer vorausschauenden, lückenlosen, prompten, konsequenten und fühlbaren Sanktionierung gemahnt nicht nur an historische Vorbilder, in deren Tradition die Techniken des „Überwachens und Strafens" und die altvertrauten (sozialpädagogischen) Macht- und Herrschaftspraktiken einer subjektivierenden Unterwerfung auf einem qualitativ neuen Niveau zur Alltagsroutine der schulischen Bildungs-, Lern- und Sozialisationsprozesse gemacht werden.[11]

---

11 Mit der Macht- und Herrschaftstechnologie einer „subjektivierender Unterwerfung" sind im Anschluss an Michel Foucault (1977, S. 39ff.; 2005 [1982]) komplexe Apparaturen und elaborierte Verfahren der wissensbasierten Kontrolle und Überwachung

Die augenfällige Fixierung auf Regelbefolgung und Sanktionierung ist darüber hinaus ein sicherer Beleg dafür, dass auch im Kontext der Schule und der Schulpädagogik sich eine nahezu vollständige Umkehrung der Perspektiven vollzogen hat: Abweichungen, Normverstöße, Regelverletzungen werden nicht mehr als Teil eines ‚normalisierten' kindlichen und jugendlichen Entwicklungs- und Bildungsprozesses betrachtet, den es – im Wissen um deren potenziell negative Folgen – von formellen strafenden und ausschließenden Reaktionen ‚frei' zu halten und in seinen mitunter herausfordernden Ausdrucksformen zu entdramatisieren gilt. Vielmehr werden geringste Auffälligkeiten und Normabweichungen als erste Indizien einer vorgezeichneten Karriere als künftige ‚(Bildungs-)Verlierer' gedeutet, die gemäß den gängigen Ursachenzuschreibungen der traditionellen Kriminologie und des Soziale-Probleme-Diskurses für die ausgewiesenen schulischen ‚Problemkinder' eine signifikant erhöhte Anfälligkeit für (späteren) Drogenkonsum, Suchtentwicklung, Gewaltbereitschaft, psychische Probleme, Arbeitslosigkeit, Armut, Ausländerfeindlichkeit etc. erwarten lässt.[12] Tendenziell alle Schwierigkeiten, Herausforderungen und Abweichungen in der kindlichen und jugendlichen Entwicklung werden auf diese Weise mit potenzieller Kriminalität bzw. mit den mutmaßlichen Vorstufen zur Kriminalität in Verbindung gebracht und im Kontext eines Risikofaktoren-Modells als *mögliche* Symptome einer möglichen abweichenden biographischen Entwicklung gedeutet und beantwortet (Simon 2007, S. 209). Schüler_innen werden aus diesem Blickwinkel zu einer weiteren sozialen (Problem-)Gruppe, die als potenzielle Täter und/oder potenzielle Opfer zum

---

gemeint, die die Objekte der Regulierung – in unserem Fall die Schüler_innen – in der Weise zu Subjekten ihrer eigenen Unterwerfung machen, als die Aufgabe der Beobachtung, Anzeige und Beschreibung der Normverstöße an die Adressat_innen (die Objekte der Bildung und Erziehung) delegiert wird und die individuelle (Verhaltens-) Konformität als aus ‚eigenem' Antrieb (subjektivem Willen) erbrachte ‚Leistung' erscheint.

12 Die Anrufung von ‚Bildung', genauer von ‚zertifiziertem Bildungserfolg' als (präventives) Heilmittel für die Lösung jedweder Art von ‚sozialen Problemen' hat sich mittlerweile zu einem regelrechten Mantra aller Politikbereiche (Arbeitsmarkt, soziale Sicherung, Gesundheit, Kriminalität, etc.) entwickelt. Dass dabei nurmehr auf ein sehr eingeschränktes, auf Verwertungsgesichtspunkte reduziertes Bildungsverständnis Bezug genommen wird, wird dabei ebenso geflissentlich ignoriert wie der Sachverhalt, dass auch eine ‚marktgerechte' Bildung nicht vor Diskriminierung, Prekarisierung und sozialer Ausschließung schützt, sondern die hochgradige Selektivität eines konkurrenzorientierten Bildungssystems lediglich auf eine höhere Ebene hebt und unter *unveränderten* Vorzeichen (sozioökonomischer Status der Eltern, Migrationshintergrund, Geschlecht, etc.) die eingewurzelten gesellschaftlichen Ungleichheitsverhältnisse nunmehr auf einem gehobeneren Niveau reproduziert.

Gegenstand von Thematisierungen werden, die Fragen der *Sicherheit*, d.h. der Verhinderung und Bekämpfung von Abweichung (Gewalt, Drogen, Mobbing, etc.) in den Vordergrund rücken.

Mit der Rahmung von Schule als Ort (drohender) Ordnungsprobleme verändern sich nicht nur die institutionellen und professionellen Standards und Wahrnehmungsmuster, sondern auch die Handlungsbedingungen und Reaktionsweisen: in ‚technischer' Hinsicht (mehr Kontrolle, mehr präventive Sicherheitsvorkehrungen), aber auch unter pädagogischen Gesichtspunkten (weniger professionelle Ermessens- und Entscheidungsspielräume, weniger ‚verstehende' Situationsanalysen). Fragen des schulischen Sicherheitsmanagements und einer quasi-polizeilichen Expertise der Normvergewisserung und Normdurchsetzung überlagern immer mehr die zentralen Fragen der Bildung und Erziehung. Letztere finden sich vielmehr zunehmend in „Sicherheitspartnerschaften" eingebettet, die mit ihrer Fokussierung auf Normwidrigkeiten und Fehlverhaltensweisen die nachhaltigsten Wirkungen im Sinne einer ‚Politik des Verhaltens' und der Verdeckung struktureller Konfliktverhältnisse entfalten.

Ein bedeutsamer, wenn auch meist nur am Rande problematisierter Nebeneffekt dieser Entwicklung besteht u.a. darin, dass die grundlegenden Differenzen der „Systemlogiken" und Arbeitsweisen – der bildungs- und wissensbezogenen der Schule, der sozialpädagogischen der Schulsozialarbeit und der Kinder- und Jugendhilfe, der strafrechtlichen der Jugendgerichtshilfe und der Polizei – zwar nicht grundsätzlich eingeebnet werden, aber unter der suggestiven Devise der ‚Vernetzung', der ‚Multiprofessionalität' und ‚Multiperspektivität' zusehends an Trennschärfe verlieren. Jedenfalls ist seit geraumer Zeit allenthalben eine neue ‚Unbefangenheit' in den Kooperationsbeziehungen zwischen Polizei/Strafjustiz, Schule und Jugendhilfe zu beobachten.[13]

Wie Fragen der Sicherheit, des Strafrechts und der Prävention nach und nach in gesellschaftliche Bereiche ‚einsickern' und diese bisweilen dominieren können, die bislang nicht oder nicht in besonders exponierter Weise Gegenstand einer „Regierung durch Kriminalität" waren, lässt sich neben der Schule auch an Entwicklungen der Institution ‚Familie' beobachten.

---

13 „Die Zurückhaltung einiger (!) Schulen und Jugendämter gegenüber einer Zusammenarbeit mit der Polizei ist unzeitgemäß. Hier sind, zumindest in zugespitzten Lagen, gegenseitige Informationsflüsse unabdingbar", heißt es z.B. bei einer prominenten Protagonistin der Vernetzung von Schule, Strafjustiz und Jugendhilfe (Heise 2010, S. 114).

Beispiel: „Tatort Familie"[14]
Der mittlerweile bis in das Alltagsbewusstsein hinein geläufige Zusammenhang, der zwischen Kriminalität und Familie (als Ursache und ‚Tatort') hergestellt wird, ist historisch relativ jungen Datums. Die Familie stellte bis weit in das 20. Jahrhundert hinein einen sozialen Beziehungsraum dar, der als ‚Sanktuarium' der bürgerlich-patriarchalen Gesellschaft, als Ort unbehelligter und geschützter ‚Privatheit' und ungestörter physisch-psychischen Reproduktion der Arbeitskraft – ideologisch wie real – weitestgehend dem Strafrecht entzogen war. Lediglich klassen- und schichtspezifisch relativ eng umgrenzte Interventionsbereiche (sub-)proletarischer Lebenszusammenhänge waren Gegenstand einer ansonsten ausgesprochen restriktiv gehandhabten strafrechtlichen Regulierung der ‚Familienordnung'. Mittlerweile ist die Familie im öffentlichen Diskurs jedoch zu einem ‚Brennpunkt der Kriminalität' geworden. Unter den sozialwissenschaftlich breit ausbuchstabierten und massenmedial popularisierten Stichworten der „häuslichen Gewalt", der „sexuellen Gewalt", der „Vergewaltigung in der Ehe", des sexuellen (Kindes-)Missbrauchs, der (Kindes-)Misshandlung und (Kindes-)Vernachlässigung wurde der familiale Raum von Fragen der Kriminalität, der Sicherheit und der Prävention geradezu überschwemmt und zu einem bevorzugten Gegenstand staatlicher Kontrollansprüche und strafrechtlicher Eingriffe. Mit der gängigen Rede von einer schichtübergreifend steigenden Prävalenz der ‚Familienkriminalität' und einer damit korrespondierenden zunehmenden Zahl familienbezogener (Straf-)Rechtsbestimmungen, hat sich das gesellschaftliche Bild der Familie (und mit ihm die Familienideologie) nachhaltig verändert. Die Familie galt bis in die bundesrepublikanischer Nachkriegszeit hinein als ‚natürlicher' Ort der Ordnung, der Privatheit und des Schutzes, der wechselseitigen (Für-)Sorge, des Vertrauens und des ‚naturgegebenen' (Eltern-)Rechts, die als „Keimzelle" und natürliche Stütze der bürgerlichen Gesellschaft im Regelfall ‚frei' von Kriminalität und staatlichen Strafansprüchen blieb. Erst mit dem Aufkommen und Erstarken der Neuen Sozialen Bewegungen und hier insbesondere der zweiten Frauenbewegung vollzog sich ein komplexer Wandlungsprozess, der mit der Kritik der bürgerlich-patriarchalen Familie ein nachhaltig verändertes ‚Familienbild' hervorbrachte. Die Familie galt nunmehr aufgrund der ihr zugeschriebenen (Über-)Privatisierung, emotionalen Überfrachtung und sozialen Isolation, ihrer hierarchisch-patriarchalen Struktur und der damit verbundenen Machtasymmetrien (zwischen Männern und Frauen, Eltern und Kindern), ihren Kommunikations- und Interaktionsstörungen

---

14 So der Titel einer mehrfach aufgelegten Publikation, die von einer Gruppe von Sozialwissenschaftler_innen (Lamnek u.a. 2012) auf den Markt gebracht wurde, die man bisher nicht mit dem ‚wissenschaftlichen Boulevard' in Verbindung brachte.

(„Patient Familie") geradezu als ‚idealer' Nährboden für Gewalt, Unterdrückung, Missbrauch und Vernachlässigung. Im Zuge dieser Kritik wurde die ‚Familie' fortschreitend zu einem ordnungspolitisch begründeten Gegenstand expansiver und für unabdingbar erachteter strafrechtlicher Interventionen und staatlicher Regulierungsansprüche. Veränderungen, die sich im Laufe der Zeit im Selbstverständnis der Frauenbewegung eingestellt haben, dürften zu diesem Perspektivenwechsel in nicht geringem Maße beigetragen haben. Aus einer ursprünglich herrschafts- und staatskritischen Bewegung, für die der staatliche Zwangsapparat und die unter seinen besonderen Schutz gestellte Institution ‚Familie' den Inbegriff und das maßgebliche Organ patriarchaler Herrschaft darstellte, und deren zentrale Forderungen folgerichtig eher auf Entkriminalisierung und die Zurückdrängung staatlicher Gewalt (wie im Fall der Abtreibung) gerichtet waren, wurde spätestens ab den 1980er Jahren eine über weite Strecken ‚moralunternehmerische' Bewegung, die Kriminalisierungsstrategien gezielt einsetzte, um die ‚Familie' mit den Mitteln staatlicher Sanktionsdrohungen für die Etablierung und Verallgemeinerung einer neuen Verhaltens- und Beziehungsmoral zugänglich zu machen und damit die bis dato gängige strafrechtliche Immunität der Familie aufzuheben. Für die Artikulation und Durchsetzung der Interessen der Frauenbewegung liefert(e) somit das (Strafrechts-)Modell der Kriminalisierung sowohl die ‚legitimen' Anlässe (inkriminierte Normverstöße) wie die ‚notwendige' Logik der Intervention (staatliche Strafen bzw. Strafandrohungen).[15]

Gestützt und angetrieben wurde und wird dieser ‚verhaltenspolitische' Schwenk von einer Emanzipations- zu einer Ordnungsperspektive nicht zuletzt durch zwei diskursive Tatbestände. Zum einen durch die geläufige These von der schicht- und milieuübergreifenden *Normalität* sowohl der „Täter" wie des Ausmaßes der familialen (verhäuslichten, sexualisierten) Gewalt, des Missbrauchs und der Misshandlung. Mit den regelmäßigen Verweisen auf ein großes Dunkelfeld bzw. das latente Gewaltpotenzial (insbesondere männlicher Familienangehöriger), wird ein Klima des professionalisierten Argwohns und allseitig-alltäglichen Misstrauens erzeugt

---

15 Die beschriebenen Veränderungen der hegemonialen Familien-Bilder in der zweiten Hälfte des 20. Jahrhunderts haben insgesamt zu einer eigentümlichen Koexistenz zweier widersprüchlicher Diskurse geführt, die untergründig bis in unsere Gegenwart hinein gesellschaftspolitisch wirksam sind. Wenn auch von jeweils sehr unterschiedlichen Akteur_innen getragen findet sich ein Neben- und Gegeneinander zweier Perspektiven, die ‚Familie' entweder als Hort und Brutstätte der Kriminalität und der Gefährdungen phantasieren oder sie nach dem Muster der bürgerlichen Familienideologie als ‚kriminalitätsfreie Zone' und privaten Schutzraum überhöhen. Beiden Diskursen gemeinsam ist eine ausgesprochene Fixierung auf (normabweichendes oder -konformes) *Verhalten*.

(vgl. Furedi 2002), das in der Summe dazu führt, dass auch die – vordergründig – intakte, funktionsfähige Familie unter den Vorbehalt des Verdachts gestellt und auf diese Weise mindestens zum Anlass für kriminal- und sozialpolitische Vorkehrungen und Maßnahmen des „vorbeugenden Opferschutzes" gemacht wird.

Neben der ‚Normalitäts-These' ist es zum anderen die mehrfach angesprochene, einem strafrechtlichen Zugang immanente Logik der Täter-Opfer-Spaltung, mit der die vertrauten Mechanismen einer Transformation gesellschaftlicher (Struktur-)Konflikte in individuelle und schuldhaft zurechenbare (Moral-)Konflikte ins Spiel gebracht werden. Professionell *nicht* bearbeitete und staatlich *nicht* sanktionierte (Täter- und Opfer-)‚Fälle' gelten als eine besondere ordnungspolitische Herausforderung, insofern sie als ‚unbehandelte' Ursachen von zukünftigen ‚sozialen Problemen' (Missbrauch, Drogenabhängigkeit, Schulschwierigkeiten, etc.) gedacht werden und damit zu einer generationenübergreifenden Perpetuierung der (familialen und außerfamilialen) Gewaltspirale beitragen. Familienmitglieder werden auf diese Weise entweder in der Rolle als (potentielle) „Täter" (i.d.R. männliche Missbraucher und Misshandler) oder „Enabler" (i.d.R. Frauen, die passiv Misshandlung und Missbrauch an sich oder ihren Kindern zulassen) oder ‚Opfer' (i.d.R. Frauen und Kinder) adressiert. Vor diesem Hintergrund hat die Viktimologie spiegelbildlich zur Täterforschung der traditionellen Kriminologie eine ganze Batterie an Opfertypologien (des Verhaltens, der psychischen Dispositionen, der bio-psycho-sozialen Merkmalszuschreibungen, etc.) hervorgebracht, die den Einsatz staatlicher Zwangsmittel (im Interesse des Opferschutzes und der Bestrafung der Täter) und die Bereitstellung individualisierter professioneller Hilfe (zur Rehabilitation der Opfer) geradezu herausfordern.[16]

Angesichts dieser Entwicklungen drängt sich am Ende auch hier die Frage auf, inwiefern die dem Kriminalitäts-Modell folgende Thematisierung und Problema-

---

16 Eine weitere, etwas anders gelagerte (und hier nicht weiter vertiefte) Spielart der Mobilisierung von Familien durch das (Interpretations- und Handlungs-)Modell „Kriminalität" operiert auf der Grundlage von wiederkehrenden Moral- und Sicherheitspaniken. ‚Normalfamilien' wird mit dramatisierenden Risikoszenarien nicht nur eine „kriminalitätssensible" Wahrnehmung der Gefahren und Gefährdungen vermittelt, denen ihre Kinder im Umfeld von Familie (Schule, Nachbarschaft, Peer-Gruppe, etc.) ausgesetzt sind. Darüber hinaus werden den Eltern auch die (marktgängigen) technisch-materialen und psychisch-mentalen Ausstattungskomponenten eines verantwortungsbewussten Risikomanagements nahegebracht (vgl. Furedi 2002; Simon 2007, S. 177ff.). Insgesamt dient die politisch-medial angefachte, wenn nicht geradezu hergestellte Kriminalitätsfurcht als machtvolle Ressource, um Ansprüche (z.B. der Integration von Flüchtlingen oder einer liberalisierten Drogenpolitik) abwehren und/oder Maßnahmen intensivierter staatlicher und privater Kontrolle und Überwachung legitimieren und durchsetzen zu können.

tisierung der ‚Familie' einer ‚Politik des Verhaltens' Vorschub leistet, die personalisierbare (Beziehungs-)Konflikte auf Kosten struktureller Konfliktverhältnisse in den Vordergrund rückt. Die Neuen Sozialen Bewegungen, die wie die zweite Frauenbewegung seit den späten 1970er Jahren zur Durchsetzung ihrer ursprünglich emanzipatorischen Interessen auf die Mobilisierung des Staates und des Strafrechts – zweier zutiefst patriarchaler Institutionen – setzten, haben jedenfalls eine kontinuierliche Ausweitung, Vertiefung und Integration einer strafrechtlich-punitiven (Interpretations- und Interventions-)Logik in immer weitere gesellschaftliche Bereiche befördert, in die zuletzt auch die Familie als zentraler gesellschaftlicher Macht- und Herrschaftsinstanz vermehrt einbezogen wurde.[17] Damit bleiben – so unsere These – die strukturellen Widersprüche und Konfliktlagen, die Ungleichheits- und Ausschließungsverhältnisse, die der geschlechterhierarchischen Ordnung des (Arbeits-)Marktes und der Familie sichtbar innewohnen, nicht nur unberührt, sondern werden nach der vertrauten strafrechtlichen Programm-Logik einer Aufspaltung in Täter- und Opferrollen systematisch personalisiert, individualisiert und entpolitisiert.[18]

---

17 Simon (2007, S. 178, 191ff.) macht an dieser Stelle am Beispiel des Scheidungsrechts auf eine auf den ersten Blick paradox anmutende Entwicklung aufmerksam. Das traditionelle Scheidungsrecht basierte in den westlichen Gesellschaften bis in die 1970er Jahre hinein auf einem dem Kriminalitäts-Modell nachempfundenen ‚Schuldrecht'. Scheidungen wurden auf der Grundlage moralischer Schuld- und Verantwortungsfeststellungen (‚Täter' und ‚Opfer') verhandelt, ohne dass dem Strafrecht über die gezielt stigmatisierende Schuldzuschreibung hinaus je eine besondere praktische Relevanz zugekommen wäre. Mit der Liberalisierung des Scheidungsrechts hat sich diese Konstellation geradezu umgekehrt. Das Scheidungsrecht wurde mit der Eliminierung der Schuldfeststellung formal entmoralisiert. Gleichzeitig hat aber die ‚reale' Bedeutung von Kriminalität bzw. Kriminalitätsvorwürfen in Scheidungsprozessen und den damit verbundenen Sorgerechtsentscheidungen exponentiell zugenommen. Unter Verweis auf eine kalifornische Untersuchung beziffert Simon (2007, S. 193) den Anteil strafrechtlich relevanter Vorwürfe in Scheidungs- und Sorgerechtsverfahren (Drogenmissbrauch, sexueller Missbrauch, Vernachlässigung, Misshandlung) auf rund 50 Prozent der untersuchten ‚Fälle'. Aus der beabsichtigten Entmoralisierung und ‚Versachlichung' von Scheidungsverfahren wurde mit der Reform unter der Hand ein auf neue Weise hochgradig moralisch aufgeladenes Konfliktfeld, das mit dem (individuellen) Einsatz von Kriminalisierungsstrategien nunmehr nicht nur, wie ehedem, moralisch, sondern darüber hinaus auch strafrechtlich ‚markierte' Täter und Opfer, gerichtliche Schuldfeststellungen, Kriminalsanktionen, etc. produziert.

18 Die damit auftretende Diskrepanz zwischen einer (konfliktorientierten) Befreiungs- und einer (konsensorientierten) Ordnungsperspektive lässt sich noch unterer einem weiteren Gesichtspunkt verdeutlichen. Von einem emanzipatorischen Anliegen, das die gleichberechtigte und sanktionslose Abweichung von der männlichen Norm einforderte, wurde mit der Nutzung des staatlichen Zwangsapparats als Ressource zur

2.2 Pathologisierung/Therapeutisierung

Ein analoger Transfer von Wissensbeständen, Verfahrensweisen und Begriffen aus der ehemals eng(er) umschriebenen Sphäre kriminologischer Diskurse und strafrechtlicher Kontrollpraktiken in den Alltag hinein lässt sich auch im Hinblick auf Prozesse der Pathologisierung und Therapeutisierung beobachten. Wissenschaftlich autorisiertes Wissen, Verfahrenstechniken und Methoden, Kategorien und Klassifikationssysteme, die ursprünglich auf den eng umgrenzten Rahmen eines klinischen Settings und der (Psycho-)Therapie begrenzt waren, durchlaufen seit nunmehr mehreren Jahrzehnten einen Prozess ungebrochener Expansion (vgl. Anhorn/Balzereit 2016). Im Zuge dessen wandert ein medizinisch-psychiatrisch-psychologisches Vokabular mitsamt den damit verbundenen Deutungsschemata und (pharmako- und/oder psycho-)therapeutischen Bearbeitungsweisen in bisher weitgehend verschlossene gesellschaftliche Bereiche (z.B. Lohnarbeit) ein und bewerkstelligt komplementär zur Strategie der Kriminalisierung eine grundlegende Umwandlung struktureller Konfliktkonstellationen in individuell zurechenbares ‚Problemverhalten'.

So lassen sich im Themen- und Handlungsfeld ‚Krankheit' und ‚Gesundheit' ähnlich tiefgreifende und folgenreiche theoretische und praktische Umorientierungen beobachten, wie sie sich im kriminologischen und kriminalpolitischen Diskurs mit dem Übergang von einem rehabilitativ-normalisierenden (sozialstaatlichen) Integrationsmodus zu einer markt- und konkurrenzorientierten (neo-liberalen) Regime ‚legitimer' Strafe und ‚verdienter' Ausschließung vollzogen haben.[19] Eine

---

Regulierung der Familien- und Geschlechterverhältnisse auf einen Macht- und Herrschaftsmodus ‚umgeschaltet', der in erster Linie auf die Kontrolle und Sanktionierung von „illegitimem" männlichem (und nachgeordnet auch weiblichem) Verhalten ausgerichtet ist. Das ‚normale', gewaltfreie Funktionieren der Familie als Ort der gesellschaftlichen Reproduktion (Kindererziehung, Konsum, Regeneration der Lohnarbeitskraft) zu gewährleisten und die übersteigerten (und als nicht gesellschaftsfähig erachteten) Ausdrucks- und Darstellungsformen männlicher ‚Gewalt' demonstrativ zu skandalisieren und zu sanktionieren, trägt am Ende möglicherweise zu nicht mehr als einer ‚regelkonformen' männlichen Dominanzkultur bei, die zwar neue Ausschließungen (z.B. illegitimer Männlichkeit) erzeugt, die aber letztlich die ‚globalen' Strukturen und eingespielten Prozesse männlicher Hegemonie unberührt lässt.

19 Um unangemessenen Verklärungen bzw. Dämonisierungen, wie sie im kriminal- und sozialpolitischen Diskurs häufiger anzutreffen sind, zu begegnen, sei an dieser Stelle darauf hingewiesen, dass der umfassende Integrationsanspruch des fordistischen Wohlfahrtsstaates über weite Strecken lediglich ein uneingelöstes (und letztlich uneinlösbares) Versprechen blieb. Umgekehrt realisiert sich die bisweilen brachiale Straf- und Ausschließungsrhetorik des aktuellen kriminalpolitischen Diskurses (vgl. hierfür

vordergründig unscheinbare, aber gesellschaftspolitisch umso bedeutungsvollere Veränderung in der theoretischen Konzeptionierung von Krankheit und Gesundheit hat ein fundamental verändertes bzw. erweitertes (Be-)Handlungsmodell nach sich gezogen, mit dem eine bislang nicht gekannte Dynamik der Expansion pathologisierender und therapeutisierender Perspektiven auf (Lohn-)Arbeits-, Familien-, Schul-, Beziehungs- und Selbstverhältnisse vorangetrieben wurde. Ausgangspunkt und Motor der Entgrenzungsdynamik war ein nur auf den ersten Blick unwesentlicher Registerwechsel von der ‚Krankheit' zur ‚Gesundheit'.[20] Eingeleitet und im Weiteren im Schlepptau veränderter gesellschaftlicher Kontextbedingungen ab den 1970er Jahren maßgeblich vorangetrieben wurde diese Entwicklung nicht zuletzt auf der Grundlage der klassischen WHO-Definition von Gesundheit aus dem Jahr 1946. In Abgrenzung zu einem traditionellen medizinisch-somatischen Begriff von ‚Krankheit' wurde das denkbar expansivste Verständnis von Gesundheit entfaltet. Im Sinne der WHO bezeichnet ‚Gesundheit' demnach einen „Zustand des vollständigen körperlichen, geistigen und sozialen Wohlergehens und nicht nur das Fehlen von Krankheit oder Gebrechen." Mit der einprägsamen und vermeintlich selbstevidenten Formel, wonach Gesundheit mehr ist als die Abwesenheit von Krankheit, sondern – so noch einmal die Ottawa-Charta von 1986 – ein „umfassendes körperliches, seelisches und soziales Wohlbefinden" darstellt, wurden sämtliche begrifflichen Begrenzungen und (gesundheits-)politischen Sperren der Diagnostik und therapeutischen Intervention aufgehoben. Mit einer solchermaßen ‚grenzlos' gemachten Gegenstandsbestimmung ließen sich *alle* Aspekte des gesellschaftlichen Lebens, seien sie körperlicher, psychischer oder sozialer Natur, in Fragen bzw. Probleme der ‚Gesundheit' verwandeln und einer der Logik des medizinisch-psychiatrisch-psychologischen (Behandlungs-)Modells folgenden ‚(sozial-) therapeutischen' Bearbeitung und ‚Lösung' zuführen.

Im Einzelnen ist mit dem Registerwechsel von der Krankheit zur Gesundheit ein Wandel im (Be-)Handlungsmodus verbunden, der sich – kursorisch formuliert – als Umbildung, Ergänzung und teilweise Verdrängung des ‚*Reparatur*'-*Modells* durch ein ‚*Wachstum*'-*Modell* beschreiben lässt (vgl. hierzu auch Rau 2016, S. 651). Die Gegenstandsbestimmung des klassischen Krankheitskonzepts impliziert eine ‚strukturelle' Begrenzung auf die Verhinderung und Behandlung einer Krankheit. Mit der ‚Heilung', d.h. mit der ‚Abhilfe' einer organischen und/oder

---

die Bestseller von Heise 2010 und Müller 2013) in der Praxis doch sehr viel widersprüchlicher und gebrochener als die entsprechenden programmatischen Äußerungen vermuten lassen.

20 Zum Folgenden ausführlicher und mit Verweisen auf die einschlägige Literatur, vgl. Anhorn/Balzereit 2016, S. 20ff.

psychischen ‚Funktionsstörung' und der ‚Beseitigung' eines Mangels, Leidens oder Gebrechens bzw. seiner Linderung ist der (Krankheits- und Kranken-)Behandlung ein quasi-natürliches Ende vorgegeben. Wer von einer Krankheit geheilt, wer ‚gesundet' ist, kann nicht mehr *weniger* krank sein. Umgekehrt entfaltet sich mit dem Registerwechsel zur Gesundheit eine handlungsleitende diskursive Logik, in der ein prinzipiell unbegrenztes *Mehr* an Gesundheit nicht nur denkbar, sondern unter den gesellschaftlichen Bedingungen verschärfter Konkurrenzverhältnisse auch (bio-)politisch wünschenswert und individuell herstellbar erscheint. Anders formuliert: Ein Verständnis von Gesundheit, das mehr als die Abwesenheit von Krankheit meint, setzt auf der gesellschaftlichen wie der individuellen Ebene eine Dynamik der (Gesundheits-)*Förderung*, der (Selbst-)*Aktivierung* und (Selbst-)*Optimierung* in Gang, die – man kann ja immer noch ein bisschen gesünder *werden* – in einen letztlich unabschließbaren Prozess von fortwährend erneuerten ‚gesundheitsbewussten' *Verhaltens*imperativen mündet.

Unter macht- und herrschaftstheoretischen Gesichtspunkten kommt dabei der Entgrenzungsdynamik, die mit dem Wechsel vom Register der Krankheit zum Register der Gesundheit verbunden ist, eine besondere Bedeutung zu. Im Unterschied zur negativ konnotierten ‚Krankheit' tragen die mit ‚Gesundheit' assoziierten positiven Werte (gesteigerte Leistungs- und Konkurrenzfähigkeit, verbesserte Lebensqualität, erhöhte Lebensdauer, erweiterte Selbstbestimmungs- und Teilhabefähigkeit, etc.) gewissermaßen ‚von Natur aus' einen handlungsauffordernden, aktivierenden normativen Charakter in sich, die den Einzelnen aus sich heraus zu einem veränderten (‚gesundheitsbewussten') Verhalten stimulieren und dauerhaft motivieren (können). ‚Gesundheit' ist damit aus einer beiläufigen Gegebenheit, die als Abwesenheit von Krankheit mehr oder weniger „verborgen" und „stumm" (Gadamer 2010, S. 135ff.) präsent ist, zu einem (bio-)politisch aufgeladenen öffentlichen und privaten Gut geworden, das – einer Steigerungslogik folgend – als unabschließbarer Prozess unausgesetzt aktiv hergestellt, gestaltet, gefördert und vermehrt werden kann resp. muss. Damit ist ‚Gesundheit' zum maßgeblichen Bestandteil einer neuartigen Macht- und Herrschaftstechnologie der Fremd- und Selbstführung und der individuellen und kollektiven Verhaltenskontrolle geworden, die den begrenzten Denk- und Handlungsrahmen einer um Krankheit zentrierten gesellschaftlichen Regulierung wirkungsvoll zu überschreiten vermag.

Neben dem Registerwechsel von der ‚Krankheit' als eines (begrenzten und begrenzenden) *Zustands* zur ‚Gesundheit' als eines (unabschließbaren) *Prozesses*, stellt die Konzeptionierung von Gesundheit/Krankheit als eines *Kontinuums* einen zweiten zentralen Aspekt ihrer fortschreitenden diskursiven Entgrenzung dar. Das klassische medizinisch-psychiatrische Krankheitsverständnis operiert auf der Grundlage eines *kategorialen* Systems der Klassifikation, das für sich in

Anspruch nimmt, wissenschaftlich begründete ‚kategoriale' Unterscheidungen von (physischen und/oder psychischen) Krankheits- bzw. Gesundheitszuständen bestimmen und damit ‚wesensmäßige' Differenzen, ‚strukturelle' Diskontinuitäten und ‚substanzielle' Zäsuren im Verhältnis von Krankheit und Gesundheit markieren zu können. Einer *qualitativen* Entweder(krank)-Oder(gesund)-Logik folgend, lassen sich auf diese Weise ‚eindeutige' binäre Trennungen und Aufteilungen in Kranke und Gesunde, in Normale und (seelisch, geistig, körperlich) Behinderte, in Süchtige und Tüchtige, in Zurechnungs- und Unzurechnungsfähige etablieren und in den jeweiligen ‚Sonderwelten' (der Psychiatrie, der Behinderteneinrichtungen, der Erziehungsheime und [Sucht-]Kliniken) als Hilfe, als Therapie, als Förderung, als Rehabilitation oder – häufig genug – als bloße Verwahrung organisieren.

Im Zuge des allgemeinen politischen und (sozial-)wissenschaftlichen Aufbruchs ab den 1960er Jahren stellte sich im Windschatten diverser Reformbewegungen (u.a. der Psychiatriereform- und der alternativen Gesundheitsbewegung) ein nachhaltig verändertes Verständnis von Gesundheit und Krankheit ein, mit dem die starre binäre Krankheits-Konstruktion der klassischen Medizin und Psychiatrie wenn nicht abgelöst, so doch überlagert und in den Hintergrund gedrängt wurde. An die Stelle eines kategorialen trat nunmehr verstärkt ein *graduelles* Verständnis von Gesundheit und Krankheit, das einer *quantitativen* Sowohl(krank)-als-auch(gesund)-Logik folgend ein *Kontinuum* unterstellte, das im Sinne eines *Mehr* oder *Weniger* an bio-psycho-sozialen (Funktions- und Anpassungs-)‚Störungen' diagnostische Skalierungen erforderte, die fließende Übergänge und vielfältigste Abstufungen betonten. Bis auf den heutigen Tag mit dem Nimbus einer fortschrittlich-aufgeklärt-toleranten professionellen Haltung versehen, mit der stigmatisierende Zuschreibungen relativiert und ‚natürlich-menschliche' Differenzen normalisiert werden, hat die Vorstellung eines Gesundheits-/Krankheits-Kontinuums gleichwohl nicht nur nicht zur (erwarteten) Normalisierung des ‚Pathologischen' geführt. Vielmehr hat die unterstellte Normalisierungsperspektive eines Gesundheits-/Krankheits-Kontinuums umgekehrt maßgeblich dazu beigetragen, immer mehr Aspekte der lebensweltlichen ‚Normalität', ihrer eingespielten Alltagsroutinen, ihrer autonomen Konfliktbearbeitungen und Bewältigungsstrategien einer expansiven Pathologisierung und Therapeutisierung zu unterwerfen und die Unterscheidung von ‚Heilung' und ‚Optimierung' (Enhancement) einzuebnen.

Vor diesem Hintergrund erweisen sich Pathologisierung und Therapeutisierung als besonders erfolgreiche Strategien bei der Verdeckung bzw. Transformation von Konfliktverhältnissen in individuelles Problemverhalten. Allerdings werden Verfahren, Techniken und Mechanismen, die an Kategorien der ‚Krankheit' bzw. ‚Gesundheit' und eine daraus abgeleitete (präventive) Behandlungsbedürftigkeit anknüpfen, im Unterschied zur Praxis der Kriminalisierung weithin nicht als

Praktiken der Macht- und Herrschaftsausübung wahrgenommen oder benannt. Die gesellschaftlich institutionalisierten Formen der Behandlung von ‚Krankheit' und mehr noch die Förderung von ‚Gesundheit' werden offensichtlich nicht mit spontan sicht- und fühlbaren Maßnahmen der Kontrolle und der Repression in Verbindung gebracht. Vielmehr bringen die mit dem neo-liberalen Gesundheitsdiskurs aufgerufenen (Verhaltens-)Orientierungen an Eigenverantwortung und Autonomiegewinnen eine elaborierte Technologie der (Selbst-)Führung, der (Selbst-)Kontrolle und (Selbst-)Unterwerfung ins Spiel, die sich auf den ersten Blick von den üblicherweise mit Macht und Herrschaft assoziierten negativen Formen des Verbots, der Unterdrückung, der Grenzziehung und Ausschließung demonstrativ abhebt. Die Förderung von Gesundheit, die Prävention und Heilung von psychischen Krankheiten oder Störungen (wie Depression, Traumata, ADHS, Autismus, etc.) umgibt die Aura des uneingeschränkt Positiven und des (schicht-, geschlechter-, generationen- und kultur-)übergreifenden Konsenses, dem mittlerweile der Stellenwert einer allgemeinverbindlichen gesellschaftspolitischen Aufgaben- und Zielstellung zukommt. Sich diesem Konsens kritisch-theoretisch entgegen zu stellen oder gar praktisch zu verweigern, birgt unweigerlich das Risiko, aus der hegemonialen „Ordnung des Diskurses" herauszufallen, damit nicht mehr Teil des ‚seriös' Denk- und anerkannt Sagbaren zu sein und nurmehr zum Gegenstand (diskurs- oder vollzugs-)polizeilicher Maßnahmen der Ausschließung und Sanktionierung zu werden.[21] Vor diesem Hintergrund ist es kaum verwunderlich, dass Prozesse und Praktiken der Pathologisierung/Therapeutisierung zu den am wenigsten kritisch thematisierten, analysierten und problematisierten Bereichen in der Sozialen Arbeit (und darüber hinaus) zählen. Ein kurzer Blick auf Entwicklungen im Bereich der (Lohn-)Arbeitsverhältnisse mag das verdeutlichen.

Beispiel: (Lohn-)Arbeit als therapeutische Arbeit am Selbst[22]
Im Zuge der Durchsetzung und Reproduktion einer marktwirtschaftlich-kapitalistischen Gesellschaftsordnung wurden (und werden) Lohnarbeitsverhältnisse nicht

---

21 Zu ‚diskurspolizeilichen' Ausschließungs- und Teilungspraktiken, vgl. Foucault 1991 [1972].

22 Gesellschaftliche Prozesse der Pathologisierung und Therapeutisierung und die damit verbundenen Praktiken der ‚Problem'-Diagnose und -Bearbeitung ließen sich sehr gut in Bezug auf ‚Schule' und ‚Familie' am Beispiel ADHS (Aufmerksamkeits-Defizit-Hyperaktivitäts-Störung) demonstrieren, zumal über das ‚Störungsbild' ADHS die Institutionen ‚Schule' und ‚Familie' in der Konfliktzurichtung und Konfliktverarbeitung in besonderer Weise miteinander verbunden werden. Um die Dimension und die Bandbreite, die die Orientierung an einer „Politik des Verhaltens" gesamtgesellschaftlich mittlerweile erreicht hat, noch besser zu verdeutlichen, haben wir uns

zuletzt durch das staatliche Kriminalitäts-Dispositiv (Strafverfolgungs- und Strafvollzugsorgane, Gesetze, kriminologische Diskurse, Forschung, etc.) institutionalisiert und ‚herrschaftlich' abgesichert. Mit den Mitteln des staatlichen Macht- und Herrschaftsapparats wurde zum einen die spezifische Form einer bürgerlich-kapitalistischen Eigentumsordnung etabliert und mit den allgemeinverbindlichen Geltungs- und Durchsetzungsansprüchen strafrechtlicher Kontrollinstanzen ‚bewehrt'. Nicht-marktförmige Praktiken der Subsistenzsicherung wie Bettelei und Vagabundage wurden ebenso unter Strafe gestellt (vgl. Chambliss 1984 [1964]) wie durch die (Zwangs-)Auflösung von Gemeineigentum (Allmende) die gewohnheitsmäßigen kollektiven Nutzungsrechte in Straftatbestände (Diebstahl) umdefiniert und strafrechtlich verfolgt wurden (vgl. Marx 1984 [1867], S. 741ff.). Und zum anderen wurde der spontane oder organisierte Widerstand gegen das Lohnarbeitssystem und die damit verbundenen Formen der Ausbeutung, der sozialen Unsicherheiten und Lebensrisiken regelmäßig mit den Mitteln der staatlichen Zwangsapparate ‚Militär' und ‚Strafrecht' in Schach zu halten versucht. Insofern kommt der Strategie der Kriminalisierung bei der Durchsetzung und Aufrechterhaltung einer kapitalistischen Vergesellschaftungsweise seit jeher – und nach wie vor – eine zentrale Rolle zu. Gleichwohl haben sich im Laufe der letzten Jahrzehnte die Akzente in den auf Lohnarbeit bezogenen Macht- und Herrschaftstechniken deutlich verschoben. Zwar haben punitive Orientierungen und Erwägungen der ‚Sicherheit und Ordnung' und damit in einem weiten und mittelbaren Sinne Strategien der Kriminalisierung auch im Bereich der Lohnarbeit (wieder) sichtbar zugenommen (vgl. Simon 2007, S. 238ff.). Neue Überwachungs- und Kontrolltechnologien, die die Möglichkeiten zur Prävention und Aufdeckung von jedweden Normverstößen massiv erweitern, expandierende militarisierte Sicherheitsdienste, von denen Unternehmen neuerdings ganz selbstverständlich umgeben und durchsetzt sind, Drogenscreenings, die – u.a. bei der Deutschen Telekom, der Deutschen Bahn, der Bosch AG und Bayer AG – zur Zugangsvoraussetzung für ein Lohnarbeitsverhältnis werden (und damit zugleich die Privatsphäre der Lohnabhängigen in die Kontroll- und Regulierungsansprüche der Unternehmen einbeziehen) – all das sind nur einige der Beispiele, die für Tendenzen einer ausgeprägteren

---

dafür entschieden, mit dem Lohnarbeitsverhältnis ein weiteres soziales Konfliktfeld vorzustellen, das nicht nur von zentraler gesellschaftlicher Bedeutung ist, sondern von der Sozialen Arbeit – auf der Ebene der Analyse wie der Handlungspraxis – insgesamt recht stiefmütterlich behandelt wird. Zu ADHS als pathologisierender und therapeutisierender Bearbeitungsweise von Konfliktverhältnissen, vgl. Zink 2016; Meyer 2017.

Punitivitäts- und Sicherheitsorientierung in den Unternehmen und der Gestaltung von Lohnarbeitsverhältnissen stehen.[23]

Aber ungeachtet des offensichtlichen gesamtgesellschaftlichen Trends zu einer Intensivierung und Ausweitung punitiver Orientierungen in der ‚Problembewältigung': Nachdem das Lohnarbeitsverhältnis in einem langwierigen, konfliktreichen und gewaltsamen Durchsetzungsprozess mittlerweile zur gesellschaftlichen Normalität, sprich zur ‚aufgeherrschten' Selbstverständlichkeit der individuellen Lebensführung geworden ist, bedarf es zu seiner Reproduktion nicht mehr vorrangig der repressiven Mittel des staatlichen Zwangsapparats in Gestalt des Strafrechts und seiner Vollzugsorgane. Als repressive Absicherungsinstanz des Lohnarbeitsverhältnisses wirkt das Strafrecht nurmehr als ultima ratio hinter den Kulissen des gesellschaftlichen (Lohnarbeits-)Alltags. Unter den Bedingungen des fortgeschrittenen neo-liberalen Kapitalismus erweisen sich vielmehr Prozeduren, Techniken und Mechanismen arbeitsplatzbezogener Verhaltenssteuerung sehr viel effektiver und produktiver, insofern sie sich des großen Reservoirs an pathologisierenden und therapeutisierenden Verfahren bedienen und damit auf unscheinbar-diskrete Weise die entpolitisierte Normalität individualisierter Lohnarbeitsverhältnisse gewährleisten.

Eine der maßgeblichen Ursachen für diesen macht- und herrschaftstechnologischen Wandel in der Regulierung von Lohnarbeitsverhältnissen dürfte in der Auflösung bzw. Aufkündigung des korporativ-sozialstaatlichen Klassenkompromisses seit Mitte der 1970er Jahre liegen, in deren Gefolge es im Machtgefüge von Staat, Arbeitgebern und Arbeitnehmern zu einer fortschreitenden und politisch forcierten Schwächung der gewerkschaftlichen Verhandlungsmacht und damit der kollektiven Interessensvertretung der Lohnarbeiterschaft gekommen ist (vgl. Hirsch 2002, S. 93ff.). Die lohnarbeitsbezogene Konfliktaustragung verlagerte sich damit zunehmend von *öffentlich* ausgetragenen *kollektiven* (Arbeits-)Kämpfen um sozioökonomische Teilhabe zu personalisierten Formen der Problembewältigung, bei denen Fragen der subjektiven Arbeitsplatzzufriedenheit und

---

23 Interpretiert man darüber hinaus ‚Entlassungen' als eine Form der Sanktionierung, dann haben die im Zuge der neoliberalen „Flexibilisierung des Arbeitsmarktes" vollzogenen Maßnahmen (Lockerungen des Kündigungsschutzes, Ausweitung von befristeten Arbeitsverhältnissen und Leiharbeit) neben der Expansion eines strafenden Staates einen eigenen ‚marktwirtschaftlichen' Typus zunehmender Selektivität und Punitivität im Lohnarbeitsverhältnis hervorgebracht. Zieht man im Weiteren noch die Hartz-IV-Gesetzgebung als zentrales Verbindungsstück, als (macht- und herrschafts-)strategisch wichtigste Brücke zwischen staatlicher und marktwirtschaftlicher Punitivität in Betracht, dann gewinnt die gelegentlich in Zweifel gezogene These einer gesamtgesellschaftlich zunehmenden Punitivität weiter an empirischer Evidenz.

-sicherheit, der physischen und psychischen Gesundheit (mit ihren Folgen für das individuelle Leistungsvermögen) und damit Themen wie (Arbeitsplatz-)Stress, Burnout, Mobbing und ihre Prävention in den Vordergrund rückten. Schwindende (gewerkschaftliche) Konflikt- und Organisationsfähigkeit bei der Artikulation und Durchsetzung lohnarbeitsspezifischer Interessen werden – zugespitzt formuliert – durch eine von der Kapitalseite mitgetragene und beförderte und insofern hochgradig konsensfähige Psychologisierung und Therapeutisierung des Arbeitsplatzes zu kompensieren versucht. Wie der exemplarische Fall des ‚Mobbing' zeigt, werden in Anlehnung an das strafrechtliche Täter-Opfer-Schema und seine ‚Schuldlogik' strukturelle, d.h. primär durch Konkurrenz- und Leistungsdruck bedingte Konfliktverhältnisse in ‚persönliche Probleme', psychosoziale Inkompetenzen und moralisierte (Kommunikations- und Bewältigungs-)Defizite der einzelnen Erwerbstätigen umdefiniert und im Rahmen einer Reihe von *nicht-öffentlichen* Kriseninterventionen, Mediationsversuchen, Sanktionsdrohungen, Unterstützungsangeboten etc. ausgetragen – mit dem immer gleichen Ergebnis eines Individualisierungs- und Entpolitisierungseffekts, der den Grundkonflikt von Kapital und Arbeit unthematisiert und damit unberührt lässt.[24]

Beispielhaft für diese Entwicklung steht der Stress-Diskurs, wie er sich angesichts verdichteter und intensivierter Konkurrenz- und Wettbewerbsverhältnisse und fortschreitend prekarisierter Arbeitsbedingungen im Alltag und der Arbeits-

---

24 Jonathan Simon formuliert in diesem Zusammenhang – bezogen auf US-amerikanische Entwicklungen – folgende These (2007, S. 244): Infolge der sukzessiven Schwächung der Arbeiterbewegung und der politisch forcierten Beschneidung gewerkschaftlicher Verhandlungsmacht wird zur Kompensation schwindender kollektiver Konfliktfähigkeit von den Lohnabhängigen vermehrt der individualisierende ‚Rechtsweg' beschritten. Zur Durchsetzung *individueller* Arbeitnehmerinteressen werden hierbei insbesondere die Regelungen der Anti-Diskriminierungsgesetzgebung genutzt. Ob das in gleicher Weise für Deutschland oder andere europäische Staaten zutrifft, sei an dieser Stelle dahin gestellt. Richtig aber ist, dass sich mit dieser der (Strafrechts-)Logik der Täter-Opfer-Dichotomie und dem Nachweis individuell zurechenbarer ‚Schuld' verpflichteten Strategie der Interessensdurchsetzung die Strukturen einer ungleichen und ausschließenden (Arbeits-, Geschlechter-, Generationen-) Ordnung zwar punktuell irritieren, nicht aber überwinden lassen. Jedenfalls drängt sich der Eindruck einer Entwicklung auf, die von der einstmals ordnungspolitisch als bedrohlich wahrgenommenen *Kollektivität* der Arbeiterschaft zunehmend zu ‚therapeutischen' Vorstellungen einer vulnerablen *Subjektivität* führt, die in Gestalt des entkollektivierten modernen Arbeitskraftunternehmers in fortschreitendem Maße als psychopathologisch gefährdet (und mitunter gefährlich) und demenstprechend als im weitesten Sinne ‚behandlungsbedürftig' gilt.

welt etabliert hat (vgl. Brunnett 2018).[25] Hier nur ein Beispiel (unter nahezu beliebig erweiterbaren) für eine radikal personalisierende, nach ‚innen' gewendete Perspektive auf Stress, die im Sinne subjektivierender Macht- und Herrschaftspraktiken der individuellen ‚Arbeit am Selbst' gegenüber einer (nicht einmal mehr beiläufig angedachten) kollektiven ‚Arbeit am Sozialen' uneingeschränkte Priorität einräumt:

> Entscheidend für das richtige Verständnis des Stressgeschehens ist, dass es auf der subjektiven Einschätzung der Anforderungen und der eigenen Fähigkeiten und Ressourcen beruht. Es kommt nicht darauf an, ob die Situation, in der wir uns gerade befinden, „objektiv" gesehen oder von außen betrachtet eine Überforderung darstellt. Entscheidend ist allein, dass wir diese Situation so erleben und interpretieren. Für die Stärke des eigenen Stresserlebens spielt es letztlich keine Rolle, ob unsere Einschätzungen der Wirklichkeit entsprechen oder ob wir, beispielsweise aufgrund falscher Erwartungen, zu hoher Ansprüche an uns selbst oder mangelnder früherer Erfolgserfahrungen die Anforderungen überschätzen und unsere eigene Fähigkeit unterschätzen. (Kaluza 2012, S. 9)

Da Stress – ob in der Familie, in der Freizeit oder am Arbeitsplatz – „individuell" ist (ebd., S. 12) und unter den Bedingungen des flexiblen neo-liberalen Kapitalismus weniger eine physische denn psychische ‚Bedrohung' darstellt (ebd., S. 50), fallen die Behandlungs- und Bewältigungsvorschläge entsprechend (individual-)psychologisch und (verhaltens-)therapeutisch aus. Gefordert sind in erster Linie die Erweiterung und Festigung der individuellen mentalen und sozialen Kompetenzen des Stressmanagements. Dazu zählen (in willkürlicher und unvollständiger Reihenfolge): die Veränderung und Kontrolle von „stressverschärfenden Denkmustern" und „persönlichen Bewertungen", die Entschärfung „persönlicher Stressverstärker", die Erarbeitung einer „erhöhten[n] Stresstoleranz", die Herstellung einer „gesunden" individuellen Work-Life-Balance, aber auch über die unmittelbare Stressbewältigung hinausreichende allgemein psychosoziale Kompetenzen bzw. Aspirationen wie „Lebenslanges Lernen" oder die Stärkung der „Beziehungsfähigkeit" (Kaluza 2012, S. 70, 68, 77, 87, 145, 96, 103).

Vor diesem Hintergrund scheint es nur konsequent, der Prekarisierung der Arbeitsverhältnisse und den damit einhergehenden „Stressoren" mit den ‚protektiven' Mitteln einer verbesserten individuellen Stresskompetenz begegnen zu wollen:

---

25 Der ähnlich gelagerte Prozess einer Transformation struktureller Konflikte im Lohnarbeitsverhältnis in ein individualisiertes psychopathologisches ‚Problemverhalten' ließe sich auch am Beispiel ‚Burnout' demonstrieren (vgl. hierzu Gahntz/Gräfe 2016 und Neckel/Wagner 2013).

Der Zwang zur Produktivitätssteigerung im globalisierten Wettbewerb bedeutet für jeden einzelnen Beschäftigten mehr Leistungsbereitschaft und mehr Konkurrenzkampf. Gleichzeitig wird die Arbeit unsicherer. Die Angst um den Arbeitsplatz und vor dem sozialen Abstieg nimmt zu. [...] Wir müssen lernen, mit dieser neuen Unsicherheit zu leben. Es gilt, Sicherheit und Stabilität in sich selbst zu finden. (Kaluza 2012, S. 53)[26]

Auf der einen Seite äußere gesellschaftlich bedingte Unsicherheiten durch ‚innere' Sicherheit und individuelle Verhaltensstabilisierung kompensieren zu wollen, und auf der anderen Seite mit dem Versprechen auf ein Mehr an Selbstbestimmung, Selbstwirksamkeit und Selbstverwirklichung den Übergang von einer außengesteuerten Fremdführung (Du musst!) zu einer ‚intrinsisch' motivierten Selbstführung (Ich will!) herstellen zu wollen – das stellt in dieser Kombination die ‚funktionale' Passform einer modernisierten Macht- und Herrschaftstechnologie dar, die sich nahtlos in das marktwirtschaftliche Konzept des „Unternehmers seiner Selbst" einfügt (vgl. Foucault (2004 [1979], S. 334; Rau 2018). Die Sozialfigur des Arbeitskraftunternehmers, d.h. eines Lohnabhängigen, der unter dem normativen Zwang steht, ein dem Modell der Unternehmensführung nachgebildetes und mithin einem ‚betriebswirtschaftlichen' Kalkül der Maximierung und Rationalisierung folgendes Verhältnis zu sich selbst (als ‚ganzer' [Berufs- wie Privat-]Person) auszubilden, ist mittlerweile nicht nur im Stress-Diskurs zum Idealtypus einer neo-liberalen (Selbst-)Regulierung der Arbeitsbeziehungen und -bedingungen geworden (vgl. Rau 2018).[27] Konsequenterweise wird mit dem Terminus „Arbeitskraftunter-

---

26 Eine besondere Pointe des hegemonialen Stress-Diskurses (und eine mögliche Teilerklärung für seine ungebrochene Popularität und Attraktivität für nahezu alle beteiligten Akteure – Gewerkschaften, Arbeitgeber, Politik, Gesundheitskassen, Medien, etc.) besteht u.a. darin, dass es ihm gelungen ist, sich glaubhaft eine emanzipatorische Rhetorik der (selbst-)therapeutischen ‚Befreiung', der ‚Freiheits- und Autonomiegewinne' und des ‚persönlichen Wachstums' zu eigen zu machen. „Die Erkenntnis des ‚eigenen Stressanteils' befreit uns [...] aus der erlebten einseitigen Abhängigkeit von den äußeren Umständen. [...] Die Auseinandersetzung mit unseren persönlichen stressverschärfenden Einstellungen und Verhaltensweisen öffnet uns den Blick auf die Freiräume, auf Entscheidungsmöglichkeiten und auf Handlungsspielräume, die wir haben, um trotz bestehender äußerer Belastungen für unser eigenes körperliches und seelisches Wohlbefinden zu sorgen." (Kaluza 2012, S. 15)

27 Bedauerlicherweise ist der Begriff der „Ich-AG" mittlerweile wieder aus dem Alltags- und Fachvokabular neo-liberaler ‚Reformpolitik' verschwunden. Der originelle Neologismus „Ich-AG" brachte mit der Wortkombination „Ich" und „Aktiengesellschaft" das anvisierte Selbstverhältnis des Arbeitskraftunternehmers noch sehr viel treffender zum Ausdruck, insofern mit dem damit assoziierten Moment der Spekulation (mit sich

nehmer" oder „Unternehmer seiner selbst" bereits auf der begrifflichen Ebene der Widerspruch von Kapital und Arbeit getilgt (wir sind nun *alle* Unternehmer, zumindest im Hinblick auf die Führung unseres ‚Selbst'). Stattdessen wird das Konfliktverhältnis in einen vorrangig ‚inneren Konflikt' und ‚Kampf mit sich selbst' (um persönliches Wachstum, um individuelle Wettbewerbsvorteile, um private Optimierungschancen, etc.) umgeschrieben und letztlich unsichtbar, dafür aber umso mehr den Verwertungs- und Professionsinteressen einer ganzen (Therapie-, Gesundheits-, Fitness-, Medien- und Fortbildungs-)Industrie zugänglich gemacht.

3 Fazit

Die gesellschaftliche Macht- und Herrschaftsarchitektur wurde im Zuge der politischen Formierung eines postwohlfahrtsstaatlichen (neo-liberalen) Kapitalismus in zentralen Aspekten einem nachhaltigen Umbau unterzogen. Konfliktverhältnisse, die der ökonomischen, politischen und sozialen Ordnung strukturell eingeschrieben sind und eine konflikttheoretisch begründete ‚Politik des Verhältnisse' erfordern, werden in personalisiertes ‚Problemverhalten' und ‚innere' Konflikte umdefiniert und mit Mitteln einer ‚Politik des Verhaltens' bearbeitet, die auf der Unterstellung eines allgemeinen normativen Konsenses in der Gesellschaft basiert. Kriminalisierung und Pathologisierung/Therapeutisierung stellen dabei – wie gezeigt – aufgrund ihrer ‚Funktionslogik' maßgebliche macht- und herrschaftsstrategische Werkzeuge im Prozess der Verdeckung und Umwandlung von Konfliktverhältnissen in individuelle (Wahrnehmungs-, Einstellungs-, Kompetenz- und Handlungs-)Defizite dar. Diese Zusammenhänge führen notwendig zu Fragen, die die vorangehenden Überlegungen (an-)geleitet haben: Welche Ressourcen der Gestaltung Sozialer Arbeit eröffnen sich mit den je spezifischen Rahmungen von Ereignissen und Situationen entweder als strukturelle Konfliktverhältnisse (mit ihren ökonomischen, politischen und sozialen Widersprüchen, Interessensgegensätzen und Macht- und Herrschaftsasymmetrien) oder als individuelle Verhaltensabweichungen und Normverstöße, die je nachdem zum Gegenstand kriminalisierender und/oder pathologisierender Zuschreibungen und Bearbeitungsweisen werden? Welches (Befreiungs- oder Ordnungs-)Wissen und welche Handlungsoptionen ‚herrschaftlicher' oder emanzipatorischer Art lassen sich darüber mobilisieren? Wie und welche Konflikte – als

selbst) und der ‚Risikoinvestition' (in sich selbst) die gesteigerten Ungewissheiten und Unsicherheiten einer Vielzahl von Lohnarbeitsverhältnissen unter den Bedingungen eines deregulierten Finanzkapitalismus in nicht zu überbietender selbstbezüglicher Anschaulichkeit zum Ausdruck gebracht wurden.

Verhältnis, als Verhalten, als Widerstand – werden darüber für die Soziale Arbeit sichtbar gemacht oder verdeckt, verschoben und transformiert? Welche Rolle nimmt dabei die Expertise der psychosozialen Professionellen (aus der Medizin, der Psychiatrie, der Psychologie, der Sozialen Arbeit, etc.) ein? In welcher Weise und mit welchen Folgen sind die ‚Expert_innen' der (straf-)rechtlichen oder therapeutischen ‚Problemlösung' an der Enteignung von Konflikten beteiligt – Nils Christie (1986) spricht hier, wie erwähnt, in Bezug auf kriminalisierte Ereignisse von „professionellen [Konflikt-]Dieben", die darauf aus sind, sich diese systematisch anzueignen, in spezifischer Weise als ‚Problem' zuzurichten und im Idealfall monopolisiert zu ‚bewältigen'. Welche Folgen sind des Weiteren mit der ‚Verstaatlichung' und der ‚fachkundigen' Aufbereitung und Aneignung von Konflikten durch Professionelle im Hinblick auf eine gleichberechtigte und demokratische Teilhabe der ‚Betroffenen' verbunden? Kurzum: Welche gesellschaftspolitischen Folgen sind mit einer maßgeblich über Kriminalisierung und Pathologisierung herbeigeführten „Perfektion einer Politik, die sich Politik erspart" (Castel/Castel/Lovell 1982, S. 318) verbunden? Was bedeutet – nicht zuletzt für die Soziale Arbeit – die Systematisierung einer *Politik der Entpolitisierung*, die den „Einzelnen vor die gänzlich unerfüllbare Aufgabe [stellt], individuelle Lösungen" (Bauman 2016, S. 57) für gesellschaftliche Konfliktverhältnisse zu entwickeln, die auf diese Weise als strukturell bedingte tendenziell verdeckt und unkenntlich gemacht werden?

Die folgenden aus dem Bundeskongress 2015 hervorgegangenen Texte greifen auf die eine oder andere Weise – gelegentlich explizit, häufiger jedoch eher implizit – Teilaspekte der oben skizzierten Konflikt(verdeckungs)perspektive auf und präsentieren auf der Grundlage eines breiten Themen- und Theoriespektrums eine Vielzahl von Analysen, Forschungszugängen und -ergebnissen, mit denen diesen für die Soziale Arbeit elementaren Fragen nachgegangen werden kann und die darüber hinaus für die Weiterentwicklung einer konfliktorientierten Sozialen Arbeit – so die Hoffnung der Herausgeber_innen – in vielfältiger und produktiver Weise nutzbar sind.

Literatur

Adorno, Theodor W. (2015 [1972]): *Soziologische Schriften I*, 3. Auflage, Frankfurt/M.: Suhrkamp.
Akademie für Sozialarbeit und Sozialpolitik e.V. (Hrsg.) (1994): *Soziale Gerechtigkeit. Lebensbewältigung in der Konkurrenzgesellschaft. Verhandlungen des 1. Bundeskongresses Soziale Arbeit*. Bielefeld: Böllert KT-Verlag.
Anhorn, Roland (2008): Zur Einleitung: Warum sozialer Ausschluss für Theorie und Praxis Sozialer Arbeit zum Thema werden muss. In: Ders./Bettinger, Frank/Stehr, Johannes (Hrsg.): *Sozialer Ausschluss und Sozial Arbeit. Positionsbestimmungen einer kritischen Theorie und Praxis Sozialer Arbeit*, 2. überarb. u. erw. Aufl., S. 13–48. Wiesbaden: VS Verlag für Sozialwissenschaften.
Anhorn, Roland/Balzereit, Marcus (2016): Die „Arbeit am Sozialen" als „Arbeit am Selbst" – Herrschaft, Soziale Arbeit und die therapeutische Regierungsweise im Neoliberalismus: Einführende Skizzierung eines Theorie- und Forschungsprogramms. In: Dies. (Hrsg.): *Handbuch Therapeutisierung und Soziale Arbeit*, S. 3–203. Wiesbaden: Springer VS.
Anhorn, Roland/Stehr, Johannes (2012): Grundmodelle von Gesellschaft und soziale Ausschließung: Zum Gegenstand einer kritischen Forschungsperspektive in der Sozialen Arbeit. In: Schimpf, Elke/Stehr, Johannes (Hrsg.): *Kritisches Forschen in der Sozialen Arbeit. Gegenstandsbereiche – Kontextbedingungen – Positionierungen – Perspektiven*, S. 57–76. Wiesbaden: Springer VS.
Anhorn, Roland/Schimpf, Elke/Stehr, Johannes (2018): Politik der Verhältnisse – Politik des Verhaltens: Widersprüche der Gestaltung Sozialer Arbeit. Einleitende Anmerkungen zum Thema des Bundeskongresses Soziale Arbeit 2015. In: Anhorn, Roland/Schimpf, Elke/Stehr, Johannes/Rathgeb, Kerstin/Spindler, Susanne/Keim, Rolf (Hrsg.): *Politik der Verhältnisse – Politik des Verhaltens: Widersprüche der Gestaltung Sozialer Arbeit*, S. 1–17. Wiesbaden: Springer VS.
Anhorn, Roland/Schimpf, Elke/Stehr, Johannes/Rathgeb, Kerstin/Spindler, Susanne/Keim, Rolf (Hrsg.) (2018): *Politik der Verhältnisse – Politik des Verhaltens: Widersprüche der Gestaltung Sozialer Arbeit*. Wiesbaden: Springer VS.
Bareis, Ellen (2012): Nutzbarmachung und ihre Grenzen – (Nicht-)Nutzungsforschung im Kontext von sozialer Ausschließung und der Arbeit an derr Partizipation. In: Schimpf, Elke/Stehr, Johannes (Hrsg.): *Kritisches Forschen in der Sozialen Arbeit. Gegenstandsbereiche – Kontextbedingungen – Positionierungen – Perspektiven*, S. 291–314. Wiesbaden: Springer VS.
Bauman, Zygmunt (2016): *Die Angst vor den anderen. Ein Essay über Migration und Panikmache*. Berlin: Suhrkamp.
Bitzan, Maria (2018): Das Soziale von den Lebenswelten her denken. Zur Produktivität der Konfliktorientierung für die soziale Arbeit. In: Anhorn, Roland/Schimpf, Elke/Stehr, Johannes/Rathgeb, Kerstin/Spindler, Susanne/Keim, Rolf (Hrsg.): *Politik der Verhältnisse – Politik des Verhaltens: Widersprüche der Gestaltung Sozialer Arbeit*, S. 51–69. Wiesbaden: Springer VS.
Brunnett, Regina (2018): Von Arbeitskonflikten zum psychologischen Problem? Wie Konzepte von Stress und Burnout das Verhältnis zu Arbeit transformieren (können). In: Anhorn, Roland/Schimpf, Elke/Stehr, Johannes/Rathgeb, Kerstin/Spindler, Susanne/Keim,

Rolf (Hrsg.): *Politik der Verhältnisse – Politik des Verhaltens: Widersprüche der Gestaltung Sozialer Arbeit*, S. 333–343. Wiesbaden: Springer VS.

Castel, Françoise/Castel, Robert/Lovell, Anne (1982): *Psychiatrisierung des Alltags. Produktion und Vermarktung der Psychowaren in den USA*. Frankfurt/M.: Suhrkamp.

Chambliss, William J. (1984 [1964]): The Law of Vagrancy. In: Ders. (Hrsg.): *Criminal Law in Action*, 2. Aufl., S. 33–41. New York u.a.: John Wiley & Sons.

Christie, Nils (1986): Konflikte als Eigentum. In: Ders., *Grenzen des Leids*, S. 125–145. Bielefeld: AJZ Verlag.

Cremer-Schäfer, Helga (2012): Kritische Institutionenforschung. Eine Forschungstradition, an der weiter gearbeitet werden kann? In: Schimpf, Elke/Stehr, Johannes (Hrsg.): *Kritisches Forschen in der Sozialen Arbeit. Gegenstandsbereiche – Kontextbedingungen – Positionierungen – Perspektiven*, S. 135–148. Wiesbaden: Springer VS.

Ewick, Patricia/Silbey, Susan S. (1995): Subversive Stories and Hegemonic Tales: Toward a Sociology of Narrative. In: *Law & Society Review*, Vol. 29, S. 197–226.

Foucault, Michel (2004 [1979]: *Geschichte der Gouvernementalität II. Die Geburt der Biopolitik. Vorlesung am Collège de France 1978–1979*. Frankfurt/M.: Suhrkamp.

Foucault, Michel (1991 [1972]): *Die Ordnung des Diskurses*. Frankfurt/M.: Fischer.

Foucault, Michel (1983): *Der Wille zum Wissen. Sexualität und Wahrheit 1*. Frankfurt/M.: Suhrkamp.

Foucault, Michel (1977): *Überwachen und Strafen. Die Geburt des Gefängnisses*. Frankfurt/M.: Suhrkamp.

Furedi, Frank (2002): *Paranoid Parenting. Why Ignoring The Experts May Be Best For Your Child*. Chicago: Chicago Review Press.

Gadamer, Hans-Georg (2010): *Über die Verborgenheit der Gesundheit*. Frankfurt/M.: Suhrkamp.

Gahntz, Christian/Gräfe, Stefanie (2016): Burnout: Die widersprüchliche Logik der Therapeutisierung von Arbeitsstress. In: Anhorn, Roland/Balzereit, Marcus (Hrsg.): *Handbuch Therapeutisierung und Soziale Arbeit*, S. 367–389. Wiesbaden: Springer VS.

Garland, David (2001): *The Culture of Control. Crime and Social Order in Contemporary Society*. Oxford: Oxford University Press.

Heise, Kirsten (2010): *Das Ende der Geduld. Konsequent gegen jugendliche Gewalttäter*. Freiburg/Basel/Wien: Herder.

Herzog, Kerstin (2013): „Und dann sag ICH Ihnen wie Leben geht!" Zu den Widersprüchen von Alltagsroutinen und institutionellen Logiken in Situationen der „Überschuldung". In: Bareis, Ellen/Kolbe, Christian/Ott, Marion/Rathgeb, Kerstin/Schütte-Bäumner, Christian (Hrsg.): *Episoden sozialer Ausschließung. Definitionskämpfe und widerständige Praktiken*. S. 153–169. Münster: Westfälisches Dampfboot.

Hirsch, Joachim (2002): *Herrschaft, Hegemonie und politische Alternativen*. Hamburg: VSA.

Kaluza, Gert (2012): *Gelassen und sicher im Stress. Das Stresskompetenz-Buch – Stress erkennen, verstehen, bewältigen*, 4. überarb. Aufl. Berlin/Heidelberg: Springer.

Kessl, Fabian (2011): Punitivität in der Sozialen Arbeit – von der Normalisierungs- zur Kontrollgesellschaft. In: Dollinger, Bernd/Schmidt-Semisch, Henning (Hrsg.): *Gerechte Ausgrenzung? Wohlfahrtsproduktion und die neue Lust am Strafen*, S. 131–143. Wiesbaden: VS.

Laing, Ronald D. (1974): *Die Politik der Familie*. Köln: Kiepenheuer und Witsch.

Lamnek, Siegfried/Luedtke, Jens/Ottermann, Ralf/Vogl, Susanne (2012): *Tatort Familie: Häusliche Gewalt im gesellschaftlichen Kontext*, 3., erweiterte und überarbeitete Aufl. Wiesbaden: Springer VS.

Lutz, Tilman (2010): *Soziale Arbeit im Kontrolldiskurs. Jugendhilfe und ihre Akteure in postwohlfahrtsstaatlichen Gesellschaften*. Wiesbaden: VS Verlag für Sozialwissenschaften.

Lutz, Tilman/Stehr, Johannes (2014): Ausschließungsbereitschaft und Straforientierung in der Sozialen Arbeit. Kontexte, zentrale Diskurse und ein Blick auf die Profession. In: *Zeitschrift für Jugendkriminalrecht und Jugendhilfe*, H. 1, S. 10–15.

Marx, Karl (1984 [1867]): Das Kapital. In: Marx, Karl/Engels, Friedrich, *Werke Band 23*, S. 109–147. Berlin: Dietz Verlag.

Meyer, Heike (2017): *ADHS – eine Diagnose als Ressource zur Konfliktverdeckung? Pathologisierungsprozesse im Kontext Schule am Beispiel ADHS*. Unveröffentl. Masterarbeit im Fachbereich Soziale Arbeit der Evangelischen Hochschule Darmstadt.

Müller, Andreas (2013): *Schluss mit der Sozialromantik. Ein Jugendrichter zieht Bilanz*. Freiburg/Basel/Wien: Herder.

Müller, Siegfried/Reinl, Heidi (Hrsg.) (1997): *Soziale Arbeit in der Konkurrenzgesellschaft. Beiträge zur Neugestaltung des Sozialen*. Neuwied/Kriftel/Berlin: Luchterhand.

Neckel, Sighard/Wagner, Greta (Hrsg.) (2013): *Leistung und Erschöpfung. Burnout in der Wettbewerbsgesellschaft*. Berlin: Suhrkamp.

Rau, Alexandra (2018): Macht und Psyche in entgrenzten Arbeitsverhältnissen. Reflexionen zur Sozialen Arbeit im Kontext von Neoliberalismus und Psychopolitik. In: Anhorn, Roland/Schimpf, Elke/Stehr, Johannes/Rathgeb, Kerstin/Spindler, Susanne/Keim, Rolf (Hrsg.): *Politik der Verhältnisse – Politik des Verhaltens: Widersprüche der Gestaltung Sozialer Arbeit*, S. 315–332. Wiesbaden: Springer VS.

Rau, Alexandra (2016): Die Regierung der Psyche – Psychopolitik und die Kultur des Therapeutischen in der neoliberalen Gesellschaft. In: Anhorn, Roland/Balzereit, Marcus (Hrsg.): *Handbuch Therapeutisierung und Soziale Arbeit*, S. 647–665. Wiesbaden: Springer VS.

Schimpf, Elke/Stehr, Johannes (2012): *Kritisches Forschen in der Sozialen Arbeit. Gegenstandsbereiche – Kontextbedingungen – Positionierungen – Perspektiven*. Wiesbaden: Springer VS.

Simon, Jonathan (2007): *Governing Through Crime. How the War on Crime Transformed American Democracy and Created a Culture of Fear*. Oxford/New York: Oxford University Press.

Stehr, Johannes (2016): Opferdiskurse und Viktimismus in der Sozialen Arbeit. In: Anhorn, Roland/Balzereit, Marcus (Hrsg.): *Handbuch Therapeutisierung und Soziale Arbeit*, S. 767–779. Wiesbaden: Springer VS.

Stehr, Johannes (2008): Soziale Ausschließung durch Kriminalisierung. Anforderungen an eine kritische Soziale Arbeit. In: Anhorn, Roland/Bettinger, Frank/Stehr, Johannes (Hrsg.): *Sozialer Ausschluss und Sozial Arbeit. Positionsbestimmungen einer kritischen Theorie und Praxis Sozialer Arbeit*, 2. überarb. u. erw. Aufl., S. 319–332. Wiesbaden: VS Verlag für Sozialwissenschaften.

Stehr, Johannes/Schimpf, Elke (2012): Ausschlussdimensionen der Sozialen-Probleme-Perspektive in der Sozialen Arbeit. In: Schimpf, Elke/Stehr, Johannes (Hrsg.): *Kritisches*

Forschen in der Sozialen Arbeit. Gegenstandsbereiche – Kontextbedingungen – Positionierungen – Perspektiven, S. 27–42. Wiesbaden: Springer VS.

Urek, Mojca (2012): Wie in der Sozialen Arbeit ein Fall gemacht wird: Die Konstruktion einer ‚schlechten Mutter'. In: Schimpf, Elke/Stehr, Johannes (Hrsg.): *Kritisches Forschen in der Sozialen Arbeit. Gegenstandsbereiche – Kontextbedingungen – Positionierungen – Perspektiven*, S.201–216. Wiesbaden: Springer VS.

Wacquant, Loïc (2009): *Bestrafen der Armen: Zur neoliberalen Regierung der sozialen Unsicherheit*. Opladen/Farmington Hills: Barbara Budrich.

Zink, Katharina (2016): AD(H)S: Herstellungsweise(n) eines Etiketts in den Diskussionslinien zur „Aufmerksamkeitsdefizit-Hyperaktivitätsstörung". Irritationen und Widersprüche in einer Spurensuche. In: Anhorn, Roland/Balzereit, Marcus (Hrsg.): *Handbuch Therapeutisierung und Soziale Arbeit*, S. 451–479. Wiesbaden: Springer VS.

Teil I
Konfliktperspektiven in Fall-, Feld- und Sozialraumorientierung

Konfliktorientierung und Konfliktbearbeitung in der Sozialen Arbeit

Mit einer kasuistischen Erörterung

Maria Bitzan und Franz Herrmann

Einführung

Soziale Arbeit ist immer auf Konflikte bezogen: gesellschaftliche, soziale, persönliche Ebenen spielen ineinander. Die Arbeit an Konflikten ist somit auch zentraler Bestandteil der Tätigkeit von Fachkräften in der Sozialen Arbeit und stellt diese vor anspruchsvolle fachliche, aber auch persönliche Herausforderungen. Diese Zusammenhänge waren Thema in unserem Workshop auf dem Bundeskongress Soziale Arbeit, an dem wir die folgenden Grundgedanken vorstellten. Mit den Teilnehmer_innen diskutierten wir anhand eines Fallbeispiels (vgl. Kapitel 3) über methodische wie politische Aspekte einer reflexiven Konfliktorientierung und -bearbeitung.

Ausgangspunkt unseres Beitrags sind folgende Thesen:

1. Wir haben deshalb so häufig in der Sozialen Arbeit mit Konflikten zu tun, weil sie bereits in ihrem sozialstaatlichen Ort und Auftrag, in Arbeitsfeldern und Organisationen sowie den Lebenswelten unserer Adressat_innen als Konfliktpotentiale angelegt sind – in Form von Widersprüchen, Ambivalenzen, Unklarheiten in Strukturen bzw. Subjekten. Im alltäglichen Handeln von Fachkräften und Adressat_innen entstehen aus diesen Potentialen leicht reale Konflikte.
2. Konflikte in den Lebenswelten der Adressat_innen sind häufig Ausdruck von gesellschaftlichen Grundwidersprüchen (wie z.B. geschlechtsspezifischen Ar-

beitsteilungen und Rollenerwartungen, Formen sozialer Ungleichheit). Werden solche strukturellen Zusammenhänge in Konflikten nicht mitgedacht, entstehen im Handeln der Fachkräfte leicht verkürzende Interpretationen von Fallkonstellationen und unproduktive, manchmal konfliktverschärfende, Lösungsstrategien.

1 Konflikte als Gegenstand und Strukturmerkmal Sozialer Arbeit

Soziale Arbeit ist ein Teilsystem des Sozialstaats mit der Aufgabe, an der Bearbeitung sozialer Probleme (wie z.b. , unangepasstes' Leben in Armut, Straffälligkeit) in der Gesellschaft mitzuwirken sowie Menschen aus allen Altersgruppen und sozialen Schichten in ihrer Alltagsbewältigung und Entwicklung zu unterstützen. Dabei hat sie mitzuwirken an der sozialstaatlichen Aufgabe der Balance von System- und Sozialintegration, welche eine gelungene Verbindung von Reproduktion und Funktionieren der herrschenden Ordnung(en) (z.b. die kapitalistische Ordnung mit der Priorität der Arbeitsmarktintegration nicht integrierter Jugendlicher und Erwachsener) und der Sicherung der sozialen Existenz der Individuen als Subjektentwicklung zu gewährleisten hat (Böhnisch/Schröer 2012, S. 50). Dazu gestalten Fachkräfte Angebote und Maßnahmen von Beratung, Bildung, Erziehung, Begleitung und Betreuung. Maja Heiner charakterisiert die ,intermediäre Funktion' der Sozialen Arbeit, indem diese vermittelnd zwischen Individuen und Gesellschaft tritt mit dem Ziel, bessere Beziehungen zwischen Menschen und ihrer Umwelt zu ermöglichen (Heiner 2010, S. 33). Fachkräfte arbeiten dabei – je nach Kontext und Selbstverständnis – nicht nur mit Menschen, sondern angesichts der oft belastenden Lebensbedingungen ihrer Adressat_innen auch an einer Veränderung dieser Verhältnisse.

Dieses ,Dazwischen-Sein' Sozialer Arbeit bzgl. ihres gesellschaftlichen *Orts und Auftrags* ist in mehrfacher Hinsicht strukturell konfliktträchtig:

- *Es gibt ein Spannungsfeld unterschiedlicher Aufträge und Erwartungen an Fachkräfte:* Sie sind nicht nur dem Wohl der Adressat_innen verpflichtet, sondern auch dem der Gesellschaft (,doppeltes Mandat'). Im Alltag ergibt sich so ständig die Anforderung, zwischen Erwartungen von Adressat_innen, gesetzlichen bzw. institutionellen Aufträgen sowie der eigenen professionellen Einschätzung von Situationen (,Tripelmandat') abzuwägen und in diesem Spannungsfeld sinnvolle Handlungsstrategien zu entwickeln.

- *Fachkräfte sind auch Repräsentant_innen gesellschaftlicher Normalitätserwartungen und -konstruktionen*: Als Teilsystem des Sozialstaats ist Soziale Arbeit immer auch Transmissionsriemen gesellschaftlicher Diskurse. Sie soll diese übersetzen und mit ihrer Praxis verifizieren (neben Polizei, Justiz und anderen gesellschaftlich mächtigen Institutionen). „Sie war und ist eine gesellschaftliche Lösung dafür, den Umgang mit Ungleichheit von einer politischen zu einer pädagogischen Frage zu machen. So entstehen spezifische Konstruktionen von Adressat_innen, die sich niederschlagen in den Institutionen, der Infrastruktur, auch in Gesetzen. Diese beeinflussen wiederum die Kategorien, mit denen Träger und Fachkräfte Phänomene wahrnehmen und auch wieder (re)produzieren" (Bitzan 2017, S. 58). Unklarheiten und Widersprüche brechen üblicherweise erst dann hervor, wenn sie zugespitzt in Krisen eskalieren. Die Soziale Arbeit soll diese Eskalationen ‚heilen', und zugleich die normativen Grundfesten, die der Krisenerscheinung zu Grunde liegen, bestätigen.
- *Knappe Ressourcen:* Wartelisten bis zu einem Jahr in der Schuldnerberatung, Betreuungsschlüssel von 1:150 in Gemeinschaftsunterkünften von Geflüchteten etc. – viele Beispiele aus der Praxis belegen, dass Fachkräfte nicht immer das umsetzen können, was fachlich erforderlich wäre. Notwendige Prioritätensetzungen bringen immer auch die Rechtfertigung für die Nichtbeachtung anderer Bedürfnisse/Bedarfe und auch anderer (fachlicher) unter Umständen ganzheitlicherer Umgangsweisen mit sich.
- *Fachliche Expertise allein reicht nicht zu gelingender Hilfegestaltung:* Aufgrund der Komplexität und begrenzten Vorhersehbarkeit menschlicher Lern- und Veränderungsprozesse ist es nur in Grenzen möglich, pädagogische Prozesse und ihre Wirkungen von Seiten der Fachkraft zu steuern. Professionelle Expertise ist eine notwendige, aber keine ausreichende Voraussetzung für gelingende Unterstützungsprozesse. Diese sind Ergebnis einer Ko-Produktion mit Adressat_innen.[1]
- *Begrenzte Freiwilligkeit beruflicher Beziehungen:* In der Arbeit mit Suchtkranken, der staatlichen Straffälligenhilfe, im Allgemeinen Sozialen Dienst und anderen Feldern arbeiten Fachkräfte mit Adressat_innen, die nicht oder nur begrenzt freiwillig zu ihnen kommen. Produktive Arbeitsbündnisse aber setzen die aktive Teilnahme der Adressat_innen voraus.

---

1 Vgl. Oelerich/Schaarschuch (2005), die die Adressat_innen bzw. Nutzer_innen als Produzenten und die Soziale Arbeit als Ko-Produzentin der sozialen Dienstleistung bezeichnen.

Auch in den *Lebenswelten der Adressat_innen* sind vielfältige *strukturelle* Konfliktpotenziale vorhanden:

Zum einen haben Fachkräfte häufig mit Konflikten zu tun, in denen die Beteiligten aus (stark) belasteten Lebensverhältnissen kommen (überforderte Familienmitglieder, Menschen in Situationen von Armut und/oder Ausgrenzung, Menschen mit biografischen Erfahrungen von Missachtung, Vernachlässigung oder Gewalt). Belastungen entstehen dabei nicht nur aus offensichtlichen diskriminierenden oder begrenzenden Verhältnissen oder individuellen Bewältigungskrisen, sondern auch aus verdeckten Ungleichheitsverhältnissen, die mit spezifischen Erwartungen und Verhaltensanforderungen verbunden sind (z.b. muss ein Schüler genauso gut sein wie sein Klassenkamerad, der viel mehr Lernressourcen zur Verfügung hat, z.b. muss eine Mutter die häusliche Sorgearbeit „aus Liebe" und damit gern und fraglos erledigen…). Schwierige Lebensverhältnisse und verwundende Erfahrungen, erlebte Ausgrenzungen, Gewalt, fehlende Anerkennung oder restriktive Lebensbedingungen sind immer schon Ausdruck von Konflikt*verhältnissen* – seien es interpersonale Strukturen oder gesellschaftliche Bedingungen. Diese sind oft nicht thematisiert, in ihrer strukturellen Seite verdeckt und oft nur als individuelle Erfahrungen erlebbar. Sie führen zwar nicht automatisch zu manifesten Konfliktaustragungen mit Anderen. Sie wirken aber als Kräfte im Kontext biografischer Lebensbewältigung, beeinflussen die subjektiven Wahrnehmungen, den Umgang mit Handlungssituationen und bilden so den – meist nicht so leicht erkennbaren – Hintergrund von Konflikten.

Zum anderen ist gesellschaftliche Realität auch gekennzeichnet von neuen Formen der Verdeckung bzw. Ent-Öffentlichung lebensweltlicher Konflikte: Die aktuellen Entwicklungen der Individualisierung der Lebenswege, der wachsenden Isolation der Individuen in Bezug auf Lebensentscheidungen, verbunden mit der Zuständigkeit für das eigene Glück als Verpflichtung (z.B. die Vereinbarkeit von Kindererziehung und Existenzsicherung als Alleinerziehende zu bewältigen), diese Entwicklungen bewirken eine Entöffentlichung von Konflikten: Der Kampf um Anerkennung, meint Honneth, scheint sich eher in das Innere der Subjekte verlagert zu haben, sei es in Form von gestiegenen Versagensängsten, sei es in Formen von kalter, ohnmächtiger Wut (Honneth 2011; vgl. Bitzan 2016).

2 Kompetente Arbeit mit Konflikten in der Sozialen Arbeit

Angesichts der Vielfalt von Konfliktformen und Konfliktpotentialen in der Sozialen Arbeit gibt es *erstens* keine Einzelmethode (wie Mediation oder Beratung), mit der all diese Konstellationen kompetent bearbeitet werden können: Der angemessene Zugang zu Konfliktarbeit im Kontext der Sozialen Arbeit ist vielmehr eine *Kombination aus ‚Situationsverstehen' und flexiblem ‚methodischen Handeln'*. Das heißt: Jeder Konflikt sollte als soziale Situation mit bestimmten Konfliktbeteiligten in einem spezifischen sozialen und institutionellen Kontext verstanden werden. Auch die bearbeitende Fachkraft ist Teil dieser Situation. Ihre Aufgabe besteht darin, den eigenen Ort des Handelns und Auftrags in dieser Situation zu finden, und von hier aus sinnvolle Analyse-, Planungs- und Reflexionsinstrumente und methodische Handlungsschritte flexibel und reflexiv auf den jeweiligen Konflikt hin zu kombinieren (vgl. Herrmann 2013, S. 11).

Adressat_innen Sozialer Arbeit sind in ihrem Alltag mit einer Fülle von (häufig nicht erkannten) strukturellen Konfliktpotentialen in Form widersprüchlicher Anforderungen, Zumutungen, Benachteiligungen etc. konfrontiert, die ihre Lebensbewältigung erschweren und behindern können. Kompetente Konfliktbearbeitung bedeutet deshalb *zweitens* auch das *Aufdecken und Zugänglichmachen latenter Konflikte in diesem Alltag*:

> Das Aufsuchen von Widersprüchen in den Erfahrungen der Subjekte und in den Anforderungen an sie ist somit entscheidend (a) als Erkenntnisquelle für das Verstehen von Lebenswelt, und (b) für Ansatzpunkte, um Konfliktverhältnissen und Konfliktquellen auf die Spur zu kommen und sie zu öffnen, zugänglich, bearbeitbar zu machen. Diese Lebensweltorientierung geht davon aus, dass Lebenspraxis als widersprüchliche immer eine Bewältigung von Konflikten ist, egal, ob den Subjekten die Konflikte bewusst sind oder nicht. (Bitzan 2000, S. 339)

Da sich gesellschaftliche Modernisierung auch – wie oben skizziert – „als Entöffentlichung geschlechtshierarchischer Widersprüche und Individualisierung gesellschaftlicher Konflikte, die ihre Lösung zu einer Privataufgabe machen" (ebd., S. 340) zeigt, basiert konfliktorientierte Soziale Arbeit auch darauf,

- herauszufinden, wie die jeweiligen Adressat_innen mit den Zumutungen und eingeschränkten Optionen im Kontext ihrer Lebenslage umgehen,
- mit ihnen dazu nach Widersprüchen, Bruchstellen und Konflikten zu suchen,
- den zugrundeliegenden Konflikten einen Namen zu geben und sie in ihren gesellschaftlichen Kontext zu stellen sowie den Subjekten zu verdeutlichen, welche Leistungen sie dabei erbringen.

Kompetente Arbeit mit Konflikten ist *drittens* keine rein ‚technische' bzw. methodische Fähigkeit, sondern hat auch eine *persönlich-selbstreflexive Dimension*. Sie berührt immer persönliche Aspekte und Haltungen der Fachkraft und erfordert einerseits eine Auseinandersetzung mit dem ‚Eigenen' (z.B. der eigenen Konflikthaltung und -biografie; persönlichen Empfindlichkeiten und Handlungsmustern in Konflikten). Andererseits müssen die institutionellen ‚Bilder' und Konstruktionen von Adressat_innen erkannt und kritisch reflektiert werden, die in der eigenen Organisation wirksam sind und die das eigene Handeln beeinflussen (vgl. Bitzan/ Bolay 2017).

3   Ein Fallbeispiel

In E-Stadt wohnt das Ehepaar Andrea und Bernd mit ihren 2 Kindern Claudine (14 J.) und Dirk (10 J.). Andrea ist 50% berufstätig in einer Firma, zu der sie einen Anfahrtsweg von einer Dreiviertelstunde mit öffentlichen Verkehrsmitteln hat, Bernd ist 100% berufstätig und fährt mit dem Fahrrad, aber öfters auch mit dem Familienauto zur Arbeit. Er kommt manchmal auch später nach Hause, weil es viel in der Firma zu tun gibt.

Es gibt öfter Streit zwischen den Eheleuten. Andrea ist „alles zu viel": die ständige Rennerei zum Bus, Einkaufen, Kochen, Elternabende, das nachmittägliche Kutschieren und Organisieren der Kinder zu ihrem Musikunterricht und anderen Freizeitaktivitäten. Außerdem gibt es noch die Nachhilfe von Claudine, die Vorbereitung und Verarbeitung der Omabesuche… Zunehmend ist Andrea genervt, weint, ist unfreundlich zu Kindern und Bernd. Dieser wiederum regt sich über die Veränderung seiner Frau auf, ärgert sich, dass das Haus „verloddert", tröstet sie dann wieder, „das kriegen wir schon hin, du musst einfach ein bisschen entspannter sein…"

Claudine gehen die Streitereien auf die Nerven, sie übernachtet gerne bei ihrer Freundin (und geht mit dieser abends weg, auch nach 22 Uhr). Eines Tages wird sie von der Polizei aufgegriffen und nach Hause gebracht, die Mutter ist alarmiert.

Der ASD wurde von der Polizei verständigt. Sozialarbeiterin Frau Ebert besucht Andrea, ist sehr verständnisvoll, lässt sich alle Sorgen erzählen und beginnt mit ihr, den Alltag durchzusprechen. Gemeinsames Ziel ist: den Alltag besser strukturieren, Regeln mit der Tochter aufstellen. Und außerdem kann sie Andrea dazu gewinnen, einmal in der Woche zu einem Kurs in autogenem Training zu gehen.

4 Kasuistische Diskussion

Im Workshop arbeiteten wir am Fallbeispiel entlang folgender Fragestellungen:

- Welche Konflikte greift die Fachkraft auf und welche Zielrichtung verfolgt sie dabei?
- Welche Reichweite erreichen ihre Intervention und Lösungsidee?
- Welche Erkenntnisse ergibt eine tiefergehende Analyse und welche Handlungsvorschläge geraten dadurch in den Blick?

Der beschriebene Konflikt in der Familie ist zuerst ein privater, d.h. die Konfliktparteien sind ‚*Besitzer_innen*' des Konflikts und können entsprechend eigenverantwortlich damit umgehen. Durch das Eingreifen der Polizei und des Jugendamtes wird ein Teil des Konflikts *öffentlich*, d.h. die Familie ist nur noch ‚*Teilhaber_in*' und so bei der Regelung auf die Mitwirkung, evtl. sogar Zustimmung anderer Personen/Institutionen angewiesen. Dabei müssen diese externen Akteure in ihrem Handeln bestimmte gesetzliche Vorschriften, institutionelle Verfahren und Normalitätsvorstellungen beachten, die die Art der Konfliktbearbeitung beeinflussen werden.

Die Sozialarbeiterin ist verständnisvoll und einfühlend gegenüber Andrea. Somit lässt sich feststellen, dass sie in ihrer Problemdefinition Andreas' Leiden ernstnimmt und sie nicht sofort mit stigmatisierenden Inkompetenzbildern konfrontiert. Allerdings greift sie ‚nur' die Genervtheit, die Überforderungsgefühle von Andrea auf. Indem sie ihr vorschlägt, den Alltag durchzugehen, um ihn besser zu strukturieren und sich einen Kurs in autogenem Training zu gönnen, bleibt der Horizont der gemeinsamen Situationsdeutung und somit ihres fachlichen Handelns gefangen in dem Funktionieren des Status quo (sie kollaboriert so unbewusst mit dem Ehemann Bernd, der auch findet, dass sich seine Frau wieder ‚einkriegen' soll). Damit vermittelt sie Andrea (wie auch schon Bernd), dass sie als Mutter und Ehefrau eben doch nicht so ganz richtig ‚funktioniert' und sich noch mehr fordern muss: Hier wird die Selbstoptimierung in einem widersprüchlichen und damit kaum befriedigend zu lösenden Aufgabenfeld gefordert, indem ein ‚Mehr desselben' die Lage letztendlich nicht verbessert, sondern verschlimmert. Wir sehen also, dass hier einerseits das Familienbild der Moderne übernommen wird (Auflösung der Familie, Entgrenzung, Individualisierung) und anderseits dieses gar nicht weitergehend in die Fallbearbeitung aufgenommen wird, sondern sich strikt an traditionellen Leitbildern orientiert wird. Obwohl sich die Sozialarbeiterin als verständnisvoll, vielleicht sogar (vermeintlich) parteilich für Andrea geriert, verschärft sie letztlich die Konfliktlagen: Frau Ebert bleibt in ihrem Handeln auf ihren gesetzlichen Kontrollauftrag (das weitere öffentliche Auffälligwerden von Claudine verhindern) bezogen, handelt individualisierend und an gängigen Normalitätsvorstellungen orientiert.

An diesem Vorgehen wird ein geringer Selbstreflexionshorizont der Sozialarbeiterin deutlich. Allgemein gesprochen: Immer ist auch die Fachkraft, die einen Konflikt bearbeitet, Teil dieser Situation. Ihre Deutungen des Konflikts beeinflussen wesentlich das Geschehen. Hat die Sozialarbeiterin ihr eigenes Familienbild reflektiert? Hat sie sich überlegt, wie sie selbst mit den doppeldeutigen Botschaften moderner Mutterschaft umgeht? usw.

Offensichtlich sind dies nicht die Denkfiguren der Sozialarbeiterin. Sie bleibt fokussiert darauf, dass Andrea ein Problem hat, es deshalb Konflikte gebe und diese wieder bereinigt werden müssten. Ein reflektiertes fachliches Verständnis (Konfliktkompetenz) erfordert von der Fachkraft, eine konstruktive Grundhaltung zu Konflikten zu entwickeln, d.h. Konflikte als Chance zur Erkenntnis und Veränderung und nicht nur als Bedrohung zu sehen.

Im gegebenen Fallbeispiel wäre hier die Frage der Familienkonstruktion als ‚heile Welt' zu thematisieren, die verdeckt Aufgabenbündel schnürt mit je verschiedenen widersprüchlichen Anforderungen an alle Familienmitglieder. Dahinter stehen nicht kommunizierte Erwartungen, „es" zu schaffen, trotz der widersprüchlichen Implikationen. Der Fachkraft entgeht somit die zweite und dritte Ebene der Konfliktanalyse: Würde sie Bernd in die Konfliktanalyse einbeziehen (und weitergehend auch Tochter Claudine), dann wäre zumindest der Horizont der *gegenseitigen* Erwartungen ein Thema der Aushandlungen und somit auch Veränderungsmöglichkeiten. Der Vater könnte sich mehr mit seiner Tochter befassen, seine Arbeitszeiten reduzieren, seiner Frau das Auto überlassen und sich einmal fragen, wieso das ganze bisher eigentlich funktioniert hatte…

Allerdings würde auch diese zweite Ebene noch im System des Konstruktes ‚Familie' mit den dazugehörigen sozialpolitischen Erwartungen, fraglos und durch individuelle Regelungen die reproduktiven Lebensaufgaben zu lösen, steckenbleiben. Nur wenn das System Familie überschritten wird (dritte Ebene), hat die Beispiel-Familie eine Chance, aus der Falle der gegenseitigen Rollenerwartungen und -enttäuschungen herauszutreten.

> Soziale Konflikte und deren Verursachungszusammenhänge als Folgen gesellschaftspolitischer Interessengegensätze sind der Stoff der sozialen Arbeit. […] Politisierende (gemeinwesenorientierte) Arbeit verweist in ihrer Grundrichtung auf das Sichtbarmachen dieser Konfliktstrukturen und ist somit gekennzeichnet durch das Aufdecken von und der Arbeit mit Konflikten. (Bitzan/Klöck 1993, S. 25)

In die Konfliktkonstellation der Beispielfamilie gehen die gesellschaftspolitischen Vorstellungen ein, was Familie leisten soll. Es gehen Konstruktionen des Geschlechterverhältnisses ein, die vorsehen, dass Frauen die Familien- und Erwerbsarbeitsaufgaben miteinander vereinbaren und gut leisten können. Es gehen Vorstellungen von guter Erziehung ein, die immer den Kurzschluss ziehen, dass auffälliges Verhalten von Kindern/Jugendlichen auf Erziehungsversagen zurückzuführen sei.

Im Workshop entstanden weitergehende Interventionsideen: Ausgehend von der Vermutung, dass Andrea nicht die einzige Mutter ist, der die Anforderungen zu viel sind, könnten nachbarschaftliche Treffen entstehen, in denen einerseits die Belastungserfahrungen kommuniziert und damit aus der Privatheit herausgeholt werden („nicht ich bin die Versagerin, es liegt in der Struktur des Erwartungshorizonts") und anderseits auch kollektive solidarische Lösungen entwickelt werden: Abwechselnd mittags zu kochen für mehrere Kinder (und Mütter), gemeinsame Einkaufsaktionen, car-sharing der berufstätigen Männer... Aus der Gemeinwesenarbeit wären hier Ansatzpunkte zu finden, mit denen auch schwerwiegende Probleme in einen öffentlichen und damit kollektiven Rahmen gestellt werden könnten, die die gesellschaftliche Seite der Konfliktstruktur erkennbar und in anderer Weise sprechbar und erfahrbar machen würde.

Subjekte sprechen über ihre Probleme/Belastungen so, wie es öffentlich üblich ist zu sprechen. Dahinterstehende Empfindungen, Wünsche, Begehren oder Leiden, haben keinen Ort und keinen Namen. Die Frage danach, wie Subjekte über sich sprechen können, wie dominante Sprechweisen Bedürfnisse und Erfahrungen einhegen und in spezifischen Repräsentationen einfangen (und damit nicht selten ordnungssprengende Anteile negieren), beschäftigt auch die Soziale Arbeit (vgl. Bitzan/Bolay 2017, Kap.4., Bitzan/Bolay/Thiersch 2006). Nancy Fraser (1994) konnte schon in ihren frühen sozialpolitischen Studien zeigen, wie Bedürfnisse in einer spezifischen Art und Weise aufgegriffen und dadurch umgeformt und angepasst werden. Die Sozialarbeiterin bewegt sich in ihrer Problemdeutung mit Andrea ganz im Feld hegemonialer Deutungen. „Wie sollten wir ausdrücken, was wir wollten, wenn es für dieses Wollen keine Begriffe, keine Bilder, keine Vorlagen gab?", schreibt Carolin Emcke (2013, S. 47) über die Unmöglichkeit, nicht heteronormatives Begehren zu sprechen. Dies lässt sich auf die Konflikte von Andrea (und vielleicht auch die anderen Familienmitglieder) ebenfalls anwenden – auf Konflikterscheinungsformen generell. Sie werden gesprochen in „regulativer Sichtbarkeit" (Schaffer 2008, S. 92), aus der in einem ‚entdeckenden Verfahren' deren unterlegte Bedürftigkeiten erst herausgelesen und in kollektive Erfahrungen vermittelt werden müssten.

5 Zusammenfassung

Ein Konflikt ist nicht einfach als Störgröße im interaktiven Zusammenhang zu begreifen, der mit einer geeigneten Methode ‚behoben' werden kann. Ein Konflikt ist häufig Indiz für dahinterliegende Risse im Funktionieren der gesellschaftlichen Ordnung. So gilt es zwar immer, mit den Betroffenen zu Lösungen zu kommen, mit denen ihr Leben lebbarer und selbstbestimmter werden kann, was auch bedeuten kann, ihnen Möglichkeiten des Exits in aktuellen Konflikten aufzuzeigen. Gleichzeitig aber kann dies nur gelingen, wenn die dahinterliegenden Dimensionen mit betrachtet werden, um den Beteiligten ein Verstehen des hintergründigen Zusammenhangs zu ermöglichen und der Individualisierung von Lebenserfahrungen entgegenzuwirken.

Denn, so die leitende These: Konflikte in der Lebenswelt haben häufig mit gesellschaftlichen Grundwidersprüchen zu tun. Wird der strukturelle Zusammenhang nicht mitgedacht, kommen auf der Handlungsebene oft verkürzende Interpretationen und damit auch verkürzende, manchmal sogar die Widersprüche verschärfende Lösungsstrategien zustande.

Handlungsansätze in der Sozialen Arbeit, die sich darauf beschränken, durch Einzelfallhilfe allein auf Probleme zu reagieren, werden aktuelle Krisen zwar entzerren können – was manchmal auch zunächst äußerst dringend ist, insbesondere in Fällen von Gewaltanwendung wie bei häuslicher Gewalt. Sie dürfen hier aber nicht stehenbleiben, sonst bleibt die Thematik gefangen auf der Erscheinungsebene: Das ‚Problem' bleibt isoliert bei der Person und der Konfliktcharakter einer Struktur kommt nicht zum Vorschein. Deshalb haben soziale Bewegungen wie beispielsweise die Frauenbewegung immer versucht, auf die gesellschaftliche Dimension der erlebten Ungleichheits- und Gewaltverhältnisse zu verweisen und den Anspruch verfolgt, Vorstellungen einer anderen gesellschaftlichen Umgangsweise, einer anderen gesellschaftlichen Ordnung in die Öffentlichkeit zu bringen. Hier schließt sich der gedankliche Kreis zur anfänglich skizzierten immanenten konfliktbezogenen Struktur des Orts und des Auftrags der Sozialen Arbeit. Professionsmuster, die ein therapeutisches oder repressiv-erziehendes Muster der Bearbeitung favorisieren, sind nicht in der Lage, ein eigenständiges Ziel zu erkennen und zu vertreten. Professionsmuster, die fallverstehend im Sinne der genauen Analyse und der Überschreitung des Einzelfalls orientiert sind, haben zumindest die Chance, transformative Perspektiven in die Arbeit einzubringen. Allerdings:

> Wenn eine zentrale Aufgabe Sozialer Arbeit die Prävention und Bearbeitung sozialer Probleme ist und sie ihre selbst formulierten [...] Aufträge und Werte ernst nimmt, muss sie notwendigerweise in Konflikt mit dominanten gesellschaftlichen Haltungen und Akteuren geraten. (Stövesand 2015, S. 34)

Literatur

Bitzan, Maria (2000): Konflikt und Eigensinn. Die Lebensweltorientierung repolitisieren. In: *neue praxis*, H. 4, 30. Jg., S. 335–346.

Bitzan, Maria (2017): Das Soziale von den Lebenswelten her denken – Zur Produktivität der Konfliktorientierung für die Soziale Arbeit. In: Anhorn, Roland/Schimpf, Elke/Stehr, Johannes/Rathgeb, Kerstin/Spindler, Susanne/Keim, Rolf (Hrsg.): *Politik der Verhältnisse – Politik des Verhaltens: Widersprüche der Gestaltung Sozialer Arbeit*, S. 51–69. Wiesbaden: Springer VS.

Bitzan, Maria/Klöck, Tilo (1993): „Wer streitet denn mit Aschenputtel?" *Konfliktorientierung und Geschlechterdifferenz*. Reihe Gemeinwesenarbeit. München: AG SPAK.

Bitzan, Maria/Bolay, Eberhard (2017): *Soziale Arbeit – Adressatinnen und Adressaten. Theoretische Klärungen und Handlungsorientierung*. Opladen/Berlin/Toronto: Barbara Budrich.

Bitzan, Maria/Bolay, Eberhard/Thiersch, Hans (2006): *Die Stimme der Adressaten. Empirische Forschung über Erfahrungen von Mädchen und Jungen mit der Jugendhilfe*. Weinheim/München: Juventa.

Böhnisch, Lothar/Schröer, Wolfgang (2012): *Sozialpolitik und Soziale Arbeit – eine Einführung*. Weinheim/Basel: Beltz.

Emcke, Carolin (2013): *Wie wir begehren*. Frankfurt/M.: Fischer.

Fraser, Nancy (1994): Der Kampf um die Bedürfnisse: Entwurf für eine sozialistisch-feministische kritische Theorie der politischen Kultur im Spätkapitalismus. In: Dies., *Widerspenstige Praktiken: Macht, Diskurs, Geschlecht*. Gender Studies, S. 249–290. Frankfurt/M.: Suhrkamp.

Heiner, Maja (2010): *Kompetent Handeln in der Sozialen Arbeit*, München/Basel: Reinhardt.

Herrmann, Franz (2006): *Konfliktarbeit. Theorie und Methodik Sozialer Arbeit in Konflikten*. Wiesbaden: VS.

Herrmann, Franz (2013): *Konfliktkompetenz in der Sozialen Arbeit. Neun Bausteine für die Praxis*. München/Basel: Reinhardt.

Honneth, Axel (2011): Verwilderungen. Kampf um Anerkennung im frühen 21. Jahrhundert. In: *Aus Politik und Zeitgeschichte* 61 (1–2), S. 37–45. http://www.bpb.de/apuz/33577/verwilderungen-kampf-um-anerkennung-im-fruehen-21-jahrhundert.

Oelerich, Gertrud/Schaarschuch, Andreas (2005): Der Nutzen sozialer Arbeit. In: Dies. (Hrsg.): *Soziale Dienstleistungen aus Nutzersicht. Zum Gebrauchswert sozialer Arbeit*, S. 80–98. München: Reinhardt.

Schaffer, Johanna (2008): *Ambivalenzen der Sichtbarkeit. Über die visuellen Strukturen der Anerkennung*. Bielefeld: transcript.

Stövesand, Sabine (2015): Konflikt Macht Politik. In: Stövesand, Sabine/Röh, Dieter (Hrsg.): *Konflikte – theoretische und praktische Herausforderungen für die Soziale Arbeit*, S. 32–46. Opladen/Berlin/Toronto: Barbara Budrich.

Soziale Medien als Ressource und Arena jugendlicher Konfliktbewältigung

Elke Schimpf und Johannes Stehr

Bei ihrer Suche nach einem Platz in der Gesellschaft haben Jugendliche seit geraumer Zeit ein neues Handlungsfeld – die sozialen Medien – entdeckt, welches zugleich auch als eine Arena für die Austragung und Bearbeitung von Konflikten genutzt wird, mit denen Jugendliche konfrontiert sind und über die sie die notwendige Auseinandersetzung mit den gesellschaftlichen und institutionellen (Norm- und Normalitäts-) Anforderungen betreiben sowie soziale Platzierungen aushandeln (können). Die Entwicklung sozialer Medien hat es Jugendlichen ermöglicht, „vernetzte Öffentlichkeiten" (boyd 2014) herzustellen und an ihnen in vielfältiger Weise teilzuhaben. In der Aneignung sozialer Medien haben sich Jugendliche Räume geschaffen für Selbstpräsentationen, zur Entwicklung und Erhaltung von (auch ‚netzspezifischen') Kontakten, von Bekanntschaften und Freundschaften, zur Auseinandersetzung mit Geschlechter- und Sexualitätsdiskursen und damit insgesamt einen Raum für die relativ autonome jugendliche Ausgestaltung eines Handlungsfeldes – weitgehend ohne unmittelbare Interventionen durch erwachsene Autoritäten. Allerdings ist dieses Handlungsfeld stark umkämpft und wird durch hegemoniale Problemdiskurse und institutionelle Kontrollpraktiken im Kontext und als Folge verschiedener Moralpaniken rund um die Nutzung sozialer Medien für Jugendliche zusehends zu schließen versucht, so dass ihre autonomen Alltagspraktiken und Nutzungsweisen durch Überwachungs- und Kontrollstrategien von Erwachsenen wieder eingeschränkt werden. Vor allem aufgrund der erhöhten Sichtbarkeit, die mit der Nutzung sozialer Medien einhergeht, werden die

© Springer Fachmedien Wiesbaden GmbH, ein Teil von Springer Nature 2018
J. Stehr et al. (Hrsg.), *Konflikt als Verhältnis – Konflikt als Verhalten – Konflikt als Widerstand*, Perspektiven kritischer Sozialer Arbeit 30,
https://doi.org/10.1007/978-3-658-19488-8_3

Möglichkeiten eines autonomen jugendlichen Handelns tendenziell darüber eingeschränkt, dass jugendliche Nutzungsformen als ‚gefährlich' und ‚riskant' dargestellt werden. Neue und erweiterte Formen der Partizipation von Jugendlichen am gesellschaftlichen Diskurs, die über die sozialen Medien grundsätzlich ermöglicht werden, werden über skandalisierende, dramatisierende und moralisierende Problemkonstruktionen wie „Cybermobbing", „Cyberbullying", „Gewalt im Netz", „Cybergrooming", „Sexting" u.a.m. zunehmend in Gefahren umdefiniert und zum Tätigkeitsfeld gesellschaftlicher Kontrollmaßnahmen deklariert. So wurden in den letzten Jahren immer wieder Moralpaniken erzeugt, die wesentlich darauf abzielen, das Internet als „idealen Tatort" zu definieren (vgl. Leest 2014), den es durch Kontrolle und Überwachung wie auch durch Strafandrohung zu sichern gilt.

Ein verstehender Zugang zu den Alltags- und Lebenswelten Jugendlicher benötigt daher eine konfliktorientierte Forschungsperspektive, über die es möglich wird, ‚ihre Welten' als kontinuierliche Auseinandersetzung mit institutionellen Sichtweisen und Logiken, mit institutionellen (Normierungs-) Anforderungen wie auch mit Abweichungs-Zuschreibungen und darauf basierenden Disziplinierungs- und Ausschließungsprozessen zu beschreiben. Denn aus diesen Auseinandersetzungen mit ‚dem Institutionellen' resultieren vielfältige Konflikte, die im Alltag von Jugendlichen bearbeitet und bewältigt werden müssen. In diesem Zusammenhang wird von uns die Nutzung sozialer Medien[1] durch Jugendliche sowohl als eine Konfliktarena wie auch als eine Ressource der Konfliktbearbeitung verstanden. Jugendliche Konfliktbearbeitung und -bewältigung bezieht sich auch auf die Notwendigkeit eines eigenständigen Umgangs mit Gefahren- und Moraldiskursen, mit denen Jugendliche auf unterschiedlichen institutionellen Ebenen konfrontiert werden.

Bezugnehmend auf die Ergebnisse unserer empirischen Studie[2] zur jugendlichen Konfliktbearbeitung durch die Nutzung sozialer Medien wollen wir in einem

---

1   Wir verwenden den Begriff „soziale Medien" in einem sehr weiten Verständnis als Sammelbegriff für internetbasierte Plattformen, Netzwerke und Werkzeuge, die es den Teilnehmer_innen ermöglichen, ihre eigenen Inhalte zu erschaffen und mit anderen zu teilen (vgl. boyd 2014, S. 6). Soziale Medien ermöglichen soziale Interaktionsformen, die durch hohe Persistenz der Inhalte, potentiell große, aber variabel reduzierbare Öffentlichkeiten, leichte Verbreitbarkeit von Inhalten und die einfache Möglichkeit, diese aufzufinden, charakterisiert sind (vgl. boyd 2014, S. 11).

2   Das Forschungsprojekt „*Jugendkonflikte, die Nutzung von ‚social network sites' und Geschlechterverhältnisse*" wurde von Elke Schimpf und Johannes Stehr, gemeinsam mit Studierenden der Evangelischen Hochschule Darmstadt: Thomas Dumke, Vandana Mosell, Jens Palkowitsch-Kühl und Aylin Turgay, von 2013 bis 2016 durchgeführt. Insgesamt fanden drei Gruppendiskussionen mit 13- bis 19-jährigen Jugendlichen im Kontext einer Gesamtschule statt. Der Zusammenhang von Konflikten und

ersten Schritt den Umgang Jugendlicher mit Gefahren- und Moraldiskursen und den in ihnen entwickelten Problemkonstruktionen beschreiben sowie auch zeigen, wie erwachsene und institutionelle Autoritäten über ‚Politiken des Verhaltens' (vgl. Anhorn/Schimpf/Stehr 2018) moralisierend und kontrollierend einzugreifen versuchen und dabei auch herausarbeiten, wie Jugendliche mit diesen ‚Politiken des Verhaltens' umgehen. In einem zweiten Schritt werden wir zunächst auf theoretische Bezüge und die Notwendigkeit eines ‚konfliktorientierten Forschens' eingehen und am Beispiel von zwei zentralen Konfliktthemen – Konflikte um Freundschaften im Rahmen erweiterter Freundschaftskonzepte sowie Konflikte um schulische Leistungs- und Disziplinanforderungen – die Konfliktbearbeitungsstrategien von Jugendlichen sowie die Bedingungen herausarbeiten, unter denen eigensinnige und autonome Konfliktbearbeitungen ermöglicht werden bzw. unter denen diese durch erwachsene Autoritäten enteignet werden. Abschließend werden wir resümieren, welche Perspektiven ein konfliktorientiertes Forschen eröffnet und wie die Handlungsfähigkeit Jugendlicher im Kontext sozialer Medien wahrgenommen und (institutionell) unterstützt und erweitert werden kann.

1 Soziale Medien als Konfliktarena

Die Nutzung sozialer Medien durch Jugendliche – als einen Raum und zugleich als Strategie der alltäglichen Konfliktbearbeitung – ist schon seit längerer Zeit mit hegemonialen Problemdiskursen konfrontiert, die gegenüber den Jugendlichen zu paternalistischen Positionen und kontrollierenden Praktiken seitens erwachsener/ institutioneller Autoritäten geführt haben, mit denen sich Jugendliche wiederum auseinandersetzen müssen. Fisk (2016), der Gruppendiskussionen mit Eltern, Lehrer_innen und anderen Autoritätspositionen durchgeführt hat, sieht diese Notwendigkeit der Auseinandersetzung auch bei den jeweils „autorisierten Erwachsenen",

---

‚Doing-Gender-Prozessen' wurde in den Gruppendiskussionen geschlechtergetrennt und geschlechtergemischt herausgearbeitet. Im Zentrum standen folgende Fragen: Wie werden ‚social network sites' als Bestandteil der Alltags- und Lebenswelten von Jugendlichen genutzt und wie werden diese bewertet? Welche Konflikterfahrungen haben Jugendlichen in sozialen Medien und welche Ressourcen und Strategien nutzen sie zur Bearbeitung von Konflikten? Welche alltäglichen Interaktionsformen werden in sozialen Medien praktiziert und welche Relevanz haben diese für die (Re)Produktion von Geschlechterordnungen und Geschlechterverhältnissen? Die Ergebnisse der empirischen Studie sind von Elke Schimpf und Johannes Stehr veröffentlicht unter dem Titel: *Soziale Medien als Konfliktarena. Alltagskonflikte Jugendlicher und wie sie über die Nutzung von Social Network Sites bearbeitet werden*. Marburg: Büchner-Verlag, 2017.

die sich ebenso eigenständig gegenüber der Nutzung sozialer Medien durch Jugendliche positionieren müssen. Mit den hegemonialen Problemkonstruktionen, die von Cybermobbing bis Sexting reichen, wird ihm zufolge eine „Pädagogik der Überwachung" konzipiert und praktiziert, die auf einem übergreifenden Gefahrendiskurs basiert und auf die jugendliche Unterwerfung unter die Autorität Erwachsener abzielt (vgl. Fisk 2016). Jugendliche sind in unterschiedlichen gesellschaftlichen Kontexten – vor allem in der Familie und der Schule – mit diesem Gefahrendiskurs konfrontiert, der sowohl Eltern als auch Lehrer_innen die Position von Überwachungsagenten nahelegt. Die den Gefahrendiskurs prägenden hegemonialen Problemkonstruktionen gehen vor allem auf moralunternehmerische Initiativen zurück, wie sie in Deutschland das „Bündnis gegen Cybermobbing"[3] darstellt, welches im Verbund mit anderen kollektiven Akteuren (vor allem mit Wissenschaft, Politik und Polizei) erreicht hat, dass die Nutzung des Internets gerade von Kindern und Jugendlichen öffentlich nur mehr durch einen Gefahrendiskurs wahrgenommen wird, der mit der Konstruktion des „Cybermobbings" (aber auch anderer Problemkonstruktionen) nahtlos an bisherige Formen der Skandalisierung und Dramatisierung von Gewalt anknüpft:

> Mittlerweile betreffen Mobbing, Stalking oder sexuelle Übergriffe eben nicht mehr nur das reale Lebensumfeld, sondern immer öfter auch den virtuellen Raum des Internets. (Katzer 2014, S. V)

> Cybermobbing ist eine neue Form von Gewalt, die immer brisanter wird [...]. Wir dürfen diese Entwicklung nicht einfach hinnehmen, sondern müssen versuchen, Cybermobbing einzudämmen. Prävention, aber auch Intervention, also Handeln, wenn bereits etwas passiert ist, sind enorm wichtig, denn nur so können wir Opfern signalisieren, dass wir sie ernst nehmen, und Tätern einen möglichen Weg aus der Gewalt weisen. (ebd., S. 147)

Die Konstruktion des Cybermobbings basiert auf der Dichotomisierung von Tätern und Opfern. Studien zu Cybermobbing folgen dem bereits aus der Gewaltforschung bekannten Muster, Eigenschaften von Tätern und Opfern herauszuarbeiten, Täter- und Opfertypologien zu erstellen und (gegebenenfalls) auch nach den Ursa-

---

3 Vgl. die Webseite www.bündnis-gegen-cybermobbing.de. Uwe Leest und Catarina Katzer, beide im Vorstand des Bündnisses aktiv, haben als Moralunternehmer_innen die Problemkonstruktion „Cybermobbing" in Deutschland maßgeblich verbreitet und drängen sich vom schulischen und Bildungskontext bis zur Sozialen Arbeit als „Berater_innen" und „Aufklärer_innen" auf.

chen der Entstehung des als abweichend definierten Handelns bzw. von ‚abweichenden Persönlichkeiten' zu fragen (vgl. z.B. Festl 2015). Die Studie von Katzer mit dem reißerischen Titel: „Cybermobbing. Wenn das Internet zur W@ffe wird" (2014) lässt exemplarisch deutlich werden, wie die Bedeutungs- und Verdichtungsspirale der Skandalisierung von Gewalt (vgl. Cremer-Schäfer/Stehr 1990) auf die Nutzung des Internets übertragen wird, ohne den problematischen Vorgehensweisen und theoretischen Annahmen ätiologischer Gewaltforschung etwas Neues hinzufügen zu müssen (zur Kritik traditioneller Gewaltforschung vgl. Stehr 2013a). Die Cybermobbing-Kampagnen sind nicht nur gegen erwachsene „Folk-Devils"[4] (vgl. Cohen 1972) gerichtet, sondern spalten auch Jugendliche in Täter- und Opferkategorien auf, wobei weibliche Jugendliche überwiegend als (potentielle) Opfer und männliche Jugendliche als (potentielle) „Cybermobber" adressiert werden.[5] Werden Konfliktbeteiligte in moralisch eindeutig unterscheidbare Positionen von Tätern und Opfern aufgespalten, steht in der Regel die angemessene Umgangsweise fest: Einführung und Ausbau von präventiven Schutzmaßnahmen für die Opfer, härteres Vorgehen gegenüber den Tätern. Forschung zu Cybermobbing & Co. sowie die populärere Ratgeberliteratur zur „Bekämpfung und Prävention von Cybermobbing" können als Bestandteile einer „Pädagogik der Überwachung" (Fisk 2016) verstanden werden, mit fließenden Übergängen zu Kriminalisierungsstrategien und zur expliziten Mobilisierung des Strafrechts (vgl. Katzer 2014, S. 208).

---

4   Zur Angstproduktion und zur Erzeugung von Bereitschaft, Einschränkungen und Überwachungsmaßnahmen hinzunehmen, wird Kindern und Jugendlichen überwiegend mit diversen ‚Sexualtätern' (als den ‚gefährlichen Fremden') gedroht, zu denen auch die neu erschaffene Figur des „online predators" gehört (vgl. Hasinoff 2014).

5   Diese Eindeutigkeit der geschlechtsspezifischen Zuweisung von Täter- und Opferpositionen ist kein Hauptmerkmal der deutschen Anti-Cybermobbing-Kampagnen. So lässt sich bei Katzer (2014) das mühsame – und schon aus der Gewaltforschung bekannte – Bestreben finden, trotz uneindeutiger quantitativer Forschungsergebnisse doch immer wieder bestimmte geschlechtsspezifische Unterscheidungen treffen zu wollen. Geschlechtsspezifische Täter- und Opferbilder werden eher über die extremen Einzelfall-Geschichten produziert, die dann aber als „typische" Fälle von Cybermobbing präsentiert werden. Hierüber (re)produzieren die Gefahrendiskurse wiederum vorwiegend hegemoniale und heteronormative Geschlechternormen.

1.1 Eigensinnige Bearbeitungen des Gefahrendiskurses durch Jugendliche

Der institutionelle Alltag von Jugendlichen ist auch durch Anti-Cybermobbing-Kampagnen geprägt, die insbesondere im schulischen Kontext zum Tragen kommen. Die Ergebnisse der Untersuchung von Fisk (2016) geben erste Hinweise auf eine starke Abwehr der Kampagne durch jugendliche Schüler_innen und auf einen wahrgenommenen Bruch zwischen den eigenen Online-Erfahrungen und den Materialien und Warngeschichten, die über die Sicherheitskampagnen verbreitet werden.

> We always hear this one story about a girl who got a text message and killed herself. Is this how it really is? No. [...] The school talks a lot about cyberbullying. I'm sick of it. I'm not listening anymore. (Fisk 2016, S. 163)

Auch in unserem eigenen empirischen Material, das wir über Gruppendiskussionen im schulischen Kontext erhoben haben, kommen abwehrende Positionierungen und eigensinnige Bearbeitungen des Gefahrendiskurses zum Ausdruck. Ein wesentlicher Bestandteil der Kampagnen zur Bekämpfung von Cybermobbing sind Moralgeschichten, die meist aus der Opferperspektive in der Funktion von Warnungen erzählt werden und auf eine Erhöhung der Folgebereitschaft von Jugendlichen gegenüber erwachsenen Autoritäten abzielen[6]. Eine solche paradigmatische Opfergeschichte ist die Narration von Amanda Todd, deren Karriere als visualisierte (und über YouTube verbreitete) traurige Lebensgeschichte im Kontext des „my secrets"[7] Genre begonnen hat (vgl. Farrell 2015) und als Moralgeschichte

---

6   Diese Moralgeschichten erfüllen als Geschichten aus der Opferperspektive ähnliche Erzählfunktionen wie die „modernen Sagen", die ebenfalls überwiegend als Warnungen erzählt werden und darüber herrschende (Geschlechter-)Moralen transportieren (vgl. Stehr 1998).

7   Wie Farrell (2015) herausarbeitet, ist das mittlerweile global verbreitete „my secrects"-Videogenre im Kontext des größeren Genres der „traurigen Geschichten" (Goffman 1973) einzuordnen, das Gelegenheit bietet, das eigene Leiden an der unmittelbaren Lebenssituation einem potentiell großen Publikum mitzuteilen. Farrell macht auf zentrale Widersprüche des Genres aufmerksam: Das Internet wird sowohl als gefährlicher Raum wie auch als Schutzraum verstanden; die Videos demonstrieren „how youth respond to and resist dominant narratives, try to create community, and make their voices heard" (Farrell 2015, S. 31). boyd zitiert aus dem Video von Amanda Todd: „I'm struggling to stay in this world, because everything touches me so deeply. I'm not doing this for attention. I'm doing this to be an inspiration and to show, that I can be strong (…) I have nobody and I need someone" (Amanda Todd, zitiert n. boyd

sowohl für die Cybermobbing- als auch für die Sexting-Panik[8] instrumentalisiert und entsprechend umgeformt wurde. Die verzweifelte Veröffentlichung einer existentiellen Grenzsituation wird zur Moralgeschichte, die die schlimmen Folgen des „Cybermobbings" veranschaulichen soll und zur typischen Cybermobbing-Opfergeschichte deklariert wird (vgl. die Verwendung der Geschichte von Amanda bei Katzer 2014, S. 55ff., 89ff.).

Als Cybermobbing-Opfergeschichte ist die Geschichte von Amanda mittlerweile weltweit Bestandteil von Anti-Cybermobbing-Curricula. Sie wird auch in unserem empirischen Material von den Jugendlichen im Zusammenhang mit einer Diskussion um Alltagsklugheit in der Nutzung sozialer Medien präsentiert. Der folgende Auszug aus der Gruppendiskussion[9] mit den weiblichen Jugendlichen zeigt, wie die Diskutantinnen die Warngeschichte aufgreifen, verhandeln und sich dazu eigensinnig positionieren.

> Inci: *Es gab ein Mädchen, die hat sich umgebracht.*
> Hanife: *Amanda oder?*
> Inci: *Das ist im Internet ziemlich bekannt … ich weiß gar nicht mehr genau die Geschichte, das war so, das Mädchen hat halt mit Leuten geschrieben aus dem Internet, sie war halt relativ jung und sie hat immer gesagt bekommen, wie wunderschön sie ist, wie toll sie ist, und das hat eben geschmeichelt und wenn jemand meinte: „Schick mal Bilder", hat sie einfach Bilder geschickt. Und irgendwann kam es halt dazu, dass er ein oben ohne Bild haben wollte. Das hat sie dann gemacht, weil sie der Person vertraut hat, und was weiß ich was und irgendwie hat die Person das öffentlich gemacht und sie wurde dann richtig gedemütigt, die hat dann so Probleme bekommen, dass sie richtig krass gemobbt worden ist…in der Schule, und so.*
> Interviewerin A: *Was heißt das? Gemobbt worden in der Schule?*
> Inci: *Das heißt, nicht so wie hier [bei uns] … sondern die wurde richtig gemobbt, die wurde als „Schlampe" bezeichnet, die wurde mit Müll abgeworfen, die krassesten Sachen einfach …ich weiß nicht.*
> Interviewerin A: *Also mit Müll abgeworfen, aber „Schlampe" sagen, das ist ja bei euch …also das war ja auch hier…*
> Katharina: *Das war ja extrem, die hat sich ja am Ende umgebracht.*
> Interviewerin A: *Wisst ihr, was da noch passiert ist? Wie wurde sie quasi gemobbt? Was ist da passiert?*
> Inci: *Einfach richtig … ich hab es halt auch mitbekommen, sie ist halt umgezogen und irgendwie auf einer neuen Schule und die haben das auch wieder mitbekommen durch andere Leute von der anderen Schule … das hat sie richtig verfolgt … dann irgendwie wurde sie als „Schlampe" beleidigt auf dem Schulhof und dann kamen*

2014, S. 123). Die tragische Lebenssituation von Amanda endet mit ihrer Selbsttötung, einige Zeit später, nachdem sie das Video bei „YouTube" hochgeladen hatte.
8 Vgl. hierzu eingehender Abschnitt 1.2.
9 Erklärung der Transkriptionszeichen: … (Sprechpause); […] (Auslassung).

immer mehr Leute dazu und die haben angefangen zu filmen und niemand stand ihr bei und dann wurde sie da zusammen geschlagen ... unter anderem.
Interviewerin A: *Von anderen Schülern?*
Inci: *ja auch jaaaa ...*
Nuray: *Zu Tode geschlagen?*
Mehrere: *Neinnn ...*
Inci: *Wurde halt richtig zusammengeschlagen ... und dann irgendwie hat sie halt Video gemacht in YouTube, die hatte YouTube, die hatte auch gesungen, die hatte dann ein Video gemacht und hat dabei nicht geredet, die hat da immer so auf'n Zettel hat sie geschrieben „Mein Name ist Amanda" und dann hat sie die dann immer so geblättert, ja, ich hab das und das erlebt, was weiß ich, sie hat sozusagen ihre Geschichte aufgeschrieben. [...] Das war halt wie ein Abschiedsbrief.*
Interviewerin A: *Bevor sie sich selbst umgebracht hat?*
Hanife: *Sie war ja selbst schuld.*
Interviewerin B: *Wieso meinst du, sie wäre selbst schuld?*
Hanife: *Weil man schon denken sollte, dass man im Internet keinem vertrauen soll ... weil man die ... derjenigen nicht persönlich kennt.*
Katharina: *Außerdem ... unbedingt, ...ja gut, vielleicht hätte sie's nicht tun sollen, aber [...] trotzdem kann man nicht so eiskalt sagen, sie war selbst daran schuld ... weil, die Leute, die dann halt mobben,... die sollten es einfach nicht tun.*
Hanife: *Ja ich weiß ja, ... ich sag ja nicht, dass sie ganz selbst schuld ist ... weil, die anderen haben ja auch Schuld ... im Allgemeinen, wenn die so eine Scheiße machen, aber man sollte sich schon denken, bevor man so etwas abschickt, also nackte Bilder schickt, dann sollte man schon denken, okay ich kenn diese Person gar nicht persönlich, nur durch's Internet.*
Katharina: *Ich würde generell niemanden ein Bild schicken, den ich nicht kenne.*
Hanife: *Ja deswegen ... das war, das war ihr Fehler ... aber die anderen, die Schüler, sollten auch nicht sie jetzt beleidigen und schlagen ... oder so, weil sie gar nicht Streit ... sozusagen in dem Fall mitbetroffen sind.* (G1, 742–799)

Die Einführung der Geschichte von Amanda in der Gruppendiskussion erfolgt zunächst als Ersatz für eine nicht vorhandene eigene Erfahrung mit als gravierend empfundenen Schädigungen. Sie dient hier der gemeinsamen Herausarbeitung von alltagstauglichen Strategien zur Herstellung von Sicherheit im Netz. Die Diskussion der eigenen Verantwortlichkeit, die in dieser Passage bearbeitet wird, stellt diese einerseits heraus („weil man schon denken sollte, dass man im Internet keinem vertrauen soll ... den man nicht persönlich kennt"), auf der anderen Seite wird eine umfassende Zuschreibung von Selbstverantwortlichkeit mit Verweis auf „Mitbetroffenheiten" anderen Schüler_innen zurückgewiesen. Individuelle ‚Fehler' sollten durch das unmittelbare soziale Umfeld nicht verstärkt, sondern eher gemeinsam ausgeglichen werden. Die warnende Opfergeschichte der Cybermobbing-Kampagne wird damit zurückgewiesen und in ein Beispiel für Naivität und fehlende Kompetenz im Umgang mit sozialen Medien umgewandelt. Interessant ist, dass hier nicht mit Unsicherheit oder Verängstigung auf die Geschichte reagiert wird, sondern Alltagsklugheit in der Nutzung sozialer Medien angemahnt wird und die Grenzen des eigenen riskanten Handelns ausgehandelt werden.

1.2 Die (Re)Produktion von Geschlechter-Normen durch die Moralisierung sozialer Praktiken Jugendlicher in sozialen Medien

Wie Geschlechter-Normen in den sozialen Medien konstruiert und von Jugendlichen bearbeitet werden, soll im Folgenden am Beispiel gegenwärtiger „Sexualisierungsdiskurse" gezeigt werden, in welchen deutlich wird, wie „Sexualisierung und Medialisierung miteinander verknüpft" werden (Hipfl 2015, S. 17f.). Es geht vor allem darum zu analysieren, wie über Sexualisierung gesprochen wird und welche gesellschaftlichen Vorstellungen von Sexualität in den jeweiligen Sexualisierungsdiskursen zum Ausdruck kommen und inwiefern diese Diskurse ein „konstitutives Element hegemonialer gesellschaftlicher Geschlechterverhältnisse" (ebd.) darstellen, in welchen zudem fast ausschließlich Mädchen und junge Frauen adressiert werden. Mädchen und junge Frauen werden einerseits als „selbstbestimmte Akteurinnen" sozialer Medien adressiert, andererseits auch als „unschuldige, gefährdete Opfer sexualisierter soziokultureller Praktiken" – als „girls at risk", die beschützt werden müssen (ebd.). Die widersprüchlichen Positionierungen in diesen Sexualisierungsdiskursen – „girl power" versus „girl at risk" – „sexuelle Ermächtigung und sexuelles Genießen versus sexuelle Gefährdung und Protektionismus" (ebd., S. 20) werden unterschiedlich bewertet und vor allem in Bezug auf Ungleichheits- und Differenzverhältnisse wie Klasse, Alter und Ethnie auch als gesellschaftliche Platzanweiser genutzt. Das Konstrukt einer „zunehmenden gesellschaftlichen Sexualisierung" oder gar einer „Hypersexualisierung" und einer „potentiellen Gefährdung von Mädchen und jungen Frauen" wird im öffentlichen Diskurs – aber auch in Fachdebatten der Sozialen Arbeit und im Kontext von Schule – in erster Linie auf die Gefahren einer jugendlichen Nutzung sozialer Medien fokussiert, womit eine Politik des Verhaltens legitimiert wird (ebd.). Gerade Mädchen und Frauen werden als „sexualisierte Subjekte" zu einer Projektionsfläche für vielfältige Befürchtungen wie auch Erwartungen hinsichtlich des Erhalts der sozialen Ordnung und darüber hinaus zu „Symbolen der Selbstbestimmung" und „Symbolen der Emanzipation" der westlichen Welt (vgl. Egan 2013, S. 77). Angela McRobbie (2010) bezeichnet die aktuellen medialen Repräsentationen von (jungen) Frauen als „postfeministische Maskerade", in der Mädchen und Frauen nur noch als Konsumentinnen angesprochen werden, was der Etablierung eines „neuen Geschlechtervertrags" bzw. einer „neuen Geschlechterhierarchie" diene, in der grundlegende feministische Anliegen wie auch Fragen struktureller Ungleichheit völlig ausgeklammert bleiben und in der die Fähigkeit zum Konsum als Symbol der Selbstbestimmung gilt (ebd., S. 21). Gesellschaftliche Machtverhältnisse und Veränderungen, aber auch die konkreten Praktiken und die Handlungsfähigkeit von Mädchen und Frauen bzw. von Jugendlichen werden in den dominanten Diskursen sozialer Medien ausgeblendet (vgl. Hipfl 2015, S. 23). Polarisierte Positionen – einerseits „die selbstbestimmte Akteurin, die genau weiß was sie will", und andererseits das ‚Opfer', dessen Verhalten als verwerflich, anstößig und schamlos problematisiert wird – verbleiben auf einer moralischen Ebene (vgl. Gill 2012, S. 743). Normierende Vorstellungen von Weiblichkeiten und Männlichkeiten, in welchen Sexismus, soziale Ungleichheit und Homophobie als gesellschaftspolitische Dimensionen und gesellschaftliche Machtverhältnisse verdeckt bleiben, verweisen damit auf eine Politik des Verhaltens. „Das Herstellen von sexuell konnotierten Bildern, auf denen Menschen nackt oder fast nackt zu sehen sind, sowie das Weiterleiten und Teilen dieser Bilder mit anderen" (Hipfl 2015, S. 23) in sozialen Medien wird mit dem Sammelbegriff „Sexting" bezeichnet und öffentlich als Gefahren- und Moraldiskurs thematisiert. Gerade Mädchen und junge Frauen, die in sozialen Medien Nacktbilder versenden, gelten dabei als sexuell aktiv, schamlos, als Personen, denen es an Selbstrespekt fehlt, während Mädchen und Frauen, die das nicht tun, als anständig gelten (vgl. Ringrose et al. 2013, S. 315).

Wie mit diesen Gefahren- und Moraldiskursen umgegangen wird und wie Geschlechterordnungen und Geschlechternormen kollektiv (re)konstruiert, verhandelt und reflexiv bearbeitet werden, zeigt sich in unserer empirischen Studie vor allem im Gruppengespräch mit den jungen Frauen, die die widersprüchlichen Zumutungen und Herausforderungen sexualisierter sozio-kultureller Praktiken in sozialen Medien – wie das Versenden von Nacktfotos und andere geschlechterdifferente Selbstdarstellungsweisen – deutlich kritisieren, jedoch nicht als ein gesellschaftliches Konfliktverhältnis verstehen (können), sondern als Problem (einzelner) junger Frauen bewerten, deren Verhalten Konsequenzen für ihr öffentliches Ansehen und ihren ‚Persönlichkeitswert' hat.

> Nuray: *Das mit den Nacktfotos ist aber auch ... ist im Moment ziemlich populär geworden, ... weil, als ich auf der anderen Schule war, haben vier, fünf Mädchen aus meinem Jahrgang permanent Nacktfotos von sich an Jungs vom selben Jahrgang gestellt ... und das ist ...*
> Interviewerin A: *Freiwillig oder was?*
> Nuray: *Ja, ... und die Jungs haben geschrieben: „Ja haha, schick mir mal ein Nacktbild von Dir" ... und anscheinend haben die Mädchen es durchgesetzt, ... weil sie dachten, dadurch mach ich mich mehr famous, dadurch wollen die Jungs,*

... also kriege ich mehr Aufmerksamkeit von den Jungs ... und haben das gemacht ... und das hat sich so sehr ausgeweitet, dass jeder ein Foto von einem Mädchen hatte, ... auf dem Handy, ... die schicken sich das per WhatsApp, per Snapchat, per Facebook, ... das war ... überall.
Interviewerin B: *Aber sie geben es nicht ... also es läuft alles über das Internet?*
Nuray: *Ja, das läuft alles über Internet, ... Snapchat ist ja so'n Ding, da macht man Foto von sich ... und das Foto und diejenige, ... derjenigen, der du das Foto schickst, ... darf das Foto nur für eine bestimmte Zeit sehen, ... zehn Sekunden maximal ... oder so ... und währenddessen sollte man kein Screenshot davon machen können, aber es gibt Methoden, wie man es anders macht, ... und die wurden halt gemacht ... und die wurden halt weiter geschickt ... und die Mädchen haben dann gemeint, „ja toll, dann siehst du halt meine Brüste." Und das hat,...da dachte ich mir, ... so, was ist los mit diesen Mädchen, ... die sind vierzehn, fünfzehn und die schicken ihre Brüste ... durch die ganze Schule, ... sogar mein kleiner Bruder meinte, er hat ein Foto von dem auf dem Handy ... und ich fand's einfach nur ekelhaft ... und die meisten Mädchen denken, ... die machen sich dadurch populärer in der Männerwelt und haben dadurch mehr Chancen auf einen Freund, ... durch die ganzen Nacktbilder.*
Katharina: *Dabei ist es eigentlich die Meisten, ... jeder vernünftige Junge würde halt sagen, ... ja sagen: „Schlampe" und fertig.*
Inci: *Also die, ... die sind meistens vernünftig, aber die sagen, ... ja auch wirklich so.*
Interviewerin A: *Aber die Jungs, die wissen ja auch...*
Inci: *Die fangen mit der gerade weil, weil die denken, dass sie eine „Schlampe", sie lässt sich gehen.*
Nuray: *Weil sie leichter zu haben ist.*
Inci: *Die würden nie im Leben etwas langfristiges mit denen anfangen (ja), die wissen (ja), ein paar Mal mit der rumzumachen und mit der zu schlafen, ist einfach drin (ja) bei der, deswegen, ... also etwas Langfristiges und was Ernstes fangen die nichts mit denen, also machen die einfach nicht.*
Nuray: *Und dann fängt das mit diesem traurigen Posten an, „er hat mich verarscht" (ja) „er wollte nur das eine", „die Jungs sind alle dieselben" (ja), „die wollen immer nur das eine".*
Katharina: *Komisch, ne?*
Nuray: *Da denke ich mir so: „ja warum wohl?" Deine Brüste sind im ganzen Internet verteilt, denk dir mal, warum du so leicht zu haben bist und warum jeder Junge dir wieder eine Abfuhr verleiht. Es ist unnötig.*
Hanife: *Ja, meine Mama sagt immer, ein Mädchen sollte nicht schnell zu haben sein („zu haben sein" wird synchron von Nuray mitgesprochen) Man sollte schon ein bisschen [...]*
Katharina: *Warten und um sich kämpfen lassen. [...]*
Hanife: *Hm, ich weiß nicht.*
[...]
Inci: *... Man sollte nicht leicht zu haben sein.*
Hanife: *Ja man, ein Mädchen sollte halt...*
Nuray: *Nicht alles preisgeben und so.*
Hanife: *Schnell ... man sollte schon ein bisschen ... immer sagen: „Nee, nee" oder so, immer „nein".*

Interviewerin A: *Also immer nein sagen erst mal?*
Hanife: *Also nicht immer, aber am Anfang halt ... nicht sofort sagen: „Okay komm, wir gehen jetzt ins Bett" oder so.*
Hülya: *So also nicht gleich nachgeben.*
Hanife: *Eben, wenn man halt öfter „nein" sagt, dann wird man, wenn ein Junge wirklich verliebt ist, dann wird man doch viel interessanter (ja). ... Und wenn man, und wenn zum Beispiel jetzt ein Junge kommen würd und sagen würde: „Ich will jetzt mit dir schlafen" oder so, und dann ein Mädchen sofort „Ja" sagen würde, dann wäre ja ...*
Nuray: *Wäre das eine vierminütige Sache.*
Hanife: *Ja, und dann wäre das das wer? Oder der Wert? Keine Ahnung. Vom Mädchen sofort weg und dann würde der Junge sich denken, die ist doch sofort gleich zu haben.*
Hüyla: *Ja, und manche Jungs, die testen ja auch, so gesagt, also, wird die sofort ja sagen oder nicht.*
(G1, 799–886)

Die jungen Frauen empören sich im Gespräch über die jüngeren – 14- und 15-jährigen – Mädchen, die einfach „Fotos von ihren Brüsten" an gleichaltrige „Jungs" in den sozialen Medien verschicken und sich einen „Spaß" daraus machen, sich öffentlich so zu zeigen, nur um sich dadurch „populärer in der Männerwelt" zu machen und mehr „Aufmerksamkeit" zu erlangen. Mit der Bewertung, dass „jeder vernünftige Junge" diese Mädchen als „Schlampen" bezeichnen würde und „nie im Leben etwas Langfristiges mit denen anfangen" würde, wird auf patriarchale, heteronormative Geschlechternormen und Geschlechterhierarchien Bezug genommen. Die Diskutantinnen positionieren sich im Gruppengespräch selbst als ‚moralisch anständige' Frauen, die „nicht leicht zu haben sind", sondern „interessanter werden", wenn sie „um sich kämpfen lassen" und auf diese Weise prüfen können, ob „ein Junge auch wirklich verliebt ist". Die Auseinandersetzung der jungen Frauen zeigt, dass die hegemonialen heteronormativen Geschlechternormen der Sexualisierungsdiskurse auf einer moralischen Ebene verhandelt und (re) produziert werden. Dabei wird die Selbstverantwortung für das ‚eigene Verhalten' herausgestellt und betont, dass jede Frau bzw. jedes Mädchen selbst darauf zu achten hat, in welche Situation sie gerät bzw. in welche Situation sie nicht geraten will (vgl. Turgay 2015, S. 48).

Zu fragen ist, wie Geschlechternormen in den sozio-kulturellen Praktiken von Jugendlichen in den sozialen Medien hervorgebracht, begrenzt oder in Frage gestellt werden, aber auch wie diese als gesellschaftliche Konfliktverhältnisse in den Blick genommen werden können. So zeigt auch die Studie von Jessica Ringrose et al. (2013) zur Problemkonstruktion Sexting, in der zwölf- bis fünfzehnjährige Jugendliche befragt werden, dass die Aufforderung, ein Foto von sich zu schicken, das den nackten Körper bzw. Busen zeigt, zu einer neuen Norm für Mädchen und junge Frauen wird, deren Befolgung als Anerkennung begehrenswerter Weiblichkeit gilt (ebd.). „Bei Jungen gilt es als Ausdruck ihrer Männlichkeit, Mädchen um Fotos zu fragen und Nackt-Bilder von Mädchen zu sammeln"; was als „neue Norm der Inszenierung von Männlichkeit" bewertet wird, als „Beleg von Popularität" unter männlichen Jugendlichen (Hipfl, 2015, S. 24). Dabei wird eine Differenzierung vorgenommen zwischen jungen Frauen, die Fotos von sich verschicken und solchen, die das nicht tun (ebd.).Während jedoch das Verschicken von Fotos als ein sexuell aktives Handeln bewertet wird, werden Mädchen und junge Frauen, die das tun, als respektlose Personen bezeichnet, während die, die das nicht tun, als die ‚Anständigen' gelten (ebd.). „Die Ungleichheit in der Bewertung wird besonders deutlich in den Bildern von Sexszenen, in denen sowohl Mädchen als auch Jungen zu sehen sind – wobei Jungen als cool gelten, Mädchen dagegen als dumm oder als Schlampe" (ebd.). Gezeigt werden kann mit der Studie, wie über „Sexting" als einem Gefahren- und Moraldiskurs Geschlechterungleichheit erneut (re)konstruiert werden.

Bezugnehmend auf diese Erkenntnisse sind die Strategien von Kampagnen gegen „Sexting" als problematisch zu bewerten, da häufig nur an das Verhalten der Jugendlichen appelliert wird, keine sexuell konnotierten Bilder (von sich) zu versenden, eine Auseinandersetzung mit der heteronormativen (Geschlechter) Ordnung und den moralisierenden Diskursen darüber jedoch nicht erfolgt. Indem der Körper und die Sexualität vor allem von Mädchen und jungen Frauen als „etwas Unschuldiges, Reines" bewertet werden, die durch Selbstdarstellung und ein „aktives Begehren" in den sozialen Medien „verschmutzt werden" können, besteht die Gefahr, über solche Kampagnen Sexualisierungsdiskurse lediglich zu (re)produzieren (Hipfl 2015, S. 25). Das moralische Urteil und die Konstruktion sozialer Probleme und Geschlechternormen schützen vor einer notwendigen Reflexion komplexer gesellschaftlicher Konflikt- und Machtverhältnisse (vgl. Illouz 2011). Erforderlich ist jedoch eine Analyse der zugrunde liegenden gegenderten Sexualisierungsdiskurse, aber auch die Thematisierung von Machtstrukturen und Geschlechterverhältnissen, z.B. die Beantwortung der Frage, wie Bilder weiblicher Brüste zu einer hochbewerteten Ware werden können (ebd.). Sollen Jugendliche Gestaltungsoptionen und Möglichkeiten zu einer Auseinandersetzung mit ‚sexueller Vielfalt' und der Herstellung und Bearbeitung von Geschlechternormen im Umgang mit sozialen Medien erhalten und nicht nur mit disziplinierenden geschlechtsspezifischen Verhaltensnormen konfrontiert werden, ist es erforderlich, ihre Aneignungs-, Handlungs- und Bewältigungsformen als soziale Praktiken erst einmal wahrzunehmen und ‚Genderkonflikte' wie auch Doing-Gender Prozesse in diesem Kontext als Bearbeitung geschlechtlich-räumlicher Ordnungen und Auseinandersetzungen mit hegemonialen gesellschaftlichen Geschlechterverhältnissen zu rekonstruieren.[10]

2 Konfliktorientierung als kritische Forschungsperspektive zur Analyse sozio-kultureller Praktiken Jugendlicher in sozialen Medien

Aus einer konflikttheoretischen Forschungsperspektive geht es uns zunächst darum, die konkreten Alltagserfahrungen von Jugendlichen, ihre sozio-kulturellen Praktiken in sozialen Medien in den Blick zu nehmen wie auch die Wirkungsweisen herrschender Diskurse als Konfliktfelder kenntlich zu machen (vgl. Stehr 2013b, 2015; Bitzan 1998; 2018; Schimpf 2012, 2015a, 2015b; Schimpf/Stehr 2012). Jugendliche werden in dieser Forschungsperspektive als „Konfliktsubjekte" verstanden, die eigensinnige Praktiken der Konfliktbearbeitung und -bewältigung im Alltag entwickeln wie auch unterschiedliche Handlungsstrategien und Ressourcen nutzen (vgl. Bitzan 2018). Die Forschenden sind dabei aufgefordert, gesellschaftliche wie auch institutionelle Rahmungen einzubeziehen, um „Verdeckungsmechanismen" in Konfliktbearbeitungsstrategien, die eine Entpolitisierung mit sich bringen, wahrzunehmen (vgl. Bitzan 1998, 2018). Die Anforderung an ein konfliktorientiertes Forschen besteht darin, ‚andere' Perspektiven und Logiken herauszuarbeiten, in der die alltäglichen Erfahrungen der Jugendlichen im Umgang mit sozialen Medien, ihr Wissen wie auch ihre Handlungs- und Bewältigungsstrategien, aber auch ihre Auseinandersetzungen und Bearbeitungsweisen untereinander beschrieben werden können (vgl. Stehr 2015). Gezeigt werden kann damit, auf welche Weise Jugendliche (ihre) Konflikte in sozialen Medien bearbeiten, wie sie mit gesellschaftlichen und institutionellen (Norm-)Anforderungen, Selektionspraktiken und wirkmächtigen Diskursen umgehen, wie sie sich daran beteiligen und welche Positionierungen sie einnehmen. Unsere empirische Untersuchung zielt vor allem auf „die Entdeckung jugendlicher Konfliktbearbeitungsstrategien, die den Alltag der Jugendlichen ausmachen und die für sie bedeutsame Erfahrungen darstellen" (Stehr 2015, S. 195). Dabei gehen wir davon aus, „dass Jugendliche eigene Formen der Konfliktbearbeitung entwickeln, die im Gegensatz zu den

---

10 Dabei haben die Gruppengespräche, die wir mit den Jugendlichen geführt haben, gezeigt, dass ein Austausch und eine reflexive Auseinandersetzung über Sexualität und Geschlechternormen wie auch Praktiken des Umgangs damit vor allem in den geschlechterhomogenen Gruppen stattfindet und maßgeblich von den jungen Frauen initiiert wird. Womit an Ergebnisse der Mädchen- und Frauenforschung angeknüpft werden kann (vgl. Bütow 2006, Schimpf/Leonhardt 2004, Schimpf 2015a).

Alltagsdiskursen von Erwachsenen durch hybride Diskursformen gekennzeichnet sind, die Scherz, Spaß und Ernst auf eigensinnige Wiese verbinden" (ebd.; vgl. Branner 2003, Marvick/boyd 2011).

2.1 Freundschaftskonflikte und wie sie bearbeitet werden

Die Konfliktgegenstände, die die Jugendlichen in unserer empirischen Untersuchung in den Gruppengesprächen benennen, können als ‚alltägliche' und ‚jugendtypische' Konflikte eingeordnet werden, sie beziehen sich auf Themen wie soziale Beziehungen, Freundschaften, Auseinandersetzungen mit schulischen Normierungs- und Disziplinierungsanforderungen wie auch auf das Aushandeln von Normalität und Abweichung. Dabei zeigen sich sehr unterschiedliche Formen und Strategien der Konfliktbearbeitung und -bewältigung, die von Konfliktvermeidung bis zu Strategien einer direkten Aushandlung, auch der Mobilisierung von Dritten, die nicht unmittelbar am Konflikt beteiligt sind, reichen (vgl. Dumke 2017). Konflikte werden überwiegend durch Aushandlungsprozesse bearbeitet. Das Datenmaterial enthält eine Reihe von Hinweisen, dass Jugendliche nicht handlungsunfähig sind, sondern im verfügbaren Ressourcenrahmen kompetent mit digitalen Medien umgehen können.

In allen Gruppengesprächen werden Auseinandersetzungen innerhalb der Schulklasse, aber auch mit Freundinnen und Freunden als zentrale Konfliktthemen benannt, die in sozialen Medien verhandelt werden. Die Jugendlichen unterscheiden dabei, wem sie von sich etwas mitteilen bzw. was sie mitteilen und auch, wie viel sie von sich mitteilen. Welche Relevanz soziale Medien im Alltag haben, stellt Sven dar: *„Wenn man sich mit Freunden unterhalten will, aber sich halt nicht treffen kann... weil es halt schon spät ist und man auch irgendwann ins Bett gehen will, vielleicht dann einfach mal noch eine Stunde reden will oder so"* (G2, 191–198). Teilweise werden zwei ‚Facebook-Seiten' eingerichtet:

> Leonie: *Also ich habe zum Beispiel zwei Facebook-Seiten. Die eine Facebook-Seite ist zum Beispiel für Leute aus der Schule, aber eine Seite ist für meine besten Freunde oder da, wo mich zum Beispiel keiner sehen kann. Und da, wo ich halt meinen Namen vielleicht ändere und kein Profil habe, wo keiner wirklich... weil ich hab sehr, sehr viele Informationen, aber die, die ich auf meinem echten habe, sind meistens nicht wahr. Aber bei meinem, zum Beispiel meinem zweiten findet man halt jede Information über mich, aber da hat nicht jeder Zugriff... da ham vielleicht zehn oder zwanzig Leute Zugriff. Deshalb ist das immer besser.* (G2, 1155–1165)

Erkannt werden Freund_innen am „Schreibstil". So äußert Sven: „*Ich kann eigentlich den Schreibstil von meinen Freunden einschätzen, ... ich weiß, wann wer wie schreibt, ... wann wer welche Laune hat*" (G2, 1508–1516). Herausgestellt wird von ihm auch, dass es wichtig ist zu wissen, „*mit welchen Leuten du dich einlässt*" (G2, 621), vor allem auf Facebook. Und um sich Beleidigungen und Angriffen entziehen zu können, wird geraten: „*sei doch einfach nur mit deinen Freunden auf Facebook befreundet, fertig! ... Deine Freunde beleidigen dich ja auch nicht*" (G2 625–630).

Ein zentraler Konfliktgegenstand im Zusammenhang von Freundschaften ist die Diskreditierung in Form von Beleidigungen und Anspielungen oder das Einstellen und Kommentieren bzw. Markieren von Fotos. So berichtet Leonie von ihrer langjährigen Schulfreundin, die sie aus der ersten Klasse kennt: „*Wir waren sau gut befreundet, jahrelang und dann hat sie mich verarscht und dann hat sie mich als Schlampe beleidigt und mir gedroht*" (G2, 692–693). Eine Strategie des Umgangs in Konfliktsituationen ist, die andere Person zu „blockieren". So beschreibt Mahmud wie eine Konfliktsituation entstanden ist, in der er den anderen „blockiert" hat: „*... Wir haben halt geschrieben und ja da hat der ein bisschen übertrieben, da habe ich auch übertrieben, dann hat er mich zuerst blockiert also ich habe ihn beleidigt und er hat mich blockiert. ... dann habe ich von meinem anderen Facebook-Account den beleidigt und den Account, also den halt blockiert*"(G3, 171–172). Gegenüber Freunden_innen ist die Toleranz jedoch generell größer und Beleidigungen werden eher ignoriert, so betont Mahmud: „*wenn einer von meinen Freunden mich markiert, ist nicht schlimm* " (G3, 960–961). Freundschaften werden in allen Interviews sehr hoch bewertet und auch wenn man etwas nicht „*nicht so gut findet*", hält man sich bei Freund_innen zurück, nach dem Motto: „*... also ich finde es nicht gut, aber wir sind halt Freunde, was kann man dagegen machen?*" (G3, 978). Dimi erzählt, dass ein Freund ein Bild von ihm auf seinem Handy hatte, auf dem er ein „*bisschen hässlich aussah*", dennoch wurde dieses gepostet, was ihn „*richtig aufgeregt hat*", er forderte, dass das Bild gelöscht werden soll, „*ich habe ihm gesagt, dass er, dass er's löschen soll und der hat das nicht gelöscht*" (G3, 1063–1074). Im Gruppengespräch wird die Auseinandersetzung fortgesetzt:

Mahmud: *Nein, also da war schon die Situation, der war wirklich richtig sauer, weil ich ... wir hatten Ferien, ... also erster Tag, da hab ich seine Bilder reingestellt und hab geschrieben: „Dimi wünscht euch schöne Ferien."*
Dimi: „*Frohe Weihnachten*" *hast Du geschrieben oder so was.*
Mahmud: *Echt? Ja, ungefähr so was, dann wurde der richtig sauer. ... Ja, der hat mich danach angesprochen, hat gesagt, ich soll's löschen. [...] Da hat der mir ge-*

schrieben: "Lösch das bitte" und so ... und danach, wenn wir uns getroffen haben, war schon okay, also ...
Dimi: War also nicht so schlimm. [...] Also mir war das am Ende wirklich egal.
Giovanni: Das hat sich einfach erledigt.
Dimi: Weil der hat das ja schon gepostet. Was soll ich machen? ...
Giovanni: Ja...
Dimi: Und jeder hat das schon gesehen. Was soll ich machen? (G3, 1078–1122)

Strategien der Demonstration von Zusammengehörigkeit und Parteilichkeit werden von den Jugendlichen vor allem dann genutzt, wenn einzelne Personen, mit denen man befreundet ist, geschützt werden sollen. In allen drei Gruppengesprächen werden soziale Beziehungen und Freundschaften wie auch Gruppenzugehörigkeit als bedeutsame Bewältigungsressourcen in Konfliktsituationen benannt.

Die Jugendlichen sind loyal und parteilich, wenn ihre Freund_innen angegriffen oder beleidigt werden und betonen, dass Freundschaft an erster Stelle kommt:

Inci: Das Ding ist, ich finde es auch nicht so gut, aber wenn irgendjemand Streit mit meinen Freunden hat oder so, dann hat er auch irgendwie automatisch Streit mit mir. Ich sag nicht, dass ich das gut finde aber ... auch wenn jetzt zum Beispiel mein Freund oder meine Freundin im Unrecht ist, ich bin ... für die.
Katharina: Ja, das ist voll cool. [Lachen]
Interviewerin A: Da kommt Freundschaft an erster Stelle.
Inci: Ja, [Lachen], ich finde schon. Also, da ist mir auch egal, wer des andere...
Katharina: Freund hat voll Recht!
Inci: Ja, ich find schon. (G1, 1096–1111)

Allerdings wird in solchen Konfliktsituationen auch die direkte persönliche Kommunikation als Handlungsstrategie genutzt:

Hanife: Wenn jemand jetzt meiner besten Freundin irgendeinen Scheiß über Facebook sagen würde oder sie beleidigen würde, dann würde ich schon mal zu ihr gehn, würde erst mal reden, außer sie macht weiter. (G1, 1068–1071)

Die Unterstützung von den Freund_innen wird als Gefühl der Sicherheit beschrieben, so berichtet Mahmud:

Ja, man fühlt sich halt sicherer, wenn deine Freunde dich unterstützen, das kommt bei uns auch ziemlich vor, also egal. Ich meine jetzt auch nicht im Sine von Streit oder so ... Auch wenn wir was abstimmen in Facebook oder so ... Wenn es um etwas geht, dann kommt schon, mischen sich auch Freunde ein und so...

Giovanni: *... aber in der Regel eher im positiven Sinne einmischen. Also jetzt nicht irgendwie negativ, dass die da dazukommen und dann der Streit...*
Timo: *... ihren Senf dazugeben.* (G3, 787–805)

Sich als Freund_innen zu unterstützen wird von den Jugendlichen als eine Selbstverständlichkeit dargestellt. So beschreibt Giovanni: „*Also unter Freuden denk ich, macht das eigentlich so gut wie jeder*"(G3, Z. 784).

Allerdings werden nur in den geschlechterhomogenen Gruppen Normen und Werte wie auch Kontaktaufnahmen und Beziehungsgestaltung in sozialen Medien zwischen Mädchen und Jungen bzw. Frauen und Männern verhandelt. In den Gruppengesprächen mit den weiblichen Jugendlichen wurde bereits gezeigt, wie Geschlechterordnungen und Geschlechternormen reflexiv bearbeitet werden (können). Im Gruppengespräch mit den männlichen Jugendlichen wird zunächst erst einmal ausgehandelt, wer diese Konfliktsituation überhaupt erzählen darf.

Interviewer A: *Wollt ihr was dazu sagen, worum ging es da in dem Streit, den ihr drei hattet?*
Timo: *Ooh, das hat aber, das ist echt schlimm verstrickt, das ist richtig...*
Dimi: *Das dauert lange.* Miguel: *Ich würde das gerne erzählen.*
Timo: *Okay... dann erzähl ich lieber, oder?*
Miguel: *Okay, erzähl...*
Timo: *Weil ich war, da gibt's ein Mädchen, die heißt Jana, mit der rede ich im Moment nicht mehr und mit der war ich in Spanien zum Austausch und wir haben uns richtig gut verstanden und sowas und dann, und mir war das dann eigentlich egal, und dann haben wir angefangen zu schreiben, obwohl die einen Freund hat und so und ...*
Miguel: *Und dieser Freund ist auch auf dieser Schule. Wir verstehen uns auch gut mit ihm.*
Timo: *Und dann wurde das immer schlimmer. Obwohl die einen Freund hat, haben wir immer mehr zusammen gemacht und so was und dann haben alle auf mich eingeredet, z.B. die beiden: ...* „*Ähm, ,Timo hör auf damit, ,die hat einen Freund" und sowas und nachdem die auf mich nach dem Streit mit den beiden habe ich mit seiner Ex-Freundin geschrieben, die hat mich dann überredet, mit dieser Jana zu reden und dann hatte sich das geklärt, weil sie mit ihrem Freund Schluss gemacht hat für mich und dann hatte sich das auch geklärt und am nächsten Tag haben wir sowieso wieder normal geredet.*
Interviewer A: *Und das war dann echt nur eine Sache, die dann so über einen Tag ging oder was?*
Timo: *Das waren zwei Stunden.*
Miguel: *Ja, also zwei, also diese Diskussion zwischen uns drei, ja aber das Thema ging, keine Ahnung, zwei Wochen oder so...*
Giovanni: *Nein, mehr.*
Timo: *Doch, doch.*

> Giovanni: *Vor zwei Wochen hast Du angefangen dann halt, nach dem Spanisch-Austausch.*
> Timo: *Das war nur der Streit zwischen uns ... Und dann gab es noch den Streit mit ihrem Freund, das habe ich euch glaube ich auch gezeigt bei der Busfahrt nach V.*
> Miguel: *Ach so, ja.*
> Timo: *Da habe ich den auch zur Sau gemacht über WhatsApp und jetzt rede ich nicht mehr mit dem.*
> Interviewer A: *Mit dem Freund von dem?*
> Timo: *Von dem Mädchen. ... Und mit dem Mädchen habe ich mich auch gestritten, das habe ich dann blockiert und dann ging's auch wieder. Dann hatte keiner mehr Probleme mit keinem.*
> Interviewer A: *Dadurch, dass du sie blockiert hast?*
> Timo: *Ja.* (G3, 313–388)

Während die Freunde sich streiten und gegenseitig zurechtweisen, wird „Janas Freund" bzw. Schulkamerad *„zur Sau gemacht über WhatsApp"* (G3, 374).

Als Konfliktsetting sind soziale Medien durch weitgehende Eigenständigkeit gekennzeichnet, in die keine (institutionellen) Autoritäten hineinregieren können, was nicht zuletzt auch ihre Beliebtheit ausmacht. Die Konfliktrahmungen werden von den beteiligten Jugendlichen vorgenommen. Erwachsene und Institutionsvertreter_innen spielen als Konfliktressource keine bedeutsame Rolle. Die Mobilisierung von Dritten – meist Erwachsenen und Institutionsvertreter_innen – in Konflikten findet nur in Ausnahmefällen statt und zeigt sich im empirischen Material als eine wirksame, jedoch höchst ambivalente Strategie, bei der die Jugendlichen die Konfliktsituation meist nicht mehr selbst aktiv mitgestalten können, weshalb auch die Bewältigung als höchst widersprüchlich erlebt wird. Die Jugendlichen stellen heraus, dass sie so lang es geht vermeiden, Dritte einzuschalten und zuerst versuchen, den Konflikt miteinander zu lösen: Miguel stellt im Gruppengespräch heraus, dass es „keinen Sinn macht", ihren Streit institutionell bzw. über Dritte zu klären und betont, dass Sie – die Jugendlichen – das besser können: *„Also wenn so Kleinigkeiten sind wie z.B. unser Streit, hat es keinen Sinn, dass sie [Dritte] das klären ... also können wir besser* (G3, 729–734).

2.2 Konfliktverdeckungen und -enteignungen durch die Schule

Trotz des starken Gewichtes des Cyber-Gefahrendiskurses zeigt unser empirisches Material, dass Jugendliche auch im schulischen Kontext immer wieder Strategien der gegenseitigen Unterstützung praktizieren, die auf Formen von „Klassensolidarität" hinauslaufen:

Hanife: *Fast alle sind ... und dann haben (wir) so eine Gruppe in Facebook ...eine Klassengruppe und dann müssen wir da ... wenn einer halt die Hausaufgaben nicht weiß oder (wir) sagen dann was wir aufhaben ... das ist schon manchmal nicht schlecht...*
Nurgay: *Oder falls wir einen Einfall haben und andere wissen es nicht, wird es dort gepostet.*
Hanife: *Das ist gut.*
Nurgay: *Ja.* (G1, 282–286)

Der schulische Kontext produziert allerdings überwiegend Konfliktsituationen, in denen sich Klassensolidaritäten negativ gegen Jugendliche wenden, die als anders und abweichend definiert werden. So erzählt Masud in der Diskussion, dass er sich aufgrund der Selbstzuschreibung von außergewöhnlichen Fähigkeiten Beleidigungen von Mitschüler_innen ausgesetzt sieht:

Masud: *Ich kann sehr, sehr viele Sachen vielleicht mehr als andere Schüler. Da werd' ich meistens auch Angeber genannt [...]".*
Tara: *Das liegt aber daran, dass du wirklich ständig betonst, was du besser kannst.*
Masud: *Ich betone ... vielleicht, es ist halt so, weil ich, bei mir ist's im Unterricht so, zum Beispiel, wenn der Lehrer was fragt, dann weiß keiner was.*
Sven: *Er ist der Meinung, er ist intelligenter als alle anderen.*
Masud: *Zum Beispiel, ja. Zum Beispiel, da werd' ich beleidigt, zum Beispiel gemobbt ständig. Das ist ne Behinderung, weshalb bist Du so schlau, keine Ahnung, ... so blöde Sachen zum Beispiel.*
Sven: *Du sagst doch selbst, du bist Autist. [Kichern]*
Masud: *Bin ich auch, aber na ja, [...] Ich muss ja, nicht ... das ist genauso wenn ein Mensch ... Entschuldigung ... nicht sehen kann und ich beleidige den jeden Tag als blind. Das geht auch nicht, ja ...*
Tara: *Also ich denke, das Problem liegt einfach darin, dass man auch selbst im Unterricht mitarbeiten möchte. Und wenn immer jemand rein ruft und es weiß, dann, ja schön, dass du's weißt, aber ich kann das nicht*
Masud: *Da hast du recht, genau, aber...*
Tara: *Und da möchte man dann halt auch selbst erstmal selbst erarbeiten, anstatt, dass jemand das reinruft.*
Masud: *Da hast du Recht, aber man darf einen Menschen nicht beleidigen. Das, das darf man nicht.*
Tara: *Natürlich nicht. Das wollte ich auch nicht damit sagen.* (G2, 1292–1338)

In dieser Passage wird verhandelt, was eine ‚normale' Schüler_innen-Position ausmacht und wie sich dadurch das Verhältnis zwischen den Schüler_innen gestalten sollte. Der hier artikulierte Konflikt verweist auf die schulischen Verhaltenserwartungen im Unterricht wie auch auf die eingeklagte Norm der gegenseitigen Unterstützung bzw. des ‚Sich-nicht-herausheben-Sollens' aus der Gruppe. Die schulischen Anforderungen selbst erscheinen als nicht thematisierte Selbstverständlichkeit, so dass Schule nicht als eine Konfliktproduzentin wahrnehmbar wird und Fragen der Gestaltung und Organisation des Unterrichts in Fragen des Schüler_innenverhaltens umdefiniert werden. Die zitierte Passage aus der Gruppendiskussion lässt ein Aushandlungs- und Bearbeitungsmuster erkennen, das wiederkehrend die Gruppendiskussionen kennzeichnet: Schule produziert unter den Schüler_innen Konflikte um Anerkennung (vgl. Dumke 2017), die nicht mit der Schule, sondern untereinander als individualisierte Konflikte um Leistungs- und Statuskonkurrenz ausgetragen werden. Als produzierter Gegeneffekt ist der schulisch gestiftete Klassenverband zugleich geeignet, Solidaritätsnormen gegen Konkurrenzen zur Geltung zu bringen. Der Cybermobbing-Diskurs und entsprechende Curricula und Interventionspraktiken verstärken konfliktverdeckende Effekte, indem Schule vor ernsthaften Auseinandersetzungen mit ihren eigenen Widersprüchen entlastet wird und indem günstige Gelegenheiten geschaffen werden, sich z.B. als Lehrpersonal auf die Seite der ‚Schwachen' zu stellen, die paternalistisch gegen ‚Übeltäter' (den ‚Mobbern') in Schutz genommen werden. Diese schulischen Strategien werden von den Jugendlichen allerdings durchschaut, womit der Gefahrendiskurs des Cybermobbings zugleich für die eigene Positionierung und die eigenen Interessen auch von den Jugendlichen instrumentalisiert werden kann:

> Mahmud: *Also wenn die Situation ist, dass ich jemand beleidigt hab' und der mich beleidigt hat, dann kann ich natürlich nicht zu meiner Lehrerin gehen und sagen: „Ja, du musst mir helfen" oder so…* (G3, 660–668)

Im Gruppengespräch mit den weiblichen Jugendlichen erzählt Katharina von einer Konfliktsituation, in der ihre Lehrerin sich auf die Gegenseite stellt und sie und ihre Freundin von der Lehrerin zum Schulleiter geschickt werden. Die Kontrahentin Kyra hatte gegenüber der Lehrerin und dem Schulleiter Katharina und ihrer Freundin vorgeworfen, sie auf Facebook „gemobbt" zu haben.

> Katharina: *…und der Schulleiter hatte generell was gegen dieses Mädchen… ne, ernsthaft…hat sie voll gehasst…weil, das war der einzige Lehrer an dieser Schule, der gemerkt hat, dass sie einfach falsch ist…und die ganze Zeit halt Leute mobbt …und wir haben ihm alles erzählt und dann hat er uns geglaubt…und irgendwann hat unsere Lehrerin uns auch geglaubt…und dann hat er mit Kyra geredet…und dann ist sie geflogen…aus der Schule.* (G1, 224–233)

In Katharinas Erzählung einer ‚Siegerinnengeschichte' wird deutlich, wie Cybermobbing als Vorwurf und mit folgenschweren Konsequenzen instrumentalisierbar wird. Obgleich der Konfliktgegenstand hier unthematisiert bleibt, wird erkennbar, dass die Schule nicht mit Konfliktschlichtungsversuchen reagiert, sondern über Moral und Sanktion bzw. über einseitige Parteinahme für letztlich ‚identifizierte' Opfer gegen entsprechend definierte Übeltäter_innen vorgeht. Die Mobilisierung von schulischen Autoritäten als Konfliktressource endet in fast allen Erzählungen in unserem empirischen Material mit der Sanktionierung definierter Übeltäter_innen, teilweise sogar mit der Praktizierung von schulischem Ausschluss.

In unserem Material werden von den Jugendlichen an verschiedenen Stellen Differenzierungen zwischen Konflikttypen vorgenommen, die sich auch auf die Schwere des Konflikts beziehen. So formuliert Miguel:

Also ich glaub, dass schlimmere Konflikte sind besser, wenn so ältere Leute das klären ... aber wenn so Kleinigkeiten sind, wie zum Beispiel unser Streit, hat keinen Sinn, dass sie das klären ... also können wir's besser. (G3, 723–734)

Die Unterscheidung von „schlimmen Konflikten" und von „Kleinigkeiten" und „Streitsituationen" dürfte sich weniger auf objektiv vorhandene Unterschiede in der Schwere des Konflikts beziehen, als darauf, dass die üblichen Alltagskonflikte in der eigenen Wahrnehmung nichts Außergewöhnliches sind und auf bekannte Weise bearbeitbar erscheinen, dass sie Bestandteil des gewohnten Alltags sind. In der angelsächsischen Literatur wird herausgestellt, dass Jugendliche den Begriff des „Dramas" verwenden, um ihre Alltagskonflikte und die spezifischen Formen ihrer Bearbeitung zu kennzeichnen (vgl. Marvick/boyd 2011; Fisk 2016). Dennoch gibt es in unserem Material die Vorstellung von „schlimmen Konflikten", deren Bearbeitung sich die Jugendlichen nicht selbst zutrauen. Dabei fällt auf, dass sich im gesamten Material kein selbst erlebtes Beispiel eines „schlimmeren Konfliktes" findet, sondern hier auf die kursierenden Moral- und Warngeschichten (vgl. die oben diskutierte Amanda-Geschichte) als Beleg rekurriert werden muss.[11] Damit wird deutlich, dass die Konflikte zwischen Jugendlichen, bei denen sie als (Konflikt-)Subjekte direkt involviert sind, im Regelfall von den unmittelbar beteiligten Personen bearbeitet werden und nur in seltenen Fällen und herausfordernden Situationen auf (vertrauenswürdige) Erwachsene zurückgegriffen wird. Die Mobilisierung von erwachsenen Autoritäten, vor allem von Lehrer_innen, erfolgt dagegen fast ausschließlich im direkten Schulkontext. Die Jugendlichen beschreiben an einigen Stellen in den Diskussionen, dass und wie sie von der Schule auf-

---

11 Dies ist auch von boyd (2014) angemerkt worden.

gefordert werden, sich in Fällen von Cybermobbing an sie zu wenden, dann allerdings meist mit der Folge, dass es zu Sanktionierungen der ‚Täter-Seite' kommt und die Mobilisierer_innen keine weitere Möglichkeit des Handelns mehr haben, ihnen der Konflikt meist vollständig enteignet wird.

An unserem empirischen Material wird erkennbar, dass ‚Online'- und ‚Offline'-Konflikte keine getrennten sozialen Bereiche darstellen oder durch unterschiedliche Konfliktgegenstände gekennzeichnet sind, sondern lediglich die Ressourcen der Konfliktbearbeitung andere sind. Die Institution Schule ist ein zentraler Gegenstand, allerdings nicht über die explizite (kritische) Auseinandersetzung mit den schulischen Anforderungen, sondern als Normierungs- und Disziplinierungskontext, der sich konfliktverdeckend auswirkt: Schule verdeckt ihren Anteil an der Produktion von Macht- und Herrschaftsverhältnissen, indem sie Konflikte individualisiert und entpolitisiert. In diesem Sinne nutzt sie die ‚Cybermobbing-Problemkonstruktion', um sich als Konfliktakteur unsichtbar zu machen und die Konflikte als jugendtypisch bzw. als technik- bzw. social-media-induziert zu definieren und sich selbst als kompetente, vertrauenswürdige Problemlösungsinstanz anzubieten. Der Cybermobbing-Diskurs kann damit auch als institutioneller Entlastungsdiskurs verstanden werden, insofern die Konflikte, die durch die schulischen Leistungs-, Normalitäts- und Disziplinierungsanforderungen, durch Selektions- und Diskriminierungspraktiken produziert werden, entthematisiert bzw. über Politiken des Verhaltens in individuelle Konflikte ‚abweichender', ‚problematischer', ‚defizitärer' Schüler_innen umdefiniert werden.

3 Fazit

Als Ergebnis unserer Studie lässt sich festhalten, dass soziale Medien ein elementarer Bestandteil der gegenwärtigen Lebenswelt und des Alltags Jugendlicher sind und diese von ihnen als Ressource zur Lebensbewältigung, aber auch zur Demonstration von Eigenständigkeit und autonomer Gestaltung genutzt werden. Durch das Einnehmen einer konflikttheoretischen Perspektive konnten wir zeigen, welche Situationen von Jugendlichen als Konflikt bewertet werden, welche Strategien sie zur Konfliktbearbeitung nutzen und wie sie sich als aktive, subjektiv sinnvoll handelnde Akteure darstellen, die sich (eigensinnig) mit gesellschaftlichen Diskursen wie auch Anforderungen von Institutionen auseinandersetzen (müssen).

Die von uns eigenommene Konfliktperspektive ist nicht sehr verbreitet. Lediglich die Studie des Instituts für Medienpädagogik in Forschung und Praxis (JFF) (vgl. Wagner/Brüggen 2013) zur Nutzung von sozialen Medien durch Jugendliche verwendet auch den Konfliktbegriff als eine analytische Kategorie und betont die

Notwendigkeit einer „differenzierten Betrachtung von Konflikten" Jugendlicher wie auch ihrer Beschreibung „als selbstbestimmte Akteurinnen und Akteure in konflikthaften Auseinandersetzungen" (ebd., S. 50). In der JFF-Studie werden eine undifferenzierte Gleichsetzung von Cybermobbing mit Online-Konflikten und das damit implizierte „Täter-Opfer-Schema" kritisch gesehen (ebd.). Gleichwohl wird parallel zu Konflikten auch weiter von Cybermobbing geredet und keine diskurskritische Perspektive eingenommen. Auch die institutionellen Praktiken in diesem Zusammenhang bleiben unhinterfragt, wodurch sich zeigt, dass hier mit einem sehr verkürzten Konfliktbegriff gearbeitet wird bzw. soziale Medien nicht als ein gesellschaftliches Konfliktfeld betrachtet werden. Im aktuellen 15. Kinder- und Jugendbericht werden Jugendliche als „digitale Grenzbearbeiter_innen" bezeichnet, die „gesellschaftliche Grenzverschiebungen ausbalancieren und sich weitgehend eigenständig in Netzwerkkulturen und in kommunikativ stark verdichteten Räumen behaupten" müssen (Bundesministerium für Familie, Senioren, Frauen und Jugend 2017, S. 273). Betont wird, dass die Online-Kommunikation Jugendlichen vielschichtige Möglichkeiten der Selbstdarstellung bietet und ihnen „zusätzlich Autonomiegewinne" verschafft (ebd., S. 59). Auch wird herausgestellt, dass vor allem qualitative Befragungen „einen tiefergehenden Einblick in das Konfliktverhalten Jugendlicher online eröffnen" und zeigen können, dass Jugendliche eine „differenzierte Sichtweise auf Konflikte in sozialen Netzwerken" haben und sich distanzieren von der „Sicht der Erwachsenen, die den Fokus vor allem auf Mobbing legen" und damit auch zwischen „Tätern und Opfern unterscheiden" (ebd., S. 280). Doch subsumiert der 15. Kinder- und Jugendbericht das „Konfliktverhalten Jugendlicher" unter die Cybermobbing-Problemkategorie und verbleibt damit doch wieder im Rahmen des Problematisierungsmusters des Gefahrendiskurses.

Ein konfliktorientiertes Forschen ermöglicht es herauszuarbeiten, wie Jugendliche Konflikte, die als Resultat gesellschaftlicher und institutioneller Anforderungen im Hinblick auf Konkurrenzen wie auch auf soziale Platzierungen und (Geschlechter)Normierungen entstehen, bearbeiten, wie sie sich Räume erkämpfen, die ihnen eine relative Autonomie sichern – als Artikulationsräume, in welchen sie miteinander interagieren, Freundschaften eingehen, Beziehungen austesten und Solidaritäten ein- und ausüben können. Weiter bedarf es einer kritischen Analyse der Gefahrendiskurse, die die Legitimationen dafür liefern, die Interaktionsformen der Jugendlichen durch unterschiedliche institutionelle Überwachungs- und Kontrollmaßnahmen einzugrenzen.

Konflikte im Netz sind keine isolierten Medienphänomene, sondern sie stehen in Beziehung zu den lebensweltlichen Erfahrungszusammenhängen von Jugendlichen, die durch die Familie, Peergroups, Freundschaftsbeziehungen, Partnerschaften und Schule zu kontextualisieren sind. Soziale Arbeit steht vor der Herausforderung, diese Konfliktkonstellationen zur Kenntnis zu nehmen und die Handlungsfähigkeit der Jugendlichen überhaupt erstmal wahrzunehmen. Die Unterstellung, dass sie dies nur durch vertrauenswürdige Erwachsene und möglichst institutionell autorisierte Erwachsene zu Wege bringen, führt nur zu noch mehr Überwachung und Kontrolle und zur Reduktion von Gelegenheiten des Lernens – angefangen von der Frage, wie Konflikte angemessen bewältigt werden können, bis hin zur Frage, auf welche Weise gesellschaftliche Macht- und Herrschaftsverhältnisse auch die eigenen Orientierungen und Positionierungen durchdringen und an welchen Stellen darüber Widersprüche in den gesellschaftlichen Strukturen und Ordnungen erkennbar werden. Aufklärung braucht es nicht über „Cybermobbing", „Sexting" etc., sondern über gesellschaftliche Macht- und Herrschaftsverhältnisse, in die auch die Soziale Arbeit eingebunden ist, die sie auch und gerade gegenüber Jugendlichen als Konfliktverhältnisse aufzudecken hätte. Konfliktorientiertes Forschen in der Sozialen Arbeit kann hierzu einiges beitragen.

Literatur

Anhorn, Roland/Schimpf, Elke/Stehr, Johannes (2018): Politik der Verhältnisse – Politik des Verhaltens: Widersprüche der Gestaltung Sozialer Arbeit. Einleitende Anmerkungen zum Thema des Bundeskongresses Soziale Arbeit 2015. In: Anhorn, Roland/Schimpf, Elke/Stehr, Johannes/Rathgeb, Kerstin/Spindler, Susanne/Keim, Rolf (Hrsg.): *Politik der Verhältnisse – Politik des Verhaltens. Widersprüche der Gestaltung Sozialer Arbeit*, S. 1–17, Wiesbaden: Springer VS.
Bitzan, Maria (1998): Konfliktorientierung und Verständigung als methodologische Basiselemente feministischer Forschung. In: Tübinger Institut für frauenpolitische Sozialforschung (Hrsg.): *Den Wechsel im Blick. Methodologische Ansichten feministischer Sozialforschung*, S. 176–197. Pfaffenweiler: Centaurus.
Bitzan, Maria (2018): Das Soziale von den Lebenswelten her denken. Zur Produktivität der Konfliktorientierung für die Soziale Arbeit. In: Anhorn, Roland/Schimpf, Elke/Stehr, Johannes/Rathgeb, Kerstin/Spindler, Susanne/Keim, Rolf (Hrsg.): *Politik der Verhältnisse – Politik des Verhaltens. Widersprüche der Gestaltung Sozialer Arbeit*, S. 51–71, Wiesbaden: Springer VS.
boyd, danah (2014): *It's complicated. the social lives of networked teens*. New Haven/London:Yale University Press.
Branner, Rebecca (2003): *Scherzkommunikation unter Mädchen. Eine ethnographisch-gesprächsanalytische Untersuchung*. Frankfurt/M.: Peter Lang.
Bütow, Birgit (2006): *Mädchen in Cliquen. Sozialräumliche Konstruktionsprozesse von Geschlecht in der weiblichen Adoleszenz*. Weinheim/München: Juventa.
Bundesministerium für Familie, Senioren, Frauen und Jugend (Hrsg.) (2017): *15. Kinder- und Jugendbericht. Bericht über die Lebenssituation von jungen Menschen und Leistungen der Kinder- und Jugendhilfe in Deutschland. Zwischen Freiräumen, Familie, Ganztagschule und virtuellen Welten. Persönlichkeitsentwicklung und Bildungsanspruch im Jugendalter*. Bundesanzeiger Verlagsgesellschaft: Köln.
Cohen, Stanley (1972): *Folk-Devils and Moral Panics. The Creation of the Mods and Rockers*. London: MacGibbon & Kee.
Cremer-Schäfer, Helga/Stehr, Johannes (1990): Das Moralisieren und Skandalisieren von Problemen. In: *Kriminalsoziologische Bibliografie* 17, Heft 68, S. 21–42.
Dumke, Thomas (2017): Formen der Konfliktbearbeitung, Konfliktverdeckung und Umgang mit Konfliktenteignungen. In: Schimpf, Elke/Stehr, Johannes (Hrsg.): *Soziale Medien als Konfliktarena. Alltagskonflikte Jugendlicher und wie sie über die Nutzung von Social Network Sites bearbeitet werden*, S. 71-106. Marburg: Büchner-Verlag.
Egan, R. Danielle (2013): *Becoming Sexual. A Critical Appraisal of Sexualization of Girls*. Cambridge/Malden: Polity.
Farrell, Joanne (2015): „I have no one, I need somebody": Contextualizing Amanda Todd within the "My Secrets" Video Genre. Master-Thesis an der Queen's University, Kingston, Ontario. Online verfügbar über: https://qspace.library.queensu.ca/handle/1974/12784.
Festl, Ruth (2015): *Täter im Internet. Eine Analyse individueller und struktureller Erklärungsfaktoren von Cybermobbing im Schulkontext*. Wiesbaden: Springer VS.
Fisk, Nathan W. (2016): *Framing Internet Safety. The Governance of Youth Online*. Cambridge/London: The MIT Press.

Gill, Rosalind (2012): Media, Empowerment and the ‚Sexualization of Culture' Debates. In: *Sex Roles* 66, 11–12, S.736–745.
Goffman, Erving (1973): *Asyle. Über die soziale Situation psychiatrischer Patienten und anderer Insassen*. Frankfurt/M.: Suhrkamp.
Hasinoff, Amy Adele (2014): ‚Myspace led girl to mideast': Race, the online predator myth, and the pathologization of violence. In: *Sexualities*, Vol 17 (4), S. 484–500.
Hipfl, Brigitte (2015): Medialisierung und Sexualisierung als Assemblagen gegenwärtiger Kultur – Herausforderungen für eine (Medien)-Pädagogik jenseits von „moral panic". In: Aigner, Josef Christian/Hug, Theo/Schuegraf, Martina/Tillmann, Angela (Hrsg.): *Medialisierung und Sexualisierung. Vom Umgang mit Körperlichkeit und Verkörperungsprozessen im Zuge der Digitalisierung*, S. 15–33. Wiesbaden: Springer VS.
Illouz, Eva (2011): *Warum Liebe weh tut*. Berlin: Suhrkamp.
Katzer, Caterina (2014): *Cybermobbing. Wenn das Internet zur W@ffe wird*. Berlin/Heidelberg Springer.
Leest, Uwe (2014): Das Phänomen Cybermobbing. Folgen für die Gesellschaft und Möglichkeiten der Prävention. In: unsere jugend 6. Jg., H. 4, S. 146–158.
Marvick, Alice E./boyd, danah (2011): The Drama! Teen Conflict, Gossip, and Bullying in Networked Publics. Online verfügbar unter: http://papers.ssrn.com/sol13/paperscfm?abstract_ide=1926349; Zugriff am 21.01.2015.
McRobbie, Angela (2010): *Top Girls. Feminismus und der Aufstieg des neoliberalen Geschlechterregimes*. Herausgegeben von Hark, Sabine/Villa, Paul-Irene. Wiesbaden: VS.
Ringrose, Jessica/Harvey, Laura/Gill, Rosalind/Livingstone, Sonia (2013): Teen girls, sexual double standards and "sexting". Gendered value in digital image exchange. In: *Feminist Theory* 14, 3, S. 305–323.
Schimpf, Elke (2012): Widersprüchliche Deutungsmuster und Praktiken lebensweltorientierten Forschens. In: Schimpf, Elke/Stehr, Johannes (Hrsg.): *Kritisches Forschen in der Sozialen Arbeit. Gegenstandsbereiche – Kontextbedingungen – Positionierungen – Perspektiven*, S. 233–263. Wiesbaden: Springer VS.
Schimpf, Elke (2015a): ‚Verräumlichte Geschlechterverhältnisse' – Geschlechterkonstruktionen und Deutungsmuster eine Nutzung, Aneignung und Gestaltung ‚öffentlicher Räume' im Kindes- und Jugendalter. In: *Enzyklopädie Erziehungswissenschaft Online (EEO)*, Fachgebiet Geschlechterforschung. Die Bedeutung von Geschlecht im Lebensverlauf. Weinheim/Basel: Beltz Juventa.
Schimpf, Elke (2015b): Potenziale eines alltags- und lebensweltorientierten Forschens als Beitrag für ‚das Projekt einer kritischen Sozialen Arbeit'. In: Dörr, Margret/Füssenhäuser, Cornelia/Schulze Heidrun (Hrsg.): *Biographie und Lebenswelt. Perspektiven einer kritischen Sozialen Arbeit*, S. 87–105. Wiesbaden: Springer VS.
Schimpf, Elke/Leonhardt, Ulrike (2004): *„Wir sagen euch, was wir brauchen, und ihr plant mit uns". Partizipation von Mädchen und jungen Frauen in der Jugendhilfeplanung*. Bielefeld: Kleine Verlag.
Schimpf, Elke/Stehr, Johannes (Hrsg.) (2012): *Kritisches Forschen in der Sozialen Arbeit. Gegenstandsbereiche – Kontextbedingungen – Positionierungen – Perspektiven*. Wiesbaden: Springer VS.
Schimpf, Elke/Stehr, Johannes (Hrsg.) (2017): *Soziale Medien als Konfliktarena. Alltagskonflikte Jugendlicher und wie sie über die Nutzung von Social Network Sites bearbeitet werden*, S. 71-106. Marburg: Büchner-Verlag.

Stehr, Johannes (1998): *Sagenhafter Alltag. Über die private Aneignung herrschender Moral.* Frankfurt/New York: Campus.
Stehr, Johannes (2013a): Kriminologie. In: Gudehus, Christian/Christ, Michaela (Hrsg.), *Gewalt. Ein interdisziplinäres Handbuch*, S. 363–370. Stuttgart/Weimar: Verlag J.B. Metzler.
Stehr, Johannes (2013b): Vom Eigensinn des Alltags. In: Bareis, Ellen/Kolbe, Christian/Ott, Marion/Rathgeb, Kerstin/Schütte-Bäumner, Christian (Hrsg.): *Episoden sozialer Ausschließung. Definitionskämpfe und widerständige Praktiken.* S. 347–362. Münster: Verlag Westfälisches Dampfboot.
Stehr, Johannes (2015): Herausforderungen und Praktiken eines konfliktorientierten Forschens. In: Stövesand, Sabine/Röh, Dieter (Hrsg.): *Konflikte – theoretische und praktische Herausforderungen für die Soziale Arbeit.* S. 190–200. Opladen/Berlin/Toronto: Barbara Budrich.
Turgay, Alylin (2015): *Social Network Sites als neoliberale Konfliktarenen. Eine empirische Untersuchung über Subjektivierungsweisen und Positionierungen von Jugendlichen entlang intersektionaler Differenzkategorien*, Bachelorarbeit. EH Darmstadt.
Wagner, Ulrike/Brüggen, Niels (2013): *Teilen, vernetzen, liken. Jugend zwischen Eigensinn und Anpassung im Social Web.* 5. Konvergenzstudie im Auftrag der Bayerischen Landeszentrale für neue Medien (BLM). BML-Schriftenreihe Band 101. Baden-Baden: Nomos Verlagsgesellschaft.

BeSchränkungen des Nutzens Sozialer Arbeit

Kerstin Herzog, Jacqueline Kunhenn, Michael May, Gertrud Oelerich, Andreas Schaarschuch und Rebekka Streck[1]

Die Inanspruchnahme sozialer Dienstleistungsangebote ist häufig von Bedingungen gerahmt, die eine produktive Nutzung ihrer Möglichkeiten oft, wenn nicht sogar zumeist, beschränken, begrenzen oder verhindern. In diesem Aufsatz wird versucht, im Kontext der sozialpädagogischen Nutzerforschung, resp. der (Nicht-)Nutzungsforschung – deren Konzeptionen nur um Nuancen differieren – anhand von vier empirischen Studien die Vielgestaltigkeit der BeSchränkungen des potentiellen Nutzens deutlich werden zu lassen und auf seine theoretischen Implikationen hin zu befragen.

1 Theoretische Zugänge[2]

Die Überzeugung, dass Soziale Arbeit hilfreich und unterstützend wirkt, gehört zur Grundausstattung der Selbstbeschreibungen Sozialer Arbeit. Zwar wird in der Regel konzediert, dass dem „doppelten Mandat" zufolge auch kontrollierende Aspekte eine Rolle spielen (Böhnisch/Lösch 1973) – inwiefern diese jedoch

---

1 Der gemeinsame Aufsatz beruht auf Beiträgen zur gleichnamigen AG auf dem Bundeskongress Soziale Arbeit, die von Gertrud Oelerich und Andreas Schaarschuch organisiert wurde.

2 Dieses Kapitel wurde von Gertrud Oelerich und Andreas Schaarschuch verfasst.

© Springer Fachmedien Wiesbaden GmbH, ein Teil von Springer Nature 2018
J. Stehr et al. (Hrsg.), *Konflikt als Verhältnis – Konflikt als Verhalten – Konflikt als Widerstand*, Perspektiven kritischer Sozialer Arbeit 30,
https://doi.org/10.1007/978-3-658-19488-8_4

eine Rolle in der Erbringung sozialer Dienstleistungen spielen, wird jedoch kaum untersucht.

Die Sozialpädagogische Nutzerforschung, wie sie grundständig entwickelt wurde (vgl. Oelerich/Schaarschuch 2005), konzentriert sich auf die Analyse des „Nutzens" Sozialer Arbeit, sowohl in seiner inhaltlichen Ausformung als auch seiner prozessualen Aspekte. Damit ist zugleich – und dies ist eine zentrale Intention – die Analyse des Nicht-Nutzens bis hin zur Schädigung durch Soziale Arbeit impliziert. Das Selbstverständnis der sozialpädagogischen Nutzerforschung ist das einer kritischen Sozialwissenschaft. Wenn dort der Nutzen Sozialer Arbeit „als die Gebrauchswerthaltigkeit professioneller Tätigkeit im Hinblick auf die produktive Auseinandersetzung mit den Anforderungen, die sich für die Nutzer aus den sich ihnen stellenden Aufgaben der Lebensführung ergeben" (Oelerich/ Schaarschuch 2005) bestimmt wird, dann stellt sich damit zugleich die Frage nach den Bedingungen, unter denen ein möglicher Nutzen der Sozialen Arbeit durch die Inanspruchnehmenden realisiert, oder hier: *nicht* realisiert werden kann. In dieser Perspektive geht es der Nutzerforschung um die Identifizierung nutzenfördernder und nutzen*limitierender* Aneignungsbedingungen – also die Barrieren oder die BeSchränkungen – des prinzipiell möglichen Nutzens sozialer Dienstleistungen.

Klassisch haben die sozialpolitisch fokussierten dienstleistungstheoretischen Ansätze den Dienstleistungsprozess als „uno-actu"sich vollziehenden „Ko-Produktionsprozess" konzipiert.[3] Die systematische Einbeziehung der „Präferenzen" und der aktiven Tätigkeit der Inanspruchnehmenden in den Dienstleistungsprozess gilt als entscheidend für dessen sozialpolitische „Produktivität" (Badura/Gross 1976; Gross/Badura 1977). Die hierauf basierende neuere Dienstleistungstheorie hat herausgearbeitet, dass im Ko-Produktionsprozess sozialer Dienstleistungen auf der Ebene des *Erbringungsverhältnisses* von Professionellen und Nutzern das produktive Aneignungshandeln der Nutzerinnen und Nutzer von ausschlaggebender Bedeutung ist. Diese Grundannahme stützt sich auf das aneignungstheoretische Argument, dass nur die Nutzerinnen und Nutzer selbst unter Nutzung der professionellen Tätigkeit ihr Verhalten in Aneignungsprozessen hervorbringen können (Winkler 1988; Braun 2004), wobei die Professionellen diese Aneignungsprozesse mit ihren Handlungen stimulieren, unterstützen und reflexiv zu begleiten vermögen. Auf dieser Grundlage ist „Ko-Produktion" so zu reformulieren, dass es sich hierbei um ein Verhältnis des Nutzers als Produzent und des Professionellen als Ko-Produzent handelt (Schaarschuch 1999).

---

3 In diesem Aufsatz u.a. vor einem anderen theoretischen Hintergrund auch als „Arbeitsbündnis" konnotiert.

In funktionstheoretischer Perspektive müssen zur Herstellung von „Passungen" von Dienstleistungen im sozialstaatlichen Kontext prinzipiell generalisierte gesellschaftliche „Bezugsnormen" mit den „Besonderheiten des individuellen Falles" „vermittelt" werden (Offe 1987), wobei diese Vermittlung realiter von der Dominanz staatlich-verhaltensregulativer „Normalisierungsarbeit" geprägt ist (Olk 1986). Im Prozess der Inanspruchnahme sozialer Dienstleistungen treffen nun kommunikativ-„lebensweltlich" basierte Deutungen sowohl der eigenen Situation als auch der sozialen Dienste auf deren verrechtlicht-bürokratische, „systemische" institutionelle Realität (Habermas 1981, S. 171ff.). Diese hat die Tendenz, kommunikativ strukturierte lebensweltliche Handlungsbereiche zu mediatisieren, zu überformen und damit weitere „Pathologien der Lebenswelt" zu induzieren (ebd., S. 533ff.; Gängler/Rauschenbach 1984). Der sozialstaatliche, institutionell-organisationale *Erbringungskontext* verleiht so dem interaktiv strukturierten Erbringungsverhältnis eine jeweils konkrete Form. Die Inanspruchnehmenden ihrerseits verfügen über individuell differente Nutzungsvermögen, die je nach milieuspezifischer Verfügbarkeit unterschiedlicher ökonomischer, kultureller und sozialer Ressourcen ungleich verteilt sind und die Inanspruchnahmemöglichkeiten präformieren (Bourdieu 1997; May/Alisch 2013).

Die durch strukturelle Machtasymmetrien gekennzeichnete Inanspruchnahme sozialer Dienstleistungen (Hasenfeld 1992) ist als tendenziell konflikthafte Konstellation zu verstehen, in der die „Passung" von sozialstaatlichen Dienstleistungen mit den Unterstützungsbedürfnissen und Nutzungsvermögen der Inanspruchnehmenden nicht vorausgesetzt werden kann. Vielmehr können sich die sozialstaatlichen Erbringungskontexte, die institutionalisierten und professionalisierten Formen und situativen Konstellationen der Erbringung als *Barrieren oder BeSchränkungen der Inanspruchnahme* erweisen, die produktive Aneignungsleistungen auf Seiten der Nutzerinnen und Nutzer erschweren, begrenzen oder verhindern, und damit einen möglichen Nutzen limitieren (vgl. Wirth 1982). BeSchränkungen der Inanspruchnahme *aus der Sicht der NutzerInnen* müssen somit konzeptionell von zwei Seiten her gefasst werden: von den institutionellen, professionellen und situativen Bedingungskonstellationen der Erbringung einerseits, und den Relevanzen, Präferenzen und Nutzungsvermögen der Inanspruchnehmenden auf der Basis ungleich verteilter, gesellschaftlicher Ressourcen andererseits. Indem nun die nutzenverhindernden und -begrenzenden Bedingungskonstellationen sozialer Dienstleistungen *aus der Perspektive der Inanspruchnehmenden* rekonstruiert werden, ergeben sich zugleich Hinweise für eine Absenkung und Reduktion der BeSchränkungen der Inanspruchnahme.

2 Blockierte Nutzungsprozesse in der Schuldnerberatung[4]

Die folgenden Ergebnisse sind im Rahmen einer Forschungsarbeit aus der Perspektive der (Nicht-) Nutzungsforschung entstanden (Herzog 2015). Diese Forschungsperspektive nimmt ihren Ausgangspunkt beim „Alltag der Leute" (vgl. Bareis 2012, Bareis/Cremer-Schäfer 2013, Cremer-Schäfer 2005) und nicht bei den Nutzern sozialer Dienstleistungen, wie in der sozialpädagogischen Nutzerforschung (vgl. Oelerich/Schaarschuch 2005) üblich. Insofern gelangen die sozialen Dienstleistungen nur dann in den Blick, wenn sie von den Akteur_innen als relevant in ihrem Alltag benannt werden. Vom Alltag auszugehen ermöglicht, dass Akteur_innen nicht nur bzw. nicht vorrangig als Nutzer_innen betrachtet werden. Im Mittelpunkt der Studie stehen Akteur_innen in schwierigen finanziellen Situationen, insbesondere in Situationen der Ver- und Überschuldung. Die Forschungsfrage zielte darauf, herauszufinden, wie diese mit solchen Situationen umgehen und ob ihnen Schuldnerberatung – als Angebot der Sozialen Arbeit – hierbei hilfreich oder eher behindernd ist. Dahinter steht die Annahme, dass Schuldnerberatung eine Ressource sein könnte, die Akteur_innen für die Bearbeitung ihrer schwierigen finanziellen Situationen nutzen; ebenso könnte es eine Bearbeitungsstrategie sein, diese nicht zu nutzen.

Ein Interview mit Frau C. wurde durch eine Schuldnerberatungsstelle (SB 2) vermittelt. Alle selbstinitiierten Strategien der Schuldenreduzierung ermöglichen es ihr nicht, ihre finanziellen Schwierigkeiten zu lösen. Als sie den Eindruck hat, dass ihr „alles so en bisschen über den Kopf gewachsen" ist, sucht sie – indem sie selbst nach kostenfreier bzw. -günstiger Unterstützung recherchiert – den Kontakt zu einer Schuldnerberatung (SB 1). Diese Beratung beendet sie nach wenigen Kontakten eigenständig, da sie dort kein für sie hilfreiches Arbeitsbündnis begründen kann. Danach nimmt sie ihre Angelegenheiten wieder selbst in die Hand, bis sie erneut an die Belastungsgrenze ihres Haushalts kommt. Zum Interviewzeitpunkt befindet sich Frau C. in Kontakt mit einer zweiten Beratungsstelle. Im Interview reflektiert Frau C. u.a. die Beratung bei der ersten Schuldnerberatungsstelle und vergleicht diese Erfahrungen mit der aktuellen Beratung. So habe sie die erste Beratungsstelle bei einem kirchlichen Wohlfahrtsverband gewählt, da sie vermutete dort „von der menschlichen Unterstützung her wahrscheinlich gut aufgehoben [zu sein; KH]", dass da „keiner so über die Situation [urteilt; KH]" und „es […] neutral gesehen [wird, KH]". Es sei dann auch „ne Art von Erleichterung [gewesen; KH], zu merken, kann jedem passieren, das ist keine Schande". Kritisch reflektierend

---

4   Dieses Kapitel wurde von Kerstin Herzog verfasst.

merkt sie jedoch in Bezug auf die erste Beraterin an, „nicht so richtig im Bilde darüber [gewesen zu sein; KH], was sie genau macht" und „nicht genug Rückmeldung von ihr [zu; KH] bekommen". Es sei „en bisschen zu chaotisch in dieser Beratung vielleicht [gewesen; KH], weil sie viele, ganz viele Menschen berät". Sie habe den Eindruck gewonnen, dass die Beraterin „zu viel zu tun [habe; KH], als dass sie dann individuell auf [sie; KH] eingehen kann so gut", was ihr gefehlt habe. In Folge habe sie „selber wieder die Gläubiger angeschrieben, hab dann selber wieder mir en Überblick gemacht".

Im Interview beschreibt Frau C. (Schuldner)Beratung in Dimensionen, die als Fragen von Arbeitsbündnis und Arbeitsteilung betrachtet werden können. Gerade in der Differenzierung der zwei Beratungsstellen werden die Bedingungen deutlich, die Frau C. an eine Beratung stellt. Sichtbar wird hierbei auch, dass die Beendigung der Beratung bzw. deren Nichtnutzung eine auf die Situation bezogene Bearbeitungsstrategie sein kann, wenn diese Bedingungen nicht erfüllt werden.

So wünscht sich Frau C. erstens eine fachliche Expertise für ihre Fragen. Hierzu gehört für sie, dass sich „individuell" mit ihrer Situation auseinandergesetzt und die Beratung auf den Einzelfall bezogen gestaltet wird, sowie persönliche Fragen kompetent beantwortet werden. Sie verspricht sich bei der Kontaktaufnahme zur Schuldnerberatung „menschliche Unterstützung" und „gut aufgehoben" zu sein, was sie jedoch in der ersten Beratung nur teilweise vorfindet. Dort sei zwar ebenfalls nicht über ihre Situation geurteilt worden, sie habe sich jedoch nicht „individuell" unterstützt gefühlt, da sie keinen Überblick über die Beratungsabläufe und -inhalte erhalten habe. Die Bedeutung dieser Dimension unterstreicht Frau C. im Vergleich zu der zweiten Beratungsstelle anhand eines Beispiels: So sei die Antwort auf eine rechtliche Frage von der Beraterin im Nachgang zur Beratung recherchiert und ihr sodann per Mail übermittelt worden.

Zweitens sucht Frau C. eine Beratung mit einer klaren Arbeitsteilung bzw. eine „Zusammenarbeit": Sie möchte beteiligt sein an der Bearbeitung ihrer Situation. Dies ist auch ihre Kritik an der ersten Beratungsstelle, in der ihr die Rückmeldung über den konkreten Beratungsablauf wie die Zielsetzungen fehlt. Frau C. formuliert als Anforderung an das Arbeitsbündnis, dass jemand die Verantwortung mit ihr trägt, ihr jedoch nicht ihre Angelegenheiten aus der Hand nimmt. Mit der zweiten Schuldnerberatung erlebe sie nun auch eher eine „Zusammenarbeit", was für sie auch bedeutet, über ihre „Mitwirkungspflichten" informiert zu werden und zu erfahren, warum welche Informationen von ihr benötigt werden. In der zweiten Schuldnerberatung hat sie den Eindruck, dass ihr die Inhalte und Möglichkeiten „sehr gut erklärt" werden und dafür nimmt sich die Beraterin – trotz ebenfalls hoher Nachfrage in der Beratungsstelle – Zeit. Zudem erhält sie dort Informationsmaterial ausgehändigt und sie bekommt Zeit für Entscheidungen wie bspw. in Bezug auf die Insolvenzantragstellung. Auch dies unterstützt ihren Eindruck, „individuell" und nicht „schnell nach Standardverfahren", wie bei der ersten Beratungsstelle, begleitet zu werden. Wenn Frau C. beklagt, dass die erste Schuldnerberatungsstelle „schnell nach Standardverfahren" agiere, und sie nicht „sehr individuell" beraten werde, formuliert sie ihre Kritik an dem damaligen Arbeitsbündnis. Anstatt eines Arbeitsbündnisses, in dem sie beteiligt ist und gemeinsam mit der Beraterin eine Lösung für ihre Situation erarbeiten kann, wird sie zum Standardfall verobjektiviert. Ihre Möglichkeiten der Partizipation, sowohl im Rahmen ihrer Mitwirkungspflichten wie auch in Hinblick auf die zu erarbeitende adäquate Lösung, werden hierdurch beschränkt.

Eine dritte Dimension eines hilfreichen Arbeitsbündnisses entfaltet Frau C. an einer anderen Interviewpassage. So sei sie von der ersten Schuldnerberaterin belehrt worden, nachdem sie dieser mitgeteilt habe, sie habe nun selbst wieder begonnen sich im Kontakt mit den Gläubigern einen Überblick zu verschaffen. Die Beraterin habe ihr mitgeteilt, dass sie das nicht so gut fände und dass sie das besser nicht hätte tun sollen. Die Rückmeldung der Beraterin wird von Frau C. als „erzieherisch" bewertet, was nicht der „Zusammenarbeit" entspricht, die sie sich vorstellt. Vielmehr impliziert ein erzieherisch belehrendes Verhältnis eine Hierarchie, während eine Arbeitsteilung im Sinne einer Zusammenarbeit ein eher gleichberechtigtes bzw. zumindest ausgehandeltes Verhältnis nahelegt. Da dies nicht den Erwartungen an die auszuhandelnde Arbeitsteilung wie an das zu gestaltende Arbeitsbündnis entspricht, entscheidet sich Frau C., die Beratung zu beenden. Im Interview erläutert sie den Unterschied zwischen Lernen und erzieherischen Belehrungen: So habe sie zwar erst durch Schuldnerberatung gelernt, außerhalb einer Gesamtstrategie der Entschuldung keine Raten zu zahlen, dennoch möchte sie nicht „erzieherisch" belehrt werden, wenn sie selbst aktiv in die Beratung eingreift bzw. eingreifen muss, weil sie nicht beteiligt wird. Ihr Eingreifen ist vielmehr als Strategie der Verantwortungsübernahme zu interpretieren, da Arbeitsbündnis und Arbeitsteilung aus ihrer Sicht nicht ausreichend geklärt sind. Sichtbar wird dadurch ein Konflikt um die fehlende Möglichkeit der Aushandlung des Arbeitsbündnisses. Von der ersten Schuldnerberaterin wird die Bearbeitungsstrategie der Ratsuchenden als Störung des Arbeitsbündnisses interpretiert und sie lässt den Kontakt auslaufen.

In dieser Studie werden die hier skizzierten Dimensionen von Arbeitsbündnis und Arbeitsteilung unter die Nutzungsweise „Nutzung von Schuldnerberatung als ‚Beratung'" subsumiert. Kern dieser Nutzungsweise ist das Zustandekommen eines konkreten Arbeitsbündnisses, welches sich in einem Geflecht aus Erwartungen, Bedürfnissen und Ressourcen der Akteur_innen sowie den institutionellen Ressourcen bilden kann. Zentrales Element des Arbeitsbündnisses ist die Möglichkeit der Aushandlung einer Arbeitsteilung in Bezug auf Problemdefinition und Problembearbeitung. „Beratung" ist insofern aus Sicht der Akteur_innen ein offener und transparenter Prozess, der auf Anerkennung beruht, Möglichkeiten der Aushandlung bietet sowie an einer Lösung orientiert ist. Bedingung der Möglichkeit von „Beratung" ist folglich ein konkret von Beratenden wie Ratsuchenden zu erarbeitendes Arbeitsbündnis, welches seine Begrenzung in den Bedingungen des institutionellen Rahmens, hier der Schuldnerberatung, findet. Angedeutet ist hierdurch einerseits der Konflikt, den es in der konkreten Situation auszutragen gilt und in dem sowohl Beratende wie Ratsuchende ihre Strategien entwickeln. Andererseits wird deutlich, dass diese Strategien notwendigerweise abhängig von den jeweils vorhandenen – und in der Regel ungleich verteilten – Ressourcen sind. Die Perspektive des Alltags verweist so aufgrund der Notwendigkeit der Aushandlung eines Arbeitsbündnisses in konkreten institutionellen Formen kritisch zurück auf die Frage nach den Möglichkeiten der Einflussnahme der Nutzer_innen und damit auf die der Demokratisierung Sozialer Arbeit.

3 Wenn Nutzer_innen eigentlich gar nicht nutzen wollen. Aversive Nutzungsprozesse im Kontext der „Tafeln"[5]

In diesem Kapitel steht der Nutzungsprozess von sozialen Dienstleistungen im Mittelpunkt und damit die Strukturen und Handlungen, die auf Seiten der Nutzer Aversionen hervorrufen und damit einen potentiell möglichen Nutzen einschränken oder verhindern. Darüber hinaus wird der Frage nachgegangen, wie Nutzerinnen und Nutzer mit derlei Aversionen umgehen, d.h. welche Nutzungsstrategien sie auf dieser Grundlage entwickeln. Dies wird am exemplarischen Feld der „Tafeln" untersucht, indem negative Gefühle und Erfahrungen, die Menschen mit der Nutzung von Angeboten dieses Feldes machen, in den Fokus genommen werden.

Aversionen im Nutzungsprozess sowie aversive Nutzungsstrategien wurden im Rahmen der sozialpädagogischen Nutzerforschung bislang nicht explizit analysiert. Aversive Nutzung wird hier verstanden als Abneigung gegen einzelne oder alle Aspekte einer bestimmten sozialen Dienstleistung, die das Nutzungshandeln im Kontext der Institution grundlegend beeinflussen. Deren Inanspruchnahme ruft einen Widerwillen hervor, der zu vermeidendem Verhalten führt, jedoch keine völlige Nicht-Nutzung zur Folge hat, da einige wenige Elemente dennoch nutzbrin-

---

5   Dieses Kapitel wurde von Jacqueline Kunhenn verfasst. Die hier vorgestellten Forschungsergebnisse stammen aus der Master-Arbeit der Autorin (2014).

gend für die Nutzer_innen sind. In diesem Zusammenhang kann die Zuspitzung einer aversiven Nutzung eine Nicht-Nutzung zur Folge haben. In diesen Fällen wird möglicherweise das gesamte Angebot von den Nutzerinnen und Nutzern als nicht nutzenbringend bewertet.

Befragt wurden ausschließlich Menschen, die Sozialleistungen in Anspruch nehmen, infolge dessen sie Angebote der Tafeln potentiell nutzen dürfen, diesen jedoch aversiv gegenüber stehen. Die Untersuchung der subjektiven Sichtweisen der in Armut lebenden Menschen erfolgte im Kontext der sozialpädagogischen Nutzerforschung im Rahmen einer qualitativen Untersuchung anhand von Leitfaden-Interviews und einer zusammenfassenden Inhaltsanalyse nach Mayring (2012).

Das Untersuchungsfeld weist einige Spezifika auf: Voraussetzung für die Nutzung der Angebote ist, dass Tafelnutzer_innen ihre existenzielle Notlage öffentlich machen, indem sie erstens ihre Bedürftigkeit mit einem ALG II-Bescheid oder Ähnlichem nachweisen und die Tafeln zweitens für andere sichtbar aufsuchen. Die Tafeln sind daher als Räume zu betrachten, an denen „die Beschämung und Missachtung der betroffenen Subjekte zu den konstitutiven Bedingungen gehören" (Schoneville 2013). Angesichts der positiven Bewertung der Tafeln in der Öffentlichkeit wird meist übersehen, was es für die Menschen bedeutet, derartige Angebote nutzen zu müssen: „Die Leute müssen da Schlange stehen mit ihrer Bedürftigkeit, ne." So beschreibt es die Interviewpartnerin Frau Koch (Interview Koch, S. 84).

In der Untersuchung zeigte sich, dass einige Befragte enttäuscht über sich selbst sind, weil sie ihren eigenen Ansprüchen und den gesellschaftlichen Anforderungen nicht gerecht werden können. Sie fühlen sich ohnmächtig und verfügen in ihrer Perspektive über keine Möglichkeiten, ihre finanzielle Notlage aus eigener Kraft zu verbessern. Ferner sind einige der Ansicht, dass sie ihre missliche Lage selbst verschuldet haben und sich nicht ausreichend bemüht haben, die Armutssituation abzuwenden. Hierzu trägt auch das Verhalten der Helferinnen und Helfer bei, durch die sich die Nutzer zum Teil nicht als Person anerkannt, unwürdig behandelt und herabgestuft fühlen. Es kommt so weit, dass einige von ihnen sich als ‚Versager' fühlen. Der Empfang von Almosen führt ihnen erstens ihre unangenehme Situation direkt vor Augen und macht zweitens den Hilfebedarf für andere sichtbar. Infolge der Nutzung der Tafel empfinden sie Scham und ihr Selbstbewusstsein ist bedroht. Einige haben die Ansicht, versagt zu haben, bereits internalisiert, sind entmutigt und demnach in der Anwendung effektiver Bewältigungsstrategien behindert. Die Untersuchung hat gezeigt, dass alle Befragten den Wunsch nach Unabhängigkeit und Selbständigkeit haben. Wenn sie die Angebote der Tafeln nutzen, sind sie auf die bloß passive Entgegennahme von Almosen verwiesen und haben keine Möglichkeit zur Partizipation. Aufgrund des Bezugs von sozialstaatlichen Transferleistungen und der Inanspruchnahme von Tafeldiensten geraten sie in ein passives Abhängigkeitsverhältnis und fühlen sich ohnmächtig. Aus diesen Gründen entwickelten die befragten Nutzerinnen und Nutzer Aversionen gegen die Tafeln und entwickelten Vermeidungsstrategien. In zwei Fällen wirkte sich die Nutzung derart negativ auf die psychische Verfassung der NutzerInnen aus, dass sie berichteten, infolge der Tafelnutzung depressiv geworden zu sein, was einer erlebten Schädigung gleichkommt.

Der Prozess der aversiven Nutzung, der hier exemplarisch am Feld der Tafeln erarbeitet wurde, ist sicherlich in Teilen feldspezifisch, an anderen Stellen aber durchaus auf andere Felder der Sozialen Arbeit übertragbar. Insbesondere wenn Nutzerinnen und Nutzer im Rahmen der Inanspruchnahme einer sozialen Dienstleistung den Eindruck gewinnen, dass sie durch die Nutzung an Selbständigkeit und Autonomie verlieren, kann es zu einer Aversion kommen. Der Wunsch nach Unabhängigkeit prägt den subjektiven Relevanzkontext der Nutzer_innen in besonderer Weise.

Zudem kann es zu einer widerwilligen Nutzung kommen, wenn Nutzer_innen ein Angebot nur in Anspruch nehmen, weil ihnen keine andere Wahl bleibt. Wenn Menschen einen sozialen Dienst nur als letzten Ausweg nutzen, so ist es möglich, dass ein potentieller Nutzen des Angebotes von vornherein eingeschränkt ist. Fühlen sich Menschen im Kontext der Nutzung einer sozialen Dienstleistung herabgestuft und unwürdig behandelt, liegt es nahe, dass sie eine Aversion entwickeln. Ganz besonders bei solchen sozialen Diensten, aus denen Nutzer_innen ausschließlich einen materiellen Nutzen ziehen können, wird ihnen das Hierarchiegefälle zwischen ihnen und den Leistungserbringern vor Augen geführt. Sie erhalten etwas und können nichts dafür zurückgeben. Auch dieser – in seiner Wirkung beschämende – Aspekt kann je nach Autonomiestreben der Nutzer_innen eine Aversion begründen.

Sobald eine Aversion gegen einzelne oder sogar gegen sämtliche Aspekte eines Angebotes entsteht, wird das Nutzungshandeln grundlegend beeinflusst. Wenn Menschen Dienstleistungen nutzen, die sie eigentlich gar nicht nutzen wollen, wird aufgrund der Beeinträchtigung des Selbstwertgefühls ein Widerwille hervorgerufen, der zu vermeidendem Verhalten führen kann. So lange zumindest einige wenige Nutzenaspekte bestehen, wird die Dienstleistung dennoch, wenn auch sporadisch, in Anspruch genommen, so die Ergebnisse der Studie. Kommt es aber zu einer weiteren Kumulation von nutzenlimitierenden Aspekten, wenn also die Aversion zu stark wird und die Nutzer_innen sich dafür entscheiden sich vor einer möglichen Schädigung zu schützen, kann die radikale Konsequenz die Nicht-Nutzung des Angebotes sein.

4 (Keine) Zugänge finden: Zugangsbarrieren bei Beratungsangeboten für ältere Migrant_innen[6]

Im Praxisforschungsverbund zur „Interkulturellen Öffnung der Pflegeberatung (OPEN)"[7] wurde das Partizipationskonzept der Zukunftswerkstatt (May/Alisch 2013, S. 74) als Erhebungsinstrument genutzt, um Nutzungshemmnisse und Nutzungswünsche bezogen auf den Bereich von gesundheitlicher und pflegerischer Versorgung älterer Zugewanderter – sowohl was den Bereich der Information und der Beratung, wie auch der Pflegearrangements betrifft – zu erheben. Schon bei der Durchführung der Zukunftswerkstätten, wie auch bei der quantitativ-inhaltsanalytischen sowie komparatistisch-typenbildenden Auswertung des darüber gewonnenen Datenmaterials erwiesen sich Probleme (= Nutzungshemmnisse sozialer Dienstleistungsproduktion im Bereich Pflege und Gesundheit) und Interessen (= Ansprüche an eine entsprechend nutzungsfreundliche Ausgestaltung solcher Angebote) als gleichsam zwei Seiten der jeweils selben Medaille. Darüber hinaus wurden auch starke Analogien deutlich, wie die in solchen Problemschilderungen oder Wunschvorstellungen aufscheinenden Ansprüche von den älteren Zugewanderten zugleich auf den Modus bezogen wurden, in denen sie in Fragen von Gesundheit und Pflege sowohl angesprochen, wie informiert und beraten, als auch versorgt werden wollen. Von daher ließ sich in Anlehnung an Bohnsack (2007, S. 230) abduktiv auf einen hinter all diesem stehenden und deren *Homologie* ausmachenden, gemeinsamen *Orientierungsrahmen* schließen. Dieser dürfte auch über den Bereich von Gesundheit und Pflege hinaus maßgeblich beeinflussen, ob personenbezogene soziale Dienstleistungen genutzt oder nicht genutzt werden. Da sich zudem weder empirische *Verweisungszusammenhänge* (Ritsert 1978) zwischen diesen nutzungsbezogenen *Orientierungsrahmen* zu Ethnizität noch zu Religion herstellen ließen, sondern nur zu bestimmten Modi von Reproduktionstätigkeiten, scheinen die beiden *idealtypisch* (Weber 1988, S. 537) rekonstruierten *Orientierungsrahmen* auch nicht nur für Zugewanderte im Hinblick auf Nutzungshemmnisse und -wünsche praktisch relevant zu werden.

Am weitesten in der untersuchten Gruppe älterer Zugewanderter verbreitet war ein *Orientierungsrahmen*, der sich *idealtypisch* durch die Begriffe *persönlich – emotional – ganzheitlich – verlässlich* charakterisieren lässt. Dieser Typus A findet sich bei Menschen, die noch stark durch den Erfahrungszusammenhang land-

---

6 Dieses Kapitel wurde von Michael May verfasst.
7 Der Praxisforschungsverbund OPEN wird im Zeitraum vom 01.10.2014 bis 30.09.2017 vom Bundesministerium für Bildung und Forschung gefördert. Die Verantwortung für den Inhalt dieser Veröffentlichung liegt allein beim Autor.

wirtschaftlicher und handwerklicher, wenn nicht gar subsistenzwirtschaftlicher Produktionsweisen geprägt sind. Sie wollen *persönlich* angesprochen und beraten werden. Ihre Informationen beziehen sie vorwiegend aus dem Kreis der Freunde und Bekannten aus der eigenen Community und Nachbarschaft. Entsprechend erwarten sie eine Erstinformation zu professionellen personenbezogenen Dienstleistungen über die Sozialgefüge, in denen sie sich bewegen, wie beispielsweise Nachbarschafts- und Gemeinschaftshäuser bzw. andere halböffentliche Treffpunkte und Zentren, sowie Vereine oder religiöse Gemeinden.

Auch von Professionellen erwarten sie nicht nur eine *persönliche* Ansprache, sondern darüber hinaus eine Beratung und Behandlung, die sie individuell als Person adressiert, und von der sie sich so auch *emotional* abgeholt und angenommen fühlen. Für die Professionellen ergibt sich daraus ein Dilemma, müssen sie doch auch bei Beratenen, die diesen *Orientierungsrahmen A* teilen, ab einem bestimmten Zeitpunkt deren *persönlich-ganzheitliche* Problemstellung unter das SGB oder andere Leistungsansprüche subsumieren.

Eine weitere Nutzungsbeschränkung personenbezogener sozialer Dienstleistungen ergibt sich daraus, dass dieser Typus A, der noch sehr stark einer subsistenzwirtschaftlich geprägten Reproduktions- und Handlungslogik folgt, die Timm Kunstreich als *Verlässlichkeit* gekennzeichnet hat. Charakterisiert ist diese durch persönliches Vertrauen, das „nie an eine Institution gebunden" (2012, S. 90) ist, sondern „in Beziehungen [entsteht], die keine ‚Eintrittskarten' verlangen und keine instrumentellen Zwecke verfolgen, die Begegnung im Sinne von Martin Bubers sind: [...] sinnliche Begegnung zweier Subjekte" (ebd.).

Verlässlichkeit zielt so auf „die mehr oder weniger bedingungslose bzw. parteiliche Mobilisierbarkeit von ‚guten Diensten' zur Bewältigung von Lebenskatastrophen, in Not- und Ausschließungssituationen" (Bareis/Cremer-Schäfer 2013, S. 167) und damit auch auf „die nur begrenzt ‚gegenseitig' zu organisierende Arbeit der Betreuung und Versorgung" (ebd., S. 166) – im Kontext von OPEN besonders im Falle von Pflegebedürftigkeit. D.h., dass *Verlässlichkeit* zwar auf Wechselseitigkeit angelegt ist, aber die ‚guten Dienste' nicht streng gegengerechnet werden.

De facto ausgeschlossen sieht sich diese Gruppe von einer Vielzahl personenbezogener Dienstleistungen nicht nur durch bürokratische Hemmnisse und Sprachbarrieren, sondern auch durch mangelnde, auf ihre Lebenssituation und Lebensweisen zugeschnittene Zugänge. Von daher geht es um die „Nutzbarmachung" (Bareis 2012) solcher Angebote der „etablierten sozialstaatlichen Wohlfahrt (Bearbeitung der administrativen Anforderungen und Blockierungen: Anträge, [...] Versicherungsbürokratien etc.)" (Bareis/Cremer-Schäfer 2013, S. 166f.). Um „Waren und [...] bürokratieförmig bzw. expertokratisch angebotene [...] soziale [...] Dienstleistungen in Ressourcen mit ‚Gebrauchswerten' für das Betreiben eines eigenen Lebens" (ebd.) zu verwandeln, bedarf diese Gruppe also weiterer durch *Verlässlichkeit* geregelter ‚guter Dienste' aus dem unmittelbaren persönlichen Lebensumfeld.

Sehr viel kompatibler mit „bürokratieförmig bzw. expertokratisch angebotenen sozialen Dienstleistungen" (ebd.) erweist sich der andere *Orientierungsrahmen B*, der sich *idealtypisch* mit den Begriffen *professionell – sachlich – spezialisiert – verbindlich* charakterisieren lässt. Verbreitet findet er sich bei denjenigen, die schon durch einen Erfahrungszusammenhang individueller Reproduktion geprägt wurden, den Martin Kohli (2003) als „Institutionalisierung des Lebenslaufs" beschrieben hat. Aber auch bei Menschen, deren Sozialisation einem „Paradigma des Lebenslaufs als Entfaltung des idealen, inneren Selbst und dessen Suche nach der wahren Bestimmung" (Cohen 1986, S. 84) folgte, finden sich solche Orientierungen, wenngleich häufig mit ungewöhnlichen Überlappungen zu Aspekten des zuvor geschilderten *Orientierungsrahmens A*, die dann allerdings vor dem Hintergrund ihrer Sozialisation anders akzentuiert werden. Diese Ausdifferenzierungen können jedoch hier aufgrund des beschränkten Rahmens nicht dargelegt werden.

Im Unterschied zum dargestellten *Orientierungsrahmen A* legt dieser zweite Typus B – sowohl in seiner Kritik, wie auch in seinen Vorstellungen von einer entsprechenden „best practice" – Maßstäbe an personenbezogene soziale Dienstleistungen an, die sehr stark einem durch Expertise gekennzeichneten *Professionalitäts*modell folgen. Von daher werden auch jeweils spezifisch für die Information, Beratung sowie die ärztlich-medizinische und pflegerische Versorgung eigene, mit der jeweiligen *Professionalität* einhergehende *Spezialisierungen* angemahnt. Zwar wird auch hier eine verständliche Ansprache erwartet. Allerdings steht deren *sachlicher* Gehalt im Vordergrund.

Was die Institutionalisierungsformen betrifft, so orientiert sich die Kritik an den bestehenden Formen personenbezogener sozialer Dienstleistungen – ebenso wie diesbezügliche Wunschvorstellungen – sehr stark an den wohlfahrtsstaatlichen Idealen unserer Demokratie, die Thomas Marshall (1992) mit seinem Konzept von *Citizenship*, als Einräumung gleicher ziviler, politischer und sozialer Rechte in charakteristischer Weise umrissen hat. Vor diesem Hintergrund wurden von denjenigen, die diesen *Orientierungsrahmen B* teilen, in den Zukunftswerkstätten auch diverse Formen institutioneller Diskriminierung von Zugewanderten, zum Teil auch Formen von Rassismus problematisiert.

Während also im *Idealtypus A* – der Terminologie Max Webers folgend – „persönliche […] Pietätspflichten und konkrete […] persönliche […] Würdigung des Einzelfalles gerade ‚unter Ansehung der Person'" (1988, S. 546) in primär emotional ausgerichteten Beziehungsverhältnissen im Vordergrund stehen, liegt dem *Orientierungsrahmen B* in dieser Weise *idealtypisch* ein Gerechtigkeitsideal zugrunde, dem zu Folge wohlfahrtsstaatliche Dienstleistungen „sachlich, ‚hne Ansehen der Person'" (ebd.) – d.h. auch unabhängig von Religion, Hautfarbe und Herkunft – „‚sine ira et studio', ohne Haß und daher ohne Liebe" (ebd., S. 545): eben *professionell – sachlich – spezialisiert* zu erbringen sind. Vor diesem Hintergrund beriefen sich dann einige auch auf das bundesdeutsche allgemeine Gleichbehandlungsgesetz (AGG). Zugleich orientierten sie sich in ihrer Kritik wie auch ihren Vorstellungen von einer hohen Qualität sozialer Dienstleistungen an einer Handlungslogik der *Verbindlichkeit*, wie sie sich einerseits in entsprechenden rechtlichen Grundlagen und in klaren administrativen Regelungen ihrer wohlfahrtsstaatlichen Ausgestaltung manifestiert, deren „Gewährung oder Verweigerung [...] grundsätzlich der Verwaltungsgerichtsbarkeit" (Kunstreich 2012, S. 87f.) unterliegt, die aber auch in expliziten vertraglichen Vereinbarungen Gestalt gewinnt.

Andere gingen in ihrer Kritik von Nutzungsbarrieren darüber hinaus, indem sie sich auf die allgemeine Erklärung der Menschenrechte stützen oder sogar die unterschiedliche Gewährung und Ablehnung sozialstaatlicher Leistungen abhängig vom Aufenthaltsstatus der Zugewanderten oder deren Versicherungsansprüchen deutlich kritisierten und so zumindest implizit die Ideale von *Citizenship* gegen die bundesdeutsche Rechts- und Verwaltungspraxis reklamierten.

5   Nutzung offener Drogenarbeit zwischen Ermöglichung und Begrenzung[8]

Das Arbeitsfeld offener Drogenarbeit[9] gilt gemeinhin als ‚niedrigschwellig', womit eine „Hilfe ohne Zugangsvoraussetzungen" (Steckelberg 2016, S. 453) im Gegensatz zu hochschwelliger Sozialer Arbeit gemeint ist. In der diesem Kapitel zugrundeliegenden ethnografischen Studie zur Rekonstruktion von Nutzungsprozessen und Nutzungssituationen in Kontaktläden für Drogenkonsument_innen (Streck 2016) wurde deutlich, dass der Begriff ‚niedrigschwellig' nur im Vergleich zu Abstinenz voraussetzenden Angeboten der Drogenhilfe sinnvoll ist. Zur Untersuchung offener Angebote der Drogenhilfe, die mit einer den Drogenkonsum akzeptierenden Haltung den Nutzer_innen entgegentreten, ist der Begriff irreführend. Er suggeriert, dass es keine oder nur wenig Nutzungsbegrenzungen gebe. Hingegen zeigt sich in der ethnografischen Analyse deutlich, dass es auch hier Beschrän-

---

8   Dieses Kapitel wurde von Rebekka Streck verfasst.
9   Offene Drogenarbeit umfasst Angebote wie Spritzentausch, Beratung, Aufenthalt, Getränke und kleine Snacks, Wundversorgung, Computernutzung, informeller Austausch mit anderen Drogenkonsument_innen innerhalb fester Öffnungszeiten.

kungen der Nutzung und des Nutzens gibt, mit denen sich die Besucher_innen fortwährend auseinandersetzen.

Zentrales Forschungsinteresse der Studie bestand in der Bearbeitung der Frage, wie Drogenkonsument_innen Angebote offener Drogenarbeit nutzen. Es wurde jeweils drei Monate das Geschehen an einem Kontaktladen für Drogenkonsument_innen und Substituierte sowie an mobilen Bussen mit lebensweltunterstützenden Angeboten beobachtet. Darauf aufbauend wurden Interviews mit 11 Nutzer_innen geführt. Die Daten wurden im Forschungsstil der Grounded Theory ausgewertet.

Im Gegensatz zu dem Begriff ‚niedrigschwellig', den Gerlach (2004, S. 128) als theoriearm und diffus kritisiert, fasst die Bezeichnung *offene Drogenarbeit* die besonderen strukturellen Merkmale der institutionellen Anordnungen eines Kontaktladens. In Anlehnung an den Begriff der Offenen Kinder- und Jugendarbeit (vgl. Sturzenhecker 2004, S. 444ff.) stellt Offenheit ein Strukturmerkmal der Kontaktladenarbeit dar; erstens in Bezug auf das räumliche Arrangement und die freie und freiwillige Zugänglichkeit innerhalb fester Öffnungszeiten; zweitens die inhaltliche Vielfalt von bearbeiteten Aufgaben und verfolgten Zielen; drittens bezüglich der Arbeitsweisen (Versorgung, Spielen, Unterhalten, Begleiten); viertens die weitgehende Abwesenheit formaler Machtmittel der Sozialarbeiter_innen, ihre Ziele durchzusetzen. Welche Begrenzungen des Nutzens sind in einem solchen offenen Setting nun zu beobachten, das sich doch gerade durch die Offenheit für eine hohe Varianz an eigenwilligen Nutzungsmöglichkeiten auszeichnet?

Im Folgenden werden einige Charakteristika der Nutzung offener Drogenarbeit dargestellt, die jeweils auf spezifische Begrenzungen verweisen (vgl. ausführlich Streck 2016, S. 217ff.). Die räumliche Anordnung eines Kontaktladens räumt den Besucher_innen die Möglichkeit ein, an diesem Ort Zeit zu verbringen, ohne zwangsläufig ein beratendes Gespräch mit einer der Sozialarbeiter_innen zu führen. Im funktionsoffenen Aufenthaltsraum tauschen sich die Besucher_innen mit anderen aus, trinken Kaffee, lesen Zeitung oder nutzen den Computer. Das professionelle Handeln ist hier durch einen hohen Grad an Zurückhaltung insbesondere gegenüber rollenkonformen sozialarbeiterischen Handlungsmustern der Problematisierung und Unterstützung gekennzeichnet. Aufgrund der Möglichkeit, mit den Sozialarbeiter_innen jenseits einer rollenspezifischen Interaktion Alltagsgespräche zu führen, bedarf es wiederum eines klaren Anzeigens von Unterstützungsbedarfen und Anliegen von Seiten der Nutzer_innen, wenn sie von einer gleichrangigen ‚so-tun-als-ob' Interaktion zu einer die Dienstleistung direkt nutzenden Adressierung der Sozialarbeiter_innen wechseln möchten. Daher besteht eine besondere Herausforderung für die Nutzer_innen in der Bewältigung von Situationen, in denen sie aufgrund einer emotionalen Krise keine konkreten Anliegen benennen können, in denen sie einerseits Gesprächsbedarf signalisieren, andererseits aber keinen Auftrag gegenüber den Sozialarbeiter_innen formulieren. In diesen Situationen widerspricht ihr Handeln der sich selbst platzierenden, Gespräche lenkenden und Belange kommunizierenden Nutzung, wie sie das Handeln im Kontaktladen kennzeichnet. Während der Feldaufenthalte konnten solche Situationen beobachtet werden, in denen es zu einer Störung im Interaktionsverlauf kam. Im Kontext offener Drogenarbeit treten die Professionellen in der Regel nicht als Personen auf, deren Aufgabe es ist, Bedürfnisse zu entschlüsseln, das heißt, als kompetente Empfänger_innen das Gegenüber zu einer expliziten Aussage zu motivieren Die Eigenverantwortung, die propagiert und in den Interaktionen umgesetzt wird, schränkt die Möglichkeit der in bestimmten Lebenssituationen vielleicht hilfreichen Abgabe von Verantwortung ein.

Neben dieser Notwendigkeit der klaren Formulierung konkreter Anliegen, die sich situativ als Nutzungsbegrenzung darstellen kann, gab es ein weiteres Interaktionsmuster, das als Bruch mit den Regeln des Feldes erschien. So z.B., wenn die Sozialarbeiter_innen ihre zurückhaltende, abwartende und offene Nutzung ermöglichende Haltung verlassen und deutlich als Hüter_innen des Raums sowie problemdefinierende Expert_innen in Erscheinung treten. Dies tun sie überwiegend dann, wenn sie der Meinung sind, dass sie ihrem präventiven Auftrag entsprechend die Nutzer_innen über spezifische Risiken des Drogenkonsums ‚aufklären' müssen. Die Sozialarbeiter_innen und Pflegekräfte versuchen dann dominant ihre Hinweise zum Safer Use (bspw. zu Risiken des Injizierens in die Leiste, zu hygienischen Konsumutensilien) ‚an den Mann zu bringen'. Diese Maßnahmen der Gesundheitsförderung mit disziplinierenden Anteilen widersprechen deutlich ihrem sonst klientenzentrierten Handeln. Somit besteht ein Nutzungsrisiko darin, dass die Besucher_innen mit Belehrungen konfrontiert werden. Sie können also nicht sicher sein, dass entsprechend des offenen Settings allein sie steuern können, wann, wie und über was sie mit den Sozialarbeiter_innen sprechen möchten. Die Definition der Angemessenheitskriterien für Verhalten und Handlungen obliegen den Mitarbeiter_innen und die Besucher_innen müssen ihren Umgang mit diesen finden. Sie sind also gezwungen, sowohl einen Umgang mit der Zurückhaltung der Sozialarbeiter_innen als auch mit intervenierenden Belehrungen zu finden.

Eine weitere Nutzungsbegrenzung wurde in den geführten Interviews deutlich benannt: Die mangelnde Möglichkeit der Partizipation. Einige Besucher_innen wünschen sich eine stärkere Einbeziehung in Entscheidungsprozesse sowie deren Transparenz. Das Gefühl, dass insbesondere der funktionsoffene Aufenthaltsraum *ihr* Raum sei, gerät mit dem Wissen darüber, dass andere die Regeln bestimmen, in Konflikt. Die infrastrukturellen Ermöglichungen offener Drogenarbeit kommen also an ihre Grenzen, wenn sie Nutzer_innen gegenüberstehen, die mehr wollen. Als Verbraucher_innen können sie zwar punktuell ihre Vorstellungen bezüglich der ‚Produktpalette' äußern, Partizipationsgelegenheiten im Sinne einer strukturellen Mitentscheidung und Mitverantwortung sind jedoch nicht vorgesehen. Und schließlich zeigt sich in den Daten das Spannungsfeld zwischen ‚außen' und ‚innen', zwischen sozialer Ausschließung von Konsument_innen illegaler Substanzen und offener Drogenarbeit als Schutzraum. Orte offener Drogenarbeit bieten situative Entlastung von gesellschaftlichen Belastungen. Sie erhalten ihren besonderen Status als sichere Räume in einer unsicheren Gesellschaft in Relation zu gesellschaftlichen normativen Erwartungen und Problemkonstruktionen. Soziale Arbeit schafft „Rückzugsräume" (Scherr 2004, S. 169), die durch eine Distanz zu Zuschreibungsprozessen des Alltagslebens situativ von dem Stigma ‚süchtig' entlasten (Streck 2015). Dieser Neutralisierungseffekt richtet sich nach innen und scheint kaum Einfluss auf die sozialen Problemkonstruktionen außerhalb des besonderen Raums zu haben. Nach außen sind Räume offener Drogenarbeit als besondere Orte für besonders Süchtige markiert, da sie sich programmatisch mit ihren Angeboten an diejenigen wenden, die von anderen Einrichtungen nicht erreicht werden. Im gesellschaftlichen Kontext sind diese besonderen Orte aufgrund ihrer Zielgruppenspezifik also zugleich Orte der Kontrolle, der Segregation und der wohlfahrtsstaatlichen Organisation von abweichendem Verhalten. Schmidt-Semisch und Wehrheim (2005) fassen diese Form der Raumzuweisung als „exkludierende Toleranz". Jede situative Episode der Neutralisierung von ‚Sucht' unterstreicht zugleich ihren Ausnahmecharakter im gesellschaftlichen Kontext. Eben dieser Widerspruch wird von den Nutzer_innen offener Drogenarbeit erkannt und benannt, wenn sie ihren Eintritt in den Raum offener Drogenarbeit als beobachtet von anderen und sich selbst als mit abwertenden Attributen belastet empfinden (vgl. Streck 2016, S. 275ff.).

In den hier vorgestellten vier Aspekten der Nutzung offener Drogenarbeit wird deutlich, dass Ermöglichungen auch Begrenzungen nach sich ziehen. Eine ‚niedrigschwellige' (An)Ordnung einer sozialen Dienstleistung lässt keinesfalls den Schluss zu, dass sie mit weniger Zumutungen für die Nutzer_innen einhergeht. Somit zeigt sich strategisches Nutzungshandeln als Grenzmanagement, als Wahrung der eigenen Vorstellungen, was an Orten offener Drogenarbeit geschehen darf und was nicht. Die Möglichkeit, bestimmte Interventionen abzuwehren oder um deren Erweiterung zu ringen, ist hier genauso von Bedeutung, wie diejenige, gezielt auf die gewünschten Angebotssegmente zuzugreifen. Für die „Realisierung von Eigensinn (im Sinne der Begrenzung von Zumutungen dieser Lebensweise)" (Bareis/Cremer-Schäfer 2013, S. 148) müssen Situationen bearbeitet werden, um sie für sich nutzbar zu machen. Diese Bearbeitung bringt Anstrengungen mit sich, die gerade in Bezug auf soziale Dienstleistungen, die sich mit dem Label ‚niedrigschwellig' brüsten, in Forschung und Praxis Sozialer Arbeit vergessen werden.

6 Resumée[10]

Deutlich sichtbar wird in allen vorgestellten Studien – über die verschiedenen Felder Sozialer Arbeit hinweg – die Relationalität in der Konstitution der BeSchränkungen der Inanspruchnahme und damit des Nutzens sozialer Dienstleistungen. Diese Barrieren existieren nicht einfach für sich als ‚objektive' institutionelle und professionelle Bedingungen, sondern zeigen ihren nutzenbegrenzenden Charakter erst im Nutzungshandeln vor dem Hintergrund der lebensweltlich basierten Relevanzen der Nutzer: So zeigt sich z.B. bei den „Orientierungsrahmen" im Kontext der Pflegeberatung, dass die in den sozialen Nahräumen verankerten Relevanzen die Grundlage für die Erwartungen an und die Erfahrungen mit sozialen Dienstleistungen durch Professionelle darstellen. Die in den alltäglichen Handlungsorientierungen existierenden Vorstellungen wechselseitiger Verlässlichkeit, Verbindlichkeit und wechselseitigen Vertrauens werden auf den institutionell-professionellen Handlungskontext übertragen. In der Auseinandersetzung mit den regulativen Imperativen der institutionellen Sozialen Arbeit verdichten sich diese zu Barrieren der Nutzung. Dies gilt in ähnlicher Weise für die Nutzung der Angebote der Tafeln: Hier ist es die Vorstellung eines an Unabhängigkeit und Selbstbestimmung orientierten gesellschaftlichen Lebens, das aufgrund seiner inhärenten Reziprozitätslogik bei einer nur abhängigen, einseitig passiven Inanspruchnahme zu hochgradig widersprüchlichen aversiven Formen der Nutzung führt.

Als ein zentrales Hindernis der Inanspruchnahme von sozialen Dienstleistungen werden all diejenigen Bedingungen erkennbar, die eine machtbasierte Hierarchie zwischen Nutzern und Professionellen etablieren und damit eine Rückstufung und Entwertung der subjektiven Relevanzen und Positionierungen der Nutzerinnen und Nutzer implizieren. Damit werden unmittelbar moralische Fragen der Anerkennung aufgeworfen: wenn etwa die – wahrgenommene – Eigenständigkeit infrage gestellt, das Handeln der Professionellen als Belehrung empfunden, oder die Berücksichtigung der individuellen Besonderheit als nicht gegeben betrachtet – kurz die Inanspruchnahme von Dienstleistungen als Angriff auf die eigene Integrität wahrgenommen wird.

Schlagend deutlich wird über alle Studien hinweg, dass mangelnde *Partizipation* und *Transparenz* eine zentrale BeSchränkung des Nutzens und der Nutzung darstellen. Partizipation ist die einzige Möglichkeit, mittels derer Nutzerinnen und Nutzer sozialer Dienstleistungen auf die Form und die Art und Weise ihrer Inanspruchnahme als berechtigte Bürger aktiv Einfluss nehmen – und damit einer

---

10 Verfasst von Andreas Schaarschuch und Gertrud Oelerich.

Zurichtung als passives Objekt institutionell-professionellen Handelns entgehen – können.

Schließlich zeigt sich, dass die Inanspruchnahme und damit die nur prinzipiell mögliche Aneignung eines möglichen Gebrauchswertes sozialer Dienstleistungen nicht ohne weiteres realisiert werden kann. Aufgrund ihrer sozialstaatlichen Form müssen die real vorfindlichen sozialen Dienste erst in (tendenziell konfliktösen) Auseinandersetzungen mit ihren institutionell-professionellen Formen von ihren Nutzern angeeignet, also nutzbar gemacht werden.

Literatur

Badura, Bernhard/Gross, Peter (1976): *Sozialpolitische Perspektiven*. München. Piper.
Bareis, Ellen (2012): Nutzbarmachung und ihre Grenzen – (Nicht-)Nutzungsforschung im Kontext von sozialer Ausschließung und der Arbeit an der Partizipation. In: Schimpf, Elke/Stehr, Johannes (Hrsg.): *Kritisches Forschen in der Sozialen Arbeit. Gegenstandsbereiche – Kontextbedingungen – Positionierungen – Perspektiven*, S. 291–314. Wiesbaden: Springer VS.
Bareis, Ellen/Cremer-Schäfer, Helga (2013): Empirische Alltagsforschung als Kritik. Grundlagen der Forschungsperspektive der „Wohlfahrtsproduktion von unten". In: Grashoff, Gunther (Hrsg.): *Adressaten, Nutzer, Agency. Akteursbezogene Forschungsperspektiven in der Sozialen Arbeit*, S. 139–159. Wiesbaden: Springer VS.
Bareis, Ellen/Cremer-Schäfer, Helga (2013). Haushalt und Soziale Infrastruktur: komplizierte Vermittlungen. In: Hirsch, Joachim/Brüchert, Oliver/Krampe, Eva-Maria u.a. (Hrsg.): *Sozialpolitik anders gedacht. Soziale Infrastruktur*, S. 161–184. Hamburg: VSA.
Böhnisch, Lothar/Lösch, Hans (1973): Das Handlungsverständnis des Sozialarbeiters und seine institutionelle Determination. In: Otto, Hans-Uwe/Schneider, Siegfried (Hrsg.): *Gesellschaftliche Perspektiven der Sozialarbeit*, S. 21–40. Neuwied: Luchterhand.
Bohnsack, Ralf (2007): Typenbildung, Generalisierung und komparative Analyse: Grundprinzipien der dokumentarischen Methode. In: Bohnsack, Iris/Nentwig-Gesemann, Ralf/Nohl, Arnd-Michael (Hrsg.): *Die dokumentarische Methode und ihre Forschungspraxis. Grundlagen qualitativer Sozialforschung*, S. 225–253. Wiesbaden: Springer VS.
Bourdieu, Pierre (1997): Ökonomisches Kapital – Kulturelles Kapital – Soziales Kapital. In: Ders., *Schriften zu Politik und Kultur. 1. Die verborgenen Mechanismen der Macht*, S. 49–79. Hamburg: VSA.
Braun, Karl-Heinz (2004): Raumentwicklung als Aneignungsprozess. In: Deinet, Ulrich/Reutlinger, Christian (Hrsg.): *„Aneignung" als Bildungskonzept in der Sozialpädagogik. Beiträge zur Pädagogik des Kindes- und Jugendalters in Zeiten entgrenzter Lernorte*, S. 19–48. Wiesbaden: Springer VS.
Cohen, Philip (1986): Die Jugendfrage überdenken. In: Cohen, Philip/Lindner, Rolf/Wiebe, Hans-Hermann (Hrsg.): *Verborgen im Licht. Neues zur Jugendfrage*, S. 22–97. Frankfurt/M.: Syndikat.
Cremer-Schäfer, Helga (2005): Lehren aus der (Nicht-)Nutzung wohlfahrtsstaatlicher Dienste. Empirisch fundierte Überlegungen zu einer sozialen Infrastruktur mit Gebrauchswert. In: Oelerich, Gertrud/Schaarschuch, Andreas (Hrsg.): *Soziale Dienstleistungen aus Nutzersicht. Zum Gebrauchswert sozialer Arbeit*, S. 163–177. München/Basel: Ernst Reinhardt.
Gängler, Hans/Rauschenbach, Thomas (1984): Halbierte Verständigung. Sozialpädagogik zwischen Kolonialisierung und Mediatisierung lebensweltlichen Eigensinns. In: Müller, Siegfried/Otto, Hans-Uwe (Hrsg.): *Verstehen oder Kolonialisieren. Grundfragen pädagogischen Handelns*, S. 145–168. Bielefeld: Kleine Verlag.
Gerlach, Ralf (2004): Grenzen „Niedrigschwelliger" Drogenhilfe. In: Schneider, Wolfgang/Gerlach, Ralf (Hrsg.): *DrogenLeben. Bilanz und Zukunftsvisionen akzeptanzorientierter Drogenhilfe und Drogenpolitik*, S. 125–138. Berlin: VWB.
Gross, Peter/Badura, Bernhard (1977): Sozialpolitik und Soziale Dienste: Entwurf einer Theorie personenbezogener Dienstleistungen. In: von Ferber, Christian/Kaufmann,

Franz-Xaver (Hrsg.): *Soziologie und Sozialpolitik. Kölner Zeitschrift für Soziologie und Sozialpsychologie* Sonderheft 19, S. 361–385.
Habermas, Jürgen (1981): *Theorie des kommunikativen Handelns. Zur Kritik der funktionalistischen Vernunft.* Frankfurt/M.: Suhrkamp.
Hasenfeld, Yeheskel (1992): Power in Social Work Praktice. In: Ders., (Hrsg.): *Human Services as Complex Organizations*, S. 259–275. Newbury: Sage.
Herzog, Kerstin (2015): *Schulden und Alltag. Arbeitsweisen mit schwierigen finanziellen Situationen und die (Nicht-Nutzung) von Schuldner-Beratung.* Münster: Westfälisches Dampfboot.
Kohli, Martin (2003): Der institutionalisierte Lebenslauf: ein Blick zurück und nach vorn. In: Allmendinger, Jutta (Hrsg.): *Entstaatlichung und soziale Sicherheit. Verhandlungen des 31. Kongresses der Deutschen Gesellschaft für Soziologie in Leipzig 2002*, S. 525–545. Opladen: Leske + Budrich.
Krassilschikov, Viktoria (2009): Das Phänomen des Abbruchs im Beratungsprozess. Ein Beitrag zur sozialpädagogischen Nutzerforschung. Dissertation. Bergische Universität Wuppertal (online).
Kunhenn, Jacqueline (2014): *Aversive Nutzung und Nicht-Nutzung der Tafeln als Formen der Armutsbewältigung.* Master-Thesis. Bergische Universität Wuppertal.
Kunstreich, Timm (2012): Sozialer Raum als „Ort verlässlicher Begegnung". Ein Essay über Verbindlichkeit und Verlässlichkeit. In: *Widersprüche* Heft 125, S. 87–92.
Maar, Katja (2005): Nicht lange fackeln, einfach machen – Zum Nutzen und Nichtnutzen von Angeboten der Wohnungslosenhilfe. In: Oelerich, Gertrud/Schaarschuch, Andreas (Hrsg.): *Sozialpädagogische Nutzerforschung*, S. 117–131. . München/Basel: Reinhardt.
Marshall, Thomas H. (1992): *Bürgerrechte und soziale Klassen. Zur Soziologie des Wohlfahrtsstaates.* Frankfurt/M.: Campus.
May, Michael/Alisch, Monika (2013): *AMIQUS – Unter Freunden. Ältere Migrantinnen und Migranten in der Stadt.* Opladen u.a.: Barbara Budrich.
Mayring, Philipp (2012): Qualitative Inhaltsanalyse. In: Flick, Uwe/von Kardorff, Ernst/Steinke, Ines (Hrsg.): *Qualitative Forschung. Ein Handbuch*, S. 468–475. Reinbek bei Hamburg: Rowohlt.
Oelerich, Gertrud/Schaarschuch, Andreas (2013): Kontrolle als Nutzen – Zur Ambivalenz kontrollierender Zugriffe Sozialer Arbeit aus Nutzersicht. In: Bareis, Ellen/Kolbe, Christian/Ott, Marion/Rathgeb, Kerstin/Schütte-Bäumer, Christian (Hrsg.): *Episoden sozialer Ausschließung. Definitionskämpfe und widerständige Praktiken*, S. 119–183. Münster: Westfälisches Dampfboot.
Oelerich, Gertrud/Schaarschuch, Andreas (Hrsg.) (2005): *Soziale Dienstleistungen aus Nutzersicht. Zum Gebrauchswert sozialer Arbeit.* München/Basel: Ernst Reinhardt.
Offe, Claus (1987): Das Wachstum der Dienstleistungsarbeit: Vier soziologische Erklärungsansätze. In: Olk, Thomas/Otto, Hans-Uwe (Hrsg.): *Soziale Dienste im Wandel. 1. Helfen im Sozialstaat*, S. 171–198. Neuwied/Frankfurt: Luchterhand.
Olk, Thomas (1986): *Abschied vom Experten. Sozialarbeit auf dem Weg zu einer alternativen Professionalität.* München: Juventa.
Ritsert, Jürgen (1978): Theorie, Operationalisierung und Curriculum in den Sozialwissenschaften. In: Ders./Brunkhorst, Hauke (Hrsg.): *Theorie, Interesse, Forschungsstrategien. Probleme kritischer Sozialforschung*, S. 1–80. . Frankfurt/M.: Campus.

Schaarschuch, Andreas (1999): Theoretische Grundelemente Sozialer Arbeit als Dienstleistung. Ein analytischer Zugang zur Neuorientierung Sozialer Arbeit. In: *neue praxis*, H. 6, S. 543–560.

Scherr, Albert (2004): Rückzugsräume und Grenzüberschreitungen. Überlegungen zu subjekt- und bildungstheoretischen Perspektiven sozialräumlicher Jugendarbeit. In: Deinet, Ulrich/Reutlinger, Christian (Hrsg.): *„Aneignung" als Bildungskonzept der Sozialpädagogik*, S. 161–174. Wiesbaden: VS.

Schmidt-Semisch, Henning/Wehrheim, Jan (2005): Exkludierende Toleranz. Ordnung und Kontrolle im Kontext akzeptierender Drogenarbeit. In: Dollinger, Bernd/Schneider, Wolfgang (Hrsg.): *Sucht als Prozess. Sozialwissenschaftliche Perspektiven für Forschung und Praxis*, S. 221–237. Berlin: VWB.

Schoneville, Holger (2013): Armut und Ausgrenzung als Beschämung und Missachtung. In: *Soziale Passagen*. H. 5, S. 17–35.

Steckelberg, Claudia (2016): Niederschwelligkeit als Handlungskonzept Sozialer Arbeit. Theoretisch-konzeptionelle Grundlagen und aktuelle Herausforderungen. In: *Soziale Arbeit*. H. 12, S. 449–455.

Streck, Rebekka (2016): *Nutzung als situatives Ereignis. Eine ethnografische Studie zu Nutzungsstrategien und Aneignung offener Drogenarbeit*. Weinheim/Basel: Beltz Juventa.

Streck, Rebekka (2015): Undoing Addiction? Thematisierungen und Neutralisierungen von „Sucht" im Kontext offener Drogenarbeit. In: Dollinger Bernd/Oelkers, Nina (Hrsg.): *Sozialpädagogische Perspektiven auf Devianz*, S. 186–203. Weinheim/Basel: Beltz Juventa.

Sturzenhecker, Benedikt (2004): Strukturbedingungen von Jugendarbeit und ihre Funktionalität für Bildung. In: *neue praxis*. 34. Jg., H. 4, S. 444–454.

Weber, Max (1988): *Gesammelte Aufsätze zur Religionssoziologie*. 9. Aufl. Tübingen: Mohr.

Winkler, Michael (1988): *Eine Theorie der Sozialpädagogik*. Stuttgart: Klett-Cotta.

Wirth, Wolfgang (1982): *Inanspruchnahme Sozialer Dienste. Bedingungen und Barrieren*. Frankfurt/New York: Campus.

Überlegungen zum un/sichtbaren Aufbegehren und den Un/Möglichkeiten Sozialer Arbeit

Tilman Kallenbach und Christina Müller

1 Forderungen nach einer Re/Politisierung Sozialer Arbeit

Wenn im „langen Sommers der Migration" (Kasparek/Speer 2015) erneut für eine Einmischung Sozialer Arbeit in öffentliche Auseinandersetzungen plädiert wurde (vgl. Otto 2015), verweisen diese Anrufungen zugleich auf eine mögliche Re/Politisierung resp. sozialpolitische Positionierung Sozialer Arbeit, wie sie seit einigen Jahren vermehrt von verschiedenen Akteur*innen eingefordert wird. Unabhängig von den Divergenzen hinsichtlich der konkreten Begründungsmuster sowie den zugrunde liegenden politisch-philosophischen Positionen, ist argumentationslogisch zunächst von der Annahme einer De- resp. Entpolitisierung Sozialer Arbeit, auszugehen (vgl. Lütke-Harmann/Kessl 2013). Diese Annahme im Speziellen wiederum kann analog zum gängigen Krisenszenario der politischen Theorie (vgl. Marchart 2010) gesehen werden. Auch wenn hierbei der Topos resp. die Rede von der Postdemokratisierung westlicher Gesellschaften als ein möglicher Betrachtungs- und Analysemodus westlicher Demokratien vordergründig Einvernehmen erzeugt, liegen unterschiedliche Ausbuchstabierungen dessen vor. Colin Crouch, der den Begriff der Postdemokratie (Crouch 2008) nicht in die Debatte einbrachte (Ritzi 2014; Buchstein 2006), scheint jedoch mit seinen Ausführungen die Überlegungen Jacques Rancières, der sich bereits 1995 [dt.: 2002] in seiner Publikation *Das Unvernehmen'* mit der konsensuellen Praxis, die „den Streit des Volkes liquidiert hat" (ebd. 2002, S. 111), auseinandersetzte, sowohl im sozial- und politikwissenschaftlichen Diskurs als auch in medialen Debatten zu überlagern (vgl. Ritzi 2014; Buchstein/Nullmeier et al. 2006). Gerade die rancière'sche Theoretisierung ist jedoch im Kontext der aktuellen Forderungen Sozialer Arbeit – eingebettet in die Diagnose einer gesamtgesellschaftlichen Entpolitisierung –, fruchtbar, weshalb zunächst nachfolgend die politikphilosophischen Überlegungen Rancières skizziert werden. In einem weiteren Schritt sollen vor diesem theoretischen Hintergrund die politischen Positionierungen der großen Wohlfahrtsverbände zur Frage der sogenannten Flüchtlingskrise untersucht werden.

2 Re/Lektüre der politikphilosophischen Überlegungen Jaques Rancières

Die Differenzierungen zwischen ‚*la politique*' (dt. ‚Emanzipation' resp. ‚Politik'), als die Demonstration von Gleichheit und weitergehend ‚*le politique*' (dt. ‚das Politische') sowie ‚*la police*' (dt. ‚Polizei') bilden die zentrale Grundlage der rancière'schen Überlegungen (vgl. Rancière 2002).

Mit ‚*Polizei*' wird hierbei nicht nur die exekutive Gewalt, sondern vielmehr die „symbolische Konstitution des Sozialen" (2008, S. 31), i.s. eines Ensembles gesellschaftlicher Ordnungsprinzipien und -prozeduren, die an der konsensuellen Aufrechterhaltung des Bestehenden mitwirken, bezeichnet. Im Fokus stehen die Anstrengungen der Herrschenden, die etablierte Ordnung, i.s. der „Aufteilung des Sinnlichen" (2008, S. 31) durchzusetzen, indem spezifischen gesellschaftlichen Gruppierungen Plätze und weitergehend Funktions- und Seinsweisen sowie Weisen des Sprechens zugeteilt werden (vgl. Rancière 2002; 2008). Diese wiederum eröffnen Möglichkeiten der gesellschaftlichen Teilhabe und sprechen gleichzeitig Anderen diese ab, denn die polizeiliche Kalkulation, Verwaltung und Überwachung der „Ordnung des Sichtbaren und des Sagbaren" (Rancière 2002, S. 41) trägt durch Regeln des Sprechens sowie different Subjektpositionen sodann dazu bei, dass die Stimmen der einen als Argumente gehört werden, während die Stimmen Anderer zugleich nur als Lärm wahrgenommen werden können (vgl. 2002; 2008). Durch die vollständige Durchdringung resp. Besetzung der Wahrnehmung durch die ‚*polizeiliche*' Logik wird das Soziale geordnet, gerahmt und legitimiert, indem die Aufmerksamkeit gelenkt sowie zugleich Interpretationsressourcen zur Verfügung gestellt werden, so dass zugunsten des Fortbestehens des etablierten Ensembles gesellschaftlicher Regierungstechnologien, der „Streit um die sinnliche Aufteilung der Welt zum Verstummen" (Krasmann 2012, S. 83) gebracht wird.

Von ‚*Politik*' dagegen spricht Rancière, wenn ein Dissens gegenüber der hegemonialen Macht i.S. Gramscis seitens der gesellschaftlich Ausgeschlossenen artikuliert und die bestehende soziale Ordnung resp. ‚*Aufteilung des Sinnlichen*' selbst zur Disposition steht: „Die Politik existiert, wenn die natürliche Ordnung der Herrschaft unterbrochen ist durch die Einrichtung eines Anteils der Anteilslosen" (Rancière 2002, S. 24). Das Wesentliche der ‚*Politik*' im rancière'schen Sinne ist demnach die „Demonstration des Dissens, als Vorhandensein zweier Welten in einer einzigen" (Rancière 2008, S. 33). Sie artikuliert sich in der Verwirrung resp. Erschütterung der ‚*polizeilichen*' Ordnung seitens der ‚*sans-part*', indem diese ihre Gleichheit demonstrieren und dabei den Abstand zwischen Gleichheitsnorm und der tatsächlich gegebenen Ungleichheit sag- und sichtbar machen (vgl. Rancière 2002).

Es deutet sich bereits hier an, dass ‚*Gleichheit*' eine besondere Bedeutung in den Überlegungen Rancières einnimmt, indem sie weniger als ein erstrebenswerter und zukünftiger Zustand, sondern vielmehr als Ausgangspunkt seines Denkens verstanden werden kann. Der Ort, an dem ‚*gleichheitliche*' sowie ‚*polizeiliche*' Logik aufeinander treffen und somit die Kontingenz der gesellschaftlichen Ordnung aufzeigen sowie folglich Gleichheit in der Artikulation des Dissenses verifizieren, bezeichnet Rancière als das ‚*Politische*':

> Die politische Tätigkeit ist jene, die einen Körper von dem Ort entfernt, der ihm zugeordnet war oder die die Bestimmung eines Ortes ändert; sie lässt sehen, was keinen Ort hatte gesehen zu werden, lässt eine Rede hören, die nur als Lärm gehört wurde. (Rancière 2002, S. 41)

3 Gleichheit und die Rechte der Anteilslosen

Das Paradox, dass ‚*Gleichheit*' zum Prinzip erhoben wird, andererseits zugleich das Nichteinlösen dessen wiederum mit Verweis auf das Prinzip nicht sichtbar gemacht wird, durchzieht die Geschichte der Demokratie (vgl. Rancière 2002; Krasmann 2012). Eine besondere Bedeutung kommt hierbei den Menschenrechten zu, denn wenngleich diese den Anspruch auf universelle Geltung erheben, werden sie doch zugleich täglich auf vielfältige Weise verletzt, was sich entlang der Achsen aktueller Fluchtmigrationsprozesse spiegelt. Die Anrufung der Menschenrechte unter Konfrontation ihrer Verneinung resp. Nicht-Geltung kann jedoch auf bestehende „Verrechnungen" (Rancière 2002, S. 18) verweisen und neue Sicht- und Sagbarkeiten hinsichtlich der Grenzziehungen einfordern. Sie bergen somit „ein Potential der Gleichheitseinschreibungen, das sich in dem Moment aktualisiert, in dem jene zum Streitfall werden" (Rancière 2002, S. 90), wie exemplarisch die berühmte Artikulation von Olympe Marie de Gouges aufzeigt. Indem die französische Revolutionärin darauf aufmerksam machte, dass frei und gleich geborene Frauen keine gleichberechtigten Bürger*innen waren, da sich die französische Konzeption des Bürgers lediglich auf eine weiße, männliche sowie besitzende Gruppierung bezog und Frauen daher das Wahlrecht abgesprochen wurde, stellten sie damit die Grenzziehung zwischen nacktem und politischem Leben zur Disposition, indem sie sich diejenigen Rechte, die ihnen i.S. der ‚*gleichheitlichen*' Logik zustanden, nahmen (vgl. Rancière 2011; Krasmann 2012). Dass ‚*Gleichheit*' ein nie einlösbarer Anspruch von Demokratie ist, zeigt, dass fast zeitgleich eine weitere ‚*Bühne des Dissenses*' seitens der Kolonialisierten eingerichtet und der Trias der ‚Freiheit, Gleichheit und Brüderlichkeit' aus einer weiteren Perspektive vorgeführt wurde.

Emanzipation (‚*la politique*') führt zu einer Neueinschreibung und damit zu einer Neuordnung von Macht- und Herrschaftsverhältnissen (‚*policing*'). Indem die ‚*sans-part*', diejenigen denen durch polizeiliche Zählung und Identifizierung ihre Rechte abgesprochen wurden und die daher politisch unsichtbar und unhörbar sind, sich ihren egalitären Anspruch am Gemeinsamen nehmen, zeigen sie somit die Ungleichbehandlung und Herabwürdigung der ‚*Polizei*', sowie das Unrecht, „die brutale Offenbarung der äußeren *Anarchie*, auf der jede Hierarchie ruht" (Rancière. 2002, S. 28; Herv. i. O.) auf.

4 Un/Orte der Anteilslosen

Überträgt man die rancière'schen Gedanken auf Geflüchtete, dann erwächst daraus zunächst die Frage nach der ‚*Aufteilung des Sinnlichen*', also welche Plätze und weitergehend Funktionsweisen, Tätigkeitsformen und Seinsweisen sowie Weisen des Sprechens ihnen zugeteilt werden (Rancière 2008). Wenngleich die Verflechtungen auf supranationaler, europäischer sowie nationaler Ebene zu analysieren sind, soll an dieser Stelle lediglich angemerkt werden, dass sich mit Verweis auf die historische Etablierung des europäischen Grenzregimes aufzeigen lässt, dass zwar mit dem Schengener-Abkommen, der europäischen Unionsbürger*innenschaft sowie dem ‚Gemeinsamen europäischen Asylsystem' (GEAS) die Grenzen innerhalb Europas verflüssigt wurden, zugleich aber die Distinktion zwischen Bürger*innen und ‚Anderen' im neoimperialen Raum umso deutlicher hervortrat, indem mittels rechtlicher Konstrukte ein territoriales und hierarchisierendes System differentieller Staatsbürger*innenschaft identifiziert, legitimiert und weitergehend normalisiert wird, welches wiederum globale Macht- und Herrschaftsverhältnisse widerzuspiegeln vermag, indem es bestehende Ungerechtigkeits- und Unterdrückungsverhältnisse stabilisiert. Dies wiederum findet seine Entsprechung in medialen Debatten, wenn Geflüchtete, insbes. ‚illegale Migrant*innen' und ‚Wirtschaftsflüchtlinge', als unerwünscht inszeniert und im Kontext von Kriegs- und Naturkatastrophenmetaphorik diskreditiert werden. Geht man davon aus, dass sprachlich erzeugte bildliche Metaphern sowie materielle Bilder unsere Wahrnehmung beeinflussen, dann ist hier die visuelle ‚*Aufteilung des Sinnlichen*' angedeutet. Der Analyse und Entlarvung des artifiziellen Charakters eben jener hegemonialen Ordnung und ihrer vorausgelagerten wirkmächtigen Konstrukte, wie bspw. ‚Flüchtling', ‚Bürger*in' oder ‚Nation', kommt in diesem Zusammenhang eine große Bedeutung zu. Die Ausführungen zu Olymp Marie de Gouges verweisen auf die Kontingenz der gesellschaftlichen Ordnung (vgl. Marchart 2010). Die gesellschaftliche Realität birgt somit das Potential der permanenten und partiellen Aushandlung, aus der sie selbst wiederum kontinuierlich entsteht.

Als gemeinsamer Bezugspunkt verschiedener und bis heute andauernder Kämpfe um Anerkennung, Teilhabe und Mitbestimmung fungiert die ‚Gleichheit'. Die Vergangenheit zeigt, dass die Anrufung dieser und die Einrichtung einer ‚*Bühne des Dissenses*' Grenzziehungen verschoben und Neueinschreibungen bewirkt haben. Es stellt sich somit die Frage, wer und wie im Kontext aktueller FluchtMigrationsprozesse eine ‚*Bühne des Dissenses*' einzurichten vermag.

5 Soziale Arbeit im Unvernehmen

Um die Un/Möglichkeiten Sozialer Arbeit in diesem Zusammenhang zu hinterfragen, werden exemplarisch die Sichtweisen der Wohlfahrtsverbände differenziert beleuchtet. Zurückgreifend auf eine hegemonietheoretische Diskursanalyse (Nonhoff 2006; Maeße/Nonhoff 2014), die das Selbstverständnis der Sozialen Arbeit anhand der Pressemitteilungen deutscher Spitzenverbände der Freien Wohlfahrtspflege (Arbeiterwohlfahrt – Bundesverband e.V., Deutscher Caritasverband e.V., Diakonie Deutschland – Evangelischer Bundesverband, Deutsches Rotes Kreuz e.V. und Deutscher Paritätischer Wohlfahrtsverband – Gesamtverband e.V.)[1] zwischen April und August 2015 untersucht, lassen sich verschiedene Diskurskoalitionen abbilden, die nachfolgend skizziert werden und in der Abbildung grafisch

---

1 Der Diskurskorpus setzt sich aus 27 asylbezogenen Pressemitteilungen der großen Wohlfahrtsverbände zusammen, die jeweils den Internetauftritten der Bundesgeschäftsstellen entnommen wurden.

dargestellt sind. In einem letzten Schritt wird die empirische Analyse mit der eingangs dargelegten Theoretisierung reflektiert.

Im Rahmen der Einzeltextanalyse kann zunächst konstatiert werden, dass sich insgesamt in den Forderungen der verschiedenen Akteure große Schnittmengen abbilden. So lassen sich über die verschiedenen Texte hinweg drei Ebenen der Argumentation identifizieren. Auf einer ersten Ebene werden zunächst der Staat und seine Akteure, zweitens weitergehend die Soziale Arbeit und auf einer dritten Ebene zudem die Zivilgesellschaft adressiert[2]. Vorrangig wird die Arbeit mit Geflüchteten als eine Pflicht beschrieben, die sich aus „Menschlichkeit, Moral und Solidarität" (Paritätischer, 02.08.2015) speist. Mit diesen Werten mandatieren alle untersuchten Verbände ihre Arbeit, auch wenn dabei unterschiedliche Schwerpunkte, bspw. auf historische Grundlagen der Verbände (vgl. AWO, 07.05.2015), in der Argumentation gesetzt werden. Eine zweite Dimension widmet sich der Integration, die allen Geflüchteten ermöglicht und von qualifiziertem Fachpersonal begleitet werden soll.

Eng mit dieser Forderung nach einem ganzheitlichen Integrationskonzept sind auch die Statements zu einer menschenwürdigen und an Teilhabe orientierten Flüchtlingspolitik verbunden. Der ‚Arbeiterwohlfahrt-Bundesverband e.V.' führt diesbezüglich aus:

> Das Ziel aller Bemühungen muss es sein, den Flüchtlingen ein selbstbestimmtes Leben in Würde zu ermöglichen. Flüchtlinge müssen das Recht bekommen ihr Leben selbst zu gestalten. Nur so können Sie schneller an unserer Gesellschaft teilhaben. (AWO, 07.05.2015)

Weitere Forderungen nehmen sich den Feldern der frühen Hilfen und der Begleitung des Ehrenamts an. Grundlegend hält der ‚Arbeiterwohlfahrt-Bundesverband e.V.' fest:

> Bund und Länder müssen die vor Ort zuständigen Träger finanziell, strukturell und rechtlich in die Lage versetzen, den Anforderungen an eine an humanitären Grundsätzen orientierten Flüchtlingspolitik gerecht zu werden. (AWO, 05.06.2015)

---

2   Ein nicht unwesentlicher Teil der Pressemitteilungen widmet sich zudem der Situation der unbegleiteten minderjährigen Flüchtlinge. An dieser Stelle interessieren jedoch vielmehr die allgemeinen Forderungen.

Nicht zuletzt werden an verschiedenen Stellen professionelle Standards sowie mehr und vor allem qualifiziertes Fachpersonal gefordert. So schreibt der ‚Deutsche Caritasverband e.V.' im Kontext der Kinderbetreuung:

> Gleichzeitig muss das Personal in den Kindertageseinrichtungen, die Flüchtlingskinder aufnehmen, aufgestockt und angesichts der oftmals traumatischen Erfahrungen der Kinder entsprechend qualifiziert werden. (Caritas, 29.05.2015)

Auch die professionelle Anleitung und Koordination des Ehrenamts wird als Voraussetzung für gelingende und verlässliche Unterstützungsarbeit angesehen (vgl. AWO 07.05.2015).

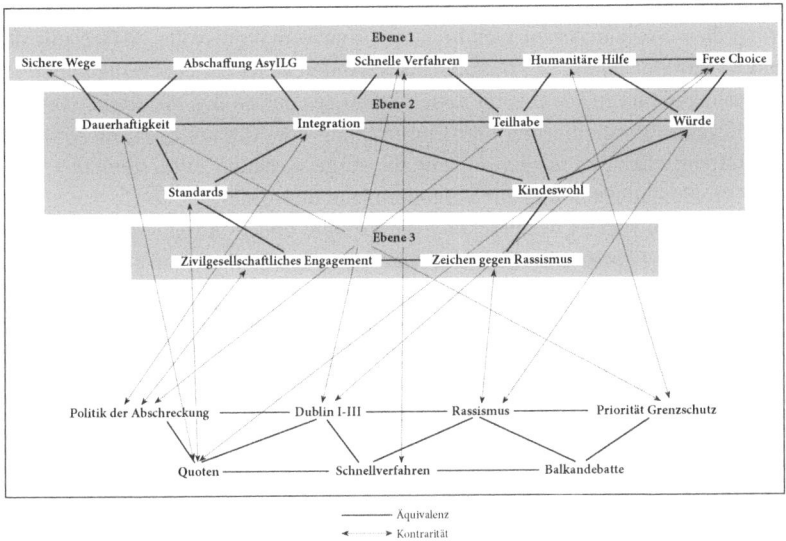

Letztendlich gilt ein während des Erhebungszeitraumes gemeinsam mit anderen Organisationen (u.a. Pro Asyl, Rechtsberaterkonferenz) unterzeichnetes Positionspapier (AWO, Diakonie und Paritätischer, 19.06.2015) hervorzuheben, welches hinsichtlich seiner Forderungen deutlich über die bis dato vorliegenden Positionierungen hinausgeht. Indem allgemeine Kritik am ‚Dublin-Verfahren' (Verordnung (EU) Nr. 604/2013), dem zentralen Herzstück des ‚Gemeinsamen Europäischen Asylsystems' (GEAS), sowie am Vorgehen der europäischen Grenzschutzagentur ‚Frontex' geäußert und weitergehend Forderungen nach dem ‚Free-Choice-Modell'[3] erhoben werden, verweist diese gemeinsame Positionierung explizit auf die strukturellen, konflikthaften und paradoxalen Grundlagen europäischer Asylpolitik.

6 AufRECHTerhaltung bestehender Macht- und Herrschaftsverhältnisse!?

Die theoretischen Überlegungen und empirischen Analysen zusammenführend, zeigt sich, dass Soziale Arbeit unweigerlich in wohlfahrtsstaatliche Zusammenhänge verstrickt ist und demnach Handlungs- und Möglichkeitsräume i.s. der *‚polizeilichen'* Ordnung vorstrukturiert werden. Die alleinige Orientierung an eben dieser kann jedoch als macht- und herrschaftsstabilisierend angesehen werden, so dass Soziale Arbeit Gefahr läuft „eine verhängnisvolle Affäre mit der Macht" (Winkler 2006, S. 59) einzugehen. Andererseits ist jedoch die vielerorts geforderte und hier in Form von Pressemitteilungen der großen Wohlfahrtsverbände vorliegende Positionierung und Einmischung der Akteure Sozialer Arbeit in (Fach)Öffentlichkeit zu nennen, welche die vorherrschende *‚Aufteilung des Sinnlichen'* problematisieren und auf Veränderungen drängen.

Mit Rancière rücken weitergehend die Kämpfe und Konflikte von *‚Anteilslosen'* selbst als *‚Politik'* ins Blickfeld. Menschen, die oftmals nur als Opfer resp. schutzbedürftig wahrgenommen werden, erlangen als handelnde Subjekte Aufmerksamkeit. Indem sie die *‚polizeiliche'* Logik mit der *‚gleichheitlichen'* Logik konfrontieren, tragen sie somit zur Irritation der konsensuellen Demokratie und letztendlich zur Demokratisierung der Gesellschaft bei. Wie aufgezeigt wurde, führt jedoch jede Einschreibung von Anteilslosen in die Gemeinschaft und die damit verbundene Neuordnung der gesellschaftlichen Macht- und Herrschaftsverhältnisse zu einem erneuten Ausschluss, da aus dem Paradoxon der Gleichheit gefolgert, vielfältige gesellschaftliche Gruppierungen jeweils immer nur partikular für sich eine *‚Bühne des Dissenses'* einrichten können. Kämpfe und Konflikte sind somit zwangsläufig notwendig, um die *‚polizeiliche'* Logik, die an der Durchsetzung ihrer *‚Aufteilung des Sinnlichen'* festhält, immer wieder erneut zum Erschüttern zu bringen. Verschiedene konfliktive Praxen, in denen Neu(an)ordnungen und

---

3   Das Free-Choice-Modell, wie es hier vorgeschlagen wird, sieht eine freie Wahl des Wohnortes in der EU für die Geflüchteten vor. Anders als in der von der EU anvisierten Quotenlösung sollen hier damit keine Menschen sondern nur Kosten auf die Staaten aufgeteilt werden.

Rechte erkämpft werden, nehmen daher eine bedeutsame Rolle ein und vermögen sozialarbeiterische Praxis zu beeinflussen.

Vor diesen Ausführungen rücken im Speziellen die ‚*politischen*' Kämpfe Geflüchteter, die seit September 2012 und dem etwa 600km langen Protestmarsch von Würzburg nach Berlin[4] sowie dem Protestcamp auf dem Kreuzberger Oranienplatz öffentlich in Erscheinung getreten sind und mit ihren Forderungen und nachfolgenden Aktivitäten, die nicht zuletzt Soziale Arbeit selbst betreffen, in das Blickfeld. Hervorzuheben gilt jedoch, dass gerade während des vergangenen Sommers eben jenen Protesten der Anteilslosen, wie bspw. dem Protestcamp am Nürnberger Hallplatz, kaum mediale Aufmerksamkeit geschenkt wurde (vgl. Fleischmann 2015). Diese Unsichtbarkeit wiederum findet zudem ihre Entsprechung in der durchgeführten Analyse der Positionspapiere der fünf Spitzenverbände deutscher Wohlfahrtspflege. Soziale Arbeit, die sich jedoch den Unsichtbaren widmen möchte, sollte den Artikulationen und Forderungen verschiedener Gruppierungen, dem un/sichtbaren Aufbegehren, Aufmerksamkeit schenken. Denn wie Krasmann herausarbeitet, ist „[j]ede Infragestellung, die gehört werden will [...] gezwungen, sich innerhalb des Aussagesystems und der Subjektpositionen, welche die Ordnung zulässt, zu artikulieren" (Krasmann 2010, S. 83). Daraus schlussfolgernd, soll die These aufgestellt werden, dass in Übertragung der rancière'schen Überlegungen, Soziale Arbeit eine bedeutsame Position im gesellschaftlichen Gefüge einnehmen kann, indem sie sich für die ‚*Bühne des Dissenses*' öffnet resp. an der Einrichtung dieser beteiligt ist, indem sie sich solidarisch mit Geflüchteten zeigt und die Sichtweisen und Stimmen der ‚*Anteilslosen*' selbst sicht- und hörbar macht, also ‚*Lärm*' in eine ‚*Rede*' übersetzt (vgl. Rancière 2002).

7 Resümee

Von dieser These ausgehend, ist Soziale Arbeit auf der Ebene einer ‚*politischen*' Forschung erstens gefordert, eine präzise Analyse nationaler sowie europäischer Gesetzgebungen, Begrifflichkeiten und Konstrukte vorzunehmen, um die vorherrschende ‚*Aufteilung des Sinnlichen*' zu entlarven und zu irritieren.

Zweitens gilt es hervorzuheben, dass letztendlich auch die rechtliche Codierung wiederum nicht zugleich die Freisetzung von Gleichheit beinhaltet, da jene wirk-

---

4   Der Protestmarsch sowie der damit verbundene Verstoß gegen die Residenzpflicht kann im rancière'schen Sinne als „Ent-Identifizierung" (Rancière 2002, S. 48), bei der ein politisches Subjekt durch Zurückweisung der ihm zugewiesenen Seinsweise konstituiert, gelesen werden.

mächtigen und tradierten Bilder der hegemonialen Ordnung auch implizit handlungsmächtig und -leitend werden können. Um Ausschlüsse zu vermeiden sind daher etablierte Ressentiments und Stereotypen mit ihren weitreichenden Stigmatisierungs- und Diskriminierungsfolgen aufgrund ethnischer Zugehörigkeiten, auch in ihrer Verstrickung und Verwobenheit mit anderen Ungleichheiten generierenden Kategorien auf unterschiedlichen Ebenen zu hinterfragen. Hierbei kommt der symbolischen Repräsentation eine nicht zu vernachlässigende Dimension zu, denn geht man davon aus, dass (visuelle) Bilder eine enorme Bedeutung für die Selbst- und Weltwahrnehmung besitzen, ist deren Analyse zur Erschütterung der ‚Aufteilung des Sinnlichen' unumgänglich.

Drittens ist Soziale Arbeit, bedingt durch ihre potentielle Nähe zu und Arbeit mit Anteilslosen gefordert, strukturelle Ungerechtigkeiten, die sich auf der Mikroebene in Einzelschicksalen entfalten, zu problematisieren. Vor dem Hintergrund, dass Rancière die Differenzierung zwischen Wissenden und Unwissenden jedoch kritisiert, da er in dieser die Perpetuierung etablierter Hierarchien innewohnen sieht, ist Soziale Arbeit hierbei weitergehend aufgefordert sich selbst auf unterschiedlichen Ebenen zu befragen: Inwiefern trägt sie wiederum zum Ausschluss und zur Unsichtbarkeit bestimmter Menschen bei? Welche Rolle nimmt sie selbst im ständigen Spiel der Über- und Unterordnung ein? Inwiefern gebärdet sie sich dabei selbst als Wissende? Mit Rancière gedacht, ist hierbei der analytische Blick auf die Interaktionsebene zu lenken, wobei intendiert ist, die hegemoniale Ordnung aufzubrechen sowie ‚mit', statt ‚für' und ‚über' Menschen zu sprechen (vgl. Rancière 2007).

Zusammenfassend kann konstatiert werden, dass Soziale Arbeit als ambivalente Institution des Wohlfahrtsstaats durch aktuelle FluchtMigrationsprozesse in ihr selbst irritiert, provoziert und erschüttert wird, wie die Positionierungen der Wohlfahrtsverbände exemplifizieren. Um die AufRECHTerhaltung globaler Ungleichheits- und Unterdrückungsverhältnisse zu durchbrechen, sind kritisch, solidarisch und egalitär denkende sowie handelnde Menschen, die die gegebene ‚Aufteilung des Sinnlichen' irritieren, etablierte Bilder und Wissen dekonstruieren und dabei die eigene Wahrnehmungen fragwürdig werden lassen, erforderlich.

Literatur

Buchstein, Hubertus/Nullmeier, Frank/Klein, Ansgar/Rohwerder, Jan (2006): Postdemokratie. Ein neuer Diskurs? In: *Forschungsjournal Neue Soziale Bewegungen* 19. Jg., 4, S. 2–5.
Crouch, Colin (2008): *Postdemokratie*. Frankfurt/M.: Suhrkamp.
Kasparek, Bernd/Speer, Marc (2015): Of Hope. Ungarn und der lange Sommer der Migration. Online verfügbar unter http://bordermonitoring.eu/ungarn/2015/09/of-hope/.
Krasmann, Susanne (2012): Jaques Rancière: Politik und Polizei im Unvernehmen. In: Bröckling, Ulrich/Feustel, Robert (Hrsg.): *Das Politische denken. Zeitgenössische Positionen*. 3. Aufl., S. 77–98. Bielefeld: transcript.
Fleischmann, Larissa (2015): „We will rise". Die Stimmen der Geflüchteten in der aktuellen „Willkommenskultur" hören. Online verfügbar unter *http://fluechtlingsforschung.net/we-will-rise/*.
Lütke-Harmann, Martina/Kessl, Fabian (2013): Paradoxien der Ent-/Politisierung. Überlegungen zum politischen Potenzial Sozialer Arbeit in der (Post)Demokratie. In: Benz, Benjamin/Riegr, Günther/Schönig, Werner/Többe-Schkulla, Monika (Hrsg.): *Politik Sozialer Arbeit. Band 1: Grundlagen, theoretische Perspektiven und Diskurse*, S. 133–149. Weinheim/Basel: Beltz Juventa
Maeße, Jens/Nonhoff, Martin (2014): Macht und Hegemonie im Diskurs. Eine radikaldemokratische Kritik der direkten Demokratie. In: Angermüller, Johannes/Nonhoff, Martin et al. (Hrsg.): *Diskursforschung. Ein interdisziplinäres Handbuch. Band I: Theorien, Methodologien und Kontroversen*, S. 386–410. Bielefeld: transcript
Marchart, Oliver (2010): *Die politische Differenz*. Berlin: Suhrkamp.
Nonhoff, Martin (2006): *Politischer Diskurs und Hegemonie*. Bielefeld: transcript.
Otto, Hans-Uwe (2015): Flüchtlinge. Menschenrechte, Menschenwürde, Menschenliebe – zur Rolle der Sozialen Arbeit im Flüchtlingsdrama. In: *neue praxis*, 45. Jg., 4, S. 451–453.
Rancière, Jacques (2007): *Der unwissende Lehrmeister. Fünf Lektionen über die intellektuelle Emanzipation*. Wien: Passagen Verlag.
Rancière, Jacques (2008): *Zehn Thesen zur Politik*. Zürich/Berlin: Diaphanes.
Rancière, Jacques (2011): Wer ist das Subjekt der Menschenrechte? In: Menke, Christoph/Raimondi, Francesca (Hrsg.): *Die Revolution der Menschenrechte. Grundlegende Texte zu einem neuen Begriff des Politischen*, S. 474–490. Berlin: Suhrkamp.
Rancière, Jacques (2002): *Das Unvernehmen. Politik und Philosophie*. Frankfurt/M.: Suhrkamp.
Ritzi, Claudia (2014): *Die Postdemokratisierung politischer Öffentlichkeit. Kritik zeitgenössischer Demokratie – theoretische Grundlagen und analytische Perspektiven*. Wiesbaden: VS.
Winkler, Michael (2006): Kleine Skizze einer revidierten Theorie der Sozialpädagogik. In: Badawia, Tarek/Luckas, Helga/Müller, Heinz (Hrsg.): *Das Soziale gestalten. Über Mögliches und Unmögliches der Sozialpädagogik*, S. 55–88. Wiesbaden: VS.

Verordnete Zusammenarbeit

Antinomien der (Rechts-)Norm ‚Kindeswohl'

Katharina Liebsch

Die gesellschaftliche Bestimmung von ‚Kindeswohl' und ‚elterlicher Sorge' ist insbesondere im Zuge der Gesetzesentwicklung zu Trennung und Scheidung im Verlauf des 20. und 21. Jahrhunderts mehrfach unter dem Aspekt von Partizipation und Beteiligung neu akzentuiert worden. Dies zeigt sich in der veränderten Bezeichnung von der ‚elterlichen Gewalt' als nunmehr ‚elterliche Sorge' oder auch im Wandel von der väterlichen Entscheidungsbefugnis oder der Vorstellung einer ‚natürlichen Mütterlichkeit' hin zur Pflicht beider Elternteile zur Pflege und Erziehung ihrer Kinder (Parr 2006). Gesellschaftliche und kulturelle Veränderungen, wie zum Beispiel steigende Erwerbs- und Bildungsbeteiligung von Frauen, zunehmende Zahl von Ehe-Scheidungen und das Erstarken von Gleichberechtigungsidealen, trugen dazu bei, dass im Familienrecht kontinuierlich Neuerungen eingeführt wurden, welche auf die Regelung der elterlichen Sorge nach Trennung und Scheidung zielten. Im Problemfeld ‚Hochstrittige Sorgerechtsfälle' samt seiner gesetzgeberischen Maßnahmen, ihrer Implementierungen und damit verbundenen Debatten spiegelt sich, so soll im Folgenden gezeigt werden, der kulturelle und gesellschaftliche Wandel familialer Leitbilder, die qua sozialstaatlicher Familienpolitik normativ gerahmt und regulativ ausgestaltet und mit ambivalenten Folgen wirksam werden.

1 Hochstrittige Sorgerechtsfälle: Geringe Fallzahlen – hohe symbolische Bedeutung

Im Jahr 2014 waren bundesweit 134.803 minderjährige Kinder von der Scheidung ihrer Eltern betroffen (Statistisches Bundesamt 2015).[1] Die meisten Paare übernehmen auch nach ihrer Trennung die elterliche Verantwortung gemeinsam und regeln dies mehr oder weniger einvernehmlich. Wenn aber die Eltern keinerlei Einvernehmen bezüglich der Sorge und des Umgangs mit ihren Kindern herstellen können, besteht die Möglichkeit eines Antrages auf Regelung durch das Familiengericht. Von dieser Möglichkeit machen etwa 8–10 Prozent der geschiedenen oder getrennten Eltern Gebrauch, die dann als hochstrittige oder hocheskalierte Fälle aktenkundig werden (Brings 2011).

Für die betroffenen Kinder stellen diese Verfahren eine große Belastung dar. Die juristischen Auseinandersetzungen ziehen sich über viele Monate und manchmal auch über Jahre hin, ihr Ausgang ist ungewiss und bisweilen sind sie mit dem Abbruch des Kontakts zu einem Elternteil verbunden. Die Befunde vorliegender Studien legen nahe, dass insbesondere der Faktor des elterlichen Konfliktniveaus eine negative Rolle spielt, der sich – altersphasenspezifisch unterschiedlich – in der Form von Selbstwertproblemen, körperlichen Beschwerden und emotionaler Daueranspannung zeigt (Walper et al. 2011). In einigen Fällen muss für die betroffenen Minderjährigen von einer Kindeswohlgefährdung im Sinne des § 1666 BGB ausgegangen werden. Von einem gefährdenden, über Jahre anhaltenden Konfliktpotenzial in hochstrittigen Sorgerechtsfällen sind in den vergangenen Jahren, kumulierend betrachtet, ca. 30.000 Kinder und Jugendliche betroffen gewesen, die somit in die Anwendung des staatlichen Schutzauftrages aus § 8a SGBVIII fallen (Dietrich et al. 2010, S. 7).

Normativ ist dieses Problemfeld dadurch strukturiert, dass die Kindschaftsrechtsreform von 1998 eheliche und nichteheliche Kinder gleichstellt, das Recht des Kindes auf den Umgang mit beiden Eltern (im BGB) festlegt, und zudem anstrebt, den Eltern nach einer Scheidung die gemeinsame elterliche Sorge zu übertragen, es sei denn, es wird ein Antrag auf alleinige Sorge bei Gericht gestellt. Den Eltern steht ein Rechtsanspruch auf Trennungs- und Scheidungsberatung zu, um es ihnen zu ermöglichen, einvernehmliche Regelungen für die Versorgung ihrer Kinder zu treffen. Der deutsche Gesetzgeber begründet die Setzung des gemeinsamen Sorgerechts als Regelfall zum einen mit der Wahrscheinlichkeit einer höheren Zahlungsmoral des nicht hauptbetreuenden Elternteils (zumeist: des Vaters), und zum

1 Diese Zahl lässt Kinder aus Trennungsfamilien unberücksichtigt, in denen die versorgenden Erwachsenen nicht verheiratet sind.

zweiten damit, dass die soziale Beziehung von Kindern zu Mutter und Vater erhalten bleiben soll, weil sie als ausschlaggebend für die Identität, das Selbstwertgefühl und die spätere Lebensgestaltung der Kinder angesehen wird (Kostka 2006, S. 79). Mit der Einführung des Leitbilds der gemeinsamen Sorge war die Annahme verbunden, dass Recht als expressive oder symbolische Macht, soziale Erwartungen und Normen zu verändern, auch nachhaltig auf das Bewusstsein und Handeln im Mikrosystem Familie wirke. Der gemeinsamen Sorge komme, so eine Position in der damaligen Debatte, bewusstseinsbildende Funktion zu: Sie unterstütze die nicht betreuenden Eltern in ihrem Bedürfnis, ihre Elternrolle verantwortlich zu gestalten und verhindere, dass Kinder nach der Trennung den Kontakt zu diesen Elternteilen verlören. Rechtlich werde eine Basis geschaffen, die kein Elternteil entmündige, Eltern zur Kooperation verpflichte und die Wahrscheinlichkeit konstruktiver Konfliktlösungen vergrößere (Napp-Peters 1997). Dagegen wurde eingewendet, dass die Einflussmöglichkeiten von Gesetzen auf die Einstellungen und Verhaltensweise der Betroffenen als begrenzt eingeschätzt werden müssten. Elterliche Kooperation, so eine kritische Position, könne nicht gesetzlich verordnet werden; schließlich brächen viele Familien gerade wegen des Mangels an Konflikt- und Kooperationsfähigkeit auseinander; Kooperationsfähigkeit sei nicht Ergebnis, sondern *Voraussetzung* der gemeinsamen Sorge (Salgo 1996, S. 86–89).

2 Neue Regelungen – Zum Wohle des Kindes?

Auch für die Regelung von Sorge- und Umgangsstreitigkeiten nach Trennung ist seit der Kindschaftsrechtsreform 1998 die vom Gesetzgeber etablierte Vorstellung leitend, ein aktiv kooperatives, auf das Kindeswohl abgestelltes Verhalten der Eltern durch das Modell ‚Geteilte Sorge' zu erwirken bzw. zu verstärken. Dabei zeigte sich, dass die Umsetzung und Realisierung des staatlichen Schutzauftrags zum Wohle des Kindes durch sich lange hinziehende Verfahren erschwert wurden, in deren Verlauf sich nicht selten die Konflikte der Eltern und die Belastungen der Kinder verschärften. Bis zur Neuregelung dieser Verfahren im Jahr 2009 betrug die durchschnittliche Verfahrensdauer 7,1 Monate bei Sorgerechtsverfahren und 6,8 Monate bei Umgangsrechtsverfahren (Hennemann 2009, S. 20). Zeitliche Verzögerungen gründeten vor allem auf der gesetzlich vorgesehenen Einbeziehung des Jugendamtes, welches das Gericht mit schriftlich zu erbringenden Berichten versorgte. Bis dies geschah, vergingen oft Monate, weil die Abläufe und die Organisation der Arbeitsabläufe beider Institutionen nicht aufeinander abgestimmt waren. Wenn die Verfahren dann endlich vor Gericht verhandelt wurden, heizten nicht selten anwaltliche Schriftsätze den elterlichen Konflikt weiter an.

Es gab deshalb vielfältige Bemühungen, die Zusammenarbeit der an den familiengerichtlichen Verfahren beteiligten Fachkräfte – RichterInnen, RechtsanwältInnen, Verfahrensbeistände, Jugendamt, Beratungsstellen, MediatorInnen und psychologische Sachverständige – zu verbessern. Im Rahmen des „Cochemer Modell" wurde schon 1992 eine kooperative Verfahrensweise entwickelt, die dem Ansinnen folgte, alle Beteiligten auf das übergeordnete Ziel der elterlichen Verantwortung zu verpflichten, um dem Kind die Fortsetzung der Bindung zu beiden Elternteilen zu ermöglichen. Das hier praktizierte Modell zielte auf Beschleunigung der Verfahren durch Reduzierung der Berichtspflichten und der institutionalisierten Einbeziehung von Beratung, auch in der Hoffnung, so einen gerichtlichen Beschluss überflüssig werden zu lassen. Es war geleitet von der Überzeugung, dass eine einvernehmliche Lösung dem Kindeswohl in jedem Fall zuträglicher ist als ein gerichtlicher Beschluss, der Gewinner und Verlierer hervorbringt.

Dieser Überzeugung schloss sich auch der Gesetzgeber an mit dem im September 2009 beschlossenen „Gesetz über das Verfahren in Familiensachen und in den Angelegenheiten der freiwilligen Gerichtsbarkeit" (FamFG). Die Neuregelung hatte zum Ziel, die bisherigen, über mehrere Gesetzbücher verteilten familienrechtlichen Regelungen neu zu ordnen und zugleich eine Beschleunigung der Verfahren in Kindschaftssachen zu initiieren (Kretzschmar/Meysen 2009, S. 1). Dem vorausgegangen war im August 2008 das „Gesetz zur Erleichterung familiengerichtlicher Maßnahmen bei Gefährdung des Kindeswohls", das darauf zielte, die Sorgerechtsverfahren zügiger zu absolvieren. Es sieht vor, dass frühzeitig, nämlich innerhalb eines Monats nach Eingang des Antrags, den Eltern und ihren Anwälten ein erster Termin für eine mündliche Anhörung bei Gericht angeboten wird. Der/die FamilienrichterIn zielt durchweg auf die Aktivierung der elterlichen Kompetenzen und Herstellung von Einvernehmen ab. Ist kein Einvernehmen zu erzielen, wird Beratung/Mediation angeboten oder auch angeordnet. Der/die RichterIn ordnet bei Bedarf Sachverständigengutachten und/oder Verfahrenspflegschaft an. Der Zeitraum bis zur Entscheidung kann durch einstweilige richterliche Anordnungen gestaltet werden.

Diese Gesetzgebung versucht, das Kindeswohl auf zweifache Art und Weise zu sichern: Zum einen durch die Beschleunigung des Gerichtsverfahrens qua Verbesserung seiner organisationellen Abläufe und Zusammenarbeit der beteiligten Einrichtungen und AkteurInnen. Zum zweiten durch eine konsequente und kontinuierliche Orientierung am Prinzip der einvernehmlichen Zustimmung zur gemeinsamen Sorge zum Wohle des Kindes, auf die das Gericht, so der Gesetzestext „in jeder Lage des Verfahrens *hinwirken*" (§ 156 FamFG) solle.

Mit diesem Postulat der „Hinwirkung" ist bei konsequenter Umsetzung des FamFG nicht nur eine Modifizierung der Berufsrollen verbunden, sondern es wird zudem auch die Beratungs- und Erziehungsfunktion des Gerichts gestärkt. Da die RichterInnen zum ersten Termin kaum Schriftsätze vorliegen haben und das weitere Vorgehen gemeinsam mit den Beteiligten entwickeln, kommt ihnen – viel stärker als bis dato – die Aufgabe einer Moderatorin sowie die eines Vermittlers des Postulats der gemeinsamen elterlichen Sorge im Prozess der elterlichen Einigung zu. Diese Intention soll gegebenenfalls durch Hinzuziehung eines weiteren Akteurs, nämlich Beratungseinrichtungen, ergänzt werden. Die Mitarbeitenden der Jugendämter werden auf die Rolle von Situations-Experten verpflichtet, die Kenntnisse über die Familie einbringen und wenn möglich, Vorschläge für Problemlösungen unterbreiten. Auch von den Rechtsanwaltschaften wird erwartet, dass sie ihre Interessensvertretung neu ausrichten und ihre MandantInnen davon überzeugen, ihre eigenen Anliegen dem der Kinder und des Kindeswohls unterzuordnen bzw. anzupassen.

Diese im neuen FamFG vorgenommene Kopplung von organisatorisch-verfahrenstechnischer Neu-Strukturierung zur Gewährleistung des Kindeswohls einerseits und normativ-erzieherischer Akzentuierung einer Verpflichtung aller Beteiligten auf das Postulat der einvernehmlich getroffenen Entscheidung zu einer gemeinsam verantworteten Sorge der zerstrittenen Eltern unterstreicht das Ansinnen, gesellschaftlich Erwünschtes durch gesetzliche Regelungen symbolisch zu verstärken und zur Etablierung dieses Leitbilds in Einstellungen und Verhalten beizutragen. Unberücksichtigt bleibt dabei, dass die Gesetzesentwicklung und das ihr zu Grunde liegende Leitbild immer wieder Gegenstand von Kritik war (Füchsle-Vogt 2004; Flügge 2008; Fichtner 2009). Ein Strang dieser Kritik moniert, dass die so hergestellte einvernehmliche elterliche Einigung auf eine gemeinsam verantwortete Sorge nach Trennung nicht durchweg dem Kindeswohl dienen müsse. So sei beispielsweise denkbar, dass Fälle von Gewalt und Traumatisierung aufgrund des Strebens nach Einvernehmen nicht sorgfältig geprüft werden (Salgo 2008) oder dass das Gericht nicht mehr darüber befindet, inwieweit die außergerichtlich getroffene einvernehmliche elterliche Lösung auch tatsächlich im besten Interesse des Kindes getroffen wurde (Rohrmann 2013). Gleichermaßen wird die Elternzentriertheit des Verfahrens moniert, welches die Einbeziehung von Kindern und deren Anhörung in den Hintergrund rücke; die von der UN-Kinderrechtskonvention festgelegte Möglichkeit, im Interesse des Kindes in das Verfahren zu intervenieren, sei nicht explizit gemacht (Büchler et al. 2007). Auch ein Frankfurter Pilotprojekt zur Umsetzung des gesetzlichen Vorrang- und Beschleunigungsgebots zum Zwecke der „Erleichterung familiengerichtlicher Maßnahmen bei Gefährdung des Kindeswohls" dokumentiert, dass sowohl die Mitarbeitenden der Jugendämter als auch die in Beratungsstellen arbeitenden Psychologinnen kriteriale Dilemmata der inhaltlichen Bestimmung der Sinnhaftigkeit des gemeinsamen Sorgerechts beschrieben; beispielsweise wenn Kinder und Kinderwünsche in den Verfahren keine Berücksichtigung erfuhren oder wenn sich die fachliche Einschätzung erhärtete, dass die gemeinsame Sorge und ein Umgangsrecht gerade bei hochstrittigen Fällen nicht um jeden Preis verwirklicht werden sollte (Liebsch et al. 2009).

3 Antinomien der Rechtsnorm Kindeswohl

Die zahlreichen Neuerungen der FamFG-Reform, die sich auf das einigungsorientierte und beschleunigte Verfahren von Sorge- und Umgangsstreitigkeiten beziehen, sind vorrangig auf die Eltern ausgerichtet. In den Bemühungen der familiengerichtlichen Praxis, den elterlichen Konflikten intervenierend zu begegnen, spielen die Kinder, deren Wohlergehen in diesen Verfahren sicher gestellt werden soll, eine eher marginale Rolle und auch die Rolle des Jugendamts wird eingeschränkt (Serafin 2015). Die Annahme, dass auch die zerstrittenen Eltern vor allem das Wohl ihrer Kinder im Auge haben oder durch institutionellen Einfluss darauf verpflichtet werden könnten, stellt sich als eine nicht überprüfte Unterstellung dar. Hier wird nicht systematisch berücksichtigt, dass zwischen der Orientierung an der Norm der gemeinsam verantworteten elterlichen Sorge nach Trennung und der Erfüllung des Auftrags der Sicherung des Kindeswohls durchaus Diskrepanzen bestehen können, beispielsweise wenn eine einvernehmliche Entscheidung bei hochstrittigen Elternpaaren einen längeren von Beratung und psychologischer Unterstützung begleiteten Prozess zur Voraussetzung hat, währenddessen die Kinder dem konfliktgeladenen und belastenden Familiensystem ohne Unterstützung weiterhin ausgeliefert bleiben (Fichtner et al. 2010; Salzgeber 2010).

Am Beispiel der (Rechts)Norm der gemeinsam verantworteten elterlichen Sorge bei hochstrittigen Sorgerechtsfällen zeigt sich die widersprüchliche Dynamik von (Familien-)Recht und dessen instrumentale wie auch symbolische Auswirkungen samt der damit verbundenen Herausbildung von Denkschemata und Handlungsorientierungen. Insbesondere die französische Soziologie hat gezeigt, wie durch Sozialpolitik und durch familienpolitische Institutionen und Prozeduren an der Homogenisierung von Familienverhältnissen gearbeitet wurde. So veranschaulicht Jacques Donzelot (1977) in seiner archäologischen Rekonstruktion von Familie, wie die historische Figur der „Sozialarbeiterin", die Entstehung einer auf Kinder und Jugend zielenden Sozialfürsorge und Gerichtsbarkeit wie auch die psychoanalytische Figur des Ödipalen und die damit verbundenen therapeutischen und wissenschaftlich begründeten Einsichten dazu beitrugen, Vorstellungen und Bilder von Familie zunehmend zu vereinheitlichen und eine soziale Kontrolle von Familien und der Steuerung ihrer Sozialisationsleistung zu etablieren. Während historisch eine wohlfahrtsstaatliche Intervention in Familien im Interesse einer Gefahrenabwehr dominierte, die überwiegend polizeirechtlich und pädagogisch-medizinisch-psychiatrisch disziplinierend und kontrollierend ausgerichtet war, wird gegenwärtig dafür plädiert, Familien vor allem infrastrukturell (zum Beispiel durch den Ausbau von Betreuungseinrichtungen und Beratungsangeboten) sowie pädagogisch (zum Beispiel durch frühkindliche Förderung und Elternschulung) im Interesse des Kindeswohls zu unterstützen (Bonin et al. 2013).

Diese Spannbreite und Spannung von Kontrolle und Eingriff einerseits, auf Teilhabe zielende Hilfe und Unterstützungsleistung für Eltern und Familien andererseits bildet den Rahmen und Hintergrund der familienrechtlichen und sozialpolitischen Intervention, die im Gesetz über das Verfahren in Familiensachen und in den Angelegenheiten der freiwilligen Gerichtsbarkeit (FamFG) ausformuliert sind. Gleichermaßen leiten sie normative Überzeugungen; im vorliegenden Beispiel die Frage, wie Sorgebeziehungen und Sorgeverhältnisse sozial organisiert und geordnet werden sollten. Zu der seit 1998 rechtlich verankerten Norm der geteilten elterlichen Sorge hat das Bundesverfassungsgericht mehrfach betont, dass elterliche Vorstellungen vom guten Aufwachsen den Vorrang vor einem staatlichen Erziehungsmandat haben sollten, auch wenn dadurch Potenziale von Kindern unentdeckt und unterentwickelt bleiben sollten (Jestaedt 2008; Schumann 2014). Andererseits aber gibt es aber schon seit längerem die Beobachtung eines schwächer werdenden Sozialisationspotenzials von Eltern (Sachße 1996) und der Aktivierung des Leitbilds des Staatlichen Wächteramts als Norm wahrende Instanz, die „edukatorisches Staatshandeln" und „Informationssteuerung durch Berichte, Aufklärung, Appelle" (Schumann 2014, S. 23) betreibt. Dies zeigt sich nicht zuletzt in dem durch das „Gesetz über das Verfahren in Familiensachen und in den Angelegenheiten der freiwilligen Gerichtsbarkeit" (FamFG) etablierte Procedere, die Norm der gemeinsam verantworteten elterlichen Sorge qua Eltern-Edukation durchzusetzen wie auch in der trotz aller gegenteiliger Rhetorik mangelnden Einbeziehung von Kindern in die Sorge- und umgangsrechtlichen Verfahren.

Aus der Perspektive der französischen Tradition der Analyse sozialstaatlicher Praktiken trägt die Etablierung dieser Norm im öffentlichen Vokabular und die damit verbundene Vereinheitlichung der Kategorien zur Beschreibung des Familialen dazu bei, dass das jeweilige konkrete elterliche Handeln sich lediglich entlang der Erwartung oder als im Widerspruch zu ihr organisieren kann. Das macht es für die betroffenen Eltern nicht leichter.

Literatur

Bonin, Holger/Fichtl, Anita/Rainer, Helmut/Spieß, Christa K./Stichnoth, Holger/Wrohlich, Katharina (2013): Zentrale Resultate der Gesamtevaluation familienbezogener Leistungen. Lehren für Familienpolitik. In: *DIW-Wochenbericht*, Nr. 40, S. 39–49.

Brings, Stefan (2011): *Justiz auf einen Blick*. Wiesbaden Statistisches Bundesamt.

Büchler, Andrea/Cantieni, Linus/Simoni, Heidi (2007): Die Regelung der elterlichen Sorge nach Scheidung de lege ferena – Ein Vorschlag. In: *FamPra.ch (Die Praxis des Familienrechts)*, H. 2, S. 207–227.

Dietrich, Peter S./Fichtner, Jörg/Halatcheva, Maya/Sandner, Eva (2010): *Arbeit mit hochkonflikthaften Trennungs- und Scheidungsfamilien. Eine Handreichung für die Praxis.* München: DJI.

Donzelot, Jacques (1977): *La police des familles (Die Ordnung der Familie)*. Paris: Edition de Minuit.

Fichtner, Jörg (2009): Brauchen Kinder „beide Eltern" oder „erst mal Ruhe"? Hochkonfliktfamilien und FGG-Reform. In: *Trialog*, H. 11, S. 37–45.

Fichtner, Jörg/Dietrich, Peter S./Halatcheva, Maya/Hermann, Ute/Sandner, Eva (2010): *Kinderschutz bei hochstrittiger Elternschaft. Wissenschaftlicher Abschlussbericht.* DJI München. http://www.dji.de/fileadmin/user_upload/bibs/6_HochkonflikthaftigkeitWissenschaftlicherAbschlussbericht.pdf (Zuletzt aufgerufen am 02.10.2016).

Flügge, Sybilla (2008): Gerichtssaal als Elternschule? Neue Gefährdungen durch die geplante Reform des familiengerichtlichen Verfahrens. In: *Familie, Partnerschaft, Recht*, H. 1–2, S. 1–4.

Füchsle-Vogt, Traudl (2004): Verordnete Kooperation im Familienkonflikt als Prozess der Einstellungsänderung. Theoretische Überlegungen und praktische Umsetzung. In: *Familie, Partnerschaft, Recht*, H. 11, S. 600.

Hennemann, Heike (2009): Die Umsetzung des Vorrang- und Beschleunigungsgrundsatzes. In: *FamiliePraxisRecht*, H. 1–2, S. 20–22.

Jestaedt, Matthias (2008): Staatlicher Kinderschutz unter dem Grundgesetz – Aktuelle Kindesschutzmaßnahmen auf dem Prüfstand. In: Lipp, Volker/Schumann, Eva/Veit, Barbara (Hrsg.): *Kindesschutz bei Kindeswohlgefährdung – neue Mittel und Wege? 6. Göttinger Workshop zum Familienrecht 2007*, S. 16–17. Göttingen: Universitätsverlag Göttingen.

Kostka, Kerima (2006): Alles bestens nach der Kindschaftsrechtsreform? In: Bereswill, Mechthild/Scheiwe, Kirsten/Wolde, Anja (Hrsg.): *Vaterschaft im Wandel. Multidisziplinäre Analysen und Perspektiven aus geschlechtertheoretischer Sicht*, S. 75–94. Weinheim/München: Juventa.

Kretzschmar, Sima/Meysen, Thomas (2009): Reform des Familienverfahrensrechts – Reformziele und Regelungsmechanismen: eine Auswahl. In: *Familie Partnerschaft Recht*, H. 1–2, S. 1–5.

Liebsch, Katharina/Bausinger, Annette/Hess, Katharina (2009): *Bericht über die wissenschaftliche Begleitung des Pilotprojektes „Frankfurter KooperationsModell „FraKoM". Zur Beschleunigung von hochstrittigen Sorge- und Umgangsrechtsverfahren 01.10.2008–30.09.2009*. Frankfurt/M.

Napp-Peters, Anneke (1997): In: *Deutscher Bundestag, Protokoll Nr. 77, 24.07.1997*, S. 28–30.

Parr, Katharina (2006): *Das Kindeswohl in 100 Jahren BGB*. Julius Maximilians-Universität Würzburg. https://opus.uni-wuerzburg.de/opus4-wuerzburg/files/1539/Disserf.pdf (Letzter Zugriff 03.10.2016).

Rohmann, Josef A. (2013): Billigung nach § 156 FamFG. In: *Familie, Partnerschaft, Recht*, H. 7, S. 307–311.

Sachße, Christoph (1996): Recht auf Erziehung – Erziehung durch Recht. Entstehung, Entwicklung und Perspektiven des Jugendhilferechts. In: *Zeitschrift für Sozialreform*, Jg. 42, H. 9, S. 557–571.

Salgo, Ludwig (1996): Nutzt verordnete Gemeinsamkeit dem Kindeswohl? In: VAMV (Verein Alleinerziehender Mütter und Väter NRW) (Hrsg.): *Gemeinsames Sorgerecht. Amerikanische Erfahrungen – deutsche Diskussion*, S. 75–98. Münster: Votum Verlag.

Salgo, Ludwig (2008): Stellungnahme für die öffentliche Anhörung des Rechtsausschusses des Deutschen Bundestags zum FGG-RG. In: *BT-Drucksache* 16/6308.

Salzgeber, Joseph (2010): Der lösungsorientierte Sachverständige und die Hochkonfliktfamilien – Was steht dem Herstellen von Einvernehmen nun eigentlich noch im Weg? In: *Zeitschrift für das gesamte Familienrecht*, H. 11, S. 856.

Schumann, Eva (2014): Edukatorisches Staatshandeln am Beispiel der Etablierung eines neuen Familienleitbildes. In: *Das erziehende Gesetz. 16. Symposium der Kommission ‚Die Funktion des Gesetzes in Geschichte und Gegenwart'. Abhandlungen der Akademie der Wissenschaften zu Göttingen*, S. 1–58. Berlin/New York.

Serafin, Marc (2015): Trennung und Scheidung als Aufgabe für die Jugendhilfe. Eine gute Trennungs- und Scheidungsberatung schützt Kinder vor Gefährdungen. In: *Sozialmagazin*, Jg. 40, H. 5–6, S. 54–62.

Statistisches Bundesamt (2015):, Destatis 2015, https://www.destatis.de/DE/ZahlenFakten/GesellschaftStaat/Bevoelkerung/Ehescheidungen/Tabellen/EhescheidungenKinder.html (letzter Zugriff 27.09.2016).

Strohschein, Lisa (2005): Parental divorce and child mental health trajectories. In: *Journal of Marriage and Family*, 67. Jg., H. 5, S. 12856–3000.

Walper, Sabine/Fichtner, Jörg/Norman, Katrin (Hrsg.) (2011): *Hochkonflikthafte Trennungsfamilien. Forschungsergebnisse, Praxiserfahrungen und Hilfen für Scheidungseltern und ihre Kinder*. Weinheim/München: Juventa.

Walper, Sabine/Gerhard, Anna-Katharina (2003): Entwicklungsrisiken und Entwicklungschancen von Scheidungskindern. In: *Praxis der Rechtspsychologie*, Jg. 13, H. 1, S. 91–113.

Die Kategorie der ‚Risikomutter'

Klassifizierung und Responsibilisierung im Namen des Kindes

Alexandra Klein, Marion Ott, Rhea Seehaus und Eva Tolasch

Mit der Konkretisierung des staatlichen Kinderschutzauftrags im Jahr 2005 (§ 8a SGB VIII) ging nicht nur ein Organisationswandel der Hilfen hin zu multiprofessioneller Zusammenarbeit (z.b. Frühe Hilfen, NZFH 2017) einher, sondern auch ein Funktionswandel hin zu mehr Kontrolle von Eltern (z.b. Chassé 2008). Zeitgleich wird in der Debatte um die ‚neue Unterschicht' unter Bezug auf Kinderschutz und Kindeswohl gerade das Handeln von Eltern zum Dreh- und Angelpunkt von Skandalisierungen und Moralisierungen, die nicht selten mit der Forderung stärkerer präventiver Sicherheits- bzw. Beobachtungs- und Kontrollmaßnahmen einhergehen (Richter u.a. 2009). In der Kinderschutzdebatte ist von ‚Risikofamilien' respektive ‚Risikoeltern' die Rede (ähnlich im Programm der Frühen Hilfen, Schäfer 2010, S. 211). Es ist jedoch davon auszugehen, dass diese Kategorisierung im Kontext des Kinderschutzes kaum geschlechtsneutral ist, da insbesondere junge Mütter Frühe Hilfen in Anspruch nehmen (22%, NZFH 2010, S. 17; Buschhorn 2012), zudem diese oft als „Hochrisikogruppe" (z.B. Ziegenhain u.a. 2004) bezeichnet werden und schließlich in Forschung, Fachdebatten und Erfassungsdokumenten pädagogischer Einrichtungen ‚frühe Mutterschaft' und ‚alleinerziehend' als Risikofaktoren genannt werden (Wustmann 2004, S. 38f.; Kindler/Lillig 2005, S. 10). Junge alleinerziehende Mütter werden mit dem Etikett der ‚Risikomutter' – häufig im Zusammenhang mit ihrer Lebensführung oder bisweilen ihren prekären Lebenslagen – als gefährdete und (daher das Kindeswohl) gefährdende Mütter moralisierend kategorisiert und in den Fokus gerückt (z.B.

© Springer Fachmedien Wiesbaden GmbH, ein Teil von Springer Nature 2018
J. Stehr et al. (Hrsg.), *Konflikt als Verhältnis – Konflikt als Verhalten – Konflikt als Widerstand*, Perspektiven kritischer Sozialer Arbeit 30,
https://doi.org/10.1007/978-3-658-19488-8_7

Klein 2011; Fegter/Weber 2011; Spies 2008). ‚Kategorisierung' begreifen wir mit Cremer-Schäfer (2016, S. 75f.) als „eine Voraussetzung und Begleiterscheinung sowohl von gesellschaftlicher Integration [...] als auch von Grenzziehung und damit Ausschließungsprozessen".

Vor diesem hier nur skizzierten Hintergrund fragen wir im Rahmen des Beitrags, wie die Figur der ‚Risikomutter' bzw. ‚riskante/gefährdende Mutterschaft' in unterschiedlichen Kontexten konstruiert wird sowie welche gesellschaftlichen Funktionen und Effekte damit verbunden sind. Dabei werden wir zeigen, wie das Kindeswohl als ein zentrales Steuerungselement genutzt wird, um eine Formierung der prä- und postnatalen Lebensführung und damit auch der parentalen Praxis der Mütter (in Grenzen auch der Väter) zu fordern.

Die folgenden Ausführungen basieren auf Auseinandersetzungen mit dem Thema bezogen auf unterschiedliche Felder, die wir im Rahmen einer Arbeitsgruppe auf dem Bundeskongress Soziale Arbeit 2015 diskutierten und in diesem Beitrag vorstellen. In einem ersten Schritt wird an Debatten um das Phänomen der Teenagerschwangerschaften nachgezeichnet, wie insbesondere junge alleinerziehende Mütter als Risiko für ihr Kind entworfen werden und wie damit in der Öffentlichkeit moralische Panik erzeugt wird. Daraufhin untersuchen wir in zwei kontrastiv ausgewählten Feldern, wie die Kategorie ‚riskanter Mutterschaft' unter Referenz auf das Wohlergehen von Kindern in institutionellen Praktiken hervorgebracht wird. Es geht im einen Fall um stationäre Mutter-Kind-Einrichtungen der Kinder- und Jugendhilfe – die Maßnahmen dort werden jungen Frauen oft als letzte Alternative vor einer Inobhutnahme des Kindes gewährt oder zugemutet. Im anderen Fall geht es um Ermittlungsakten zu Kindstötungsfällen der Staatsanwaltschaft, in denen Hintergründe tatsächlicher oder versuchter Kindstötungen mittels unterschiedlicher Dokumente in scheinbar logische Rekonstruktionen gebracht werden. Abschließend werden wir die herausgearbeiteten Konstruktionen ‚riskanter Mutterschaft' bzw. der Figur der ‚Risikomutter' in den Kontext gegenwärtiger (politisch geltend gemachter) Bedeutungen der Figur des ‚schutzbedürftigen Kindes' stellen und die damit verbundenen Ausschließungsmechanismen diskutieren.

1 Die Figur der ‚Risikomutter' in Kinderschutzdebatten – Moralpaniken und Diskreditierungsweisen

Seit einigen Jahren werden Teenagermütter (im Unterschied zu Teenagervätern) und Teenagerschwangerschaften auch in Deutschland öffentlich problematisiert. Folgt man der Problematisierung gelten Teenagermütter als Prototyp der ‚Risikomutter', ihre Kinder als ‚Risikokinder', deren Wohl und Aufwachsen bereits alleine durch das Alter ihrer Mutter einer genaueren Beobachtung zu unterziehen sei. Beispiele sind Teenie-Mütter in Doku-Soaps zur besten Sendezeit im deutschen Fernsehen, die Beurteilung von Schwangerschaften Jugendlicher als besorgniserregend seitens der politischen Administration oder das Argumentationsmuster auf sozialpolitischer Ebene, dass frühe alleinerziehende Mutterschaft Armuts- und Gesundheitsrisiken (auch oder vor allem der Kinder) befördere. Das geschieht z.B. in den Programmbegründungen der von New Labour implementierten „Social Exclusion Units" oder auch, wenn der Berufsverband der Frauenärzte bereits vor über zehn Jahren in einer Pressemeldung vermittelt, dass Teenager-Mütter „in der Armutsspirale jahrelanger Abhängigkeit von der Sozialhilfe" gefangen seien (Berufsverband der Frauenärzte: Pressemeldung 2005). Im Zusammenspiel dieser Argumentationsfiguren überrascht es schließlich nur wenig, dass auch pädagogische Interventionsprogramme, wie etwa die so genannten Babysimulatoren, auf die Prävention von Teenagerschwangerschaften mittels Strategien der Verunsicherung, Beschämung und Abschreckung zielen (Spies 2008).

Die gegenwärtig dominante Problematisierung von Teenagerschwangerschaften und Teenager-Müttern ist mit der – bei der Jugendhilferechtsreform 1990/91 aufgrund ihrer Diskreditierung ausgeräumten – Kategorisierung einer vermeintlichen „sexuellen Verwahrlosung" (Rosen 1977; Schetsche/Schmidt 2010) ebenso untrennbar verbunden wie mit dem Rekurs auf eine so genannte „neue Unterschicht" (Chassé 2010; Kessl/Reutlinger/Ziegler 2007). Im Kontext wohlfahrtsstaatlicher Transformationsprozesse sind diese Debatten als Moralpaniken (Cohen 2002) analysierbar, in denen weniger empirische Tatsachen als eine spezifische Thematisierung sozialer Ungleichheitsverhältnisse zum Ausdruck kommen. Die gegenwärtige Konstruktion von jungen Müttern als ‚soziales Problem' suggeriert zunächst einmal ganz grundlegend, dass es sich hierbei um ein soziales Phänomen handelt, das in seiner quantitativen Ausbreitung einen historischen Höchststand erreicht habe. Empirisch ist dies schlicht falsch, wie es die vergleichenden Zahlen, die 2001 von der UNICEF vorgelegt wurden, für die letzten 30 Jahre länderübergreifend belegen:

Aktuellere Zahlen für Deutschland liefert das Statistische Bundesamt. Dort zeigt sich, dass unter 18-Jährige im Jahr 2014 insgesamt 3071 und nur 344 15-Jährige oder Jüngere Kinder zur Welt gebracht haben. Bei mehr als 710.000 Geburten insgesamt liegen die unter 18-Jährigen in einem Bereich von deutlich unter einem Prozent (Statistisches Bundesamt 2016, S. 35). Auch bei den Schwangerschaftsabbrüchen ist der Anteil der Minderjährigen im Vergleich zu den anderen Altersgruppen gering: Von den insgesamt 99.237 Schwangerschaftsabbrüchen im Jahr 2015 sind drei Prozent bei den 15–18-Jährigen verzeichnet, bei den unter 15-Jährigen sind es gerade einmal 0,3 Prozent (ebd., S. 127).

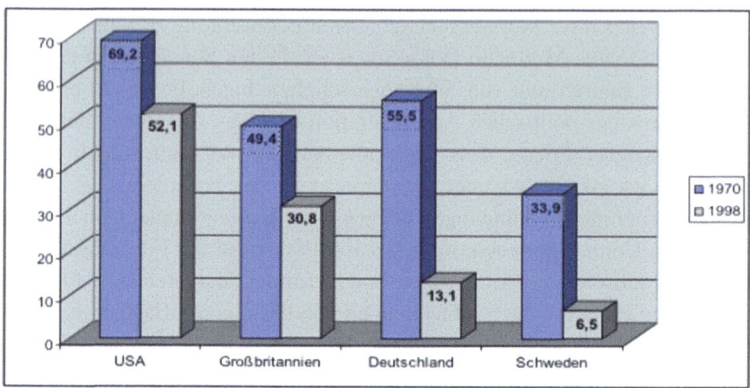

Abbildung 1 Länderüberblick im Zeitvergleich: Geburtenrate von Frauen zwischen 15 und 19 Jahren zwischen 1970 und 1998; Rate auf 1000 Frauen (Auswahl aus: UNICEF 2001, S. 4; Darstellung A.K.)

Zwischen der quantitativen Verbreitung der Schwanger- und Mutterschaft von Teenagern und deren diskursiven Problematisierung besteht eine erhebliche Diskrepanz. Die Anzahl von Teenagerschwangerschaften ist insgesamt rückläufig und die Elternschaft Minderjähriger war in den 1960er Jahren dreimal sowie in den 1970er bis 1980er Jahren doppelt so hoch wie heute. Trotzdem werden in den gegenwärtigen Debatten vor allem minderjährige, alleinerziehende und Wohlfahrtsleistungen erhaltende Mütter zu einer Art Prototyp dessen, was die der neuen ‚Underclass' zugerechneten Frauen auszeichnen soll (Brown 2016; Duncan 2007: Klein u.a. 2005).

Im Sinne der klassischen Kategorie ‚sexueller Verwahrlosung' werden an der jungen alleinerziehenden Mutter nicht nur ihre sexuellen Handlungen problematisiert, sondern diese scheinen nur ein Aspekt ihrer insgesamt als problematisch konturierten Lebensführung zu sein: die Verantwortungslosigkeit ihrer Handlungen, ihre mangelnde Investition in Schule, Ausbildung und Beruf sowie nicht zuletzt das generelle Versagen ihrer eigenen Eltern. Die prognostizierte ‚Sozialhilfekarriere' ist hierbei, dass diese Mütter nicht mehr in der Lage seien, ihre Existenz durch Lohnarbeit selbst zu sichern (vgl. Arai 2009; Duncan 2007). Zugleich wird damit implizit oder explizit der traditionelle Geschlechterstereotyp einer Vollzeit-Mutterschaft reproduziert, die eines solventen männlichen Ernährers bedarf. Damit geht einher, dass „middle class and wealthier Soccer Moms are praised for ‚staying home' welfare mothers are severely criticized for ‚sitting home all day'" (West 2002, S. 15).

Die ungleichen klassifizierenden Beurteilungen, die empirisch durchaus ähnlichen Konzepten von ‚guter Elternschaft' in Abhängigkeit von der Klassenlage der involvierten Akteur*innen widerfahren, können als konstitutives Element der Debatte um die ‚neue Unterschicht' betrachtet werden. Deren Kernthese lautet, dass vor allem Frauen aus der neuen Unterschicht, die Sozialhilfeempfängerinnen, diejenigen ohne Ausbildung, die auf Wohlfahrtsleistungen verwiesenen Schichten der Gesellschaft, genau jene wären, die im höchsten Maße Kinder in die Welt setzen und nicht zuletzt durch ihre mangelhaften Kompetenzen bei der Erziehung ihrer Kinder die Gesellschaft demographisch ‚unterschichten'. Die Daten des Mikrozensus ergeben jedoch ein anderes Bild: Knapp die Hälfte der Frauen, die über das geringste Haushaltsnettoeinkommen (unter 1100 Euro) verfügen, bekommen gar keine Kinder. Und auch in der zweitärmsten Gruppe (unter 1500 Euro) bleiben noch 39 Prozent ohne Kinder (Stutzer/Hin 2005). So zeigt sich auch in weiterführenden statistischen Analysen, dass der Bezug wohlfahrtsstaatlicher Leistungen besonders unter jungen Müttern nicht die Folge distinkter (sub)kultureller Wertorientierungen ist, sondern vorrangig die Konsequenz struktureller Barrieren innerhalb des Erwerbssystems und der Kinderbetreuung darstellt (Cox 2003). Hinsichtlich der kulturellen Einschätzungen, Bewertungen und Anerkennungsformen von Fragen der Mutterschaft lassen sich zwischen der sogenannten ‚Underclass' und dem sogenannten ‚Mainstream' kaum substanzielle Unterschiede finden. Schon gar nicht solche, die es erlauben würden, von einer Kultur der ‚Welfare Mothers' oder der ‚Risikomutter' zu sprechen (Brown 2016). Im Wesentlichen gilt also, dass die Angewiesenheit auf staatliche Transferleistungen auch bei jungen Müttern vor allem ein Produkt erheblich eingeschränkter Lebenslagen durch relative Armut und nicht des ‚Kinderkriegens' selbst ist (Ritter 2017).

Neben solchen Moralisierungen von ‚Risikomüttern', das zeigen wir im Folgenden, sind (sozial)staatliche Institutionen, wie die Kinder- und Jugendhilfe, aber auch Institutionen des Rechts auf je spezifische Weise daran beteiligt, die Figur der ‚Risikomutter' hervorzubringen und zu institutionalisieren.

2 ‚Riskante Mutterschaft' als institutionalisierte Konstruktion der Kinder- und Jugendhilfe

Davon ausgehend, dass sozialstaatliche Unterstützungsmaßnahmen grundsätzlich damit verbunden sind, dass ihren Adressat*innen eine Schwäche in Form eines spezifischen Bedarfs zugerechnet wird (Cremer-Schäfer/Steinert 2014, S. 61ff.), richten wir den Blick jetzt auf ein Feld der Kinder- und Jugendhilfe, das primär auf ‚junge alleinerziehende Mütter' zielt. Kategorisierungen – so unser Ausgangspunkt – werden in sozialstaatlichen Einrichtungen (öffentlicher sowie privater Träger) erzeugt und verwaltet (ebd., S. 63ff.), die hierbei die Zuschreibungen eben jener Probleme und Schwächen (re)produzieren, die sie selbst bearbeiten. Im Folgenden geht es um stationäre Mutter-Kind-Einrichtungen, an denen wir rekonstruieren, wie die kategorisierende Zuschreibung ‚riskanter Mutterschaft' institutionalisiert wird.[1]

Mit der Betreuung in diesen Einrichtungen ist eine spezifische Defizitzuschreibung verbunden, die im SGB VIII vermittelt wird: Die ‚Betreuungsleistung' richtet sich primär an Frauen, „die allein für ein Kind unter sechs Jahren zu sorgen haben oder tatsächlich sorgen, wenn und solange sie auf Grund ihrer Persönlichkeitsentwicklung dieser Form der Unterstützung bei der Pflege und Erziehung des Kindes bedürfen" (§ 19 SGB VIII). Damit wird die Adressatin als alleinerziehende/-sorgende Frau entworfen, deren Persönlichkeitsentwicklung (zumindest vorübergehend) Unterstützungen bei der Pflege und Erziehung des Kindes erfordert. Obwohl solche Maßnahmen vom Alter der Mutter unabhängig sind, werden vor allem minderjährige und junge volljährige Frauen in den Einrichtungen aufgenommen. Die ‚junge alleinerziehende Mutter' wird so als Fall von ‚Wohlfahrtsabhängigkeit' kategorisiert, wobei die potenzielle Gefährdung des Kindeswohls der zentrale Bezugspunkt ist. Das im Bezug auf das (arme oder benachteiligte) Kind vermittelte moralisierende Moment (Anhorn 2013), wird in den Mutter-Kind-Einrichtungen insofern institutionalisiert, als ihre Maßnahmen aus der (staatlichen) Verantwortung für das Kind begründet werden. Die den Adressatinnen dieser Einrichtungen zugerechnete ‚Schwäche' erscheint in besonderem Maße als „moralische Schwäche" (Cremer-Schäfer 2008, S. 162).

Diese grundsätzlich angelegte Moralisierung entfaltet im Kontext des Kinderschutzes und seiner flankierenden Debatten eigene Effekte. An sich sollen die Maßnahmen in Mutter-Kind-Einrichtungen langfristig ein gemeinsames Leben von Mutter und Kind ermöglichen. Zentrales Ziel ist es daher die ‚Erziehungsfähigkeit' der aufgenommenen Frauen zu stärken, um damit auch das Wohl(ergehen) des Kindes zu sichern (Kliche 2013). Fach- und Leitungskräfte vieler Mutter-Kind-Einrichtungen berichten wiederum, dass seit der Konkretisierung des staatlichen Kinderschutzauftrags im Jahr 2005 (insbesondere § 8a SGB VIII) die Zahl der Platzanfragen und Aufnahmen stark angestiegen sei (s.a. Statistisches Bundesamt 2012: Tabellen ZR_1, ZR_2, ZR_3, Nr. 15). Die Anfragen der Jugend-

---

1   Obwohl entsprechende Maßnahmen im Kinder- und Jugendhilferecht (§ 19) geschlechtsneutral formuliert sind, werden in aller Regel Mütter dort aufgenommen. Wir sprechen daher von *Mutter*-Kind-Einrichtungen und Frauen/Müttern als deren Adressatinnen.

ämter seien zudem oft darauf gerichtet, die ‚Erziehungsfähigkeit' der jungen Frauen zunächst einmal abzuklären. Vermittels solcher Anfrage- und entsprechender Zuweisungspraktiken ändern sich jedoch nicht einfach die Adressatinnen der Einrichtungen, sondern vor allem die ihnen zugeschrieben Problemkonstruktionen. Diese sind anders gelagert, wenn es um die ‚Stärkung der Erziehungsfähigkeit' geht, als wenn diese abgeklärt werden soll. So vermittelt Letzteres eher den Verdacht, dass eine Frau grundsätzlich ein Risiko für ihr Kind ist oder werden könnte. Da Mitarbeiter*innen von Kinder- und Jugendhilfeeinrichtungen durch den Kinderschutzauftrag eine Garantenstellung erhalten (Wiesner 2004), liegt es schon wegen ihrer eigenen Absicherung nahe, dass sie im Alltag äußerst sensibel auf potenzielle Verdachtsmomente reagieren. Die Adressatinnen wiederum sind verstärkt mit solchen Verdachtsmomenten konfrontiert, zu denen sie sich verhalten (müssen) – etwa indem sie sich im Alltag vielfach und äußerst augenfällig als ‚gute Mutter' in Szene setzen (Ott 2017a). Zugleich konterkarieren solche (mehr oder weniger latente) Verdachtsmomente den konzeptionell gerade vorgesehenen Aufbau von ‚Vertrauensbeziehungen' zwischen pädagogischem Personal und den betreuten Frauen (Ott 2017b).

In den Mutter-Kind-Einrichtungen werden also in verschiedener Hinsicht – und über die Organisation der Einrichtungen vermittelt – Aspekte ‚riskanter Mutterschaft' aktualisiert. Dabei wird die Figur der ‚Risikomutter' nicht expliziert, sondern implizit über das institutionelle Arrangement in die Alltagspraktiken vermittelt. Das geschieht etwa, indem Risikofaktoren für das Kind, wie etwa das Alter oder das ‚soziale Alter' einer Mutter, aufgerufen werden. Dass die Betreuung die Zuschreibung unzulänglicher – und daher sozialpädagogisch zu bearbeitender – Erziehungsfähigkeit voraussetzt, vermittelt spezifische Risikofaktoren, welche die implizite Konstruktion der Figur stabilisieren. Demgegenüber, aber auch gerade deswegen sind Betreuer*innen in den Einrichtungen oft gerade bemüht, die Frauen zu stärken und von Verdachtsmomenten zu entlasten. Zugleich sind sie – und das ist ein zentraler Widerspruch solcher Kinder- und Jugendhilfeleistungen – Teil jener Mechanismen, die entsprechende Risikokategorien reproduzieren: Während diese dem für die Einrichtungen formulierten Anspruch einer individuell-parteilichen Bezugnahme auf die jungen Frauen entgegenstehen, werden sie – wie gezeigt – in den institutionellen Konstellationen erzeugt und modelliert.

3 Zur Konstruktion von ‚Risikomüttern' in Kindstötungsakten

Die folgenden Ausführungen beziehen sich auf eine Untersuchung von Fallakten[2] (2005–2010) zu Kindstötungen. In solchen Akten wird die Figur der ‚Risikomutter' auf eine eigene Weise institutionalisiert. Die Fallakten, auf denen die folgenden Ausführungen basieren, sind im Zuge ermittlungsbezogener Verfahren gegen Eltern, die der versuchten oder tatsächlichen Tötung des eigenen Kindes beschuldigt werden, entstanden (Tolasch 2016, S. 83ff.). Als ‚Risikomutter' wird die Mutter bezeichnet, die in der Akte als potentielle Täterin bzw. als Risiko für das Kindeswohl hervorgebracht wird: Welche normativen Kriterien sind es, die im Zuge der Ermittlungen, die beschuldigte Mutter in den (Straf-)Akten zum Risiko für das Kindeswohl machen?

Dabei zeigt sich häufig, dass die Eltern – und die Mutter auf besondere Weise – als Person und in ihrer Lebensführung zum Indiz der Täter*innenschaft werden (können) und damit zu dem Moment, an dem sich das Risiko für das Kindeswohl ablesen lässt. So wird in den Akten von Professionellen wie Ärzt*innen, Polizeibeamt*innen, aber auch bei den Beschuldigten und Zeug*innen das Kindeswohl bei Vernehmungen und psychiatrischen/neurologischen Gutachten nicht ausschließlich über die Verletzung am Kind selbst ausgemacht. Vielmehr wird beschrieben und beurteilt, was die Mütter tun und wie sie leben. Potentiell alles rund um die Lebensführung der Eltern (z.B. ihre Haushaltsführung, Partnerschaften, sexuelle Vorlieben, Ernährungsweisen des Kindes) sowie ihre Ansichten (z.B. ob das Kind ein ‚Wunsch-Kind' ist/war) – und damit nicht nur das Kind selbst – wird zur Referenz der richtigen Sorge um das Kind (vgl. Eisentraut/Turba 2013).

Die Analyse der Akten zeigt, dass sich Kriterien, an denen ‚riskante Mutterschaft' verhandelt wird, insbesondere entlang der Themen Sorge um die Entscheidung für oder gegen das Kind, Ernährung und Hausarbeit entfalten. Wobei die Kriterien (in ihrer Aneignung) sehr unterschiedlich bestimmt und herangezogen werden: In einem Fall wird beispielsweise der Umstand, dass keine Fremdbetreuung für das eigene Kind in Anspruch genommen wurde zum Indiz für ein unangemessenes Sorgeverhältnis der Mutter zum Kind und in einem anderen Fall – oder gar im gleichen – kann es ebenso für ein angemessenes Sorgeverhältnis stehen. Dies legt die Lesart nahe, dass es sich um eine gewisse Beliebigkeit bei der Konstruktion von Risiken handelt (vgl. Fischer/Tolasch 2017, S. 244). Denn die normativen Maßstäbe werden individuell angeeignet und eigensinnig umgedeutet (ebd.).

---

2 Kernkriterium, um einen Fall zu bestimmen, ist hier die verhandelte Tat und nicht die Person.

Über die drei Sorgebereiche – Entscheidung für oder gegen das Kind, Ernährung des Kindes und Hausarbeit – hinweg lässt sich ein normativer Strang herausarbeiten: Die Folie, die als Maßstab der Bewertung für das angemessene elterliche ‚Verhalten' zur Bestimmung des Kindeswohls herangezogen wird, ist aus einem sehr traditionellen Stoff gewebt. Als ‚Risikomutter' wird eine Frau in den Akten tendenziell dann entworfen, wenn sie als an den normativen Anforderungen der Reproduktionsarbeit gescheitert protokolliert wird. Während die verrichteten Tätigkeiten der Frau als Mutter im Haushalt und rund um die Erziehung tendenziell in den Aktendokumenten unsichtbar gemacht werden (Bock/Duden 1977), wird die unverrichtete Sorge-Tätigkeit in diesem Zusammenhang sehr gezielt sichtbar gemacht und problematisiert (Tolasch 2016, S. 224). Bei Vätern verhält es sich genau umgekehrt. Wird beispielsweise „Überforderung" mit der Sorge um das Kind und mit dem Haushalt thematisiert, dann taucht das häufig als Problem von Müttern auf.

Offenbar sollte die Mutter für das Kind ‚da sein'. Das heißt in diesem Setting, dass sie körperlich für das Kind verfügbar ist und verweist auf eine feminisierte Norm der ‚Körpergebundenheit'. Damit stellt eine Mutter prinzipiell eher ein Risiko für das Kindeswohl dar, wenn sie im Alltag keine Nähe zum Kind aufweist (siehe auch Halatcheva-Trapp 2017). Wenn die Mutter von dieser Norm abweicht, läuft sie prinzipiell Gefahr als ‚Risikomutter' etikettiert zu werden. Dies zeigt sich auf ganz unterschiedliche Weise: Angefangen damit, dass eine Mutter, die das Kind über einen längeren Zeitraum (einige Monate oder auch Jahre) nicht exklusiv in einem gemeinsamen Haushalt versorgt – sehr häufig im Gegensatz zu Vätern – diskreditiert wird und/oder in der Vernehmung mit Vorhaltungen zu rechnen hat. Bis hin dazu, dass eine Mutter, die ihr Kind nicht gestillt hat, vorrauseilend rechtfertigt' oder auf Nachfrage berichtet, aus welchen Gründen sie nicht gestillt hat (Tolasch 2015, s.a. Ott/Seehaus 2010, S. 261).

Neben der heteronormativ aufgeladenen Zuschreibung fehlender ‚körperlicher Verfügbarkeit' taucht das ‚zu junge Alter' als Bewertungsmaßstab auf, an dem ‚riskante Mutterschaft' gemessen wird. Zu Jung-Sein wird eng mit Unwissenheit und fehlender Empathie zum Kind verknüpft. So wurde in einem Fall der Mutter unterstellt, sie würde aufgrund ihres Alters nicht mitbekommen, was ein Kind wirklich braucht (z.B. Zeugenvernehmung eines Arztes). Die „praktischen Dinge" würde sie beherrschen, aber verstehen, was ein Kind wirklich braucht, das könne sie aufgrund ihres Altes nicht.

Aktenproduzent*innen im strafrechtlichen Verfahren müssen Eltern(teile) nach bestimmten Kriterien bewerten. Wie die Bewertungskriterien aussehen, ist eine kulturelle Frage, die verhandelbar ist. Auffällig ist allerdings eine geschlechtsbezogene Ungleichbehandlung: Wenn Mütter und Väter das Gleiche tun, wird das gerade nicht gleich bewertet. Dies kann existenzielle Folgen für die Freiheit der betreffenden Person haben, da es im strafrechtlichen Kontext immer auch um die Frage von Schuld und Haftbarmachung geht.

4 Risikokonstruktionen, Moralpaniken und der Wohlfahrtsstaat

An den verschiedenen Rekonstruktionen der Figur der ‚Risikomutter' wird deutlich, dass die landläufige Referenzfigur von Konstruktionen ‚guter', aber auch ‚riskanter' Mutterschaft das Kind ist. Dieses wird als ‚unfertiges, in Entwicklung befindliches Wesen' entworfen, das nach Erziehung, Bildung und Fürsorge bedürftig und auf „Zuwendung, Schutz, intensive Aufsicht und Anleitung" (Bühler-Niederberger 2005, S 9) angewiesen sei. Seine Entwicklung soll von den Eltern bzw. in den ‚unteren Klassen' auch mehr von der öffentlichen Erziehung gefördert werden (Oelkers 2009). Das Wohlergehen des Kindes wird als normative Figur eingesetzt, um spezifische Weisen der Lebensführung und damit auch des Handelns der Eltern und vor allem der Mütter zu fordern (etwa Hungerland 2003, S. 159). In Abgrenzung zu entsprechenden Normen ‚guter Mutterschaft' wird hierbei die ‚riskante Mutterschaft' konstruiert, eine Kategorie, die Moralisierungen und Diskreditierungen des Umgangs einer Mutter mit ihrem Kind vermittelt.

Entsprechende Risikozuschreibungen sind im Kontext des Kinderschutzes Akte, die – wie wir gezeigt haben allen Statistiken zum Trotz – Verdachtsmomente gegenüber Personen(gruppen) evozieren und institutionell verfestigen. Solche moralisierenden Zuschreibungen bringen Kategorien wie ‚die Erziehungsunfähigen' und ‚gefährlichen' bzw. ‚gefährdenden' Mütter (oder Eltern) hervor. Diese konstruieren und verwalten etwa in Kindstötungsakten spezifische Biographien. Die von uns rekonstruierten Institutionalisierungen ‚riskanter Mutterschaft' verweisen darauf, dass die Figur der ‚Risikomutter' jenseits der Moralpaniken in Kinderschutzdebatten gerade nicht explizit, sondern vielmehr immanent reproduziert wird. Dies geschieht, indem auf Risiken oder auch Risikofaktoren wie „junge Mutterschaft", „alleinerziehend", „wohlfahrtsabhängig", „arm" etc. zurückgegriffen wird, um die Erziehungs(un)fähigkeit von Müttern zu begründen. Die Etablierung des Wissens über solche Risikofaktoren – etwa in Kinder- und Jugendhilfeeinrichtungen vermittels ihrer Kinderschutzkonzepte – trägt maßgeblich zur Institutionalisierung solcher Kategorien bei, die Personen(gruppen), hier vor allem (junge alleinerziehende) Mütter, diskreditieren.

Bei der Figur der ‚Risikomutter' zeigt sich, dass die Lebensführung der Mutter zum Indiz für mütterliche (In-)Kompetenz respektive der Gefährdung des Kindes wird. Hierbei wird allerdings oft gerade nicht das Kind selbst als Referenzmaßstab herangezogen. Auch wenn die Forschungen etwa zu Mutter-Kind-Einrichtungen viele Beispiele aufweisen, in denen umgekehrt die Erziehungs(un)fähigkeit der Mutter „am Kind" beobachtet wird (Ott 2017c), stellt das nur einen Unterschied in der Blickrichtung dar: Denn in der Regel wird auch damit die Lebensführung der Mutter als gefährlich eingeschätzt und damit das Risiko ausgelotet. Damit decken sich unsere Ergebnisse mit einem Befund von Eisentraut und Turba (2013, S. 95) zu den „Beurteilungsstrategien" von Familienhebammen und Fachkräften der Sozialpädagogischen Familienhilfe. Für die Sozialpädagogische Familienhilfe arbeitet auch Martina Richter heraus, dass sich in dem Maße wie das „Ideal der bürgerlichen Kernfamilie als gesellschaftliche ‚Messlatte' und heteronormative, geschlechtlich codierte Vergleichs- und Orientierungsfolie fungiert, [...] Normen ‚guter' Erziehung [formen], welche durch die Idealisierung der bürgerlichen Kleinfamilie benachteiligte Familien gleichzeitig herabsetzen" (Richter 2013, S. 16). Die Zuschreibung ‚riskanter Mutterschaft' kann sich vor diesem Hintergrund als normative Negativfolie ‚guter' Erziehung erweisen.

Dabei tendiert die komplementäre und wechselseitige Verwiesenheit von ‚guter' Erziehung und ‚riskanter' Mutterschaft dazu, beides als individuelles (Un-)Vermögen zu konstruieren. ‚Riskante Mutterschaft' wird in diesem Sinne vorrangig als individuell-moralisches und nicht als strukturelles Problem gerahmt (Spies 2008; Brown 2016). Empirisch wird dagegen etwa am Beispiel früher Mutterschaft verschiedentlich herausgestellt, dass das Problem weder Schwanger- noch Mutterschaft in jungen Jahren ist, sondern dass es die materiellen, infrastrukturellen und kulturellen Beschränkungen sind, denen bestimmte Frauen sowohl vor als auch nach ihrer Schwangerschaft ausgesetzt sind (z.B. Rhode/Lawson 1995; Duncan 2007; Brown 2016). In dem Maße, wie die gegenwärtige Figuration der ‚Risikomutter' im sozialpädagogischen und sozialpolitischen Fachdiskurs dazu geeignet ist, sozialstrukturelle und sozial strukturierende Erscheinungen zu individualisieren, zu institutionalisieren und in individuell-moralisches Unvermögen zu überführen, korrespondiert sie treffsicher mit jenem aktuellen Verständnis von Abweichung, das im Zuge des Umbaus des Sozialstaats in einen aktivierenden Staat hervorgebracht wird: Abweichung wird nun

> nicht mehr als Produkt oder Nebenwirkung gesellschaftlicher Verhältnisse und materieller Ungleichheit aufgefasst, sondern entweder rational – als mangelndes Selbstmanagement und inadäquate Selbstkontrolle – oder individualisiert – als unzureichende moralische Erziehung oder kulturalisiertes Defizit – thematisiert. (Lutz 2010, S. 245)

In sozialpolitischer Hinsicht gehen mit den entsprechenden Konstruktionen von Elternschaft bzw. wie hier fokussiert Mutterschaft erstarkende Disziplinierungs- und Sanktionierungsforderungen einher: Die Gruppe vorgeblich unverantwortlich agierender Eltern – insbesondere Mütter –, die „wegen ihrer Selbstbezogenheit und [oder etwa] ihrer abweichenden kulturellen Einbindung" (Chassé 2008, S. 72) ihren Kindern nicht das zukommen lassen würden, was diese brauchen, legitimieren die Behauptung, dass ein stärkerer disziplinierender und kontrollierender Zugriff öffentlicher Erziehung notwendig sei (Richter u.a. 2009). „Solchermaßen als ‚gefährdet' und ‚gefährlich' skalierte und skandalisierte Gruppen liefern", wie Roland Anhorn (2013, S. 279) herausstellt, „konsensfähige Anlässe für die Legitimation einer gegebenenfalls auch äußerst repressiven gesellschaftlichen Gegenwehr, die neben ‚Hilfe' auch (staatliche) Strafe, Zwang und Ausschließung in ihrem Maßnahmenrepertoire führt".

Damit ist die nunmehr dreißig Jahre alte Prognose Stanley Cohens (2002) mit Blick auf die Erzeugung neuer Moralpaniken entlang von Klassifizierungen und Responsibilisierungen, wie sie anhand der Figur der ‚Risikomutter' beobachtbar werden, noch immer aktuell:

> More moral panics will be generated and other, as yet nameless, folk devils will be created. This is not because such developments have an inexorable inner logic, but because our society as present structured will continue to generate problems for some of its members – like working-class adolescents – and then condemn whatever solution these groups find. (Cohen 2002, S. 204)

Literatur

Anhorn, Roland (2013): Wie die Moral in die Soziale Arbeit kommt ... und was sie dabei anrichtet. Über den „Soziale-Probleme- Diskurs", „Moralunternehmer" und „Moralpaniken" in der Sozialen Arbeit am Beispiel der Kinder-Armut. Eine ideologiekritische Skizze. In: Großmaß, Ruth/Anhorn, Roland (Hrsg.): *Kritik der Moralisierung: theoretische Grundlagen – Diskurskritik – Klärungsvorschläge für die berufliche Praxis. Perspektiven kritischer Sozialer Arbeit*, S. 255–293. Wiesbaden: Springer VS.
Arai, Lisa (2009): *Teenage Pregnancy: The Making and Unmaking of a Problem*. Bristol: The Policy Press.
Berufsverband der Frauenärzte (2005): *Pressedienst 16.03.2005 – 14.000 Teenager-Schwangerschaften im Jahr – Versagt die Aufklärung?* unter: http://www.bvf.de/presse_info.php?s=0&r=2&m=0&artid=213 [Zugriff 15.09.2017].
Bock, Gisela/Duden, Barbara (1977): Arbeit aus Liebe – Liebe als Arbeit: Zur Entstehung der Hausarbeit im Kapitalismus. In: Dozentinnen, Gruppe Berliner (Hrsg.): *Frauen und Wissenschaft. Beiträge zur 1. Sommeruniverstiät für Frauen*, S. 118–199. Berlin: Courage.
Brown, Sally (2016): The wrong type of mother. In: Cree, Vivien E./Clapton, Gary/Smith, Mark (Hrsg.): *Revisting moral panics*, S. 39–48. Bristol: The Policy Press.
Bühler-Niederberger, Doris (2005): *Kindheit und die Ordnung der Verhältnisse*. Weinheim/München: Juventa.
Buschhorn, Claudia (2012): Mütter in frühen Hilfen. In: Böllert, Karin/Peter, Claudia (Hrsg.): *Mutter + Vater = Eltern?*, S. 211–224. Wiesbaden: VS.
Chassé, Karl August (2008): Wandel der Lebenslagen und Kinderschutz. Die Verdüsterung der unteren Lebenslagen. In: *Widersprüche* 109, S. 71–83.
Chassé, Karl August (2010): *Unterschichten in Deutschland. Materialien zu einer kritischen Debatte*. Wiesbaden: VS.
Cohen, Stanley (2002 [1972]): *Folk Devils and Moral Panics. The Creation of the Mods and Rockers*. London/New York: Routledge.
Cox, Melissa (2003): *Welfare Dependence and Dynamics in Britain*. Presented at „Women Working to Make a Difference", IWPR's Seventh International Women's Policy Research Conference, June 2003.
Cremer-Schäfer, Helga (2008): Situationen sozialer Ausschließung und ihre Bewältigung durch die Subjekte. In: Anhorn, Roland/Bettinger, Frank/Stehr, Johannes (Hrsg.): *Sozialer Ausschluss und Soziale Arbeit. Positionsbestimmungen einer kritischen Theorie und Praxis Sozialer Arbeit*, S. 161–178. Wiesbaden: VS.
Cremer-Schäfer, Helga (2016): „Böse" ist nicht nur ein Wort. In: *psychosozial* 2, S. 71–80.
Cremer-Schäfer, Helga/Steinert, Heinz (2014): *Straflust und Repression. Zur Kritik der populistischen Kriminologie*. Münster: Westfälisches Dampfboot.
Duncan, Simon (2007): What's the problem with teenage parents? And what's the problem with policy? In: *Critical Social Policy* 27(3), S. 307–334.
Eisentraut, Steffen/Turba, Hannu (2013): Norm(alis)ierung im Kinderschutz. Am Beispiel von Familienhebammen und Sozialpädagogischen FamilienhelferInnen. In: Kelle, Helga/Mierendorff, Johanna (Hrsg.): *Normierung und Normalisierung der Kindheit*, S. 82–98. Weinheim/Basel: Beltz Juventa.

Fegter, Susann/Weber, Monika (2011): „Mein Baby kriegt 'ne junge Mutter" – Junge Frauen mit Kind. Editorial. In: *Betrifft Mädchen* 4.
Fischer, Gabriele/Tolasch, Eva (2017): „Weil ich mich nicht als Rabenmutter fühle" – biographische Narrative als Selbstermächtigung in Diskursen um die ‚gute Mutter'. In: Spies, Tina/Tuider, Elisabeth (Hrsg.): *Biographie und Diskurs. Methodisches Vorgehen und methodologische Verbindungen von Biographie- und Diskursforschung*, S. 229–248. Wiesbaden: Springer VS.
Halatcheva-Trapp, Maya (2017): Alltagsnähe und Autonomie. Mutterschaft als Deutungsfigur im Diskurs der Trennungs- und Scheidungsberatung. In: Tolasch, Eva/Seehaus, Rhea (Hrsg.): *Mutterschaften sichtbar machen. Sozial- und kulturwissenschaftliche Beiträge*, S. 289–300. Opladen: Barbara Budrich.
Hungerland, Beatrice (2003): Und so gedeiht das Baby! Altersgerechte Entwicklung und Gesundheit als gesellschaftliche Norm und Leistung. In: Hengst, Heinz/Kelle, Helga (Hrsg.): *Kinder – Körper – Identitäten. Theoretische und empirische Annäherungen an kulturelle Praxis und sozialen Wandel*, S. 139–160. Weinheim/München: Juventa.
Kessl, Fabian/Reutlinger, Christian/Ziegler, Holger (2007): *Erziehung zur Armut? Soziale Arbeit und die ‚neue Unterschicht'*. Wiesbaden: VS.
Kindler, Heinz/Lillig, Susanna (2005): Früherkennung von Familien mit erhöhten Misshandlungs- oder Vernachlässigungsrisiken. In: *IKK-Nachrichten. Gewalt gegen Kinder: Früh erkennen – früh helfen* 1–2, S. 10–13.
Klein, Alexandra (2011): Teenagerschwangerschaften, sexuelle Verwahrlosung und die neue Unterschicht. Zur Macht der Moralpaniken. In: *Betrifft Mädchen* 4, S. 160–164.
Klein, Alexandra/Landhäuser, Sandra/Ziegler, Holger (2005): Salient Injuries of Class – Zur Kritik der Kulturalisierung struktureller Ungleichheit. In: *Widersprüche* 99, S. 45–74.
Kliche, Dorle (2013): Mutter-Vater-Kind-Einrichtungen. In: Uhlendorff, Uwe/Euteneuer, Matthias/Sabla, Kim-Patrick (Hrsg.): *Soziale Arbeit mit Familien*, S. 138–142. München: Reinhardt.
Lutz, Tilman (2010): *Soziale Arbeit im Kontrolldiskurs. Jugendhilfe und ihre Akteure in postwohlfahrtstaatlichen Gesellschaften*. Wiesbaden: VS.
NZFH, Nationales Zentrum Frühe Hilfen (2010): *Modellprojekte in den Ländern. Zusammenfassende Ergebnisdarstellung*. Köln.
NZFH, Nationales Zentrum Frühe Hilfen (2017): Homepage, unter: https://www.fruehehilfen.de/fruehe-hilfen/ [Zugriff am 05.09.2017].
Oelkers, Nina (2009): Aktivierung von Elternverantwortung im Kontext der Kindeswohldebatte. In: Beckmann, Christof/Otto, Hans-Uwe/Richter, Martina/Schrödter, Marc (Hrsg.): Neue Familialität als Herausforderung der Jugendhilfe. In: *neue praxis. Sonderheft 9*, S. 139–148.
Ott, Marion (2017a): ‚Mütterliche Kompetenz' im Spannungsfeld von Darstellung und Adressierung. Erziehungsverhältnisse in stationären Mutter-Kind-Einrichtungen machtanalytisch betrachtet. In: Tolasch, Eva/Seehaus, Rhea (Hrsg.): *Mutterschaften sichtbar machen. Sozial- und kulturwissenschaftliche Beiträge*, S. 271–288. Opladen: Barbara Budrich.
Ott, Marion (2017b): Mutterschaft und Kindeswohl im Rahmen stationärer Betreuung. In: *Betrifft Mädchen* 3 [i.Ersch.].

Ott, Marion (2017c): Zur Organisation von Beobachtungsräumen im Spannungsfeld von Elternverantwortung und Kinderschutz. In: *Zeitschrift für Soziologie der Erziehung und Sozialisation* 37(4) [i.Ersch.].
Ott, Marion/Seehaus, Rhea (2010): Stillen zum Wohle des Kindes. Reproduktion und Effekte von Stilldiskursen in Praktiken der Kindervorsorgeuntersuchungen. In: *Feministische Studien. Zeitschrift für interdisziplinäre Frauen- und Geschlechterforschung* 2, S. 257–269.
Richter, Martina/Beckmann, Christof/Otto, Hans-Uwe/Schrödter, Mark (2009): Neue Familialität als Herausforderung der Jugendhilfe. In: *neue praxis*. Sonderheft 9, S. 1–14.
Richter, Martina (2013): *Die Sichtbarmachung des Familialen. Gesprächspraktiken in der Sozialpädagogischen Familienhilfe*. Weinheim/Basel: Juventa.
Ritter, Bettina (2017): Junge Mütter zwischen Biografie und Lebenslauf – Von falschen Vorstellungen und echten Ungleichheiten. In: *Forum Erziehungshilfen* 23(1), S. 17–22.
Rhode, Deborah/Lawson, Annette (1995): *The Politics of Pregnancy. Adolescent Sexuality and Public Policy*. New Haven: Yale University Press.
Rosen, Rita (1977): Sexuelle Verwahrlosung von Mädchen. In: Kerscher, Ignatz (Hrsg.): *Konfliktfeld Sexualität*, S. 217–233. Neuwied/Darmstadt: Luchterhand.
Schäfer, Reinhild (2010): Familie in Ordnung bringen – Implikationen des Präventionsanspruchs „Früher Hilfen". In: Dackweiler, Regina/Schäfer, Reinhild (Hrsg.): *Wohlfahrtsstaatlichkeit und Geschlechterverhältnisse aus feministischer Perspektive*, S. 208–226. Münster: Westfälisches Dampfboot.
Schetsche, Michael/Schmidt, Renate-Berenike (Hrsg.) (2010): *Sexuelle Verwahrlosung*. Wiesbaden: VS.
Spies, Anke (2008): *Zwischen Kinderwunsch und Kinderschutz – Babysimulatoren in der pädagogischen Praxis*. Wiesbaden: VS.
Statistisches Bundesamt (2016): *Statistisches Jahrbuch 2016*, unter: https://www.destatis. de/DE/Publikationen/Statistisches Jahrbuch/StatistischesJahrbuch2016.pdf?__blob=publicationFile [Zugriff am 01.09.2017].
Statistisches Bundesamt (2012): *Statistiken der Kinder- und Jugendhilfe. Einrichtungen und tätige Personen (ohne Kindertageseinrichtungen) 2010*. Wiesbaden, unter: https:// www.destatis.de/DE/Publikationen/Thematisch/Soziales/KinderJugendhilfe/Sonstige-Einrichtungen5225403109004.pdf?__blob=publicationFile [Zugriff am 01.09.2017].
Stutzer, Erich/Hin, Monika (2005): *Kinderlosigkeit in Deutschland. Methodische Probleme, empirische Ergebnisse und Determinanten*. Vortragsmanuskript der Tagung ‚Ein Leben ohne Kinder? Kinderlosigkeit in Deutschland' in Rostock, im Oktober 2005, unter: http://user.demogr.mpg.de/kreyenfeld/research/workshop/Present/Stutzer_hin.pdf [Zugriff am 01.09.2017].
Tolasch, Eva (2016): *Die protokollierte gute Mutter in Kindstötungsakten. Eine diskursanalytische Untersuchung*. Wiesbaden: Springer VS.
Tolasch, Eva (2015): „Haben Sie gestillt?" Konstruktion von Elternschaft in Kindstötungsakten. In: Günther, Marga/Rose, Lotte/Kerschgens, Anke/Seehaus, Rhea (Hrsg.): *Mutter, Vater, Kind – Geschlechterpraxen in der Elternschaft*, S. 123–140. Opladen/Berlin/Toronto: Barbara Budrich.
UNICEF (2001): *Teenage Births in Rich Nations*. Innocenti Report Card No. 3. Paris: Unicef, unter: http://www.unicef-irc.org/publications/pdf/repcard3e.pdf. [Zugriff am 01.08.2017].

West, Laurel Parker (2002): Soccer moms, welfare queens, waitress moms and super moms: Myths of Motherhood in State Media Coverage of Child Care. In: MARIAL Working Paper 16, unter: http://www.marial.emory.edu/pdfs/wp016 02.pdf.

Wiesner, Reinhard (2004): Das Wächteramt des Staates und die Garantenstellung der Sozialarbeiterin/des Sozialarbeiters zur Abwehr von Gefahren für das Kindeswohl. In: *Zentralblatt für Jugendrecht* 91(5), S. 161–200.

Wustmann, Corinna (2004): *Resilienz. Widerstandsfähigkeit von Kindern in Tageseinrichtungen fördern*. Weinheim: Beltz.

Ziegenhain, Ute/Derksen, Bärbel/Dreisörner, Ruth (2004): Frühe Förderung von Resilienz bei jungen Müttern und ihren Säuglingen. In: *Kindheit und Entwicklung* 13(4), S. 226–234.

Frauen in Situationen der Wohnungslosigkeit

Repräsentationen raumbezogener Aneignungsformen

Silvia Schwarz

Im folgenden Beitrag wird das Kongressthema „Politik der Verhältnisse – Politik des Verhaltens" im Kontext eines Praxisfeldes der Sozialen Arbeit ausgelotet, in dem Verhaltensregulierungen und -kontrollen bis hinein in den „privaten" Bereich des Wohnens reichen.

Auch wenn das Thema Wohnungslosigkeit eigentlich Fragestellungen berührt, die eine gesellschaftliche Auseinandersetzung darüber nahelegen, wie die „soziale Infrastruktur" (Hirsch et al. 2013) im Bereich der Wohnraumversorgung gestaltet werden kann bzw. sollte, wird im sozialpolitischen Kontext und auch in der Sozialen Arbeit die Problematik von Wohnungslosigkeit tendenziell entpolitisiert. Leben ohne Zugang zu eigenständigem Wohnraum gilt nicht selten als Makel einer Person und die Problembeschreibungen und Bedürfnisse der Menschen in Situationen der Wohnungslosigkeit werden – mit Nancy Fraser gesprochen – juristisch, administrativ und therapeutisch verwaltet (Fraser 1994). Verpflichtungen zur Teilnahme an verhaltenstherapeutischen Programmen (z.B. im Bereich Arbeit, Sucht oder Tagesstruktur) sowie die Aufnahme oder Forstsetzung medizinischer Behandlungsmaßnahmen (wie z.B. Entgiftungs- oder Substitutionsbehandlung), werden in vielen Einrichtungen der Wohnungslosenhilfe an das zur Verfügungstellen von Wohnraum – und manchmal auch nur an einen Ort zum Bleiben – gebunden (vgl. dazu auch Busch-Geertsema 2011, S. 47).

© Springer Fachmedien Wiesbaden GmbH, ein Teil von Springer Nature 2018
J. Stehr et al. (Hrsg.), *Konflikt als Verhältnis – Konflikt als Verhalten – Konflikt als Widerstand*, Perspektiven kritischer Sozialer Arbeit 30,
https://doi.org/10.1007/978-3-658-19488-8_8

1 Verhältnisse der Wohnraumversorgung

Unter den Bedingungen kapitalistischer Ökonomie sind Wohnungen, ebenso wie andere Waren, Objekte privatwirtschaftlicher Kapitalverwertung. Staatliche Eingriffe in den privatwirtschaftlichen Wohnungsmarkt (z.b. mittels Mietpreisbindungen oder Regelungen zum Mieter*innenschutz) und die Förderung des sozialen Wohnungsbaus erwiesen sich im Verlauf der Entwicklungen des 20. Jahrhunderts als unabdingbar, um eine finanzierbare und angemessene Wohnraumversorgung für alle Bevölkerungsschichten zu gewährleisten. Vor dem Hintergrund neoliberaler Restrukturierungen wird kommunale Wohnungsbaupolitik jedoch immer weniger als Sozialpolitik verstanden, sondern als Instrument der Wirtschafts- und Standortsicherung (vgl. Holm 2013). Diese Entwicklung ist gekennzeichnet vom Wegfall der Sozialbindung und dem Verkauf öffentlicher Wohnungsbestände sowie der zunehmenden Privatisierung kommunaler Wohnungsunternehmen.[1] Gegenwärtig präsentiert sich der Wohnungsmarkt in westdeutschen Großstadtregionen und Ballungsräumen (wie München, Hamburg und dem Rhein-Main-Gebiet), aber auch in einigen Mittelstädten als derart angespannt, dass es auch für „relativ privilegierte Stadtbewohner*innen" (Mayer 2011, S. 53) schwierig geworden ist, sich mit angemessenem Wohnraum zu versorgen. Für Haushalte mit geringem Einkommen, für Erwerbslose, für Menschen mit befristetem Aufenthaltsstatus und für verschuldete Haushalte sowie für Familien oder Einzelpersonen, die sich in einer Wohnungsnotfallsituationen befinden, ist die Suche nach Wohnraum in vielen Regionen zur Sisyphusaufgabe geworden. Die Reduzierung (und teilweise Einstellung) staatlich geförderter sozialer Wohnungsbauprogramme, das sinkende Angebot an preisgünstigem Wohnraum sowie Mieterhöhungen in Folge von Modernisierungen verhindern nicht nur Zugänge zu Wohnraum, sondern befördern auch den Verlust von Wohnraum für Menschen in Armutssituationen.[2] Zusammenfassend können die veränderten sozialpolitischen Regulierungsweisen im Bereich des Wohnens mit dem Wandel von der Objektförderung (öffentlicher Wohnungsbau) hin zur Subjektförderung (Wohngeld) beschrieben werden. Wobei letzteres verbunden ist mit einer aufwändigen und fortlaufend zu erbringenden

---

1   In den Jahren 2002 bis 2012 ist die Zahl der Sozialwohnungen um mehr als ein Drittel auf rund 1,54 Millionen geschrumpft und für das Jahr 2013 musste ein weiterer Rückgang um 63.000 auf knapp 1,48 Millionen festgestellt werden (vgl. Zeit Online vom 27.7.2015).

2   Dies verdeutlicht sich auch an der steigenden Anzahl von Räumungsklagen und Zwangsräumungen. In Frankfurt am Main wurden beispielsweise im Jahr 1999 insgesamt 287 Zwangsräumungen durchgeführt, im Jahr 2011 hat sich diese Zahl auf 964 erhöht (Keitzel/Pößneck/Werner 2014, S. 7).

Nachweisführung individueller Bedürftigkeit, und einer entsprechend umfassenden und nicht selten stigmatisierenden Kontrolltätigkeit der zuständigen Behörden. Auch wenn das zur Verfügungstellen von Wohnraum als wesentlicher Bestandteil sozialer Daseinsvorsorge zu betrachten ist, wird ein allgemeiner Rechtsanspruch auf Wohnraum in der Bundesrepublik nicht garantiert.

Auch gilt Wohnungslosigkeit oder auch ein „umherschweifendes Leben" (Kappeler 1995) als verwerfliche und undisziplinierte Lebensweise, die im historischen Kontext mit vielfältigen Formen kontrollierender und sanktionierender Maßnahmen bis hin zur Kasernierung in Arbeitshäusern und Korrektionsanstalten belegt wurde (vgl. Ayaß 1993). Zeitlich näher an der Gegenwart wurden ähnliche Ziele im Zuge von Sicherheits- und Ordnungsdiskursen in den 1990er Jahren verfolgt und zum Beispiel mit der Einführung sogenannter Gefahrenabwehrverordnungen Verhaltensregulierungen und Sanktionierungen im öffentlichen Raum auf der Grundlage von „unterstrafrechtlichen Partikularnormen" (Beste 2000, S. 71) durchgesetzt. Diese Maßnahmen zielten und zielen auf die Verdrängung von Menschen ohne Zugang zu Wohnraum, von Drogengebraucher*innen und Jugendlichen sowie von all jenen Personen, denen die Störung eines unbeschwerten Warenkonsums in den innerstädtischen Konsummeilen vorgeworfen wird.

Zwar muss der Verlust oder der zeitweilig nicht gegebene Zugang zu eigenständigem Wohnraum subjektiv nicht zwangsläufig als existenzielles Problem wahrgenommen werden. Im Verknüpfungszusammenhang mit Armut und sozialer Ausschließung sowie dem Verlust von sozialen Netzwerken ist Wohnungslosigkeit und Leben auf der Straße aber sehr wohl eine existenzielle Notlage. Sichtbar werden in der Situation der Wohnungslosigkeit verschärft zudem soziale Ausschlussdynamiken und ist mit Defizitzuschreibungen und Degradierungen verbunden, manchmal sogar bis hin zur Attestierung von „Wohnunfähigkeit".

2 Raumbezogene Aneignungspraktiken von Frauen in Situationen der Wohnungslosigkeit

In der noch laufenden empirischen Studie, auf die im Folgenden in Ausschnitten Bezug genommen wird, stehen die raumbezogenen Interessen und Bedürfnisse von Frauen in Situationen der Wohnungslosigkeit und ihre Strategien der Aneignung des sozialen Raumes im Fokus. Das Konzept raumbezogener Aneignung dient dabei als Scharnier, soziale Ausschließungsdynamiken vor dem Hintergrund vorherrschender Repräsentation von Raum und räumlicher Ordnungen zu analysieren sowie die damit verbundenen geschlechtsbezogenen Implikationen auszuloten.

Knapp zusammengefasst bedeutet Aneignung Dinge, Objekte oder Raumstrukturen zu nutzen und sich zu eigen zu machen. Hier jedoch nicht – wie der alltagssprachliche Gebrauch des Begriffs Aneignung nahelegt – im Sinne eines in Besitznehmens, sondern weitergefasst als „Erschließen, Begreifen, aber auch Verändern, Umfunktionieren und Umwandeln" (Deinet/Reutlinger 2014, S. 11) räumlicher und sozialer Gegebenheiten. Die Aneignung von Raum ist dabei immer mit einem eigensinnigen, aktiven und dynamischen Umgang mit Raum verbunden und an den Bedürfnissen und Interessen der Subjekte und Kollektive orientiert. Aneignungsprozesse sind folglich immer soziale Praktiken, die sich im Konflikt- und Spannungsfeld von verregeltem Raum und gelebtem Raum bewegen (vgl. Chombart de Lauwe 1977, S. 3). Dabei hängen Aneignungsmöglichkeiten auch davon ab, aus welcher gesellschaftlichen Stellung heraus Aneignung stattfindet. Geschlecht, als Ungleichheit generierende Kategorie, kann in diesem Zusammenhang als ein strukturierender Modus von Aneignungsoptionen betrachtet werden. Dabei liegt das Spannungsverhältnis sozialer Praxis der Aneignung darin, einerseits subjektive und eigensinnige Handlungs- und Gestaltungsmöglichkeiten zu entfalten, die andererseits zugleich an eine vorgefundene und gegebene Materialität gebunden sind (vgl. Jaeggi 2002, S. 61).

Mit Aneignung ist also nicht einfach Anpassung an gesellschaftliche Bedingungen, Handlungsformen und Normen gemeint. Anschließend an Michael Winkler (2004) treten die Subjekte vielmehr in eine „Position der praktischen Differenz" (Winkler 2004, S. 78) zu den äußeren Gegebenheiten, was überhaupt erst „Veränderung von Gesellschaft und Kultur erlaubt" (ebd.). Zugleich verändern sich mit dem Aneignungsprozess auch die Subjekte selbst, indem sie sich „im Spiel der Möglichkeiten bewegen, die eine historisch gegebene Gesellschaft ihnen anbietet" (ebd.). Im Sinne eines so verstandenen Konzepts von Aneignung geht es um das Erkennen und um ein Verständnis von Bedingungen, die Aneignung als Prozess „der „Selbstkonstitution im Medium gesellschaftlicher und kultureller Möglichkeiten" (ebd., S. 82) erlauben. Auf die Soziale Arbeit bezogen stellt sich im Anschluss an ein solches Aneignungskonzept die Frage, wie Gelegenheiten, Situationen, oder auch Settings gestaltet werden können bzw. müssen, die Aneignung ermöglichen (vgl. ebd.).

Grundlegend für die nachfolgenden Betrachtungen der sozialräumlichen Dimensionen im Praxisfeld der Wohnungslosenhilfe sind Henri Lefebvres (1977) raumtheoretische Überlegungen, die er im Anschluss an seine kritischen Auseinandersetzungen zum Alltagsleben (vgl. Lefebvre 1974 und 1975) entwickelt hat. Dabei ist die Analyse der Prozesse der Raumproduktion für Lefebvre immer auch mit der Frage nach den „Bruchstellen, die sich im Alltäglichen auftun" (Bareis et al. 2000), verknüpft.

Lefebvre verwirft und kritisiert die Perspektive auf den Raum „an sich" und entwickelt ein dreidimensionales Modell, mit dem er den Raum im Prozess seiner Produktion zu erfassen versucht.[3] Die zirkulären und wechselseitigen Verflechtungen der Ebenen der Raumproduktion, die Lefebvre als Ebenen der räumlichen Praxis, der Repräsentation von Raum und der räumlichen Repräsentationen konzeptualisiert (vgl. Lefebvre 1977), können bezogen auf das Thema Wohnen wie folgt beschrieben werden: Auf der Ebene der Repräsentation von Raum entwerfen, planen und konzipieren Stadtplaner, Architekten, aber auch Institutionen der Sozialen Arbeit Räume, die sich auf die räumliche Praxis des Wohnens beziehen. Zugleich materialisieren sich hier hegemoniale und normative Vorstellungen, mit denen sich potentielle Bewohner*innen auseinandersetzen müssen. Die Ingebrauchnahme und Aneignung von Wohnraum ist wiederum mit Konzepten und Vorstellungen der Nutzer*innen verknüpft, also mit dem Erleben von Raum und dessen Einbindung in das Alltagsleben. Diese räumlichen Repräsentationen, die nicht auf den Raum selbst verweisen, sondern auf kollektive Erlebnisse, Erfahrungen oder auch Aneignungspraxen, geraten nicht selten in Konflikt mit gedanklichen und symbolischen Repräsentationen über den Raum. Dabei lassen sich die im Raum zum Ausdruck kommenden erlebten und sozialen Bedeutungen nicht von den materiellen Aspekten sozialer und räumlicher Praxis separieren.

Die von Lefebvre eingenommene Perspektive auf den Raum als „gesellschaftlich-produziertes und gesellschaft-produzierendes Medium" (Strüver 2010, S. 219) wurde innerhalb der feministischen Raumsoziologie im Hinblick auf genderbezogene Aspekte konkretisiert. Für die Analyse von Prozessen der Raumproduktionen in unterschiedlichsten gesellschaftlichen Feldern wurde dabei die Relevanz der Ko-produktion von Raum und Geschlecht hervorgehoben (vgl. u.a. Bauriedl/Schier/Strüver 2010) .

Gesellschaftskritische Ansätze innerhalb der Geschlechtertheorie erfassen die Entstehung und Reproduktion sozialer Ordnung in kapitalistisch-bürgerlichen Gesellschaften als konstitutiv verbunden mit einer heteronormativen zweigeschlechtlichen Ordnung (vgl. u.a. Becker-Schmidt 2013). Auf der Ebene der Subjekte wird Geschlecht in sozialen Praktiken und Interaktionen fortlaufend hergestellt und kann auch hinterfragt und umgedeutet werden. Dies geschieht allerdings im Kon-

---

3   Ausgangspunkt der Analyse der Produktion des Raumes ist für Lefebvre die räumliche Praxis, also der körperlich und sinnlich wahrnehmbare Raum (vgl. Lefebvre 1977). Zugleich betont er die Bedeutung einer Theorie des Raumes, die sich mit den Widersprüchen und Konflikten auf der Vermittlungsebene gesellschaftlicher Repräsentation (der wissenschaftlichen und technokratischen Darstellungen über den Raum) und den Räumen der Repräsentation (den Darstellungen sozialer Praxis im Raum, die sich über den Gebrauch des Raumes konstituieren) befasst (vgl. Schmid 2010, S. 226).

fliktfeld mit einer nach wie vor virulenten heteronormativen Zweigeschlechtlichen Ordnung und den damit verbundenen Ungleichheitsverhältnissen. Im Anschluss an das von Andrea Maihofer (1995) vorgestellte Konzept von Geschlecht als gesellschaftlich kultureller Existenzweise, ist grundlegend von einem konstitutiven Zusammenhang von Struktur und Subjekt auszugehen (vgl. ebd., sowie Maihofer 2004). Damit verbunden ist die These von einer fortwährenden und wechselseitigen „Verschränkung von subjektiver und objektiver Welt" (Jäger/König/Maihofer 2012, S. 31), mit der jedoch Widersprüche, Konflikte und Ungleichzeitigkeiten auf der Vermittlungsebene keineswegs ausgeschlossen werden. Dabei ist der Herstellungsprozess von Geschlecht oder auch das „doing gender" nicht nur auf der Ebene der Individuen, der Institutionen und Strukturen zu analysieren, sondern auch auf der Ebene der symbolischen Ordnungen und Repräsentationen (vgl. Maihofer 2004).

Ausgehend von den Alltagserfahrungen von Frauen in Situationen der Wohnungslosigkeit ist dabei die Frage bedeutsam, wie räumliche Arrangements – auch in ihren geschlechtlichen Kodierungen – erfahren, konstruiert und erlebt werden und wie in Alltagspraktiken und sozialen Interaktionen Räume produziert, aber auch hinterfragt und umgedeutet werden können.

3 Aneignungsmöglichkeiten und -begrenzungen im Kontext der Wohnungslosenhilfe

Die im Folgenden vorgestellten Passagen aus den Interviews mit insgesamt 12 Frauen, die zum Zeitpunkt der Untersuchung[4] ohne Zugang zu eigenständigem, rechtlich abgesichertem Wohnraum lebten, dokumentieren Aneignungspraktiken in Bezug auf institutionelle Räume und Arrangements der Wohnungslosenhilfe.

---

4   Die empirische Untersuchung wurde im Rahmen eines noch laufenden Dissertationsvorhabens durchgeführt, das sich mit den raumbezogenen Praktiken der Aneignung des sozialen Raumes von Frauen in Situationen der Wohnungslosigkeit befasst. Im Verlauf von drei Erhebungsphasen im Zeitraum von Januar 2014 bis Januar 2015 wurden erzählgenerierende Interviews (vgl. Fiebertshäuser/Langer 2013, S. 440f.) mit Frauen durchgeführt, die zu diesem Zeitpunkt auf der Straße lebten und temporär in Notunterkünften übernachteten oder in betreuten Wohnformen der Wohnungslosenhilfe untergekommen sind. Die Kontakte zu den interviewten Frauen wurden in der ersten Erhebungsphase während der Begleitung einer Streetworkerin, in der zweiten Phase in niedrigschwelligen Tagesanlaufstellen und Kontaktläden der Wohnungslosen- und Drogenhilfe und in der dritten Erhebungsphase im Rahmen von Einrichtungsbesuchen der Wohnungslosenhilfe geknüpft. Methodologisch orientierte sich die Untersuchung am Forschungsverfahren der Grounded Theory. Die Namen der Interviewten sowie

Im Hinblick auf größere Notunterkünfte wird in den Interviews deutlich, dass die Frauen befürchten dort auf eine androzentrische Strukturierung des Raums zu treffen. Die von mir interviewten Frauen nutzen ausschließlich kleinere Notunterkünfte und frauenspezifische Übernachtungsangebote. Im Zusammenhang mit den räumlichen Ordnungen der Notunterkünfte berichten zwei meiner Interviewpartnerinnen von den veränderten Regularien bezogen auf die Nutzungsdauer dieser Angebote.

Früher musstest Du nach vier Wochen wieder raus, aber jetzt kannst du ewig da bleiben. Du kannst Dir da auch richtig schön deine Ecke da machen, mit Pflanzen und so. (Int. S., Zeile 118–120)

Damit eröffnet sich die Chance ein „festes Bett" in einer Notunterkunft zu ergattern und wie Frau S. hier erzählt, eine „Ecke", die nach eigenen Bedürfnissen gestaltet werden kann. Diese Erweiterung der räumlichen Aneignungsmöglichkeiten stellt für Frau S., die seit 17 Jahren auf der Straße lebt, eine bedeutsame Dimension dar, die Notunterkunft regelmäßig nutzen zu können.

Vorstellungen, Erwartungen, aber auch Befürchtungen, die mit den Repräsentationen der Räume der Wohnungslosenhilfe verknüpft sind, werden in der folgenden Interviewpassage deutlich.

Das allererste Mal als ich zum Streetworker gegangen bin hat er sich mit mir unterhalten und da hat er mir gleich von hier der Einrichtung erzählt. Da hab ich gesagt nee. Weil ich sah das als-- weiß ich nicht, es heißt ja Obdachlosenheim, so ein Heim, da sind ähm (.) Betreuer da. (Int. D Frau R., Zeile 118–120)

Frau R. war zu diesem Zeitpunkt provisorisch bei einem Bekannten untergekommen, fühlte sich dort aber nicht mehr sicher und problematisierte die Situation, in der sie sich damals befand mit dem Gefühl der „Abhängigkeit vom ihrem Bekannten". Über einen Streetworker nimmt sie Kontakt zum Hilfesystem auf und signalisiert die Dringlichkeit der Veränderung ihrer prekären Wohnsituation. Das Einlassen auf institutionelle Unterkunftsangebote der Wohnungslosenhilfe verbindet sie jedoch kaum mit einem Gewinn an Autonomie. Ihre Vorstellungen von diesen Angeboten als „Heim" mit „Betreuer" verweist zudem darauf, dass sie befürchtet in einen möglicherweise längerfristigen Betreuungskontext zu geraten, von dem

---

Orte, Einrichtungen und Personen die in den Interviews genannt wurden, sind im Folgenden anonymisiert.

sie sich zunächst keine Verbesserung hinsichtlich ihrer Zugangsmöglichkeiten zu eigenständigem Wohnraum verspricht.

Auch Frau L., die vor der Wohnungslosigkeit als Büroangestellte beschäftigt war und zu Hause ihre kranke Mutter gepflegt hat, erzählt von ihren Schwierigkeiten „Hilfe von außen" in Anspruch zu nehmen. Sie beschreibt diesen Konflikt vor dem Hintergrund ihrer biografischen Erfahrungen sich als eigenständig handelnde Person erlebt zu haben.

Auch was ich als schwierig empfunden habe man steht vor diesem Punkt--, stand ich mitten im Leben. Ich hab alles selbst gemacht und dann akzeptieren zu müssen, es geht im Moment nicht, man braucht Hilfe von außen. (Int. D Frau L., Zeile 177–179)

In einer weiteren Passage beschreibt Frau L., was ihr bei der Suche nach einer Einrichtung der Wohnungslosenhilfe, die sie nach ihrer Haftentlassung aufnehmen würde, besonders wichtig war.

Ja, dadurch dass ich ja schon Mal in so'ner Einrichtung gewesen bin in T-Stadt, war schon für mich ganz, ganz wichtig, dass ein Teil Verselbständigung auf jeden Fall da ist, dass ich nicht ständig unter Kontrolle bin. (Int. Frau L., Zeile 434–436)

In dieser Erzählpassage wird deutlich, dass Frau L. wusste, dass je nach Einrichtung unterschiedliche Konzepte und Maßnahmen im Hinblick auf das Ausmaß an Kontrolle und dem Grad der Ermöglichung von „Verselbständigung" bzw. dem Gewähren von Autonomie zu finden sind. Bei der (vermutlich begrenzten) Auswahl einer Einrichtung, in der sie nach ihrer Haftentlassung wohnen konnte, war es für sie bedeutsam „nicht ständig unter Kontrolle" zu sein. Im Vordergrund der Konzeption und des Selbstverständnisses einer für sie in Frage kommenden Einrichtung sollte vielmehr die Ermöglichung einer selbstständigen Lebensführung stehen. Die Thematisierung von Kontrolle und die Relevanz, die sie diesem Aspekt (auch im weiteren Verlauf des Interviews) beimisst, kann hier auch vor dem Hintergrund ihrer Erfahrungen in der totalen Institution des Gefängnisses und dem dortigen Erleben von extremer Fremdbestimmung sowie der erhofften Wiedererlangung von „Freiheit" nach der Entlassung aus selbiger, interpretiert werden. Deutlich wird hier das Bedürfnis, wie Frau L. es wohl eher angelehnt an den Fachjargon formuliert, nach „Verselbständigung". Gemeint ist nach meiner Lesart damit aber auch die Ermöglichung, Entscheidungen, die das eigene Leben betreffen, selbst treffen zu können oder zu mindestens im entscheidenden Maße mitzubestimmen.

In einer anderen Erzählpassage beschreibt Frau C., wie sich in ihrem Fall die Kontaktaufnahme mit der Wohnungslosenhilfe gestaltet hat.

Kurz bevor ich hier eingezogen bin war ich beim X-Markt und da hab ich die Frau K. und die Frau M. (Streetworkerinnen) kennengelernt und hab denen das dann also erzählt, dass ich mir nix zu Essen machen kann und so weiter. Und unter primitivsten Bedingungen wohnen oder hausen muss und da ham die gesagt: „Ei kommen sie mal bei uns vorbei, wir ham da eventuell was für Sie." (Int. Frau C. Zeile 77–81)

Während des Interviews kommt in der Erzählungen von Frau C. immer wieder eine Aneignungsweise des Raumangebotes der Wohnungslosenhilfe zum Ausdruck, die darauf gerichtet ist, sich dieses als „normalen" Wohnraum zu eigen zu machen oder – anders ausgedrückt – als eine allgemein zur Verfügung gestellte Ressource sozialer Infrastruktur (vgl. Steinert 2005, S. 59ff.). Für Frau C. ist die Nutzung dieses Angebotes keineswegs an eine besondere Form *persönlicher* Hilfebedürftigkeit gebunden, sondern ganz konkret an den Verlust von zumutbarem Wohnraum. Die hier zum Ausdruck kommende Strategie der Aneignung des sozialen Raumes kann als eigensinniges (um)kodieren vorherrschender Repräsentationen des Raumes und damit verbundener Zuschreibungen gelesen werden.

Insgesamt erwiesen sich bei der Analyse der Aneignungspraktiken des Sozialen Raumes und den raumbezogenen Interessen und Bedürfnissen der interviewten Frauen Wirkungsweisen und Konflikte im Verhältnis von Autonomie und Abhängigkeit und den damit verbundenen gesellschaftlichen Repräsentationen als relevant. Deutlich wurden dabei Ambivalenzen, aber auch Suchbewegungen nach einem Gleichgewicht zwischen Selbstbestimmung und „Angewiesen-Sein" im familiären Kontext, in freundschaftlichen Beziehungen, aber auch im Kontext der Wohnungslosenhilfe.

4 Ausblick

Zwar hat der Deutsche Städtetag bereits 1987 das Ziel formuliert, Einweisungen in sogenannte „Obdachlosenunterkünfte" vermeiden zu wollen und stattdessen auf die Sicherung und Erhaltung von „normalem" Wohnraum sowie auf ausreichende Versorgung mit preiswertem Wohnraum hinzuwirken. Insgesamt ist jedoch festzustellen, dass die Anzahl der Menschen, die auf Notunterkünfte und deren Versorgungsangebote angewiesen sind, steigt (vgl. BAG-W 2015).[5] Verfah-

---

5 Ausgehend von regionalen Wohnungslosenstatistiken und eigenen Umfragen beziffert die Bundesarbeitsgemeinschaft Wohnungslosenhilfe (BAG-W) die Zahl wohnungsloser Menschen im Jahr 2014 auf ca. 335.000 Menschen. Im Vergleich zum Jahr 2012 ist dies eine Steigerung von 18 Prozent. Der Anteil wohnungsloser Personen, die ohne

ren wie beispielsweise Quotierungen seitens der Wohnungsbaugesellschaften, die Aufforderung zur Vorlage von Vormieterbescheinigungen und Schufa-Auskünften, die Regelungen des SGB II bezüglich der „Kosten der Unterkunft" und nicht zuletzt die stigmatisierenden Diskurse über „Sozialmieter" verstärken zudem die Ausgrenzung und Diskriminierung dieser Bevölkerungsgruppen auf dem Wohnungsmarkt (vgl. dazu ausführlich Nagel 2013). So haben Menschen in Armutssituationen und/oder Wohnungslosigkeit immer weniger Chancen sich auf dem Wohnungsmarkt mit Wohnraum zu versorgen und nicht selten sitzen sie in den stationären Einrichtungen und Notunterkünften der Wohnungslosenhilfe fest.

Demgegenüber steht das Grundbedürfnis nach Wohnen und Wohnraum, welches mehr beinhaltet als nur ein Dach über dem Kopf zu haben. Auch für die von mir interviewten Frauen ist damit der Zugang zu einem Raum verbunden, der Rückzug, Intimität, Privatheit und somit „Selbstvergewisserung" (vgl. Eckart 1995) ermöglicht.

Im Hinblick auf die Einrichtungen der Wohnungslosenhilfe stellt sich die Frage, wie Unterkunfts- und Übernachtungsangebote gestaltet werden können, um deren Zugänglichkeit für Frauen in Wohnungsnotfallsituationen zu verbessern. Dabei ist neben der Ausweitung frauenspezifischer Angebote die geschlechtersensible Gestaltung gemischtgeschlechtlicher Angebote ebenso von Bedeutung, wie die Erweiterung räumlicher Aneignungsmöglichkeiten auch in Bezug auf die Generierung von Räumen, die persönliche Gestaltung und Privatsphäre erlauben.

Bei der Verwirklichung raumbezogener Aneignungshandlungen der Adressant*innen der Wohnungslosenhilfe – auch verstanden als Ermöglichung von Eigensinn und Subjektivität – stehen die Professionellen vor der Herausforderung, diese auch im Konfliktfeld mit (und gegen) institutionellen Raumordnungen zu ermöglichen.

Eine weitere, und vermutlich noch größere Herausforderung, die sich auf die Politik der Verhältnisse richtet, besteht darin, Zugangsmöglichkeiten zu eigenständigem rechtlich abgesicherten Wohnraum zu schaffen und das heißt nicht nur betreute Wohnformen in Wohngruppen zu organisieren, sondern auf die Aktivierung sozialpolitischer Maßnahmen im Bereich Wohnraumversorgung hinzuwirken,[6] auch um auf Freiwilligkeit basierende Begleitungsangebote zu installieren, die nicht an das zur Verfügungstellen von Wohnraum gebunden sind.

---

jede Unterkunft auf der Straße leben, stieg laut BAG-W im Vergleichszeitraum 2012 bis 2014 sogar um 50 Prozent.(vgl. BAG-W 2015).

6   Dabei kann auch an die Kampagnen und Aktionen der „Recht auf Stadt"- Bewegung angeknüpft werden.

Literatur

Ayaß, Wolfgang (1993): Die „korrektionelle Nachhaft". Zur Geschichte der strafrechtlichen Arbeitshausunterbringung in Deutschland. In: *Zeitschrift für Neuere Rechtsgeschichte*, H. 3/4, S. 184–201.
Bareis, Ellen/Lanz, Stephan/Jahn, Walther/Ronneberger, Klaus/spaceLab (2000): Auf der Suche nach dem Subjekt – Einleitung zum Schwerpunkt: Fragmente städtischen Alltags. In: *Widersprüche. Zeitschrift für sozialistische Politik im Bildungs-, Gesundheits- und Sozialbereich*, H. 78, S. 8–14.
Bauriedl, Sybille/Schier, Michaela/Strüver, Anke (Hrsg.) (2010): *Geschlechterverhältnisse, Raumstrukturen, Ortsbeziehungen*. Münster: Westfälisches Dampfboot.
Bundesarbeitsgemeinschaft Wohnungslosenhilfe e.V. (BAG-W) (2015): Pressemitteilung von 01.08.2015: Zahl der Wohnungslosen in Deutschland auf neuem Höchststand. http://www.bagw.de/de/presse/index~81.html (letzter Zugriff Oktober 2016).
Becker-Schmidt, Regina (2013): Konstruktion und Struktur: Zentrale Kategorien in der Analyse des Zusammenhangs von Geschlecht, Kultur und Gesellschaft. In: Graf, Julia/Ideler, Kirstin/Klinger, Sabine (Hrsg.): *Geschlecht zwischen Struktur und Subjekt*, S. 19–43. Opladen/Berlin/Toronto: Barbara Budrich.
Beste, Hubert (2000): *Morphologie der Macht – Urbane „Sicherheit" und die Profitorientierung sozialer Kontrolle*. Opladen: Leske + Budrich.
Busch-Geertsema, Volker (2011): „Housing First" – Ein vielversprechender Ansatz zur Überwindung von Wohnungslosigkeit. In: *Widersprüche. Zeitschrift für sozialistische Politik im Bildungs-, Gesundheits- und Sozialbereich*, 31. Jg., H. 121, S. 39–56.
Chombart de Lauwe, Paul-Henry (1977): Aneignung, Eigentum, Enteignung – Sozialpsychologie der Raumaneignung und Prozesse der gesellschaftlichen Veränderung. In: *Arch plus*, H. 34, S. 2–7.
Deinet, Ulrich/Reutlinger, Christian (2014): Tätigkeit – Aneignung – Bildung. Einleitende Rahmungen. In: Deinet, Ulrich/Reutlinger, Christian (Hrsg.): *Tätigkeit – Aneignung – Bildung. Positionierungen zwischen Virtualität und Gegenständlichkeit*, S. 11–30. Wiesbaden: Springer VS
Eckart, Christel (1995): Feministische Politik gegen institutionelles Vergessen. In: Jansen; Mechthild/Baringhorst, Sigrid/Ritter, Martina (Hrsg.): *Frauen in der Defensive?*, S. 101–112. Münster: Lit.
Friebertshäuser, Barbara/Langer, Antje (2013): Interviewformen und Interviewpraxis. In: Fiebertshäuser, Barbara/Langer, Antje/Prengel, Annedore (Hrsg.): *Handbuch qualitative Forschungsmethoden in der Erziehungswissenschaft*, 4. Aufl., S. 437–455. Weinheim: Beltz Juventa.
Fraser, Nancy (1994): *Widerspenstige Praktiken. Macht, Diskurs, Geschlecht*. Frankfurt/M.: Suhrkamp.
Hirsch, Joachim/Brüchert, Oliver/Krampe, Eva-Maria u. a. (2013): *Sozialpolitik anders gedacht: Soziale Infrastruktur*, hrsg. v. AG links-netz. Hamburg: VSA.
Holm, Andrej (2013): *Wohnen als Soziale Infrastruktur*. http://www.links-netz.de/pdf/T_holm_wohnen.pdf (letzter Zugriff Okt. 2016).
Jaeggi, Rahel (2002): Aneignung braucht Fremdheit. In: *Texte zur Kunst*, H. 46, S. 60–69.
Jäger, Ulle/König, Tomke/Maihofer, Andrea (2012): Pierre Bourdieu: Die Theorie männlicher Herrschaft als Schlussstein seiner Gesellschaftstheorie. In: Kahlert, Heike/Wein-

bach, Christine (Hrsg.): *Zeitgenössische Gesellschaftstheorien und Genderforschung*, S. 15–36. Wiesbaden: Springer VS.
Kappeler, Manfred (1995): *Plädoyer für das umherschweifende Leben: sozialpädagogische Essays zu Jugend, Drogen und Gewalt*. Frankfurt/M.: IKO-Verlag für Interkulturelle Kommunikation.
Keitzel, Svenja/Pößneck, Janine/Werner, Ole (2014): Zwangsräumungen in Frankfurt am Main – Wandel des Wohnungsmarktes und seine Folgen. In: Heeg, Susanne/Rosol, Marit (Hrsg.): *Gebaute Umwelt. Aktuelle stadtpolitische Konflikte in Frankfurt am Main und Offenbach*, Forum Humangeographie, H. 12, S. 3–22.
Lefèbvre, Henri (1977): Die Produktion des städtischen Raums. In: *Arch plus*, H. 34, S. 52–57.
Lefèbvre, Henri (1975): *Kritik des Alltagslebens. Band II und III*. München: Hanser.
Lefèbvre, Henri (1974): *Kritik des Alltagslebens. Band I*. München: Hanser.
Maihofer, Andrea (2004): Geschlecht als soziale Konstruktion – eine Zwischenbetrachtung. In: Helduser, Urte/Marx, Daniela/Paulitz, Tanja/Pühl, Katarina (Hrsg.): *under construction?*, S. 33–43. Frankfurt/M.: Campus.
Maihofer, Andrea (1995): *Geschlecht als Existenzweise. Macht, Moral, Recht und Geschlechterdifferenz*. Frankfurt/M.: Ulrike Helmer Verlag.
Mayer, Margit (2011): Recht auf Stadt-Bewegung in historisch und räumlich vergleichender Perspektive. In: Holm, Andrej/Gebhardt, Dirk (Hrsg.): *Initiativen für ein Recht auf Stadt. Theorie und Praxis städtischer Aneignungen*, S. 43–77. Hamburg: VSA.
Nagel, Stephan (2013): Ausgrenzung und Diskriminierung auf dem Wohnungsmarkt. In: *Widersprüche. Zeitschrift für sozialistische Politik im Bildungs-, Gesundheits- und Sozialbereich*, 33. Jg., H. 127, S. 9- 21.
Schmid, Christian (2010): *Stadt, Raum und Gesellschaft. Henri Lefebvre und die Theorie der Produktion des Raumes*. Stuttgart: Franz Steiner Verlag
Steinert, Heinz (2005): Eine kleine Radikalisierung von Sozialpolitik. In: *Widersprüche. Zeitschrift für sozialistische Politik im Bildungs-, Gesundheits- und Sozialbereich*, 25. Jg., H. 97, S. 51–67.
Strüver, Anke (2010): KörperMachtRaum und RaumMachtKörper: Bedeutungsverflechtung von Körpern und Räumen. In: Bauriedl, Sybille/Schier, Michaela/Strüver, Anke (Hrsg.): *Geschlechterverhältnisse, Raumstrukturen, Ortsbeziehungen*, S. 217–237. Münster: Westfälisches Dampfboot.
Winkler Michael (2004): Aneignung und Sozialpädagogik – einige grundlagentheoretische Überlegungen. In: Deinet, Ulrich/Reutlinger, Christian (Hrsg.): *„Aneignung" als Bildungskonzept der Sozialpädagogik*, S. 71–91. Wiesbaden: VS.

Über Widersprüche Sozialer Arbeit in Sammelunterkünften für Asylsuchende

Sebastian Muy

Schließlich reichte es auch dem Senat: Im August 2016 wurden alle bestehenden Betreiberverträge des Landes Berlin mit der Firma PeWoBe, über viele Jahre der dominierende Akteur auf dem Markt der Flüchtlingsunterbringung in Berlin, außerordentlich gekündigt. Eine Tageszeitung hatte E-Mails offen rassistischen und menschenverachtenden Inhalts veröffentlicht, die sich leitende Mitarbeiter_innen des Unternehmens untereinander geschickt hatten (vgl. Berliner Zeitung vom 14.08.2016). Einige Zeit zuvor war bekannt geworden, dass die an dieser Konversation beteiligte Leiterin einer Unterkunft in Berlin-Hellersdorf noch vor wenigen Jahren in Bernau (Brandenburg) für die rechtsextreme DVU kandidiert hatte. PeWoBe-Chef Helmuth Penz, schon seit Ende der 1980er Jahre auf dem Berliner Markt der Flüchtlingsunterbringung aktiv, kündigte rechtliche Schritte an – aber nicht gegen seine durch rassistische Ausfälle aufgefallenen Mitarbeiter_innen, sondern gegen jene, die die E-Mails ‚geleakt' und veröffentlicht hatten (vgl. Berliner Zeitung vom 24.08.2016). Der gewerbliche Träger hatte schon seit Jahren im Fokus der Kritik von Seiten des Flüchtlingsrats, Ehrenamtlicheninitiativen, Medien und Oppositionspolitiker_innen gestanden. Ungeachtet der Kritik war die PeWoBe aufgrund der jahrelangen Vergabepraxis des Landes noch im Februar 2015 ‚Marktführer' beim Betrieb der Berliner Gemeinschafts- und Notunterkünfte, gemessen an der Zahl der Unterkünfte. Erst nachdem bei einer Prüfung festgestellt wurde, dass das Unternehmen Personal doppelt abgerechnet hatte und das zuständige Landesamt daraufhin im Frühling 2015 eine Vertragsstrafe verhängte

© Springer Fachmedien Wiesbaden GmbH, ein Teil von Springer Nature 2018
J. Stehr et al. (Hrsg.), *Konflikt als Verhältnis – Konflikt als Verhalten – Konflikt als Widerstand*, Perspektiven kritischer Sozialer Arbeit 30,
https://doi.org/10.1007/978-3-658-19488-8_9

(vgl. Berliner Zeitung vom 05.06.2015), wurde die PeWoBe in der Folge bei der Vergabe neuer Aufträge nicht mehr berücksichtigt.

Dieses kurze Beispiel veranschaulicht in zugespitzter Form, dass Soziale Arbeit in Flüchtlingssammelunterkünften sich auf einem Terrain bewegt, das von komplexen Interessenkonflikten durchzogen ist. Mit der Zahl der Asylsuchenden ist in den letzten Jahren, insbesondere 2015, auch die Zahl der Flüchtlingssammelunterkünfte deutlich gestiegen. Im Mai 2017 gab es in Berlin noch immer 102 Aufnahmeeinrichtungen, Gemeinschaftsunterkünfte und Notunterkünfte, in denen ca. 29.000 Menschen untergebracht waren. Wären die offiziellen Personalstellenrichtwerte erfüllt, müssten derzeit rund 200 Menschen als Sozialarbeiter_innen in Berliner Flüchtlingssammelunterkünften beschäftigt sein – deutlich mehr als noch vor wenigen Jahren. Eine Auseinandersetzung mit Sammelunterkünften für Geflüchtete als Arbeitsfeld für Sozialarbeitende und den mitunter widersprüchlichen Rollen und Aufgaben, die ihnen dabei zukommen, scheint also schon aus quantitativen Gesichtspunkten geboten. Sie agieren in einem institutionellen Kontext, der dem Anspruch, eine ‚helfende Profession' zu sein, entgegenläuft.

Ausgehend von den Arbeiten von Ute Osterkamp, Tobias Pieper und Urs Hotz sowie meinen eigenen Forschungsergebnissen sollen in diesem Beitrag die Spannungsfelder und Interessenkonflikte Sozialer Arbeit in Sammelunterkünften für Geflüchtete aus verschiedenen Perspektiven und in verschiedenen historischen und räumlich-institutionellen Kontexten beleuchtet werden. Am Ende soll kurz skizziert werden, welche Folgen die jüngsten Entwicklungen im Asyl- und Aufenthaltsrecht für die Soziale Arbeit in Sammelunterkünften für Asylsuchende mit sich bringen.

1 Hilfe unter Bedingungen der Abschreckung

Ute Osterkamp veröffentlichte 1996 Forschungsergebnisse aus dem *Projekt Rassismus/Diskriminierung*, welches seit Ende der 1980er Jahre die Beziehungen und Konflikte zwischen Flüchtlingen und Mitarbeiter_innen in Berliner Flüchtlingswohnheimen untersuchte. Ausgehend vom Begriff des *institutionellen Rassismus* fragt sie, „wie bestimmte Strukturen rassistisches bzw. ausgrenzendes Verhalten nahelegen, und zwar unabhängig von der persönlichen Meinung oder politischen Gesinnung der jeweils einzelnen Menschen" (Osterkamp 1996, S. 42). Ziel ihrer Forschungen sei es, scheinbar bloß subjektive Verhaltensweisen und intersubjektive Beziehungen „auf die Vermitteltheit ihrer Begründungsstrukturen mit objektiven Widersprüchen und Behinderungen hin zu durchdringen" (ebd., S. 43). Osterkamp konstatiert eine objektive Überforderung der Sozialarbeitenden, die daraus resultiere, dass sie „Hilfe unter Bedingungen leisten sollen, die auf die Abschreckung der Flüchtlinge zielen und somit diese Hilfe weitgehend unmöglich machen" (ebd., S. 48). Als zentrale Qualifikation der Mitarbeiter_innen erscheine somit, mit den widersprüchlichen Anforderungen ‚irgendwie' fertig zu werden und als „perfekte Problembewältiger" (ebd.) zu erscheinen. Für die Einzelnen werde es dadurch jedoch immer schwieriger, „das objektive Ungenügen ihrer Arbeit zuzugeben" (ebd.), aus Angst, persönlich für die Probleme und Unzulänglichkeiten verantwortlich gemacht zu werden. Diese Angst werde durch Situationen existenzieller Verunsicherung, bedingt durch häufig nur befristete Verträge, noch verstärkt. Die objektive Überforderung der Sozialen Arbeit hinzunehmen, bedeute, sich immer weniger auf die Probleme der Flüchtlinge einlassen zu können, sondern diese selbst zunehmend zum Problem werden zu lassen, das es zu kontrollieren gelte (vgl. ebd., S. 49). Unter den allgemeinen Bedingungen der Entrechtung sei ein ‚gerechtes' Handeln für die Mitarbeiter_innen überhaupt nicht möglich (vgl. ebd., S. 50). So bedeute z.b. das Verbot, Bekannte und Verwandte im Heim übernachten zu lassen, für die Betroffenen eine Einschränkung ihrer Lebensmöglichkeiten; werde von einem Verbot abgesehen, werde dies von jenen, die nicht das Privileg solcher Besuche haben, wiederum als weitere Beeinträchtigung erlebt, weil dadurch die Schlangen vor den Sanitäranlagen noch länger bzw. diese noch unhygienischer würden (vgl. ebd., S. 52). Dennoch behaupteten, allen objektiven Widersprüchen und Einschränkungen zum Trotz, die Mitarbeiter_innen jeweils für die eigene Person, ‚natürlich' die Interessen der Flüchtlinge zu vertreten, und schöben Probleme auf ‚die Hierarchie' (vgl. ebd., S. 70).

2 Soziale Arbeit im ‚potenziell rechtsfreien Raum'

Tobias Pieper analysiert in seiner Studie *Die Gegenwart der Lager* (2008) die ‚Mikrophysik der Herrschaft' in bundesdeutschen Flüchtlingslagern und in diesem Zusammenhang immer wieder auch die Funktionen und Wirkungsweisen Sozialer Arbeit. Er stellt für alle Arten von Flüchtlingssammelunterkünften gültige Strukturdimensionen der Lagerunterbringung heraus, die die Spielräume der Leitung und der Sozialen Arbeit prägen, aber auch bedeutsame Unterschiede – etwa zwischen einem Berliner Wohnheim in Trägerschaft des *Internationalen Bundes* (IB), das sich durch ein hohes Engagement von Leitung und Sozialarbeiter_innen auszeichne (vgl. ebd., S. 118f.), einem abgeschieden im Wald befindlichen Brandenburger Lager, in dem Pieper die Arbeit von Leitung und Sozialarbeiter_innen als „Verwaltung der Verwahrlosung" (ebd., S. 181), ausgerichtet auf den Profit der Betreibergesellschaft, beschreibt, und der Ausreiseeinrichtung Bramsche, in dem die Sozialarbeiter_innen als Rückkehrberater_innen lediglich als Teil eines repressiven, widerspruchsfreien Blocks im Rahmen des Konzepts der *forcierten ‚freiwilligen'* *Ausreise* agierten (vgl. ebd., S. 225). Auch in Unterkünften mit engagierten Heimleiter_innen und Sozialarbeiter_innen, die ihre eingeschränkten Handlungsmöglichkeiten so weit wie möglich zugunsten der Bewohner_innen auszuschöpfen versuchten, seien die Kommunikationsstrukturen immer durch die strukturellen Machtbeziehungen mitbestimmt. Ungleiche Machtverhältnisse manifestierten sich u.a. in der Abhängigkeit der Bewohner_innen vom ‚guten Willen' der Sozialarbeiter_innen, wenn sie Unterstützungsleistungen von diesen benötigten (vgl. ebd., S. 104). Zudem bestehe durch die Zuständigkeit für das ‚Funktionieren' des Lagers ein Teil der Arbeit immer auch aus Kontrollfunktionen, so dass persönliches Engagement die repressive Gesamtsituation nicht aufheben könne (vgl. ebd., S. 102). Der Lagerinnenraum sei geprägt durch asymmetrische Machtverhältnisse, die – über die politisch und rechtlich intendierten und erlaubten Restriktionen hinaus – Machtmissbrauch durch Heimleiter_innen, Wachpersonal oder Sozialarbeiter_innen strukturell begünstigten. Die Sprecher_innenpositionen seien, so Pieper, mit unterschiedlich viel Macht verbunden, so dass in Konfliktfällen Mitarbeiter_innen tendenziell eher ‚geglaubt' werde als Bewohner_innen und die Heimleitung praktisch den „Ort der Wahrheitsdefinition" (ebd., S. 346) darstelle. Pieper charakterisiert deutsche Flüchtlingslager daher als „*potentiell rechtsfreie[n] Raum*" (ebd., S. 345, Herv. im Orig.).

3 Handeln unter repressiven Bedingungen

Urs Hotz (2015) untersucht auf der Grundlage einer qualitativen Studie in einer Sammelunterkunft in Ludwigshafen am Rhein Konflikte im Arbeitsfeld der Sozialberatung für Geflüchtete und fragt, inwieweit in diesem Zusammenhang die Gefahr bestehe, Prozesse und Situationen sozialer Ausschließung zu reproduzieren, wobei die von ihm untersuchten Sozialberatungsangebote allesamt räumlich außerhalb der Unterkunft angesiedelt waren. Die Sozialarbeiter_innen schilderten *begrenzte Handlungsmöglichkeit bis hin zu Ohnmachtsgefühlen* angesichts von restriktiven rechtlichen Rahmenbedingungen, Ressourcenknappheit der Sozialarbeitsträger, fehlendem günstigem Wohnraum sowie finanziellen und institutionellen Abhängigkeiten, die die Möglichkeiten einer kritischen politischen Positionierung einschränkten (vgl. Hotz 2015, S. 287). Angesichts dieser Bedingungen ziehe sich die Soziale Arbeit auf die Bearbeitung des ‚Einzelfalls' zurück, wobei auch immer wieder kleinere Erfolge erzielt würden. Die Notwendigkeit der Kritik und Veränderung der problemverursachenden strukturellen Bedingungen gerate dabei jedoch vielfach aus dem Blick (vgl. ebd., S. 288). Den einzelfallbezogenen

Unterstützungsmöglichkeiten würden enge Grenzen durch die mangelnden Ressourcen bezüglich Zeit, Personal, Finanzierung und Räumlichkeiten gesetzt. Teilweise versuchten Mitarbeiter_innen, diesen Ressourcenmangel durch besonderes persönliches Engagement, auch über die Arbeitszeit hinaus, sowie durch die Delegierung von Aufgaben an Mitglieder einer Bürgerinitiative ein Stück weit zu kompensieren. Außerdem komme die Soziale Arbeit zunehmend in die Situation, über die Verteilung ihrer begrenzten Ressourcen zu entscheiden. Als Kriterien würden dabei subjektive Kategorisierungen nach Bedürftigkeit (,Familien haben es schwerer als alleinstehende Männer') oder Erfolgsaussicht eines ,Falles' herangezogen (vgl. ebd., S. 290f.).

Hotz diskutiert auch die Vor- und Nachteile der Ansiedlung von Beratungsangeboten in den Unterkünften selbst. Einerseits seien die Beratungsangebote somit für nahezu alle Bewohner_innen zumindest räumlich leicht zugänglich, so dass die Bewohner_innen besser in ihrem Alltag unterstützt werden könnten. Gleichzeitig berge dies jedoch das Risiko, die Entwicklung des Flüchtlingslagers hin zu einer ,totalen Institution' zu verstärken und dessen Bestehen zu institutionalisieren. Darüber hinaus bestehe die Gefahr einer Abhängigkeit vom Betreiber, welcher die Beratungsstelle etwa im Falle von ,Unbequemlichkeit' aus dem Lager verweisen könnte, weswegen einige von Hotz' Gesprächspartner_innen unabhängige Beratungsangebote bevorzugen, die räumlich außerhalb der Unterkunft angesiedelt sind (vgl. ebd., S. 288f.).

4 Interessenkonflikte und Profitorientierung

Viertens soll hier meine eigene Forschungsarbeit kurz vorgestellt werden, in deren Rahmen ich im zweiten Halbjahr 2015 Sozialarbeiter_innen, die in Flüchtlingssammelunterkünften der beiden gewerblichen Träger PeWoBe und Gierso in Berlin tätig waren, zu Interessenkonflikten in ihrem beruflichen Alltag befragt habe (vgl. Muy 2016a, ausführlichere Zusammenfassung 2016c).

Befragte Sozialarbeiter_innen berichteten von Konflikten mit Heimleiter_innen, die ihre Machtposition in repressiver Weise gegen Bewohner_innen ausspielten, privatsphäreverletzende Zimmerkontrollen durchführten, Bewohner_innen willkürlich als ,Regelverletzer_innen' etikettierten und in der Konsequenz per Hausverbot der Unterkunft verwiesen. Die Strategien von Mitarbeiter_innen, die mit repressiven Praxen oder Vorgaben von Vorgesetzten nicht einverstanden waren und deren Ausschließungseffekte zurückdrängen wollten, reichten von Gesprächen mit der Heimleitung oder den übergeordneten Vorgesetzten innerhalb des Trägers, um eine Abänderung der Praxen oder Vorgaben zu erreichen, bis zur verdeckten Eröffnung und Ausdehnung von Spielräumen der Bewohner_innen durch ein ‚lockeres' Handhaben restriktiver Vorgaben.

Neben solchen Konflikten um *(mehr oder weniger) kontrollierende und repressive Praxen und Arbeitsanweisungen* nannten die interviewten Sozialarbeitenden zahlreiche Beispiele für Ausschließungsprozesse, die sich eher als *Vorenthalten der Teilhabe an materiellen Ressourcen* beschreiben lassen. Die Geschäftsleitung des Trägers entscheidet über die Durchführung von Reparaturen kaputter Duschen, Waschmaschinen, Toiletten und Fenster, die Anschaffung von Gebrauchsgegenständen oder die Kontingentierung von Konsumgütern. Im Fall von Reparaturen und Anschaffungen haben die Mitarbeiter_innen vor Ort nicht die Entscheidungs- und Verfügungsmacht über die notwendigen finanziellen Mittel. Sie beschreiben ihre Rolle eher als Vermittlungsinstanz und Sprachrohr, indem sie die Bedarfe der Bewohner_innen an die Entscheidungsträger_innen in der Geschäftsleitung weitergeben und um Erledigung bitten. Die interviewten Mitarbeiter_innen sahen direkte Bezüge zwischen dem Vorenthalten von Ressourcen und dem Gewinninteresse ihres Trägers.

Darüber hinaus wird Bewohner_innen teilweise auch der *Zugang zu hilfreicher Sozialer Arbeit vorenthalten*. Zwischen den Arbeitsbedingungen der Mitarbeiter_innen und den Teilhabemöglichkeiten der Bewohner_innen besteht ein enger, wechselseitiger Zusammenhang (vgl. Osterkamp 1996, S. 44): Niedrige Bezahlung und mangelnde Arbeitsbedingungen senken die Attraktivität der Tätigkeit für erfahrene und qualifizierte Fachkräfte; durch hohe Personalschlüssel und personelle Unterbesetzung sowie durch hohe Zeitanteile für Verwaltungstätigkeiten verknappen sich die Zeiträume für Beratung und Betreuung; unzureichende Weiterbildungsmöglichkeiten sowie Mangel an Ausstattung und Beratungsräumen erschweren zusätzlich eine hilfreiche Sozialarbeit. Auch hier werden immer wieder Zusammenhänge mit dem Profitinteresse deutlich. So wurde etwa die Einsparung von Personalkosten auf verschiedene Weisen als zentrale ‚Stellschraube' zur Gewinnerwirtschaftung thematisiert – mit der Folge, dass der ohnehin unzureichende vorgegebene Betreuungsschlüssel real häufig weit überschritten wird.

Die Handlungsmöglichkeiten der einzelnen Mitarbeiter_innen, sich auch dann für die Bedarfe und Interessen der Bewohner_innen einzusetzen, wenn dies mit einer Kritik an Strukturen, Entscheidungen oder Handlungen von Geschäftsleitung, Vorgesetzten oder Kolleg_innen verbunden ist, sind durch gesellschaftliche Bedingungen und Machtverhältnisse vermittelt. Begrenzt werden sie unter anderem durch Faktoren, die eine besondere Abhängigkeit vom Arbeitgeber bedingen, z.B. hierarchische Trägerstrukturen, eine sechsmonatige Probezeit und eine verhältnismäßig schlechtere Positionierung auf dem Arbeitsmarkt.

5 Zwischen Eigen-, Staats- und Profitinteressen

Albert Scherr zufolge ist die Diskrepanz zwischen dem, was Sozialarbeiter_innen als angemessene Form der Unterstützung für ihre Klient_innen betrachten, und dem, was unter den gegebenen Umständen organisatorisch und rechtlich möglich sowie zulässig ist, in der Sozialen Arbeit mit Flüchtlingen so groß wie in kaum einem anderen Arbeitsfeld (vgl. Scherr 2015, S. 18). Einerseits beansprucht Soziale Arbeit, mehr zu sein als eine Dienstleistung in staatlichem Auftrag und beruft sich auf die Menschenrechte als berufsethische Grundlage (vgl. IFSW/IASSW 2014). Andererseits ist Soziale Arbeit ausführender Bestandteil von staatlicher Sozial- und Migrationspolitik und wird aus staatlichen Geldern bezahlt. Mit der Zwangsunterbringung in Sammelunterkünften und dem Netz aus asyl- und ausländerrechtlichen Restriktionen sind weitreichende Einschränkungen verbunden, den eigenen Ansprüchen und Selbstverortungen gerecht zu werden (vgl. Scherr 2015, S. 17). Da die Mitarbeiter_innen in Sammelunterkünften häufig nicht direkt bei staatlichen, sondern bei freien Trägern – gewerblichen oder gemeinnützigen – beschäftigt sind, ist Soziale Arbeit zudem nicht nur Teil von staatlicher Politik, sondern auch Teil von Institutionen mit jeweils spezifischen Strukturen und Interessen. Diese können sowohl mit den Interessen der Geflüchteten und der Sozialarbeitenden als auch mit den (sozial- oder migrations-)politischen Interessen des Staates in einem Spannungsverhältnis stehen, beispielsweise im Fall von Gewinninteressen des Trägers.

Das eingangs beschriebene Beispiel der PeWoBe zeigt eindrücklich, wie sich der eigentliche Zweck der auf dem ‚Sozialmarkt' agierenden Institution – die Erwirtschaftung von Unternehmensgewinnen – nicht nur mit Elementen von Philanthropie und ‚Gemeinnützigkeit', im Sinne von sogenannten Sozialunternehmen (vgl. Dahme/Wohlfahrt 2013, S. 52), sondern auch mit rassistischen, menschenfeindlichen Denk- und Handlungsweisen von (leitenden) Mitarbeiter_innen verbinden kann (auch wenn deren Aufdeckung und Skandalisierung nach vielen Jahren der ‚Marktführerschaft' schließlich das Scheitern der Akkumulationsstrategie des Unternehmens auf diesem Feld besiegelte).[1] Die Leidtragenden sind in erster Linie die Bewohner_innen: Während Mitarbeiter_innen, deren Ansprüche mit den Rahmenbedingungen der Arbeit in Konflikt geraten, im Zweifel kündi-

---

1　Im Sommer 2015, als sich bereits abzeichnete, dass die PeWoBe in der Unterbringung von Asylsuchenden künftig nicht mehr wie zuvor mit Aufträgen bedacht werden würde, kündigte deren Unternehmenschef Penz an, verstärkt in das Geschäft mit der Unterbringung von Obdachlosen einzusteigen. Der Piraten-Politiker Fabio Reinhardt zeigte sich „alarmiert": Obdachlosenunterkünfte würden noch schlechter als Flüchtlingsheime auf Einhaltung der Standards kontrolliert (vgl. Tagesspiegel vom 20.07.2015).

gen und einen neuen Arbeitgeber suchen können, haben die Asylsuchenden kein Mitspracherecht bei der Wahl der Unterkunft. Auf der anderen Seite zeigt etwa der durch die Presse bekannt gewordene Fall einer Sozialarbeiterin, die 2013 als Leiterin eines kommunal betriebenen Flüchtlingswohnheims in Brandenburg entlassen wurde, weil sie etwa Abschiebungen von Bewohner_innen offen kritisiert und damit den Interessen des Landkreises zuwider gehandelt habe (vgl. taz vom 16.09.2013), beispielhaft, dass auch die direkte Unterstellung unter eine flüchtlingspolitisch repressiv ausgerichtete Kommunalverwaltung den Handlungsspielraum von engagierten Sozialarbeiter_innen noch weiter einschränken kann, als dies in vielen von gemeinnützigen oder gewerblichen Trägern betriebenen Unterkünften der Fall sein mag.

6 Kategorisierung und Ausschließung: Grenzlinie „Bleibeperspektive"

Die Unterbringung von Asylsuchenden in Sammelunterkünften ist seit den 1980er Jahren elementarer Bestandteil einer wesentlich auf Abschreckung und Ausschließung zielenden deutschen Asylpolitik, verzahnt mit weiteren autoritär-entmündigenden Maßnahmen wie der Residenzpflicht, dem Sachleistungsprinzip und Arbeitsverboten. Wie die Einblicke in die vier Studien aus drei verschiedenen Jahrzehnten gezeigt haben, war und ist der Handlungsrahmen Sozialer Arbeit mit Asylsuchenden, insbesondere im in Sammelunterkünften, stets geprägt vom jeweiligen institutionell-politischen Kontext.

Seit 2016 hat der Bundesgesetzgeber in mehreren Schritten verschärfte Regelungen zur Unterbringung eingeführt, die sich in erster Linie gegen bestimmte Teilgruppen unter den Asylsuchenden richten. So wurde mit dem ‚Asylpaket II' Ende Februar 2016 der neue, besonders restriktive Lagertypus der ‚besonderen Aufnahmeeinrichtung' geschaffen (§ 5 Abs. 5 AsylG). In diesen sollen u. a. Asylsuchende aus ‚sicheren Herkunftsstaaten', Folgeantragsteller_innen sowie Menschen, die über ihre Identität getäuscht oder Reisedokumente beseitigt haben, untergebracht werden – also jene Gruppen, die diskursiv als ‚Asylsuchende ohne Bleibeperspektive' etikettiert werden. Ihre Anträge können in beschleunigten Verfahren innerhalb von einer Woche abgefertigt werden (§ 30a AsylG). Ein Verstoß gegen die Residenzpflicht soll die Einstellung des Asylverfahrens nach sich ziehen (§ 33 AsylG). Asylsuchende, deren Anträge als offensichtlich unbegründet oder unzulässig abgelehnt wurden, müssen bis zur Ausreise oder Abschiebung in diesen Lagern verbleiben (§ 30a Abs. 3 AsylG). Im Mai 2017 legte die Regierungskoalition mit dem ‚Gesetz zur besseren Durchsetzung der Ausreisepflicht' nach:

Durch dieses wurden die Länder ermächtigt, die Pflicht, in einer Erstaufnahmeeinrichtung zu wohnen, auch für andere Gruppen von Asylsuchenden von bisher sechs auf maximal 24 Monate auszuweiten (§ 47 Abs. 1b AsylG). Ausweislich der Gesetzesbegründung richtet sich diese Gesetzesänderung gegen „Asylbewerber ohne Bleibeperspektive" (Bundesregierung 2017, S. 23) und soll vermeiden, „dass eine anstehende Aufenthaltsbeendigung durch einen nach dem Ende der Wohnverpflichtung erforderlichen Wohnortwechsel des Ausländers unnötig erschwert wird" (ebd.). Der Begriff „Bleibeperspektive" wird bis heute an keiner Stelle gesetzlich definiert oder auch nur erwähnt. Die Einteilung von Asylsuchenden in jene mit „guter Bleibeperspektive" und jene mit „geringer Bleibeperspektive" bildet jedoch seit Oktober 2015 zunehmend die Grundlage für die Gewährung und das Vorenthalten bestimmter Teilhaberechte (vgl. Voigt 2016). So bestand 2016 die Möglichkeit zur Zulassung zum Integrationskurs vor erfolgreichem Abschluss des Asylverfahrens nur für Asylsuchende aus den Herkunftsländern Syrien, Eritrea, Iran und Irak, die ausweislich der Statistik des *Bundesamtes für Migration und Flüchtlinge* (BAMF) eine Schutzquote von mehr als 50 % aufwiesen. Wie Voigt (ebd.: 247ff.) zeigt, ist jedoch die statistische Bleibewahrscheinlichkeit auch bei Asylsuchenden aus zahlreichen weiteren Herkunftsländern vergleichbar hoch. Dennoch bleiben Asylsuchende aus diesen Ländern aufgrund des weitgehend willkürlichen Grenzziehungs- und Kategorisierungsprozesses von zahlreichen Rechten und Ressourcen ausgeschlossen. Was die neue Regelung in § 47 Abs. 1b AsylG angeht, so steht zu befürchten, dass in manchen Bundesländern nun vielfach nur noch Asylsuchende aus einigen wenigen Herkunftsländern nach sechs Monaten von den Erstaufnahmeeinrichtungen auf die Kommunen verteilt werden, während alle anderen bis zu zwei Jahren dort verbleiben müssen – mit all den Restriktionen, die mit dem Aufenthalt in der Aufnahmeeinrichtung verbunden sind, z.B. das Arbeitsverbot (§ 61 Abs. 1 AsylG), die Residenzpflicht (§ 56 AsylG) und die Versorgung mit Sachleistungen (§ 3 Abs. 1 AsylbLG). Dadurch wurden einige ‚Errungenschaften' der letzten Jahre schrittweise wieder rückgängig gemacht und alte Restriktionen gegen einen großen Teil der Asylsuchenden in neuer, selektiver Form in Stellung gebracht.

7 Die Grenzen der Sozialen Arbeit herausfordern

Nicht nur, weil mit ihnen eine weitere Entrechtung ihrer Klientel einhergeht, sind diese politischen und gesetzlichen Entwicklungen für die Soziale Arbeit in mehrerer Hinsicht folgenreich. Erstens wird durch sie beeinflusst, welche Gruppen von Asylsuchenden überhaupt aus den Erstaufnahmeeinrichtungen in die Kommunen und Landkreise verteilt werden, wo sie in Gemeinschaftsunterkünften oder Beratungsstellen Zugang zu sozialarbeiterischer Beratung haben. Verbleiben sie in den Erstaufnahmeeinrichtungen, weil ihnen das Etikett ‚geringe Bleibeperspektive' verpasst wird, so muss genau beobachtet werden, ob sie dort Zugang zu unabhängiger qualifizierter Asylverfahrens- und Sozialberatung haben. Es steht zu befürchten, dass in einigen Bundesländern die Aufnahmeeinrichtungen zunehmend wie ‚Ausreisezentren' geführt werden und die Menschen durch allerlei restriktive und repressive Maßnahmen sowie durch ‚Beratung' und ‚Anreize' zur ‚freiwilligen' Rückkehr gedrängt werden. So versprach der ‚15-Punkte-Plan' von Bund und Ländern vom Februar 2017 eine „flächendeckende staatliche Rückkehrberatung", die frühzeitig und bereits in den Erstaufnahmeeinrichtungen einsetzen solle – „vor allem bei Asylsuchenden aus Staaten mit geringer Schutzquote möglichst bereits unmittelbar nach der Ankunft" (Bund und Länder 2017).

Aber auch für die projektfinanzierte Flüchtlingssozialarbeit der freien Träger außerhalb der Sammelunterkünfte bleibt die immer stärkere Ausrichtung der Politik auf ‚Rückkehrförderung' nicht folgenlos. So soll etwa der Fördertopf für Projekte im Bereich ‚Rückkehr' in der Ausschreibung des *Asyl-, Migrations- und Integrationsfonds (AMIF)* der EU, welches in Deutschland vom *Bundesamt für Migration und Flüchtlinge (BAMF)* verwaltet wird, im Jahr 2017 etwa genau so groß sein wie der Fördertopf für den Bereich ‚Asyl' – und das obwohl 2014 sechs Mal mehr Anträge auf Projektförderung im Bereich ‚Asyl' eingereicht wurden als im Bereich ‚Rückkehr'. Menschen mit abgelehnten Asylanträgen, die nur mehr eine Duldung haben, werden nur im Maßnahmenbereich ‚Rückkehr' zur Zielgruppe gezählt.

All dies ruft in Erinnerung, dass Soziale Arbeit strukturell eben nicht einfach selbst ihren Auftrag und ihre Zuständigkeitsbereiche definieren kann. Sie ist, wie Albert Scherr und Karin Scherschel schreiben,

> eine Form der organisierten Hilfe, die innerhalb nationalstaatlich verfasster Gesellschaften, auf der Grundlage des nationalstaatlichen Rechts und überwiegend mit staatlicher Finanzierung erbracht wird. [... S]ie handelt in einem machtgestützten politisch-rechtlichen Rahmen, innerhalb dessen ihr Aufgaben, Zuständigkeiten und Ressourcen zugewiesen werden. (Scherr/Scherschel 2016, S. 123)

Es sei ein wichtiger Schritt in Richtung Positionsbestimmung, diesen Rahmen weder zu ignorieren noch fraglos-selbstverständlich vorauszusetzen, sondern zu benennen. Soziale Arbeit müsse auf ihre selektiven Funktionen im nationalstaatlichen Kontext beleuchtet werden.

Aufgrund der institutionellen Abhängigkeit Sozialer Arbeit von staatlicher Sozial- und Migrationspolitik können sich unter den Bedingungen einer repressiver werdenden Politik auch die Widersprüche zwischen dem selbstproklamierten Mandat und den Erwartungen der Auftrag- und Geldgeber an die Soziale Arbeit verschärfen. Die Soziale Arbeit ist aufgefordert, mit diesen Widersprüchen transparent und offensiv umzugehen, Spielräume zu nutzen, um für die geflüchteten Menschen, mit denen sie befasst ist, so weit wie möglich eine hilfreiche Ressource darzustellen, sowie darüber hinaus auch mittels politischer Öffentlichkeits- und Lobbyarbeit, im Bündnis mit Geflüchteten, gegen jene Rahmenbedingungen zu streiten, die eine dem eigenen Mandat entsprechende professionelle Praxis Sozialer Arbeit mehr und mehr blockieren.

Literatur

Berliner Zeitung vom 05.06.2015: *Umstrittene Unterbringung von Flüchtlingen: Private Heimbetreiber sollen Millionenstrafe zahlen.* http://www.berliner-zeitung.de/1683228 (letzter Aufruf am 07.10.2016).

Berliner Zeitung vom 14.08.2016: *PeWoBe: Flüchtlingsheim-Mitarbeiter fabulieren von Kinder-Guillotine.* http://www.berliner-zeitung.de/24556174 (letzter Aufruf am 07.10.2016).

Berliner Zeitung vom 24.08.2016: *Pewobe-Chef: „Wir haben uns nichts vorzuwerfen".* http://www.berliner-zeitung.de/24637052 (letzter Aufruf am 07.10.2016).

Bund und Länder (2017): *‚15-Punkte-Paket' von Bund und Ländern: Besprechung der Bundeskanzlerin mit den Regierungschefinnen und Regierungschefs der Länder am 9. Februar 2017, TOP Asyl- und Flüchtlingspolitik, hier: Rückkehrpolitik.* https://www.bundesregierung.de/Content/DE/_Anlagen/2017/02/2017-02-09-abschlussdokument-treffen-bund-laender.pdf (letzter Aufruf am 07.07.2017).

Bundesregierung (2017): *Entwurf eines Gesetzes zur besseren Durchsetzung der Ausreisepflicht.* Bundestag-Drucksache 18/11546. 16.03.2017. http://dip21.bundestag.de/dip21/btd/18/115/1811546.pdf (letzter Aufruf am 08.06.2017).

Dahme, Heinz-Jürgen/Wohlfahrt, Norbert (2013): Europäische Staatsschuldenkrise und soziale Dienste: zur Durchsetzung neuer Rentabilitäts- und Akkumulationsbedingungen im Sozialsektor. In: *Widersprüche*, H. 128, S. 33–57.

Hotz, Urs (2015): Handeln unter repressiven Bedingungen. Zur Lebens- und Unterbringungssituation von Geflüchteten in bundesdeutschen Lagern und Konflikten der Sozialen Arbeit im Arbeitsfeld der Sozialberatung für Geflüchtete. In: Bareis, Ellen/Wagner, Thomas (Hrsg.): *Politik mit der Armut. Europäische Sozialpolitik und Wohlfahrtsproduktion „von unten",* S. 275–295. Münster: Westfälisches Dampfboot.

IFSW/IASSW (2014): *Global Definition of Social Work,* http://ifsw.org/get-involved/global-definition-of-social-work/ (letzter Aufruf am 27.02.2016).

Muy, Sebastian (2016a): *Interessenkonflikte Sozialer Arbeit in Flüchtlingssammelunterkünften gewerblicher Träger in Berlin.* Masterarbeit. Alice-Salomon-Hochschule, Berlin.

Muy, Sebastian (2016b): *Wes' Essenspakete ich ausgeb', des' Lied ich sing? – Über Abhängigkeiten Sozialer Arbeit im Kontext restriktiver Asyl- und Unterbringungspolitik.* In: *Widersprüche,* H. 141, S. 63–71.

Muy, Sebastian (2016c): Interessenkonflikte Sozialer Arbeit in Sammelunterkünften gewerblicher Träger – Ergebnisse einer Fallstudie. In: *neue praxis, Sonderheft 13, Flucht, Sozialstaat und Soziale Arbeit,* S. 157–166.

Osterkamp, Ute (1996): *Rassismus als Selbstentmächtigung. Texte aus dem Arbeitszusammenhang des Projektes Rassismus/Diskriminierung.* Berlin/Hamburg: Argument.

Pieper, Tobias (2008): *Die Gegenwart der Lager. Zur Mikrophysik der Herrschaft in der deutschen Flüchtlingspolitik.* Münster: Westfälisches Dampfboot.

Scherr, Albert (2015): Soziale Arbeit mit Flüchtlingen. Die Realität der „Menschenrechtsprofession" im nationalen Wohlfahrtsstaat. In: *Sozial Extra,* H. 4, S. 16–19.

Scherr, Albert/Scherschel, Karin (2016): Soziale Arbeit mit Flüchtlingen im Spannungsfeld von Nationalstaatlichkeit und Universalismus. Menschenrechte – ein selbstevidenter normativer Bezugsrahmen der Sozialen Arbeit? In: *Widersprüche,* H. 141, S. 121–129.

Tagesspiegel vom 20.07.2015: *Nach Lageso-Affäre in Berlin: Pewobe steigt ins Geschäft mit Obdachlosen ein.* http://www.tagesspiegel.de/berlin/nach-lageso-affaere-in-berlin-pewobe-steigt-ins-geschaeft-mit-obdachlosen-ein/12077278.html (letzter Aufruf am 21.10.2016).

taz vom 16.09.2013: *Zu nett zu den Asylsuchenden.* http://www.taz.de/!123854/ (letzter Aufruf am 21.10.2016).

Voigt, Claudius (2016): Die »Bleibeperspektive«. Wie ein Begriff das Aufenthaltsrecht verändert. In: *Asylmagazin* 8, S. 245–251. Online unter http://www.asyl.net/fileadmin/user_upload/beitraege_asylmagazin/Beitraege_AM_2016/AM16-8beitrag_voigt.pdf (letzter Aufruf am 08.06.2017).

Teil II
Partizipation, Inklusion und Diversität im Neoliberalismus

Nur ein Quadratmeter Stoff?

Regina-Maria Dackweiler

1 Einleitung

In der Bundesrepublik Deutschland nahm die auch als „Kopftuchstreit" bezeichnete Debatte über das Tragen eines kopf- bzw. haarbedeckenden Tuches gläubiger Muslima am Arbeitsplatz seinen Ausgang vom Kopftuchverbot im Schuldienst verschiedener Bundesländer im Anschluss an das Urteil des Bundesverfassungsgerichts im Rechtsstreit zwischen der muslimischen Lehrerin Feresheta Ludin und dem Oberlandesschulamt Stuttgart aus dem Jahr 2003.[1] Seit nunmehr annähernd 20 Jahren haben sich Rechts-, Sozial- und Kulturwissenschaftler_innen sowie Journalist_innen und Politiker_innen aller Parteien hoch kontrovers mit dieser von muslimischen Frauen in der Öffentlichkeit getragenen Kopfbedeckung aus-

---

[1] Der zweite Senat revidierte dieses Urteil, das es den Bundesländern überließ, mittels entsprechender Landesgesetze das Tragen religiöser Zeichen und Kleidungsstücke als Beamt_innen im Schuldienst zu verbieten, im Jahr 2015 dahingehend, dass nur im Falle der hinreichend konkreten Gefahr für den Schulfrieden jene verboten werden dürfen. In Hessen besteht nun die Pflicht zu einer obligatorischen Prüfung jedes Einzelfalls des „islamischen Kopftuchs" durch das staatliche Schulamt. Nicht im Beamtenverhältnis stehende sozialpädagogische Fachkräfte im Schuldienst unterliegen dieser Prüfung ebenfalls, soweit sie selbständigen Unterricht erteilen. Im Justiz- und Polizeidienst ist Beamt_innen weiterhin ungeprüft das Tragen eines muslimisch motivierten Kopftuchs untersagt.

© Springer Fachmedien Wiesbaden GmbH, ein Teil von Springer Nature 2018
J. Stehr et al. (Hrsg.), *Konflikt als Verhältnis – Konflikt als Verhalten – Konflikt als Widerstand*, Perspektiven kritischer Sozialer Arbeit 30,
https://doi.org/10.1007/978-3-658-19488-8_10

einandergesetzt. Zum einen werden aus verfassungsrechtlicher Sicht die miteinander konkurrierenden Grundwerte diskutiert sowie die Frage, ob es sich beim von Muslima getragenen Kopftuch um ein religiöses oder ein politisches „Symbol" handelt. Zum anderen richten sich im Horizont von Frauengleichberechtigung und -emanzipation insbesondere auch feministische Kontroversen auf die Frage nach Autonomie, Selbstbestimmung und Wahlfreiheit von Muslima angesichts patriarchal geprägter Traditionen und Koranauslegungen in ihren zugewanderten Herkunftsfamilien sowie sozio-kulturellen Milieus. Nicht zuletzt werden in der Debatte die strittigen migrationspolitischen Akkulturationskonzepte der (erwarteten) Assimilation bzw. einer auch die Kulturen der Mehrheitsgesellschaft tangierenden Integration von aus islamisch geprägten Ländern zugewanderten Menschen in Deutschland diskutiert. Hierbei handelt es sich um eine hoch heterogene Gruppe von geschätzt 3,6 Millionen konfessionsgebundene muslimische Personen, d.h. bei einer aktuellen Einwohner_innenzahl von 82,2 Millionen um rund 4.4 Prozent der Bevölkerung in der Bundesrepublik (Forschungsgruppe Weltanschauung 2016).

Obwohl hierzu unterdessen empirisch gesicherte Daten vorliegen, erlangen vor dem Hintergrund des seit 2006 bestehenden Allgemeinen Gleichbehandlungsgesetzes (AGG) das bestehende Ausmaß und die Formen von Diskriminierungen gegenüber muslimischen Frauen, die ein Kopftuch tragen,[2] in der bundesdeutschen Öffentlichkeit sehr viel weniger Aufmerksamkeit als die medial befeuerten, geschlechter- und gesellschaftspolitischen Debatten über das Für und Wider des Kopftuchs als religiösem Kleidungsstück (vgl. Weichselbaumer 2016, S. 16). So wurden u.a. allgemeine empirische Daten zur Benachteiligung, Abwertung und Ausschließung der Betroffenen insbesondere in Ausbildung und Beruf erhoben (zuletzt Antidiskriminierungsstelle des Bundes 2016). Unterdessen liegen auch einige wenige spezifizierte Studien zur beruflichen Diskriminierung dieser Gruppe von Frauen in pädagogischen Berufen vor, konkret im Schuldienst und in Krippen und Kindertagesstätten.

Doch existieren bislang weder Untersuchungen zur Berufsintegration bzw. zu möglicherweise bestehenden Diskriminierungen und Ausschließungen von kopftuchtragenden Muslima in den Arbeitsfeldern der Sozialen Arbeit, noch darüber, wie Fachkräfte in den Einrichtungen Sozialer Arbeit muslimischen Hochschulpraktikantinnen sowie sich bewerbenden bzw. beschäftigten hochschulzertifizierten Fachkräften mit Kopftuch als (potentiellen) Kolleginnen begegnen. Gleichwohl

---

2 In Deutschland geborene Frauen tragen seltener täglich ein Kopftuch (17.8 Prozent) als zugewanderte (25.2 Prozent). Über 90 Prozent geben als wichtigsten Grund für das Tragen des Kopftuches religiöse Motive an (Jessen/von Wilamovitz-Moellendorf 2006, S. 23ff.)

muss auch für die sich als „Menschenrechtsprofession" verstehende Soziale Arbeit konstatiert werden, dass Betroffene regelmäßig von ihren Diskriminierungen als Kopftuch tragende muslimische Studentinnen bzw. zertifizierte Hochschulabsolventinnen der Sozialen Arbeit während der Berufsqualifizierung, d.h. den obligatorische Praktika sowie bei Rekrutierung und Einsatzstrategien in diesen Beruf, berichten (Interkultureller Rat 2010; Huth-Hildebrandt 2009; Yildiz 2015). Für die Profession gilt es dies einerseits mit Blick auf die geforderte Interkulturelle Öffnung der sozialen Dienste in der Migrationsgesellschaft und andererseits hinsichtlich der eklatanten Gerechtigkeitslücke gegenüber den Betroffenen, die von meritokratisch legitimierter Anerkennung und sozialer Aufstiegsmobilität in der bundesdeutschen „Leistungsgesellschaft" ausgeschlossen werden, (selbst)kritisch zu hinterfragen – auch und gerade aus einer feministischen Perspektive, welche die bestehenden Hindernisse bei der Realisierung von Geschlechteregalität und Geschlechtergerechtigkeit im analytischen Rahmen einander überschneidender und überkreuzender Achsen der Diskriminierung bzw. Privilegierung *innerhalb* der weiblichen Genusgruppe analysiert.

Ausgerichtet an dieser Perspektive, versuchte das Forschungsprojekt „Nur ein Quadratmeter Stoff? Kopftuchtragende Muslima als Fachkräfte in der Sozialen Arbeit" mit Hilfe von qualitativen Methoden der Sozialforschung vertiefende Einsichten zur skizzierten Problemkonstellation zu gewinnen. Im Anschluss an eine knappe Skizze der Forschungsfragen und -ziele sowie des methodischen Vorgehens (2), sollen zentrale Befunde dieses empirischen Projektes knapp vorgestellt werden (3). Angesichts der ansteigenden „Islamfeindlichkeit" in der Bundesrepublik wird abschließend eine Deutung der gewonnenen Einsichten im Horizont des Kampfs um Ressourcen und Anerkennung zwischen „Etablierten und Außenseitern" (Elias/Scotsen 1993) vorgeschlagen (4).

2 Fragestellungen – Ziele – Methoden

Die forschungsleitenden Fragen des empirischen Projekts[3] suchten zum einen Antworten danach, auf Grundlage welcher Einstellungen und Annahmen die in Institutionen und Organisationen der verschiedenen Arbeitsfelder tätigen Professionellen der Sozialen Arbeit ihr Handeln gegenüber (angehenden) muslimischen

---

3   Das Hessische Ministerium für Wissenschaft und Kunst finanzierte für das Projekt in der Förderlinie „Frauen- und Geschlechterforschung an Hessischen Fachhochschulen" zwischen April 2013 bis Oktober 2014 die wissenschaftliche Mitarbeiterin Tanja Hofmann, für deren Engagement an dieser Stelle gedankt sei.

Fachkräften, die ein Kopftuch tragen, orientieren und begründen, welche Chancen und Schwierigkeiten die Fach- und Führungskräfte in Einrichtungen der Sozialen Arbeit beim Einsatz von bzw. der Zusammenarbeit mit kopftuchtragenden Muslima in den unterschiedlichen Arbeitsfeldern dieser Profession sehen. Zum anderen sollte methodisch kontrolliert zur Sprache kommen, welche Erfahrungen (angehende) weibliche Fachkräfte der Sozialen Arbeit, die als Ausdruck ihres muslimischen Glaubens in der Öffentlichkeit ein Kopftuch tragen, in Bewerbungssituationen um Praktika und Planstellen sowie im beruflichen Alltag machen.

Fokussiert auf Frankfurt und Wiesbaden wurden für die Beantwortung der genannten Fragen vielfältige qualitative Forschungsmethoden eingesetzt: Dokumentenanalysen von Leitbildern zur Rekonstruktion der Positionen und Praxen zur Frage der Interkulturellen Öffnung sowie Geschlechtergleichstellung bei Verbänden und Trägern, leitfadengestützte Expert_innen-Interviews mit Mitarbeitenden der „Praxisreferate" an den Fachbereichen der Sozialen Arbeit der staatlichen Hochschule in Frankfurt und Wiesbaden, problemzentrierte Interviews mit Student_innen der Sozialen Arbeit bzw. hochschulqualifizierten Fachkräften, die ein Kopftuch tragen, eine teilstandardisierte Fragebogenerhebung mit Personalverantwortlichen zu ihren Rekrutierungs- und Einsatzstrategien und Gruppendiskussionen mit Fachkräften aus dem Sample der Fragebogenerhebung. Eine Fachtagung mit einer Präsentation und Diskussion der Befunde mittels eines mehrstündigen „World Cafés" schloss das Forschungsprojekt ab.

Beabsichtigt war es, im Horizont der gesellschaftlichen Selbstverpflichtung der Antidiskriminierung und im Selbstverständnis als Menschenrechtsprofession sowie mit Blick auf die politische Forderung nach Integration von Frauen und Männern mit Migrationsbiographie bzw. -hintergrund und der professionspolitischen Forderung einer personellen Pluralisierung der Sozialen Arbeit im Sinne von Gender und Diversity, Ursachen aufzudecken und Motive zu entschlüsseln, die einer Realisierung dieser Verpflichtungen und Forderungen im Falle kopftuchtragender muslimischer Fachkräfte möglicherweise im Wege stehen. Hierfür galt es, nicht nur die Einstellungen und Annahmen vor allem von Personalverantwortlichen in Einrichtungen Sozialer Arbeit zu kopftuchtragenden muslimischen Fachkräften zu befragen, um Deutungsmuster aufzuschließen, die ihr Handeln begründen. Darüber hinaus sollten betroffene Frauen selbst zu Wort kommen und ihre Erfahrungen schildern und deuten können. Zuletzt sollten die multiperspektivischen Befunde den beteiligten Einrichtungen und Fachkräften rückgespiegelt und in einem dialogischen Prozess mögliche Handlungsstrategien reflektiert werden.

3 Zentrale Befunde[4]

Hinsichtlich der Frage, wie viele (angehende) muslimische Fachkräfte, die religiös motiviert während ihrer Berufsausübung ein Kopftuch tragen – also auch mit Blick auf die häufig die Relevanz des Problems anzweifelnde Frage nach der Signifikanz der Betroffenenzahlen – vermochten die Expert_innen-Interviews mit den Leiter_innen der Praxisreferate des Fachbereichs „Sozialwesen" bzw. „Soziale Arbeit und Gesundheit" der Hochschule RheinMain bzw. Frankfurt belastbare Schätzungen zu generieren: In Frankfurt studieren im Studiengang B.A. Soziale Arbeit nach Aussage der Befragten etwa fünf muslimische Frauen einer Studienkohorte (Aufnahme 2 x jährlich), die ein Kopftuch tragen, so dass potentiell rund zehn betreffende Frauen pro Kalenderjahr das Studium abschließen; in Wiesbaden studieren etwa zwei Frauen einer Studienkohorte im Studiengang B.A. Soziale Arbeit (Aufnahme zweimal jährlich) und etwa vier Frauen im Studiengang B.A. Bildung in Kindheit und Jugend (Aufnahme einmal jährlich), so dass hier potentiell rund acht kopftuchtragende muslimische Frauen das Studium abschließen. Diese Fachkräfte können sich ebenso bei öffentlichen wie freigemeinnützigen Trägern der Sozialen Arbeit bewerben. Und auf welche Positionen hinsichtlich ihrer Beschäftigung und ihres Arbeitseinsatzes treffen sie hierbei entsprechend des Selbstverständnisses und der normativen Vorgaben der jeweiligen Träger?

Mit Hilfe der dokumentenanalytisch gestützten Rekonstruktion von Positionen und Praxen lässt sich nachvollziehen, dass auf einer normativen Ebene sowohl das Thema der Geschlechtergleichstellung als auch die Forderung nach Interkultureller Öffnung der Sozialen Dienste in der Migrationsgesellschaft bei den öffentlichen Trägern und den konfessionellen Verbänden angekommen ist. Doch gilt es zu konstatieren, dass unter Interkultureller Öffnung überwiegend die Öffnung für Adresssat_innen mit Migrationsbiographie bzw. -hintergrund verstanden wird, nicht aber die Integration von eben jenen Fachkräften in die professionelle Arbeit in allen Bereichen und auf allen Hierarchieebenen. So ist in beiden christlichen Verbänden die Zugehörigkeit zur jeweiligen Kirche Einstellungsvoraussetzung für die Fachkräfte, was der Gesetzgeber nicht nur historisch mittels der grundgesetzlich garantierten, arbeitsrechtlichen Autonomie der kirchlichen Einrichtungen ermöglicht (BVerfGE 46, 73, 95), sondern erneut im Jahr 2006 im AGG mittels der Ausnahmeklausel für kirchliche Arbeitgeber legitimiert. Als *ehrenamtlich* Tätige werden Frauen und Männer mit Migrationsgeschichte bzw. -hintergrund aus isla-

---

4 An der Studie haben sich viele Fachkräfte aus der Sozialen Arbeit beteiligt, in dem sie in verschiedenen Formen offen und ausführlich auf meine Fragen geantwortet haben. Auch ihnen allen sei hierfür an dieser Stelle nochmals herzlich gedankt!

misch geprägten Ländern bei den konfessionellen Tendenzbetrieben hinsichtlich ihrer Sprach- und „kulturellen Kompetenzen" für den Bereich der Migrations- und Flüchtlingsarbeit jedoch in ihren Leitbildern und Selbstdarstellungen durchaus offensiv adressiert. Hierbei stellt auch das Tragen des muslimischen Kopftuchs offenbar keinen Hinderungsgrund dar, findet sich etwa Bildmaterial, das in diesem Zusammenhang kopftuchtragende Ehrenamtliche abbildet. Als öffentliche Träger haben sich Frankfurt und Wiesbaden explizit zu Antidiskriminierung und Integration verpflichtet: Die Stadt Frankfurt (2003) verfügt über eine „Antidiskriminierungsrichtlinie", die unmittelbare oder mittelbare Benachteiligung „aus Gründen des Geschlechts, der Abstammung, der Hautfarbe, der Sprache, der Heimat oder Herkunft, des Glaubens, der Religion, der politischen Ansichten oder der Weltanschauung, einer Behinderung, des Alters oder der sexuellen Ausrichtung" für alle Organisationseinheiten der Verwaltungsbehörde sowie die Eigenbetriebe untersagt. Der Magistrat der Landeshauptstadt Wiesbaden (2016) formulierte 2004 das 2010 und erneut 2016 fortgeschriebene „Integrationskonzept", mit welchem u.a. eine „nachhaltige und gleichberechtigte Teilhabe von Personen mit Migrationshintergrund an der Erwerbsarbeit" gefördert und gesichert werden soll. Beide Kommunen wollen und müssen folglich in ihrer Funktion als Öffentliche Träger ihre personalverantwortlichen Funktionsträger_innen daran messen, inwieweit weibliche Fachkräfte der Sozialen Arbeit, die als Ausdruck ihres muslimischen Glaubens ein Kopftuch tragen, Akzeptanz und Anerkennung finden. Zugleich stehen beide Kommunen gegenüber den von ihnen beauftragten freigemeinnützigen Trägern in der Aufsichtspflicht, die Diskriminierungsfreiheit von qualifizierten Bewerberinnen und Mitarbeiterinnen zu prüfen und entsprechende Konsequenzen bei Zuwiderhandlungen zu ziehen.

Eine eklatante Kluft zwischen Norm und Wirklichkeit zeigt sich jedoch überdeutlich sowohl in den Erfahrungen der interviewten Fachkräfte muslimischen Glaubens und jener der Expert_innen der Praxisreferate, als auch in den gemachten Aussagen im Fragebogen und den Gruppendiskussionen.

So berichteten die befragten Leiter_innen der Praxisreferate darüber, dass ihnen in ihrer Funktion einerseits kopftuchtragende muslimische Studentinnen bzw. Absolventinnen begegneten, die problemlos eine Stelle für die obligatorischen Praktika im Studium bzw. zur Erlangung der staatlichen Anerkennung nach dem Studium fänden, und ihre Praktika reibungslos absolvierten. Andererseits beobachteten sie in ihren Sprechstunden, dass die entsprechenden Studentinnen/Absolventinnen in signifikanter Zahl mit großen Schwierigkeiten konfrontiert seien: Sie fänden keine oder nur nach überdurchschnittlich langer Suche Stellen und dann in Arbeitsfeldern, die sie nicht favorisierten. Sie machten im Verlauf der Praktika Diskriminierungserfahrungen und erlebten bei Konflikten im Team oder mit den

Anleitungen eine herabwürdigende und diffamierende Thematisierung ihres Kopftuches und ihrer Religion, durch welche sich die betroffenen Frauen teilweise sogar genötigt sähen, trotz aller hiermit verbundener Nachteile, die Praktikumsstelle zu wechseln. Auch wenn ein Teil der interviewten Expert_innen das Kopftuch selber „ablehnt", äußern sie zugleich, dass sie dieses in ihrer beruflichen Funktion zu tolerieren hätten. Gleichwohl raten sie den betreffenden Frauen dazu, sich „auf jeden Fall" ohne Kopftuch zu bewerben, insbesondere keine Bewerbungsfotos mit Kopftuch auszusenden, und das Tuch während der Arbeitszeit nicht zu tragen. Sollten die Frauen hierzu nicht bereit sein, müssten die Betreffenden eben „trotz Kopftuch überzeugen".

Eben diese negativen Erfahrungen thematisierten alle acht Interviewpartnerinnen, die in Frankfurt und Wiesbaden ihr Studium absolviert hatten.[5] Diese Interviews ermöglichten Einsichten in die Diskriminierungs- und Ausschließungserfahrungen der befragten Frauen im Studium, überwiegend durch Kommiliton_innen, sowie während der obligatorischen Praktika, bei der Berufseinmündung und im bisherigen Berufsverlauf, hier fast ausnahmslos durch Kolleg_innen, Anleitung und Vorgesetzte, also selten durch Adressat_innen. So sehen sie sich durchaus gesucht als Honorarkräfte für spezifische, konkret muslimisch geprägte Zielgruppen bzw. als hauptamtliche „Mittlerinnen" in der Migrations- und Flüchtlingsarbeit, aufgrund angenommener „interkultureller Kompetenzen" und vermuteter besserer Zugänge zu den Adressat_innen. Auch im Bereich der Kindertagespflege machten einige der Befragten die Erfahrung, mit Kopftuch als studentische Honorarkraft bzw. für das integrierte Praktikum beschäftigt zu werden, wenn hier der Anteil von Kindern aus muslimischen Familien hoch gewesen sei. Zugleich berichteten die Befragten vielfach davon, bereits im Studium mit der Aufforderung konfrontiert worden zu sein, das Kopftuch abzusetzen, wenn sie eine ungehinderte Berufsausübung anstreben wollten bzw. dieses bei Bewerbungen gar nicht erst zu tragen. So habe ein Professor einer der Befragten in der Sprechstunde „wohlmeinend" geraten, dass Kopftuch abzusetzen, um „es sich nicht so schwer zu machen". Die

---

5 Mit den qualifizierten Fachkräften konnten zwischen 60 bis 130 minütige, problemzentrierte Interviews geführt werden. Zum Interviewzeitpunkt zwischen 22 bis 36 Jahre alt, trugen sieben der Interviewten beim Interview ein Kopftuch; bis auf eine der Interviewten sind alle Frauen in Deutschland geboren, ihre Eltern haben jeweils Migrationsbiographien. Alle haben ein grundständiges Studium der Sozialen Arbeit erfolgreich abgeschlossen; eine der Interviewten befand sich im Berufspraktikum zur Erlangung der staatlichen Anerkennung, zwei haben im Anschluss an die Staatliche Anerkennung ein M.A.-Studium an einer Universität aufgenommen, fünf der Befragten arbeiteten zum Interviewzeitpunkt als staatlich anerkannte Sozialarbeiterinnen in Arbeitsfeldern der Sozialen Arbeit.

Interviewten berichteten von ihren Schwierigkeiten, Praktikumsstellen „mit Kopftuch" zu finden und von ihren Kompromissen, die sie eingehen, um in das Berufsfeld der Sozialen Arbeit einmünden zu können: Zwei von ihnen legen nach eigener Aussage die Kopfbedeckung während der Arbeit bei einem öffentlichen Träger ab und berichten von der ständigen Angst, außerhalb ihrer Arbeitszeiten in der Stadt mit Kopftuch von Adressat_innen oder Kolleg_innen gesehen zu werden. Zugleich thematisieren sie ihre Scham darüber, ihr Kopftuch zu verheimlichen bzw. ihre Religion zu verleugnen und nicht für ihr Recht auf diesen Ausdruck religiöser Identität „zu kämpfen". So habe in einem Bewerbungsgespräch um eine Stelle der Schulsozialarbeit der Personalverantwortliche davon gesprochen, das er „das Kopftuch zum Kotzen" fände, was die Interviewte zwar in der Situation unhinterfragt ließ, um dann jedoch die ihr zugesagte Stelle abzulehnen. Eine andere Befragte hat aus Gründen der beruflichen Integration das Kopftuch im Alter von 28 Jahren vollständig, d.h. auch im Privatleben, abgelegt, da ihr Arbeitgeber in öffentlicher Trägerschaft dieses nicht tolerieren würde.

Alle Interviewpartnerinnen erzählen von Erfahrungen der Stereotypisierung sowie der Ab- und Entwertung auf Grund ihrer sichtbaren religiösen Identität: In den Einrichtungen seien sie zunächst von Adressat_innen oder Mitarbeiter_innen nicht als sozialpädagogische Fachkraft, sondern als „Putzfrau" adressiert worden und es würden ihre als „überraschend" betrachteten guten Deutschkenntnisse gelobt. Die Befragten berichten von den „erschrockenen" und „abweisenden" Reaktionen auf das Kopftuch von Mitarbeiter_innen der jeweiligen Schul-, Jugend- und Sozialämter, wenn sie dort in ihrer Funktion als sozialpädagogische Begleitung minderjähriger Flüchtlinge oder als Familienhelferin in Erscheinung treten. Kolleg_innen unterstellten muslimischen Frauen mit Kopftuch prinzipiell fehlende Bereitschaft zur Integration in die bundesdeutsche Gesellschaft und ein mangelhaftes Bewusstsein vom grundgesetzlich garantierten Gleichbehandlungsgebot der Geschlechter. Muslima gelten – so die Erfahrungen der Interviewpartnerinnen – auch in den Augen von Fachkräften der Sozialen Arbeit auf Grund ihrer Religion als „unterdrückt, gewaltbetroffen und rückwärtsgewandt". Beispielhaft hierfür berichtete eine der Interviewten davon, dass das von ihr angebotene gemeinsame Kochen der Mädchengruppe in einer Moscheegemeinde im Rahmen ihrer Quartiersarbeit von Kolleg_innen in der Supervision als Hinweis dafür gewertet worden sei, dass sie somit zur „Verinnerlichung der Rolle der Frau im Islam" beitragen wolle.

Dieses deutlich werdende Spannungsfeld der einerseits möglichen bzw. sogar erwünschten Beschäftigung kopftuchtragender Fachkräfte – häufig jedoch als Honorarkräfte – auf Grund einer unterstellten kultureller Passung und andererseits bestehender Vorbehalte sowie manifester Ablehnung dieser (potentiellen) Praktikantinnen und Kolleginnen andererseits, kann gleichfalls als eine zentrale Einsicht aus dem teilstandardisierten Fragebogens gelten.[6] Als Motive für die Einstellung einer Fachkraft mit Migrationshintergrund wurde hauptsächlich „kulturelle Passung", „interkulturelle Kompetenz", sowie „Identifikationsmöglichkeit der AdressatInnen" genannt. Demgegenüber wird bei der Frage nach den bedeutsamsten allgemeinen Einstellungskriterien „Empathie" als wichtigstes Kriterium benannt. Beide Fragen ließen neben den Items die Möglichkeit offen, eigene Kriterien zu benennen. Auffällig angesichts der Absolventinnenzahlen von Muslima, die in Frankfurt und Wiesbaden ein Kopftuch tragen, ist eine hohe Abstinenz im Sample gegenüber der Beschäftigung dieser (Berufs-)Praktikantinnen: 74% (= 31) der Einrichtungen gaben an, gegenwärtig oder in den letzten fünf Jahren keine kopftuchtagende Praktikantin angestellt zu haben. 21 Prozent würden keine kopftuchtragende Praktikantin/Berufspraktikantin einstellen und 38 Prozent lehnen die Einstellung einer hochschulqualifizierten muslimischen Fachkraft, die Kopftuch trägt, ab (N= 42). Als mögliche Gründe gegen die Einstellung einer muslimischen Fachkraft mit Kopftuch werden am häufigsten „ablehnende Reaktionen der AdressatInnen", „Kopftuch als politisches Zeichen unerwünscht", „widerspricht Verständnis der KollegInnen von egalitären Geschlechterverhältnissen" sowie „widerspricht religiös-weltanschaulicher Neutralität der Einrichtungen" angegeben. Auch hier bestand die Möglichkeit, eigene Gründe zu formulieren. Neben den geschlossenen Fragen konnten insbesondere auch den offenen Fragen Bewertungen und Empfehlungen der Befragten entnommen werden: So wurde etwa im Hinblick auf eine erfolgreiche Berufsintegration sehr häufig der Ratschlag erteilt, das Kopftuch (während der Arbeitszeit) abzulegen. Wurde bei den o.g. Gründen gegen eine Einstellung häufig das Item „Kopftuch als politisches Symbol" genannt, wird bei den offenen Fragen nach dem möglichen Ablehnungsgründen der Einstellung einer kopftuchtragenden Fachkraft das Kopftuch vermehrt als „religiöses Symbol" aufgeführt.

---

6 Im Sinne eines bewusst gewählten Samples wurde der Fragebogen an 110 Einrichtungen aus den Arbeitsfeldern der Kinder- und Jugendhilfe sowie der „Lebens"- bzw. Sozialberatung in Frankfurt und Wiesbaden versandt. Er gliederte sich in drei thematische Schwerpunkte: Im ersten Teil wurden Fragen zur Personalstruktur gestellt, im zweiten Teil Einstellungen zum Kopftuch bei der Rekrutierung und dem Arbeitseinsatz von Fachkräften bzw. Praktikantinnen und im dritten Teil wurde in Form offener Fragen erbeten, konkrete Erfahrungen mit bzw. Überlegungen zu einer möglichen hauptamtlichen Mitarbeit von kopftuchtragenden Fachkräften zu schildern. Soziodemografische Fragen zur antwortenden Person schlossen den Fragebogen ab. Die Rücklauflaufquote der nicht repräsentativen Befragung von 38 Prozent war überdurchschnittlich hoch.

Insgesamt zwei Gruppendiskussionen ermöglichten es, zu differenzierteren Einsichten über diese sich abzeichnenden Argumentationsfiguren zu gelangen.[7] Trotz unterschiedlicher Zusammensetzung von Gruppe A und Gruppe B hinsichtlich der Kategorien Alter, Berufserfahrung und Berufsstatus, und trotz der Unterschiede zwischen den Einrichtungen, in welchen die Teilnehmer_innen beschäftigt sind, lassen sich in den jeweils „künstlichen Gruppen" ähnliche Deutungsmuster identifizieren. So kontextualisierten beide Gruppen die zur Diskussion stehende Frage von Beginn an in den islamistischen Terror im Irak und Syrien („Islamischer Staat") sowie Nigeria („Boko Haram") und argumentierten, dass dieser zu Verunsicherungen in der Bevölkerung führe und deshalb kopftuchtragende Muslima häufig auf Ablehnung bei den Adressat_innen stießen, da sie mit den Geschehnissen unmittelbar in Verbindung gebracht würden. Auch waren sich beide Gruppen darin einig, dass eine kopftuchtragende Muslima aufgrund muttersprachlicher Fähigkeiten, ihrer Religions- und nationalen Zugehörigkeit und der ihr zugesprochenen interkulturellen Kompetenz die Funktion einer „Türöffnerin" gegenüber schwer(er) erreichbaren Zielgruppen einnehmen bzw. als Sprach- und Kulturdolmetscherinnen fungieren könnte. Bemerkenswert war die Vermutung der Teilnehmer_innen beider Gruppen, dass eine Kopftuchtragende Fachkraft in Leitungsfunktion auf höhere Akzeptanz treffen könnte, da sie weniger Kontakt zu den Adressat_innen hätte, verortete doch insbesondere Gruppe A bei diesen fehlende Akzeptanz gegenüber dem muslimischen Kopftuch.

Zugleich lassen sich auch signifikante Unterschiede der Argumentationen zwischen den Gruppen identifizieren. Nach Ansicht der Diskutant_innen der Gruppe A, in der alle Beteiligten eine Leitungsfunktion innehaben und eine von sechs Personen über eine Migrationsbiographie verfügt, reagierten weniger Fach- und Führungskräfte bzw. Kolleg_innen als vielmehr Adressat_innen ablehnend und feindselig auf kopftuchtragende Fachkräfte und verweigerten in Folge dessen teilweise auch deren professionelle Hilfe. Eine Teilnehmerin relativierte diese Aussage, indem sie ergänzte, dass kleine Kinder das Kopftuch nicht registrierten, ab der Pubertät sei dies allerdings anders. Nach Einschätzung der Diskutant_innen

---

7   Rekrutiert aus dem Sample des Fragebogens wurden die auf 150 Minuten zeitlich begrenzten Gruppendiskussionen einmal mit sechs Personen (fünf Frauen und ein Mann in Wiesbaden = *Gruppe A*) bzw. mit fünf Personen (vier Frauen und ein Mann in Frankfurt = *Gruppe B*) unter nahezu gleichen Bedingungen durchgeführt: Nach der Vorstellung bisheriger Befunde wurde im Anschluss an ein Zitat aus einem der problemzentrierten Interwies zum Einstieg die Frage danach gestellt, was gegen bzw. was für die Beschäftigung einer kopftuchtragenden muslimischen Fachkraft spricht. Beide Diskussionen entwickelten sich selbstläufig, d.h. ohne weitere Interventionen der Projektleiterin.

eröffneten sich daher für die betreffenden Frauen spezifische Arbeitsfelder „mit Kopftuch", konkret in der Kindertagesbetreuung. Auch deuteten die Teilnehmer_innen von Gruppe A das Kopftuch anders als Gruppe B: Während in Gruppe B das Kopftuch ohne Widerspruch mehrfach als grundrechtlich geschütztes „religiöses Symbol" bzw. als „Glaubensbekenntnis" definiert wurde, definierte es Gruppe A nach ausführlicher Debatte über die für alle notwendige Klärung der jeweiligen Motive der Frauen, eine Kopfbedeckung zu tragen, als ein „politisches Symbol", welches kritisch betrachtet werden müsse. Insbesondere das für die Teilnehmer_innen automatisch mit dem islamischen Kopftuch verbundene „Statement" der Akzeptanz von Geschlechtertrennung, -hierarchie und -ungleichbehandlung betrachteten sie als unvereinbar mit einer auf Emanzipation und Empowerment der Adressat_innen gerichteten professionellen Sozialen Arbeit, und hier gerade mit Blick auf zugewanderte Frauen aus islamisch geprägten Ländern. So argumentierten einige Diskussionsteilnehmerinnen vehement für die Legitimität einer „politischen Gesinnungsprüfung" einer kopftuchtragenden Bewerberin im Rahmen des Vorstellungsgesprächs in Form von Fragen nach ihrem Rechtsstaats- und Demokratieverständnis sowie ihrer Haltung gegenüber der Gleichstellung von Frauen. Unwidersprochen blieb die emotional vorgetragene, und mit Hinweis auf die eigene Befreiung aus repressiven religiösen Traditionen begründete Befürchtung gegenüber möglichen Kolleginnen mit Kopftuch, dass diese die Einrichtungen islamistisch „unterwandern" wollten, wisse man doch, dass auch die bis vor den EuGH um ihre Einstellung in den Schuldienst streitende Lehrerin Fareshda Ludin „ferngesteuert" gewesen sei, da es sich bei ihr, laut Alice Schwarzer, um eine „Nichte von Osama bin Laden" handele.

Die Diskutant_innen der Gruppe B, in welcher drei Teilnehmerinnen eine Migrationsbiographie aufweisen, und nur zwei Personen in einer Leitungsposition fungieren, rückten demgegenüber Vorurteile und Ressentiments gegen sowie Stereotypisierungen von kopftuchtragenden Muslima in der Gesellschaft, aber auch in Einrichtungen der Sozialen Arbeit, in den Fokus der kritischen Aufmerksamkeit. Ein Teilnehmer brachte das Argument ein, dass auch wirtschaftliche Erwägungen gegen die Einstellung einer kopftuchtragenden muslimischen Fachkraft sprechen könnten, da nach seiner Erfahrung Kooperationspartner – in seinem Fall das Jugend- und Sozialamt der Stadt Frankfurt – teilweise ablehnend auf jene reagierten. Hier entwickelte sich die Diskussion über weite Strecken zu einer kritischen Selbstbefragung und -reflexion bezüglich des advokatorischen Auftrags der Sozialen Arbeit als Menschenrechtsprofession. Diskutiert wurde die für einen Teilnehmer im Nachhinein beschämende Erfahrung, dass er es als notwendig betrachtet hatte, eine Bewerberin einzig auf Grund des Kopftuchs in einem zweifachen Vorstellungsgespräch zu prüfen, bis sich das Team und er auf die Bewerberin für die befristete Stelle einigen konnten. Intensiv besprochen wurden auch die Dilemmata der erwarteten Repräsentation migrantischer Stimmen, Interessen und Bedürfnisse durch selber zugewanderte Fachkräfte und jener mit „Migrationshintergrund".

4 Fazit

Alle interviewten muslimischen Fachkräfte machten nach ihren Beschreibungen die Erfahrung, dazu aufgefordert bzw. unter Druck gesetzt worden zu sein, das Kopftuch abzusetzen, um – ungeachtet ihrer zertifizierten Qualifikationen und Kompetenzen – auf dem Arbeitsmarkt Zugang zur Ausübung ihres erlernten Berufs zu erlangen. Dies bestätigen die Aussagen der befragten Leiter_innen der Praxisreferate, die ihrerseits vor dem Hintergrund des Wissens über auftretende Probleme bei der Suche nach Stellen für das integrierte bzw. für das Berufspraktikum zur Staatlichen Anerkennung, aber auch über die auftretenden Feindseligkeiten und Aversionen von Seiten der Kolleg_innen in den Einrichtungen, den betreffenden Frauen dazu raten, kein Kopftuch zu tragen. Darüber hinaus bringen die interviewten muslimischen Fachkräfte vielfältige diskriminierende, stereotypisierende und exkludierende Erlebnisse und hierauf beruhende Gefühle der Scham, Resignation, Trauer und Empörung zum Ausdruck. Die Beschreibungen der Interviewten verweisen zum einen auf eine einschränkende Rekrutierung für das Arbeitsfeld der Migrationsarbeit bzw. einen Arbeitseinsatz für migrantische Zielgruppen. Zum anderen wird ihr mehr oder weniger selbstbestimmtes Ausweichen in den frühpädagogischen Bereich auf dem sozialpädagogischen Arbeitsmarkt deutlich, in welchem das Kopftuch geduldet wird – nicht zuletzt wegen des aktuell (noch) bestehenden Mangels an qualifizierten Kräften im Tagespflegebereich in den Großstädten Frankfurt und Wiesbaden.

Diese aus Sicht der betroffenen Frauen durchaus als *Kanalisierung* in zielgruppenspezifische Arbeitsfelder bzw. Einmündung in eine frühpädagogische *Nische* zu charakterisierenden Dynamiken vermochten die Befunde aus der teilstandardisierten Fragebogenerhebung mit Mitarbeiter_innen aus Einrichtungen in Frankfurt und Wiesbaden zu bestätigen: So scheinen Fachkräfte mit Migrationsbiographie bzw. -hintergrund entsprechend der hier gemachten Aussagen überwiegend im Bereich der Migrations- und Flüchtlingsarbeit im Sinne einer „kulturellen Passung" zu den Adressat_innen gewünscht bzw. gesucht und eingesetzt zu werden. Hier können muslimische Fachkräfte, die ein Kopftuch tragen, offenbar zum Teil auf Akzeptanz stoßen. Selbst bei den christlichen „Tendenzbetrieben" werden sie in diesen Arbeitsfeldern gesucht bzw. toleriert oder im Status als ehrenamtlich Tätige explizit mit Blick auf ihre Sprach- und „interkulturellen Kompetenzen" umworben.

Dank der Gruppendiskussionen konnten spezifische Deutungsmuster noch differenzierter herausgearbeitet werden: In den Argumentationsfiguren der Diskutant_innen amalgamieren sich zum einen feministische Positionen der Emanzipation und Gleichstellung von Frauen unintendiert mit Versatzstücken islamophober Diskurse und legitimieren so Diskriminierung und Ausschluss von (angehenden) kopftuchtragenden muslimischen Fachkräften. So konnte erstens die Argumentationsfigur der Teilnehmer_innen entschlüsselt werden, dass eine „offensichtlich" mit religiös legitimierter Frauenunterdrückung (= Kopftuch) identifizierte Fachkraft den um Selbstbestimmung und Selbstermächtigung ringenden Adressat_innen nicht zugemutet werden könne. Und zweitens die Argumentationsfigur, dass eine „offensichtlich" mit dem „gewalttätigen politischen Islam" (= Kopftuch) identifizierte Fachkraft eine potentielle Bedrohung in der Einrichtung darstelle. Zum anderen werden die im Kontext der Islamfeindlichkeit geschürten Vorurteile und Stereotypisierungen im Zuge der Diskussion über muslimische Fachkräfte mit Kopftuch aber auch vehement kritisiert und das Ringen um eine differenzierte und den Individuen gerecht werdende Sicht auf das Kopftuch deutlich. Hier lässt sich eine dritte Argumentationsfigur nachvollziehen, welche darauf besteht, dass das Kopftuch Teil des grundgesetzlich geschützten Rechts der islamischen Religionsausübung neben anderen Religionen darstellt, die selbstverständlich auch in den Einrichtungen der Sozialen Arbeit, sowohl durch die Adressat_innen als auch die dort beschäftigten Fachkräfte, präsent sein sollte. Dies führt zu einer vierten Argumentationsfigur, welche den Auftrag der Sozialen Arbeit als Menschenrechtsprofession umkreist und deren Aufgabe mit Blick auf das muslimische Kopftuch auch darin sieht, als Vorbild in der Gesellschaft zu fungieren, für Toleranz zu werben und diese auch vorzuleben.

Die im Fragebogen wie auch in den Gruppendiskussionen aufscheinenden und artikulierten Ängste und Vorbehalte gegenüber, aber auch Stereotypisierungen und Entwertungen von muslimischen Fachkräften mit Kopftuch einerseits und die advokatorischen und suchenden Bewegungen nach Gerechtigkeit und Toleranz ihnen und ihrer Religion gegenüber, lassen sich in den Kontext der vielstimmigen und hochkontroversen Debatten zur sogenannten Islamkritik situieren (vgl. Bax 2015; Hafez/Schmidt 2015). Mehrheitlich wird unter diesem Etikett die islamische Religion pauschal als rückständig, irrational, patriarchal und gewaltbereit charakterisiert und gilt daher als nicht in die freiheitlich-demokratische Kultur des „Westens" integrierbar, weil nicht kompatibel mit den „Werten" der „jüdisch-christlichen Aufklärung".[8] Muslimische Frauen, insbesondere jene mit

---

8   Die Mehrheit der Deutschen empfindet den Islam nicht als Bereicherung, sondern als Bedrohung: „16 % betrachten ihn als ‚sehr bedrohlich', 35 % als ‚eher bedrohlich'.

Kopftuch, gelten in diesem Diskurs entweder sämtlich als unterdrückte Opfer von Gewalt, Zwangsverheiratung und Ehrenmord oder als gefährliche Komplizinnen von gewaltbereiten Islamisten oder als gefährliche Opfer auf Grund ihrer „enormen Fruchtbarkeit" (vgl. Shooman 2014, S. 83ff.). Bei dieser, zumeist von selbsternannten Islamkenner_innen formulierten Islamfeindlichkeit handelt es sich um eine pauschale Herabsetzung bzw. negative Wahrnehmung der homogenisierten Gruppe „der" Muslime, ihrer Kultur und/oder Religion und somit um „gruppenbezogene Menschenfeindlichkeit" (Heitmeyer 2012), die seit einigen Jahren bis weit in der Mitte der deutschen Gesellschaft Widerhall findet:

> Islamfeindlichkeit ist keine gesellschaftliche Randerscheinung, sondern findet sich in der Mitte der Gesellschaft. Islamfeindlichkeit als salonfähiger Trend kann zur Legitimation diskriminierender und ausgrenzender Verhaltensweisen gegenüber einer Minderheit genutzt werden. (Hafez/Schmidt 2015)

Hier kommt muslimischen Frauen und ihrer religiösen Bekleidung eine herausgehobene Funktion als Grenzmarkerinnen zwischen einem maßgebenden und überlegenen „Wir" der deutschen Mehrheitsgesellschaft und den als ebenso fremd und bedrohlich wie minderwertig definierten „Anderen" zu.

Dies verdeutlichen die Antworten im Fragenbogen, die das Kopftuch pauschal entweder als ein „politisches Symbol" bewerten und mit dieser Deutung die Beschäftigung einer kopftuchtragenden Fachkraft sowohl mit Hinweis auf die weltanschauliche Neutralität der Einrichtung, als auch auf Grund der vermuteten Ablehnung durch die Adressat_innen, ausschließen. Bei dieser offenen Exklusion der betreffenden Gruppe qualifizierter Frauen sehen sich die Befragten durch die Gesetzeslage im Bundesland Hessen gestärkt. Wird das Kopftuch als „religiöses Symbol" interpretiert, tritt die Ablehnung der Fachkraft auf Grund der ihr – unter Bezugnahme auf feministische Positionen – undifferenziert unterstellten Billigung von Ungleichbehandlung und Unterdrückung von Frauen im Islam in den Vordergrund der Einwände gegenüber ihrer Beschäftigung, weil diese sodann weder mit dem Emanzipationsverständnis des Teams noch mit der erwarteten „Vorbildfunktion" für die (migrantischen) Adressat_innen vereinbar sei.

So wird der Rekurs auf Demokratie, Rechtsstaat, Gleichberechtigung und Frauenemanzipation zur Legitimationsfolie dafür, kopftuchtragende muslimische Fachkräfte aus dem Beruf bzw. einem Großteil der Arbeitsfelder der Sozialen Arbeit *auszuschließen*, während die Selbstverpflichtung zur Interkulturellen Öff-

---

Damit hat etwas mehr als die Hälfte der Befragten in Deutschland ein negatives Bild vom Islam". (Hafez/Schmidt 2015, S. 15)

nung im Sinne der kulturellen Passung zur Begründung dient, sie in spezifische Arbeitsfelder *einzuschließen* und sie hier zudem als Honorarkräfte in den konfessionellen Tendenzbetrieben zu *prekarisieren*. Im Einflussbereich rezenter Diskurse eines antimuslimischen Rassismus kann auch Soziale Arbeit als eine berufliche Arena gedeutet werden, in welcher es Mechanismen des Verteilungskampfs, d.h. des Zugangs zu materiellen Ressourcen und symbolischer Anerkennung zwischen Etablierten, d.h. den überwiegend weiblichen Fachkräften der Mehrheitsgesellschaft und Außenseiterinnen, d.h. den weiblichen Fachkräften einer pauschal herabgesetzten und als bedrohlich definierten religiösen Minderheit, selbstkritisch zu konstatieren gilt.

Literatur

Antidiskriminierungsstelle des Bundes (2016): *Diskriminierungsrisiken von muslimischen Frauen mit Kopftuch auf dem deutschen Arbeitsmarkt.* Dokumentation des Fachgesprächs am 30.05.2016. http://www.antidiskriminierungsstelle.de/SharedDocs/Downloads/DE/publikationen/Dokumentationen/Fachgespraech-Kopftuch-Arbeitsmarkt.pdf?__blob=publicationFile&v=1 [04.08.2017].

Bax, Daniel (2015): *Angst ums Abendland. Warum wir uns nicht vor Muslimen, sondern vor den Islamfeinden fürchten sollten.* Frankfurt/M.: Westend.

Elias, Norbert/Scotsen, John. L. (1993): *Etablierte und Außenseiter.* Frankfurt/M.: Suhrkamp.

Forschungsgruppe Weltanschauung in Deutschland (2016): *Religionszugehörigkeit in Deutschland 2015.* https://fowid.de/meldung/religionszugehoerigkeiten-deutschland-2015 [04.08.2017]

Hafez, Kai/Schmidt, Sabrina (2015): *Die Wahrnehmung des Islams in Deutschland.* Religionsmonitor verstehen, was verbindet, 2. Aufl., Gütersloh: Verlag Bertelsmann Stiftung.

Heitmeyer, Wilhelm (2012): *Gruppenbezogene Menschenfeindlichkeit* (GMF) in einem entsicherten Jahrzehnt. In: Ders. (Hrsg.), *Deutsche Zustände*, Folge 10. Frankfurt, S. 15–41.

Huth-Hildebrandt, Christine (2009): *Krieg ICH (k)einen Job? Muslimische Studentinnen in Ausbildung und Beruf.* Unveröffentlichtes Vortragsmanuskript, FH Frankfurt am Main, FB Soziale Arbeit, Pflege und Gesundheit.

Interkultureller Rat in Deutschland (2010): *Starke Frauen, schwerer Weg! Zur Benachteiligung muslimischer Frauen in der Gesellschaft.* Darmstadt, auch unter: http://www.interkultureller-rat.de/wp-content/uploads/IKR_Starke_Frauen_ RZ.pdf.

Jessen, Frank/von Wilamowitz-Moellendorff, Ulrich (2006): *Das Kopftuch – Entschleierung eines Symbols?* Sankt Augustin/Berlin, auch unter: http://www.kas.de/wf/doc/kas_9095-544-1-30.pdf.

Magistrat der Landeshauptstadt Wiesbaden/Amt für Zuwanderung und Integration (2016): *Integrationskonzept der Landeshauptstadt Wiesbaden.* https://www.wiesbaden.de/vv/medien/merk/33/Integrationskonzept_2016-2020_-_16-05-13.pdf [04.08.2017].

Shooman, Yasemin (2014): „*…weil ihre Kultur so ist". Narrative des antimuslimischen Rassismus.* Bielefeld: transcript.

Stadt Frankfurt am Main, Der Magistrat/Amt für multikulturelle Angelegenheiten (2003): *Antidiskriminierungsrichtlinie der Stadt Frankfurt am Main.* https://www.frankfurt.de/sixcms/detail.php?id=703667&_ffmpar[_id_inhalt]=6829831 [04.08.2017].

Weichselbaumer, Doris (2016): *Discrimination against Female Migrants Wearing Headscarves.* IZA, Forschungsinstitut zur Zukunft der Arbeit, Bonn, Discussion Paper No. 10217, September 2016. http://ftp.iza.org/dp10217.pdf [04.08.2017].

Yildiz, Zeynap (2015): Antimuslimischer Rassismus gegen kopftuchtragende Pädagoginnen in der Sozialen Arbeit. In: Melter, Claus (Hrsg.), *Diskriminierungs- und rassismuskritische Soziale Arbeit und Bildung.* S. 150–164. Weinheim/Basel: Beltz Juventa.

Interkulturelle Öffnung als Auftrag einer kritischen Sozialen Arbeit

Sevim Dylong und Olga Zitzelsberger

In unserem Beitrag zeichnen wir ‚Interkulturelle' Öffnungsprozesse zwischen sozialen Einrichtungen der Mehrheitsgesellschaft und Migrant_innenselbstorganisationen (MSOs)[1] nach. Dabei geraten sowohl Barrieren und Stolpersteine als auch Chancen für eine demokratische Weiterentwicklung von Sozialräumen in den Blick. Zunächst eröffnet unser Beitrag mit einer inhaltlichen Auseinandersetzung mit dem Begriff ‚Interkultureller' Öffnung, in dem deutlich wird, dass der Begriff bereits einen bestimmten kulturellen Zugriff auf problematische Situationen impliziert, jedoch aufgrund der inzwischen sehr weiten Verbreitung auch nicht mehr ignoriert werden kann. Wir stehen für eine reflektierte Verwendung des Begriffs der ‚Interkulturellen' Öffnung und plädieren für eine sukzessive Umdeutung der vermeintlichen kulturellen Differenz zwischen Mehrheit und (noch) Minderheit[2] Hierauf folgt eine Meta-Analyse von zwei Projektevaluationen, anhand de-

---

1   Wir bevorzugen den Begriff der Migrantenselbstorganisation (MSOs), der deutlich macht, dass sich Migrant_innen selbst organisieren, um durch die Bündelung ihres Selbsthilfepotentials und ihrer Eigenressourcen Strukturen von Ungleichheit und Benachteiligung zu überwinden. Dieser Begriff ist auch in der Fachliteratur und in der Fachpraxis akzeptiert. MSOs vermitteln vielen Migrant_innen nicht nur das Gefühl von Zugehörigkeit und Sicherheit, sondern sind oftmals eine von wenigen Anlaufstellen, um Themen und Problematiken der Lebensbewältigung aufzugreifen.
2   Der Begriff Kultur stellt die Basis für die Notwendigkeit einer ‚Interkulturellen' Öffnung von mehrheitsgesellschaftlichen Institutionen und der produktiven Gestaltung

rer Barrieren und Chancen im Rahmen von ‚Interkulturellen' Öffnungsprozessen transparent werden. In einer Rückbindung an eine kritisch-reflexive Soziale Arbeit wird abschließend das Spannungsgefüge von notwendigen Veränderungen und Beharrungstendenzen von Kommunalpolitik, sozialen Institutionen und Sozialarbeiter_innen skizziert.

1 ‚Interkulturelle' Öffnung – in aller Munde

Seit den 1990er Jahren hält der Diskurs um eine ‚Interkulturelle' Öffnung in fachlichen und politischen Kreisen Einzug und galt zunächst als programmatische Forderung, die Soziale Arbeit an die gesellschaftliche Realität anzupassen.[3] Ausgangslage war die lange Zeit ausgeblendete Pluralität der Gesellschaft, die durch das zunehmende Wachstum der migrantischen Bevölkerung (u.a. bedingt durch Arbeitsmigration, Asyl, Spätaussiedlung) Bedarfslagen erzeugte, auf die kommunale und soziale Dienste und Versorgungsstrukturen trotz nicht übersehbarer Verstetigungstendenzen keine Rücksicht nahmen bzw. diese Entwicklungen negierten. Mittlerweile ist die Begrifflichkeit ‚Interkulturelle' Öffnung in aller Munde, obwohl sie durch den Begriffsbestandteil *Interkulturell* einen kulturalisierenden Zugriff auf gesellschaftliche Macht- und Verortungsverhältnisse reproduziert.[2] In unterschiedlichen gesellschaftlichen Bereichen finden sich aktuell zahlreiche Initiativen und Maßnahmen zur ‚Interkulturellen' Öffnung, die Institutionen vor die

---

kultureller Pluralität dar, ist aber vor allem aus antirassistischer Perspektive kritisch zu betrachten. Die Begrifflichkeit verfestigt die (konstruierte) Bedeutung kultureller Zugehörigkeit und führt zu Vergleichen von Mehrheit und Minderheit. Migrationsgesellschaftliche Phänomene und Problemlagen werden auf die Kategorie Kultur reduziert und Diskriminierungen sowie Ausschließungsmechanismen in gesellschaftlichen Bereichen bleiben weitgehend unhinterfragt. Die gestaltbare Komponente von Kultur, die auch von sozialen, politischen sowie wirtschaftlichen Bedingungen beeinflusst wird (z.B. fehlende Beteiligungsmöglichkeiten), rückt so ins Abseits. Im Diskurs um den Kulturbegriff sind historisch betrachtet zwar Weiterentwicklungen feststellbar, so etwa der Perspektivwandel von einer eher defizitorientierten Perspektive auf Migrant_ innen hin zu einem prozesshaften und dynamischen Verständnis von Kultur, das nicht an Nation, Ethnie und Religion gebunden ist, dennoch zeigt sich auch im Hinblick auf die Projektevaluationen die Schwierigkeit, dies in die Praxis umzusetzen. (vgl. Griese/ Marburger 2012, S. 8ff.; Schröer 2007, S. 80ff.)

3   Hinz-Rommel führte den Begriff der „Interkulturellen Öffnung sozialer Dienste" (1995) ein. Seine Grundlagen gelten dabei auch heute noch als Begründungsrahmen für die Initiierung und Implementierung von Konzepten Interkultureller Öffnung von öffentlichen Organisationen (vgl. Griese/Marburger 2012, S. 2).

Herausforderung einer notwendigen Weiterentwicklung von Institutionsorganisation stellt. Programmatisches Ziel ist dabei die Anerkennung vielfältiger Lebensrealitäten sowie die Ermöglichung von gesellschaftlicher Partizipation, der Abbau von Zugangsbarrieren in die zu öffnenden Organisationen, sowie die Vermeidung einer „drohende(n) Abkopplung eines großen Teils der migrantischen Bevölkerung von der sozialen Infrastruktur." (Griese/Marburger 2012, S. 8)

‚Interkulturelle' Öffnung muss dabei als ein reflektiert zu gestaltender Prozess verstanden werden, der Lern- und Veränderungsprozesse auf allen Ebenen der Organisations-, Personal- und Qualitätsentwicklung bedarf. Darüber hinaus ist die Kooperation und Vernetzung zwischen Organisationen (z.B. öffentliche Verwaltungen, kirchliche und freie Träger, Gewerkschaften, Betriebe, Unternehmen, MSOs) ein weiteres wichtiges Element im Prozess der ‚Interkulturellen' Öffnung und ermöglicht auch MSOs neue Wege der Partizipation. In den letzten Jahren haben sich MSOs zu wichtigen Akteuren v.a. in der lokalen Integrationsarbeit entwickelt und werden zunehmend im Bereich der Integrationsförderung von unterschiedlichen zivilgesellschaftlichen Akteuren aus Bund, Ländern und Kommunen nachgefragt (vgl. Hirseland 2013, S. 17).

2 Projektevaluationen

Die im Folgenden dargestellten Projekte wurden mit unterschiedlichen Aufträgen evaluiert. Gleichwohl wurden in beiden Evaluationen Daten erhoben, die im Rahmen einer Meta-Analyse die Notwendigkeit von ‚Interkulturellen' Öffnungsprozessen im Rahmen einer kritischen Sozialen Arbeit ableiten lassen. Von beiden Projekten liegen Projektkonzeptionen, die Zielsetzungen und Daten der Projektdurchführung vor. In der jeweiligen Evaluation kam sowohl eine Dokumentenanalyse (Identifizierung von Problemfeldern, strukturelle Bedingungen, unterschiedliche Interessen) als auch die Analyse von fokussierten leitfadengestützten Interviews mit den Projektbeteiligten (Projektteam, Migrant_innen aus den MSOs, Kooperationspartner_innen) zum Einsatz. Im Kontext dieses Beitrages sollen die beiden Projekte zunächst im Hinblick auf Faktoren beleuchtet werden, die den Prozess ‚Interkultureller' Öffnung vorangebracht bzw. erschwert haben. In einem zweiten Schritt wird dann die Verknüpfung zu einer kritischen Sozialen Arbeit vollzogen.

2.1 Durchführung des Projekts „Bildungsarbeit von MSOs"

Das Projekt setzte sich zum Ziel, die Bildungsarbeit in den am Projekt teilnehmenden MSOs zu stärken und zu fördern. Im Vordergrund stand dabei die Professionalisierung der MSOs, die vor allem eine Erweiterung der Angebotsstruktur im Bereich der sprachlichen, schulischen, beruflichen und sozialen Integration anstrebte. Hierfür sollte eine engere Kooperation zwischen MSOs und Einrichtungen der Mehrheitsgesellschaft (soziale Dienste, Bildungsträger und weitere) verfolgt werden und ein Anstoß für ‚Interkulturelle' Öffnung und Vernetzung gegeben werden.

Zu den strukturellen Projektbedingungen und Maßnahmen, die im Projektverlauf zu ‚Interkulturellen' Öffnungsprozessen beigetragen haben, zählt zum einen die Einbindung von Vertreter_innen aus MSOs und Einrichtungen der Mehrheitsgesellschaft. Auf beiden Seiten stellten sich hierfür freiwillig Multiplikator_innen bereit und wurden bei der Planung, Durchführung und Organisation von Angeboten eingebunden. Auf Seiten der MSOs gab es so bspw. Engagierte, die sich bereits im Verein aktiv beteiligten und auch für dieses Projekt zustimmten. Die Projektsteuerung sowie die Koordination der Zusammenarbeit übernahm ein externes Projektteam. Regelmäßige Plenen und die Initiierung eines Fachforums, an denen alle beteiligten Multiplikator_innen teilnahmen, unterstützten den Vernetzungs- und Arbeitsprozess zusätzlich. Gemeinsamer Dreh- und Angelpunkt der ‚Interkulturellen' Öffnung stellten die Informationsveranstaltungen in den MSOs dar, bei denen die Kooperationspartner_innen aus den Regeleinrichtungen über Angebote und Beratungsleistungen ihrer Organisation referierten. Der direkte Kontakt führte nach Angaben der Beteiligten zu einer Sensibilisierung für die Bedürfnisse der Migrationsanderen[4] sowie die Notwendigkeit einer zielgruppengerechten Ansprache. Im Rahmen einer Fortbildung erhielten die Kooperationspartner_innen zudem die Möglichkeit kultursensibles Denken und Handeln in Beratungskontexten zu reflektieren. Auch die Multiplikator_innen aus den MSOs nahmen an einigen Fortbildungen teil, mit dem Ziel auch zukünftig die Etablierung und Initiierung von Angeboten anbieten zu können. Zusätzlich erhielten sie für die Organisation der Veranstaltungen eine Aufwandsentschädigung.

Neben den dargestellten Faktoren, die positiv einzuschätzen sind, zeigen die Evaluationsergebnisse auch Barrieren auf, die den Prozess ‚Interkultureller' Öff-

---

4 Die Wortschöpfung „Migrationsandere" wird u.a. von Paul Mecheril u.a. (2010) verwendet und verdeutlicht einerseits, dass Alterität immer wieder gesellschaftlich konstruiert und festgeschrieben wird. Andererseits verknüpft der Begriff die paradoxe Aufforderung, als Migrationsandere_r vor allem im Integrationsdiskurs anders und zugleich nicht-anders sein zu müssen (vgl. Mecheril u.a. 2010, S. 5ff.).

nung im Projektverlauf erschwerten. Auf konzeptioneller Ebene waren die Ziele zu hoch gesteckt und das Projekt vielmehr ein erster Türöffner für eine beiderseitige ‚Interkulturelle' Öffnung. Des Weiteren führten auf Projektsteuerungsebene zeitliche, finanzielle, räumliche und kommunikative Engpässe zu Überforderung des Projektteams sowie projektinternen Abwicklungs- und Zuständigkeitsschwierigkeiten. Ähnliches gilt für die Maßnahmen zur Kompetenzerweiterung der Multiplikator_innen. Die Qualifizierung bzw. Schulung der Multiplikator_innen aus den MSOs und Regeleinrichtungen war zu kurzfristig, um eine dauerhafte und nachhaltige Etablierung von Angeboten bzw. Professionalisierung des Arbeitskontextes zu ermöglichen. Überdies schränkten strukturelle Gegebenheiten der MSOs (ehrenamtliches Arbeiten, finanzielle und personelle Engpässe) die Stärkung der Selbstorganisation erheblich ein. Letztlich ist die interdisziplinäre Vernetzung und Kooperation der Beteiligten aufgrund der kurzen Projektdauer als wenig tragfähig einzuschätzen, da seit Projektende sprichwörtlich die Brücken zwischen Mitgliedern MSOs und Mitarbeiter_innen der Regeleinrichtungen fehlen.

2.2 Projektbeispiel „MSOs in der Geflüchtetenhilfe"

Das Projektbeispiel „MSOs in der Geflüchtetenhilfe" verfolgte das Ziel einer Zusammenarbeit auf Augenhöhe sowie die Professionalisierung von MSOs[5] zur verstärkten Beteiligung von Migrant_innen an der Geflüchtetenhilfe und -integration. Im Bereich der Geflüchtetenhilfe ist die Diskussion um die Notwendigkeit ‚Interkultureller' Öffnung dabei verhältnismäßig neu. Aus Evaluationsperspektive konnte die Trägerseite ihre Projektziele nicht vollständig erreichen. Ursachen hierfür werden in der Unterschätzung der inhaltlichen und strukturellen Komplexität des Ziels, einer Verknüpfung von Migration/Flucht und schneller Integration bzw. Verknüpfung des Trägers (Mehrheitsgesellschaft) und den Multiplikator_innen der MSOs (Minderheit), gesehen.

So wurde das Projekt nicht hinreichend in die Trägerstruktur integriert, sondern fungierte gewissermaßen als Sondermaßnahme/Anhängsel. Der/die Projektleiter_in agierte eigenständig und ohne hinreichende Rücksprache mit dem Vorstand und der Geschäftsführung. Aufgrund mangelnder Klarheit im Vorfeld entstanden im Projekt abweichende Strukturen von der Antragstellung, Arbeitsverhältnissen und Umgangsweisen. Obwohl die MSOs über einen Kooperationsvertrag am Pro-

---

5 Professionalisierung von MSOs bedeutet in diesem Kontext den Aufbau verlässlicher Finanz-, Personal- und Organisationsstrukturen sowie des Projektmanagements innerhalb der MSOs (vgl. Weiss/Thränhardt 2005; BMFSFJ 2010).

jekt beteiligt waren, wurde die Einflussnahme negiert, indem die Vertreter_innen der MSOs ein Arbeitsverhältnis mit dem Träger eingingen und entsprechend weisungsgebunden agieren (mussten). Letztlich scheiterte das Projekt an unklaren Strukturen und Prozessabläufen sowie an der Überforderung und einem Zuviel an Verantwortung von einzelnen Personen.

3 Rückbindung an eine kritisch-reflexive Soziale Arbeit

Beide Projekte setzten auf ihre Weise erste Impulse für die Öffnung und Verbesserung der Situation von Migrationsanderen und MSOs. Sowohl die Qualifizierung von Multiplikator_innen, die begonnene Vernetzung und Kooperation mit Institutionen der Mehrheitsgesellschaft, die verbesserte Wahrnehmung der MSOs im jeweiligen Themenkontext sowie die Auseinandersetzung mit migrationsspezifischen Themen der Sozialarbeiter_innen haben dazu beigetragen. Dennoch kann in beiden Fällen nicht von einem Status gesprochen werden, der Migrationsandere und MSOs dazu befähigt, selbständig auf bestehende Netzwerke zuzugreifen und Angebote sicherzustellen. Auf der Prämisse, dass ein gerechter Zugang zu den Institutionen der Sozialen Arbeit für alle Bewohner_innen als selbstverständlicher Anspruch betrachtet wird, kann zunächst konstatiert werden, dass die Realität diesem Anspruch nicht gerecht wird. Die Projektbeispiele machen deutlich, dass ein Spannungsgefüge zwischen dem Anspruch von notwendigen Veränderungen und Beharrungstendenzen der Kommunalpolitik, der sozialen Institutionen und Sozialarbeiter_innen vorhanden ist. Fraglich ist, wie sich eine kritische Soziale Arbeit hierzu positioniert und ob durch eine ‚Interkulturelle' Öffnung der sozialen Einrichtungen hier entscheidende Veränderungen erreicht werden. Im Folgenden sollen zwei Aspekte, die zum Gelingen ‚Interkultureller' Öffnung zählen, näher betrachtet werden und im Hinblick auf strukturelle Veränderungen reflektiert werden, um zu einer Bewertung von ‚Interkulturellen' Öffnungsprozessen zu gelangen.

3.1 Zum Verständnis von ‚interkultureller' Öffnung als ein übergreifender Organisations-, Personal- und Qualitätsentwicklungsprozess

3.1.1 Organisationsentwicklung

Damit ‚Interkulturelle' Öffnung gelingen kann, ist eine auf Leitungs- bzw. Führungsebene klare, strategische Ausrichtung und strukturelle Verankerung dieses

Vorhabens wichtig. Die Leitungs- und Führungsebene muss diese Organisationsentwicklung wollen, initiieren und auf allen Ebenen veranlassen und langfristig unterstützen. Ein entsprechendes Leitbild sowie Maßnahmen auf Personal- und Qualitätsentwicklungsebene sind aus dem Ziel ‚Interkultureller' Öffnung abzuleiten und umzusetzen. (vgl. Schröer 2007, S. 81ff.) ‚Interkulturelle' Öffnung ist somit eine bewusste Entscheidung für Veränderungen der gesamten Organisation und muss kontinuierlich unterstützt und überprüft werden. Trainings und Austauschtreffen auf Führungsebene können hier hilfreich sein, um erste strategische, steuernde und operative Ebenen und Maßnahmen festzulegen. Die konkrete Planung von kurz-, mittel, und langfristigen Zielperspektiven sollte immer auch die Mitarbeiter_innen der Organisation einbeziehen, um deren Commitment sicherzustellen. In diesen Kontext fällt auch eine gemeinsame Leitbildentwicklung, die nach innen und außen erkenntlich macht, dass ‚Interkulturelle' Öffnung als Querschnittsaufgabe für alle organisationalen Ebenen und Hierarchien verbindlich ist. Die Absicherung durch z.B. die Einrichtung einer Stabstelle oder eines Qualitätszirkels zur Qualitätssicherung, die sich mit Instrumenten zur Überprüfung und Einhaltung vorgenommener Ziele befassen, unterstützen den Prozess und stellen eine kontinuierliche Verbesserung sicher.

Vor allem in Projektbeispiel 2 ist das Scheitern des ‚Interkulturelle' Öffnungsprozesses in dieser Phase sehr gut erkennbar. Der Prozess wurde nicht als Führungsaufgabe verstanden, sondern als separiertes Projekt ohne klare Führungsverantwortung wahrgenommen und umgesetzt. Der Prozess wurde weder systematisch durchdacht noch konsequent umgesetzt und führte letztlich zum vorzeitigen Abbruch des Projektes. Das Ziel ‚Interkultureller' Öffnung bleibt ohne klare Führungsstrategie ein unerreichbares Paradigma.

‚Interkulturelle' Öffnung ist zudem eine partizipative und integrative Aufgabe, die ein Zusammenwirken von Institutionen der Mehrheitsgesellschaft und MSOs erforderlich macht. In Kooperationsverträgen muss diese Zusammenarbeit mit klarer Strukturierung und Einteilung von Aufgabenbereichen, Rechten und Pflichten aller beteiligten Partner sowie eine aktive Einbindung von MSOs in die Projektplanung und -lenkung erfolgen. In beiden Projektbeispielen ist trotz dieser Zielsetzung eine Fokussierung auf Migrationsandere und ihre Organisationen und die (mehr oder weniger) Vernachlässigung nötiger Strukturveränderungen von Institutionen der Mehrheitsgesellschaft erkennbar. Die im Projekt erfolgten Öffnungsprozesse beziehen sich somit überwiegend auf Maßnahmen zur Stärkung von MSOs. Diese Orientierung vermittelt, dass Qualifizierungs- und Handlungsbedarf überwiegend bei Migrationsanderen und ihren Organisationen besteht. Der Handlungsbedarf auf Seiten der Institutionen wurde in beiden Projekten unzureichend thematisiert.

3.1.2 Personalentwicklung

Zum Ziel der ‚Interkulturellen' Öffnung von Einrichtungen der Mehrheitsgesellschaft zählen neben einer ‚Interkulturellen' Personalstruktur auch die Sensibilisierung der Beschäftigten und Mitarbeiter_innen für die Situation von Migrationsanderen in der Einwanderungsgesellschaft. Oftmals soll dies durch Weiterbildungsangebote zum Beispiel zur ‚Interkulturellen' Kompetenzentwicklung erreicht werden. Doch reicht dies aus? Sollte eine kritische Soziale Arbeit nicht darauf bestehen, dass allen Menschen in einer Gesellschaft die gleichen Rechte und Pflichten obliegen. Es ginge daher auch nicht um eine ‚Interkulturelle' Kompetenz, sondern um die Unterstützung bei der Realisierung eigener Lebensziele unter der Berücksichtigung von Freiheit für alle. Oftmals fehlt dabei die Einsicht, dass die Gestaltung von Pluralität eine kontinuierliche Aus- und Weiterbildung der Mitarbeiter_innen benötigt. Nach wie vor fehlt es an adäquaten Informations- und Beratungsangeboten, die nicht zuletzt auf Unwissen- und Unerfahrenheit im Umgang mit vielfältigen Spezifika und Bedürfnissen von Migrationsanderen zurückzuführen sind. Die Mitarbeiter_innen der Institutionen fühlen sich oftmals verunsichert und irritiert, nicht selten führt dies entweder zur Überbetonung von kulturellen Unterschieden sowie defizitären Zuschreibungen oder dem Ignorieren und Ausblenden von ‚kultureller' Differenz und struktureller Ausgrenzung vor dem Hintergrund einer „wir behandeln alle gleich"-Haltung (vgl. Gaitanides 2005, S. 39). Solche wahrnehmbaren Abwehrmechanismen und Distanzierungsstrategien bei Angehörigen der Mehrheitsgesellschaft im Umgang mit rassismuskritischen Themen werden in den USA seit vielen Jahren diskutiert (z.B. O'Brien 2006; Hooks 2010) und inzwischen auch in Deutschland rezipiert (vgl. beispielsweise Hornstein 2016). Dabei wird Rassismuskritik als Stressfaktor von weißen Menschen wahrgenommen, da sie auf das Vorhandensein von Rassismus in der eigenen Rassismus unsichtbar machenden Normalität aufmerksam macht (vgl. DiAngelo 2011, S. 54ff.). Autor_innen der kritischen Weißseinsforschung sowie postkoloniale Theoretiker_innen benennen diesen Aspekt ebenfalls. 2010 formuliert Astrid Messerschmidt vier gängige Distanzierungsformen einer Rassismuskritik. Die Skandalisierung des (An)Sprechens von Rassismus(erfahrungen), die Verlagerung von Rassismus in den (Rechts-)Extremismus und damit weg von der gesellschaftlichen Mitte und dem ‚Normalfall', die Kulturalisierung von Personen und homogen konstruierten Gruppen sowie die Verschiebung von Rassismus insbesondere in die NS-Zeit ermöglichen es weißen Menschen, dominante Normalitätsvorstellungen nicht in Frage zu stellen (vgl. Messerschmidt 2010, S. 41ff.). ‚Interkulturelle' Öffnungsprozesse können durch solche Abwehrmechanismen – unreflektiert – zur Legitimation und Reproduktion von Schlechterstellung und Diskriminierung beitragen und gemeinsame Handlungs- und Interventionsspielräume stark einschränken. Reflexionskompetenz erfordert daher eine verbindliche Zielsetzung, die auf allen organisationalen Ebenen mit entsprechenden Maßnahmen forciert wird. Wichtig ist es dabei, nicht nur theoretisches Wissen zu vermitteln, sondern auch handlungsorientierte Ansätze zu verfolgen, die es den Mitarbeiter_innen ermöglichen, geeignete Kommunikations- und Konfliktstrategien zu entwickeln und zu erproben, routinierte Handlungsabläufe zu hinterfragen, um zu neuen Sicht- und Umgangsweisen zu gelangen.

Die Ergebnisse beider Evaluationen zeigen ergänzend auf, dass die Selbstreflexion und Sensibilität der Sozialarbeiter_innen der Regeleinrichtungen in Bezug auf die Migrationsthematik und die Migrationsgesellschaft vor allem durch den direkten Austausch und der Kooperation mit Migrationsanderen und ihren Organisationen gestiegen ist. Sensibilisierung bedeutet dabei, gesellschaftliche Heterogenität und Ungleichheit wahrzunehmen und Individuen dabei nicht ausschließlich mit der eigenen Dominanz-/Kulturbrille zu betrachten. Die eigene Selbst- und Fremdwahrnehmung muss hierbei kritisch reflektiert werden, da diese ein (An-) Erkennen behindern. Eine neugierige Haltung, die Handlungshintergründe der ‚Anderen' zu erforschen sowie die Bereitschaft, Verhaltensverunsicherungen einzugehen.

3.1.3 Qualitätsentwicklung

Die Orientierung an den Bedarfen von Migrationsanderen zählt zu einem weiteren Bestandteil von Qualitätsentwicklung für Regeleinrichtungen der Mehrheitsgesellschaft, denn Migrationsandere nehmen Angebote der Regeleinrichtungen faktisch viel seltener in Anspruch. Hintergrund sind hierbei häufig Sprachbarrieren, kulturelle Hemmnisse, unzureichende Informationen über Angebote der Mehrheitsgesellschaft oder schlechte Erfahrungen (vgl. Hinz-Rommel 1998, S. 36ff.). Institutionen der Mehrheitsgesellschaft müssen sich daher stärker mit veränderten Formen der Ansprache der Zielgruppen und Flexibilisierung von Service- und Dienstleistungsangeboten auseinandersetzen. Dies erfordert auch ein Zugehen auf MSOs und die Auseinandersetzung mit deren Heterogenität.[6]

6　MSOs werden häufig als homogene Einheiten wahrgenommen. Dabei unterscheiden sie sich zum Beispiel nach sozial-strukturellen, ideologisch-politischen, regionalen, religiösen, geschlechts- und generationsspezifischen Merkmalen. Sie agieren in unterschiedlichen Handlungsfeldern, haben unterschiedliche Interessen und Bedürfnisse (vgl. Weiss/Thränhardt 2005; Latorre/Zitzelsberger 2011a, 2011b).

3.2 Kooperationen, die Migrant_innen und ihren MSOs eine Position auf Augenhöhe ermöglichen

Trotz des gewachsenen Interesses an der Kooperation mit MSOs steckt die Zusammenarbeit auf Augenhöhe mit Institutionen der Mehrheitsgesellschaft noch in den Anfängen. Die Gründe liegen zum einen in strukturellen Unterschieden, die es MSOs erschweren, ihre Rolle als verlässliche und professionelle Kooperationspartner_innen wahrzunehmen (vgl. Hirseland 2013, S. 17f.). Daher ist es wichtig eine Projektstruktur zu entwickeln, die einer Zusammenarbeit auf Augenhöhe so weit als möglich näher kommt. Hierzu zählt auch die Möglichkeit Qualifizierungsbedarfe selbständig zu formulieren und nicht nur von außen herangetragen zu bekommen. Migrant_innen und ihre Organisationen sind zwar oftmals Ziel von kommunalen Förderprojekten, die von mehrheitsgesellschaftlichen Trägern koordiniert werden, werden dabei aber, wie in Projektbeispiel 2 erkennbar, unzureichend in die Planung und Umsetzung eingebunden.

Zum anderen sind es oftmals die institutionellen Routinen der mehrheitsgesellschaftlichen Institutionen, die zu einer – häufig nicht beabsichtigten – Schlechterstellung von Minderheiten durch Benachteiligung, Ausgrenzung oder Herabsetzung führen (vgl. Gomolla/Radtke 2003, S. 30ff.). Im Projektbeispiel 1 zeigt sich in den Interviews mit Vertreter_innen der Regeleinrichtungen vereinzelt eine defizitäre und homogenisierende Wahrnehmung von Migrant_innen. Dies zeigt sich zum Beispiel in der Art der Benennung von Migrationsanderen als Gastarbeiter und Ausländer oder der impliziten Zuschreibung, sprachliche Defizite seien mit einem niedrigeren Bildungsniveau gleichzusetzen. Diese Wahrnehmung von Migrationsanderen behindert ‚Interkulturelle' Öffnung, weil sie hörbar nicht als gleichberechtigte Partner gesehen werden. Im Projektbeispiel 2 lassen sich so etwa Aspekte eines institutionellen Rassismus erkennen. Die Beschäftigten des Projektträgers wurden gegenüber den neu beschäftigten Multiplikator_innen aus den MSOs privilegiert, was wiederum zur Reproduktion von Dominanzstrukturen von Mehrheit und Minderheit führte und eine gleichberechtigte Kommunikation behinderte. Ute Osterkamp erklärt solche Mechanismen damit, „das rassistische Denk- und Handlungsweisen nicht Sache der persönlichen Einstellungen von Individuen, sondern in der Organisation des gesellschaftlichen Miteinanders verortet sind, welche die Angehörigen der eigenen Gruppe systematisch gegenüber den Nicht-Dazugehörigen privilegieren." (Osterkamp 1996, S. 201)

Nicht zuletzt kam es zu Kulturalisierungen von Konflikten, die vom Projektträger nicht in Frage gestellt oder als solche wahrgenommen wurden. Dies äußerte sich in bestimmten Vorstellungen bzgl. einer richtigen Haltung und politischen Position im Kontext der Bildungsarbeit von MSOs. Solche Diskriminierungsmechanismen deuten darauf hin, dass ein Zusammenhang „zwischen den in einer Gruppe hegemonialen Werten und den wertenden Gruppenkategorisierungen besteht [....]. Die Inhalte des rassistischen Wissens sind daher nicht beliebig, sondern sie ergeben sich aus dem in der hegemonialen Gruppe verbreiteten kulturellen Wertekanon. Mit der kollektiven Definition der Anderen gemäß der hegemonialen Werte legt die Gruppe dabei auch beständig ihr ‚Selbst' fest." (Terkessidis 1998, S. 59f.). Demzufolge scheint ein gesellschaftlicher Konsens, der sich in Form von Vorstellungen und Haltungen über die ‚Anderen' äußert, zu bestehen und dient der Legitimierung bestehender Dominanzverhältnisse, die sich im Zuge der Projektarbeit ergaben.

4 Fazit

Mit Blick auf die Projektergebnisse und die vorgestellten Handlungsansätze für ‚Interkulturelle Öffnungsprozesse' wird deutlich, dass diese nur dann gelingen können, wenn auf Seiten der Mehrheitsinstitutionen der Bedarf und der Willen zur eigenen Organisationsveränderung gesehen und vorangebracht wird. ‚Interkulturelle Öffnung' muss dabei, wie in Kapitel 3.1 ausführlich dargestellt, als ein bewusst zu gestaltender Prozess verstanden werden, der Lern- und Veränderungsprozesse auf allen Ebenen der Organisations-, Personal- und Qualitätsentwicklung sowie der Angebotsstruktur bedarf.

Zudem muss ‚Interkulturelle' Öffnung als eine integrative und partizipative Aufgabe verstanden werden, die nicht nur der Sensibilisierung der Regeleinrichtungen bedarf, sondern Migrationsandere und deren Organisationen als notwendige Ressource dieses Öffnungsprozesses versteht. Die Projektevaluationen verdeutlichen dabei (Kapitel 3.2) den Widerspruch zwischen Zielvorgaben zur Professionalisierung von MSOs und der stattfindenden Reproduktion von Ungleichheiten. Die Kooperation auf Augenhöhe blieb bei beiden Projekten ein unerreichtes Ziel, da unterschiedliche Arbeitsweisen, strukturelle Unterschiede, zu hohe Erwartungen, fehlendes Know-How in der Projektarbeit, die zeitliche Befristung sowie Ressentiments den Aufbau tragfähiger Netzwerke und Kooperationen maßgeblich erschweren. Die Ergebnisse zeigen, dass die Überprüfung des Vorhandenseins der Voraussetzungen zur Erreichung der Projektziele fehlte. Ziel muss daher die Etablierung von kontinuierlichen, zuverlässigen und hauptamtlichen Kooperationspartnern auf beiden Seiten sein und die Sicherstellung der Bedingungen, um als solche agieren zu können. Der Weg dorthin ist kein Selbstläufer, sondern erfordert von den Institutionen eine aktive Initiierung, Steuerung und Unterstützung.

Literatur

Bundesministerium für Familie, Senioren, Frauen und Jugend (BMFSFJ) (2010): *Migrantinnenorganisationen in Deutschland – Abschlussbericht.* Niestetal. (Autorinnen Iva Kocaman, Patricia Latorre Pallares, Meike Reinecke, Kristina Stegner, Olga Zitzelsberger).

DiAngelo, Robin (2011): White Fragility. In: *International Journal of Critical Pedagogy,* Vol 3 (3), S. 54–70.

Gaitanides, Stefan (2005): Interkulturelle Öffnung der sozialen Dienste. Visionen und Stolpersteine. In: Santos- Stubbe, Chirly dos (Hrsg.): *Interkulturelle Soziale Arbeit in Theorie und Praxis,* S. 36–52. Aachen: Shaker Verlag.

Gomolla, Mechthild/Radtke, Franz-Olaf (2003): *Institutionelle Diskriminierung. Die Herstellung ethnischer Differenz in der Schule.* Wiesbaden: VS.

Griese, Christiane/Marburger, Helga (Hrsg.) (2012): *Interkulturelle Öffnung – Ein Lehrbuch,* S. 1–22. München: Oldenbourg Wissenschaftsverlag.

Hinz-Rommel, Wolfgang (1998): Interkulturelle Öffnung sozialer Dienste und Einrichtungen. In: *IZA–Zeitschrift für Migration und Soziale Arbeit,* Heft 1, S. 36–41.

Hirseland, Katrin (2013): Kooperationen stärken, Engagement fördern: Modellprojekte des Bundesamtes für Migration und Flüchtlinge zur verstärkten Partizipation von MSOs. In: Hunger, Uwe/Metzger, Stefan (Hrsg.): *Interkulturelle Öffnung auf dem Prüfstand: Neue Wege der Kooperation und Partizipation,* S. 17–33. Berlin: Lit.

Hooks, Bell (2010): *Teaching Critical Thinking. Practical Wisdom.* New York: Routledge.

Hornstein, René_ (2016): Privilegierter Widerstand gegen diskriminierungskritisches Wissen. In: *Geschäftsstelle des Zentrums für transdisziplinäre Geschlechterstudien der Humboldt-Universität, AG Lehre, Diskriminierungskritische Lehre. Denkanstöße aus den Gender Studies,* S. 15–27. Universitätsdruckerei der HU Berlin.

Latorre, Patricia/Zitzelsberger, Olga (2011a): MSOs – Warum sie so wichtig sind. Auch für die soziale Arbeit. In: *Migration und Soziale Arbeit,* 33. Jg. H. 3, S. 204–216.

Latorre, Patricia/Zitzelsberger, Olga (2011b): MigrantInnenselbstorganisationen und Soziale Arbeit. Was der Zusammenarbeit auf Augenhöhe im Wege steht. In: *Engagierte Enwanderer. Chancen und Probleme der Partizipation von Migranten. Forschungsjournal Soziale Bewegungen. Analysen zu Demokratie und Zivilgesellschaft,* H. 2, S. 49–58.

Mecheril Paul u.a. (Hrsg.) (2010): *Migrationspädagogik.* Weinheim: Beltz Verlag.

Messerschmidt, Astrid (2010): Distanzierungsmuster. Vier Praktiken im Umgang mit Rassismus .In: Broden, Anne/Mecheril, Paul: *Rassismus bildet. Bildungswissenschaftliche Beiträge zur Normalisierung und Subjektivierung in der Migrationsgesellschaft,* S.41–58. Bielefeld: transcript.

Osterkamp, Ute (1996): *Rassismus als Selbstentmächtigung. Texte aus dem Arbeitszusammenhang des Projekts Rassismus, Diskriminierung.* Hamburg/Berlin: Argument Verlag.

O'Brien, Eileen (2006): 'Could Hear You If You Would Just Calm Down'. Challenging Eurocentric Classroom Norms through Passionate Discussions of Racial Oppression. In: Lea, Virgina/Helfand, Judy (Hrsg.): *Identifying Race and Transformating Whiteness in the Classroom,* S. 68–86. New York: Peter Lang.

Schröer, Hubertus (2007): Interkulturelle Orientierung und Öffnung: Paradigmenwechsel für die Soziale Arbeit. In: *Archiv für Wissenschaft und Praxis der sozialen Arbeit* 3, S. 80–91.

Terkessidis, Mark (1998): *Psychologie des Rassismus*. Opladen/Wiesbaden: Westdeutscher Verlag.
Weiss, Karin/Thränhardt, Dietrich (Hrsg.) (2005): *SelbstHilfe. Wie Migranten Netzwerke knüpfen und soziales Kapital schaffen*. Freiburg: Lambertus.

„Entweder vor dem Tresen oder dahinter"

Barrieren und Chancen für Partizipation in der Zusammenarbeit von Professionellen, Engagierten und Adressat_innen in gemeinwesenbezogenen Projekten „gegen Armut"

Monika Alisch

In der Sozialen Arbeit werden die unter dem Begriff der Armut gefassten gesellschaftlichen Verhältnisse meist ausdifferenziert nach Zielgruppen, Problemlagen, fallbezogen oder durch sozialräumliche Projekte zur Bewältigung von Armutslagen bearbeitet. Am Beispiel der Evaluation von solchen Projekten, die mit der Aktion „Diakonische Gemeinde – Armut bekämpfen und gesellschaftliche Teilhabe fördern" der Evangelischen Landeskirche Kurhessen-Waldeck seit 2010 gefördert wurden, wird gezeigt, wie die oft impliziten Armutskonzepte der verantwortlichen Sozialpädagog_innen sich auf die Ausgestaltung von Partizipationsgelegenheiten und die Zugänge zu Teilhabe der Adressat_innen dieser Projekte auswirken. Sichtbar wird dabei die soziale Praxis einer „Politik des Verhaltens", die im Zusammenwirken von hauptamtlichen professionellen und ehrenamtlichen Projektbeteiligten sowie den Adressat_innen der Projekte die (Macht)Verhältnisse zu stabilisieren scheint.

1   Projektrahmen und Ziele

Seit dem Jahr 2010 wurden von der Landeskirche Kurhessen-Waldeck im Rahmen ihrer Aktion vierzehn gemeinwesenbezogene Projekte und Initiativen gefördert, die eine „Konzeption zur nachhaltigen Integration sozial benachteiligter Menschen" entwickeln, das „[...] Eigenengagement der Betroffenen stärken, soziale

Akteure in der Gemeinde einbeziehen und aktivieren sowie die dort vorhandenen Ressourcen nutzen" sollten (vgl. EKKW 2009, S. 1). Diese Förderung hatte im Wesentlichen die beiden Ziele a) zu sensibilisieren für die wahrgenommene lokale Armutsproblematik in der Gemeinde bzw. des sozialräumlichen Kontextes (Stadtteil, Quartier, Nachbarschaft) und b) die Teilhabe der jeweils identifizierten Zielgruppe sozial und ökonomisch benachteiligter Menschen zu stärken. Dies sollte durch die Partizipation am Projektentwicklungsprozess jedoch auch durch einen verbesserten Zugang zu Arbeit, Bildung und lokaler Gemeinschaft erreicht werden (vgl. ebd.).

Der Auftrag an die lokalen Projektverantwortlichen wurde offen formuliert, so dass sich die entstandenen Projekte je nach identifizierter Armutssituation an Jugendliche, Migrantinnen, ältere Menschen, Familien mit kleinen Kindern, Erwachsene oder Alleinstehende richteten. Die Projekte lassen sich nach ihren Kernzielen grob in vier Projekttypen unterteilen:

- Vernetzung und Ausbau von Angeboten an einem bereits bestehenden konkreten Ort (Stadtladen, Sozial- und Kulturzentrum, Treffpunkt);
- Teilhabe durch konkretes Tun (Gartenprojekt, Fahrradwerkstatt, Jugendmobil);
- Soziale Projekte unter den Bedingungen des ländlichen Raumes (Familienhilfe auf dem Land, Öffentlichkeitsarbeit für bestehende Angebote, Ausbau vorhandener Angebote);
- Selbstorganisation von Migrantinnen (vgl. Alisch/Hofmann 2015, S. 159).

In einer formativen Evaluierung wurde die Zielerreichung anhand qualitativer reflexiver Methoden der Sozialforschung an einer Auswahl von Projektstandorten untersucht, welche diese Projekttypen abdecken[1].

---

1 In der Evaluierung wurden die unterschiedlichen Interessen der hauptamtlichen professionellen Projektverantwortlichen sowie der Adressat_innen bzw. Nutzenden der Projekte rekonstruiert und offengelegt. Konflikte und Probleme im Projektentwicklungsprozess konnten so analysiert werden, dass die jeweiligen Ergebnisse in den Projektprozess zurückflossen und den Projektverlauf reflexiv beeinflussen konnten. Methodisch wurden neben der Auswertung der Projektanträge, problemzentrierte Interviews mit den relevanten Vertreter_innen der jeweiligen Projektleitungs- und -umsetzungsebene geführt, um die erreichten Ziele selbst einzuschätzen. In Gruppendiskussionen mit Adressat_innen der Projekte wurden deren Hintergrundbedürfnisse im Hinblick auf den Projektverlauf sowie ihre Erwartungen an die Projektzukunft ermittelt (vgl. Alisch/Hofmann 2015).

2 Implizite handlungsleitende Konzepte von Armut

Bezogen auf ein gesamtgesellschaftliches Ziel der „Überwindung von Armut und sozialer Ausgrenzung" (Hauser 2012, S. 607ff.) begründet Richard Hauser, inwiefern bereits das Zugrundelegen unterschiedlicher Auffassungen über Armut und soziale Ausgrenzung problematisch ist für eine ernstgemeinte „Politik zu ihrer Überwindung". Dies gelte grundsätzlich für ein „enges Verständnis von Armut", welches „in erster Linie die besonderen Merkmale und Folgen von durch Armut gekennzeichneten Lebenslagen" fokussiert und den Prozess der Entstehung benachteiligter Lebenslagen nicht mit einbeziehe. Jedoch erweise sich schon der Versuch, als Grundlage für eine Politik gegen Armut, diese adäquat zu messen, als äußerst komplex. Dies gelte ebenso für einen statischen, die wirklich relevanten Dimensionen einbeziehenden Lebenslagenansatz als auch für eine Ressourcenperspektive (ebd., S. 613).

Insofern scheint es nicht verwunderlich, dass auch in den gemeinwesenbezogenen Projekten, die „gegen Armut" wirken und die Teilhabechancen der als arm identifizierten Menschen verbessern sollen, keineswegs exakt, sondern geleitet von Erfahrungen am Ort und kollektivem Wissen lokaler Akteure das gesellschaftliche Phänomen Armut in seinen Ausmaßen eingeschätzt wird. Verwunderlich ist auch nicht, dass hier jene Vorstellungen von Armut, „die sich wesentlich auf Aspekte des materiellen Einkommens und Vermögens beziehen" (Jähnichen 2012, S. 185) und mit sozialer Ausgrenzung und unzureichender Teilhabe verknüpft werden, reproduziert werden. Darüber hinaus konnten jedoch weitere implizite Definitionen sowie Bewertungen von Armut aus den Interviews mit den Projektverantwortlichen und -umsetzenden herausgelesen werden, die jeweils Relevanz entfalten, wenn es darum geht, Teilhabechancen in den Projekten zu eröffnen.

Entlang der jeweiligen lokalen Projektidee werden die von Armut betroffenen Adressat_innen von den befragten Projektverantwortlichen kategorial und in der Perspektive von materieller Armut beschrieben als „Leute mit wenig Geld, Obdachlose auf jeden Fall, Hartz-IV-Empfänger" und Zuschreibungen in Bezug auf ihre Bedürfnisse und Problemlagen („einsame Menschen, die einen Ansprechpartner suchen") formuliert. Diese kategorialen Beschreibungen deuten einerseits auf die Wahrnehmung unterschiedlicher Kontexte (Ursache und Folgen) von Armutslagen hin, andererseits wird eine Tendenz deutlich, Armut nicht als Ausdruck zu verändernder gesellschaftlicher Verhältnisse zu fassen, sondern als individuelle Problemlage. Geäußert werden Vermutungen über die Bewältigung von Armut: So wird gemutmaßt, „dass die Armut bei den Hartz IV-Empfänger_innen", „die ja irgendwann mal ein normales Leben hatten [...] am größten ist." Für „alleinstehende Männer, selbst Obdachlose" wird angenommen, dass sie „sich mit dem Leben in Armut „arrangiert" hätten.

Mit dem Begriff der „*Teilhabe-Armut*" wird in einem Interview die Verbindung hergestellt zwischen Einkommensarmut und den daraus resultierenden Einschränkungen der gesellschaftlichen und kulturellen Teilhabe. Erkannt wird, dass eingeschränkte Mobilität den Zugang zu Ressourcen, um teilzuhaben, erschwert.

In den Interviewpassagen, in denen Armut als Ausdruck gesellschaftlicher Verhältnisse und Strukturen erscheint, wird eine Normalität lokaler Armut konstruiert: Dass es „hier viele Menschen gibt, die am Existenzminimum leben. Das ist einfach so." Entsprechend wird die Reichweite des eigenen professionellen Handelns auf das Verhalten der Adressat_innen bezogen: Gefragt wird, „[…] was können wir tun, damit sie das Leben meistern können? Und Kochen und so und ganz alltägliche Sachen oder einfach das Gefühl: ‚ich bin gut so wie ich bin und so versuche ich durchs Leben zu gehen'".

Ebenfalls ausgehend von einer hinzunehmenden Armutssituation unter Jugendlichen wird mit Blick auf diese Gruppe der Begriff der „Armut an Integration" von einem Projektverantwortlichen geprägt sowie die „Planungsarmut oder Perspektivlosigkeit" herausgestellt, die sich auf die von den Jugendlichen selbst antizipierten schlechten Bildungs- und Berufsaussichten beziehen.

Aus den Ergebnissen der Interviews mit den Projektverantwortlichen und der Rückkopplungsrunde mit Hauptamtlichen wurden nicht nur die unterschiedlichen praxiswirksamen Armutskonzepte deutlich, sondern es wurde grundsätzlich in Frage gestellt, dass eine Sensibilisierung für das Thema ‚Armut' sinnvoll sei. Eine in der Weise öffentliche Benennung der Verhältnisse von Armut als Projektfokus sei sogar kontraproduktiv im Hinblick auf die Erreichbarkeit der Zielgruppe(n): Bei „Projekten, die […] einen Anspruch haben, so viele Menschen wie möglich anzusprechen" sei sogar „eine Normalisierung oder vielleicht auch teilweise Ausblendung des Themas Armut" wichtig. Armut im Projekt zu benennen, dürfe „nicht zum Ausschluss oder Teilnahmekriterium werden, weder in die eine noch in die andere Richtung".

Mit diesen Begriffen von Armut als Handlungsrahmen, haben sich die Projektverantwortlichen sowie die freiwillig Engagierten, die in allen evaluierten Projekten eine unentbehrliche Ressource bei der Projektentwicklung und der alltäglichen Arbeit in den Projekten darstellen, dem Aktionsziel der Partizipation der Adressat_innen genähert.

3 Handlungsleitende Partizipationsvorstellungen

Ein wesentliches Ziel der evaluierten lokalen Projekte war es, Partizipation zu stärken und dies sowohl innerhalb der Projektentwicklung und -umsetzung selbst, als auch im Sinne einer durch die Projektbeteiligung verbesserte Teilhabe an Bildung, Beschäftigung und lokaler Gemeinschaft.

So selbstverständlich der Begriff ‚Teilhabe' auch in den Interviews verwendet wurde, so divergent scheint es in der Praxis zu sein, Partizipation zu deuten. Die Vorstellungen dazu bestimmen maßgeblich, welche Partizipationsgelegenheiten in einem Projekt realisiert werden.

3.1 Zwischen Instrumentalisierung und Selbstorganisation

Um die in den Interviews genannten Partizipationsdefinitionen zu sortieren, greife ich auf die ursprünglich von Sherry Arnstein Ende der 1960er Jahre entwickelte „Leiter der Partizipation" zurück. Arnsteins Versuch, Formen von Partizipation entlang der jeweils ermöglichten Entscheidungsmacht im Partizipationsgeschehen in acht Stufen zu modellieren, bietet in ihrer Grundstruktur die Möglichkeit, unterschiedliche Freiheitsgrade der Beteiligung und ihren Einfluss auf Entscheidungen sichtbar zu machen. Die ursprüngliche Leiter war in drei Stufengruppen unterteilt und begann mit der *Nicht-Partizipation* in Form von Manipulation und Therapie. Anhörung, Information und Beschwichtigung, galten ihr als Ausdruck einer „Alibipolitik (vgl. Karsten 2011, S. 25), während Partnerschaft, Machtdelegation und Bürgerkontrolle Citizen Power bedeuten[2].

Sie wurde seitdem weiterentwickelt, verfeinert, auf bestimmte Handlungsfelder hin modifiziert und kritisiert. Auch wenn dieses Modell den Eindruck erweckt, Partizipation werde nur in dieser speziellen hierarchischen Rangfolge konstruiert und trete empirisch in einer bestimmten Abfolge auf (vgl. ebd.), erscheint der Vorschlag, Partizipationsgelegenheiten entlang dieser Leiter auf die Einflussmöglichkeiten auf Entscheidungen hin zu prüfen, geeignet, die unterschiedlichen Vorstellungen von Partizipation in den von uns evaluierten Projekten entsprechend einzuordnen.

---

2   In der Variante der Leiter der Partizipation von Michael Wright (2011, S. 9) werden Information, Anhörung und Einbeziehung als Vorstufen von Partizipation bezeichnet. Nicht-Partizipation stellen Versuche der Instrumentalisierung und Anweisungen dar. Am oberen Ende der Leiter umfasst die eigentliche Partizipation teilweise Entscheidungskompetenz und Entscheidungsmacht, während Selbstorganisation schon über Partizipation hinausgehe (vgl. ebd.).

Im Kontext der gemeinwesenbezogenen Projekte könnten sich Gelegenheiten zur Übernahme von Entscheidungsmacht sowohl auf die Teilhabe an lokalen Entscheidungsprozessen (z.b. in Projektbeiräten) als auch auf die konkrete Gestaltung der Projekte beziehen, in denen die Grenzen zwischen Verantwortlichen und Adressat_innen eines Projektes nicht mehr eindeutig zu ziehen wären. Konzeptionell entsteht die Vorstellung einer partizipativen Projektentwicklung, die nicht zuletzt einer Politik und Praxis der Verhaltensänderung einen Rahmen zum Ausbau von gesellschaftlichen Handlungsspielräumen entgegensetzt.

3.2 Partizipation im Projektalltag

Die Vorgabe für die evaluierten Projekte zur Teilhabe der Zielgruppen bzw. Adressat_innen weist in diese Richtung, indem sowohl die Partizipation an der Gestaltung der Projekte angesprochen ist, als auch eine Verbesserung der Teilhabechancen in den Bereichen (Erwerbs-)Arbeit, Bildung und Gemeinwesen (vgl. Alisch/Hofmann 2015).

In den Interviews wird jedoch ein eher reduktionistisches Verständnis von Partizipation erkennbar, das allein auf die Beteiligung von Bürgerinnen und Bürgern an den gegebenen Formen von (politischer) Öffentlichkeit bezogen wird (vgl. May 2008, S. 45) und von einer Demokratisierung nicht nur aller Lebensbereiche, sondern auch unter Einbezug aller sozialen Gruppierungen, Klassen, Schichten oder Milieus, weit entfernt bleibt.

Im Gegenteil: Es wird erklärt, dass „Beteiligung auch nicht nur in dem Sinne ein demokratisches Ding [ist], also wo viele immer dran beteiligt sind, um was voranzubringen und weiterzutragen", sondern „also Beteiligung im Sinne von Eigenbefähigung" als Partizipation verstanden wird.

Insgesamt konnten fünf Muster der Interpretation von Partizipation der Adressat_innen aus den Interviews rekonstruiert werden (vgl. ebd., S. 161): Partizipation als

- Möglichkeit der Teil*nahme*;
- Handeln nach Anweisung;
- „Bringschuld" im Aktivierungsmodus;
- Möglichkeit, eigene Ideen zu entwickeln;
- Partizipation als Teil*habe*.

Partizipation als Teilnahme an unterschiedlichen, vorstrukturierten Projektkonzepten prägt die Aussagen der befragten Sozialarbeiter_innen. Ausgehend von den professionellen Strukturen entstehe Partizipation im Abfragen und Interpretieren von Wünschen und Bedürfnissen der Adressat_innen, teilweise verbunden mit einer gewissen Kritik an diesen Bedürfnissen als unangemessene Forderungen. Auch die klare Grenze zwischen Projektverantwortlichen und Adressat_innen, die „teilnehmen", wird in den Interviews deutlich:

[W]ir versuchen dadurch, dass sie [die Nutzer_innen, A.d.V.] regelmäßig im (.) Projekt sind, wir haben einen festen ‚Kundenstamm' und über diese Schiene eben zu fragen, ‚was braucht Ihr, was fehlt, was ist Euer Anliegen.

Ein Begegnen auf Augenhöhe zwischen den Projektverantwortlichen und ihren Adressat_innen scheint auch dadurch erschwert, dass die Projektförderung selbst ganz eindeutig und bewusst an der „räumlichen Konzentration von Elend" (May 2008, S. 49) ansetzen und somit eine Hierarchie von Macht und Kompetenzen erzeugen. Dies wurde auch deutlich in der Rekonstruktion der handlungsleitenden Armutskonzepte der Projektverantwortlichen, die geprägt sind von der Individualisierung der Ursachen von Armut und im Modus des Helfens Armut bearbeiten und nur vereinzelt eine gesellschafspolitische Sensibilisierung für die strukturellen Ursachen von Armut in den Blick nehmen (vgl. Alisch/Hofmann 2015, S. 162).

Das Interviewzitat „Partizipation ist aber auch, dass sie dann selber mithelfen" zeigt, wie Konzepte der Niedrigschwelligkeit (der Angebote), Vorstellungen von Partizipation als „Mitmachen" und implizite Annahmen über die Bildungs- und Berufschancen insbesondere jüngerer Adressat_innen miteinander verknüpft werden:

Gerade durch niedrigschwellige Sachen, also ‚nimm mal den Pinsel in die Hand' soll Beteiligung am Ausbildungsbereich in Bereiche[n], wo Jugendliche mit einem niedrigen Bildungsabschluss später Ausbildungschancen haben [...].

4 Partizipation als Co-Produktion mit den Adressat_innen?

Die Frage, wie das Ziel der Partizipation der Adressat_innen der Projekte umgesetzt wurde, war wesentlicher Bestandteil der Projektevaluierung. Aus den Interviews mit den professionellen Projektverantwortlichen sowie Gesprächen mit ehrenamtlichen Projektverantwortlichen ließen sich zum einen die Kommunikation und die Beziehung zu den Nutzenden rekonstruieren, zum anderen konnten Partizipationsbarrieren sowie Faktoren des Gelingens partizipativer Projektarbeit identifiziert werden.

4.1 Barrieren der Partizipation

Aus der Perspektive der Projektverantwortlichen stößt die Umsetzung des Partizipationsziels auf drei Barrieren:

- Barrieren auf Seiten der „zu Beteiligenden",
- Barrieren durch die Orientierung der Arbeit an bestehenden Strukturen,
- Barrieren durch unterschiedliche Partizipationsansprüche.

Barrieren auf Seiten der Beteiligten unterstellen ein Defizit an Kompetenzen, die eigenen Bedürfnisse in der Form zu artikulieren, wie die Professionellen, Partizipationserfahrenen es erwarten:

> *[D]ie können das oft ja gar nicht auf den Punkt bringen, ‚was willst du'? Sie können ihre Wünsche oft so nicht formulieren […] und da müssen wir dann halt genau hingucken und interpretieren […].*

Über diese Bedürfnisinterpretation hinaus sehen sich die Professionellen in der Rolle, den Projektnutzer_innen demokratisches Verhalten und Handeln erst erklären zu müssen. Dies könnte im Sinne der Zielsetzung der gesamten Aktion angemessen über das Erleben demokratischer, partizipativer Strukturen und Prozesse im Projekt geschehen. Allerdings begegnete uns in den Interviews eher eine Skepsis gegenüber der Idee, den Adressat_innen der Projekte Möglichkeiten einzuräumen, sich stärker an der Gestaltung und Steuerung des Projektangebotes zu beteiligen:

> *Es ist nicht mehr unsere erste Priorität […]. Ich finde es wichtiger, […] dass die Menschen, die hier kommen, weniger an der Konzeptionierung des [Projektes] mitwirken, sondern dass sie das Gefühl haben, ‚ich bin Teil der Gesellschaft', ‚ich bin ein Teil von dem Leben hier.'*

Auch die zweite von uns heraus gearbeitete Barriere der Partizipation im Sinne einer Teilhabe an Entscheidungs- und Gestaltungsprozessen bezieht sich auf das Verhalten der zu Beteiligenden. Durch die Orientierung der Projekte und Angebote an den gegebenen Strukturen misslingt es, tatsächlich geäußerte Bedürfnisse und konkrete Ideen der Adressat_innen umzusetzen. Das Festhalten an einst selbst gesetzten thematischen Schwerpunkten, Öffnungszeiten, Personalschlüsseln und tradierten Gremienstrukturen, verlangt von den Adressat_innen, sich in ihren je eigenen Bedürfnissen, Denk- und Zeitstrukturen anzupassen.

Aus „niedrigwelligen Angeboten" werden so leicht Barrieren der Teilhabe. In einer auf „Aktivierung" und „Befähigung" gerichteten Arbeit mit Personen, die in Lebenslagen von Armut leben, rückt ein auf Verhaltensänderungen gerichtetes professionelles Handeln in den Vordergrund.

Eine Veränderung der Erwartungshaltung gegenüber den potenziellen Nutzer_innen eines Projektangebots wäre somit angezeigt, ebenso wie eine angemessene Form der Partizipation an Entscheidungs- und Gestaltungsprozessen insgesamt. Letzteres wird besonders in Bezug auf die Teilhabe an Entscheidungsprozesse in Projektbeiräten und ähnlichen auf den Ort bezogenen Gremien deutlich: Jugendliche, die mit ihren Interessen und Ideen zum ersten Mal in einem Beirat oder einer Stadtteilkonferenz auf partizipationserfahrene Erwachsene meist anderer sozialer Milieus treffen, sind verunsichert, ob ihr Verhalten hier „richtig" ist und sie in ihren Anliegen ernstgenommen werden.

Aus der Sicht eines Professionellen erschienen die Adressat_innen der Projekte in mancher Gremiensitzung als deplatziert: Hier wird bereits antizipiert, dass sich die als benachteiligt identifizierten Menschen ohnehin zurückziehen würden. Munsch beschreibt diesen sukzessiven Rückzug aus solchen Gremien und schlussfolgert, dass solche an effektiver Planung orientierten Gremien „Bewohner_innen, die nicht über entsprechende Ressourcen verfügen, ausschließen" (Munsch 2005, S. 109). Diese Auffassung von Partizipation setzt somit eine Anpassungsleistung an die vorhandenen Formate der Partizipation nicht nur voraus, sie unterstellt gleichzeitig, dass diese nicht möglich und nicht gewollt sei (vgl. Alisch/Hofmann 2015, S. 168).

> Offen bleibt, ob diese Feststellung zu einer Veränderung der Strukturen der Entscheidungsfindung führen wird, der Aufbau solcher Ressourcen individuell zu organisieren ist, oder der Ausschluss aus solchen Gremien bei fehlender Anpassungsleistung durch die von Armut geprägten Milieus zur akzeptierten Normalität wird. (ebd., S. 169).

Insbesondere dort, wo die Projektarbeit maßgeblich von freiwillig Engagierten getragen wird und es keine heterogen zusammengesetzten Projektbeiräte gibt, zeigen sich Gelingensbarrieren durch unterschiedliche Partizipationsansprüche. Ob partizipatives Handeln als gelungen erkannt wird oder nicht, hängt davon ab, ob und wie die unterschiedlichen Interessen der Professionellen, der Ehrenamtlichen und der Projektzielgruppe zur Artikulation kommen, und ob es gelingt, einen Aushandlungsprozess über die unterschiedlichen Interessen und Bedürfnisse hinweg zu initiieren.

4.2 Chancen des Gelingens von Partizipation

Chancen, das Ziel der Partizipation in lokalen Projekten „gegen Armut" zu erreichen, zeichneten sich in unserer Untersuchung in solchen Projektzusammenhängen ab, wo räumlich und zeitlich Gelegenheiten geschaffen wurden, sich zu treffen, sich auszuprobieren oder eigene Ideen umzusetzen. Auf dieser Grundlage führt das Zulassen von Eigeninitiative und Selbstorganisation dazu, dass Teilhabe unmittelbar erlebt wurde.

Das setzt voraus, dass innerhalb der Projekte die strikte Trennung zwischen professionellen und ehrenamtlichen Verantwortlichen einerseits und „Nutzenden" andererseits aufgegeben wird. Diese Trennung erscheint jedoch als ein wesentlich konstituierendes Element in Projekten: „[…] die, die da ansprechbar wären, die da Kompetenzen mitbringen", und sich für das Projekt engagieren wollen und könnten „würden für mich aus der Nutzer_innen-Schiene rausfallen".

Noch deutlicher wird in einem anderen Interview die Grenze zwischen (ehrenamtlichen) Projektverantwortlichen und Adressat_innen gezogen: „Das wollen wir eigentlich nicht, weil die Küche schon… also da muss schon so ein bestimmter personeller Bereich sein. Wir wollen die Leute ja bedienen".

Diese strukturelle Trennung zwischen ehrenamtlich Verantwortlichen und Nutzer_innen ist auch den Nutzer_innen bewusst und wird von ihnen problematisiert. Ein Projektnutzer beschreibt seine Wahrnehmung von Engagement als Akt der Repräsentation, also als Handeln aus dem Bedürfnis einer Selbstdarstellung heraus, anstelle eines authentischen Engagements. Der Nutzer beschreibt weiter, dass es in einer derart gestalteten Situation schwierig sei, sich „zu öffnen" und verweist dabei zusätzlich auf die zwischenmenschliche Fremdheit.

Chancen für Partizipation ergeben sich auch dort, wo Adressat_innen bzw. Nutzer_innen in den Projektbeiräten von Beginn an feste Mitglieder im Gremium sind. Es zeigt sich, dass dort, wo ein solches Gremium mit dem Projektstart neu gegründet wurde, eine höhere Wahrscheinlichkeit der Partizipation besteht, als dort, wo die adressierten Personen aus Armutslagen sich mit einer Projektidee in ein etabliertes Gremium begeben müssen, in dem in der Regel Funktionsträger der Gemeinde bzw. des Stadtteils etabliert haben. In einer der Gruppendiskussionen mit Projektnutzenden wird der Anspruch an Teilhabe im Projekt deutlich formuliert und widerspricht gänzlich der aus den Interviews mit den Projektverantwortlichen erkennbaren „Asymmetrie zwischen den ‚bedürftigen NutzerInnen' und den ‚helfenden Profis'" (Marquard 2009), die immer „die Gefahr [birgt] von Machtmissbrauch und fürsorglicher Belagerung" (ebd.):

Also ich sehe es ganz real betrachtet so, dass es ein Schmelztiegel ist, eine Zusammenkunft von allem ohne oben und ohne unten und ohne Blöde und ohne Überintelligenz, sondern einfach wir kommen zusammen auf einem Level, auf einer Augenhöhe.

5 Ein Fazit

Die gemeinwesenbezogenen Projekte in unterschiedlichen städtischen und ländlichen sozialräumlichen Strukturen, die Vernetzung von Angeboten für von Armut Betroffene durch Stadtteilläden, Sozial- und Kulturzentren oder andere Treffpunkte fördern, die Teilhabe durch Gartenprojekte oder Werkstätten ermöglichen oder die schon bestehenden Angebote am Ort ausbauen wollen, funktionieren in starkem Maße durch die Zusammenarbeit von (wenigen) professionellen Sozialarbeiter_innen und freiwillig Engagierten, ohne die das Alltagsleben der Projekte gar nicht möglich wäre. Wenn also die in unserem Evaluationsprojekt belegte These richtig ist, dass die eigenen Vorstellungen und Konzepte von Armut und von Partizipation letztlich bestimmen, wer in welcher Weise und woran beteiligt ist, sind auch und gerade die Vorstellungen der freiwillig Engagierten in den Blick zu nehmen. In den Projekten „für arme Menschen" haben sie eine sinnvolle Betätigung für sich gefunden und formulieren ihre Interessen – gegenüber den Hauptamtlichen und auch deutlich gegenüber den Projektnutzenden. In den Aushandlungsprozessen über eine gelingende partizipative Projektentwicklung bilden sie einen nicht zu unterschätzenden kollektiven Akteur, dessen implizite Konzepte von Armut und von Partizipation bestimmend sind dafür, was gemacht wird und für wen. Interessensorientierungen von Ehrenamtlichen, die im Projekt nur eine Helfer-Hilfsbedürftigen-Beziehung zu den Adressat_innen zulassen – was mit der Aussage „Entweder vor dem Tresen oder dahinter!" ausgedrückt ist – bergen die Gefahr der Stabilisierung von sozialer Ausgrenzung.

Insofern kann die Zusammenarbeit mit freiwillig Engagierten in (Projekten) der Sozialen Arbeit einerseits eine Chance für die Anerkennung von Fähigkeiten und die Schaffung von Erfolgserlebnissen sein aber andererseits dazu führen, dass Menschen aufgrund ihrer Lebenslage „fürsorglich belagert" werden, wie Marquard (2009) es ausdrückt, oder allenfalls auf die Verrichtung von Hilfstätigkeiten beschränkt werden. Die landauf, landab geförderten Weiterbildungen von freiwillig Engagierten müssen hier ansetzen, auch wenn diese Idee einer Professionalisierung den Interessen engagierter Menschen, helfen zu wollen, auf den ersten Blick entgegen steht.

Literatur

Alisch, Monika/Hofmann, Patricia (2015): Dabeisein ist eben nicht alles – Partizipationsrealitäten von Projektverantwortlichen und Projektnutzenden. In: Alisch, Monika (Hrsg.): *Sozialraum und Governance. Handeln und Aushandeln in der Sozialraumentwicklung*, S. 157–177. Opladen/Berlin/Toronto: Barbara Budrich.

Arnstein, Sherry (1969): A Ladder of Citizen Participation. In: *Journal of The American Institute of Planners*, 35; 4. S. 216–224.

EKKW (Evangelische Kirche von Kurhessen – Waldeck, Diakoniedezernat) (2009): *Aktion Diakonische Gemeinde – Armut bekämpfen und gesellschaftliche Teilhabe fördern* (mimeo).

Hauser, Richard (2012): Überwindung von Armut und sozialer Ausgrenzung – eine Illusion? In: Huster, Ernst-Ulrich/Boeckh, Jürgen/Mogge-Grotjahn, Hildegard (Hrsg.): *Handbuch Armut und soziale Ausgrenzung*, 2. überarb. u. erw. Aufl., S. 607–623. Wiesbaden: Springer VS.

Jähnichen, Traugott (2012): Der Wert der Armut – Der sozialethische Diskurs. In: Huster, Ernst-Ulrich/Boeckh, Jürgen/Mogge-Grotjahn, Hildegard (Hrsg.): *Handbuch Armut und soziale Ausgrenzung*, 2. überarb. u. erw. Aufl., S. 184–198. Wiesbaden: Springer VS.

Karsten, Andreas (2011): Den Bürgern entgegengehen: Verschiedene Modelle und Konzepte der Bürgerbeteiligung. In: Heinrich Böll Stiftung (Hrsg.): *Bürgerbeteiligung im kommunalen Klimaschutz – Antworten Europäischer Städte und Gemeinden*, S. 22–34. Berlin.

Marquard, Peter (2009): Auf den Nutzer kommt es an. In: *sozialraum.de* (1) Ausgabe 2/2009. Abrufbar unter: http://www.sozialraum.de/auf-den-nutzer-kommt-es-an.php. [Letzter Zugriff: 16.8.16].

May, Michael (2008): Partizipative Projektentwicklung im Sozialraum. In: May, Michael/Alisch, Monika (Hrsg.): *Praxisforschung im Sozialraum. Fallstudien in ländlichen und urbanen sozialen Räumen*, S. 45–64. Opladen/Farmington Hills: Barbara Budrich.

Munsch, Chantal (2005): *Die Effektivitätsfalle. Gemeinwesenarbeit und bürgerschaftliches Engagement zwischen Ergebnisorientierung und Lebensbewältigung*. Baltmannsweiler: Schneider Hohengehren.

Wright, Michael (2011): Stufen der Partizipation in der Gesundheitsförderung. 4. Workshop im Rahmen der Fortbildungsreihe „Praxisnahe Qualitätsentwicklung in der Gesundheitsförderung" – Kooperationsveranstaltung der BGV und HAG 07. September 2011, Hamburg. Abrufbar unter: http://www.hag-gesundheit.de/uploads/docs/235.pdf. Letzter Zugriff: 16.8.16.

Überlegungen zur Historizität von Prozessen der Transformation Sozialer Arbeit

Strategien der Integration im sozialstaatlich geregelten Kapitalismus

Nils Wenzler

Dem Tagungstitel und der zugehörigen Tagungsankündigung des Bundeskongress Soziale Arbeit 2015: „Politik der Verhältnisse – Politik des Verhaltens: Widersprüche der Gestaltung Sozialer Arbeit", liegt die Annahme einer markanten Veränderung in den Ausgestaltungsweisen Sozialer Arbeit zugrunde, welche eingelagert ist in einen umfassenderen gesellschaftlichen Transformationsprozess. Diese Transformationen Sozialer Arbeit werden als, wie es heißt, „tiefgreifender und folgenreicher Wandel handlungsleitender Orientierungen" markiert, welche sich „im Zeichen neoliberaler Restrukturierungen gesellschaftlicher Konfliktverhältnisse in Sozialpolitik und der Sozialen Arbeit vollzogen" haben. Letztlich lassen sich diese Transformationen auf den Wandel von einer „Politik der Verhältnisse, welche primär die gesellschaftsstrukturellen Bedingungen von sozialer Ungleichheit und Ausschließung problematisiert", zu einer „Politik des Verhaltens – welche auf die Diagnose und Behandlung von individuellen Verhaltensdispositionen abzielt", verdichten.

Die Kritiken an neoliberalen Rationalisierungsweisen oder neosozialen Transformationen und deren Einfluss auf die Ausgestaltung Sozialer Arbeit, die aufzeigen, dass beispielsweise die Ökonomisierung gesellschaftlicher Teilbereiche ungebrochen voranschreitet, lassen sich dabei regelmäßig verstehen (oder auch missverstehen) als Verteidigungen eines „sozialstaatlich geregelten Kapitalismus" der 1950er-1970er Jahre (Goldenes Zeitalter), weil dieser in der Lage sein könnte, den Primat der Politik oder des Sozialen gegenüber der Ökonomie zu sichern (bei-

© Springer Fachmedien Wiesbaden GmbH, ein Teil von Springer Nature 2018
J. Stehr et al. (Hrsg.), *Konflikt als Verhältnis – Konflikt als Verhalten – Konflikt als Widerstand*, Perspektiven kritischer Sozialer Arbeit 30,
https://doi.org/10.1007/978-3-658-19488-8_13

spielsweise Crouch 2015). Hierüber würden die gesellschaftsstrukturellen Bedingungen sozialer Ungleichheit und Prozesse der gesellschaftlichen Ausschließung thematisierbar und problematisierbar gemacht, im Gegensatz zu einer „Politik der individuellen Verhaltensmodifikation", welche gesellschaftliche Zusammenhänge verdeckt, zumindest verundeutlicht.

Der Rekurs auf eben diese „Hochphase eines sozialstaatlich regulierten Kapitalismus", wirft aber sogleich die Frage nach einer Analytik der Transformation auf, in der häufig eher implizit auf methodologische Fragen zum Verständnis der Historie verwiesen wird. Diese werden aber relevant, wenn zur Beschreibung der Gegenwart historische Bezüge im Sinne einer Kontrastierung herangezogen werden, um hierdurch einen Referenzpunkt zu fundieren, welcher es ermöglichen soll, aktuelle Veränderungen sichtbar zu machen. Dabei gewinnt die Abbildung gegenwärtiger Entwicklungen, z.b. der Wandel sozialstaatlicher Paradigmen oder handlungsleitender Orientierungen, vor allem dann an Deutlichkeit, wenn der historische Referenzpunkt selbst quasi unilinear, in seiner Gewordenheit plausibilisiert wird und damit letztlich einer kritisch-historischen Perspektivierung entzogen ist.

1 Zur Geschichte eines sozialstaatlich flankierten Kapitalismus. Das „goldene Zeitalter" – funktionalistische und konflikttheoretische Erklärungsansätze

Zunächst lässt sich eine allgemeine Rede feststellen, in welcher, vereinfacht gesagt, der Sozialstaat westeuropäischer Länder als eine Antwort auf gesellschaftliche Herausforderungen beschrieben wird. Der industrielle Wandel der Gesellschaften, begleitet durch Entwicklungen der Modernisierung, der Säkularisierung und der Demokratisierung, zu „modernen" funktional ausdifferenzierten Gesellschaften, bildete mit dem Sozialstaat zugleich auch spezifische Formen institutioneller Interventionen, Programme und Regulierungen eben dieser Entwicklungen aus (vgl. Lessenich 2008, S. 39).

Als „Goldenes Zeitalter" wiederum lässt sich der Zeitraum der 1950–1970er Jahre in der BRD bezeichnen, welcher von einem starken Wirtschaftswachstum (Prosperität), der Expansion der sozialstaatlichen Sicherungssysteme und der Demokratisierung der Gesellschaft gekennzeichnet ist. Dieser „sozialstaatlich flankierte Kapitalismus", basierend auf der Logik eines zirkulären Ausgleichs und dem damit verbundenen Zusammenhang von Investitionen in Gesellschaft und Wirtschaftswachstum, schien zu einem historischen Ausgleich von ökonomischen und sozialen Interessen zu führen (vgl. Lessenich 2008, S. 60/62). Das Sozialstaatsmodell vermochte zweierlei Dinge zu gewährleisten: 1. Wirtschaftswachstum und 2. soziale Stabilität. Der als historisch markierte Ausgleich zwischen dem Ökonomischen und dem Sozialen, die Befriedung des Gegensatzes von „Kapital und Arbeit" (Klassenantagonismus), ermöglichte es in dessen Folge, so die Vorstellung

> [...] die Soziale Integration zu fördern und die politische Legitimität der westlichen Demokratie zu erhöhen. Erst die Sozialen Sicherungsprogramme geben nach dieser Vorstellung der demokratischen Idee gleicher Staatsbürgerrechte eine reale Basis, indem sie die materiellen Voraussetzungen zur Wahrnehmung der formalen Freiheits- und Beteiligungsrechte schaffen. (Alber 1989, S. 126)

Hinter diesen eher allgemeinen Beschreibungen der Hochphase eines „sozialstaatlich regulierten Kapitalismus" sind insbesondere zwei Erklärungsansätze zur Entstehung des Sozialstaates wirksam, welche zugleich auch in historischen Vergewisserungen zur Sozialen Arbeit von Bedeutung sind. Dies sind zum einen (struktur-)funktionalistische Erklärungsansätze, zum anderen konflikt- oder interessentheoretische Erklärungsansätze.

Der Sozialstaat entsteht, in der Lesart *funktionalistischer Ansätze*, als eine historisch notwendige Reaktion und angemessene Antwort auf die Industrialisierung und die durch diese offensichtlich werdenden funktionalen Probleme des Kapitalismus. Die kapitalistische Produktionsweise bedarf einer sozialstaatlichen Flankierung, um ihn vor seinen eigenen gesellschaftszersetzenden Effekten und seiner immanenten Ungleichheitsdynamik zu bewahren. Einerseits, so könnte man sagen, schafft die Industrialisierung neue Notlagen (gesellschaftliche Funktionsprobleme), aber zugleich die materiellen Ressourcen zum Ausbau sozialer Sicherungsinstanzen. Der Sozialstaat stellt somit eine „[...] funktional adäquate Reaktion dar, [als] ein institutionelles Arrangement, welches ökonomische Erfordernisse und politische Forderungen notdürftig auszutarieren versucht" (Lenhardt/Offe 1977 nach Stark 2006, S. 3658). So wird in der Geschichtsschreibung Sozialer Arbeit mit dem Auftauchen neuer „sozialer Probleme" Mitte des 19. Jahrhunderts der Einsatzpunkt Sozialer Arbeit markiert. Soziale Arbeit lässt sich dann als historisch notwendige systemstabilisierende Instanz verstehen, welche die Unzulänglichkeiten des Kapitalismus abzufedern versucht.

In *interessen- und konflikttheoretischen Erklärungsansätzen* ist der Sozialstaat hingegen als Reaktion auf gesellschaftliche Konflikte im Zuge der Demokratisierung zu verstehen. Soziale Bewegungen (Arbeiterklasse) erkämpfen sich soziale Rechte. Durch die schrittweise (aber unaufhaltsame) Demokratisierung wird die Arbeiterklasse in die Lage versetzt, ihre Einflussnahme auf die Politik zu organisieren und zu institutionalisieren. Durch das Gewähren von Bürgerrechten (Wahlrecht) werden gesellschaftliche Konflikte und unterschiedliche Interessen ausgehandelt und führen quasi zwangsweise zu einer Ausweitung von Sozial- und Bürgerrechten (vgl. Marshall 1949, S. 67ff.). In dieser Lesart gewährleistet und garantiert der Sozialstaat die errungenen sozialen Rechte und bildet damit das Fundament von modernen demokratischen Gesellschaften. Die Klassenkonflikte zwischen „Kapital und Arbeit" finden sich hierbei in einer intermediären Instanz, dem Sozialstaat aufgehoben. In einer quasi dialektischen Bewegung kommt es für immer größere Teile der Bevölkerung zu Prozessen der Ausweitung von sozialen Rechten. Erst der Sozialstaat realisiert durch seine allgemeinen sozialen Sicherungssysteme das demokratische Gleichheitsversprechen.

Vor dem Hintergrund dieser beiden Erklärungsmodelle müsste der Sozialstaat der 1950–1970er Jahre tatsächlich als eine historische Errungenschaft betrachtet werden. Die Maxime „Wohlfahrt für Alle" und die Betrachtungsweise des Sozialstaats als „zu Fleisch gewordene Idee einer gerechteren Gesellschaft" beschreiben die Vorstellung einer Entwicklungsstufe des Kapitalismus, der es geschafft hat, seine eigenen Unzulänglichkeiten zu überwinden und somit eine neue Stufe gesellschaftlicher Integration zu etablieren. Alle weiteren Entwicklungen des Sozialstaates, so könnte man mutmaßen, müssten sich dann an diesen „erreichten" Errungenschaften, dem „Selbstanspruch" demokratischer Gesellschaften messen lassen.

2 Das Goldene Zeitalter – und das Postulat gesellschaftlicher Integration

Auch weite Teile des „Sozialpädagogischen Denkens" (Böhnisch/Schröer/Thiersch 2005), insbesondere die Geschichtsschreibung Sozialer Arbeit, rekurriert auf funktionalistische und konflikttheoretische Erklärungsansätze. Dabei lässt sich aufzeigen, dass Soziale Arbeit bereits seit 100 Jahren auf Grundlage von „strukturellen, gesellschaftlichen Problemursachen argumentiert" (Dollinger 2013, S. 188), und demnach (analog zum Sozialstaat) regelmäßig als eine „notwendige" Reaktion auf gesellschaftliche Probleme und Unzulänglichkeiten beschrieben wird. Soziale Arbeit und der Sozialstaat, deren Verhältnis als komplementär angesehen wird, gewährleisten die notwendig gewordene gesellschaftliche Organisation von Integration (vgl. Kaufmann 1982, S. 57). Die Bezugnahme auf ein solches Integrationspostulat durch die Soziale Arbeit war mindestens bis in die 1970er Jahre „[...] relativ eindeutig: Soziale Arbeit hatte dann aktiv zu unterstützen und geplant zu beeinflussen, wenn soziale Integration nicht, noch nicht oder nicht mehr gegeben war." (Kessl/Günnewig 2011, S. 141) So schreibt Klaus Mollenhauer in seinen „Ursprüngen der Sozialpädagogik" beispielsweise von der: „[...] Tatsache, daß in dem Phänomen ‚soziale Arbeit' ein mit der Eigenart der industriellen Gesellschaft notwendig verbundenes System neuer Maßnahmen gesellschaftlicher Integration gegeben ist" (Mollenhauer 1959, S 132). Dabei ist innerhalb der Debatten Sozialer Arbeit in den 1960er und 1970er Jahren eine doppelte Bezugnahme auf die sozialstaatlich gewährleistete „Integration" zu beobachten: Einerseits im Sinne einer gesellschaftlichen Funktionsbeschreibung und eines damit einhergehenden normativen Anspruchs. Hierbei wurde Soziale Arbeit also als „ immanente Gesellschaftskritikerin [...], die die Gesellschaft an ihr wohlfahrtsstaatliches Integrationsversprechen erinnere" verstanden (Kessl/Günnewig 2011, S. 141). Andererseits wurde die Integrationsleistung Sozialer Arbeit als „Reparaturbetrieb des Kapitalismus" (vgl. Hollstein/Meinhold 1973) bezüglich ihrer gesellschaftlichen Legitimations- und Reproduktionsfunktion disqualifiziert. Für beide Sichtweisen war das Integrationspostulat konstitutiver Bezugspunkt der theoretischen Debatte Sozialer Arbeit.

Die Kritik Sozialer Arbeit der 1970er Jahre weist schon darauf hin: Auch mit der Hochphase eines „sozialstaatlich regulierten Kapitalismus" gingen Widersprüche und Ambivalenzen gesellschaftlicher Integration einher. Wie Stephan Lessenich schreibt, ist der Sozialstaat selbst in seiner „Hochphase" analytisch betrachtet höchst ambivalent, er „[...] ermöglicht und begrenzt, befähigt und bevormundet, sorgt und vernachlässigt. [...] eröffnet Freiheit und schränkt Optionen ein, [...] schafft mehr Gleichheit und neue Ungleichheiten, produziert mehr Sicherheit und – eben dadurch – immer neue Unsicherheit" (Lessenich 2008, S. 10). Widersprüche gesellschaftlicher Integration sind demzufolge nicht als das „Andere" der Integration, sondern eben als Ambivalenzen Teil desselben. Dabei sind die Frage der sozialstaatlichen Integration und das empirisch Normale (z.B. Normalerwerbsbiografie) aufeinander verwiesen. Durch Prozesse der Integration wird das „Normale" „[...] selbst zum Ausgangspunkt koordinierender, standardisierender, normalisierender Interventionen" (Lessenich 2003, S. 83; vgl. Seelmeyer 2008). Es wird deutlich, dass mit der Produktion von Integration zugleich Prozesse der sozialen Kontrolle, der Ausschließung, der Normierung und der Normalisierung verbunden sind.

3 Geschichtsverständnis funktionalistischer oder konflikttheoretischer Erklärungsansätze

Damit wird sichtbar, dass ein unilinearer Rückgriff auf das „Goldene Zeitalter" des Sozialstaates möglicherweise in der Gefahr steht, diese Uneindeutigkeiten und Vielschichtigkeiten der Vergangenheit zugunsten eines „eindeutigen" Referenzpunktes für die gegenwärtigen Transformationsprozesse zu verklären. Funktionalistischen und konflikttheoretischen Konzeptionen zur Entstehung des Sozialstaates und der Sozialen Arbeit liegen ein spezifisches Geschichtsverständnis zugrunde, wodurch das „Goldene Zeitalter" tatsächlich als „historische Hochphase" des staatlich regulierten Kapitalismus verstanden werden muss. Die Vorstellung eines Integrationspostulats und der Verweis auf eine Selbstverpflichtung demokratisch verfasster Gesellschaften zum sozialen Ausgleich und zur sozialen Integration, erscheinen dann als Phänomene, welche selbst nicht dem historischen Wandel unterliegen würden können.

Der Blick auf die Geschichte folgt dialektischen oder evolutionären Vorstellungen, so dass gesellschaftliche Entwicklungen und sozialer Wandel als eine unaufhaltsame Aufwärtsentwicklung und Fortschritt erscheinen. Oder aber, in gegenteiliger Perspektive, müssen Brüche und Diskontinuitäten als gesellschaftlicher Rückschritt verstanden werden. Die Geschichte folgt in diesem Fall einem bestimmten Zweck, gesellschaftliche Entwicklungen haben einen Ursprung und eine Vollendung. Solcherlei teleologische Perspektiven auf gesellschaftlichen oder institutionellen Wandel liegt die Annahme zugrunde, es gäbe ein Prinzip, eine Regel, eine Funktion oder eine Struktur, welche selbst nicht sozialer Art ist, selbst keinem Wandel unterliegen (bspw. Demokratie, Kapitalismus) und damit quasi überhistorisch erscheinen. (vgl. Stark 2006, S. 3655)

Es handelt sich dann um eine Geschichtsschreibung, deren Ziel darin besteht, die Kausalitäten in der Historie aufzuzeigen und der Geschichte hierdurch Sinn zu entlocken, indem sie Ereignisse in einen konsistenten Zusammenhang arrangiert. Durch eine solche „Geschichte der Kontinuität", wird das „Goldene Zeitalter" unilinear zu einem allzu eindeutigen Referenzpunkt für die Betrachtung gegenwärtiger Transformationsprozesse. Ein solches Geschichtsverständnis ist darauf ausgelegt (oder dazu verdammt), der Geschichte Sinn zu entlocken, wo Widersprüche und Ambivalenzen herrschen.

4 Staatlich regulierter Kapitalismus im „goldenen Zeitalter" – als historisch spezifische Fixierung des Sozialen

Mit dem Verzicht auf ein solches teleologisch-deterministisches Geschichtsverständnis und historische Evolutions- bzw. Fortschrittskonzeptionen stellt sich die Frage nach einer analytischen Konzeption historischer Formationen im Kontext von Transformationsdiagnosen. Naheliegend wäre eine Perspektive, welche sich zunächst von der Vorstellung einer Einheit einer ganzen „Epoche" (wie dem Goldenen Zeitalter) verabschiedet, und diese nicht als übergeordnete gesellschaftliche Formation denkt, sondern vielmehr Konstellationen aufzuzeigen vermag, welche sich möglicherweise erst durch ihre (Re)Konstruktion zu historischen, partiell-temporären Formationen zusammensetzen lassen (Bröckling u.a. 2004, S. 1). Recht abstrakt lässt sich der Sozialstaat sodann als gesellschaftlich hervorgebrachte Relationierung und regulierende Einflussnahme auf die Verhältnisse und Beziehungen unterschiedlicher gesellschaftlicher Elemente beschreiben (vgl. Saar 2007, S. 33; Lessenich 2008, S. 36). Soziale Arbeit kann mithin als eine hierin eingelagerte Technik aufgefasst werden, deren Einflussnahme auf markierte Gruppen der Bevölkerung und im Hinblick auf das „empirisch Normale" (Normalität) die Regulierung sozialer Verhältnisse ermöglicht. So verstanden lässt sich Soziale Arbeit und Sozialstaat als Teil einer „Regierung des Sozialen" beschreiben (vgl. Kessl 2006), deren Interventionen nicht nur, aber auch, auf die Produktion von Integration abzielen (Zugänge, Teilhabe, Anerkennung, Sicherheit und Ressourcen), sich darin aber nicht erschöpfen, sondern darüber hinaus Differenzierungen, Deklassierungen und Ausschließungen aktiv herstellen.

> Tatsächlich operiert die ‚Regierung des Sozialen' über die Institutionalisierung von zwei scheinbar gegensätzlichen Schritten, die sich jedoch komplementär zueinander verhalten: Dem Schutz des Individuums vor der Gesellschaft korrespondiert die ‚Verteidigung der Gesellschaft' […] gegen das Individuum, das sie bedroht. Das Soziale etabliert in seinem Innern eine Trennlinie zwischen zwei Formen von Bevölkerung und zwei Formen ihrer Behandlung, die sich um die Norm herum gruppieren: die Normalen auf der einen und die Abnormalen auf der anderen Seite. (Lemke 2011, S. 219)

Der Sozialstaat und Soziale Arbeit lassen sich dann als „Bündel" von Interventionen, Maßnahmen, normativen Leitsätzen, Institutionen, Denkweisen – letztlich: als ein Bündel von historisch-spezifischen Praktiken und Diskursen verstehen. Aber entgegen einer funktionalistischen Lesart liegt hinter diesem „Bündel" kein feststehendes, strukturierendes Prinzip, es bleibt in Bewegung, wenn auch – und das ist entscheidend – es zu bestimmten Zeitpunkten zu partiellen Verfestigungen und Fixierungen dieser beweglichen Elemente kommt.

Vor diesem Hintergrund kann die Hochphase eines „staatlich regulierten Kapitalismus" mit seinem Integrationspostulat und das „goldene Zeitalter des Sozialstaates" letztlich als eine bestimmte historisch verfestigte (An-)Ordnung sozialstaatlicher Diskurse und Praktiken verstanden werden. Damit wäre das Integrationspostulat des „goldenen Zeitalters" des Sozialstaates keine überhistorische Errungenschaft, es würde sich vielmehr um eine Schließung oder Fixierung im Feld der sozialen Verhältnisse handeln, welche sowohl zeitlich als auch in Ihrer Reichweite beschränkt ist. Das sozialstaatliche Integrationspostulat ist dann letztlich als historisch-spezifische „Denk-, Problematisierungs- und Interventionslogik" zu betrachten (vgl. Ziegler 2008, S. 161).

Stellt man nun die Frage nach der Entstehung dieser zeitlich und in ihrer Reichweite beschränkten Verfestigungen im Sozialen, richtet sich der Blick auf die kontingenten Bedingungen, die unzähligen Anfänge und die Vielzahl an möglichen Geschichten und Erzählungen, aber vor allem auch darauf, welche gesellschaftlichen Kräfteverhältnisse bei der Anordnung und Fixierung von sozialstaatlichen Elementen mitgewirkt haben. Dies gibt den Blick auf die Ambivalenzen historischer Referenzpunkte gegenwärtiger Transformationsprozesse frei, und eröffnet zugleich die Frage nach den gesellschaftlichen Macht- und Herrschaftsverhältnissen.

> Die Menschheit schreitet nicht langsam von Kampf zu Kampf voran, bis sie zu einer universellen Gegenseitigkeit fände, in der die Regeln für immer an die Stelle des Krieges träten; sie fasst jede dieser Gewalttätigkeiten in ein Regelsystem und bewegt sich so von einer Herrschaft zur anderen. (Foucault 2009, S. 191)

5 Ausblick: Geschichtsverständnis einer genealogischen Geschichtsschreibung Sozialer Arbeit.

Eine poststrukturalistische Geschichtsschreibung, wie sie beispielsweise Michel Foucault mit seinem genealogischen Verfahren ausgearbeitet hat, würde die *Diskontinuität* zu einem „der grundlegenden Elemente der historischen Analyse [...]" (Foucault 2008, S. 482) machen, während in der traditionellen Geschichtsschreibung, so seine Kritik, die Aufmerksamkeit der Beschreibung von Kontinuitäten und der Einheit ganzer Epochen, sowie der Suche nach einem klaren Anfang und einem klaren Ende von Entwicklungen gilt. Für die traditionelle Geschichtsschreibung, so Foucault, ist die Diskontinuität eine Anomalie, welche aus der Geschichte weichen muss. Die genealogische Geschichtsschreibung versteht die Historie aber als Geschichte von Diskontinuitäten, welche ohne die Annahme von Kausalitäten, Ursachen und Wirkungen auskommt.

Dabei geht sie von einem Interesse an der Gegenwart aus, und betreibt die (Re)Konstruktion der Vergangenheit, aber als *Problematisierung* und nicht zur *Plausibilisierung* der Gegenwart (vgl. Bröckling 2007, S. 44).

> Nun, ich habe nicht vor, die Geschichte der Vergangenheit in den Begriffen der Gegenwart zu fassen. Wohl aber ist es meine Absicht, die Geschichte der Gegenwart zu schreiben. (Foucault 1994, S. 43)

Die Vergangenheit wird also *nicht* zum erklärenden Zusammenhang stilisiert, was eine Geschichte der Vergangenheit in den Begriffen der Gegenwart wäre, denn die Suche nach Kontinuität und Kausalität produziert die Vergangenheit aus der Perspektive der Gegenwart. Die Historie ist aber nicht die Vorgeschichte der Gegenwart, sondern der Ort, der es ermöglicht die „Willkürlichkeit" und „[…] Zerbrechlichkeit des Bodens [zu] belegen, auf dem sich die Zeitgenossen bewegen" und als Gegenbewegung zu „[…] der Suche nach dem ‚Ursprung'" (Brieler 2002, S. 183) zu verstehen.

Welche Geschichte ließe sich schreiben, wenn man eine Universalitätsthese ablehnen und behaupten würde, dass es *die* Soziale Arbeit nicht gäbe – wohl aber verfestigte „Bündel" gesellschaftlicher Praktiken und Diskurse mit ihren historisch-spezifischen Ausgestaltungs- und Begründungsweisen? Wie lassen sich Transformationen sichtbar machen ohne die Konstruktion eines allzu „eindeutigen" Referenzpunktes? Wie lässt sich abseits funktionalistischer und konflikttheoretischer Geschichtsverständnisse gesellschaftlicher Wandel beschreiben ohne auf „disruptive" Veränderungen und „eindeutige" Widersprüche verweisen zu müssen und wie ließe sich vielmehr eine Geschichtsschreibung der Ambivalenzen und der Gleichzeitigkeiten eröffnen? Es wäre eine Geschichtsschreibung der Kontingenz und der Verschiebung, der Pluralität, eine Geschichtsschreibung ohne Totalitätsanspruch und zugleich eine Geschichtsschreibung historisch-spezifischer De- und Restabilisierungen: Eine „Analytik der Transformation" (vgl. Schauz 2010, S. 95). Eine genealogische Geschichtsschreibung würde es ermöglichen, unterschiedliche Zeitschichten, unterschiedliche Geschwindigkeiten, Ambivalenzen, Verfestigungen und ihre Destabilisierungen in der Geschichte zuzulassen und beschreibbar zu machen. Es würde also darum gehen aufzuzeigen, dass die Dinge welche uns als notwendig, universell und unumgänglich dargelegt werden, tatsächlich aber singulär sind. Wohl aber berücksichtige sie verfestigte „Bündel" gesellschaftlicher Praktiken und Diskursen, welche aus gesellschaftlichen Kräfteverhältnissen hervorgehen, und analysiert hierüber die historisch-spezifischen Ausgestaltungs- und Begründungsweisen Sozialer Arbeit. Diese genealogische Perspektive könnte es ermöglichen die Dinge, welche wir möglicherweise als unhinterfragbar annehmen, zum Gegenstand unserer Reflexion zu machen (vgl. Owen 2003, S. 132). Sozialstaatliche Transformationen und Transformationen der Sozialen Arbeit ließen sich so von Diskontinuitäten und Umbrüchen geprägt verstehen, müssten aber zugleich auch im Hinblick auf Prozesse der Stabilisierung und Verfestigung analysiert werden. Transformationen beinhalten folglich zugleich Prozesse der Ausdifferenzierung (Fragmentierung) und der Angleichung. Die Problematisierung neo-liberaler Transformationen und die Kritik an einer „Politik des Verhaltens" steht, meiner Ansicht nach, in der Gefahr, die Ambivalenzen und herrschaftsförmigen Gründungen und Fixierungen einer „Politik der Verhältnisse" und den gemeinsamen Zusammenhang, in dem beide Politiken aufeinander verwiesen sind, zu verschleiern.

Literatur

Alber, Jens (1989): *Der Sozialstaat in der Bundesrepublik 1950–1983*. Frankfurt/M.: Campus.
Böhnisch, Lothar/Schröer, Wolfgang/Thiersch, Hans (2005): *Sozialpädagogisches Denken*. Weinheim: Juventa.
Bröckling, Ulrich/Krasmann, Susanne/Lemke, Thomas (2004): Einleitung. In: Dies. (Hrsg.): *Glossar der Gegenwart*, S. 9–16. Frankfurt/M.: Suhrkamp.
Bröckling, Ulrich (2007): *Das unternehmerische Selbst. Soziologie einer Subjektivierungsform*. Frankfurt/M.: Suhrkamp.
Brieler, Ulrich (2002): „Erfahrungstier" und „Industriesoldat": Marx und Foucault über das historische Denken, das Subjekt und die Geschichte der Gegenwart. In: Martschukat, Jürgen (Hrsg.): *Geschichte schreiben mit Foucault*, S. 42–79. Frankfurt/M.: Campus.
Crouch, Colin (2015): *Die bezifferte Welt. Wie die Logik der Finanzmärkte das Wissen bedroht*. Berlin: Suhrkamp.
Dollinger, Bernd (Hrsg.) (2007): *Die sozialpädagogische Erziehung des Bürgers: Entwürfe zur Konstitution der modernen Gesellschaft*. Wiesbaden: VS.
Foucault, Michel (1994): *Überwachen und Strafen: die Geburt des Gefängnisses*. Frankfurt/M.: Suhrkamp.
Foucault, Michel (2008): *Die Hauptwerke*. Frankfurt/M.: Suhrkamp.
Foucault, Michel (2009): Nietzsche, die Genealogie, die Historie. In: Ders., *Geometrie des Verfahrens: Schriften zur Methode*. Frankfurt/M.: Suhrkamp.
Hollstein, Walter/Meinhold, Marianne (Hrsg.) (1973): *Sozialarbeit unter kapitalistischen Produktionsbedingungen*. Frankfurt/M.: Fischer.
Kaufmann Franz-Xaver (1982): Elemente einer soziologischen Theorie sozialpolitischer Intervention. In: Ders. (Hrsg.) *Staatliche Sozialpolitik und Familie. Soziologie und Sozialpolitik*, S. 49–86. München: Oldenbourg.
Kessl, Fabian (2006): Soziale Arbeit als Regierung – eine machtanalytische Perspektive. In: Weber, Susanne/Maurer, Susanne (Hrsg.): *Gouvernementalität und Erziehungswissenschaften. Wissen – Macht – Transformation*, S. 63–75. Wiesbaden: VS..
Kessl, Fabian/Günnewig, Nadine (2011): Soziale Arbeit und Lebensführung. Die Perspektive einer sozialpädagogischen Empirie der Lebensführung. In: Böllert, Karin (Hrsg.): *Soziale Arbeit als Wohlfahrtsproduktion*, S. 141–151. Wiesbaden: VS.
Kessl, Fabian (2013): *Soziale Arbeit in der Transformation des Sozialen*. Wiesbaden: VS.
Lemke, Thomas (2011): *Eine Kritik der politischen Vernunft*. Hamburg: Argument.
Lessenich, Stephan (2003): Soziale Subjektivität. Die neue Regierung der Gesellschaft. In: *Mittelweg 36*, Heft 4, S. 80–93.
Lessenich, Stephan (2008): *Die Neuerfindung des Sozialen: der Sozialstaat im flexiblen Kapitalismus*. Bielefeld: transcript.
Marshall, Thomas (1949): *Sociology at the crossroads and other essays*. London: Heinemann.
Mollenhauer, Klaus (1959): *Die Ursprünge der Sozialpädagogik in der industriellen Gesellschaft*. Weinheim/Basel: Beltz.
Owen, David (2003): Kritik und Gefangenschaft. Genealogie und Kritische Theorie. In: Honneth, Axel/Saar, Martin (Hrsg.): *Michel Foucault. Zwischenbilanz einer Rezeption*, S. 122–145. Frankfurt/M.: Suhrkamp.

Saar, Martin (2007): Macht, Staat, Subjektivität. In: Krasmann, Susanne/Volkmer, Michael (Hrsg.): *Michel Foucaults „Geschichte der Gouvernementalität" in den Sozialwissenschaften: internationale Beiträge*, S. 23–47. Bielefeld: transcript.

Schauz, Désirée (2010): Diskursiver Wandel am Beispiel der Disziplinarmacht. Geschichtstheoretische Implikationen der Dispositivanalyse. In: Landwehr, Achim (Hrsg.): *Diskursiver Wandel*, S. 89–105. Wiesbaden: VS.

Seelmeyer, Udo (2008): Normalität und Normativität. Bezugspunkte Sozialer Arbeit im Strudel wohlfahrtsstaatlicher Transformation. In: Bielefelder Arbeitsgruppe 8 (Hrsg.): *Soziale Arbeit in Gesellschaft*, S. 299–305. Wiesbaden: VS.

Stark, Carsten (2006): Methodischer und methodologischer Funktionalismus: weltliche und geistliche Legitimation des Sozialstaates bei Claus Offe. In: Rehberg, Karl-Siegbert (Hrsg.): *Deutsche Gesellschaft für Soziologie: Soziale Ungleichheit, kulturelle Unterschiede: Verhandlungen des 32. Kongresses der Deutschen Gesellschaft für Soziologie in München*, S. 3655–3661. Frankfurt/M.: Campus.

Ziegler, Holger (2008): Sozialpädagogik nach dem Neo-Liberalismus: Skizzen einer post-sozialstaatlichen Formierung Sozialer Arbeit. In: Bütow, Brirgit/Chassé, Karl August/Hirt, Rainer (Hrsg.): *Soziale Arbeit nach dem sozialpädagogischen Jahrhundert. Positionsbestimmungen Sozialer Arbeit im Post-Wohlfahrtsstaat*, S. 159–176. Opladen u.a.: Barbara Budrich.

Soziale Ausgrenzungen im Namen der Inklusion

Eckhard Rohrmann

1 Vorbemerkung

Dieser Beitrag wird sich neuerlichen Sprachregelungen, bei denen von „behinderten Menschen" oder „Menschen mit Behinderungen" die Rede ist, nicht anschließen. Nach meinem Verständnis ist Behinderung kein den Behinderten „innewohnendes Abstraktum" (Marx 1983 [1845], S. 534), sondern Ausdruck solcher gesellschaftlichen Bedingungen und Verhältnisse, die Menschen mit körperlichen, organischen, sozialen oder sonstigen Beeinträchtigungen bei der subjektiven Aneignung von und der sozialen Teilhabe an relevanten gesellschaftlichen Lebenszusammenhängen behindern. Wenn solcherart Behinderte als Behinderte bezeichnet werden, werden sie nicht dadurch diskriminiert, sondern durch die Verhältnisse, die sie behindern. Im Übrigen sollte die Tatsache, dass Behinderte Menschen sind, so selbstverständlich sein, dass sie nicht jedes Mal betont zu werden braucht, wenn man von ihnen spricht. Wir reden ja auch nicht von studierenden Menschen oder von Menschen mit einem Bundestagsmandat.

2 Einführung

Inklusion ist zu einem Modethema und dabei zu einem schillernden, oftmals inhaltsleeren Begriff verkommen. Es gehört heute geradezu zur political correctness, bei jeder passenden und unpassenden Gelegenheit ein Bekenntnis zur Inklusion abzulegen. Verfolgt man allerdings die einschlägigen (fach-)öffentlichen Debatten, lassen sich neben zunehmender inhaltlicher Beliebigkeit des Begriffes auch inhaltliche Verengungen erkennen, von denen ich zwei hervorheben möchte:

1. ist die aktuelle Debatte weithin von der Auffassung geprägt, die Inklusionsidee sei erstmals in den 1990er Jahren im Zusammenhang mit der sog. Salamanca-Erklärung der von der damaligen spanischen Regierung und der UNESCO ausgerichteten Weltkonferenz „Pädagogik für besondere Bedürfnisse" von 1994 aufgekommen. Dass dies so nicht zutrifft, kann an dieser Stelle nicht weiter ausgeführt werden. Ich habe an anderer Stelle gezeigt, dass sich die Idee der Inklusion vereinzelt mindestens bis in das 17. Jahrhundert zurückverfolgen lässt (vgl. Rohrmann 2015). Auf zwei Beispiele aus der deutschen Nachkriegsgeschichte werde ich gleich noch zurückkommen.
2. fokussiert die Debatte vornehmlich auf
   a) schulische Inklusion und zwar
   b) Behinderter.

Zwar richtet auch dieser Beitrag den Fokus vor allem auf Behinderung, dies jedoch ausdrücklich in einem paradigmatischen Sinne. Grundsätzlich liegt diesem Beitrag die Auffassung zugrunde, dass Inklusion, verstanden als Negation jeglicher sozialer Exklusion, in letzter Konsequenz die Utopie einer Gesellschaft ist, in der niemand mehr ausgegrenzt wird, sondern alle Menschen unter Anerkennung ihrer Verschiedenheit an allen Lebensbereichen gleichberechtigt teilhaben können. Ich komme darauf zurück.

Aus den genannten inhaltlichen Verengungen resultiert vielfach die Auffassung, Inklusion sei vor allem ein Thema der Sonder(schul)pädagogik. Damit einher geht oft die fälschliche Annahme, die UN-Behindertenrechtskonvention (UN-BRK) sei eine Art Sondermenschenrechtsdeklaration für Behinderte. Das ist sie keineswegs. Sie ist, wie alle anderen Menschenrechtsabkommen auch, Zivilpakt, Sozialpakt, Anti-Rassismus-Konvention, Frauenrechtskonvention, Anti-Folterkonvention, Kinderrechtskonvention, Wanderarbeiterkonvention sowie die Konvention gegen Verschwindenlassen,[1] eine Konkretisierung der allgemeinen Erklärung

---

[1] Nähere Informationen hierzu finden sich unter: http://www.institut-fuer-menschenrechte.de/menschenrechtsinstrumente/vereinte-nationen/menschenrechtsabkommen/

der Menschenrechte, die am 12. Dezember 1948 von der UNO-Vollversammlung verabschiedet wurde. Genauso wie heute Inklusion ist Jahrzehnte zuvor auch Integration zu einem schillernden Begriff verkommen (vgl. hierzu Rohrmann 1994). Mit der Einführung neuer Begriffe allein ändert sich überhaupt nichts, und die Praxis des Behindertenbildungs- und -betreuungswesens lässt einstweilen nur wenige Anzeichen für einen Paradigmenwechsel, wie er oftmals beschworen wird, erkennen. Umgekehrt aber ist, wie schon erwähnt, die Idee, die sich mit dem Inklusionsbegriff verbindet, sehr viel älter als der Begriff in dieser Verwendung selbst.

3 Die Inklusionsidee in der deutschen Nachkriegsgeschichte

„Keine Reden – Keine Aussonderung – Keine Menschenrechtsverletzungen."
Das waren die zentralen Forderungen von Aktivistinnen und Aktivisten eines bundesweiten Zusammenschlusses von Krüppel- und Behinderteninitiativen, die vor fast 34 Jahren am 24. Januar 1981 anlässlich der nationalen Eröffnungsveranstaltung des Internationalen Jahres der Behinderten in der Dortmunder Westfalenhalle die Hauptbühne besetzt hatten, wenige Minuten bevor dort der damalige Bundespräsident hätte sprechen sollen (vgl. Rohrmann 1999, S. 52). Knapper und präziser kann man die Idee der Inklusion kaum auf den Punkt bringen. Durch die Gründung gemeindenaher ambulanter Assistenzdienste als Gegenentwurf zur verbreiteten stationären Unterbringung von Menschen mit Behinderung, die bei der Bewältigung ihres Alltages auf Unterstützung angewiesen sind, haben manche dieser Initiativen seit Ende der 1970er/Anfang der 1980er Jahre leider bislang in nur sehr wenigen Städten – anders als z.B. in skandinavischen Ländern, wo es solche Angebote nahezu flächendeckend gibt und die stationäre Unterbringung Behinderter teilweise seit Jahren gesetzlich verboten ist (vgl. z.B. Grunewald 2002) – ihre Forderungen auch ganz praktisch umgesetzt.

„Gemeinsam leben – gemeinsam lernen"
ist das Motto zahlreicher örtlicher und überregionaler Elterninitiativen, die in den 1970er Jahren entstanden sind und sich 1985 zur Bundesarbeitsgemeinschaft Eltern gegen Aussonderung zusammengeschlossen haben. Das was diese Behinderten- und Elternbewegungen forderten und was schon damals von Teilen nicht nur der akademischen Behindertenpädagogik auch theoretisch begründet und z.B. von Kollegen wie Georg Feuser (z.B. 1989) etwa mit seiner allgemeinen integrativen Pädagogik und einer dieser entsprechenden entwicklungslogischen Didaktik auch schulpädagogisch und didaktisch operationalisiert wurde, war im Kern nichts an-

deres, als das was mit dem Begriff der Inklusion ebenso wie damals mit dem Begriff der Integration, jedenfalls wie Feuser und andere, auch ich, ihn verstanden haben, gemeint ist.

4 Von der Integrations- zur Inklusionsdebatte

Auch in den einschlägigen Debatten haben sich einstweilen nur die Begriffe, nicht jedoch die Inhalte und Argumentationslinien geändert. So attackierten etwa Myschker/Ortmann (1999, S. 13) „die die ‚totale Integration' verlangenden ‚radikalen Integrationisten'[…]", denen sie die „ein nach Schweregraden der Behinderung differenziertes Stufensystem der Förderung" befürwortenden „moderaten Differenzialisten" gegenüberstellten.

Fünfzehn Jahre später warnt Ahrbeck (2014) vor Risiken und Nebenwirkungen der Inklusion, welche er insbesondere in der hierdurch drohenden „Auflösung der sonderpädagogischen Fachlichkeit (,Dekategorisierung')" und „einer organisatorischen Einheitslösung, die im Widerspruch zu pädagogischen Notwendigkeiten steht" (S. 5), sieht. Schroff weist er das Anliegen „radikaler Inklusionsbefürworter" zurück, nämlich „das Ziel [...] eine Einheitsschule, eine ‚Schule für alle' [...] als ‚völlig aussonderungsfreie' Schule zu konzipieren" (S.6). Er bezweifelt, dass „eine ungetrennte Gemeinsamkeit aller Schüler das ausschließlich gültige Ziel sein kann." (S. 8). Dem „radikalen Inklusionsbegehren" (S. 15) besagter „radikaler Inklusionsbefürworter" (S. 2 und S. 5) stellt er „ [...] ein moderates Inklusionsverständnis" (S. 5) gegenüber.

Hier wird mit dem Inklusionsbegriff in gleicher Weise argumentiert, wie früher mit dem Integrationsbegriff, ohne dass sich das inhaltliche Problemverständnis irgendwie geändert hätte. Moderate Inklusion bedeutet doch weiterhin Fortbestand von Exklusion und mithin allenfalls ein moderates Absenken der Aussondergrenze mit der Konsequenz eines noch zunehmenden Homogenisierungsdrucks auf die nach wie vor Ausgegrenzten. Von der Logik erscheint die Vorstellung einer moderaten Inklusion ähnlich absurd wie die Aussage, eine Frau sei ein bisschen schwanger.

Dieser Beitrag versteht, wie eingangs schon erwähnt, Inklusion als ein Konzept, das davon ausgeht,

> dass höchst unterschiedliche, *prinzipiell aber stets gleichrangige* Gruppen ein großes, inklusives Ganzes bilden, das sich durch allseitige Veränderung weiter entwickelt. Inklusion in diesem Sinne ist ein systemtheoretisches Konzept, das keine Normen und Hierarchien akzeptiert, sondern horizontale Verbindungen, die in steter Bewegung sind. (Tolmein 2013, S. 165, Hervorhebung E.R.)

wobei zu ergänzen ist, dass Inklusion kein womöglich ein für alle Male herzustellender Zustand ist, sondern ein fortwährender Prozess fortschreitender Überwindung sozialer Ausgrenzungen und Ungleichheiten. Genauso haben übrigens auch die „radikalen Integrationisten" der 1970er Jahre ihr Programm verstanden.

5 Der Begriff der Inklusion und die Praxis der Exklusion

Die eingangs beklagte zunehmende inhaltliche Beliebigkeit von Inklusion innerhalb einschlägiger Diskurse findet sich auch in vielen Bereichen der Praxis sozialer Arbeit sowie des Behindertenbildungs- und -betreuungswesens. Nach wie vor ist die Praxis in diesen Bereichen durch vielfältige Ausgrenzungsprozesse gekennzeichnet, auch wenn diese nicht selten unter dem Label „Inklusion" firmieren.

Besonders augenfällig wird das geradezu sinnentstellende Verständnis von Inklusion z.B. auf dem Deckblatt einer Broschüre zu einer Ausstellung anlässlich des 150-jährigen Bestehens der evangelischen Stiftung Hephata Mönchengladbach im Jahr 2007. Hier ist zu lesen:

Menschen mit Behinderungen:
versteckt
verwahrt
gefördert
inkludiert.[2]

Es wird also rekapituliert, was mit Behinderten in Geschichte und Gegenwart so alles gemacht wurde und wird: Bis in die Mitte des 19. Jahrhunderts wurden sie versteckt. Seither werden sie in seinerzeit gegründeten Anstalten wie Hephata verwahrt, oftmals bewusst fernab jeglicher sozialer Infrastruktur, um sie vor den vermeintlich schädlichen Einflüssen des sündigen gesellschaftlichen Lebens zu schützen. Seit Ende der 1960er Jahre werden sie gefördert, ja und heute werden sie inkludiert – ob sie wollen oder nicht. Allein die passivische Verwendung der Verbform von Inklusion macht deutlich, dass im Verständnis dieser Einrichtung auch in „Zeiten der heiligen Inklusion" (Jantzen 2012, S. 35) die Betroffenen immer noch nicht als Subjekte, sondern nach wie vor als Objekte verstanden werden, mit denen die Akteure der Einrichtungen als Subjekte das machen, was sie jeweils für fachlich richtig halten, heute eben inkludieren.

---

2   https://www.hephata-mg.de/files/pdf/Stiftung/Ausstellung.150.Jahre.Hephata.pdf.

Man kann niemanden inkludieren und schon gar nicht in einer stationären Sondereinrichtung. Diese Einsicht hat übrigens schon Anfang der 1980er Jahre die damalige Bundesregierung in ihrer Begründung für die Einführung eines neuen § 3a in das damalige Bundessozialhilfegesetz (BSHG) im Rahmen des 1984 in Kraft getretenen Haushaltsbegleitgesetzes zum Ausdruck gebracht. Dieser lautete: „Die Träger der Sozialhilfe sollen darauf hinwirken, dass die erforderliche Hilfe soweit wie möglich außerhalb von Anstalten, Heimen oder gleichartigen Einrichtungen gewährt werden kann." Das war vor mehr als dreißig Jahren. Die damalige regierungsamtliche Begründung für die damals neue Vorschrift: „Die bisherige Tendenz zum Ausbau vorrangig des stationären Bereichs birgt [...] die Gefahr der ‚Abschiebung' älterer Menschen oder Behinderter aus ihrem Lebenskreis" und: „Ambulante Hilfen sind oft sachgerechter, menschenwürdiger und zudem kostengünstiger." (Bundestags-Drucksache 10/335, S. 103)

Als dann allerdings offensichtlich wurde, dass ambulante Hilfen zwar immer noch sachgerechter und menschenwürdiger, jedoch, wenn nicht als ehrenamtliche Almosen oder private Reproduktionsleistung, sondern als professionelle Dienstleistung erbracht, nicht immer kostengünstiger sind, wurde der Vorrang ambulanter vor stationären Hilfen 1996 unter Kostenvorbehalt gestellt. In dieser Fassung wurde er auch im § 13 Sozialgesetzbuch (SGB) XII kodifiziert, welches 2005 das BSHG abgelöst hat.

Immerhin: Seit mehr als 30 Jahren ist der Grundsatz ambulant vor stationär explizite Rechtsnorm und auch die beiden Behindertenberichte der Bundesregierung aus den 1990er Jahren kommen zu der bemerkenswerten Einsicht:

> Die Zahl der Heimunterbringungen könnte nach verbreiteter Einschätzung zunehmend gesenkt werden. Von vielen Behinderten – auch schwerstbehinderten Menschen – selbst wird der Ausbau individueller Wohnformen gefordert; Dieser Prozeß setzt neben einem ausreichenden Angebot an [...] differenzierten Wohnformen auch den weiteren Ausbau ambulanter Dienste voraus, die die Betroffenen weitgehend beteiligen und deren persönliche und soziale Kompetenz stärken. (Bundesregierung 1994, S. 178; 1998, S. 85)

So steht es wortgleich im dritten und mit Ausnahme des zweiten mittleren Satzes im vierten Bericht der Bundesregierung über die Lage der Behinderten und die Entwicklung der Rehabilitation.[3]

---

3 Die späteren Behindertenberichte gehen auf den Aspekt der Heimunterbringung unter Verweis darauf, dass die Zuständigkeit für die Heimgesetzgebung im Zuge der Föderalismusreform auf die Bundesländer übergegangen ist, kaum noch ein, sondern

Doch statt den Auf- und Ausbau ambulanter Dienste und den Bau behindertengerechter Wohnungen zu forcieren, wurden immer mehr Heime gebaut. Die Konsequenz ist, dass die Anzahl exkludierender Heimunterbringungen in Deutschland in den 1990er Jahren nur nicht sank, sondern kontinuierlich stieg, zwischen 1993 und 2003 um insgesamt 55 Prozent von 115.648 auf 178.924. Die Institutionalisierungsquote, ausgedrückt in Heimplätzen je 100.000 Einwohner stieg im selben Zeitraum um gut 52 Prozent von 142 auf 217.

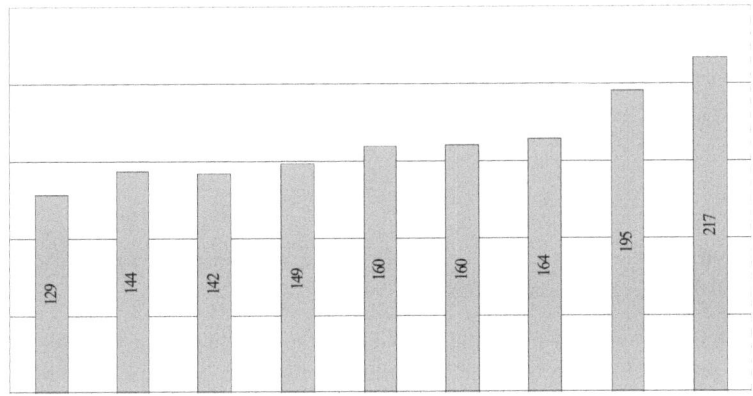

Abbildung 1 Institutionalisierungsquoten in der Behindertenhilfe 1993–2003
Quelle: GeroStat – Deutsches Zentrum für Altersfragen, Berlin. Basisdaten: BMFSFJ – Heimstatistik, eigene Berechnungen[4]

Neuere Zahlen gibt es nicht, denn seit im Zuge der Föderalismusreform die Zuständigkeit für die Heimgesetzgebung auf die Bundesländer überging, gibt es keine bundesweite Statistik mehr.[5] Es gibt allerdings keinerlei Anlass für die Annahme, dass sich der bisherige Trend nicht auch weiterhin fortgesetzt hat, wie sich z.B. an der Eingliederungshilfestatistik des statistischen Bundesamtes zeigen lässt.

---

beschränken sich auf eher allgemein gehaltene Ausführungen über Maßnahmen der Bundesregierung zur Verbesserung der Wohnsituation Behinderter.
4   Die Heimstatistik wurde bis 2003 aufgrund freiwilliger Meldungen, die nicht immer auf denselben Stichtag bezogen sind, vom BMFSFJ erhoben. Für die Zeiträume 1997–1998 und 1998–2001 sind Daten zu unterschiedlichen Stichtagen innerhalb dieser Zeiträume zusammengefasst.
5   Auch zuvor war es lediglich eine nichtamtliche Statistik.

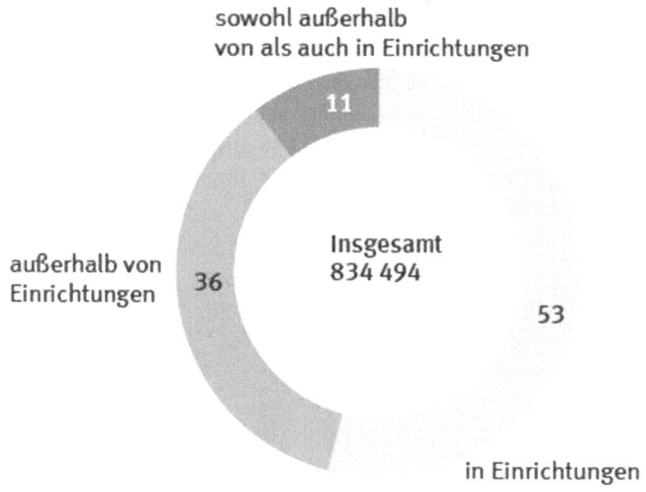

Abbildung 2
Quelle: Statistisches Bundesamt 2015, S. 8

Nur 36% der Empfängerinnen und Empfänger von Eingliederungshilfe für Behinderte lebte 2013 ausweislich der Sozialhilfestatistik des Statistischen Bundesamtes außerhalb, 53% hingegen innerhalb stationärer Einrichtungen (siehe Schaubild). Noch dramatischer stellt sich die Diskrepanz bei den Ausgaben dar: Von den insgesamt rund 15,6 Mrd. Euro, die 2013 für Eingliederungshilfe für Behinderte verausgabt wurden, flossen gut 13 Mrd. Euro, das sind 84%, in den stationären Bereich, nur knapp 2,6 Mrd. Euro (16%) kamen Empfängerinnen und Empfängern, die außerhalb stationärer Einrichtungen lebten, zugute. Auch wenn zu berücksichtigen ist, dass letztere neben der Eingliederungshilfe zumeist noch andere Sozialhilfeleistungen, wie Hilfe zum Lebensunterhalt oder die Unterkunftskosten erhalten, kann hier ein milliardenschwerer Missbrauch von Sozialhilfeleistungen konstatiert werden, der allerdings in der öffentlichen Diskussion kaum thematisiert wird. Jahr für Jahr wird ein Betrag in zweistelliger Milliardenhöhe, der eigentlich für die Eingliederung Behinderter bestimmt ist, für deren soziale Exklusion verausgabt.

Was es bedeutet, in einer solchen Einrichtung zu leben, wurde vor einigen Jahren in einer Studie mit dem Titel „als wären wir zur Strafe hier"[6] über die 1950er und 1960er Jahre am Beispiel des Wittekindshof bei Bad Oeynhausen dokumen-

---

[6] Bei dem Titel handelt es sich um ein Zitat eines ehemaligen Insassen dieser Einrichtung.

tiert (Schmuhl/Winkler 2011). Leider reicht die Dokumentation nur bis in die 1960er Jahre. Dabei habe ich während meines Zivildienstes in den 1970er Jahren, ebenfalls in einer diakonischen Einrichtung für sog. geistig Behinderte, ganz ähnliche Zustände erlebt, wie dort geschildert: körperliche Misshandlungen, Demütigungen, Verabreichung hoher Dosen an Psychopharmaka mit dem vornehmlichen Ziel der Disziplinierung und Ruhigstellung der Bewohner und vieles mehr.

Mehr als die Hälfte der stationären Behinderteneinrichtungen befindet sich in kirchlicher Trägerschaft. Dort kommt es u.a. zu massiven an der Sexualmoral der Einrichtungsträger orientierten Einschränkungen z.b. der sexuellen Selbstbestimmung. Ich hatte z.b. während meines Zivildienstes den Auftrag homosexuelle Kontakte der Bewohner zu unterbinden. Heterosexuelle Kontakte konnten sie aufgrund struktureller Gewalt nicht eingehen: In der geschlossenen Einrichtung lebten nur männliche Insassen. Zwar hat es hier, zumindest im diakonischen Bereich, ein Umdenken gegeben. So schrieb etwa zehn Jahre später Johannes Busch, der von 1979 bis 1995 Leiter der von Bodelschwinghschen Anstalten war, in einem Mitteilungsblatt für die Mitarbeiterinnen und Mitarbeiter der Anstalten:

> Wir Betheler haben in der Vergangenheit das Leben der behinderten Bewohner so gestaltet, daß bei uns nicht eingelöst werden konnte, was doch der Geschöpflichkeit des Menschen entspricht. Eine Lebensgemeinschaft von Paaren behinderter und kranker Menschen war von Anfang an in Bethel nicht möglich. (Busch 1986, S. 3)

Das, so Busch weiter, solle sich jetzt ändern, allerdings in Grenzen, die nach wie vor von der kirchlichen Sexualmoral bestimmt sind:

> Der natürliche von Gott vorgegebene Raum in dem die Sexualität des Menschen zur Entfaltung kommen kann, ist nach unserem Verständnis die auf Dauer angelegte Lebensgemeinschaft von Mann und Frau. (a.a.O., S. 5)

Man mag diese Auffassung teilen oder auch nicht. Jedenfalls stellt sich die Frage nach dem Recht auf sexuelle Selbstbestimmung für diejenigen behinderten Anstaltsinsassen, deren sexuelle Orientierung im Widerspruch steht zu derjenigen, die Johannes Busch vertritt. Hier stellt der Kirchenmann klar:

> Eine Herauslösung des Geschlechtsverkehrs aus der ganzheitlichen dauerhaften Lebensgemeinschaft von Mann und Frau mit dem Ziel ausschließlich sexueller Befriedigung halten wir nicht für schöpfungsgemäß, und das heißt, sie ist nicht dem Menschen gemäß. Wir denken deshalb nicht daran, dem in irgendeiner Form in unseren Einrichtungen Raum zu geben. (a.a.O., S. 6)

Nach wie vor setzt also der Einrichtungsträger die Grenzen für die Möglichkeit sexueller Entfaltung. In katholischen Einrichtungen dürfte die Lage kaum besser sein.

Bei einer Reihe von Interviewpartnerinnen und -partnern, die wir im Rahmen unserer Untersuchungen über Fehlplatzierungen jüngerer Behinderter in Einrichtungen der stationären Altenhilfe befragt haben (vgl. Brings/Rohrmann 2002, Drolshagen/Rohrmann 2003, Rohrmann 2003), haben wir erlebt, dass für manche allein schon die Erfahrung, dass es Menschen gibt, die an ihnen, ihrem Alltag und an ihrer Lebensgeschichte ein Interesse haben, oft mehr als erstaunlich war. Sie selbst hatten es längst verloren. Ihr Leben war geschichtslos geworden, geprägt nur noch durch die immer wiederkehrende Stereotypie des Heimalltages.

2001 brachte das UNO-Komitee für wirtschaftliche, soziale und kulturelle Rechte anlässlich der Vorlage des vierten Staatenberichtes der Bundesrepublik Deutschland „seine große Besorgnis über inhumane Bedingungen in Pflegeheimen aufgrund struktureller Mängel im Pflegebereich, wie dies vom Medizinischen Dienst der Krankenkassen (MDK) bestätigt worden ist" (CESCR 2001, Nr. C24), zum Ausdruck und „drängt die Bundesrepublik, dringende Maßnahmen zu ergreifen, um die Situation der Patienten in Pflegeheimen zu verbessern" (a.a.O., Nr. E42).

Zehn Jahre später äußerte das Komitee in seiner Stellungnahme zu dem mit dreijähriger Verspätung 2009 vorgelegten fünften Staatenbericht seine

> große Sorge darüber, dass der Mitgliedsstaat [die Bundesrepublik] keine hinlänglichen Maßnahmen getroffen hat, um die Situation älterer Menschen in Pflegeheimen zu verbessern, die, wie berichtet, unter unmenschlichen Bedingungen leben und weiterhin bedingt durch den Mangel an qualifiziertem Personal sowie inadäquater Festlegungen von Pflegestandards unsachgemäß behandelt werden. (CESCR 2011, Nr. C27)

Wie schon zehn Jahre zuvor drängt das Komitee die Bundesrepublik erneut, „unverzüglich Maßnahmen zu ergreifen, um die Situation älterer Menschen in Pflegeheimen zu verbessern" (a.a.O., Nr. 42). Die Vorlage des sechsten Staatenberichts ist seit dem 30. Juni 2016 überfällig.

2015 hat sich auch das UNO-Komitee für die Rechte von Menschen mit Behinderungen

> tief besorgt darüber [gezeigt], dass der Vertragsstaat die Verwendung körperlicher und chemischer Freiheitseinschränkungen, die Absonderung und andere schädliche Praktiken nicht als Folterhandlungen anerkennt. Es ist fernerhin besorgt über die

Verwendung körperlicher und chemischer Freiheitseinschränkungen, insbesondere bei Personen mit psychosozialen Behinderungen in Einrichtungen und älteren Menschen in Pflegeheimen" (CRPD 2015, Nr. 33) und empfiehlt „Schadenersatzleistungen für die Opfer dieser Praktiken zu erwägen. (a.a.O., Nr. 34)

6 Ausblick

Dass es weder in quantitativer noch in qualitativer Hinsicht Bedarfe gibt, die nicht prinzipiell in einer selbst gewählten Wohnform gedeckt werden können und kein Mensch unfreiwillig aus fachlich zu rechtfertigenden Gründen aus seinem Gemeinwesen exkludiert und stationär untergebracht werden muss, zeigt nicht nur die Arbeit der seit mittlerweile knapp 40 Jahren existierenden Assistenzdienste in Deutschland, sondern etwa auch das Beispiel Schweden. Dort wurden seit Ende der 1960er Jahre konsequent gemeindenahe Infrastrukturen für Behinderte geschaffen. 1994 trat ein einkommens- und vermögensunabhängiges Assistenzgesetz in Kraft, das Behinderten die Unterstützung gewährt, die sie benötigen.[7] Die Philosophie dieser Behindertenpolitik umreißt der ehemalige Leiter des Büros für Behindertenfragen im schwedischen Reichsamt für Gesundheit und Wohlfahrt Karl Grunewald:

1. „Die Anstalten stellen heute einen letzten Rest an kollektiven und vergangenen Ideologien dar, welche der Gesellschaft die Macht und das Recht gaben, gewisse Menschen auszusortieren und deren Freiheit, Einfluss und Lebensbedingungen zu begrenzen. Es hat sich erwiesen, dass keine Person mit Beeinträchtigung in einer Anstalt wohnen muss, wie groß die ursprüngliche Schädigung auch immer sein mag." (Grunewald 2003, S. 88f.)
2. „Kein Mensch mit Behinderungen muss in einer Anstalt wohnen, wie groß die ursprüngliche Schädigung auch immer sein mag." (Grunewald 2004)
3. „Menschenrechte sind nur dann menschlich, wenn sie für alle gelten." (Grunewald 2003, S. 88)

Die Konsequenz dieser Politik lässt sich auch in Zahlen zeigen:

---

7   Einziger aber nicht zu vernachlässigender Wermutstropfen: Der Unterstützungsbedarf muss vor Vollendung des 65. Lebensjahres eingetreten sein.

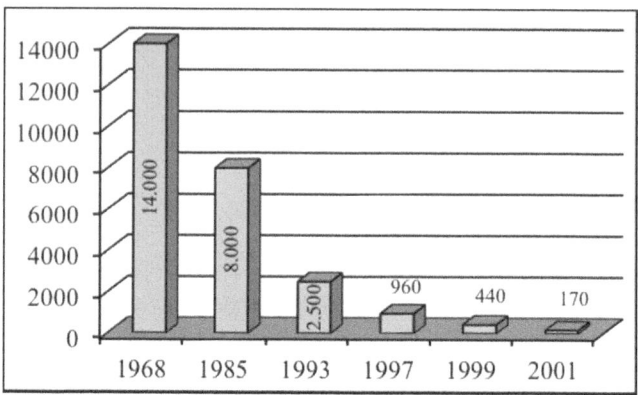

Abbildung 3 In Heimen lebende Behinderte in Schweden
Quelle: Schwedisches Institut 2001, S. 2

Seit Ende der 1960er Jahre ist die Zahl der in Heimen lebenden Behinderten kontinuierlich zurückgegangen. Seit 2001 schließlich ist die stationäre Unterbringung Behinderter in Schweden gesetzlich verboten.

Literatur

Ahrbeck, Bernd (2014): Schulische Inklusion – Möglichkeiten, Dilemmata und Widersprüche. In: *Soziale Passagen*, 6. Jg., H. 1, S. 5–19.
Brings, Norbert/Rohrmann, Eckhard (2002): Jüngere Behinderte in Einrichtungen der stationären Altenhilfe. In: *Zeitschrift für Heilpädagogik*, 53. Jg., S. 146–152.
Bundesregierung (1994; 1998): *Behinderung und Rehabilitation. Dritter und vierter Berichte der Bundesregierung über die Lage der Behinderten und die Entwicklung der Rehabilitation*, Bonn.
Busch, Johannes (1986): Lebensgemeinschaft entsprechend den Möglichkeiten behinderter Menschen. In: *Der Ring. Informationsblatt der v. Bodelschwinghschen Anstalten*, 26. Jg., H. 6, S. 3–6.
CESCR (2001): *Concluding Observations of the Committee on Economic, Social and Cultural Rights: Germany*, E/C.12/1/Add.68, Genf 24.09.2001.
CESCR (2011): *Concluding Observations of the Committee on Economic, Social and Cultural Rights: Germany*, E/C.12/DEU/CO/5, Genf 20.05.2011.
CRDP (2015): *Committee on the Rights of Persons with Disabilities: Concluding observations on the initial report of Germany*, Genf 17. 04. 2015.
Drolshagen, Markus/Rohrmann, Eckhard (2003): Fehlplatzierungen jüngerer Behinderter in der stationären Altenhilfe aus der Sicht der Betroffenen. In: *Zeitschrift für Heilpädagogik*, 54. Jg., S. 461–468.
Feuser, Georg (1989): Allgemeine integrative Pädagogik und entwicklungslogische Didaktik. In: *Behindertenpädagogik*, 28. Jg., H. 1, S. 4–48.
GeroStat – Deutsches Zentrum für Altersfragen (versch. Jahrgänge): *Heimstatistik. Basisdaten: BMFSFJ*. Berlin.
Grunewald, Karl (2002): Der Abbau der Anstalten für Behinderte in Schweden. In: *Geistige Behinderung* 41. Jg., Nr. 3, S. 243–254.
Grunewald, Karl (2003): Schließt die Anstalten für Menschen mit Lernschwierigkeiten. Alle können in der offenen Gesellschaft leben. In: *Inforum* H. 2, S. 88–96.
Grunewald, Karl (2004): *Schwedens Weg der Integration. Leben in einer offenen Gesellschaft*. Vortrag, gehalten am 01. 09. 2004 in Berlin. http://www.fdst.de/aktuellesundpresse/imgespraech/integrationschweden/ (letzter Abruf 25. Okt. 2016).
Jantzen, Wolfgang (2012): Behindertenpädagogik in Zeiten der Heiligen Inklusion. In: *Behindertenpädagogik*, 51. Jg., H. 1, S. 35–53.
Marx, Karl (1983 [1845]): Thesen über Feuerbach. In: *Marx Engels Werke*, Bd. 3, S. 533–535. Berlin: Dietz.
Myschker, Norbert/Ortmann, Monika (1999): Gemeinsame Erziehung und Unterrichtung von Kindern und Jugendlichen mit und ohne Behinderung – Ein Überblick. In: Dies., *Integrative Schulpädagogik – Grundlagen, Theorie und Praxis*, S. 3–25. Stuttgart: Kohlhammer.
Rohrmann, Eckhard (1994): Integration und Selbstbestimmung für Menschen, die wir geistigbehindert nennen. In: *Zeitschrift für Heilpädagogik*, 45. Jg., H. 1, S. 19–28.
Rohrmann, Eckhard (2003): Mit dreißig ins Altersheim – Zur Lage junger Menschen mit Behinderungen in Einrichtungen der stationären Altenhilfe. In: *Behindertenpädagogik*, 42. Jg., S. 173–185.

Rohrmann, Eckhard (2015): Historische Vorläufer der Idee der Inklusion. Der Wandel pädagogischer, sozialpolitischer und theologischer Leitbegriffe. In: *Zeitschrift für Pädagogik und Theologie*. 67. Jg., H. 3, S. 205–217.

Statistisches Bundesamt (2015): *Statistik der Sozialhilfe. Eingliederungshilfe für Behinderte*. Wiesbaden

Schmuhl, Hans-Walter/Winkler, Ulrike (2011): *„Als wären wir zur Strafe hier". Gewalt gegen Menschen mit geistiger Behinderung – der Wittekindshof in den 1950er und 1960er Jahren*. 2. Auflage, Bielefeld: Verlag für Regionalgeschichte.

Schwedisches Institut (2001): Die Schwedische Behindertenpolitik. In: *Tatsachen über Schweden*, Juni 2001.

Tolmein, Oliver (2013): Bildungsrecht als Antidiskriminierungsrecht? Das UN-Übereinkommen über die Rechte von Menschen mit Behinderungen und die Praxis seiner Umsetzung. In: Rohrmann, Eckhard: *Aus der Geschichte lernen, Zukunft zu gestalten. Inklusive Bildung und Erziehung in Vergangenheit, Gegenwart und Zukunft*. Marburg: Tectum.

Perspektiven einer inklusionsorientierten Weiterentwicklung der Kinder- und Jugendhilfe

Susanne Gerner, Andreas Oehme und Albrecht Rohrmann

Seit der Verabschiedung des KJHG und der dadurch ausgelösten Reform der Jugendhilfe wird die Frage der Gesamtzuständigkeit für alle Kinder und Jugendliche immer wieder diskutiert. Die gegenwärtige Regelung, nach der für die Eingliederungshilfe von Kindern und Jugendlichen mit seelischen Behinderungen die Jugendhilfe und für die Eingliederungshilfe für Kinder und Jugendliche mit geistigen und körperlichen Behinderungen die Sozialhilfe zuständig ist, wird einhellig als problematisch angesehen. Bereits die darin implizierte Aufteilung von Menschen in Körper, Geist und Seele ist fachlich nicht nachvollziehbar. „Ihren Sinn entfaltet sie eher in der Zuordnung zu verschiedenen Systemen und Professionen der Medizin und Rehabilitation, die sich entlang dieser historisch gewachsenen Grenzen vollzieht" (Welti 2005, S. 95).

Die Verteilung der Zuständigkeiten hat die Versäulung der Unterstützungssysteme verfestigt. Im Feld der Behindertenhilfe steht die Zuständigkeit für den als behindert klassifizierten Personenkreis im Vordergrund, während die Jugendhilfe das Aufwachsen von Kindern und Jugendlichen durch sozialpädagogische Hilfen und Angebote fördert und begleitet. Vor diesem Hintergrund wurde die Ausgestaltung der Eingliederungshilfe nach § 35a SGB VIII als Leistung der Jugendhilfe sehr zurückhaltend angegangen. Sie hat nur sehr bedingt zu einer Auseinandersetzung mit den Lebensbedingungen und dem Aufwachsen von Kindern mit Behinderungen und ihren Familien in der Jugendhilfe geführt. In der Praxis hat die Aufteilung von Zuständigkeiten für junge Menschen mit Behinderungen erhebliche Definitions- und Abgrenzungsprobleme mit sich gebracht, die im Ergebnis zu hohen bürokratischen Hürden bei der Inanspruchnahme von Jugendhilfe- bzw. Eingliederungsleistungen führten. Aus fachlicher Sicht problematisch sind die Verfahren einer medizinischen Klassifizierung, die lediglich dem Zweck der Zuständigkeitsklärung dienen und eine ganzheitliche Sicht auf die Lebenssituation des Kindes bzw. Jugendlichen und eine daran orientierte Hilfeplanung erschweren.[1] Für die volle und gleichberechtigte Teilhabe von Kindern und Jugendlichen stellt die Aufteilung dementsprechend eine strukturelle Barriere dar, die in Wechselwirkung mit individuellen Beeinträchtigungen Behinderungen verursachen kann.

Mit dem durch die Verabschiedung der UN-Behindertenrechtskonvention (UN-BRK) einhergehenden Inklusionsdiskurs hat auch die Diskussion um die Gesamtzuständigkeit des SGB VIII einen neuen Impuls erhalten. So wird z.B. im 13. Kinder- und Jugendbericht (BMFSFJ 2009) eine durchgängige Inklusionsperspektive gefordert, die darauf zielt

> alle Maßnahmen an einer Inklusionsperspektive auszurichten, die keine Aussonderung akzeptiert. [...] Gender-, Sprach-, Status- und Segregationsbarrieren sind abzubauen und die Lebenslagen von Kindern und Jugendlichen mit Behinderungen sind in allen Planungs- und Entscheidungsprozessen zu berücksichtigen (disability mainstreaming). (BMFSFJ 2009, S. 250)

Die Bundesregierung formuliert entsprechend in ihrer Stellungnahme, dass die Einnahme einer inklusiven Perspektive

> ein Leistungsangebot für Kinder und Jugendliche verlangt, das sich primär an der Lebenslage ‚Kindheit und Jugend' orientiert und erst sekundär nach der Behinderung oder anderen Benachteiligungen und Belastungen in dieser Lebensphase differenziert. (a.a.O., S. 12)

Das Bundesministerium für Familie, Senioren, Frauen und Jugend arbeitet gegenwärtig an einer Reform des SGB VIII, in der die ‚inklusive Lösung' durch die Zusammenführung der Hilfen zur Erziehung und der Eingliederungshilfe in einem einheitlichen Leistungstatbestand zusammengeführt werden sollen. In einem ersten Arbeitsentwurf aus dem Jahr 2016 wurden dazu ‚Leistungen zur Entwicklung und Teilhabe für Kinder und Jugendliche' konzipiert. Aufgrund der Verknüpfung

---

[1] Wir verzichten an dieser Stelle auf detaillierte Ausführungen und Beispiele. Vgl. dazu bspw. DIJuF 2015.

dieser Reformidee mit der Absicht, die Hilfen zur Erziehung in ihrer jetzigen Form weitgehend abzuschaffen, und aufgrund anderer Änderungen hat dies eine äußerst kontroverse Debatte ausgelöst. Im Ergebnis wurde der Arbeitsentwurf vom Ministerium zurückgezogen.[2]

In diesem Beitrag soll unabhängig von einer möglichen gesetzlichen Regelung der Frage nachgegangen werden, welche fachlichen Chancen und Herausforderungen sich mit einer inklusiven Weiterentwicklung der Kinder- und Jugendhilfe verbinden. Dazu sollen zunächst Perspektiven skizziert werden, die mit einer Orientierung an Inklusion einhergehen. An den Verfahren der individuellen Hilfeplanung nach § 36 SGB VIII und an den Aufgaben der Jugendhilfeplanung soll dies anschließend verdeutlicht werden.[3]

1 Orientierung an Inklusion und Diversität als kritische Perspektive und fachlicher Auftrag

Zentrale Ansatzpunkte für eine inklusionsorientierte Weiterentwicklung der Kinder- und Jugendhilfe ergeben sich zunächst aus einer Vergewisserung darüber, welche Problematisierungen zugrunde gelegt und auf welche Auffassung von Inklusion rekurriert wird. Bezogen auf die Kategorie Behinderung wurde mit der Ratifizierung der UN-BRK ein gesellschaftspolitischer Auftrag formuliert, der ein Umdenken im Sinne eines Paradigmenwechsels vom medizinischen zum menschenrechtlichen Modell von Behinderung erfordert (Degener 2015). An diesen Paradigmenwechsel kann die Soziale Arbeit mit ihrem emanzipatorischen Selbstverständnis anknüpfen, und sie ist aufgefordert, bevormundende und diskriminierende Strukturen und Praxen innerhalb ihrer professionellen Handlungskontexte aufzuzeigen sowie die eigenen Handlungspraxen kritisch zu prüfen.

---

2   Zu dem Arbeitsentwurf und den fachlichen Kritikpunkten vgl. die einschlägigen Debatten u.a. in den Zeitschriften neue praxis Heft 5/2016, Forum Erziehungshilfen 05/2016, Jugendhilfe 06/2016 sowie die zur SGB VIII Reform eigens eingerichtete Internetseite des Deutschen Instituts für Jugendhilfe und Familienrecht e.V. (www.kijup-sgbviii-reform.de, Abruf am 04.03.2017.

3   Der Beitrag basiert auf der Weiterführung von Diskussionsprozessen, die angestoßen durch das Netzwerk „Forum Inklusion" von den Autor_innen im Rahmen zweier Tagungs-Workshops (beim Bundeskongress Soziale Arbeit 2015 in Darmstadt und bei der Jahrestagung der DGSA 2016 in Düsseldorf) geführt wurden. Vgl. dazu auch das Positionspapier ‚Gesamtzuständigkeit – eine Chance für die Kinder- und Jugendhilfe!', abgedruckt in der Zeitschrift Soziale Passagen 8, 2016, S. 185 (DOI 10.1007/s12592-016-0225-2).

Behinderung wird in der UN-Behindertenrechtskonvention als Ergebnis einer Wechselwirkung zwischen Menschen mit Beeinträchtigungen und umwelt- sowie einstellungsbedingten Barrieren definiert, durch die Menschen mit Beeinträchtigungen an der vollen, wirksamen und gleichberechtigten Teilhabe an der Gesellschaft gehindert werden (Buchstabe e) der Präambel). Mit diesem Behinderungsverständnis wird ein vorrangig an medizinischen Klassifikationen orientiertes Behinderungsverständnis abgelöst durch eine Sicht auf Behinderung als Resultat gesellschaftlicher Praktiken, durch die Menschen aufgrund ihrer Beeinträchtigungen ausgegrenzt, stigmatisiert und diskriminiert werden (Bielefeld 2009, S. 8f.). In der Auffassung der UN-BRK explizite Berücksichtigung findet zudem die intersektionale Mehrdimensionalität von Diskriminierung. Hierfür relevant ist die Bezugnahme auf die spezifischen Belange von Kindern mit Beeinträchtigungen (u.a. Art. 7), auf die Diskriminierung von Mädchen und Frauen (u.a. Art. 6) sowie auf Armut (Präambel) und Diskriminierungsaspekte wie Hautfarbe, Religion, Sprache u.a. (Präambel).

Auf dieser begrifflichen Basis kann man Behinderung (in seiner Mehrdimensionalität) als „strukturelles Unrecht adressieren" (Bielefeld 2009, S. 9) und die aktive Kritik an und Analyse von ausgrenzenden Zuschreibungen, Einstellungen und Strukturen kann als Ausgangspunkt für den Abbau von gesellschaftlich hervorgebrachten Behinderungen bestimmt werden. Hinsichtlich des gesellschaftlichen Umgangs mit behinderten Menschen wird in der UN-BRK gleichzeitig aber auch eine Einstellungsänderung intendiert, die darauf abzielt, eine defizitorientierte Sicht auf Behinderung durch eine wertschätzende, die Hervorbringung spezifischer Lebensweisen anerkennende Sicht auf das Leben mit Beeinträchtigungen zu ersetzen. Betont wird die Normalität von Beeinträchtigungen als Teil menschlicher Vielfalt. In den allgemeinen Grundsätzen benennt Artikel 3, Buchstabe d) sowohl die „Achtung vor der Unterschiedlichkeit der Menschen mit Behinderungen", als auch „die Akzeptanz dieser Menschen als Teil der menschlichen Vielfalt und der Menschheit". Aus dieser Verankerung des Diversity-Ansatzes abgeleitet werden können sowohl der Schutz und die Anerkennung von beeinträchtigungsbezogenen Lebens- und Kommunikationsformen als kulturelle Bereicherung und Teil gesellschaftlicher Vielfalt als auch – im Sinne eines Minderheitenschutzes – die Anerkennung und Wertschätzung von mit Behinderungen verknüpften kollektiven Identitäten (Degener 2015, S. 65). Der Kritik an behindernden gesellschaftlichen Bedingungen werden insofern die Würdigung und Wertschätzung des Lebens mit Beeinträchtigungen und Behinderungen als Grundsatz zur Seite gestellt.

Die Kinder- und Jugendhilfe kann hieran mit einem professionellen Anspruch anknüpfen, welcher die wertschätzende Anerkennung der Vieldimensionalität und Heterogeniät der Lebenswelten junger Menschen generell und spezifisch von jungen Menschen mit Beeinträchtigungen konsequent zum Ausgangspunkt des professionellen Handelns macht. Die Legitimität eines sozialpädagogischen Handelns, das sich ausschließlich an einer kategorialen Differenzsetzung zwischen Kindern mit und ohne Beeinträchtigung orientiert, kommt hier allerdings in Erklärungsnot. Eine konsequent verfolgte Inklusionsorientierung erfordert daher ein Umdenken und einen deutlich kritischeren Umgang mit den eigenen Sondierungspraxen, Vereindeutigungen und Differenzkonstruktionen. Kinder und Jugendliche mit Behinderungen sind immer *zugleich* Mädchen und Jungen und verfügen über eine spezifische soziale Herkunft beziehungsweise kulturelle Zugehörigkeit (vgl. Dannenbeck 2007, S. 117). Am Beispiel der Kinder- und Jugendarbeit (und anknüpfend an differenzkritische Ansätze der Disability und Cultural Studies) plädiert bspw. Clemens Dannenbeck aus inklusionspädagogischer Sicht für eine transdisziplinäre Öffnung. Statt von einer einseitig reduzierten Wahrnehmung von Kindern und Jugendlichen entlang eines bestimmten Merkmals (etwa Behinderung) auszugehen, könnte der Anspruch einer inklusionsorientierten Praxis sein, genderbewusste und kultursensible pädagogische Konzepte für Mädchen und Jungen mit und ohne Beeinträchtigung zu entwickeln. „Berücksichtigt würde, dass keiner dieser in je unterschiedlichen Lebenszusammenhängen unterscheidbaren Personenkreise über in sich homogene Eigenschaften, identische Interessen oder einheitliche Bedarfslagen verfügt" (ebd.). Für eine Weiterentwicklung der Kinder- und Jugendhilfe insgesamt ist daran anknüpfend ein weites Inklusionsverständnis zu favorisieren, von dem alle Kinder bzw. Jugendlichen profitieren, da es darauf abzielt, Heterogenität als Normalität zu setzen und ein für alle Kinder- und Jugendlichen entsprechend ihrer je individuellen Voraussetzungen förderliches Lebensumfeld zu schaffen.[4] Ins Zentrum gestellt werden muss dazu die Frage, wie die Voraussetzungen für eine möglichst gemeinsame Nutzung sozialpädagogischer Dienstleistungen und Einrichtungen durch heterogene Gruppen verbessert werden kann. Wie im 13. Kinder- und Jugendbericht bekräftigt (vgl. oben), verbindet sich damit der Anspruch einer Öffnung und Zugänglichkeit der Angebote – unabhängig von sozioökonomischen Lebensumständen, Herkunft, Geschlecht, Beeinträchtigung usw. Dazu ist grundsätzlich eine Haltung zu überwinden, die Adressatinnen und Adressaten der Kinder- und Jugendhilfe tendenziell auf bestimmte Merkmale (z.B. eine Beeinträchtigung) reduziert und ihre Maßnahmen einseitig darauf fokussiert.

---

4 Anknüpfend an die Kerngedanken der UN-Kinderrechtskonvention, welche in den explizit auf Kinder und Jugendliche mit Beeinträchtigung bezogenen Artikeln in der UN-BRK fortgeschrieben sind, lässt sich dies mit den prinzipiellen Grundrechten auf Schutz, Förderung und Beteiligung allgemein umreißen. Eine konsequente Umsetzung v.a. für minderjährige geflüchtete Kinder, Kinder mit Beeinträchtigungen und intersexuelle Kinder wird auch in Deutschland bis dato angemahnt (vgl. Westerholt 2015).

Erweitert und gestärkt werden muss zudem die im SGB VIII bereits angelegte systemische Perspektive, die darauf abhebt, alle wesentlichen Kontexte einzubeziehen, die im Einzelfall in ihrer Gesamtheit die Bedingungen des Aufwachsens ausmachen. Das schließt Ansprüche von Sorgeberechtigten auf Unterstützung bei der Wahrnehmung ihrer Erziehungsaufgaben ebenso mit ein wie die Förderung der Entwicklung und Teilhabe von Kindern/Jugendlichen mit Beeinträchtigungen oder auch strukturelle Maßnahmen zur Verbesserung der Zugänglichkeit im sozialräumlichen Lebensumfeld. Erziehung ist dementsprechend als eine von Teilhabe zu unterscheidende Kategorie aufzufassen und der Anspruch auf Hilfen zur Entwicklung, Teilhabe und Erziehung sollte richtungsweisend für eine inklusive Kinder- und Jugendhilfe sein (Meysen 2014, S. 226f.). Äußerst kontraproduktiv wäre es zudem, individuelle Rechtsansprüche gegen notwendige Infrastrukturmaßnahmen auszuspielen.

Für eine systemische Anpassung (etwa von Eingliederungshilfen in die Grundarchitektur des SGB VIII) und eine entsprechende Weiterentwicklung der Kinder- und Jugendhilfe ist an dieser Stelle eine Stärkung und im Sinne von Barrierefreiheit notwendige Erweiterung der im SGB VIII verankerten Beteiligungsrechte von Adressatinnen und Adressaten (Kinder, Jugendliche und Eltern) sowie die systematische Einbeziehung ihrer Sichtweisen und Problemdeutungen notwendig. Der fachliche Anspruch, die Beteiligung gerade derjenigen Gruppen zu stärken, die hinsichtlich ihrer Artikulationsmöglichkeiten benachteiligt sind, ist schon immer mit komplexen Herausforderungen verbunden. Sowohl für eine Analyse von institutionellen Barrieren als im Hinblick auf barrierefreie Beteiligungs- und Beschwerde-Verfahren kann der Inklusionsgedanke hier eine methodische und instrumentelle Weiterentwicklung insgesamt befördern. Die Weiterentwicklung eines inklusionsorientieren professionellen Selbstverständnisses erfordert an dieser Stelle außerdem die verstärkte Thematisierung von mitunter subtil vermittelten Mitsprache-Hindernissen, die angesichts gesellschaftlicher und sozialer Asymmetrien im Spannungsfeld von Macht und Ohnmacht/verinnerlichter Privilegierung und Benachteiligung institutionell und auf der Ebene des subjektiven Erlebens und Handelns in Hilfeprozessen wirksam sein können (Gerner/Smykalla 2017). Eine an den Ressourcenlagen der Adressatinnen und Adressaten ausgerichtete Verbesserung von Beteiligung setzt voraus, diese in ihren mehrdimensional situierten Macht- (und Rechts-)kompetenzen differenziert wahrzunehmen und durch daran angepasste Settings, Moderations- und Beratungsformen der (Re-)Produktion von Ohnmachtserfahrungen und Ängsten vorzubeugen (Kriener 2001).

Hinsichtlich eines inklusionsorientierten Selbstverständnisses kann die Kinder- und Jugendhilfe hier auf Ansätze einer diversitätsbewussten und differenzsensiblen Sozialen Arbeit rekurrieren, welche die eigenen Ausgrenzungsmechanismen zum Thema macht und gleichzeitig an der Reflexion von (fachlichen) Normalitätskonstruktionen, stereotypen Zuschreibungen und der Überwindung einseitig verengter Aufmerksamkeitsrichtungen ansetzt (vgl. die Beiträge in Leiprecht 2011; Kessl/Plößer 2010; Bretländer/Köttig/Kunz 2015).

2 An der gesamten Lebenssituation ausgerichtete, partizipative Hilfeplanung als weiter zu entwickelnder Standard

Das Hilfeplanverfahren nach § 36 SGB VIII wird gemeinhin als fachliches Kernstück der Kinder- und Jugendhilfe betrachtet, das in Verbindung mit weiteren Beteiligungs- und Mitspracherechten (v.a. Wunsch und Wahlrecht § 5, Beteiligung von Kindern und Jugendlichen § 8 sowie § 8a, § 12 und § 17) die grundlegende Ausrichtung an einer partizipativen und für alle Beteiligten transparenten Ausgestaltung von individuellen Hilfen sicherstellen soll. Als dialogisches Verhandlungsverfahren zur Verwirklichung individueller Rechtsansprüche hat es sich an dieser „dauerhaften Entwicklungsaufgabe" (Merchel 2012, S. 187) zukünftig noch deutlicher zu bewähren. Für eine inklusionsorientierte Weiterentwicklung kann es insofern als Modell dienen; allerdings müssen für eine integrierte Hilfe- und Teilhabeplanung, in der Teilhabeleistungen und Hilfen zur Erziehung aufeinander abgestimmt werden, fachlich auch neue Wege beschritten werden.

Eine Chance besteht in der prinzipiellen Grundorientierung des SGB VIII, welche sich durch Lebensweltorientierung und eine systemische Sicht auf die gesamte Lebenssituation des Kindes/Jugendlichen auszeichnet. Richtungsweisend damit verbunden ist der Anspruch eines prinzipiell prozesshaften und zirkulär offen gehaltenen, sozialpädagogischen Fallverstehens, das sich durch Multiperspektivität auszeichnet und seine Expertise gerade auch aus der Reflexion der Bedingungen für eine Entscheidungsfindung gewinnt (zur Diskussion vgl. Müller 2005).

Dem Anspruch nach sind die beteiligten Fachkräfte in diesem Prozess angehalten, den lebensweltlichen und biografischen Kontext der Adressatinnen und Adressaten sowie das Hilfeverständnis der betroffenen Eltern, Kinder und Jugendlichen explizit mit einzubeziehen. Im Anschluss an Burkhardt Müller kann das Hilfeplanverfahren dementsprechend als ein „doppelter Beratungs- und Entscheidungsprozess" (Müller 2009, S. 80ff.) aufgefasst werden, durch den ein möglichst weitreichendes Einvernehmen aller Beteiligten gewährleistet werden soll. Für alle beteiligten Instanzen ist das „Beraten" und „Beraten-Werden" Teil des Prozesses, durch den sie möglichst zu einer gemeinsamen Zielfindung, Bedarfsfeststellung und Einigung über ein Hilfearrangement gelangen. Das „Arbeitsbündnis" als kooperatives, professionelles Beziehungsarrangement zwischen den Fachkräften im ASD und ihren Adressatinnen und Adressaten gilt als eine weitere Grundmaxime, auf deren Basis Transparenz hergestellt und Zuständigkeiten verbindlich vereinbart sowie regelmäßig überprüft und angepasst werden können (a.a.O., S. 94ff.).

Als professionelle Kern-Aufgaben der Kinder- und Jugendhilfe stellen sich bei einer Gesamtzuständigkeit an dieser Stelle die Stärkung einer multiprofessionellen Zusammenarbeit sowie die Koordination, Moderation und Abstimmung von sehr komplexen Hilfe-Prozessen dar. Daran können Fachkräfte und Leistungserbringer aus dem gesamten Spektrum der sozial-, heil- und förderpädagogischen, medizinischen und therapeutischen Bereiche mit ihren je spezifischen Wissensbeständen und Interessen beteiligt sein. Eine disziplin- und professionsübergreifende Zusammenarbeit bedarf dazu einer grundsätzlichen Verständigung über die jeweiligen Terminologien, Fall- und Problemkonstruktionen sowie einer Ins-Verhältnis-Setzung in Bezug auf ein integriertes Hilfeplanverfahren. Eine inner- und interdisziplinäre Auseinandersetzung mit den gängigen Verfahren der Hilfe- und Teilhabeplanung in den Eingliederungshilfen, die durch medizinische Klassifizierungen geprägt sind, steht allerdings noch gänzlich am Anfang.

Aufgabe der Sozialen Arbeit muss es anknüpfend an das ausgeführte Behinderungs-, Inklusions- und Hilfeplanverständnis sein, gegenüber einer unter Umständen verengten Fokussierung auf medizinische Diagnostiken eine vieldimensionale, lebensweltorientierte Sicht auf die gesamte Entwicklungssituation von Kindern und Jugendlichen zu behaupten und in diesem Sinne ein maßgeblich sozialpädagogisches Fallverstehen zu stärken bzw. weiter zu entwickeln. Bezogen auf ein Hilfeplanverfahren wären an dieser Stelle Modelle der Prozessmoderation zu entwickeln, die darauf abzielen, die interdisziplinär gelagerten Expertisen der im Einzelfall beteiligten Professionen auf der Basis einer solchen system- und lebensweltorientierten Perspektive einzuordnen und zueinander ins Verhältnis zu setzen.

Wie bereits angerissen ist das Hilfeplanverfahren im SGB VIII ein administrativ geformter Prozess „zur Konkretisierung eines Rechtsanspruchs in einer spezifischen Machtkonstellation" (Freigang 2012, S. 109), in dem die Interessen der Beteiligten auch durchaus unterschiedlich gelagert sein können (a.a.O., S. 110). Für die Adressatinnen und Adressaten ist der Prozess der Hilfeplanung im ‚Dschungel' der Zuständigkeiten, Expertisen und Undurchsichtigkeiten dementsprechend mit widersprüchlichen bzw. oft belastenden Erfahrungen verbunden. Vor dem Hintergrund der oben aufgeführten strukturellen Beteiligungs-Hürden auf Seiten der betroffenen Adressatinnen und Adressaten kommt der Sicherstellung von Transparenz, rechtlichen Aufklärung und Mitsprache der Adressatinnen und Adressaten im Hilfeplanverfahren eine hervorgehobene Bedeutung zu. Ein weiterer Qualitätsmaßstab stellt daher die Sicherstellung einer dahingehenden niederschwelligen und barrierefreien Kommunikation im Hilfeplan-Verfahren dar. Die Weiterentwicklung niederschwelliger und barrierefreier Beratungs- und Partizipationsverfahren stellt an dieser Stelle eine weitere Aufgabe dar, für die produktiv auf interdisziplinäre Wissensbestände bspw. der Sozial- und Inklusionspädagogik rekurriert werden sollte. Ein weiterer richtungsweisender Baustein einer inklusionsorientierten Kinder- und Jugendhilfe, der die Position der Adressatinnen und Adressaten über das individuelle Hilfeplanverfahren hinaus strukturell sicherstellen könnte, wäre die Einbindung der Selbstvertretungen von Adressatinnen und Adressaten in die rechtlich verankerten Gremien der örtlichen Jugendhilfe- und Teilhabeplanung.

3 Jugendhilfe- bzw. Teilhabeplanung

Die Jugendhilfeplanung ist ein weiterer Bereich, der fachlich mit einer Gesamtzuständigkeit gewinnen könnte und über den bisher in diesem Rahmen vergleichsweise wenig diskutiert wird, obwohl auch für diesen Aufgabenbereich der strukturellen Planung von Angeboten eine Verknüpfung und Erneuerung verschiedener Diskussionsstränge ein Zugewinn sein könnte. In der Kinder- und Jugendhilfe gibt es seit langem eine recht klare und ambitionierte, rechtlich verankerte und konzeptionell gut ausgearbeitete Idee von partizipativer, bedürfnisorientierter Planung, die in der Praxis mehr schlecht als recht umgesetzt wird. Jugendhilfeplanung hat sich inzwischen in den meisten Kommunen etabliert, wenn auch in der Regel auf Teilgebiete bezogen und in deutlicher personeller Unterausstattung (vgl. die Beiträge in Adam/Kemmerling/Schone 2010). Auch die Partizipation der Adressatinnen und Adressaten bei Planungsprozessen, die ja vor allem absichern soll, dass Angebote deren Interessen und Bedürfnissen entsprechen, darf als ausbaufähig bezeichnet werden. In der Literatur der 1990er Jahre wurde sie in der Regel als eine mittel- oder unmittelbare Beteiligung von Adressatinnen und Adressaten (Kindern, Jugendlichen und Erziehungsberechtigten) verstanden (vgl. z.B. Herrmann 1998; Merchel 1995; Jordan/Schone 2000). Entsprechend sind Instrumente beschrieben worden, wie diese Gruppen beteiligt werden können – in den Planungsprozessen selbst, in Vorstufen davon, etwa wenn in den Einrichtungen Wünsche, Bedürfnisse und Interessen artikuliert wurden, die dann direkt oder über die Beteiligung der Fachkräfte in die Planungsprozesse einfließen. Beteiligung vor allem der Fachkräfte ist ferner auch über die Konstruktion des Jugendhilfeausschusses sowie der Arbeitsgemeinschaften nach § 78, in denen Vertreterinnen und Vertreter der freien Träger und der finanzierten Maßnahmen beteiligt sind, vorgeschrieben.

Ein solches – rechtlich verankertes – Instrumentarium steht in der Eingliederungshilfe nach SGB XII, d.h. für Kinder und Jugendliche mit körperlichen und geistigen Beeinträchtigungen, bislang nicht zur Verfügung. Sie kommen daher in kommunalen Planungsprozessen kaum vor. Vielmehr wurde eine weitgehend institutionell gedachte, stationäre Infrastruktur aufgebaut, die weitestgehend auf der Ebene der überörtlichen Sozialhilfeträger finanziert und geplant wurde. Dabei ging man aber nicht von sozialen, sich dynamisch entwickelnden Bedarfslagen aus, sondern von einem prozentualen Anteil von Menschen mit Behinderungen an der Gesamtbevölkerung. Entsprechend wurde ein Versorgungsnetz ausgebaut, das aber kaum in Bezug zu den sozialräumlichen Strukturen vor Ort und kaum im Verhältnis zu den Wünschen und Bedürfnissen der Menschen gesehen und geplant wurde, die diese Angebote am Ende nutzten.

Die Annahme, Behinderung ließe sich auf diese Weise als feste Größe bestimmen, hat sich aber als unhaltbar erwiesen (wie besonders die sukzessive Korrektur der Bedarfsabschätzungen an Werkstattplätzen zeigt, vgl. Gehrmann 2015) und wird auch mit dem Inklusionsansatz in Frage gestellt. Mit der Kritik an dem Ansatz der stationären, verbunden mit einer neuen Konzeption von offenen Hilfen (Huppert 2015) wird nun jedoch der Bedarf an einer sozialräumlichen Orientierung von Hilfen und Organisation von Angeboten deutlich. Dies verbindet sich mit dem Auftrag zur Gestaltung einer inklusiven Infrastruktur, die auch Menschen mit Behinderungen eine gleichberechtigte Teilhabe am alltäglichen Leben ermöglicht. Damit begründen sich eine Neuakzentuierung der kommunalen Behindertenpolitik und ein Planungsansatz, der an nahräumlichen Strukturen ansetzt.

Es bietet sich daher an, diesen Planungsauftrag nicht im Leistungsgeschehen der Eingliederungshilfe zu verorten, sondern als Querschnittsaufgabe der Kommune zu entwickeln. Eine solche Neuorientierung und Umgestaltung der kommunalen Planung impliziert einen hohen Abstimmungs- und Steuerungsbedarf, und zwar nicht nur im Leistungsgeschehen in verschiedenen Rechtskreisen, sondern auch in Bezug auf die Infrastruktur des öffentlichen Lebens. So ist z.B. ein barrierefreier öffentlicher Nahverkehr für die meisten Menschen mit Behinderungen unabdingbar, wenn sie sich frei und selbstbestimmt bewegen wollen, z.B. um Angebote der (dann inklusiven) Jugendarbeit in Anspruch zu nehmen oder ein Konzert, Kino bzw. Museum zu besuchen. Ähnliche Fragen stellen sich z.B. bei der Zugänglichkeit von Beratungsstellen und Behörden – und dabei geht es keinesfalls nur um bauliche Veränderungen, sondern auch um die Kommunikation und die Veränderungen von Haltungen.

Letztendlich werden damit die Angebotsplanungen, die bislang überwiegend getrennt nach Handlungsfeldern administrativ bearbeitet werden, Bestandteil der Kommunalentwicklung (vgl. Kratz u.a. 2016). Diese realisiert sich in partizipativen und auf Sozialräume bezogenen Planungsprozessen. Eine sozialräumliche Ausrichtung ist in der Jugendhilfe ausführlich diskutiert worden. Im Zuge einer Gesamtzuständigkeit für alle Kinder und Jugendliche müsste sie sich stärker in integrierte Planungsprozesse einfügen, um bislang getrennt voneinander bearbeitete Bereiche hinsichtlich der Wirkungen auf die Chancen und Risiken einer gleichberechtigten Teilhabe zu betrachten. Vielerorts entwickeln sich solche Prozesse mit Bezug auf die Umsetzung der UN-Behindertenrechtsplanung. Es werden Aktionspläne erstellt oder Projekte initiiert, die die Entwicklung eines inklusiven Gemeinwesens fördern sollen. Bislang handelt es sich dabei allerdings um unverbindliche Prozesse, die nur bedingt Einfluss auf die verschiedenen Planungsbereiche von Kommunen entfalten können. Die speziellen Bedürfnisse von Kindern und Jugendlichen mit und ohne Behinderungen werden dabei nur selten hinreichend berücksichtigt.

In den vergangenen Jahren sind darüber hinaus Planungsfelder entstanden, die sich gar nicht explizit in der Kinder- und Jugendhilfe verortet haben, aber deren Themen berühren. Weit verbreitet haben sich die Ansätze der Planung von „Bildungslandschaften" sowie die Initiierung eines „Regionalen Übergangsmanagements", beide in der Regel im Rahmen von Kommunen agierend. Auch diese neuen Planungsfelder lassen sich als Teil einer kommunalen Sozialplanung verstehen, obwohl sie sich seltsamerweise weitgehend als selbständige Säulen in der Planungslandschaft etabliert haben. Auch hier gibt es bislang eine starke Tendenz, Kinder und Jugendliche mit Behinderungen systematisch nicht mitzudenken. Gleichzeitig verbindet diese Bereiche die fehlende Rechtsgrundlage, die Diffusität in Bezug auf Akteure, Rechtskreise und Zuständigkeiten mit der bisherigen Teilhabeplanung für und mit Menschen mit Behinderungen.

Die Inklusionsperspektive erfordert für alle diese Planungsfelder eine fachlich fundierte Sicht auf die Bedingungen des Aufwachsens, der Bildung und Erziehung und der sozialen Teilhabe von Kindern und Jugendlichen. Es spricht nichts gegen eine sinnvolle Untergliederung von Sozialplanung auch im Kinder- und Jugendbereich. Die unterschiedlichen Planungsbereiche müssen jedoch aufeinander Bezug nehmen. Sie dürfen keine Adressatinnen und Adressaten ausblenden, die von Planungen betroffen sind, und sie brauchen Verbindlichkeit für die Weiterentwicklung der Angebotsstrukturen und der kommunalen Teilhabestrukturen von Kindern und Jugendlichen. Die gesetzliche und fachliche Grundlage dafür könnte und sollte zukünftig die Jugendhilfeplanung sein, wenn sie denn alle Kinder und Jugendlichen in den Blick nimmt.

Eine Jugendhilfeplanung in der Gesamtzuständigkeit bietet damit eine Entwicklungsperspektive. Ohne eine überkommene Planungseuphorie aufleben zu lassen, bietet sie die Chance aus Sicht der Adressatinnen und Adressaten deren

Teilhabemöglichkeiten an Bildung, an Freizeit, an Arbeit, an Gesundheit sowie am Leben im Gemeinwesen insgesamt zu thematisieren und stärker als bisher zu gestalten.

Die partizipativen Ansprüche der Jugendhilfeplanung brachen sich bislang häufig an der fehlenden Selbstorganisation und Interessenvertretung der Adressatinnen und Adressaten. Hier hat sich vor allem durch die Careleaver, d.h. junge Menschen mit Erfahrungen aus den (stationären) Erziehungshilfen, die sich inzwischen organisieren und ihre Interessen politisch vertreten, in den letzten Jahren einiges bewegt[5] – gleichzeitig wäre es überhöht, hier eine flächige Wirkung in der kommunalen Jugendhilfeplanung auszumachen. Menschen mit Behinderungen haben hingegen einen deutlich höheren Standard an Selbstorganisation und -vertretung erreicht. Überall in Deutschland gibt es Zusammenschlüsse von Menschen mit Behinderungen, Eltern oder Angehörigen, die sich politisch engagieren und auch Unterstützungsangebote organisieren (vgl. den Beitrag von Düber/Rohrmann/ Windisch in diesem Band). Nicht zuletzt ist die UN-Behindertenrechtskonvention ein Dokument der politischen Mitbestimmung, wie man sie sich im Kontext der Kinder- und Jugendhilfe bislang nur schwerlich vorstellen kann:

> Die UN-BRK wurde unter schwierigen Bedingungen verhandelt. Zum einen befanden sich zuletzt über 900 Teilnehmende im Verhandlungsraum in New York – die jeweils eigene politische, kulturelle und religiöse Vorstellungen in die Auseinandersetzung einbrachten. Zum anderen – und das war ein Novum in der Geschichte der Menschenrechte – partizipierten die Vertreter_innen der Zivilgesellschaft in einem Ausmaß, dass sie nahezu paritätisch mit den Staaten agierten. Formell waren zwar nur die Staatenvertreter_innen stimmberechtigt, in der Sache galt jedoch das Credo der Behindertenbewegung: ‚Nichts ohne uns über uns'. (Degener 2015, S. 56)

Auch in der Bundesrepublik Deutschland ist es dem Engagement der Betroffenen zu verdanken, dass das Thema der Inklusion auf die politische Agenda gesetzt wurde. Sie sind auf der kommunalen Ebene häufig der Motor für die Initiierung von Prozessen der Teilhabeplanung. Wenn es gelänge, ein Stück dieses Potenzials an Partizipation in Prozesse der Kinder- und Jugendhilfeplanung einzubinden, bekämen solche (partizipativen) Planungen neuen Auftrieb.

Den schwierigen Kontroversen um die rechtliche Ausgestaltung der Gesamtzuständigkeit der Kinder- und Jugendhilfe zum Trotz, kann am Ende dieses Beitrags nochmal bekräftigt werden, dass sich die Anstrengungen lohnen und notwendig sind, um die Rechte von allen Kindern und Jugendlichen zu schützen und die Chancen ihrer Teilhabe zu verbessern.

---

5   vgl. http://www.careleaver-kompetenznetz.de/.

Literatur

Adam, Thomas/Kemmerling, Stefanie/Schone, Reinhold (2010): Stand der Planungspraxis in Deutschland – Ergebnisse einer Erhebung bei den öffentlichen Trägern der Jugendhilfe. In: Maykus, Stephan/Schone, Reinhold (Hrsg.): *Handbuch Jugendhilfeplanung. Grundlagen, Anforderungen und Perspektiven*, S. 15–43. Wiesbaden: VS.

Bielefeldt, Heiner (2009): *Zum Innovationspotenzial der UN-Behindertenkonvention*. 3. akt. u. erw. Aufl. Berlin: Deutsches Institut für Menschenrechte.

Bundesministerium für Familie, Senioren, Frauen und Jugend (BMFSFJ) (Hrsg.) (2009): *Bericht über die Lebenssituation junger Menschen und die Leistungen der Kinder- und Jugendhilfe in Deutschland – 13. Kinder- und Jugendbericht*. BT Drucksache 16/12860.

Bretländer, Bettina/Köttig, Michaela/Kunz, Thomas (Hrsg.) (2015): *Vielfalt und Differenz in der Sozialen Arbeit. Perspektiven auf Inklusion*. Stuttgart: Kohlhammer.

Dannenbeck, Clemens (2007): Paradigmenwechsel Disability Studies? Für eine kulturwissenschaftliche Wende im Blick auf die soziale Arbeit mit Menschen mit besonderen Bedürfnissen. In: Waldschmidt, Anne/Schneider, Werner (Hrsg.): *Disability Studies, Kultursoziologie und Soziologie der Behinderung. Erkundungen in einem neuen Forschungsfeld*, S. 103–125. Bielefeld: transcript.

Degener, Theresia (2015): Die UN-Behindertenrechtskonvention – ein neues Verständnis von Behinderung. In: Degener, Theresia/Diehl, Elke (Hrsg.): *Handbuch Behindertenrechtskonvention. Teilhabe als Menschenrecht – Inklusion als gesellschaftliche Aufgabe*, S. 55–74. Bonn: Bundeszentrale für politische Bildung.

Deutsches Institut für Jugendhilfe und Familienrecht e.V. (DiJuF) (Hrsg.) (2015): *Inklusion als Impuls. Hinweise und Anmerkungen aus Sicht der Kinder- und Jugendhilfe*. Online verfügbar unter: https://www.dijuf.de/tl_files/downloads/2015/SKF_1_Stellungnahme_Inklusion_als_Impuls_v._Mai_2015.pdf [letzter Abruf vom 03.12.2016].

Diehl, Harald u.a. (2016): Wenn nicht jetzt, wann dann?! Zum aktuellen Stand der Debatte um eine Inklusive Lösung. In: *Dialog Erziehungshilfe*, H. 1, S. 14–22.

Freigang, Werner (2012): Hilfeplanung. In: Michel-Schwartze, Brigitta (Hrsg.): *Methodenbuch Soziale Arbeit*, S. 103–120. 2. überarb. Aufl. Wiesbaden: VS.

Gerner, Susanne/Smykalla, Sandra (2017): Verschränkte Verletzbarkeiten als Ansatzpunkte für eine differenzkritische, genderreflektierte Praxisforschung an den Schnittstellen von Geschlecht und Behinderung. In: Spatschek, Christian/Thiessen, Barbara (Hrsg.): *Inklusion und Soziale Arbeit. Teilhabe und Vielfalt als gesellschaftliche Gestaltungsfelder*, S. 229–240. Opladen/Berlin/Toronto: Barbara Budrich.

Gehrmann, Manfred (2015): *Betriebe auf der Grenze. Integrationsfirmen und Behindertenwerkstätten zwischen Markt- und Sozialorientierung*. Frankfurt/M.: Campus.

Herrmann, Franz (1998): *Jugendhilfeplanung als Balanceakt. Umgang mit Widersprüchen, Konflikten und begrenzter Rationalität*. Neuwied: Luchterhand.

Huppert, Christian (2015): *Inklusion und Teilhabe. Herausforderung zur Weiterentwicklung der Offenen Hilfen für behinderte Menschen*. Marburg: BV Lebenshilfe.

Jordan, Erwin/Schone, Reinhold (Hrsg.) (2000): *Handbuch Jugendhilfeplanung. Grundlagen, Bausteine, Materialien*. Weinheim: Beltz.

Kessl, Fabian/Plößer, Melanie (Hrsg.) (2010): *Differenzierung, Normalisierung, Andersheit. Soziale Arbeit als Arbeit mit den Andern*. Wiesbaden: VS.

Kratz, Dirk/Lempp, Theresa/Muche, Claudia/Oehme, Andreas (Hrsg.) (2016): *Region und Inklusion. Theoretische und praktische Perspektiven.* Weinheim/Basel: Beltz Juventa.
Kriener, Martina (2001): Beteiligung als Gestaltungsprinzip. In: Birtsch, Vera/Münstermann, Klaus/Trede, Wolfgang (Hrsg.): *Handbuch Erziehungshilfen*, S. 128–147. Münster: Votum Verlag.
Leiprecht, Rudolf (2011) (Hrsg.): *Diversitätsbewusste Soziale Arbeit.* Schwalbach/Ts.: Wochenschau Verlag.
Meysen, Thomas (2014): Gesamtzuständigkeit SGB VIII. In: *neue praxis*, 44. Jg., H. 2, S.1–13.
Merchel, Joachim (2012): Hilfeplanung. In: Ders. (Hrsg.): *Handbuch Allgemeiner Sozialer Dienst (ASD)*, S. 186–198. München/Basel: Ernst Reinhardt Verlag.
Merchel, Joachim (1995): *Kooperative Jugendhilfeplanung. Eine praxisbezogene Einführung.* Wiesbaden: Springer.
Müller, Burkhard (2005): Was heißt Soziale Diagnose. In: *Sozialmagazin*, 30. Jg. H. 7–8, S. 21–31.
Müller, Burkhard (2009): *Sozialpädagogisches Können. Ein Lehrbuch zur multiperspektivischen Fallarbeit.* 6. überarb. Aufl., Freiburg i. Br.: Lambertus.
Rohrmann, Albrecht (2007): *Offene Hilfen und Individualisierung. Perspektiven sozialstaatlicher Unterstützung für Menschen mit Behinderung.* Bad Heilbrunn: Klinkhardt.
Rohrmann, Albrecht (2016): Lokale und kommunale Teilhabeplanung. In: Beck, Iris (Hrsg.): *Inklusion im Gemeinwesen*, S. 145–183. Stuttgart: Kohlhammer.
Waldschmidt, Anne/Schneider, Werner (Hrsg.) (2007): *Disability Studies, Kultursoziologie und Soziologie der Behinderung. Erkundungen in einem neuen Forschungsfeld.* Bielefeld: transcript.
Welti, Felix (2005): *Behinderung und Rehabilitation im sozialen Rechtsstaat. Freiheit, Gleichheit und Teilhabe behinderter Menschen.* Tübingen: Mohr-Siebeck.
Westerholt, Micha (2015): Menschenrechtsabkommen und die Förderung der Partizipation bestimmter Personengruppen. Die UN-Kinderrechtskonvention. In: Düber, Miriam/Rohrmann, Albrecht/Windisch, Marcus (Hrsg.): *Barrierefreie Partizipation. Entwicklungen, Herausforderungen und Lösungsansätze auf dem Weg zu einer neuen Kultur der Beteiligung*, S. 30–47. Weinheim/Basel: Beltz Juventa.

Barrierefreie Partizipation

Herausforderung für die Soziale Arbeit

Miriam Düber, Albrecht Rohrmann und Marcus Windisch

Das Postulat einer ‚Barrierefreien Partizipation' im Sinne des Teilhabens, Teilnehmens und Beteiligtseins an Prozessen der Entscheidung und Willensbildung (vgl. Düber u.a. 2015) markiert in den verschiedensten sozialen und politischen Situationen, dass Mitgestaltung und Teilhabe faktisch nicht dem Anspruch der Gleichberechtigung und der demokratischen Beteiligung genügt. Es sind daher Maßnahmen erforderlich, um Partizipationshindernisse abzubauen. Diese werden intentional oder nicht-intentional gebildet und verhindern oder erschweren Zugänge und Nutzungsmöglichkeiten für bestimmte soziale Gruppen. Nur in wenigen Fällen sind Barrieren so unmittelbar sichtbar und vergleichsweise leicht änderbar, wie beispielsweise der Ausschluss vom Wahlrecht (vgl. Palleit 2011), die Nichtzugänglichkeit von Wahlorten oder die mangelnde Nutzbarkeit von Wahlunterlagen. Weniger sichtbar sind beispielsweise Hindernisse im Zusammenhang mit der Artikulation in politischen Prozessen, wie beispielsweise die mangelnde kulturelle Akzeptanz von Ausdrucksformen. Die Einforderung von Partizipationsmöglichkeiten geht in der Regel von Menschen aus, die sich in ihren Rechten verletzt sehen. Für die Soziale Arbeit stellt sich die Frage, ob und wie Menschen bei der Artikulation und Durchsetzung ihrer Partizipationsansprüche unterstützt werden können, ohne dass den Forderungen im Sinne einer Befriedung die Spitze gebrochen wird.

Die Verwendung des Begriffes ‚barrierefrei' ist insbesondere im Behinderungsdiskurs verortet. Die Analyse von Partizipationsbarrieren muss sich zum einen von einer materiell-dinglichen Vorstellung lösen, die insbesondere bauliche Barrieren kennzeichnet. Die Forderung nach ‚Barrierefreiheit' darf zum anderen nicht als Rücksichtnahme auf Kompetenzdefizite von Personen verstanden werden. Vielmehr geht es um die grundlegende demokratische Forderung nach gleichen Rechten und Chancen. Versteht man Behinderung im Sinne der Behindertenrechtskonvention (vgl. Degener 2015) als Ergebnis einer ungünstigen Wechselwirkung zwischen Menschen mit Beeinträchtigungen und umwelt- sowie einstellungsbedingten Barrieren, so müssen mangelnde Partizipationsmöglichkeiten zugleich als Ursachen und Folgen von Beeinträchtigungen verstanden werden, die eine gleichberechtigte Teilhabe behindern.

In diesem Beitrag sollen die Herausforderungen einer barrierefreien Partizipation auf unterschiedlichen Ebenen dargestellt werden, um auf dieser Grundlage Handlungsansätze für die Soziale Arbeit zur Diskussion zu stellen.

1 Herausfordernde Verhältnisse

Die Herausforderungen werden im Folgenden in den Bereichen der politischen Beteiligung, der Mitwirkung bei der Entwicklung von sozialen Diensten und den Möglichkeiten der Gestaltung eines selbstbestimmten Lebens unabhängig vom individuellen Unterstützungsbedarf kurz skizziert.

1.1 Beteiligung an politischen Prozessen

Die Interessen zahlreicher benachteiligter Gruppen in der bundesdeutschen Gesellschaft werden in den Gremien der repräsentativen Demokratie nicht oder nur unzureichend abgebildet. Im Feld der Behinderung gibt es eine stark ausgeprägte Tradition der paternalistischen Interessensvertretung insbesondere durch Wohlfahrtsorganisationen (vgl. Zimmermann/Boeck 2012), die nur langsam einer „Sensibilisierung der nationalen Politikebenen im Bereich der Betroffenenbeteiligung" (a.a.O., S. 693) weicht.

Diese Entwicklung bildet sich im aktuellen Teilhabebericht der Bundesregierung (Bundesministerium für Arbeit und Soziales 2013) ab. Dort wird auf der Grundlage von Daten des Sozio-ökonomischen Panels gezeigt, dass sich auf der einen Seite Menschen mit Behinderungen seltener an Wahlen beteiligen (a.a.O., S. 246) und häufiger unzufrieden mit dem gegenwärtigen demokratischen System (a.a.O., S. 243) sind. Auf der anderen Seite jedoch engagieren sie sich häufiger politisch als der Durchschnitt der Bevölkerung, insbesondere in den Altersklassen zwischen 30 und 49 Jahren (a.a.O., S. 245).

Menschen mit Behinderungen sind vergleichsweise selten in Parlamenten auf der Ebene der Kommunen, der Länder und des Bundes vertreten. Sie engagieren sich eher in sozialen Bewegungen, vor allem im Kontext der Selbsthilfe. In diesem Feld stellen Beiräte und Beauftragte ein wichtiges Bindeglied zwischen sozialen Bewegungen und Gremien der repräsentativen Demokratie dar. Die Partizipationsangebote, die damit Bürgerinnen und Bürgern gemacht werden, ermöglichen eine Artikulation von Interessen, die jedoch unverbindlich hinsichtlich ihrer Relevanz für Entscheidungsprozesse bleibt. Beiräte schätzen hinsichtlich ihrer Wirksamkeit die informelle Einflussnahme als wirksamer ein als die schwachen Beteiligungsrechte, die ihnen zugestanden werden (vgl. LAG SELBSTHILFE NRW e.V. 2015, S. 115).

Die geschaffenen Strukturen zur Beteiligung sind äußerst disparat und sichern nur wenige Rechte. Die speziellen Formen der Interessenvertretung beinhalten zudem das Risiko, die Besonderung der betroffenen Menschen zu akzentuieren. Dies wird daran deutlich, dass die meisten Menschen, die im Sinne des Sozialrechts Anspruch auf die Anerkennung einer Behinderung bzw. Schwerbehinderung haben, sich diese nicht zu eigen machen. Bei dem Personenkreis handelt es sich zudem um eine sehr heterogene Gruppe, die in vielen Bereichen keine einheitlichen Interessen hat.

Barrierefreie politische Beteiligung verlangt daher einerseits eine inklusive Gestaltung der Beteiligungsstrukturen und -formen und andererseits die Berücksichtigung der differenzierten Bedürfnisse unterschiedlichster Personen und sozialer Gruppen. Damit soll der Fokus nicht auf eine kategorisierte Personengruppe gelegt werden, sondern auf die Gestaltung gesellschaftlicher Strukturen und Techniken, die für alle Menschen zugänglich und nutzbar sein sollen. Andererseits muss Partizipation vor allem auch Differenzen in den Blick nehmen. Sie muss den einzelnen Beteiligten und Gruppierungen in ihrer Unterschiedlichkeit gerecht werden. Für eine barrierefreie Partizipation bleibt daher eine tatsächliche Stärkung der Artikulationsfähigkeit und der Durchsetzungsmacht von benachteiligten Gruppen die eigentliche Herausforderung. Hierzu sind insbesondere Verfahren der Willensbildung, der Beratung und Abstimmung im Vorfeld von Entscheidungen von Bedeutung.

1.2 Selbstbestimmung über die eigenen Angelegenheiten

Die Lebenssituation von vielen Menschen mit Beeinträchtigung ist durch eine erhöhte Abhängigkeit von sozialstaatlichen Leistungen und Unterstützungsangeboten gekennzeichnet. Dies gilt insbesondere dann, wenn sie zur Gestaltung ihres

Alltags auf Assistenz oder zur Bewältigung von Anforderungen auf Anleitung und Förderung angewiesen sind. Die Forderung nach Selbstbestimmung stellt in diesem Zusammenhang eine Kritik gegenüber der vielfach erfahrenen Bevormundung in Sondereinrichtungen und durch professionelle Hilfen dar. Sie zielt auf individuelle Unterstützungsarrangements im Alltag und beinhaltet den Anspruch auf die Kontrolle der Hilfen, die für die eigene Person erbracht werden (vgl. Steiner 2001).

Der Anspruch von Menschen mit Behinderungen auf Leistungen, die „ihre Selbstbestimmung und gleichberechtigte Teilhabe am Leben in der Gesellschaft" fördern und „Benachteiligungen" (SGB IX § 1) vermeiden, ist im Sozialrecht anerkannt. Die sich daraus ergebenden Bedarfslagen lassen sich jedoch nicht als objektive Gegebenheit verstehen. Der individuelle Bedarf wird in der Regel durch einen Antrag zum Ausdruck gebracht. In Verfahren der Bedarfsfeststellung wird das Vorliegen einer Behinderung als Anspruchsgrundlage und die Übereinstimmung des artikulierten Bedarfes mit sozialrechtlichen Ansprüchen geklärt. In diesen Verfahren herrscht eine strukturelle Machtasymmetrie zwischen denjenigen, die zur selbstbestimmten Gestaltung ihres Alltags auf solche Leistungen angewiesen sind und denjenigen, die diese Leistungen verwalten. Letztere können sich auf ihren Zuständigkeitsbereich zurückziehen und von ihren Ermessensspielräumen Gebrauch machen.

In Verfahren der Hilfe- oder Teilhabeplanung wird hingegen angestrebt, den individuell artikulierten Bedarf, die bestehenden Ansprüche und Möglichkeiten der Unterstützung von Teilhabechancen in partizipativen Verfahren in Übereinstimmung zu bringen. Solche Verfahren sollten mit der Einführung des SGB IX als Rahmen für alle Rehabilitationsleistungen trägerübergreifend eingeführt werden. Dies ist jedoch nicht geschehen und auch in den Reformvorhaben des Bundesteilhabegesetzes[1] nicht erkennbar. Auch in Zukunft soll es zwei unterschiedliche Verfahren, die ‚Teilhabeplanung' zur Zusammenführung der Leistungen aller Rehabilitationsträger und das Verfahren der ‚Gesamtplanung' für Leistungen der Eingliederungshilfe geben. In beiden Verfahren ist es in das Ermessen der Leistungsträger gestellt, ob eine Hilfeplankonferenz unter Einbeziehung des/der Leistungsberechtigten überhaupt stattfinden muss oder ob eine schriftliche Abstimmung zwischen den Leistungsträgern ausreichend ist.

Auch die Praxis von Hilfeplangesprächen, die zumeist von Fachkräften in Einrichtungen und Diensten durchgeführt werden, muss hinsichtlich der Partizipation

---

[1] Die Ausführungen beziehen sich auf den zum Zeitpunkt der Abfassung des Beitrages vorliegenden Regierungsentwurf vom 28.06.2016 in der dem Deutschen Bundestag am 05.09.2016 übersandten Fassung (vgl. BT-DS 18/9522).

der Betroffenen als problematisch angesehen werden. Dobslaw und Pfab (2015) identifizieren in ihrer Untersuchung zu Hilfeplangesprächen mit Menschen mit kognitiven Beeinträchtigungen Strategien der ‚Pseudobeteiligung', bei der sich der Sinn und die Möglichkeiten des Gespräches für die beteiligten Menschen mit Beeinträchtigungen nicht erschließen, des ‚Reframing', „bei dem Klient(inn)en [...] zunächst in ihrer Sichtweise bestärkt [werden], obwohl sich auf Seiten der Professionellen bereits eine andere Sichtweise der Dinge abzeichnet oder eine solche von Anfang an klar war" (a.a.O., S. 117) und einer korrigierenden ‚Nachbearbeitung'. Im Ergebnis wird in dem Beitrag dafür plädiert, die Strukturierungsmacht der Professionellen in der Interaktion offen zu legen und damit reflexiv umzugehen.

Eine selbstbestimmte Lebensführung wird unter diesen Rahmenbedingungen erheblich erschwert. Eine Antwort auf dieses Problem ist die Gewährung von Leistungen als ‚Persönliches Budget', als Geldleistung, mit der die Leistungsberechtigten die benötigte Unterstützung selbst organisieren können. Diese neue Leistungsform wird jedoch nur selten beantragt und gewährt, sie bezieht sich zudem in den allermeisten Fällen nur auf Leistungen eines einzelnen Sozialleistungsträgers und führt auf diese Weise gerade nicht unterschiedliche Leistungsansprüche zusammen (vgl. Heimer u.a. 2013). Sie setzen zudem ein hohes Maß an Verhandlungs- und Organisationskompetenz voraus. Es kann darüber hinaus grundsätzlich bezweifelt werden, ob eine Geldleistung bei einer fehlenden Infrastruktur von Diensten und Einrichtungen über Einzelfälle hinaus zu besseren Möglichkeiten der Gestaltung eines selbstbestimmten Lebens führt.

1.3 Mitwirkung bei der Entwicklung von Diensten und Einrichtungen

Der Slogan der internationalen Behindertenbewegung ‚Nothing about us without us'– ‚Nichts über uns ohne uns' bringt ein starkes Selbstbewusstsein zum Ausdruck. Er ist leitend für den Ansatz der Partizipation in der UN-Behindertenrechtkonvention (vgl. Hirschberg 2010) und hat auch Eingang in die Koalitionsvereinbarung der Regierungsparteien auf Bundesebene für die 18. Legislaturperiode gefunden. Betrachtet man jedoch die Themen der politischen Selbsthilfe und der Interessenvertretung auf den unterschiedlichen politischen Ebenen, so fällt auf, dass das Thema der Barrierefreiheit in der bebauten Umwelt im Vordergrund steht. Seltener werden Beteiligungsrechte bei der Entwicklung von Diensten und Einrichtungen und sozialpolitischen Maßnahmen Gegenstand der Beteiligung. Die gesetzlichen Vorschriften (z.B. im SGB IX § 19, Abs. 1 in der im Jahre 2016 gültigen Fassung) bleiben schwach und werden häufig nicht beachtet. Die Sichtweise der Adressat/inn/en von sozialen Dienstleistungen als ‚Expert/inn/en in eigener Sache' verdeutlicht den Vorteil partizipativer Ansätze. Sie tragen zur Vermeidung von Fehlplanungen bei und bieten Chancen zur Entwicklung flexibler und passgenauer Angebote. Insbesondere die Beteiligung von Menschen mit schweren und komplexen Behinderungen ist dabei durch die Einbeziehung in Planungsgremien nicht hinreichend zu gewährleisten. In diesem Bereich besteht daher erheblicher Entwicklungs- und Forschungsbedarf zu Ansätzen barrierefreier Partizipation, wobei es im Kern auch immer darum gehen muss „Machtstrukturen aufzubrechen, die noch immer den Umgang mit Menschen mit hohem Hilfebedarf prägen" (Seifert 2003, S. 48).

Die Mitwirkung in Diensten und Einrichtungen wird zunehmend gesetzlich geregelt. Die formalen Beteiligungsrechte, beispielsweise in wohnbezogenen Diensten und Einrichtungen oder in Werkstätten für Menschen mit Behinderungen, sind dabei allerdings sehr begrenzt. So ist die geplante Novellierung der Werkstättenmitwirkungsordnung, welche eine Stärkung der Mitbestimmungsrechte von Werkstatträten vorsieht, nicht zuletzt Ergebnis politischer Forderungen, die Betroffene seit langem öffentlichkeitswirksam äußern.

Das Leben in stationären Einrichtungen führt jedoch wiederrum selber häufig dazu, dass soziale Aktionsradien, Lern- und Erfahrungsräume und damit auch das Vertrauen in individuelle Handlungsfähigkeiten und Bewältigungsressourcen stark eingeschränkt sind, was es durchaus erschwert, eigene Positionen überhaupt erst entwickeln und angemessen vertreten zu können.

Ansätze zur Selbstorganisation beispielsweise in Assistenzgenossenschaften oder in der Gründung von Trägervereinen durch Menschen mit Behinderungen sind bislang marginal geblieben. Hingegen finden sich häufiger Möglichkeiten zur Einbeziehung von Nutzer/innen in die Arbeit von Vorständen bei Trägerorganisationen. So sieht beispielsweise die Satzung der Bundesvereinigung Lebenshilfe die Bildung eines Rates von Menschen mit Behinderung vor, der wiederrum ein Mitglied für den Vorstand vorschlägt (www.lebenshilfe.de).

Eine andere Form der Beteiligung bieten partizipative Verfahren der Qualitätsentwicklung und Verfahren der Nutzerevaluation (Konrad/Schützhoff 2010).

2 Handlungsmöglichkeiten der Sozialen Arbeit

Jeder Mensch interagiert mit seinen individuellen Fertig- und Fähigkeiten in Wechselwirkung mit den gesellschaftlichen Einstellungen und den strukturellen Umweltbedingungen. Das bedeutet, er ist von den sozialen Bedingungen abhängig, wirkt auf sie ein und hat die Möglichkeit diese zu beeinflussen, sprich zu ko-konstruieren. Partizipation in dieser Wechselwirkung hat zur Folge, dass die Möglichkeiten zur Mitgestaltung von den persönlichen Subjektbedingungen, von den historisch gewachsenen und kulturell determinierten gesellschaftlichen Einstellungen und Umgangsweisen, sowie von den – ebenfalls sozial hergestellten – räumlichen und politischen Strukturen bestimmt werden.

Auf diesen drei Ebenen können Partizipationsbarrieren sowohl aktiv aufgebaut als auch abgebaut werden.

- Menschen können auf Grund ihrer Persönlichkeitsvoraussetzungen an Partizipation behindert oder aktiv bei ihren Beteiligungsinteressen unterstützt werden.
- Menschen können aufgrund von stigmatisierenden Haltungen ihrer Mitmenschen und ausschließendem Interaktionsverhalten von Beteiligungsmöglichkeiten exkludiert oder mittels einer inklusiven Kultur und eines diskriminierungssensiblen Bewusstseins zu Partizipation ermutigt werden.
- Menschen können durch strukturell/räumliche Bedingungen von Partizipation ferngehalten oder durch eine zugängliche barrierefreie Umweltgestaltung bei einer eigenaktiven Beteiligung unterstützt werden.

Aufgabe einer emanzipatorischen Sozialen Arbeit ist es, sowohl individuelle, soziale als auch strukturelle Partizipationsbarrieren abzubauen und damit selbstbestimmte Beteiligung als grundlegendes Korrektiv sowohl im eigenen professionellen Handeln als auch im gesamtgesellschaftlichen Umgang miteinander zu etablieren.

Soziale Arbeit muss das Spannungsverhältnis zwischen dem Ziel der Gleichheit und der Anerkennung von Verschiedenheit deutlich machen. Einerseits können fast alle das aktive und passive Wahlrecht ausüben, dennoch sind Menschen mit Behinderungen und andere Menschen in benachteiligten Lebenssituationen in den Gremien der repräsentativen Demokratie nicht hinreichend vertreten und können dort ihre Interessen nicht artikulieren. Spezielle politische Interessenvertretungen für die vielfältigsten Interessengruppen (Integrationsräte, Behindertenbeiräte, Gleichstellungsbeauftragte, Seniorenbeiräte usw.) sind in dieser Situation notwendig, um die Artikulationsfähigkeit zu erhöhen. ‚Barrierefreie Partizipation' als politische Maxime muss sich also diesem Spagat stellen, eine Gleichheit ohne Angleichung und eine Verschiedenheit ohne Stigmatisierungen zu gewährleisten. Sozialer Arbeit fällt in diesem Feld die Aufgabe zu, die Selbstorganisation und Selbsthilfe in ihrer politischen Rolle und Funktion ernst zu nehmen, wertzuschätzen und sie in ihrer Arbeit wirksam zu unterstützen. Der Schaffung von belastbaren Ehrenamtsstrukturen kommt dabei eine zentrale Rolle zu.

Die deutlichste professionelle Herausforderung stellt sich in den Verfahren der Planung von Hilfen und der Ausgestaltung als Unterstützung zu einem selbstbestimmten Leben. Doose (2015, S. 347) hebt hervor, dass die Hilfe- und Teilhabeplanverfahren die Aushandlung zwischen Sozialleistungsträgern und Leistungsanbietern in den Vordergrund stellen und damit auf die Steuerungsfunktion und die Zuweisung von Ressourcen konzentriert werden. Er plädiert dafür, die Verfahren durch Ansätze der persönlichen Zukunftsplanung (www.persoenliche-zukunftsplanung.eu) zu ergänzen. Diese geht von den Zukunftsvorstellungen der Betroffenen aus, die in einem kreativen Prozess erarbeitet werden und dann erst in Beziehung zu Möglichkeiten sozialstaatlicher Unterstützung gesetzt werden. Damit wird das Empowerment-Konzept aufgegriffen. Nicht nur Ziele, sondern „die Entwicklung einer positiv besetzten Identität gerät dabei zu einer Voraussetzung von eigener Handlungsfähigkeit, der Entwicklung von projektiven Zukunftsentwürfen und einer starken Verhandlungsposition" (a.a.O., S. 348).

Auch die Ermöglichung der Mitbestimmung in Diensten und Einrichtungen und die Beteiligung an Planung ist ein wichtiges Aufgabenfeld der Sozialen Arbeit. Mitbestimmungsrechte in diesem Bereich bleiben jedoch formal, wenn für ihre Ausübung nicht förderliche Rahmenbedingungen hergestellt werden. Ein wichtiger Bestandteil der Vertretungsarbeit in Diensten und Einrichtungen ist die Bereitstellung einer Assistenz. Professionelle Unterstützer/innen stehen dabei allerdings immer vor der Herausforderung, nicht stellvertretend für das Vertretungsgremium zu agieren, sondern lediglich unterstützend zu wirken. Dabei bewegt sich Assistenz – insbesondere vor dem Hintergrund, dass viele Assistenznehmer/innen in einrichtungsbezogenen Gremien der Interessenvertretung aufgrund langjähriger Erfahrungen von Fremdbestimmung erst lernen müssen, eigene Positionen zu entwickeln und angemessen zu vertreten – im Spannungsfeld des aktiven Setzens äußerer Impulse einerseits und einer normativen Enthaltsamkeit andererseits. Demzufolge muss die Begleitung permanent reflektiert und als dialogischer Prozess gestaltet werden. Ein weiteres Spannungsfeld ergibt sich aus der Tatsache, dass die Personen, die einrichtungsbezogene Vertretungsgremien professionell unterstützen, in der Regel beim Träger der Einrichtung angestellt sind und die Assistenz meist parallel zu anderen beruflichen Positionen in der Organisation wahrnehmen, so dass es hier schnell zu Interessenskonflikten kommen kann.

Auf der Basis einer starken Interessenvertretung in Diensten und Einrichtungen ist es für viele Menschen mit einem behinderungsbedingten Unterstützungsbedarf auch einfacher, sich in Planungsprozesse auf kommunaler Ebene einzumischen und auch mit Hilfe unkonventioneller Formen ihre Interessen zu artikulieren. Denkbar sind Zukunftskonferenzen in Diensten und Einrichtungen, Sozialraumerkundungen oder die Beteiligung an der Erarbeitung von Aktionsplänen zur Umsetzung der UN-Behindertenrechtskonvention. Was es konkret heißen kann, Partizipationsbarrieren abzubauen, die eine politische Beteiligung verhindern, soll in aller Kürze an Hand eine Studie über die Förderung politischer Partizipation am Beispiel von Menschen mit Lernschwierigkeiten exemplifiziert werden (vgl. Düber 2015).

Um erste Zugänge in die Politik zu eröffnen, ist es zunächst wichtig, individuelle Potentiale sichtbar zu machen und barrierearme politische Lernfelder zu etablieren. Für die politische Partizipation von Menschen mit Lernschwierigkeiten stellt daher die Mitwirkung in einrichtungsbezogenen Interessenvertretungen und Gruppierungen der Selbsthilfe ein wichtiges, vorbereitendes Lern- und Erfahrungsfeld dar, welches konkrete Selbstwirksamkeitserfahrungen ermöglicht und neue Zugänge und Netzwerke eröffnet. Dabei tragen häufig Promotoren (wie z.B. Behindertenbeauftragte) gezielt dazu bei, die politische Partizipation von Menschen mit Lernschwierigkeiten zu stärken.

Zudem stellt die Assistenz von Menschen mit Lernschwierigkeiten eine wichtige Ressource dar, indem sie u.a. dazu beiträgt, komplexe Inhalte zugänglich zu machen, für die Belange von Menschen mit Lernschwierigkeiten zu sensibilisieren und Prozesse des Empowerments anzustoßen/zu begleiten.

Entlang der Praxis der Interessenvertretung vollziehen sich politische Lern- und Bildungsprozesse, wobei erworbenes Wissen, Fähig- und Fertigkeiten häufig auch gezielt reflektiert und in anderen Kontexten genutzt werden können. Daher gilt es die politische Bildung von Kindesbeinen an zu stärken und die sogenannten Creaming Effekte zu vermeiden. Um die politische Partizipation von Menschen mit Lernschwierigkeiten zu ermöglichen, gilt es eine Reihe struktureller Barrieren abzubauen. Dabei ist es insbesondere die Sprache, die ein Hindernis für diese Personengruppe darstellt. Eine erhöhte Sensibilität für die Verwendung verständlicher Kommunikation ist daher unabdingbar für eine barrierefreie Partizipation.

Partizipationsprozesse bieten Raum und Struktur um Probleme gemeinsam zu bearbeiten, Konflikte miteinander auszutragen, individuelle Lernprozesse in Gang zu setzen und neue Handlungsweisen zu erproben. Das bedeutet, dass eine ‚barrierefreie Partizipation' sowohl das Erkennen der eigenen Interessen und der Stärkung der persönlichen Fähigkeiten bedarf als auch deren wirkmächtige Verortung in den gesellschaftlichen und politischen Kontexten fördert (Selbstwirksamkeitserfahrungen). Die Erlangung von Fähigkeiten und Kompetenzen sowie die Erschließung von Ressourcen, die es ermöglichen, das Leben eigenverantwortlich zu gestalten, stellt eine wichtige Voraussetzung dafür dar, dass sich Menschen – auch über ihre ganz privaten Bedürfnisse hinaus – aktiv an der Gestaltung ihrer Umwelt beteiligen (Partizipation). Empowerment ist daher eine entscheidende Grundlage für soziale und politische Beteiligungsprozesse. Mittels gelungener Partizipation wiederum erfahren sich Menschen selbst als wirksam und kompetent. Partizipation, Empowerment und Selbstwirksamkeit stehen demzufolge in einer wechselseitigen Beziehung zueinander. Insbesondere marginalisierte Bevölkerungsgruppen profitieren in solchen Prozessen, denn erst dadurch entstehen persönliche Handlungsspielräume, welche Partizipation für die Betroffenen denkbar und durchführbar erscheinen lassen. Solche Prozesse können beispielsweise durch Selbstbemächtigungsprozesse mittels der organisierten Selbsthilfe, durch eine individualisierte Kommunikationsförderung, durch entsprechende Trainings oder durch Methoden und Techniken der Menschenrechtsbildung initiiert werden. Dadurch werden die Betroffenen gestärkt und dabei unterstützt, die auf persönlichen Erfahrungen beruhenden Bedürfnislagen mit ihrer Umwelt zu kommunizieren, betreffs möglicher Veränderungsbedarfe zu interagieren, konkrete Teilhabemöglichkeiten wahrzunehmen und dadurch politische und gesellschaftliche Strukturen zu verändern. Das Recht auf Partizipation und Empowerment stehen somit in enger funktionaler Beziehung zueinander. Durch diese kooperative Verschränkung profitieren sowohl die Einzelnen durch Selbstwirksamkeitserfahrungen als auch die gesellschaftlichen Partizipationsprozesse voneinander. Diesen konstruktiven Zusammenhang zwischen Partizipation und Selbstwirksamkeit gilt es aus Sicht der Sozialen Arbeit zu erkennen, zu nutzen und möglichst barrierefrei zu gestalten.

Literatur

Bundesministerium für Arbeit und Soziales (BMAS) (Hrsg.) (2013): *Teilhabebericht der Bundesregierung über die Lebenslagen von Menschen mit Beeinträchtigungen. Teilhabe – Beeinträchtigung – Behinderung.* Bonn. Online verfügbar unter http://www.bmas. de/DE/Service/Medien/Publikationen/a125-13-teilhabebericht.html, zuletzt geprüft am 29.11.2015.

Degener, Theresia (2015): Die UN-Behindertenrechtskonvention – ein neues Verständnis von Behinderung. In: Degener, Theresia/Diehl, Elke (Hrsg.): *Handbuch Behindertenrechtskonvention. Teilhabe als Menschenrecht – Inklusion als gesellschaftliche Aufgabe*, S. 55–74. Bonn: Bundeszentrale für politische Bildung.

Dobslaw, Gudrun/Pfab, Werner (2015): Kommunikative Strategien in Teilhabegesprächen. In: *Teilhabe*, 54 Jg., H. 3, S. 114–119.

Doose, Stefan (2015): Partizipation im Rahmen von Prozessen der Hilfe- und Zukunftsplanung Teilhabe an einem guten Leben als Zielperspektive – Behinderung als Ausgangssituation. In: Düber, Miriam/Rohrmann, Albrecht/Windisch, Marcus (Hrsg.): *Barrierefreie Partizipation. Entwicklungen, Herausforderungen und Lösungsansätze auf dem Weg zu einer neuen Kultur der Beteiligung*, S.342–355. Weinheim/Basel: Beltz Juventa.

Düber, Miriam (2015): Politische Partizipation von Menschen mit Lernschwierigkeiten in kommunalen Behindertenbeiräten. In: Düber, Miriam/Rohrmann, Albrecht/Windisch, Marcus (Hrsg.): *Barrierefreie Partizipation. Entwicklungen, Herausforderungen und Lösungsansätze auf dem Weg zu einer neuen Kultur der Beteiligung*, S.190–204. Weinheim/Basel: Beltz Juventa.

Düber, Miriam/Rohrmann, Albrecht/Windisch, Marcus (Hrsg.) (2015): *Barrierefreie Partizipation. Entwicklungen, Herausforderungen und Lösungsansätze auf dem Weg zu einer neuen Kultur der Beteiligung.* Weinheim/Basel: Beltz Juventa.

Heimer, Andreas/Henkel, Melanie/Maetzel, Jakob/Zwingmann, Christian (2013): *Umsetzung und Akzeptanz des Persönlichen Budgets. Forschungsbericht im Auftrag des Bundesministeriums für Arbeit und Soziales.* Online verfügbar unter http://www.bmas. de/SharedDocs/Downloads/DE/PDF-Publikationen/Forschungsberichte/fb433-umsetzung-akzeptanz-persoenliches-budget.pdf;jsessionid=4DDA824F87A9C8AB76DA-3BE42E22A9C4?__blob=publicationFile&v=2 (zuletzt geprüft am 15.10.2016).

Hirschberg, Marianne (2010): *Partizipation – ein Querschnittsanliegen der UN-Behindertenkonvention..* Online verfügbar unter: http://www.institut-fuer-menschenrechte.de/uploads/tx_commerce/Positionen_nr_3_Partizipation_ein_Querschnittsanliegen_der_UN_Behindertenrechtskonvention.pdf (zuletzt geprüft am 25.06.2017).

Konrad, Martin/Schützhoff, Martin (2010): Nueva – Nutzerinnen und Nutzer evaluieren. Qualitätsmessung und -beschreibung aus Nutzerinnen- und Nutzerperspektive. In: *Teilhabe* 49. Jg., H. 3, S. 136–141.

LAG SELBSTHILFE NRW e. V. (Hrsg.) (2015): *Politische Partizipation von Menschen mit Be-hinderungen in den Kommunen stärken! Abschlussbericht zum Projekt.* Online verfügbar unter http://lag-selbsthilfe-nrw.de/wp-content/uploads/2015/12/LAG-Abschlussbericht_final_2016-01-12_barrierefrei.pdf. (zuletzt geprüft am 29.01.2016).

Palleit, Leander (2011): Gleiches Wahlrecht für alle? Menschen mit Behinderungen und das Wahlrecht in Deutschland. Hrsg. v. Deutsches Institut für Menschenrechte. Online verfügbar unter http://www.institut-fuer-menschenrechte.de/uploads/tx_commerce/policy_paper_18_gleiches_wahlrecht_fuer_alle.pdf (zuletzt geprüft am 21.09.2016).

Seifert, Monika (2003): Wir wissen am besten, was gut für Sie ist! Partizipation von Menschen mit schwerer Behinderung – nur eine Leerformel? In: *Orientierung* H. 4, S. 46–49.

Steiner, Gusti (2001): Selbstbestimmung und Persönliche Assistenz. In: Mobile – Selbstbestimmtes Leben Behinderter e.V. (Hrsg.): *Handbuch Selbstbestimmt Leben mit Persönlicher Assistenz. Ein Schulungskonzept für AssistenznehmerInnen. Band A.*, S. 31–51. München: AG-SPAK.

Zimmermann, Germo/Boeckh, Jürgen (2012): Politische Repräsentation schwacher Interessen. In: Huster, Ernst-Ulrich/Boeckh, Jürgen/Mogge-Grotjahn, Hildegard (Hrsg.): *Handbuch Armut und soziale Ausgrenzung*, S. 680–698. 2. Aufl. Wiesbaden: Springer VS.

Commons als Sozialgenossenschaften in der Sozialen Arbeit

Timm Kunstreich

Der Siegeszug des neoliberalen Neuen Steuerungsmodells hält an, auch wenn seine Widersprüche und repressiven Tendenzen – immer weniger fördern, immer mehr fordern – immer deutlicher werden. Die Konsequenzen daraus sind aber nicht, nach Alternativen zu suchen, sondern im Gegenteil, die Entwicklung wird von den tonangebenden Strömungen als „alternativlos" dargestellt. Forderungen, die es dennoch gibt, wollen entweder zurück zum „guten alten Fordismus" oder Mehr-desselben: mehr Stellen, mehr Geld, mehr Supervision, mehr Maßnahmen, noch mehr Spezialisierung – oder auch beides. Da ich beides nicht nur für wenig erfolgreich halte, sondern auch für falsch, schlage ich vor, eine Alternative mit dem Ziel „mehr Demokratie zu wagen" wenigstens zu versuchen.[1]

---

1 Diese Überlegungen entstanden im Kontext der Widersprüche-Redaktion. In Heft 97 (2005) diskutierten wir die Alternative, Sozialpolitik als Infrastrukturpolitik zu gestalten, in Heft 137 (2015) konkretisierten wir einige Aspekte in der Frage, ob in den Commons das gesellschaftlich Neue im noch Alten zu entdecken ist. Die folgenden Auszüge stammen aus meinem Beitrag in diesem Heft (S. 77–95).

© Springer Fachmedien Wiesbaden GmbH, ein Teil von Springer Nature 2018
J. Stehr et al. (Hrsg.), *Konflikt als Verhältnis – Konflikt als Verhalten – Konflikt als Widerstand*, Perspektiven kritischer Sozialer Arbeit 30,
https://doi.org/10.1007/978-3-658-19488-8_17

1

Der Staat muss gezwungen werden, mehr und mehr öffentliche Güter für öffentliche Zwecke zur Verfügung zu stellen, und Bevölkerungsgruppen müssen sich selbst organisieren, um diese Güter auf eine Art und Weise in Besitz zu nehmen, zu nutzen und zu ergänzen, die die Qualität der nichtkommodifizierten und ökologischen Gemeingüter sowie die Gemeingüter der sozialen Reproduktion erweitert und verbessert. (Harvey 2013, S. 161)

Commons lassen sich sowohl in historischer als auch in systematischer Sicht als die Grundkonfiguration derartiger Gemeingüter verstehen, als Basis einer „moralischen Ökonomie" (Thompson 1980), die nicht auf Akkumulation von Kapital, sondern auf verabredeter Kooperation für existenziell wichtige Zwecke basiert. Historisch waren sie so etwas wie die Grundsicherung der subalternen Gruppierungen, die durch Einhegungen und Raub in der Phase der ursprünglichen Akkumulation weitgehend zerstört wurde. Wie Thompson und Hobsbawn in ihren historischen Rekonstruktionen immer wieder gezeigt haben, sind es die mit diesen Kämpfen verbundenen Forderungen der Subalternen nach Wiederherstellung des alten Rechtszustandes gewesen, die zu Revolten, Aufständen und Streiks geführt haben. Das ist zwar so gut wie nie gelungen, hat aber dazu beigetragen, neue Kampfformen und Assoziationsmöglichkeiten der Subalternen in Form von Bünden, Gewerkschaften, Parteien und Genossenschaften hervor zu bringen.

Die letzte massenhafte Erfahrung, dass der „Block an der Macht" in Deutschland sein Versprechen der „guten Herrschaft" brutal bricht, wenn es um die weitere Verbesserung der Akkumulationsbedingungen des Kapitals geht, ist ganz sicherlich die Durch- und Umsetzung der Hartz-Gesetze, die nicht nur Millionen von Erwerbsbiografien entwerteten, sondern auch das, was von der (Fach-)Arbeiterkultur noch übrig geblieben war, auf den Müllhaufen der Geschichte kehrte. Was sich keine konservative Regierung hätte erlauben können, setzte die Schröder/Fischer Regierung fast staatsstreichartig durch. Die Überraschung war so groß, dass die Gegenwehr einige Zeit auf sich warten ließ. Zwar kam es nicht zu größeren Streiks und aufstandsartigen Widerständen, aber ohne diese einseitige Kündigung des fordistischen Versprechens von Sicherheit des (Ernährer-)Lohnes, der Renten und der Gesundheitsversorgung hätte es keine Neuformierung in der linken Parteienszene gegeben und wären die linksradikalen Milieus noch stärker marginalisiert worden. Nach einer ersten Phase, in der die oppositionellen Kräfte vor allem der Linken und in den Gewerkschaften die Wiederherstellung der alten „Ordnung" forderten und auch viele Erlebnisberichte aus der Konfrontation mit den neuen Degradierungszeremonien durch die Maßnahmen der Agentur für Arbeit immer wieder feststellten: „Das gab es früher nicht, früher war es besser", setzt sich inzwischen die Erkenntnis durch, dass ein Zurück in die angeblich heile Welt des rheinischen Kapitalismus nicht nur nicht möglich ist, sondern im wahrsten Sinne des Wortes reaktionär wäre: Errungenschaften vor allem der Frauenbewegung und der queeren Kulturen würden dann ebenfalls zur Disposition stehen. Im Gegenteil, in allen kritischen Erörterungen, perspektivischen Planspielen und konkreten Utopien geht es darum, die Befreiungspotenziale, die mit der neoliberalen Globalisierungsdynamik *auch* freigesetzt werden, zu nutzen in Richtung auf eine solidarische und ökologische Transformation (exemplarisch und umfassend zugleich: Brie 2014).

Dass gerade in diesem Zusammenhang der Diskussion um Commons eine besondere Rolle zukommt, ist nicht verwunderlich, ist die Existenz von Gemeingütern doch bedeutend älter als der Kapitalismus und haben sich – wie insbesondere die Nobelpreisträgerin Elinor Ostrom deutlich gemacht hat (2011) – nicht-warenförmige Kooperationsverhältnisse gegen Versuche kapitalistischer Vereinnahmung erfolgreich zur Wehr setzen können. Das Konzept der Commons verspricht, das Neue ansatzweise schon im Alten zu finden und so Unabgegoltenem aus vielen früheren Versuchen gesellschaftlicher Alternativen doch noch zu seinem Recht zu verhelfen (frei nach Bloch). Bislang wurde der Realitätsgehalt dieses Versprechens entweder in eher vorindustriellen Feldern (Handwerk, Ackerbau und Viehzucht, Nutzung von Land und Gebäuden...) oder in den Experimentierfeldern der neuen Technologien gesucht. Beides bleibt weiterhin wichtig, beides spart jedoch zentrale Bereiche gesellschaftlicher Produktion und Reproduktion aus. Deshalb sind neue Formen der Vergesellschaftung gerade in diesen Bereichen zu entwickeln. Aus welchen eine mögliche Initialzündung zu etwas Neuem kommt, hängt von den jeweiligen historischen Konflikt- und Kampfbedingungen ab.

Im Folgenden will ich versuchen zu prüfen, ob es im Bereich der Kindertagesbetreuung, der Jugendarbeit, der Hilfen zur Erziehung, der Behindertenhilfe und der Beschäftigungsregulierung jenseits traditioneller Verstaatlichung wichtige Ansatzpunkte einer solidarischen Politisierung gibt. Gerade in diesen Bereichen ist die Erfahrung von Ausschließung, Entwertung, Missachtung und Demütigung noch frisch und aktuell. Derartige politische Entwicklungen sind in den Arbeitsfeldern der Sozialen Arbeit aber nur denkbar, wenn sie mit darüber hinausgehenden Optionen verbunden sind, die generell die Resignation aufbrechen, der unterdrückten Wut gesellschaftlichen Ausdruck verleihen und zugleich mit Wertschätzung und Anerkennung der Akteure verbunden sind. Im Folgenden soll geprüft werden, ob dieses mit dem Konzept der Commons möglich ist.

2

Commons werden also gemeinhin mit materiellen Gegenständen verbunden wie Ackerland, Weiden, Vieh, Bewässerungsanlagen, aber auch mit Kollektivprodukten wie Wikipedia oder allen zugänglicher Software. In der aktuellen Rezeption steht jedoch ein anderer Aspekt im Vordergrund: das gesellschaftliche Beziehungsgeflecht, in dem sich Commons bilden bzw. das Commons herausbilden:

> Commons lassen sich ganz allgemein als soziale Verhältnisse bestimmen, in denen auf Grundlage reziproker zwischenmenschlicher Beziehungen bestimmte Ressourcen verwaltet, bewirtschaftet und (re-)produziert werden. (Muhl 2013, S.77)

Neben der Tatsache, dass die Beziehungen in Commons nicht warenförmig sind, also nicht beliebig austauschbar, sondern reziprok, also personenbezogen, arbeitet Florian Muhl vor allem heraus, dass es eine Gruppe von Akteuren, Commoners genannt, geben muss, die die vielfältigen Relationsmuster innerhalb dieses Beziehungsgeflechtes auf Dauer stellen, also dafür sorgen und sich darum kümmern, dass die anerkannten Regeln zur Gestaltung der gemeinsamen Ressourcen eingehalten und gegebenenfalls weiter entwickelt werden (2013, S. 49; vgl. Euler und Muhl 2015). Derartige Regeln basieren auf strukturellen Gemeinsamkeiten von Commons, wie sie Elenor Ostrom in ihren Forschungen immer wieder gefunden hat und die sie zu acht „Gestaltungsprinzipien für Gemeingüter" (2011, S. 85f.) verdichtet hat. An ihnen lässt sich prüfen, inwieweit ein soziales Feld den Kriterien eines Gemeingutes entspricht, wo es Überschneidungen mit anderen staatlichen oder gesellschaftlichen Regulationen gibt – und wo nicht nur keine Übereinstimmungen bestehen, sondern geradezu konträre, zum Teil gewaltbasierte Herrschaftsbeziehungen dominieren.

Beispielhaft habe ich diese acht Prinzipien auf das soziale Feld der Kita-Betreuung bezogen, da das rechtliche, politische und fachliche „Dreiecksverhältnis" zwischen „Jugendamt" (als Kürzel für die herrschaftliche Normen(durch)setzung), den „Trägern" (den freien, kirchlichen, kommunalen und privaten Vereinen, gGmbH, GmbH und Privatunternehmen) und den Eltern (die Kinder im entsprechenden Alter haben, diese selbst kommen hier als Subjekte nicht vor) ein Kräftefeld erzeugt, in dem Ansätze zu Commons zwar zu erkennen, aber nicht dominant sind. Das macht grundsätzlich deutlich, dass öffentliche Einrichtungen generell nicht identisch sind mit Commons. Laut Harvey tragen sie „zwar wesentlich zur Qualität der Gemeingüter bei, doch die Bürger und Menschen müssen politisch aktiv werden, um sie sich anzueignen oder erst zu solchen zu machen" (2013, S. 136f.). Es ist deshalb zu prüfen, wie Menschen als Nutzerinnen und Nutzer öffentlicher

Infrastruktur es schaffen können, nicht nur aus der Kita-Betreuung, sondern aus allen kommunalen sozialpolitischen Sicherungen wirkliche Gemeingüter zu machen, insbesondere bei jenen, deren materieller Nutzen häufig nur unter dem Preis des Eingeständnisses eines Defizits oder eines Nicht-Könnens zu erlangen ist, wie zum Beispiel bei den Hilfen zur Erziehung.

Gestaltungsprinzipien für Gemeingüter	Kita- Betreuung – ein Common?
1. Grenzen zwischen den Nutzern und Ressourcengrenzen Es existieren klare und lokal akzeptierte Grenzen zwischen legitimen Nutzern und Nichtnutzungsberechtigten. Es existieren klare Grenzen zwischen einem spezifischen Gemeinressourcensystem und einem größeren sozioökologischen System	zu 1.: Durch die jeweils berechtigten Nutzergruppen (nach Alter der Kinder und/oder Kita-Gutschein) gibt es klar definierte Grenzen zwischen Nutzern und Nicht-Nutzern. Durch das parlamentarisch kontrollierte Finanzierungssystem und die Selbstbeteiligung der Eltern gibt es sowohl spezifische Gemeinressourcen als auch einen klar abgrenzbaren Zusammenhang mit den größeren Systemen (Land; Bund).
2. Übereinstimmung mit lokalen Gegebenheiten(Kohärenz) Die Regeln für die Aneignung und Reproduktion einer Ressource entsprechen den örtlichen Bedingungen, sie überfordern die Menschen nicht und sind aufeinander abgestimmt, das heißt müssen aufeinander bezogen sein. Die Verteilung der Kosten ist proportional zur Verteilung des Nutzens.	zu 2.: Durch Selbstbeteiligung, vor allem aber durch das Gutscheinsystem erhöht sich die individuelle Nachfragemacht von Eltern. Da Plätze und Zeiten gekauft werden können, werden Haushalte mit geringem Einkommen (vor allem Alleinerziehende und Einwanderer) benachteiligt. Kinder als Subjekte spielen keine Rolle. Es besteht also keine Kohärenz.
3. Gemeinschaftliche Entscheidungen Die meisten Personen, die von einem Ressourcensystem betroffen sind, können an Entscheidungen zur Bestimmung und Änderung der Nutzungsregeln teilnehmen.	zu 3.: Es gibt keine gemeinschaftlichen Entscheidungen – im Gegenteil, das Quasi-Markt- System führt zu einem umgekehrt proportionalen Einfluss.
4. Monitoring der Nutzer und Monitoring der Ressource Personen, die mit der Überwachung der Ressource und deren Aneignung betraut sind, sind selbst Nutzer oder den Nutzern rechenschaftspflichtig.	zu 4.: Nutzerinnen, Kita-Träger und Kostenträger sind strikt getrennt; Kontrolle durch Kostenträger; Kita-Träger sind dem Kostenträger rechenschaftspflichtig, nicht den Eltern.
5. Abgestufte Sanktionen Die Bestrafung von Regelverletzungen beginnt auf niedrigem Niveau und verschärft sich, wenn Nutzer eine Regel mehrfach verletzen. Die Sanktionen sind glaubhaft.	zu 5.: Ein formelles Sanktionssystem ist überflüssig. Individuelle Nachfragemacht und Konkurrenz der Träger regulieren das Feld.

6. Konfliktlösungsmechanismen Konfliktlösungsmechanismen müssen schnell, günstig, direkt sein. Es gibt lokale Räume für die Lösung von Konflikten zwischen Nutzern sowie Nutzern und Behörden.	zu 6. Zwischen dem „Rechtsdreieck" gibt es lediglich bürokratische Konfliktlösungsmechanismen, bei denen der Kostenträger die größte Durchsetzungsmacht hat.
7. Anerkennung Es ist ein Mindestmaß staatlicher Anerkennung des Rechtes der Nutzer erforderlich, ihre eigenen Regeln zu bestimmen.	zu 7.: Durch die staatliche Setzung der individuellen Nachfragemacht der Eltern und der (relativen) Eigenständigkeit der Kitas gibt es „lizenzierte" Regeln mit geringem eigenen Spielraum.
8. Eingebettete Institutionen Wenn eine Gemeinressource eng mit einem großen Ressourcensystem verbunden ist, sind Governance-Strukturen auf mehreren Ebenen miteinander verknüpft (polyzentrische Governance).	zu 8.: Durch das Budgetrecht der Kommune ist die Gemeinressource „Kita" ausschließlich daran gebunden; durch den Kita-Gutschein und den Elternbeitrag, vor allem aber durch Eltern-Kind-Kitas gibt es Ansätze zu polyzentrischer Governance.[A]

[A] Nach: Elinor Ostrom: *Beyond Market and States: Polycentric Governance of Complex Economic Systems* (Ostrom 2011) Nobelpreisrede, 8. Dezember 2009. www.uga.edu/pol-sci/courses/2010/ostrom.pdf.

Ansätze für die Entwicklung der Kita-Betreuung zu einem Common finden sich in der klaren Bestimmung und Abgrenzung des sozialen Feldes, in der öffentlichen Finanzierung aus Steuermitteln und durch sozial gestaffelte Beiträge der Eltern sowie in den rudimentären Ansätzen für eine polyzentrische Governance. Es fehlen allerdings:

- Regeln für die eigenständige Aneignung und Reproduktion des gesamten Feldes der Kita-Betreuung (wozu auch Tagespflege, Spielhäuser, Krabbelgruppen und ähnliche Angebote zählen). Vor allem fehlt eine Idee, wie Babys und Kinder als personale Subjekte wenigstens virtuell anerkannt werden können;
- Gemeinschaftliche Entscheidungen, die die eigenständigen Regelungen erst mit Leben erfüllen; fehlt also an Kohärenz;
- ein eigenes selbstregulierendes Monitoring, das Transparenz auch in schwierigen oder sogar strittigen Verfahren und Regularien ermöglicht.

Um diese fehlenden Aspekte, aber auch die schon existierenden Ansätze zu Commons praktisch zu füllen und zu realisieren, lohnt es sich, sich mit den schon über 100 Jahre existierenden Ansätzen von Genossenschaften zu beschäftigen, vor allem mit den neueren Entwicklungen in Richtung von Sozialgenossenschaften, wie sie insbesondere Burkhard Flieger (2003) und Susanne Elsen (2011) weiterentwickelt haben.

Sowohl die traditionellen als auch die neueren Sozialgenossenschaften basieren auf vier Prinzipien:

- dem Förderprinzip – der Nutzen und die Förderung des einzelnen Mitgliedes muss im Vordergrund stehen
- dem Identitätsprinzip – ansonsten unvereinbar geltende gesellschaftliche Positionen werden miteinander verbunden: Vermieter – Mieter; Einkäufer – Konsument
- dem Demokratieprinzip – jeder Genossenschaftsanteil hat eine Stimme, unabhängig von seiner Höhe
- dem Solidarprinzip – die Sache, um die es geht, kann nur gemeinsam realisiert werden

Auf der Basis des *Förderprinzips* und des *Solidarprinzips* ist es möglich, den ursprünglichen Sinn und den eigentlichen Zweck der Kindertagesbetreuung zu erfüllen, nämlich Bedingungen für ein gelingenderes Aufwachsen von Babys und Kindern herzustellen. Dazu gehört, dass die elterlichen Rechte als *Treuhandrechte* für ihre Kinder verstanden werden, die – solange die Kinder nicht selbst ihre Interessen artikulieren können – die Eltern im Interesse ihrer Kinder ausüben. Mit dieser Orientierung wird wenigstens im Ansatz die sozialpolitische Instrumentalisierung des Kita-Bereiches für Arbeitsmarkt-, Frauen- und andere sozialpolitische Zwecke begrenzt. Auf dieser Basis sind verbindliche Regeln für die eigenständige und solidarische Aneignung und Reproduktion des gesamten Feldes der Kita-Betreuung möglich.

Das *Demokratieprinzip* sorgt dafür, dass jeder Genossenschaftsanteil eine Stimme hat und dass durch die kooperative Verwendung der vorhandenen Finanzmittel so etwas wie eine „Neutralisierung von Kapital" möglich wird, was bedeutet, dass das genossenschaftliche Handeln trotz Einbindung in den allgemeinen Geldkreislauf nicht zu einer (akkumulationsfördernden) Warenförmlichkeit mutiert.

Die in einem derartigen Genossenschaftsmodell durch das *Identitätsprinzip* aufeinander bezogenen Rollen von Erwachsenen, Eltern, Treuhändern, Erzieherinnen und anderen Fachkräften werden durch transparentes und konsensuales Monitoring und Controlling zu praktischen Herausforderungen in der Realisierung der Treuhandschaft für die Kinder.

Bevor eine mögliche Praxis eines derartigen (Denk-)Modells skizziert wird, soll in einem Exkurs deutlich gemacht werden, dass Basis dieses Modells die bedingungslosen Grundrechte sind, die aus der Mitgliedschaft in modernen bürgerlich-kapitalistischen Gesellschaften resultieren – und die nicht nur auch für Kinder gelten, sondern vor allem auch für jene, die durch die Dynamik des kapitalistischen Akkumulationsprozesses aus existenziell wichtigen Zusammenhängen ausgestoßen sind, die gedemütigt, verletzt und entwertet werden.

3[2]

Dass „Not" und „Genossenschaft" historisch in einem Zusammenhang stehen, wird niemand leugnen. Aber es war nie die „reine Not", sondern immer eine „soziale Not", eine politisch-ökonomisch-kulturelle Not, die zu Selbstorganisationen wie die der Genossenschaft führte. Wie eingangs schon erwähnt entwickelte Edward P. Thompson diesen Zusammenhang mit dem Begriff der „moralischen Ökonomie" (1980), Michael Vester konkretisierte diesen Befund, indem er in seiner noch immer grundlegenden historisch-psychologischen Untersuchung das „Proletariat als Lernprozess" deutete (1970/1997). Von beiden können wir lernen, dass es immer der aktuelle Zusammenhang von Not und Selbstorganisation ist, der Inhalt und Ausprägung solidarischer Aktionen erklärt, dass es jeweils die aktuellen sozialen Konflikte sind, die Selbstorganisationen der Machtunterworfenen oder Subalternen hervorbringen – aber nur dann, wenn sie Hoffnung auf Veränderung haben. *Hunger allein führt zum Verhungern, nicht zur Selbstorganisation.* Es sind vielmehr existenziell wichtige, bewegende Fragen, die Menschen dazu bringen sich zusammenzuschließen, *wenn sie eine gemeinsame Option besitzen.*

Für die Konstituierung von Commons als Sozialgenossenschaften bedeutet das: Die Notwendigkeit von Sozialgenossenschaften ist nicht aus historischer Reminiszenz zu begründen, sondern aus den aktuellen gesellschaftlichen Konflikten. Da in den heutigen Auseinandersetzungen die Genossenschaften als Ausdruck sozialer Bewegung so gut wie nicht vorkommen, ist es nötig, die These des Zusammenhangs von Sozialgenossenschaften, gesellschaftlichen Konflikten und Bürgerrechten zu spezifizieren und entsprechend zu begründen.

Die grundlegende Form von Mitgliedschaft ist in modernen Gesellschaften durch die praktische Ausgestaltung dessen gekennzeichnet, was Thomas Marshall „Citizenship" nennt – Bürgerschaft im Sinne des Bürgerstatus. In seiner „Soziologie des Wohlfahrtsstaates" (1972) untersucht Marshall am Beispiel Großbritanniens das Verhältnis von Bürgerrechten und sozialen Klassen. Dabei interessiert ihn vor allem der besondere Bezug zur Arbeiterklasse. Hier stellt er eine Entwicklung in den Mittelpunkt, die den Arbeitern zunächst zu Beginn des 19. Jahrhunderts die

---

2   Dieser Exkurs ist eine Zusammenfassung aus meinen Überlegungen zu Sozialgenossenschaften: Kunstreich 2005.

bürgerlichen Freiheits- und Schutzrechte zubilligt, damit überhaupt so etwas wie der „freie Lohnarbeiter" entstehen kann. Marx spricht von der doppelten Freiheit des Lohnarbeiters – frei, das zu tun, was er möchte, frei aber auch von allen Möglichkeiten, das zu realisieren, außer dem Verkauf seiner Arbeitskraft. Diese Rechte fasst Marshall unter den Terminus „civil citizenship" (zivile Bürgerrechte) zusammen.

In den Klassenauseinandersetzungen des 19. Jahrhunderts erkämpfte sich die Arbeiterklasse weitgehende politische Rechte (insbesondere das Koalitionsrecht und das Wahlrecht), die Marshall unter dem Aspekt des „political citizenship" zusammenfasst.

Schließlich entsteht in den Auseinandersetzungen des 20. Jahrhunderts – vorangetrieben durch sozialdemokratische Regierungsbeteiligungen – der moderne Wohlfahrtsstaat, der die zentralen Risiken der Lohnarbeiterschaft (Krankheit, Arbeitslosigkeit, Alter) rechtlich in bis dahin nie gekannter Weise absichert: „social citizenship".

Diese Entwicklung verlief und verläuft auch heute nicht linear, sondern ist widersprüchlich und voller zum großen Teil auch heute noch ungelöster Konflikte (grundlegend und umfassend dazu: Wagner 2013). Alle drei Bürgerrechte zusammen allerdings begründen erst die „volle Mitgliedschaft" in modernen kapitalistischen Gesellschaften. „Wird eines dieser Rechte eingeschränkt, so ist auch der Bürgerstatus als ganzer tangiert" (Schaarschuch 2000, S. 173). Das gilt insbesondere für den wechselseitigen Bezug dieser drei unterschiedlichen, aber gleichrangigen Bürgerrechtsbereiche. Die Gleichrangigkeit dieser drei Rechtsbereiche basiert sowohl auf der UN-Charta als auch auf verschiedenen Präzisierungen wie zum Beispiel dem „Internationalen Pakt über wirtschaftliche, soziale und kulturelle Rechte", dem sogenannten UN-Sozialpakt von 1966. Seit 1955 existiert die europäische Sozialcharta, die diese Bestimmungen für Europa präzisiert. Damit ist die Gleichrangigkeit auch geltendes deutsches Recht, auch wenn die „herrschende Meinung" des bürgerlichen Rechtes dieses so gut wie nicht zur Kenntnis nimmt. Entsprechend widersprüchlich sind die tatsächlichen Beziehungen dieser drei Rechtsgebiete untereinander.

Bedürftigkeitsprüfungen nach Hartz IV, erzwungene Mobilität für einen neuen Arbeitsplatz, Verletzlichkeit der Wohnung, Einschränkung des Wahlrechts für Behinderte unter „Vormundschaft" usw. sind Eingriffe in die zivilen Schutz- und Freiheitsrechte sowie in die politischen Rechte, die z. Zt. mit der Inanspruchnahme bestimmter sozialer Bürgerrechte verbunden sind. Diese und andere Widersprüche machen es erforderlich, zivile, politische und soziale Bürgerrechte so weiter zu entwickeln, dass diese Widersprüchlichkeit öffentlich diskutiert und damit politisierbar wird und dass die damit verbundenen Benachteiligungen wenn nicht aufgehoben, so doch zumindest reduziert werden können. Für die politischen Bürgerechte gilt z.b., dass sie so weiter zu entwickeln sind, dass die politischen Teilhaberechte mit mehr Inhalt gefüllt werden als mit der Aufforderung, alle paar Jahre den Stimmzettel abzugeben. Hierzu formuliert Andreas Schaarschuch grundsätzlicher: „Die Anerkennung ziviler Schutzrechte gegenüber hoheitlichem Zwang wie professioneller Intervention sowie die grundlegende Demokratisierung der Institutionen zur Realisierung der politischen Rechte der Nutzer ist somit eine *notwendige* Bedingung der Möglichkeit Sozialer Arbeit" (1996, S. 92f.; Hervorhebung im Original) auf der Basis umfassender Teilhabe- und Mitgliedschaftsrechte. Von dieser Position einer Politik des Sozialen als Infrastrukturpolitik her (vgl. Widersprüche Heft 97, 2005) lässt sich der Zusammenhang von Commons und Sozialgenossenschaften konkretisieren:

> Überall dort, wo durch Ausschluss von sozialen Teilhaberechten die praktische Wahrnehmung politischer Rechte eingeschränkt und zivile Schutz- bzw. Freiheitsrechte ausgehebelt werden, sind Commons in Form von Sozialgenossenschaften notwendig.

Menschen, die wegen ihrer brachliegenden, nicht mehr nachgefragten Qualifikation, wegen ihrer Behinderung, ihres Alters (Kind oder alter Mensch), ihres Geschlechts (Frau) oder ihres minderen Rechtsstatus (Ausländer) ihre Bürgerrechte nicht umfassend realisieren können, müssen individuelle und kollektive Verfügungsmacht über Ressourcen erlangen können, die ihren Ausschluss in einer Weise aufhebt, dass diese Benachteiligungen nicht mit dem Zwang zu hegemonialer „Normalität" verbunden sind, sondern die soziale Eigensinnigkeit dieser Menschen und ihre Teilhabe an den universellen Bürgerrechten sichern. So darf zum Beispiel kein Arbeitsloser zu Arbeiten gezwungen werden, die er nicht machen möchte. So müssen Arbeitsplätze für Menschen mit Behinderung deren Fähigkeiten entsprechen und dürfen nicht umgekehrt dazu führen, die Menschen an monotone und unterbezahlte Tätigkeiten anzupassen. Erst universelle Gleichheit sichert individuelle Freiheit und gruppenspezifische Differenz. Commons als Sozialgenossenschaften sind ein Ansatz, diese sozialpolitische Orientierung praktisch werden zu lassen. Sie sind damit zugleich die Praxis, die hier und heute realisiert werden kann und die über den bürgerlichen Repräsentationsstaat hinausgeht. Konkret: Senat und Bürgerschaft in Hamburg könnten hier und heute die Errichtung derartiger Sozialgenossenschaften beschließen und damit einen Teil ihres Haushaltsrechts demokratisieren.

4

Abschließend soll ein Beispiel als Anregung zum Weiterdiskutieren skizziert werden, in dem ein Common als Sozialgenossenschaft bislang vorenthaltene zivile, politische und soziale Bürgerrechte aufhebt, indem es die Subjekte materiell in die Lage versetzt, die mit den Bürgerrechten verbundenen Teilhabe- und Teilnahmerechte praktisch zu realisieren.

Exemplarisch soll damit deutlich werden, dass die Erweiterung *individueller Antrags- oder Teilhaberechte bzw. individueller Nachfragemacht zu kollektiver Teilhabemacht* möglich ist – oder etwas verallgemeinert und zugespitzt: Möglich ist statt staatlicher bürokratische Regulierung von oben demokratische Selbstregulierung von unten – als Praxis einer „Demokratisierung *im* Sozialstaat"(Widersprüche-Redaktion 1984, vgl. dazu grundsätzlicher: Bachrach/Baratz 1977).

Ein Common Kita-Betreuung als Sozialgenossenschaft

Um den Subjektrechten von (Klein-)Kindern eine materielle Basis zu geben, erhält jedes Kind bei seiner Geburt den Geldbetrag zugeschrieben, auf den es für die ersten sechs Lebensjahre einen Rechtsanspruch hat. Dies ist der Genossenschaftsanteil, der von den Eltern treuhänderisch verwaltet wird. Eine Eigenbeteiligung der Eltern entfällt, da es sich um die Realisierung eines Grundrechtes des Kindes auf Achtung (Janusz Korczak) handelt. Damit wird auch die heutige Benachteiligung von Armen (vor allem Alleinerziehenden und Einwanderern) beendet. Die Genossenschaftsanteile eines Quartieres/Stadtteils (wo und dessen Grenzen liegen, entscheiden die Eltern selbst) bilden den Grundstock von entsprechenden Stadtteilgenossenschaften. Mit den Zinsen der so festgelegten Gelder können die Eltern im Rahmen der Treuhänderschaft frei verfügen, sei es eine Geschäftsführung einstellen, sei es regionale, kitaübergreifender Angebote entwickeln. Da aus den monatlich abfließenden Beiträgen die Kitas in einem Stadtteil voll und ganz finanziert werden, werden Eltern aus den Stadtteilgenossenschaften gleichberechtigt an der Leitung jeder Kita im Stadtteil beteiligt (diese „KindervertreterInnen" werden von den Genossenschaften gewählt und entsandt). Über die Rückwirkung einer derartigen Regelung auf die Träger lässt sich nur spekulieren; große Träger könnten aufgelöst werden, kleinere gestärkt werden. Spekuliert werden kann ebenfalls über die Konsequenzen der mit dieser kollektiven Teilhabemacht verbundenen Verschiebung der Kräfteverhältnisse im „Dreiecksverhältnis" zwischen Jugendamt, Trägern und Eltern/Kindern: In jedem Fall sind dieses Mal die Kinder bzw. ihre treuhänderischen Eltern die Macht-Gewinner (vgl. Kunstreich 2012).

Literatur

Bachrach, Peter/Baratz, Morton S. (1977): *Macht und Armut*. Frankfurt/M.: Suhrkamp.
Brie, Michael (Hrsg.) (2014): *Futuring. Perspektiven der Transformation im Kapitalismus über ihn hinaus*. Münster: Westfälisches Dampfboot.
Elsen, Susanne (2011): Solidarische Ökonomie, die Wiederentdeckung der Commons und die ökosoziale Entwicklung des Gemeinwesens. In: Dies. (Hrsg.): *Ökosoziale Transformation – Solidarische Ökonomie und die Gestaltung des Gemeinwesens*, S. 90–114. Neu-Ulm: AG SPAK.
Euler, Johannes/Muhl, Florian (2015): Commons: Zur Relevanz von „Gemeinheiten" für die Soziale Arbeit. In: *Widersprüche*, H. 137, S. 27–41.
Flieger, Burkhard (2003): *Sozialgenossenschaften. Wege zu mehr Beschäftigung, bürgerschaftlichem Engagement und Arbeitsformen in der Zukunft*. München: AG SPAK.
Harvey, David (2013): *Rebellische Städte – Vom Recht auf Stadt zur urbanen Revolution*. Berlin: Suhrkamp.
Kunstreich, Timm (2005): Sozialgenossenschaften – ein Versuch, eine Kooperative Vergesellschaftung im kapitalistischen Sozialstaat zu denken. In: *Widersprüche*, H. 97, S. 105–122.
Kunstreich, Timm (2012): Am Beispiel des Kita-Gutscheinsystems: Ist ein Übergang von individueller Nachfragemacht zu kollektiver Teilhabe macht möglich? In: *Widersprüche*, H. 123, S. 57–66.
Marshall, Thomas H. (1972): *Bürgerrechte und Soziale Klassen: Zur Soziologie des Wohlfahrtsstaates*. Frankfurt/New York: Campus.
Muhl, Florian (2013): Die Commons-Debatte und die Sozialpädagogik. Online-Zugriff am 30.5.2015 unter http://www.pedocs.de/volltexte/2013/8118/pdf/Muhl_2013_Die_Commons_Debatte_und_die_Sozialpaedagogik.pdf.
Ostrom, Elinor (2011): *Was mehr wird, wenn wir teilen. Vom gesellschaftlichen Wert der Gemeingüter*; herausgegeben, überarbeitet und übersetzt von Silke Helfrich. Jena: oekom verlag.
Schaarschuch, Andreas (1996): Dienst-Leistung und Soziale Arbeit. In: *Widersprüche*, H. 59, S. 87–97.
Schaarschuch, Andreas (2000): Gesellschaftliche Perspektiven sozialer Dienstleistungen. In: Böllert, Karin u.a. (Hrsg.): *Soziale Arbeit. Gesellschaftliche Bedingungen und professionelle Perspektiven*, S. 153–163. Neuwied/Kriftel: Luchterhand.
Thompson, Edward P. (1980): *Plebeische Kultur und moralische Ökonomie. Aufsätze zur englischen Sozialgeschichte des 18. und 19. Jahrhunderts*. Frankfurt/M./Berlin/Wien: Ullstein.
Vester, Michael (1970/1997): *Die Entstehung des Proletariats als Lernprozess. Die Entstehung antikapitalistischer Theorie und Praxis in England 1792–1848*. Frankfurt/M.: Europäische Verlagsanstalt.
Wagner, Thomas (2013): *Entbürgerlichung durch Adressierung? Eine Analyse des Verhältnisses Sozialer Arbeit zu den Voraussetzungen großen politischen Handelns*. Wiesbaden: VS.
Widersprüche-Redaktion (1984): „Verteidigen, kritisieren, überwinden zugleich! Alternative Sozialpolitik – Gegen Resignation und „Wende". Ein Strategiepapier. In: *Widersprüche*, H. 11, S. 120–136.

Widersprüche Redaktion (1997): Zum Stand der Diskussion um eine Politik des sozialen. In: *Widersprüche*, H. 66, S. 199–219.
Widersprüche (2005): *Heftthema: Politik des Sozialen – Alternativen zur Sozialpolitik. Umrisse einer Sozialen Infrastruktur*, H. 97.

Teil III
Praktiken der Normierung, Normalisierung, Disziplinierung und Ausschließung

Dressur zur Mündigkeit?

"Stufenvollzug" als Strukturmerkmal nicht nur von offiziell geschlossenen Einrichtungen[1]

Timm Kunstreich und Tilman Lutz

1 Einführung

> Wenn das aber stimmt, gibt es Todsünden der Pädagogik, nämlich Arrangements und Umgangsformen, in denen Menschen nicht anerkannt werden, in denen sie nicht lernen können, sich selbst zu achten und zu mögen, in denen ihnen von anderen demütigend, stigmatisierend und strafend signalisiert wird, dass es kein Glück ist, dass sie auf dieser Welt sind, dass es besondere Herablassung braucht, damit sie überhaupt ausgehalten werden, dass sie sich Mühe geben müssen, damit sie irgendwo einen Platz in der Welt finden, die sie eigentlich nicht braucht. (Thiersch 2014, S. 24)

Solche, von Hans Thiersch zu Recht als "Todsünde" beschriebenen Formen von ‚Pädagogik' bzw. ‚Hilfe' finden sich sowohl in der geschlossenen Unterbringung als auch in offiziell nicht geschlossenen Einrichtungen, wie die Berichte aus der Haasenburg (bspw. MBJS Brandenburg 2013), dem Friesenhof (z.B. taz 13.06.2015) oder Analysen des Schönhofs (Lindenberg/Prieß 2014) drastisch zeigen. Dort werden die jungen Menschen als ‚Mängelwesen' beschrieben und so zu *Objekten der Erziehung*, die zu ihrem eigenen ‚Wohl' bearbeitet und verändert werden müssen

---

[1] Dieser Beitrag ist auch erschienen in: EREV (Hrsg.) (2015): Wenn pädagogische Fachkräfte bestrafen, belohnen und festhalten. Eine kritische Reflexion verhaltenstherapeutischer Instrumente in Kinder- und Jugendwohngruppen. Beiträge zur Theorie und Praxis der Jugendhilfe 12, S. 24–35.

© Springer Fachmedien Wiesbaden GmbH, ein Teil von Springer Nature 2018
J. Stehr et al. (Hrsg.), *Konflikt als Verhältnis – Konflikt als Verhalten – Konflikt als Widerstand*, Perspektiven kritischer Sozialer Arbeit 30,
https://doi.org/10.1007/978-3-658-19488-8_18

(Lutz 2015). Eine grundlegende Methode – oder besser: Technologie – in diesen Settings ist der im Mittelpunkt dieses Beitrags stehende Stufenvollzug bzw. die so genannten Phasenmodelle.

Diese Modelle sind in offiziell geschlossenen Einrichtungen systematisch und bei allen anderen Unterschieden konzeptionell fest verankert: „[…] beinahe alle geschlossenen Einrichtungen [arbeiten] mit Stufenplänen, um Konsequenzen von Fehl- wie auch erwünschtem Verhalten sichtbar werden zu lassen (meist über den Gewinn bzw. Verlust von Privilegien)." (Oelkers et al. 2013, S. 168) Die u.a. mit Erfolgserlebnissen, „Selbstwirksamkeit", „Verbindlichkeit" und „Verlässlichkeit" (Hoops 2010, S. 12) pädagogisch begründeten Stufen- oder Tokensysteme belohnen mit Privilegien, die außerhalb der geschlossenen Einrichtung alltäglich sind, etwa „Zimmerwahl und -ausstattung, begehrte Aktivitäten, Einkaufsmöglichkeiten etc." (Tischler 2010, S. 54). Und sie beinhalten systematisch Sanktionierung und Bestrafung – nichts anderes ist der Entzug bzw. die Gewährung von Privilegien, die Rückstufung oder der Aufstieg innerhalb der Phasen. Damit bilden sie zum einen das ab, was Goffman (1973) als Teil der Scheinwelt und des systematischen ‚Misserfolgs' totaler Institutionen herausgearbeitet hat, und zum anderen die mit dem eingangs genannten Objektstatus der jungen Menschen verbundene Orientierung auf Verhaltensveränderung statt auf das Subjekt und seine (soziale) Situation. Neugebauer (2010, S. 60) bringt dies für die geschlossene Unterbringung aus der Perspektive eines Praktikers und Therapeuten auf den Punkt:

> Dressur statt Erziehung. Die Erziehungslogik in FM [Freiheitsentziehenden Maßnahmen] fördert systemkonforme, kurzatmige Anpassungsprozesse: Erzielte Verhaltensänderungen basieren auf einer Art ‚Zuckerbrot-und-Peitsche-Erziehung' (Dressurbemühungen), ein sich Hocharbeiten bis zur belohnten Scheinanpassung, die erfahrungsgemäß allerdings auch nur solange von Bestand ist, wie dieses geschlossene Setting Gültigkeit besitzt. Eine konstruktive Auseinandersetzung mit den je spezifischen Problemlagen des realen Lebens dieser Kinder und Jugendlichen erfolgt nicht oder nur unzureichend.

Konzepte des Stufenvollzugs sind inspiriert von den Bootcamps in den USA und fußen auf entwürdigenden und stigmatisierenden Degradierungs-Zeremonien, auf Systemen von Belohnung und Bestrafung, und entsprechen damit den „Todsünden" aus dem Eingangszitat. Blickt man in die jüngere Geschichte, dann handelt es sich dabei keineswegs um neue Phänomene:

> Die Gewalt, die hunderttausende Betroffene in West und Ost in den öffentlichen Erziehungsheimen der 40er bis 80er Jahre erfahren mussten, hat viele Gesichter. Beispiele für Erniedrigung, Missbräuchlichkeit und Terrorisierung durch Drohung und

Isolation gehören zu den häufigsten Berichten von Betroffenen: Arrest, Essensentzug, stundenlanges Stehen oder Schlafentzug bis hin zu körperlicher und sexueller Gewalt waren eher Regel denn Ausnahme. (Schruth 2014, S. 177)

Diese Gewalt gibt es, freilich in abgewandelter, verschleierter und elaborierter Form, heute noch und in zunehmendem Maße wieder – auch wenn der Arrest heute ‚Time-out-Raum' und Knebelungen jetzt ‚Begrenzungen' heißen. Zudem erfährt diese Modernisierung eine zunehmend fachpolitische und wissenschaftliche Legitimation: Wie in der EREV-Ausgabe zur Intensivpädagogik (EREV 11/2015) beispielhaft sichtbar wurde meist noch vorsichtig-abwägend, zugleich jedoch für bestimmte Gruppen eindeutig ‚indiziert'. Der Diskurs gleicht damit demjenigen um die Legitimität von Zwang in der Erziehung (dazu: Widersprüche 106, 113, Lutz 2011, Lindenberg/Lutz 2014), den ein Teil der Adressat_innen angeblich positiv „für sich nutzen" (Baumann 2015, S. 15) kann – nicht nur in stationären Settings. So können – um es konkret zu machen – schon Kinder in Tagesgruppen wütend angeschrien und fertig gemacht werden, wenn sie sich den normativen Anforderungen der Institution nicht unterwerfen (Herz 2005). Zu dieser Entwicklung gehört auch der Anstieg der Platzzahlen in der geschlossenen Unterbringung als Hilfe zur Erziehung von 122 im Jahr 1996 auf 390 in 2013 (DJI 2013 und Hoops 2010, S. 7), sowie deren tendenziell positive Evaluation durch das Deutsche Jugendinstitut (DJI) (Hoops/Permien 2006) und der im 11. Kinder- und Jugendbericht noch vorsichtigen (BMFSFJ 2002, S. 239f.) und im 14. dann entschiedeneren Befürwortung geschlossener Unterbringung als Hilfe zur Erziehung (BMFSFJ 2013, S. 349f.). Vor diesem Hintergrund ist mit einer weiteren Steigerung der Plätze sowie der öffentlichen Akzeptanz dieser und anderer Formen der systematischen Ausschließung zu rechnen.

2 Stufenvollzug als Strukturmerkmal einer ausschließenden und repressiven Praxis in der Jugendhilfe

Der Stufenvollzug ist die Grundform dieser ausschließenden Praxen, die daher kritisch und genau in den Blick genommen werden muss. Zum einen, weil diese Form die Grauzonen der geschlossenen Unterbringung, die Ein- und Ausschließung von jungen Menschen, erhellen kann – wie am Friesenhof (Lutz 2015) besonders deutlich wurde. Damit entstehen auch die Prozesse bzw. die Wege und Stationen in den bekannten Maßnahmenkarrieren, die das Feld für die geschlossene Unterbringung vorbereiten und so für ständigen Nachschub sorgen. Zum anderen ist ein kritischer Blick notwendig, weil diese Praxis im wissenschaftlichen und fachpolitischen Diskurs bisher wenig Beachtung gefunden hat, in der Praxis mittlerweile jedoch eine weit verbreitete Technologie darstellt. Variationen davon finden sich inzwischen auch bei Trainings- oder Belohnungssystemen, die nicht an Stufen gebunden sind, wie das AAT® (Weidner/Kilb 2011) oder die mittlerweile in vielen Schulen üblichen Belohnungssysteme, die zum Teil auch an die früheren ‚Bienchen' im Hausaufgabenheft erinnern.

Zu dieser Grundform disziplinierender Zurichtung gehören unterschiedliche Stufen bzw. Phasen, mit zunehmenden ‚Freiheiten' und ‚Privilegien' bzw. abnehmender Regulierungsdichte, in denen sich die jungen Menschen bewähren müssen, wenn sie aufsteigen wollen, aus denen sie aber auch wieder herausfallen und zurückgestuft werden können. Die Regeln, Bewährungsansprüche und Sanktionen sind dabei für alle ‚Proband_innen' gleich (diese Bezeichnung von Testpersonen in psychologischen Experimenten wird in diesem Zusammenhang gern benutzt). Insofern entspricht die Systematik eher den Lockerungen im Strafvollzug als einer subjektorientierten Pädagogik.

In der *Eingangsstufe* oder Eingewöhnungsphase werden den Eintretenden die Verhaltensvorschriften bekannt gemacht, die sich regelhaft von den Normen und Verhaltenserwartungen außerhalb der Einrichtung unterscheiden. Dazu gehört auch die Bekanntgabe der Sanktionen, wenn die Vorschriften nicht eingehalten werden, bzw. der Belohnungen für das Unterwerfen unter die Regularien. Diese sind immer belastend und entwürdigend: sie schränken in der Regel Bewegungsfreiheit, Kommunikation und soziale Kontakte ein, verbieten Genussmittel, reglementieren die Wahl der Kleidung oder den Besitz persönlicher Gegenstände. Legitimiert wird dies mit dem Stigma bzw. den zugeschriebenen Defiziten der Objekte der Erziehung – und damit als pädagogisch notwendige Strukturierung.

Nach ‚erfolgreicher' Anpassung wird in der nächsten Stufe (die auch in mehrere Stufen differenziert sein kann) der Regelkatalog gelockert, so dass die Proband_innen in ihrem Interesse an Erleichterungen angesprochen werden. Bei Regelverstößen ist eine Rückkehr auf die vorherige Stufe oder Phase verbindlich vorgeschrieben.

Die letzte Stufe wird als *Normalphase* charakterisiert und beinhaltet weitere Vergünstigungen, sofern mensch sich an die – jetzt zwar noch weiter gelockerten, aber noch immer eingrenzenden – Bestimmungen des Settings hält. Auch hier ist bei Verstößen eine Rückstufung möglich und üblich.

Dieses – hier holzschnittartig skizzierte – Setting verlangt von *allen* beteiligten Akteuren die strikte Befolgung *aller* Regeln. Erleben die Kinder und Jugendlichen die gewaltsame Struktur bestenfalls als Verwerfung (Anerkennung der Person bei deutlicher Verurteilung der Tat), meistens jedoch als Entwertung ihrer gesamten personalen und sozialen Identität, sind auch die Fachkräfte in einen schematischen

Ablauf gepresst, der ihnen kaum Freiräume der Entscheidung lässt, und so vielfach auch dem professionellen Selbstbild widerspricht.

Dass selbst Befürworter_innen dieser Modelle deren ‚Besonderheit' bewusst ist, zeigt eindrücklich die Beschreibung von Tischler, Geschäftsführer des VPE e.V., der damit schließt:

> Hat sich die Gewöhnung mit ausreichender Verlässlichkeit stabilisiert, ist die nächste Phase, der Übergang in eine ‚*offene*' Gruppe vorsichtig anzugehen [...] Ab hier könnte die weitere Betreuung verlaufen, *wie in jeder fachlich qualifizierten, modernen Heimerziehung*. (Tischler 2010, S. 53–55, Hervorhebungen TK/TL)

Um das Ausmaß und unterschiedliche, inhaltliche Ausprägungen dieser Phasenmodelle und Stufenvollzüge und deren Begründungen einschätzen und sichtbar machen zu können, hat der Arbeitskreis Kritische Soziale Arbeit (AKS) Hamburg damit begonnen, Konzepte von Heimerziehung zu untersuchen. Ziel ist die Beförderung einer bundesweiten fachpolitischen Diskussion über diese „Dressur zur Mündigkeit",[2] die nicht nur die Grenzen zwischen offener und geschlossener Unterbringung verwischt, sondern vor allem als ‚Durchlauferhitzer' für die zunehmende Verweisung von als ‚besonders schwierig' markierten jungen Menschen in geschlossene Settings sowie deren Legitimation dient.

3 Rahmen und Beispiele aus der Untersuchung

Die Rahmung dieser Untersuchung wird von zwei Polen markiert. Der erste Pol wird mit dem von Mannschatz eingeführten, plastischen Begriff der „gemeinsamen Aufgabenbewältigung" (2010) beschrieben. Dieser Pol steht für verschiedene Formen der produktiven und situativen Aufhebung der strukturellen Hierarchie in Erziehungskontexten sowie der Betonung des Subjektstatus der jungen Menschen, und umfasst die entsprechen Konzeptionen von Buber, Korczak, Freire oder Bernfeld (Kunstreich i.E.). Diese ‚produktiven Aufhebungen' sind nicht primär institutionell gerahmt, und können in unterschiedlichen organisatorischen und formellen Settings stattfinden. Den anderen Pol dieses Spannungsverhältnisses bildet die Praxis geschlossener Unterbringung in Form der eingangs bereits genannten „totalen Institutionen" (Goffman 1973, jüngst prägnant: Kappeler 2013).

---

2   Der Aufruf zu dieser Untersuchungskampagne, die als „crowd-research"-Projekt angelegt ist, befindet sich auf der Homepage des AKS Hamburg: https://akshamburg.files.wordpress.com/2014/07/stufenvollzug-dressur-aks-hamburg-juli-2014.pdf.

Ein besonderes Kennzeichen geschlossener Unterbringung ist die Identität von räumlicher und sozialer Ausschließung. Wird das Spannungsverhältnis zwischen diesen beiden Polen differenzierter beleuchtet, dann wird gerade bei den Systemen der Stufenvollzüge deutlich, dass räumliche und soziale Ausschließung auch *auseinander*treten können: In der Eingangsphase sind häufig räumliche und soziale Ausschließung identisch, in den weiteren Phasen wird v.a. die räumliche Einschließung gelockert, in der dritten Phase ist sie weitestgehend aufgehoben.

In und zwischen diesen beiden Polen existieren vielfältige Abstufungen, die in dieser Untersuchung als Relationsmuster gefasst werden, mit denen unterschiedliche Formen von Heimerziehung und -erfahrung rekonstruiert werden können.

Auf Basis dieser Folie lassen sich die sogenannten ‚Grauzonen' der geschlossenen Unterbringung und die Übergänge erhellen. Hierfür dient das Konzept der Relationsmuster, das Marcus Hußmann (2011) entwickelt, und Kunstreich (2012) erweitert hat. Mit sechs in der Anfangsphase der Untersuchung entwickelten Relationsmustern können das zunehmende Auseinandertreten von räumlicher Ein- und sozialer Ausschließung in einer Weise markiert werden, dass die öffentlich zugänglichen Selbstdarstellungen und Konzeptionen von Einrichtungen inhaltsanalytisch untersucht und eingeordnet werden können:

„totale Institution": Räumliche Einschließung und soziale Ausgrenzung	physikalische Orte	sozialer Raum	Text-Beispiele
1. Serielle Selbstbezogenheit der Institution	„Zelle"; kein Bewegungsraum	Objekt; keine Kontakte	„time-out"-Räume, Token-Systeme, „Begrenzungen"
2. Fortgeschrittene Schließung	Kontrollierte Räume	Objekt; lizensierte Kontakte	Einhalten von Regeln/Grenzen
3. Institutionelle Verbindlichkeit	Absprachen über Raumnutzung	Absprachen über Regeln	Schulbesuch; ausgewählte Kontakte
4. Lebensweltliche Verlässlichkeit	Funktionale Raumnutzung	Alltagsweltliche Vertrautheit	Mittagessen, Sport, Hausaufgaben
5. Bestätigende Öffnung	Besuchen neuer Orte	Subjekt; selbst-bestimmte Kontakte	Fördern persönliche Interessen
6. Gemeinsames Projekt	Suchen neuer Orte	Subjekt; Vertrauen	Gemeinsame Aktivitäten
„gemeinsame Aufgabenbewältigung": sozialräumliche Offenheit			

Die sich von Relationsmuster (3) bis (1) steigernde räumliche Ein- und soziale Ausschließung lassen sich mit Hans Falck auch als „negatives Membership" (1997, S. 32) charakterisieren; mit ihnen wird in *defensiven* Lernhandlungen (Holzkamp 1993) versucht, die jeweils belastende Situation einigermaßen zu bewältigen oder zu ertragen. Die jungen Menschen werden dabei primär als zu verändernde Objekte der Erziehung gefasst. Die Strukturen, Regularien und Eigenlogiken der Institutionen dominieren das Setting, die Interaktionen und den Alltag.

Entsprechend sind die drei Relationsmuster (4) bis (6) nur in einer sozialräumlichen Offenheit möglich. Sie lassen sich als „positives Membership" und als Raum für *expansive* Lernhandlungen verstehen. Die jungen Menschen werden als gleich-wertige Subjekte der Erziehung gefasst und die ‚Paradoxie der Erziehung' als konstitutiv anerkannt: Mit Erziehung wird eine bestimmte Absicht verfolgt, was eigentlich nicht möglich ist, da das, was beabsichtigt ist, nur vom anderen Subjekt *selbst hervorgebracht werden* kann (Wimmer 1996, S. 425ff.). Dieses emanzipative Verständnis fasst Erziehung primär als Selbstbildung, Aneignung, Sozialisation und Lernen – und steht damit im Gegensatz zu Training, Dressur und Zwang.

Die folgenden beiden Beispiele verdeutlichen an Auszügen aus Konzepten, wie die empirische Bestimmung von Relationsmustern aussehen kann.

3.1 Friesenhof

Im Konzept der im Juni wegen Kindeswohlgefährdung geschlossenen Friesenhof-Heime dominierte das hier fokussierte Modell der Stufen – deutlich sichtbar am Durchlaufen unterschiedlich strikt reglementierter Häuser – sowie von Strafen und Belohnung. Die jungen Menschen werden als defizitär, als Mängelwesen, begriffen und entsprechend ‚bearbeitet', wie die folgenden Konzeptauszüge zeigen:

> Wohlwissend, dass ein Großteil der Bewohner unserer Einrichtungen in ihrer sozial-psychischen Entwicklung nur mangelhaft gereift sind, bieten wir hier, über die allgemein übliche bezugsorientierte pädagogische Arbeit hinaus, konkrete Angebote zum Erwerb von allgemeingültigen Handlungskompetenzen an, um so im Rahmen einer schrittweisen Entwicklung eine weitestgehend normale Persönlichkeitsentwicklung und in der Perspektive die Teilhabe am gesellschaftlichem Leben zu ermöglichen.

Zugespitzt formuliert müssen ‚unfertige' und ‚unfähige' Subjekte ‚kompetent gemacht' und ‚befähigt werden'. Damit werden die jungen Menschen auch sprachlich zu Objekten, die geformt werden (müssen). Weiter heißt es im Konzept zur Zielset-

zung: „Grundsätzlich gilt, dass [...] die von den Bewohnern bisher gewohnten typischen Verhältnisse, Verhaltensroutinen und Handlungsstrategien verändert werden."
Dahinter steht ein pädagogisches Menschenbild, das die Jugendlichen als Objekte von Erziehung begreift, die durch entsprechende Interventionen geformt werden (können): zu „weitestgehend normale[n]" Persönlichkeiten.

Diese „grundlegende[n] Verhaltenskompetenzen" werden entsprechend des Konzeptes über ein „organisiertes, klares Regelwerk" vermittelt, zu dem notwendig Sanktionierungen gehören. Die ehemaligen Insassen haben dies drastisch bestätigt: Strafsport, Essensentzug, Gruppenstrafen usw. Dabei spielt der Erwerb von Privilegien eine wesentliche Rolle: so werden für, so das Konzept, „Soziales Verhalten, Teilnahme und Beteiligung am Unterricht, freiwillige Teilnahme an Extraaufgaben und Kommunikation/Sprachverhalten" Plus- und Minuspunkte vergeben, mit denen „kleine Belohnungen wie ein Tagebuch oder spezielle Hygieneartikel (Schminke)" erlangt werden können.

Zuordnung: Jugendliche sind hier eindeutig Objekte der Erziehung, deren Veränderung von Expert_innen für notwendig erachtet (definiert) und bewirkt wird. Die – trotz des offiziell offenen Rahmens – mit Kontaktsperren in der Eingangsphase und später begleiteten Kontakten hergestellte Ein- bzw. Ausschließung und die lizenzierten Kontakte verweisen auf die Nähe zur geschlossenen Unterbringung. Insgesamt steht dieses Konzept fast schon paradigmatisch für die Relationsmuster der *fortgeschrittenen Schließung bzw. seriellen Selbstbezogenheit*.

3.2 Verband Sozialpädagogischer Projekte e.V. (VSP)

Dass es auch ganz andere Konzepte und Einrichtungen gibt, lässt sich an den pädagogischen Leitsätzen des VSP illustrieren:

> Kinder und Erwachsene gehen mit allen Sinnen an die Erforschung der Umwelt heran. Ihr gesamter Alltag ist ein Lernfeld, denn Bildung findet [...] immer statt. Räume, Menschen, Beziehungen, Interaktionen und Alltagskultur bilden. Frei zugängliche Spielräume, Aktionsräume und Materialien sind Voraussetzungen für interessengeleitetes und nachhaltiges Lernen [...] Kinder und Erwachsene lernen am besten von sich aus, aus eigenem Antrieb und Interesse, motiviert durch ihren Forschergeist. Diese wird genährt durch die Erfahrung, selbst etwas bewirken zu können [...] Sie lernen am besten im Tun und in emotional positiven Situationen, Kinder und Erwachsene lernen mit und von Kindern, mit und von Erwachsenen, die ihnen sympathisch und wertschätzend gegenüber sind [...] Dazu gehört auch die ehrliche Rückmeldung zu ihrem Handeln. Kinder und Erwachsene müssen und dürfen Fehler machen, um zu lernen. Regeln entstehen durch Aushandlung.

Zuordnung: Die Selbstmächtigkeit und die kooperative Unterstützung von Subjekten in der Erziehung, in eigenen sozialen Räumen ist der rote Faden, der diese Äußerungen strukturiert. Auf der Basis von *lebensweltlicher Verlässlichkeit* bilden sich viele Elemente expansiven Lernens durch *bestätigende Öffnung* und *gemeinsame Aufgabenbewältigung*.

Auch wenn in der Untersuchung ‚nur' die Papiere ausgewertet werden, die sich fraglos von den konkreten Praxen unterscheiden (können), stehen diese Konzepte und Leitbilder für den fachlichen Diskurs. Nicht zuletzt sind sie – und die darin gemachten Versprechungen – eine wesentliche Grundlage für die Entscheidung der Allgemeinen und Kommunalen Sozialen Dienste über die Belegung. Insofern sollten diese Informationen über Internet-Auftritte einerseits nicht überbewertet werden, da die Selbstdarstellungen in erster Linie Werbung darstellen. Auf der anderen Seite lässt sich, auch aufgrund der empirischen Erfahrungen, etwa in der Haasenburg (MBJS Brandenburg 2013) bzw. dem Friesenhof (taz 13.06.2015, Panorama 3 vom 09.06.2015), fundiert annehmen, dass gerade wenn repressive Interventionen positiv dargestellt werden, solche auch wirklich praktiziert werden (wahrscheinlich sogar Schlimmeres).

Der Stufenvollzug stellt dabei, wie am Beispiel des Friesenhofs sichtbar wurde, ein wesentliches Strukturmerkmal solcher Praxen dar, die für die Tendenzen der zunehmende Härte und Repression sowie deren Legitimation in der Jugendhilfe bzw. der gesamten Sozialen Arbeit stehen. An deren ‚Ende' steht die geschlossene Unterbringung, deren zunehmende Nutzung und fachliche Legitimation unseres Erachtens jedoch nicht ‚allein' betrachtet werden darf. Die kritische und auf einem emanzipatorischen Erziehungsverständnis basierende Auseinandersetzung mit den gegenwärtigen Praxen muss darüber hinausgehen und alle Praxen in den Blick nehmen, bei denen, wie Dollinger (2011, S. 26) vorsichtig formuliert hat, „der Eindruck eines – in welcher Form auch immer – rigider bzw. ‚härter' werdenden Umgangs mit erwartungs- und normwidrigem Verhalten" entsteht. Die im 14. Kinder- und Jugendbericht und von den skeptischen Befürworter_innen der geschlossenen Unterbringung positiv bewertete Veränderung des Fachdiskurses, in dem Dressur, Zwang, Ausschließung und Einschließung ‚normalisiert' werden, betrifft eben nicht nur den quantitativ marginalen Anteil der offiziell geschlossenen Settings, mit der diese regelhaft relativiert wird (Baumann 2015, S. 13), sondern die Jugendhilfe als Ganzes.

4 Ausblick und Konsequenzen

Nicht zuletzt widersprechen derartige Stufenprogramme grundlegenden Menschenrechten und sind nicht mit der Kinderrechtskonvention der Vereinigten Nationen zu vereinbaren (BMFSJ 2007). Da dieses Recht hierzulande unmittelbare Gültigkeit hat, müssen Einrichtungen, die mit derartigen Degradierungszeremonien arbeiten, abgeschafft werden oder ihre Arbeitsweisen fundamental verändern. Waltraud Kerber-Ganse (2009, S. 155f.) führt dazu in ihrer grundlegenden Untersuchung über die Menschenrechte des Kindes aus:

> Das Kind ist das Subjekt von Menschenrechten, das ist die Botschaft der Konvention [...] Die Bedeutung dessen, was mit Subjektstellung des Kindes gemeint sein kann, ist also bei Korczak sehr konkret zu lernen [...] Die Reichweite der Forderung nach Nicht-Diskriminierung in der Konvention kann man mit Korczak besonders eindrücklich ermessen, nämlich als die Gleichheit von Erwachsenen und Heranwachsenden in der Wechselseitigkeit des gegenseitigen Respekts. Zu diesem Respekt gegenüber der Ebenbürtigkeit des Kindes gehört für Korczak auf Seiten des Erwachsenen, wie immer wieder betont, die Unermütlichkeit des Lernens vom Kind. Anerkennung des Rechtes des Kindes auf Achtung fordert dem Erwachsenen also ein Umlernen gerade im Alltäglichen ab.

Dass Jugendliche selbst sich das Leben in Heimen anders vorstellen können, belegt die Studie von Mechthild Wolff und Sabine Hartwig. In ihrer Befragung von Jugendlichen zwischen zwölf und 18 Jahren in deutschen Heimen fanden sie Vorstellungen, die eine der Kinderrechtskonvention entsprechende Beteiligungspraxis von Kindern und Jugendlichen entsprechen:

> Das sind: ein Bottom-up-Prozess der Aushandlung zur Schaffung von Voraussetzungen für Beteiligung; eine pädagogische Grundhaltung des Personals, welche zu einem ‚Beteiligungsklima' in einer Einrichtung beiträgt; die konzeptionelle Festschreibung institutioneller Rahmenbedingungen; das Recht auf Seiten der Kinder und Jugendlichen zu einer eigenen Definition dessen, was Qualität und Qualität von Beteiligung in einem Heim ausmacht. (Kerber-Ganse 2009, S. 208)

Es gibt also – das wollen wir zum Schluss betonen – auch andere Tendenzen und Praxen, etwa die „Koordinierungsstelle individuelle Unterbringung" (Peters 2015), die die „Spirale der Hilflosigkeit des Helfersystems" (ebd., S. 42) fokussiert und die jungen Menschen gerade nicht als defizitäre Erziehungsobjekte begreift; oder auch tatsächlich niedrigschwellige und explizit nicht ‚belagernde' Formen, wie die „Bude ohne Betreuung" (Schwabe 2015). Letztere werden, wie dieses Beispiel exemplarisch zeigt, jedoch weniger – wohl auch aufgrund des hier nicht weiter ausgeführten (sozial)politischen und gesamtgesellschaftlichen Klimas sowie medial skandalisierter Einzelfälle, die die Repressions- und Ausschließungsbereitschaft in der Sozialen Arbeit begleiten und befeuern (dazu: Lutz/Stehr 2015).

Literatur

Baumann, Menno (2015): ‚Intensiv' heißt die Antwort – Wie war noch mal die Frage? Vom Streit um das richtige Setting zur passgenauen Hilfe. In: *Evangelischer Erziehungsverband e.V.* (EREV) 11, S. 8–26.
Bundesministerium für Familien, Senioren, Frauen und Jugend (BMFSFJ) (2002): *11. Kinder-und Jugendbericht*. Berlin.
Bundesministerium für Familien, Senioren, Frauen und Jugend (BMFSFJ) (2007): *Übereinkommen über die Rechte des Kindes. UN-Kinderkonvention im Wortlaut mit Materialien. Texte in amtlicher Übersetzung*. Berlin.
Bundesministerium für Familien, Senioren, Frauen und Jugend (BMFSFJ) (2013): *14. Kinder-und Jugendbericht*. Berlin.
Deutsches Jugendinstitut (DJI) (2013): JH-Einrichtungen mit der Möglichkeit der Unterbringung nach § 1631b BGB; http://www.dji.de/bibs/jugendkriminalitaet/JH_Einrichtungen_Unterbringung_1631b_BGB_Stand_April_2013.pdf. (letzter Zugriff 08.07.2015).
Dollinger, Bernd (2011): Punitivität in der Diskussion. Konzeptionelle, theoretische und empirische Referenzen. In Dollinger, Bernd/Schmidt-Semisch, Henning (Hrsg.): *Gerechte Ausgrenzung? Wohlfahrtsproduktion und die neue Lust am Strafen*, S. 25–73. Wiesbaden: VS.
Falck, Hans (1997): *Membership. Eine Theorie der sozialen Arbeit*. Stuttgart: Lucius & Lucius.
Goffman, Erving (1973): *Asyle. Über die soziale Situation psychiatrischer Patienten und anderer Insassen*. Frankfurt/M.: Suhrkamp.
Herz, Birgit (2005): Ist die ‚konfrontative Pädagogik' der Rede wert? In: *Zeitschrift für Jugendkriminalrecht und Jugendhilfe* 16, S. 365–374.
Holzkamp, Klaus (1993): *Lernen. Subjektwissenschaftliche Grundlegung*. Frankfurt/M.: Campus.
Hoops, Sabrina (2010): Freiheitsentziehende Settings in der Kinder- und Jugendhilfe 2010. Einige Schlaglichter auf Diskurs, aktuelle Befunde, Entwicklungen und Herausforderungen. In: *Jugendhilfe im Dialog*, H. 4, S. 2–19.
Hoops, Sabrina/Permien, Hannah (2006): *Mildere Maßnahmen sind nicht möglich! Freiheitsentziehende Maßnahmen nach § 1631b BGB in Jugendhilfe und Jugendpsychiatrie*. München: Deutsches Jugendinstitut.
Hußmann, Marcus (2011): *‚Besondere Problemfälle' Sozialer Arbeit in der Reflexion von Hilfeadressaten aus jugendlichen Straßenszenen in Hamburg*. Münster: Monsenstein und Vannerdat.
Kappeler, Manfred (2013): Heimerziehung in der (alten) Bundesrepublik Deutschland und der Deutschen Demokratischen Republik – und was wir daraus lernen können. Eine Textcollage. In: *Widersprüche* Heft 129, S. 17–33.
Kerber-Ganse, Waltraud (2009): *Die Menschenrechte des Kindes. Die UN-Kinderrechtskonvention und die Pädagogik von Janusz Korczak. Versuch einer Perspektivenverschränkung*. Opladen/Farmington Hill: Barbara Budrich.
Kunstreich, Timm (2012): *Nutzung der sozialen Infrastruktur. Eine exemplarische Untersuchung in zwei Hamburger Stadtteilen (Lenzsiedlung und Schnelsen Süd), Region 2, Fachamt Jugend- und Familienhilfe Eimsbüttel*. Hamburg. Eimsbüttel.

Kunstreich, Timm (2016): Vorwärts und nicht vergessen: die Politische Produktivität Sozialer Arbeit. In: *neue praxis*, H. 1, S. 20–32.
Lindenberg, Michael/Lutz, Tilman (2014): Zwang (und Zwangskontexte). In: Düring, Diana/Krause, Hans-Ulrich/Peters, Friedhelm/Rätz, Regina/Rosenbauer, Nicole/Vollhase, Matthias (Hrsg.): *Kritisches Glossar der Hilfen zur Erziehung*, S. 403–410. Regensburg: Internationale Gesellschaft für erzieherische Hilfen.
Lindenberg, Michael/Prieß, Ronald (2014): Die Jugendhilfeeinrichtung „Schönhof" in MV und ihre Parallelen zur „Haasenburg". In: *FORUM für Kinder und Jugendarbeit* 3, S. 4–10.
Lutz, Tilman (2011): Zwang und Erziehung. Irrwege in der Jugendhilfe. In: Gintzel, Ullrich/Hirschfeld, Uwe/Lindenberg, Michael (Hrsg.): *Sozialpolitik und Jugendhilfe*, S. 149–159. Regensburg: Internationale Gesellschaft für erzieherische Hilfen.
Lutz, Tilman (2015): Ausschließung und Einsperrung zum Wohl der Kinder und Jugendlichen? Vortrag auf dem Fachtag „Für das Recht, in Freiheit und Würde erzogen zu werden. Entschlossen Offen – kein Ein- und Ausschluss in der Jugendhilfe"; http://www.kinder-undjugendarbeit.de/fileadmin/download/2015/Sonstiges/Lutz_Vortrag_Fachtag Verband_2015_mit_Literatur.pdf. (30.10.2015).
Lutz, Tilman/Stehr, Johannes (2015): Ausschließungs- und Strafbereitschaft in der Sozialen Arbeit. Institutionelle Kontexte, Diskurse und Perspektiven auf Profession und Disziplin. In: DVJJ e.V. (Hrsg.): *Jugend ohne Rettungsschirm. Herausforderungen annehmen! Dokumentation des 27. Deutschen Jugendgerichtstages vom 14.09.-17.09.2013 in Nürnberg*, S. 165–189. Godesberg.
Mannschatz, Eberhard (2010): *Was zum Teufel ist eigentlich Erziehung?* Berlin: Nora.
Ministerium für Bildung, Jugend und Sport Brandenburg (MBJS) (2013): *Bericht und Empfehlungen der unabhängigen Kommission zur Untersuchung der Einrichtungen der Haasenburg GmbH*. Potsdam.
Neugebauer, Dieter (2010): Es gibt keine richtige Erziehung im falschen Kontext. In: *Jugendhilfe im Dialog*, H. 4, S. 57–63.
Oelkers, Nina/Feldhaus, Nadine/Gaßmöller, Annika (2013): Soziale Arbeit und geschlossene Unterbringung – Erziehungsmaßnahmen in der Krise? In: Böllert, Karin/Alfert, Nicole/Hummer, Mark (Hrsg.): *Soziale Arbeit in der Krise*, S. 159–182. Wiesbaden: VS.
Peters, Maren (2015): Koordinierungsstelle Individuelle Unterbringung. Ein Modellprojekt des PARITÄTISCHEN Hamburg stellt sich vor. In: *Evangelischer Erziehungsverband e.V.* (EREV), 11, S. 41–51.
Schruth, Peter (2014): Perspektiven der gesellschaftlichen Wahrnehmung von Opferinteressen ehemaliger Heimkinder – eine Verortung von Eindrücken. In: *neue praxis*, H. 2, S. 176–192.
Schwabe, Mathias (2015): „Bude ohne Betreuung" – ersehnte Freiräume mit beträchtlichen Risiken. In: *Evangelischer Erziehungsverband e.V.* (EREV), 11, S. 63–73.
Thiersch, Hans (2014): Schwarze Pädagogik in der Heimerziehung. In: *Widersprüche* Heft 131, S. 23–31.
Tischler, Klaus (2010): Sonderformen stationärer Jugendhilfe. In: *Jugendhilfe im Dialog*, H. 4, S. 44–56.
Weidner, Jens/Kilb, Rainer (2011): *Handbuch Konfrontative Pädagogik: Grundlagen und Handlungsstrategien zum Umgang mit aggressivem und abweichendem Verhalten*. Weinheim/Basel: Juventa.

Widersprüche 106: Wer nicht hören will, muss fühlen? Zwang in öffentlicher Erziehung. Widersprüche 27, 2007.

Widersprüche 113: Grenzen des Zwangs? Soziale Arbeit im Wandel. Widersprüche 29, 2013.

Wimmer, Michael (1996): Zerfall des Allgemeinen – Wiederkehr des Singulären. Pädagogische Professionalität und der Wert des Wissens. In: Combe, Arno/Helsper, Werner (Hrsg.): *Pädagogische Professionalität*, S. 404–447. Frankfurt/M.: Suhrkamp.

„Die totale Verhaltenstherapie"

Der Ansatz „IntraActPlus" als Legitimationsinstrument gewaltförmiger Übergriffe in Kinder- und Jugendwohngruppen

Friederike Lorenz und Fabian Kessl

IntraActPlus[1] – so bezeichnen Fritz Jansen und Uta Streit ihren verhaltenstherapeutisch orientierten „Therapie- und Interventionsansatz" (Jansen/Streit 2006). Im Folgenden beleuchten wir diesen Ansatz hinsichtlich seines Potenzials für seine gewaltförmige Auslegung im Kontext stationärer Hilfen für Kinder und Jugendliche.[2] Unsere Überlegungen sind vor dem Hintergrund eines Forschungsprojektes[3] zu gewaltförmigen Übergriffen durch Mitarbeiter/innen in Wohngruppen für Kinder und Jugendliche entstanden: In zwei, von einem Großteam betreuten Gruppen der stationären Eingliederungshilfe (SGB XII) diente der Ansatz des IntraActPlus als Konzept für die alltägliche pädagogisch-therapeutische Arbeit, und in dieser Funktion als Legitimationsrahmen für systematische gewaltförmige Übergriffe auf die Bewohner/innen der Wohngruppe.

---

1   Laut der Begründer/innen des Ansatzes ist „Intra" von „Intranet" abgeleitet und steht für Kommunikation, „Act" für aktives Handeln und Veränderung und „Plus" für die einzelnen Bausteine des Konzepts (vgl. Jansen/Streit 2006, S. 26).
2   Wir schreiben von „stationären Hilfen für Kinder und Jugendliche", da sich die folgenden Überlegungen auf intensivpädagogische Wohngruppen im Rahmen stationärer Eingliederungshilfe (SGB XII) *und* stationärer Hilfen zur Erziehung (SGB VIII) beziehen lassen.
3   Es handelt sich um das Forschungsprojekt „Gewaltförmige Konstellationen in den stationären Hilfen", das von den Autor/innen an der Universität Duisburg-Essen durchgeführt wurde. Zum Abschlussbericht des Projekts vgl. Kessl/Lorenz 2017.

© Springer Fachmedien Wiesbaden GmbH, ein Teil von Springer Nature 2018
J. Stehr et al. (Hrsg.), *Konflikt als Verhältnis – Konflikt als Verhalten – Konflikt als Widerstand*, Perspektiven kritischer Sozialer Arbeit 30,
https://doi.org/10.1007/978-3-658-19488-8_19

1 Gruppenkonzept nach IntraActPlus

Das entsprechende Gruppenkonzept, das im Zeitraum der gewaltförmigen Konstellation als Leitlinie für die Arbeit des Großteams Gültigkeit hatte, war eng an zentrale Annahmen des IntraActPlus-Ansatzes angelehnt. Es bezog sich dabei insbesondere auf eine Publikation der Vertreter/innen des Ansatzes (Jansen/Streit 2006), aus der im Gruppenkonzept ausführlich zitiert wurde. Insbesondere die folgenden Annahmen und Methoden, die der Ansatz des IntraActPlus zugrunde legt, bildeten eine konzeptionelle Basis für die Arbeitsweise in den stationären Gruppen.

1. Ihr verhaltenstherapeutisches Grundverständnis markieren die Autor/innen Jansen und Streit im *Fokus auf Belohnung und Bestrafung*. Dementsprechend wird im Gruppenkonzept der untersuchten Wohngruppen die grundlegende Forderung zitiert: „Wir müssen lernen, Belohnung und Bestrafung völlig wertfrei zu sehen." (Jansen/Streit 2006, S. 43; Gruppenkonzept o.J., S. 6). Dadurch könne sowohl günstiges Verhalten auf- als auch ungünstiges abgebaut werden, nicht zuletzt, weil Menschen im „Sekundenfenster" belohnende und bestrafende Signale senden und empfangen könnten (vgl. Jansen/Streit a.a.O.). Bestrafung sollte deshalb auch nicht weiter negativ bestimmt und verstanden werden, da dies den „biologischen und evolutionär vorgegebenen Sachverhalten" widerspreche (ebd.). Diese biologistische Argumentation ist für Jansen/Streit konstitutiv: „Eine Erziehung in Familie, Kindergarten und Schule oder eine therapeutische Forderung muss uneffektiv bleiben, solange die handlungssteuernden Modelle in diesem Punkt von den evolutionär gegebenen Sachverhalten abweichen." (ebd.)
2. In der alltäglichen Arbeit der untersuchten Wohngruppen fand dieser spezifische Fokus der Verhaltenskonditionierung seinen Ausdruck in *Stufenplänen*, die in Form des Entzugs einer bestimmten Anzahl von Klötzchen bzw. Sonnenstrahlen bei negativem Verhalten durch die Bewohner/innen umgesetzt wurden (vgl. Gruppenkonzept o.J.). Hier zeigt sich – erstens, wie die Forderung des IntraActPlus-Ansatzes, „Feedback im Sekundenfenster" zu geben (Jansen/Streit 2006, S. 202), umgesetzt wird: Durch Visualisierungen mittels Symbolfiguren könnten Bezugspersonen „sekundengenaue Bestrafungen für nega-tives Verhalten" oder entsprechend „Belohnungen für positives Verhalten" geben (ebd.). Wichtig sei daher ein Handeln in „Konsequenzen", in Form von Belohnungen oder Bestrafungen wie dem „Entzug von Dingen, die dem Kind wichtig sind" (Jansen/Streit 2006, S. 193), nachdem es alle Symbolfiguren verloren hat. Im Alltag der untersuchten Wohngruppen konkretisierte sich diese Forderung

z.B. in Vorschlägen, welche persönlichen Gegenstände den Bewohner/innen bei einem bestimmten Verhalten entzogen werden sollten und in verschiedenen weiteren, gewaltförmigen Interventionen; zweitens zeigt sich hier die technisch-funktionalistische Dimension des Ansatzes: „(A)n erster Stelle steht eine innere Haltung, die technisches Wissen und menschliche Beziehung zusammenbringen möchte" (Jansen/Streit 2006, S. 26). Neben dem Instrumenteneinsatz (z.B. Klötzchen), zeigt sich diese Dimension auch in Bezug auf die Arbeit mit bestimmten Zielgruppen – im vorliegenden Fall in der Arbeit mit sog. geistig behinderten Kindern. Dazu heißt es bei Jansen/Streit (2006, S. 204): „Da man mit manchen geistig behinderten Kindern nicht sprechen kann, ist ein sauberes Arbeiten notwendig. Auf der unbewussten Ebene können sie die entscheidenden Zusammenhänge sehr wohl erfassen. Das Wegnehmen des Klötzchens kann mit einem ‚nein!' begleitet werden." In der Dokumentation des Tagesgeschehens durch das damalige Großteam der untersuchten Wohngruppen wurden solche Wendungen aus der IntraActPlus-Primärliteratur wortgetreu aufgegriffen. Es zeigt sich eine Praxis der gegenseitigen Ermahnung zur Konsequenz unter den Fachkräften, etwa durch den Hinweis, dass bei einzelnen Jugendlichen ein besonders „sauberes Arbeiten notwendig" sei.
3. Ein weiteres zentrales Instrument des IntraActPlus-Ansatzes, das sich dominant im Gruppenkonzept wieder findet, ist die „Körperorientierte Interaktionstherapie" – kurz: KIT. Diese diene dazu, „Körperkontaktblocka-den" zu überwinden und das Zulassen von Körperkontakt zu erlernen (vgl. Gruppenkonzept o.J.; Jansen/Streit 2015a, S. 5). Die KIT steht in der Tradition der so genannten Festhaltetherapien, wie sie auf Jirina Prekobs zurückgeführt werden. Die KIT stellt dabei eine Modifizierung mit teils anderen Begründungen, aber zahlreichen übereinstimmenden Inhalten mit den Festhaltetherapien dar. Die Überarbeitungen in der Darstellung sowie der neue Titel KIT scheinen auch dazu zu dienen, die Analogie zu den Festhaltetherapien zu verdecken (vgl. Benz 2013, S. 130).

Die Genehmigung der Implementierung und Realisierung des Gruppenkonzeptes und damit des IntraActPlus-Ansatzes stellte das Ergebnis eines Abstimmungs- und daran angeschlossenen Genehmigungsprozesses zwischen Träger und zuständigem Landesjugendamt dar. Diese offizielle Bewilligung einer solchermaßen verhaltens-therapeutisch ausgerichteten Praxis macht einen nicht unwesentlichen Teil der Ermöglichungsbedingungen für die Gewaltakte aus, denen sich die Kinder und Jugendlichen als Bewohner/innen der untersuchten Wohngruppen durch das pädagogische Personal jahrelang ausgesetzt sahen.

Im weiteren Text geht es uns nun nicht darum, die einzelnen Gewaltpraktiken darzustellen oder detailliert zu analysieren. Vielmehr interessiert uns, inwieweit das verhaltenstherapeutisch ausgerichtete Konzept des IntraActPlus in seiner Anwendung im Gruppenkonzept zur Legitimationsfolie für die gewaltförmigen Übergriffe auf Kinder und Jugendliche werden konnte. Zum Verständnis für die Leser/innen ist aber eingangs zumindest ein Eindruck über das Ausmaß der Gewalt zu vermitteln.

Die Gewaltausübung, denen die Bewohner/innen über mehrere Jahre in den Wohngruppen ausgesetzt waren, fand in Form alltäglicher, routinierter Praktiken statt. In den Wohngruppen wurde also ein Bedrohungsregime installiert, dem die Kinder und Jugendlichen als Bewohner/innen systematisch ausgesetzt waren. Sie mussten kontinuierlich mit Demütigungen und Drohungen sowie der Einschränkung ihrer Bewegungsfreiheit und anderen Grundbedürfnissen, wie der Nahrungsaufnahme, als Sanktion ihres Verhaltens rechnen. Die Umsetzung der KIT als zentralem Instrument des IntraActPlus-Ansatzes geschah nicht zuletzt in einer äußerst gewaltvollen Form durch das stundenlange Festhalten von Bewohner/innen unter Beteiligung von teils mehreren Erwachsenen und in Verbindung mit weiteren Gewaltformen.

IntraActPlus konnte dabei als effektiver Legitimationsanker der Gewaltakte der erwachsenen Mitarbeiter/innen fungieren, da die Berufung auf den Ansatz das alltägliche Tun der Mitarbeiter/innen als (verhaltens)therapeutisch ausweisen ließ. Die Praxis, die unter der Legitimationsfolie des IntraActPlus-Ansatzes vollzogen wurde, wurde so nach außen als hoch effektive Therapie präsentiert und als solche auch offensiv beworben: u.a. mittels der Vorführung vermeintlich erfolgreich therapierter, und tatsächlich gewaltvoll disziplinierter Bewohner/innen. Welche (gewaltförmige) Gestalt die alltägliche Interventionspraxis in den untersuchten Wohngruppen aufwies, wurde vor den Eltern und anderen Fachkräften aus der Einrichtung wie den kooperierenden Organisationen (wie Schulen und Arztpraxen), aber auch den Aufsichtsbehörden und dem Kostenträger allerdings verheimlicht.

Im Zuge unserer Forschungsarbeiten begegnete uns der Ansatz des IntraActPlus also in einer sehr gewaltförmigen Auslegung. Anwendung findet der Ansatz außer im Feld der stationären Hilfen u.a. durch Fachkräfte in ergo-, logo- und physiotherapeutischen Praxen, Kinderarztpraxen, Beratungsstellen, Kliniken für Kinder- und Jugendpsychiatrie sowie im schulischen Bereich. Entsprechend verbreitet ist der Ansatz in Online-Elternforen oder die Grundlagenliteratur von Jansen/Streit im Buchbestand öffentlicher Bibliotheken, z.B. in „unserer" Universitätsbibliothek in Essen.

Jenseits unseres eigenen Forschungsprojektes finden sich Problematisierungen und systematische Einwände vor allem aus zweifacher Perspektive: Erstens finden sich die Publikationen der Psychoanalytikerin Ute Benz (2005, 2013), in denen sie insbesondere das Instrument der KIT in den Fokus der Kritik stellt; zweitens finden sich Stellungnahmen, in denen sich kritisch auf die lerntheoretischen Implikationen des Ansatzes bezogen wird. Hinsichtlich des Einsatzes von IntraAct-Plus-Methoden im Kontext von Schule zielt die Kritik im Wesentlichen darauf, dass die lese- und rechtschreibdidaktischen sowie lerntheoretischen Aussagen veraltet und teilweise fehlerhaft seien. Auf pädagogischer Ebene wird kritisiert, dass die auf spezifischen behavioristischen Annahmen und Methoden der Fähigkeit von Kindern, sich Lerngegenstände aktiv, prozesshaft und ihrem individuellen Entwicklungsstand entsprechend anzueignen, entgegen stünden (vgl. Brügelmann 2009; Valentin 2009). Stattdessen würde Pathologisierungen Vorschub geleistet (vgl. Valtin 2009, S. 5).

Eine Einordnung des Ansatzes aus sozialpädagogischer Perspektive, und somit bezogen auf dessen Einsatz in sozialpädagogischen Kontexten, wie den stationären Hilfen, liegt bislang noch nicht vor, obwohl in den Arbeitsfeldern der Sozialen Arbeit sowie in multidisziplinären Feldern, in denen sozialpädagogische Fachkräfte (mit) tätig sind, offensichtlich mit dem Ansatz gearbeitet wird. Mit den vorliegenden Überlegungen wollen wir daher auch diese Leerstelle bearbeiten.

2 Außenwahrnehmungen des Ansatzes IntraActPlus und seine Umsetzung in stationären Wohngruppen für Kinder und Jugendliche

Die Etablierung des Ansatzes traf in der untersuchten Einrichtung auf eine institutionelle Rahmung, die eine Konstellation ermöglichte, die „Außenstehenden" – Eltern, Leitungskräften, kooperierenden Institutionen sowie Medien – weitgehend ein positives Bild über die Arbeit in den Wohngruppen vermittelte. Ja mehr noch: Ihnen wurde der Eindruck vermittelt, dass hier mit einem besonders innovativen und wirksamen Ansatz gearbeitet wird: In den Gruppen sei es gelungen, für eine mit bestimmten Diagnosen versehene und als besonders „schwierig" geltende Klientel von Kindern und Jugendlichen, einen passgenauen Ansatz zu entwickeln und diesem entsprechend zu arbeiten, so das nach außen gezeichnete Bild. Dieses wirkmächtige Image erlaubte es, dass die alltägliche physische und psychische Gewalt in den Gruppen über Jahre hinweg verdeckt werden konnte.

Allerdings ist die Situation mit Verweis auf diesen Verdeckungszusammenhang nur teilweise beschrieben, denn in unseren Analysen stießen wir auch auf kritische

Stimmen, die innerhalb der untersuchten Einrichtung von Beginn an hörbar geworden waren. Seit der Implementierung des Gruppenkonzepts auf Basis des IntraActPlus-Ansatzes wurde dieses also in der Einrichtung auch bereits diskutiert. Diese Skepsis hielt an, denn im Zeitraum der gewaltförmigen Übergriffe nahmen Mitarbeiter/innen aus Nachbargruppen vereinzelt irritierende Praktiken in den Wohngruppen war, in denen das Gruppenkonzept auf Basis von IntraActPlus Anwendung gefunden hatte – ohne dass diese Fachkräfte das Ausmaß der Gewalt kannten. Gerade in dieser ‚internen Außenwahrnehmung' wird aber die Legitimationsdynamik, die die Einrichtung der Gruppen unter der Flagge des spezifisch-verhaltenstherapeutischen IntraActPlus-Ansatzes erzeugen konnte, deutlich: Die skeptischen Kolleg/innen aus Nachbargruppen machten die Erfahrung, dass das betreffende Großteam seine Arbeit unter Berufung auf seine Fortbildungen im IntraActPlus-Ansatz als „therapeutisch" auswies und sich damit von der weiterhin „nur" als pädagogisch geltenden Arbeit der Nachbargruppen abgrenzte. (Sozial) pädagogisch waren die meisten Kolleg/innen zwar inhaltlich weiter nicht überzeugt von dem, was ihnen da als irritierende Praktiken begegnete, aber auch als kritisch beäugtes Konzept, über das sich innerhalb Nachbargruppen-Teams teilweise auch lustig gemacht wurde, hatte der Ansatz immer noch das Potenzial, die in seinem Namen ausgeübte Gewalt ausreichend zu verdecken – und dazu diente nicht zuletzt sein Labeling als „(verhaltens)therapeutisch". Die Arbeitsweise des Teams konnte so auch von Beobachter/innen eher als fachliche Geschmacksfrage gesehen werden, von der man sich als (Sozial)Pädagog/in kritisch abgrenzen konnte, ohne die Dimension wahrzunehmen, die die Gewalt-förmigkeit erreicht hatte. Der scheinbare Erfolg des Gruppenkonzeptes, der mit der Präsentation abtrainierter kindlicher Verhaltensmuster angeboten wurde, schien auch die damalige Einrichtungsleitung und die Aufsichts-behörden davon abzuhalten, das Geschehen in den Gruppen genauer zu hinterfragen.

Vergewissert man sich dieser Ermöglichungskonstellation für gewaltförmige Übergriffe auf minderjährige Be-wohner/innen stationärer Wohngruppen nun etwas grundsätzlicher, so hilft der Blick in die institutionentheore-tischen Überlegungen von Erving Goffman.

3 Goffmans Analysen der „totalen Institution": eine hilfreiche Deutungsfolie

In seiner inzwischen über 50 Jahre alten Studie „Asyle – Über die soziale Situation psychiatrischer Patienten und andere Insassen" bietet Erving Goffman (2014 [1961]) Erklärungen für die Funktion einer Therapeutisierung von Institutionen im

Sozial- und Gesundheitsbereich an, weshalb seine Analysen bis in die Gegenwart immer wieder Erwähnung finden (vgl. z.B. Wolf 2010; Kunstreich/Lutz 2015). In seiner Studie entwickelt Goffman den bekannten Begriff der „totalen Institution", womit er eine umfassend das Verhalten der Insassen und des Personals regulierende Konstellation beschreibt. Dabei analysiert er ausführlich die Bedeutung und Funktion von (medizinischen) Hilfsdiensten, Hilfe-Verhältnissen und Diagnosen in den institutionalisierten Kontexten der Psychiatrie (vgl. Goffman 2014 [1961], S. 305ff.). Goffman weist auf zentrale Strukturmerkmale totaler Institutionen hin, von denen wir hier auf diejenigen eingehen, die er für den Anstaltstypus der Institutionen mit „psychiatrischem Mandat" hervorhebt. Dieses ermögliche der Anstalt, so Goffman, bestimmte Formen von „Angriffen" auf die Insassen. So durchlaufen sie mit ihrer Einweisung und ihrem Aufenthalt in die Institution einen Prozess der „Patientenwerdung" (ebd., S. 135), der durchaus auch erniedrigende Rituale umfassen kann (Einschluss, Einpassung in eine vorgegebenen Hierarchie- und Autoritätsstruktur). Je fortschrittlicher und an aktuellen therapeutischen Verfahren orientiert sich eine Institution präsentiert, desto eher lässt sich mittels Diagnosen und der Konstruktion von Fallgeschichten alles an den Insassen als „fehlerhaft" und defizitär erklären (vgl. ebd., S. 148ff.).

Strukturbildend für die psychiatrischen Anstalten ist außerdem, so Goffman, die binäre Trennung in die beiden sozialen Gruppen der Bewohner_innen und des Personals, die sich in einem fixierten Tagesablauf für die Mitglieder beider Gruppen und in eingeschränkter Kommunikation zwischen den Gruppen ausdrückt (Goffman 2014 [1961], S. 16). Die Definitionsmacht liegt ganz auf der Seite des Personals und wird legitimiert, indem alles, was in der Anstalt geschieht, in Verbindung mit den Patienten gebracht wird (vgl. ebd., S. 148). Goffman fasst das Stationssystem psychiatrischer Anstalten als „Disziplinierungssystem". Den Insassen halte ein solches System ständig die Möglichkeit vor Augen, im Falle eines Fehlers im Privilegiensystem abzusteigen, z.B. durch den Entzug von Privilegien oder einen Stationswechsel. Die dabei eingesetzten Stufenpläne dienen dem Personal dabei auch dazu, die eigene Arbeit als bedeutsam zu erleben (vgl. ebd., S. 161).

Unter Berücksichtigung, dass sich die damit angedeuteten institutionellen Kontexte seit Goffmans Untersuchungen auf vielen Ebenen deutlich verändert haben[4]

---

4 Weiterentwicklungen sind u.a. die Veränderung der Stellung von Kinderrechten in Einrichtungen, ausgebaute Kontrollstrukturen innerhalb von Einrichtungen und durch den öffentlichen Träger im Sinne des Kinderschutzes, differenziertere Auffassungen von „Behinderung" sowie die Professionalisierung des pädagogischen Personals.

und unter Berücksichtigung der theoretischen Erkenntnisgrenzen[5] seiner Analysen, eröffnet die Auseinandersetzung mit Goffman u.E. eine sehr erhellende Perspektive auf die Einflussmächtigkeit eines verhaltenstherapeutischen, auf Belohnungs- und Bestrafungslogiken basierenden Ansatzes, wie ihn IntraActPlus im Kontext stationärer Wohngruppen im untersuchten Fall repräsentiert.

3.1 Objektivierung der Bewohner/innen: ein Prinzip verhaltenstherapeutischer Intervention

Alle Bewohner/innen der untersuchten Wohngruppen hatten Mehrfachdiagnosen. Diese Diagnosen begründeten ihre Unterbringung in den nach dem IntraActPlus-Ansatz arbeitenden Intensivgruppen. Wie wichtig diese diagnostische Verortung der Bewohner/innen in den Gruppen war, symbolisiert die Auflistung von „Störungsbildern" gleich zu Beginn des Gruppenkonzepts (o.J., S. 3). Aus der Aufzählung diagnostischer Zuschreibungen wird im weiteren Konzept die Angemessenheit und Passung eines verhaltenstherapeutischen Ansatzes, wie IntraActPlus, für die Gruppen abgeleitet. Die Kinder und Jugendlichen wurden somit diagnostisch homogenisiert. Diese Homogenisierung fand auch noch auf einer weiteren Ebene statt, denn über die Bewohner/innen wurde innerhalb des Einrichtungsteils als „die Autistengruppe" gesprochen, obwohl aus dem empirischen Material und den Erinnerungen damaliger Mitarbeiter/innen aus Nachbargruppen deutlich hervorgeht, dass die Kinder und Jugendlichen sehr unterschiedliche Vorgeschichten, Fähigkeiten und Bedarfe hatten. Die konstitutive Zuschreibung eines bestimmten Störungsbildes ermöglichte aber, das ‚Wesen' der Bewohner/innen zu vereindeutigen und sie in einer Kategorie zu fassen, die dann die Begründung der vermeintlich notwendigen therapeutischen Bearbeitung nach sich zieht (vgl. Goffman 2014 [1961], S. 365). Die diagnostische, wie damit verbundene sprachliche Homogenisierung der Bewohner/innengruppe war insofern organisational zweckdienlich: Der Ansatz des IntraActPlus, und hier insbesondere der Einsatz des Instrumentes der KIT konnten nun als notwendige Konsequenz in der Arbeit mit den Bewohner/innen konzeptionell platziert werden. Mit Goffman gesprochen, zeigt sich hier eine Definition des Wesens der Bewohner/innen mittels Fallgeschichten, Berichten und eben Diagnosen, dass sie „unbeabsichtigt aber de facto zu einem Objekt der Art [werden], an dem eine [verhaltenstherapeutische] Hilfeleistung vorgenommen

---

5   Klaus Wolf argumentiert, dass sich mit Goffmans Analysen die Machtinterdependenzen und Prozesse in Institutionen der Heimerziehung nur begrenzt fassen lassen (vgl. Wolf 2010, S. 544).

werden kann. Zu einem [Bewohner] gemacht werden bedeutet, in ein bearbeitungsfähiges Objekt verwandelt werden, wobei die Ironie darin liegt, daß nur so wenige Bearbeitungsmöglichkeiten zur Verfügung stehen" (ebd., S. 361). Diese sehr reduzierten Interventionsmöglichkeiten fallen auch am Gruppenkonzept auf, in dem sich nicht nur durchgehend auf einen verhaltenstherapeutischen Ansatz, den IntraActPlus-Ansatz, bezogen wird, sondern auch bestimmte Perspektiven und Methoden aus diesem Ansatz zentral gestellt werden: Die KIT oder die Sanktionsinstrumente, wie die Wegnahme von Klötzchen, stehen für solche reduzierten Vorgehensweisen zur Bearbeitung sehr komplexer Verhaltens- und Belastungskonstellationen. Eine Perspektive auf die konkrete Lebenslage und die Lebensgeschichte der Bewohner/innen ist auf diese Weise ausgeschlossen (vgl. Goffman 2014 [1961], S. 361). Stattdessen werden die zu bearbeitenden Probleme in den Kindern und Jugendlichen verortet und entsprechend auch als deren Fehlverhalten bekämpft, wie das Beispiel der „Körperkontaktblockade" zeigt (vgl. Gruppenkonzept o.J.). Die Bewohner/innen der Wohngruppen sahen sich einer Verdinglichung als therapeutische Objekte ausgesetzt und als solche auch disqualifiziert, einen aktiven Part in der Beziehung zum Personal einzunehmen (vgl. ebd., S. 346).

Der Bezug auf IntraActPlus ermöglichte somit im vorliegenden Fall das, was Goffman (2014 [1961], S. 68) als ein Kennzeichen vieler totaler Institutionen herausstellt: die „Orientierung an einem idealen Verhaltensmodell". Diese Orientierung vermittelte auch im untersuchten Fall den hauptamtlichen Mitarbeiter/innen eine scheinbar simple Handlungsfähigkeit. Die Suche nach Orientierung in einem so anspruchsvollen Arbeitsfeld, wie der Arbeit mit Kindern und Jugendlichen, die sich nur sehr begrenzt mit Worten mitteilen, ist durchaus nachvollziehbar. Mit der Perspektive des IntraActPlus-Ansatzes schien klar benennbar, was das Problem der Bewohner/innen ist: Sie weisen demnach eine „ungünstige Eigensteuerung" auf (Jansen/Streit 2006, S. 19), zeigen „unerwünschtes, selbstschädigendes Verhalten"(Gruppenkonzept o.J., S. 4) und haben „Körperkontaktblockierungen", durch die „negative Oberziele wie Macht, Vermeidung und Bedürfnisorientierung in den Vordergrund" rücken (ebd., S. 7). Auf Basis dieser vereindeutigenden Zuschreibungen schien es nun ebenso klar, wie auf diese Verhaltensmuster zu reagieren ist. Am Beispiel der so genannten Körperkontaktblockierungen gesprochen: Diese sollten durch den Einsatz der KIT aufgehoben werden, indem die Erwachsenen durch das Festhalten der Kinder und Jugendlichen in den direkten und ‚konsequenten' Körperkontakt gehen, um „darauf (zu) bestehen, dass es [gemeint ist „das Kind", d.V.] Beziehung zu ihnen aufnimmt" (Gruppenkonzept o.J., S. 13). Ganz im Sinne der interventionistischen Verhaltensregulierung, wie sie dem Modell der Festhaltetherapien zugrunde gelegt ist (vgl. Benz 2015), heißt es dazu im Gruppenkonzept (o.J., S. 14): „Selbst wenn es [das Kind, d.V.] die Nähe zu vermeiden sucht, wird es von der jeweiligen Person erst aus der Umarmung entlassen, wenn eine ausreichend korrigierende Erfahrung stattgefunden hat". Die Erwachsenen bekommen also qua konzeptioneller Vorgabe die totale Deutungsmacht zugeschrieben und die damit verbundene explizite Erlaubnis, sich mittels Körperkraft gegen den Widerstand der in diesem Moment faktisch wehrlosen Kinder und Jugendlichen durchzusetzen. Hinter all den eingesetzten Sanktionierungsinstrumenten steht eine simple Konditionierungsidee: Die „ungünstige Eigensteuerung" soll „positiv überlernt" (Gruppenkonzept o.J., S. 10) werden.

> Alles, was in [den Gruppen] geschieht, bedarf einer Legitimation durch die Assimilierung an oder Übersetzung in den Bezugsrahmen der [verhaltenstherapeutischen] Dienstleistung. Die alltäglichen Maßnahmen des Personals müssen als Konsequenzen von Beobachtung, Diagnose und Behandlung definiert und dargestellt werden. Für die Zwecke dieser Übersetzung muß die Realität beständig umgedeutet werden [..] Es muß ein Vergehen gefunden werden, welches der Bestrafung entspricht, und der Charakter des Insassen muß so rekonstruiert werden, daß er dem Vergehen entspricht,

so fasst Erving Goffman (2014 [1961], S. 365) derartige Deutungsprozesse zusammen – wenn auch bei ihm von der „Klinik" und nicht den „Gruppen" und von der „medizinischen" und nicht der „verhaltenstherapeutischen Dienstleistung" die Rede ist.

Die dargestellte Sichtweise auf die Bewohner/innen als therapeutische Objekte, die sich bestimmter Vergehen schuldig machen, worauf möglichst umgehend reagiert werden muss, wird in der Tagesdokumentation des Teams sehr deutlich. In dieser alltäglichen schriftlichen Dokumentation des Gruppengeschehens tauchen die jungen Menschen immer wieder als gefährliche, manipulierende, unberechenbare, laute, ständig zu bezwingende und zugleich aber auch als therapeutisch interessante und reizvolle Objekte auf. Die Schilderungen ihres Verhaltens in der Tagesdokumentation münden stets in teaminternen Anweisungen für eine schärfere Sanktionierung im Rahmen des „Klötzchen Ziehens" oder in der Darstellung einer KIT, wonach die/der jeweilige Bewohner/in kooperativer gewesen sei. Die Diskussionen von Bestrafungsoptionen und die Schilderungen der KIT tauchen stets als Folge einer vorherigen Beobachtung und Verhaltensinterpretation des Personals auf, die mit diagnostisch gefärbtem Vokabular vorgenommen wird, in der aber eigentlich moralisierende Werturteile vorgenommen werden bzw. geplant wird, dem jeweiligen Kind oder Jugendlichen unmoralisches Verhalten vor Augen zu führen. Goffman (2014 [1961], S. 348) bemerkt hierzu, dass in psychiatrischen Kontexten moralische Beurteilungen vorgenommen werden, auch wenn dies negiert würde. Die soziale Ordnung in Anstalten würde durch Sanktionen aufrechterhalten. Auch wenn Psychotherapie betrieben wird, schleiche sich eine moralisierende Perspektive ein, indem Patient/innen primär mit Sünden konfrontiert würden (vgl. ebd., S. 347). Damit finde ein Rückgriff auf die gesellschaftlich standardisierte Form der negativen und korrektiven Sanktion statt. Zur Bestätigung des institutionellen Auftrags und der therapeutischen Rolle könnten Äußerungen von Bewohner/innen jedoch nicht unmittelbar verstanden werden, sondern müssten diagnostisch umgedeutet und abgewertet werden. Sie werden als Bestätigung des bereits diagnostizierten Zustands der Person gewertet (vgl. ebd., S. 349f.).

3.2 Bedeutung von Dokumentation und Wissen über die Bewohner/innen

Goffman betont an verschiedenen Stellen seiner Untersuchungen, dass bereits der Eintritt einer Person in eine totale Institution mit Stigmatisierungen einhergehe. Die bauliche Begrenzung der Anstalt hätte die „Wirkung eines dicken und verfälschenden Prismas" (2014 [1961], S. 343): Das Verhalten der Insassen innerhalb der Institution sei daher wenig repräsentativ für ihr Verhalten an sich. Vielmehr fordere der institutionelle Kontext spezifische Verhaltensmuster, gerade auch in der Interaktion zwischen Personal und Insassen. So werde das defizitäre Bild über die Bewohner/innen, das Grundlage für die Unterbringung der jetzigen Insassen ist, dadurch verfestigt, dass vor allem „Fälle von Ungehorsam" (ebd., S. 342) dokumentiert würden. Offensichtlich ‚normales' Verhalten werde hingegen als Maske oder Tarnung der Insassen interpretiert, hinter der sie ihr eigentliches Wesen verbergen. Folgt man dieser Einschätzung Goffmans erweist sich der institutionelle Blick auf das Verhalten der in einer Psychiatrie oder eben in einer geschlossenen Intensivgruppe der Eingliederungs- oder Erziehungshilfe untergebrachten Menschen systematisch als Perspektive, die nicht das alltägliche Verhalten von Menschen, sondern sehr spezifische, institutionell stark mit geformte Verhaltensmuster sichtbar macht.

Entsprechende Beschreibungen und Deutungen finden sich auch in der Tagesdokumentation des Teams, in der die Mitarbeiter/innen einander vor Täuschung und Manipulation seitens der Bewohner/innen durch vermeintlich entgegenkommendes Verhalten warnen. Die fixe diagnostische Sortierung der Insassen ‚ermöglicht' es den Vertreter/innen der totalen Institution aber, die „eigentliche Sicht" auf den Patienten einzunehmen (ebd., S. 356). Begründet wird die diagnostische Kategorisierung der Bewohner/innen resp. der Insassen bei Goffman aber keineswegs nur über die inner-institutionellen Beobachtungen. Ganz im Gegenteil: Die Entscheidung für eine Behandlung und Einweisung oder Unterbringung wird häufig ausführlich mit Verweis auf das zugängliche Wissen begründet, über das die Institution verfügen kann, d.h. z.b. Wissen über ihr bisheriges Tun, ihre Gefühlslage(n), über ihre Vorgeschichte und Zukunftsperspektiven. Das erlaubt den Institutionenvertreter/innen, z.b. dem psychiatrischen Personal, zu behaupten, sie hätten den „ganzen Menschen" im Fokus (ebd., S. 340).

Auch die Mitarbeiter/innen der untersuchten Wohngruppen nutzten das Wissen, über das sie in ihrer Funktion als pädagogische Fachkräfte in Bezug auf die ihnen anvertrauten Bewohner/innen verfügten, z.b. hinsichtlich der Vorlieben und Ängste der Kinder und Jugendlichen. Dieses Wissen missbrauchten sie aus ihrer machtvollen Position als institutionell und beruflich zuständige Personen heraus. Sie setzten dieses Wissen also nicht zur Förderung der Entwicklung von Kindern und Jugendlichen ein, was ja ebenfalls möglich wäre, sondern um ihre gewaltförmigen Interventionen gezielt zu platzieren: Sie kannten die verletzlichen Stellen der Bewohner/innen und setzten ihre Sanktionen, legitimiert als therapeutische Maßnahmen, gezielt an diesen Stellen an. Eine kritische Reflexion dieser Vorgehensweise wurde mit der diagnostisch unterstützten Kategorisierung der Bewohner/innen als prinzipiell ungehorsam und widerständig institutionell verhindert. Die diagnostische Kategorisierung wiederum bezog ihre Legitimität durch den IntraActPlus-Ansatz und die bereits im Gruppenkonzept aufgelisteten ‚Diagnosen', die als Experteneinschätzung legitimiert waren. Das Gewaltregime, das sich in den untersuchten Wohngruppen etablierte, verfügte damit über ein selbstreferenzielles Legitimationssystem, womit kritische Anfragen von innen wie von außen effektiv abgewiesen oder bereits im Entstehen verhindert werden konnten. Zusätzliche Stabilität erhielt dieses System dadurch, dass sich die bestehenden Diagnosen durch die alltäglichen Beobachtungen und damit verbundenen Dokumentationen des Bewohner/innenverhaltens immer wieder zu bestätigen schienen. Diese Passungen zwischen Diagnose, Beobachtung, Dokumentation und den daraus abgeleiteten Behandlungen verweisen einerseits auf die Selbstreferenzialität einer totalen Institution als weitgehend geschlossener Konstellation; sie ergeben sich andererseits, und auch das lässt sich bereits von Goffman (2014 [1961], S. 345) lernen, aus der Funktionslogik einer totalen Institution. Vorrangiges Ziel ist gar kein langfristiger Behandlungserfolg, wie auch die Anwendung der IntraActPlus-Methoden in den untersuchten Wohngruppen zeigt, sondern eine Stabilisierung der institutionellen Logik und Struktur: Die Sanktionsinstrumente im Sinne des IntraActPlus-Ansatzes erzeugten höchstens eine kurzfristige Disziplinierung des kindlichen resp. jugendlichen Verhaltens. Doch genau das schien von (institutionellem) Interesse, weil damit eine scheinbar gelungene (verhaltens)therapeutische Intervention vorführbar war. Insofern ist es auch nur konsequent, dass die Diagnosen und Behandlungen in solchen totalen Settings ein gerütteltes Maß an Diffusität aufweisen.

Ihre Funktion ist eine spezifisch institutionelle: Sie dienen im Sinne der machtvollen Position der Hauptamtlichen dazu, die institutionellen Verhältnisse aufrecht zu erhalten. In totalen Institutionen kann, so formuliert es Goffman (2014 [1961], S. 241), alles modifiziert, erlaubt oder verboten werden, solange sich nur eine psychiatrische Begründung – im untersuchten Fall hieße das: eine (verhaltens)therapeutische Begründung – dafür finde.

3.3 Selbstinszenierung des Personals als „Therapeut/innen"

Die Analogie zu Goffmans Studie ist insofern begrenzt, als er sich in Asyle der Psychiatrie selbst widmete, das hier diskutierte Arbeitsfeld aber das der stationären Eingliederungshilfe für Kinder und Jugendliche darstellt. Entsprechend stehen bei Goffman auch andere Feldakteure im Zentrum des Interesses: Patient/innen und Mediziner/innen, deren spezifische gesellschaftliche Positionierung und Rollenzuweisung als traditionelle Profession, so ließe sich sagen, für Goffman eine deutliche Relevanz für seine Analysen hat. Zugleich wird im empirischen Material zu den untersuchten Wohngruppen sehr deutlich, dass dort die Auffassung, mit der Wohngruppe einen heilenden, (verhaltens)therapeutischen Rahmen für die Bewohner/innen bereitzustellen, für das Selbstverständnis des betreffenden Teams kennzeichnend war. Die Teammitglieder verstanden sich dementsprechend, unter Berufung auf ihre Fortbildung im IntraActPlus-Ansatz eben als „Therapeut/innen" und nicht als Pädagog/innen. Immer wieder, und gerade in Entscheidungssituationen wurde sich innerhalb des Teams auf die psychologische Expertise, die der IntraActPlus-Ansatz bereit stellte, bezogen oder/und auf Absprachen mit Ärzt/innen – wobei die tatsächliche Existenz dieser Absprachen aus forscherischer Position nachträglich nicht überprüfbar ist. Insofern findet sich im untersuchten Fall, durchaus analog zu Goffmans (2014 [1961], S. 351) Analysen, die Nutzung der psychiatrisch-ärztlichen Autorität, die in der Gesellschaft „das Muster einer rationalen und an Hilfeleistung orientierten Einstellung" darstellt – zumindest im indirekten Einsatz. Es ist daher auch nicht zufällig, dass sich ein großer Teil des Teams der untersuchten Wohngruppen einen psychiatrischen Duktus zu eigen machte. Das institutionelle Setting erlaubt eine derartige Kategorisierung und Platzierung der Bewohner/innen – auch das kann Goffman (2014 [1961], S. 262) bereits zeigen. Die Umdeutung von Handlungen und Orten als ‚therapeutisch' und/oder ‚medizinisch' dient als Erlaubnis z.B. für eine entsprechende Expertenzuschreibung der dort tätigen Personen:

Frauen, die nicht einmal so einfache medizinische Handgriffe wie eine Blutentnahme zu verrichten wissen, werden Schwestern genannt und tragen Schwesterntracht; Männer, die als praktische Ärzte ausgebildet wurden, werden Psychiater genannt. [...] Belohnungen für gutes Benehmen in Form erweiterter Rechte, an geselligen Veranstaltungen teilzunehmen werden als psychiatrische Kontrolle der Dosierung und zeitlichen Bemessung sozialer Erfahrung definiert. (ebd.)

Die institutionell formierte Interaktion zwischen Hauptamtlichen und Bewohner/innen kann damit als „*quasi* [(verhaltens)therapeutische] Dienstleistung" verstanden und präsentiert werden (ebd., S. 367; hier: „medizinisch", nicht: „[verhaltens]therapeutisch), ohne dass dafür ein entsprechend qualifiziertes Personal notwendig wäre. Gerade die „darauf verwandte große Geschäftigkeit zeigt, wie schwach dieser Anspruch ist" (ebd.): Die totale Institution ist vielfach bemüht, ihr institutionelles Selbstverständnis, im vorliegenden Fall als (verhaltens)therapeutische Wohngruppe, darzustellen. Dementsprechend finden wir in der damaligen Tagesdokumentation immer wieder Muster der Legitimation des eigenen Tuns als verhaltenstherapeutisch – also eine Rechtfertigung nach innen, ebenso wie eine starke Inszenierung in dieser Weise nach außen. Diese zeigte sich z.B. in einer aufwändigen Veranstaltung zur Eröffnung der neu konzipierten Gruppen. Bereits hier spielte die Präsentation einer scheinbar gelungenen Intervention bei einzelnen Bewohnerinnen eine zentrale Rolle. Damit soll Besucher/innen, wie z.B. Eltern oder Medienvertreter/innen, eine institutionelle Situation vorgeführt werden, die die Bedingungen einer überzeugenden therapeutischen Dienstleistung erfüllt (vgl. ebd., S. 355).

Wie konnte nun aber der behavioristische Ansatz des IntraActPlus Eingang in Wohngruppen im Feld der Eingliederungshilfe für Kinder und Jugendliche finden? Oder anders gefragt: Was machte den Ansatz so attraktiv für einen stationären Hilfekontext?

3.4 Passungen zwischen konzeptioneller Perspektive und Feldstrukturen

Goffman (2014 [1961], S. 335) zeigt, dass ein Teil des Mandats einer öffentlichen Anstalt für Patienten mit psychiatrischen Diagnosen dahin geht, „die Gemeinschaft vor der durch bestimmte Formen des Fehlverhaltens bedingten Gefährdung und Belästigung zu bewahren." Die Gesellschaft unterstütze das idealisierende Bild über die ärztliche/psychiatrische Rolle und deren Funktion gerne, da es beruhigend sei, zu wissen, dass „diejenigen, die wir ins Irrenhaus verbannen, dort nicht bestraft sondern unter ärztlicher Aufsicht behandelt werden" (ebd., S. 351). Die Aufgabenzuschreibung an Institutionen, wie die Psychiatrie oder eben, gerade auch: geschlossene, stationäre Wohngruppen, dient also als kollektive Entlastung. Historisch seien Heilanstalten, Waisenhäuser und „Heime für geistig Zurückgebliebene" (ebd., S. 327) als Teil eines institutionellen Netzes für die Unterbringung verschiedener Gruppen sozial unbequemer Menschen entwickelt worden. In entsprechenden Anstalten fänden sich daher immer (auch) Menschen, die in den anderen institutionellen Settings keinen Platz gefunden haben. Derartige Sachverhalte müssten aber von den Vertreter/innen der Institution übersehen, ja weg rationalisiert werden, um das Selbstverständnis der Einrichtung aufrecht zu erhalten, und damit die Annahme, vermeintlich alle in der Gruppe untergebrachten Personen seien hier richtig untergebracht (vgl. ebd., S. 337). In den untersuchten Wohngruppen zeigte sich diese Funktion insofern, als diese explizit damit beworben wurden, dass hier ‚besonders schwierige' Kinder und Jugendliche untergebracht werden sollten, denen mithilfe der Methoden des IntraActPlus-Ansatzes auch noch eine erfolgreiche Behandlung angeboten werden könne. Die Zielgruppe waren damit Kinder und Jugendliche, die vorher im familiären Kontext oder eben gerade auch in anderen institutionellen Settings als nicht mehr tragbar erlebt und beschrieben wurden. Die Eröffnung des damals gültigen Gruppenkonzepts mit dem Hinweis auf die besondere Schwierigkeit der Bewohner/innen dieser Wohngruppen, die vorherige Betreuer/innen an ihre Grenzen brachten, illustriert diese institutionelle Logik der totalen Institution.

Warum wurde für diese Gruppen nun der verhaltenstherapeutische Ansatz des IntraActPlus konzeptionell ausgewählt und bewilligt? Diese Frage verweist auf eine mehrdimensionale Konstellation zwischen den Gruppen, der Einrichtung resp. deren Organisationsteilen und den Aufsichtsbehörden. Die Einrichtung wurde damals durch den Kostenträger dazu angeregt, angemessene Wohnbedingungen für „*besonders schwierige*" Bewohner/innen anzubieten. Einige Mitarbeiter/innen eines Teams waren zu diesem Zeitpunkt, also vor der Neukonzipierung bzw. Eröffnung der Gruppen, bereits in dem Ansatz des IntraActPlus fortgebildet. Diese Mitarbeiter/innen erhielten durch die Leitungskräfte des Bereichs die Möglichkeit zur Konzipierung einer entsprechenden Intensivgruppe. Weitere Mitarbeiter/innen, die für die Intensivgruppe neu eingestellt oder aus anderen Teams abgeworben wurden, erhielten die Möglichkeit zur Fortbildung im IntraActPlus-Ansatz.[6] Diese Fortbildungen waren aus Sicht der Mitarbeiter/innen auch deshalb attraktiv, weil dafür kein (sozial)pädagogischer Abschluss vorausgesetzt wurde. Die erwor-

---

6 Die Begründer/innen des Ansatzes bieten ein umfangreiches, mehrstufiges Seminarprogramm an (vgl. Jansen/Streit 2015b).

benen Zertifikate ermöglichten dem nicht-ausgebildeten Personal fortan ihr Tun als fachlich-qualifiziertes Tun zur präsentieren, und von dem bereits pädagogisch qualifizierten Personal wurden die Fortbildungen als Aufwertung erfahren.

Ein zweiter Grund, warum der Ansatz attraktiv schien und sein Einsatz in den Wohngruppen lange Zeit unhinterfragt blieb, waren die scheinbaren kurzfristigen Erfolge: Nach kurzer Zeit konnten plötzlich angepasste Bewohner/innen vorgeführt werden. Diese faktischen Verhaltensdisziplinierungen konnten so, als „Heilung über Nacht", als Bestätigung für die Etablierung der Wohngruppen dienen – entsprechend wurden sie zum Werbemittel, wie es laut Ute Benz (2013, S. 134f.) in der IntraActPlus-Szene häufiger der Fall ist. Unabhängig von der (sozial)pädagogisch nicht legitimierbaren Disziplinierungslogik, die dazuhin im vorliegenden Falle keine Nachhaltigkeit hatte, konnte jede, als positiv bewertete Veränderung des Verhaltens auf die (verhaltens)therapeutische Intervention zurückgeführt werden:

> Besserungen werden stets stillschweigend den Bemühungen der Anstalt zugeschrieben, [...] so gelingt es, das medizinische Modell auch noch angesichts seiner Unfähigkeit, etwas für den Patienten zu tun, zu bestätigen. (Goffman 2014 [1961], S. 363)

Schließlich erwies sich der Einsatz des spezifischen (verhaltens)therapeutischen Ansatzes in den untersuchten Wohngruppen auch deshalb als attraktiv, weil die ständigen Bestrafungsdrohungen bestimmte Alltagsabläufe durch das Personal leichter durchsetzbar machten. In den Wohngruppen lebten zum damaligen Zeitpunkt einige Kinder und Jugendliche, die Betreuer/innen mitunter auch massiv körperlich angingen. Durch ihre Auslegung des IntraActPlus-Ansatzes war es den Mitarbeiter/innen des Teams möglich, sich gegenseitig die Erlaubnis auszusprechen, sich körperlich zu „wehren" und durch den Einsatz körperlicher Gewalt die Bewohner/innen einzuschüchtern – auch um weiteren ihrer „Angriffe" vorzubeugen. Diese konzeptionell legitimierte Möglichkeit der starken Intervention – faktisch eben auch die Legitimation des Einsatzes körperlicher Gewalt gegen Kinder und Jugendliche – war vermutlich ein weiterer Grund, der den spezifisch (verhaltens)therapeutischen Ansatz für viele Mitarbeiter/innen des Teams reizvoll machte. Denn damit konnte eine Kontrolle über Gruppensituationen[7] gewonnen werden, die eigentlich von Unsicherheiten und Unwägbarkeiten geprägt war.

---

7 Dieser Aspekt verweist darauf, dass in den stationären Hilfen Arbeitsbedingungen und Unterstützungssysteme für das Personal notwendig sind, die den tatsächlichen Anforderungen in den Gruppen entsprechen. Um dem Rückgriff auf körperliche Gewalt vorzubeugen ist es wichtig, dass sich Mitarbeiter/innen angesichts von körper-

4 „Die totale Therapie" und ihre Auswirkungen

Die Um- und Neudefinition der Wohngruppen zum (verhaltens)therapeutischen Raum mündete somit, so lässt sich in Anlehnung an die Figur der „totalen Institution" bei Goffman formulieren, in eine Praxis der „totalen Therapie". Für die Kinder und Jugendlichen in den Gruppen war es Alltag, dass die vermeintlich (verhaltens)therapeutischen Elemente jederzeit zum Einsatz kommen konnten. Alltagssituationen, wie das gemeinsame Essen, wurden so zur „Trainingsphase". Sanktionen konnten die jungen Menschen daher jederzeit in ihren Grundbedürfnissen beschneiden. Die Interaktion zwischen dem Personal und den Bewohner/innen reduzierte sich weitgehend auf das ständige Eingreifen und Kontrollieren durch die Erwachsenen. Die Kinder und Jugendlichen mussten daher kontinuierlich damit rechnen, Gewalt in relativ willkürlicher Art und Weise zu erfahren. Alle Symptome, die sie angesichts dieser permanenten Stresssituation wiederum zeigten, wurden, in der Logik der totalen Therapie, nicht als Unzufriedenheit mit oder Leiden an der Situation gelesen, sondern als Beleg, dass sie genau dorthin gehörten, wo sie waren: in eine (verhaltens)therapeutisch ausgerichtete, intensivpädagogische Wohngruppe. Die Gegenwehr von Bewohner/innen konnte damit stets als Bestätigung verstanden und zum Anlass der Verschärfung der Gewalt genommen werden. Insofern vollzog sich hier nicht weniger als eine „Hospitalisierung", bei der die Kinder und Jugendlichen zunehmend ihrer üblichen Ausdrucksformen beraubt wurden: Schweigen, Bemerkungen resp. Kommentierungen, scheinbar unkooperatives Verhalten oder die Zerstörung von Einrichtungsgegenständen waren als Beweis der individuellen Störungen zu deuten, nicht als situative, soziale Momente, in denen Kinder und Jugendliche auf Belastungen reagierten, Stress sichtbar machten oder zeigen wollten, dass sie mit bestimmten Vorgehensweisen nicht einverstanden waren. In der drastischen Darstellung in Bezug auf die psychiatrische Anstalt illustriert Goffman (2014 [1961], S. 292) die Logik einer derartigen Einpassung von Insassen, der Umdeutung ihres Verhaltens und der Einschränkung ihrer Einspruchsmöglichkeiten deutlich: Patienten müssen auf das zurückgreifen, was ihnen bleibt, wenn ihnen die meisten Ausdrucksmöglichkeiten verwehrt werden. Das ist u.U. nur noch ihr Körper, z.B. ihre Stimme. Agiert der Insasse aber in dieser Weise, dann greift wiederum die institutionelle Selbstreferentialität: Die Institutionenvertreter/innen werden dieses Verhalten der Insassen oder Bewohner als „Akte" lesen, „die das Management davon überzeu-

---

lichen Angriffen durch Kinder und Jugendliche nicht allein gelassen fühlen sondern dass durch ausreichende Personalschlüssel und Reflexionsräume möglichst gewaltlose und professionelle Umgangsweisen entwickelt und ermöglicht werden können.

gen, daß die Einschließung des Betreffenden gerechtfertigt ist." (ebd.) Doch nicht nur selbstreferentiell ist das System der totalen Institution, sondern auch von einer sich aufschaukelnden Dynamik gekennzeichnet: Die Gewalt und die Einschränkungen bringen Verhaltensmuster hervor, die wiederum zum Anlass wieterer gewaltförmiger Interventionen werden.

Das Bemerkenswerte ist nun, dass der dokumentierte Austausch unter den Mitarbeiter/innen in den Tagesdokumentationen der untersuchten Wohngruppen zeigt, dass dennoch keineswegs Handlungssicherheit das prägende Moment war. Ganz im Gegenteil: Hier wird eine ständige Anstrengung deutlich, die Illusion über den Sinn und die Wirksamkeit der Sanktionsinstrumente, wie der KIT, aufrecht zu erhalten, ohne daraus eine tatsächliche Handlungssicherheit im Alltag der Gruppenarbeit ziehen zu können. Es kann den Mitarbeiter/innen dabei nicht entgangen sein, dass das in dieser Weise verhaltenstherapeutisch legitimierte Bedrohungsregime, das sie gegenüber den Kindern und Jugendlichen aufgebaut hatten, nur in spezifischer Weise funktional war: Die gewaltförmigen Verhaltenstrainings in den so genannten KIT-Sitzungen führten zwar zu einer zeitweisen Anpassung des Verhaltens der Bewohner/innen, doch eben nur auf Kosten der Stabilisierung des totalitären ‚Therapieregimes'. Tatsächliche Entwicklungsprozesse konnten bei den Kindern und Jugendlichen mit den gewaltförmigen Interventionen nicht befördert werden. Wohl auch deswegen wurde die aufwändige Inszenierung des Erfolgs der Gruppen letzten Endes brüchig und damit zur Quelle für die spätere Thematisierung und Aufdeckung der Übergriffe aus dem pädagogischen Team heraus.[8]

5 Dynamiken der gewaltförmigen Teamkonstellation

Der Anspruch der Veränderung und Optimierung aus dem IntraActPlus-Ansatz wurde nicht nur auf die Bewohner/innen bezogen, sondern wirkte sich auch innerhalb des Teams aus. Auch die Mitarbeiter/innen versuchten sich einer bestimmten Verhaltensvorstellung anzupassen bzw. dominante Teammitglieder forderten andere dazu auf. Einige der Teammitglieder versuchten, auf diese Anpassungsanforderung mithilfe der Einnahme von Medikamenten zur Konzentrationsförderung zu reagieren. Die Tagesdokumentation verweist auf eine tiefe Überzeugung

---

8 Goffman schließt (2014 [1961], S. 308) das hauswirtschaftliche Personal explizit aus der Analyse aus, denn „Putzfrauen [...] treten nicht routinemäßig in direkte Kommunikation mit denjenigen, die über ihre sauberen Fußböden laufen." Dies könnte erklären, warum sich das hauswirtschaftliche Personal der Einrichtung seine rückblickend erinnerten kritischen Wahrnehmungen einzelner Situationen für sich behielt.

von der Sinnhaftigkeit der in den Gruppen eingesetzten Methoden und einen teils religiös anmutenden Glauben an das Gruppenkonzept. Die Teammitglieder engagierten sich teilweise weit über ihre Arbeitszeiten hinaus in den Gruppen und hielten sich häufig in deren Räumen auf. Das Team wurde von Mitarbeiter/innen aus Nachbargruppen daher auch als familienähnlich wahrgenommen und mit Spitznamen, wie „die Scientologen" oder „Sekte", versehen. Das Team inszenierte sich als kleine, exklusive Gruppe, die sich revolutionären Prinzipien verschreibt und etwas Großes vollzieht, weshalb auch ein Engagement über die normale Arbeitszeit hinaus angemessen erscheint. Kritik von außen wurde dementsprechend auch offensiv bis aggressiv begegnet (z.B., indem Kritiker/innen aus Nachbargruppen mit einer Beschwerde bei der Leitung gedroht wurde) und innerhalb des Teams gab es offensichtlich keine Toleranz für abweichende Meinungen.

Dass gerade der Bezug auf eine verhaltenstherapeutische Konzeption, wie der IntraActPlus-Ansatz, eine solche Dynamik mit sich bringen kann, scheint nicht zufällig. Gerade die ‚Festhaltetherapie' KIT scheint häufig eine kollektive Begeisterung in sozialen Zusammenhängen hervorzubringen (vgl. Benz 2013) und attraktiv für Menschen in Helferberufen zu sein (vgl. Oetken 2013).

6 Weiterführende Überlegungen

Mit unseren Überlegungen wollten wir verdeutlichen, dass ein verhaltenstherapeutischer Ansatz, wie das IntraActPlus, zur Legitimation gewaltförmiger Übergriffe auf Bewohner/innen einer Wohngruppe dienen, und zu deren Verdeckung genutzt werden kann. Damit wollen wir eine kritische Reflexion der weit verbreiteten verhaltenstherapeutischen Ansätze in Konzepten stationärer Wohngruppen der Eingliederungs- und Erziehungshilfe anregen. Eine solche Reflexion sollte nicht als Generalkritik an (sozial)pädagogisch begründbaren therapeutischen Angeboten für Kinder und Jugendliche, die ergänzend zum Gruppenalltag stattfinden, missverstanden werden. Es geht uns vielmehr darum, Konstellationen zu problematisieren, in denen verhaltenstherapeutische Ansätze und Methoden zur maßgeblichen Orientierung in pädagogischen Wohngruppen werden, also de facto sozial- wie heilpädagogische Konzepte, Perspektiven und Begründungen substituieren. Unser Bezug auf Goffmans Analysen macht allerdings auch sehr deutlich, dass eine kritische Reflexion sich nicht auf die konzeptionell-fachlichen Fragen beschränken darf. Verhaltenstherapeutische Ansätze agieren nicht nur als Antwortangebot in Bezug auf spezifische Verhaltensmuster von Kindern und Jugendlichen. Ihr Einsatz muss vielmehr auch auf seine institutionelle Legitimations- und Stabilisierungsfunktion hin in den Blick genommen werden.

Literatur

Benz, Ute (2005): Familientherapien und Festhalten: Gewalt und Traumatisierung. In: *Psychoanalytische Familientherapie*, H. 10, S. 101–118.
Benz, Ute (2013): Langzeitfolgen von Festhaltetherapien. In: Dies: *Festhaltetherapien. Ein Plädoyer gegen umstrittene Therapieverfahren*, S. 121–144. Gießen: Psychosozial-Verlag.
Benz, Ute (2015): Traumatisierung durch Therapie. Festhaltetherapien und ihre Langzeitfolgen. In: Kessl, Fabian/Lorenz, Friederike (Hrsg.): *Wenn pädagogische Fachkräfte bestrafen, belohnen und festhalten – Eine kritische Reflexion verhaltenstherapeutischer Instrumente in Kinder- und Jugendwohngruppen*. EREV-Themenheft 12, S. 61–69.
Brügelmann, Hans (2009): Warnung vor didaktischen Allaussagen und pädagogischen Heilsversprechen! Gutachten zu Jansen, Fritz/Streit, Uta (2006): Positiv lernen. Das IntraActPlus-Konzept. Springer Medizin Verlag: Heidelberg (2. Aufl.). und Jansen, Fritz, u. a. (2007): Lesen und Rechtschreiben lernen nach dem IntraActPlus-Konzept. Springer: Heidelberg. im Auftrag des Landesinstituts für Schule und Medien Berlin-Brandenburg (LISUM).
Goffman, Erving (2014 [1961]): *Asyle – Über die soziale Situation psychiatrischer Patienten und andere Insassen*. 1. deutschsprachige Aufl. 1961, 19. Aufl. 2014. Frankfurt/M.: Suhrkamp.
Gruppenkonzept (o.J.): *Konzeption der Kleingruppe mit verdichteter Betreuung*. O.O.
Jansen, Fritz/Streit, Uta (2006): *Positiv lernen*. Heidelberg: Springer Medizin.
Jansen, Fritz/Streit, Uta (Hrsg.) (2015a): *Fähig zum Körperkontakt. Körperkontakt und Körperkontaktstörungen – Grundlagen und Therapie – Babys, Kinder & Erwachsene – IAP-Konzept*. Wiesbaden: Springer VS.
Jansen, Fritz/Streit, Uta (2015b): *IAP* [Website], Neuried. http://www.intraactplus.de/ (letzter Zugriff: 05.11.2015).
Kessl, Fabian/Lorenz, Friederike (Hrsg.) (2016): *Gewaltförmige Konstellationen in den stationären Hilfen – Eine Fallstudie*. EREV-Themenheft 16/Jahrgang 2016.
Kunstreich, Timm/Lutz, Tillmann (2015): Dressur zur Mündigkeit? „Stufenvollzug" als Strukturmerkmal nicht nur von geschlossenen Einrichtungen. In: Kessl, Fabian/Lorenz, Friederike (Hrsg.): *Wenn pädagogische Fachkräfte bestrafen, belohnen und festhalten – Eine kritische Reflexion verhaltenstherapeutischer Instrumente in Kinder- und Jugendwohngruppen*. EREV-Themenheft 12, S. 17–23.
Oetken, Angelika (2013): Die Attraktivität von „Festhaltetherapien" für Menschen in Helferberufen am Beispiel der Ergotherapie. In: Benz, Ute (Hrsg.): *Festhaltetherapien. Ein Plädoyer gegen umstrittene Therapieverfahren*, S. 101–120. Gießen: Psychosozial-Verlag.
Valtin, Renate (2009): *Stellungnahme zum Konzept IntraActPlus. Vorlage zu einem Expertengespräch im Landesinstitut für Schule und Medien Berlin-Brandenburg (LISUM)*.
Wolf, Klaus (2010): Machtstrukturen in der Heimerziehung. In: *neue praxis* 6, S. 539–557.

Der Abschied von der Körperstrafe

Ein Meilenstein auf dem Weg
zu pädagogischer Professionalität?

Sven Werner

1 Einleitung

Der nachfolgende Beitrag thematisiert den Abschied von der Körperstrafe aus Feldern der Erziehung und der Fürsorge. Die Sprachfigur des *Abschieds* verweist auf das Dazwischen zwischen der öffentlichen Delegitimierung der körperlichen Bestrafung von Kindern und Jugendlichen und dem sukzessiven faktischen Verschwinden der Körperstrafe als Instrument der Disziplinierung und Normalisierung, denn grenzverletzende und gewaltförmige Disziplinierungs- und Normalisierungspraktiken gehörten sowohl im Handlungsfeld Schule als auch in der Fürsorgeerziehung bis weit ins zwanzigste Jahrhundert hinein zu den gebräuchlichen Reaktionen auf körperliche, intellektuelle und „sittliche" Devianz. Im Folgenden wird umrisshaft skizziert, welche Debatten in Deutschland den fast ein halbes Jahrhundert andauernden Prozess der sukzessiven Abschaffung der Gewalt gegen Kinder und Jugendliche in pädagogischen Feldern kontextuell begleiteten. Die kritische Reflexion sowie die Neubewertung körperlicher Bestrafung als illegitime *Gewalt gegen Kinder und Jugendliche* wird dabei einerseits als Reaktion auf Initiativen der Schul- und der Heimreform und als Resultat eines sich entwickelnden Bewusstseins für Kinder- und Jugendschutz interpretiert, darüber hinaus wird der sukzessive Übergang zu neuen Formen der Punitivität und zum sozialstaatlich *vermittelten* Zwang (vgl. Kessl 2011, S. 138) auch im Zusammenhang mit der historischen Entwicklung pädagogischer Professionalität gedacht. Die im

© Springer Fachmedien Wiesbaden GmbH, ein Teil von Springer Nature 2018
J. Stehr et al. (Hrsg.), *Konflikt als Verhältnis – Konflikt als Verhalten – Konflikt als Widerstand*, Perspektiven kritischer Sozialer Arbeit 30,
https://doi.org/10.1007/978-3-658-19488-8_20

Titel verwendete Metapher des *Meilensteins* verweist dabei auf den bildungs- und sozialhistorisch betrachtet noch relativ „jungen" Konsens einer gewaltfreien Erziehung von Kindern und Jugendlichen. Indem insgesamt aus der historischen Rückschau zu konstatieren ist, dass gewaltförmige Erziehungsarrangements in den alten Bundesländern bis in die späten 1960er Jahre (Skandalisierung durch die 68er- und andere soziale Bewegungen) und auf dem Gebiet der ehemaligen DDR bis in die 1980er Jahre hinein wirkmächtig blieben, und nachdem aktuelle Studien zum Erziehungsverhalten in Westeuropa (z.B. FORSA) scheinbar belegen, dass die Norm gewaltfreier Erziehung zwar weithin geteilt wird, doch gleichzeitig nicht alle Eltern den Anspruch, ihre Kinder ohne körperliche Bestrafung zu erziehen, einlösen, markiert die Ächtung von Strafformen der körperlichen Schmerzzufügung nicht das Ende, sondern vielmehr einen „Etappensieg" auf dem Weg in einen gewaltfreien Umgang mit Kindern und Jugendlichen.

2 Diskursanalytischer Blick auf Praktiken der Bestrafung von Kindern und Jugendlichen im Wilhelminismus

Bevor umrisshaft einige Debatten um die Körperstrafe[1] am Beispiel der Reflexion auf die körperliche Bestrafung von Kindern und Jugendlichen in der Schule und der Heimerziehung im ausgehenden 19. und beginnenden 20. Jahrhundert sichtbar gemacht werden,[2] sind einige Vorbemerkungen zum Reframing körperlicher Strafen festzuhalten. In *Überwachen und Strafen* zeigt Michel Foucault auf, dass in Europa gegen Ende des 18. Jahrhunderts die peinlichen Strafen – u.a. die Folter, sog. Leibesstrafen und andere Straf- und Verhörtechniken – im Kontext einer „Ökonomie der Züchtigung" (vgl. Foucault 1976, S. 17) reformiert wurden. Für den Betrachtungszusammenhang der Suspendierung körperlicher Gewalt ist bedeutsam, dass in einem längeren Prozess der Szientifizierung und Humanisierung

---

[1] Im Beitrag wird unter *Körperstrafe* das Spektrum der Zufügung körperlicher Unlustempfindungen von Einsperren, über das Verweigern von Nahrung bis zur Strafarbeit und schließlich zur sog. „Züchtigung" verstanden. Insofern man Strafe als Leidzufügung in Reaktion auf vermeintliches oder tatsächlich begangenes Unrecht versteht, lässt sich das Konzept der Körperstrafe mit Richard Wrede als „jedes dem menschlichen Körper absichtlich zugefügte objective Übel" (Wrede 1908, S. 7) konkretisieren.

[2] Will man den Diskurs über körperliche Bestrafung in pädagogischen Feldern umreißen, ist zu bemerken, dass damit u.a. Subdiskurse der Straf- bzw. Züchtigungsmittel, des Zwecks der Strafe, der Folgen u.v.m. zusammengefasst und verallgemeinert werden.

von Erziehung die körperliche Strafe von der *Vergeltung* eines Rechts- oder Hierarchiebruchs zur *Korrektur* unerwünschten Verhaltens umgerahmt wurde. Diese Neurahmung von der Vergeltung zur normalisierenden Korrektur galt, wie zu zeigen sein wird, nicht nur für gerichtliche, sondern auch und vor allem für schulische Körperstrafen.

Neben dem primären Zweck, änderten sich sukzessive auch die Adressat/innen der körperlichen Gewalt. Bis ins 19. Jahrhundert hinein waren die als „Leibesstrafen" oder „Züchtigung" bezeichneten Zufügungen von Schmerz und Körperverletzungen in nahezu allen Bereichen des öffentlichen und privaten Lebens präsent und trafen nicht nur Kinder und Jugendliche, sondern fallweise auch Ehefrauen, Lehrlinge und Dienstboten, Soldaten, Strafgefangene und subalterne Angehörige geistlicher Orden. Damit wird nachvollziehbar, dass die körperliche Bestrafung nicht nur disziplinierend und korrigierend, sondern auch allozierend wirkte. Die o.g. Gruppen wurden nicht quer durch alle sozialen Schichten, sondern statusmarkierend entlang von Differenzlinien wie männlich-weiblich, älter-jünger, statushöher-statusniedriger gezüchtigt, womit neben der Allokation auch die Markierung sozialer Differenz durch das Schlagen, Hungernlassen oder Einsperren funktional wurde. Ältere statushöhere Männer verabreichten Schläge, während Frauen, Kinder, Lehrlinge und Dienstboten tendenziell Schläge empfingen, so der generalisierende Eindruck.

Während die bürgerliche Frauenbewegung darum neben der materiellen Abhängigkeit von Frauen auch öffentlich die Gewalt in der Ehe problematisierte, ist im Übergang vom neunzehnten zum zwanzigsten Jahrhundert auch eine Vielzahl von pädagogischen Initiativen zu konstatieren – wiederrum oft maßgeblich von Frauen getragen – welche die prekären Lebenslagen von Kindern und Jugendlichen aufgriffen und dabei – wie bspw. der 1898 gegründete *Verein zum Schutze der Kinder vor Ausnutzung und Mißhandlung* – als organisatorische Vorläufer eines staatlichen Kinder- und Jugendschutzes wirkten. Parallel zu diesen Humanisierungsinitiativen kommt es zur Etablierung der modernen Schule als Erziehung- und Bildungsort mit einem durch das Schulturnen und durch die Schulhygiene bzw. die Schulgesundheitspflege angestrebten Konnex zwischen geistig/intellektueller und körperlicher Normierung (vgl. Turmel 2008). Bewegungen, wie das Turnen, der Schulsport oder diätetische Maßnahmen sind als Zeichen einer sukzessiven Ablösung des Fremdzugriffs durch den Selbstzugriff auf den Körper des bürgerlichen Subjekts lesbar.

2.1 Zur Affirmation der körperlichen Bestrafung

Die körperliche Bestrafung von Kindern und Jugendlichen – juristisch an die Delegation des elterlichen (bzw. des väterlichen) Erziehungs- und Strafrechtes an Lehrer und Fürsorgeerzieher gekoppelt – wurde in pädagogischen Lexika, Zeitschriften und Abhandlungen spätestens ab dem späten 19. Jahrhundert kontrovers diskutiert (vgl. Oetloff 1891; o.A. 1895; Stengel 1898; Bach 1899; Sturges 1901; Goerth 1902; Kiefer 1904, 1908; Landsberg 1908; Ackermann 1909; Ortlieb 1911). Anlass hierfür waren neben mehreren Schülerselbstmorden u.a. Gerichtsprozesse gegen Lehrer und Fürsorgeerzieher wegen Körperverletzungen im Dienst (vgl. Trüper 1911; Mönkemöller 1914, S. 213). Der Legitimierungsbedarf der Züchtigung oder „Prügelstrafe" wurde größer, da die öffentliche Meinung zunehmend schulkritischer eingestellt war und das Sozialprestige des Lehrerberufs nach wie vor (zumindest für Volksschullehrer) nicht hoch war. Als populäre Strategie der argumentativen Begründung der Züchtigung und anderer Strafformen ist beispielhaft ihre Historisierung zu erwähnen, d.h. die Sichtweise, dass – sinngemäß – schmerzverursachende Interventionen innerhalb von Institutionen der Bildung und der Erziehung schon seit Jahrhunderten mit Erfolg eingesetzt worden seien und deshalb ihre faktische Berechtigung aus ihrer Tradition ableiten könnten (vgl. Stengel 1898, S. 95). Das Urteil fähiger Schulmänner der Vergangenheit galt als Gewähr der Richtigkeit des präventiven Prügelns.

In einer weiteren populären Diskurslinie führten Topoi der Kindheit als Lebensphase einer latenten Verrohung bzw. des Durchbrechens böser, atavistischer Triebe (vgl. Werner 2017) zu einer *curativen* Sichtweise auf die körperliche Züchtigung in Elternhaus, Schule und Fürsorgeerziehungsheim. Die Körperstrafe im Sinne des sog. „Züchtigens", „Absperrens", der Nahrungsreduktion oder von Formen der unfreiwilligen körperlichen „Strafarbeit" galt in diesem Argumentationszusammenhang als präventive Maßnahme, um weitere Übel abzuwenden.[3] In einer quasi „vor-behavioristischen" Argumentationsfigur wurden Unlustempfindungen durch das Zufügen körperlichen Schmerzes, durch Hunger oder behinderte Bewegungsfreiheit in Reaktion auf Normverstöße mit späterer Normkonformität und mit schulischem und sozialem Erfolg der Schülerinnen und Zöglinge verbunden.

---

3   Nach Meinung des Autoren eines Aufsatzes über *Die psychologische Grundlage der Strafe mit besonderer Bezugnahme auf die körperliche Züchtigung* wirkt die letztere „abschreckend, d.h. sie sucht uns vor ähnlichen Handlungen wie denen, welche uns die Strafe gebracht haben, zu bewahren" (o.A. 1895, S. 123). „Hieraus ergiebt sich beiläufig, daß die Strafe niemals eine Vergeltung bedeutet, sondern stets den auf die Zukunft gerichteten Zweck der Besserung hat, sowohl bei dem, den sie trifft, als auch bei seelisch ähnlich missgestalteten Individuen" (ebd.).

Die Übergriffe erhielten damit den Charakter einer schmerzhaften, aber notwendigen „Behandlung" gegen weitere Disziplinverstöße oder gar eine drohende Verwahrlosung.

2.2 Distanz zur Körperstrafe

Die abrisshaft dargestellten Begründungen der Notwendigkeit der Körperstrafe in der Erziehung verweisen auf ihren Legitimierungsbedarf seit dem ausgehenden 19. Jahrhundert und auf die Tendenz, dass paternalistisches Bestrafen von Kindern zu ihrem eigenen Besten zunehmend an diskursiver Konsensfähigkeit und normativer Stützung einbüßte. Das Zufügen von Schmerzen wurde daher selbst bei Befürwortern des sog. *Züchtigungsrechts* zunehmend als Merkmal pädagogischen Versagens bzw. einer defizitären Lehrer- Schüler-Beziehung verstanden.

Öffentlich verbreitete Argumente gegen die körperliche Bestrafung ließen sich schematisierend in

- ethisch-religiöse Argumente
- pädagogisch-psychologische Argumente
- medizinisch-sexualwissenschaftliche Argumente
- professionalisierungstheoretische Argumente und
- legalistische Argumente unterteilen.

Ethisch-religiöse Argumentationen[4] gegen die Körperstrafe in Heimen und Schulen verweisen darauf, dass das Einsperren oder Züchtigen von Kindern ihr Ehrgefühl abtöte und sowohl ihre Selbstachtung, als auch ihre Zuneigung zu Eltern, Lehrern und allgemein zu den Erwachsenen ihrer Umgebung untergrabe. Im Hinblick auf psychologische und pädagogische Gegengründe zur körperlichen Bestrafung wurde die Frage erörtert, ob durch die aus der Züchtigung entstehende Wut und den Zorn der/des Gestraften nicht einer weiteren positiven Beeinflussung entgegen gesteuert werde. In einer im weitesten Sinne schulmedizinischen Betrachtungsweise wurde kritisch darauf eingegangen, dass fallweise „Lehrer das ihnen zustehende Züchtigungsrecht überschreiten und sich zu Misshandlungen hinreissen lassen" (Wrede 1908, S. 456). Als problematisch galt insbesondere die

---

4   In dieser Hinsicht wurden bspw. aus der Bibel herleitbare Stellungnahmen, das Kind mit der Rute zu züchtigen und zur Rettung des Seelenheils zum Stock zu greifen, mit dem Gebot der Nächstenliebe und der positiven Fassung der Goldenen Regel aus der Bergpredigt egalisiert.

Gesundheitsgefährdung durch das Schlagen mit Gegenständen (vgl. Wrede 1908, S. 457), die Traumatisierung[5] und die „Ueberschreitung [des, SW] Züchtigungsrechts, in einer übermässigen, unangemessenen, unschicklichen und die Gesundheit der Kinder gefährdenden Weise" (ebd.).
Bezieht man die Reflexion sexueller Entwicklungsstörungen von Kindern und Jugendlichen infolge der Anwendung körperlicher Gewalt in die Betrachtung ein, stößt man im Umfeld der zeitgenössischen Sexualforschung auf Erörterungen, ob die Erteilung von Schlägen sadistische Neigungen bei den Pädagogen bzw. masochistische Prägungen bei den Schülern auslösen könne.[6] Legalistische Argumentationen gegen die Körperstrafe unter Bezug auf rechtliche Normen verwiesen vor allem auf die drohende Verfolgung von Lehrern wegen Überschreitung des Züchtigungsrechts, die ggf. eine Anzeige wegen Körperverletzung nach § 223 bzw. 223a Reichsstrafgesetzbuch nach sich zog.[7]

3 Professionalisierungstheoretischer Blick auf den Abschied von der Körperstrafe

Richtet sich der Blick darauf, wie Positionen der Rechtfertigung des Züchtigungsrechts der Eltern und des Lehrers sukzessive ihre diskursdominante Stellung einbüßten, werden Prozesse der diskursiven Verhandlung pädagogischer Professionalitätsstandards sichtbar. Maßnahmen physischen Zwangs in der Schul- und der Heimerziehung wurden nicht nur im Hinblick auf ihre pädagogische Wirksamkeit, ihre (sexual)medizinischen Konsequenzen oder auf ihre rechtliche Würdigung hin diskutiert, sondern fallweise auch mit einer mangelhaften Ausbildung und mit einem fehlenden pädagogischen Ethos des jeweils involvierten pädagogischen Personals erklärt.

---

5   Vgl. Sturges 1901; zur vorgeblichen Traumatisierung vgl. Ufer 1907.
6   So sei „in ärztlichen Kreisen seit langem zur Genüge bekannt und anerkannt [...] daß besonders das beliebte Schlagen auf das Gesäß geschlechtliche Erregungen und selbst Erektionen auf reflektorischem Wege auszulösen imstande ist. Vor allem aber steht es fest, daß der Prügelstrafe im Kindesalter sehr oft eine gewisse pathogenetische Bedeutung bei der Entstehung jener unglückseligen geschlechtlichen Perversionen zukommt" (Cohn 1911, S. 169).
7   Vgl. Oetloff 1891, S.1. Die Argumentation mit der Gefährdung durch Schläge und andere Bestrafungen konnte unter Verweis auf zivil- und strafrechtliche Bestimmungen im Falle von Konflikten zwischen Institutionen und Herkunftsfamilien auch gegen die Eltern gerichtet werden (vgl. Fahrnberger 1912).

Körperstrafen werden damit auch als Topoi eines Professionalitätsdiskurses sichtbar. Dieser Diskurs lässt sich u.a. an den Themen der Beschulung als *leistungsschwach* kategorisierter Schülerinnen und Schüler sowie an der Kritik der Lehrerausbildung oder am Beispiel der Reaktionen auf die zeitgenössischen Heimskandale nachvollziehen.

3.1 Der Unterricht sozial schwacher oder als *leistungsschwach* kategorisierter Schülerinnen und Schüler

Körperstrafen als Instrumente der Normalisierung und der Disziplinierung trafen besonders häufig Kinder der sog. *unteren Klassen*. Diese Kinder nahmen z.T. in Klassengrößen von bis zu 80 Kindern am Unterricht teil (vgl. o.A. 1897, S. 71) und waren häufig weder den klimatischen Verhältnissen entsprechend gekleidet noch ausreichend verpflegt (vgl. ebd.). Dass diese Kinder dem Curriculum der Volksschule möglicherweise nur mühsam folgen konnten und mittelbar die berufliche Position des Lehrers gefährdeten, welcher der Schulaufsicht gegenüber rechenschaftspflichtig war und deshalb möglicherweise „in der wohlmeinenden Erfüllung seiner Lehrerpflichten vergißt [...] Maß zu halten" (ebd.), ist eine bekannte Diskursfigur in Zusammenhängen der deutschen Volksschulpädagogik des beginnenden 20. Jahrhunderts. Gleichzeitig wurde jedoch die Anwendung körperlicher Strafen als Ausweis mangelnden pädagogischen Geschicks zunehmend tabuisiert. Eine Lösung der dilemmatischen Spannung zwischen menschlichem Mitgefühl und institutioneller Abhängigkeit schien in der Separierung vermeintlich leistungsschwacher Kinder in den neu gegründeten Institutionen der Hilfsschulen zu liegen. Mit dieser Sonderbeschulung, die ggf. auch gegen den Willen der Herkunftsfamilie einzuleiten war, sollte vermieden werden, dass leistungsschwache Kinder „in den weitaus meisten Orten unter den Normalbegabten [...] ein überaus lästiges Hemmnis bilden und den Lehrer, auch den besten, gar leicht zum ‚Prügelpädagogen' machen" (o.A. 1897, S. 72). Im Hinblick auf die im weiteren Kontext herbartianisch inspirierter Theoriebildung verbreitete pädagogische Reflexion der *Fehlerhaftigkeit* bzw. *Schwachbegabung* von Kindern wurden auch Stimmen vernehmbar, die darauf hinwiesen, dass die Bestrafung devianten Verhaltens, insbesondere die Züchtigung, als ursächlich für weitere kindliche Charakterfehler und problematische Bewältigungsversuche angenommen werden könne.[8]

---

8   Dies gilt z.B. für das Lügen (vgl. Kuhn-Kelly 1910, S. 101), für das sog. Vagabundieren oder sog. Entweichungen.

3.2 Kritik der Lehrerausbildung

Wie schon angedeutet wurde, galt das Zufügen von Schmerz bzw. von Unlustempfindungen selbst bei Befürwortern der Körperstrafe zunehmend als Merkmal pädagogischen Versagens bzw. einer problematischen Lehrer-Schüler-Beziehung. Wenngleich in Ausnahmefällen selbst in reformpädagogischen Kontexten das Schlagen von Kindern und Jugendlichen praktiziert wurde (vgl. Dudek 2012), war quer durch die pädagogischen Denkschulen die Einstellung diskursdominant, dass es erfahrene und kompetente Erzieher auszeichne, dass sie ohne Zwangsmittel auskommen. In der Allgemeinen Deutschen Lehrerzeitung wurden Positionen sichtbar, die den häufigen Gebrauch des „Züchtigungsrechts" neben den schon erwähnten überfüllten Volksschulklassen auf den Umstand zurück führten, dass viele Lehrer – namentlich die jüngeren Kollegen mit noch unzureichender didaktischer Erfahrung – aus materieller Not gezwungen seien, einer Nebenbeschäftigung nachzugehen, wodurch ihnen im Unterricht die Geduld mit lernschwächeren oder verhaltensauffälligen Kindern fehle (vgl. Abschnitt 3.1). Mancher Kommentator hielt es darum für

> ohne weiteres verständlich, daß man um so leichter zum Stocke greift, je weniger man auf die Unterrichtsstunde vorbereitet ist und seinen Stoff beherrscht. Wer nicht aus dem Vollen schöpfen und die Unterrichtsmaterie nicht souverän behandeln kann, wer sich sklavisch an Leitfäden und Lehrprobensammlungen hält, die er mühsam seinem Geiste einverleibt hat, der läßt es seine Kinder hart büßen, wenn sie in ihren Antworten nicht klarer sind, als es in seinen Fragen war. (o.A. 1897, S. 74)

Noch deutlicher wurde auf den Zusammenhang zwischen dem Schlagen von Kindern und Jugendlichen und pädagogischer Überforderung in der Zeitschrift für Kinderforschung abgestellt. So differenzierte bspw. der Fürsorger Hanselmann-Heufemann zwischen der „Stockstrafe" (Hanselmann-Heufemann 1916, S. 243) als geplanter Ausführung festgesetzter körperlicher Strafen, und dem sog. ‚Affektprügeln' (ebd.) – der spontanen Züchtigung unmittelbar nach einer Insubordination oder einer emotionalen Reaktion des Lehrers.[9]

---

9 „[S]ie widerspricht [...] naturwissenschaftlichem Denken weniger und weckt mehr Mitleid mit dem Erzieher. Sie ist ja auch keine eigentliche ‚Strafe' mehr, sondern eher ein unverantwortlicher Ausdruck dafür, daß ‚man gar nicht mehr anders kann', sie ist zum Teil Notwehr, zum Teil Verzweiflungstat" (Hanselmann-Haufemann 1916, S. 243).

3.3 Humanisierung und Professionalisierung der Fürsorgeerziehung

Mit dem Namen Mieltschin verbindet sich einer der gerichtsnotorischen zeitgenössischen Heimskandale.[10] Prominente Heil- und Sozialpädagogen aus dem Umfeld der Kinderforschungsbewegung reagierten öffentlich auf diese und auf weitere Krisen der geschlossenen Unterbringung. Sie forderten, anstelle des strafenden und abschließenden Charakters vieler Fürsorginstitutionen wieder verstärkt den pädagogischen Aspekt in den Vordergrund zu rücken und hierfür vor allem qualifiziertes Personal auszuwählen. Die Realität sei jedoch – so der Leiter der Anstalt Sophienhöhe bei Jena und leitende Herausgeber der Zeitschrift für Kinderforschung Trüper – dass die Behörden „nicht selten alles [nehmen], was sie für den allerschwierigsten Dienst der Fürsorgeerziehung an Bereitwilligen finden: Theologen, die ihren Predigerberuf bald mehr, bald weniger verfehlt haben, Lehrer, die Schiffbruch irgendwie erlitten, Offiziere a.D., Unteroffiziere a.D., Militäranwärter, Diakone, die früher Handwerker waren, Mönche usw." (Trüper 1906, S. 143). Trüper konstatierte am Schluss eines Beitrags über *Einen Fehlschlag unserer Fürsorgeerziehung*:

Der Staat hat nun einmal das Fürsorgeerziehungsgesetz erlassen, und so muß es dann auch als ein Gesetz der *Fürsorgeerziehung* (Hervorhebung, SW) gehandhabt werden. Die Zöglinge müssen in eine Fürsorgeerziehungsanstalt, nicht in ein Korrigendenhaus gebracht werden. Die neuen Fürsorgeerziehungsanstalten sind aber nicht allein *äußerlich* (Hervorhebung, SW) von der Arbeitsanstalt zu trennen, in ihnen muß auch ein anderer Geist herrschen, der des Mitleids mit den, wer weiß aus welchen sozialen Gründen verkommenen jugendlichen Seelen, damit sie der Menschheit wiedergewonnen, nicht aber reif werden für das Gefängnis, nach dem sie sich sehnen. (Trüper 1906, S. 139)

4 Fazit und Ausblick auf aktuelle Diskurse um körperliche Gewalt gegen Kinder und Jugendliche in pädagogischen Feldern

Wie in den Ausführungen zum Abschied von der Körperstrafe umrisshaft gezeigt wurde, kam es bereits seit dem ausgehenden 19. Jahrhundert zu einer kritischen Neubewertung der körperlichen Bestrafung sowohl in der Familienerziehung, als

---

10 Dort hatte laut Prozessbericht ein Exdiakon und ehemaliger Unteroffizier als Leiter ein Regime errichtet, in dem Fürsorgeerziehungszöglinge hungern mussten, geprügelt und gefoltert wurden (vgl. Trüper 1911, S. 137).

auch in Schulen und Heimen. In Debatten um die Abschaffung der sog. Züchtigung in Schule und Heimerziehung wurde zunächst weniger die Konstruktion des (nie eindeutig für die Schulpädagogik kodifizierten) sog. *Züchtigungsrechtes*, als vielmehr seine sog. *Überschreitung* im Sinne der Zufügung bleibender körperlicher Schäden problematisiert. Empirische Befunde der heute u.a. als Lehr-Lern-Forschung bezeichneten Zugänge (z.b. aus der o.g. Kinderforschung) säten Zweifel am Sinn und Nutzen der Ausübung von Zwang zur Disziplinsicherung oder zur Verbesserung der Lernleistung. Gleichwohl wurde de facto sowohl in Schulen[11] als auch in Kontexten der als „Anstalts-Pädagogik" konzeptionalisierten Fürsorgeerziehung[12] lange an der Praxis körperlicher Bestrafung festgehalten. Die Angemessenheit dieser Praxen als Erziehungsmittel wurde auch durch die Erfahrung der totalitären Erziehungswirklichkeit im „Dritten Reich" kritisch hinterfragt, so dass sich – nicht zuletzt auch durch den Einfluss der alliierten Verwaltungsstrukturen – in der bundesdeutschen Nachkriegsgesellschaft sukzessive eine Abwendung von der vermeintlich gewohnheitsrechtlich verankerten Züchtigungs- und Strafbefugnis durchsetzet.[13]

Die Jahre 1954, 1973, 1992 und 2000 markieren

- mit der in einem BGH-Urteil vom 17.6.1954 transportierten Zurückweisung der vermeintlich gewohnheitsrechtlich erlaubten Bestrafungen durch Lehrerinnen und Lehrer (vgl. Rohrbach 1962, S. 37),
- mit dem finalen Verbot der Körperstrafe in Schulen und Ausbildungseinrichtungen im Jahr 1973,
- mit dem Inkrafttreten der UN-Kinderrechtskonvention und mit der Novellierung des § 1631 des Bürgerlichen Gesetzbuches

---

11 Es handelte sich überwiegend um Volksschulen. Bürgerliche Kinder in den Gymnasien und Oberrealschulen wurden vergleichsweise selten Opfer körperlicher Bestrafung.

12 Die Institutionen in der Tradition der Inneren Mission agierten u.a. unter Rekurs auf religiöse Begriffe wie Sündhaftigkeit, Erlösung oder Kampf gegen das Böse (vgl. Niemeyer 2003, S. 204, 209ff.). Kritik der Körperstrafe war in diesem Kontext in Teilen auch Kritik konfessioneller Erziehung in Schule und Heim (vgl. o.A. 1903).

13 Insofern dem (männlichen) Oberhaupt der bürgerlichen Familie lange nicht nur das sog. Züchtigungsrecht (vgl. Priester 1999) in Bezug auf seine Kinder, sondern de facto auch in Bezug auf seine Ehefrau zugesprochen wurde, ist die Überwindung der Vorstellung eines wie auch immer gearteten Züchtigungsrechts und die unbedingte Ächtung häuslicher Gewalt auch im Kontext der Emanzipationsbewegung und der Geschlechterdemokratie zu diskutieren.

Stadien der endgültigen Ächtung der körperlichen Bestrafung von Kindern und Jugendlichen in der Bundesrepublik Deutschland. Auf dem Papier war die Deutsche Demokratische Republik schneller einer gewaltfreien Erziehung verpflichtet, wenngleich vor allem in der Heimerziehung gewaltförmige Arrangements bis in die 1980er Jahre hinein überdauerten (vgl. Müller-Münch 2012). Zusammen mit den zunehmend als illegitim empfundenen Körperstrafen in pädagogischen Feldern geriet in der jüngeren Vergangenheit eine Kultur der interessegeleiteten Normalisierung und Disziplinierung von Kindern und Jugendlichen in den Fokus kritischer Aufmerksamkeit (vgl. Hävernick 1964; Müller-Münch 2012; Hafeneger 2011). Auch wenn aktuelle Diskurse um Strafen in der Erziehung körperliche Übergriffe in Form von Ohrfeigen oder Schlägen u.a. unter dem Aspekt der Verletzung der in § 19 der UN-Kinderrechtskonvention fixierten Rechtsnorm der gewaltfreien Erziehung und der u.a. in Art. 2 Abs. 2 des Grundgesetzes garantierten körperlichen Unversehrtheit thematisieren, werden Diskursfiguren der Kinder- und Jugendkriminalität popularisiert (vgl. Bettinger 2000, S. 3) und zur argumentativen Stützung ordnungsstaatlicher Strukturen genutzt, wobei sich manche Analogie zu den historischen Debatten um den unbeaufsichtigten Aufenthalt auf der Straße (vgl. Werner 2017, S. 5) oder um die vermeintlich höhere Delinquenz sozialer Unterschichten aufdrängt. Die Gefahr für Kinder und Jugendliche, Opfer körperlicher Übergriffe zu werden, hat sich – zumindest in pädagogischen Feldern – signifikant verringert. Die Möglichkeit der Anordnung erzieherischer Hilfen, einer Inobhutnahme bzw. anderer jugendrichterlicher Restriktionen (Fahrverbot, Meldeauflagen u. ä.) ist hingegen nach wie vor präsent und als disziplinierendes und normalisierendes Moment wirksam (vgl. Bettinger 2000, S. 5).[14] Bezieht man die sozialstaatlich vermittelte Normalisierung der Eltern mit ein, lässt sich konstatieren, dass sowohl zu Beginn des 20. als auch zu Beginn des 21. Jahrhunderts Eltern über ihre Kinder adressiert werden. Die bekannte an Baustellen und anderen abgesperrten Gefahrenbereichen vorfindliche Warnung „Eltern haften für ihre Kinder" erhält in diesem Sinne eine zusätzliche Aktualität. Tilman Lutz sieht im Zusammenhang neoliberaler Neujustierungen Sozialer Arbeit deren Professionalisierungsdebatten von Figuren der Pathologisierung und der Responsibilisierung flankiert (vgl. Lutz 2011, S. 175ff.). Der Vergleich der diskursdominierenden Topoi zeigt, dass sich Bezugnahmen, wie die von Fahrnberger (1912) oder Ellger (1914) von aktuellen Pathologisierungs- und Responsibilisierungsstrategien nur graduell unterscheiden. Behördliche Zuweisungs- und Kontrollwünsche sind unter dem Label der Prävention und der Kindeswohlsicherung nach wie vor existent. Ansätze

---

14 Mit diesen Ausführungen wird nicht unterstellt, dass jugendliches Devianzverhalten prinzipiell strafrechtlich sanktioniert wird.

wie die konfrontative Pädagogik lassen sich nach Kessl in die „Traditionslinie der pädagogischen Punitivitätsprogrammatik" (Kessl 2011, S. 139) stellen, da sich ihre Legitimationsfiguren strukturell mit denen des sich professionalisierenden Fürsorgeerziehungssektors (vgl. Peters 1926) überschneiden.

Neben der kritischen Reflexion des medikalisierten Umgangs mit „Störern" und „Unruhestiftern" (vgl. v. Stechow 2015), welche aktuell Gefahr laufen, in pädagogischen Defizitkonstrukten den Platz der seinerzeit als „böse" oder als „leistungsschwach" etikettierten Kinder und Jugendlichen der sozialen Unterschichten einzunehmen, ließen sich also noch weitere Aspekte des Abschieds von der Körperstrafe problematisieren.

So heißt Abschied von der Körperstrafe offenkundig nicht zwingend Abschied von der *Strafbereitschaft*. Im Kontext eines sukzessiven Übergangs von der Normalisierungs- in die Kontrollgesellschaft werden unter Labeln wie „,präventiver Opferschutz'" (Kessl 2011, S. 133) Punitivitätstendenzen sichtbar, in denen sich anscheinend pädagogische Zugriffsmöglichkeiten auf die Adressatinnen und Adressaten relegitimieren und Normalisierungsaufträge der Sozialen Arbeit (bspw. im Diskurs konfrontativer Ansätze oder der geschlossenen Unterbringung) durch die Diskursfigur „der Konzentration auf potenzielle Opfer bei gleichzeitiger struktureller Vernachlässigung der realen Opfer" (ebd., S. 141) argumentativ begründen lassen.

Literatur

Ackermann, E. (1909): Strafe. In: Rein, Wilhelm (Hrsg.): *Enzyklopädisches Handbuch der Pädagogik.* 2. Aufl., Band 9, S. 1–12. Langensalza: Beyer & Söhne.

Bach, Wilhelm Karl (1899): *Die körperliche Züchtigung in der preußischen Volksschule.* Bielefeld: Helmich.

Bettinger, Frank (2000): Der Kriminalitätsdiskurs: Bedeutung und Konsequenzen für eine Kritische Soziale Arbeit. Vortrag, gehalten auf der Tagung „‚Gefährdete' Jugendliche – Jugendkriminalität und der Ruf nach Strafe", am 12./13. November 2000 im Hessischen Diakoniezentrum Hephata.

Cohn, Michael (1911): Kinderprügel und Masochismus. In: *Zeitschrift für Kinderforschung* 16. Jg., H. 6, S. 169–184.

Dudek Peter (2012): *‚Liebevolle Züchtigung'. Ein Mißbrauch der Autorität im Namen der Reformpädagogik.* Bad Heilbrunn: Julius Klinkhardt.

Ellger, Joachim (1914): Fürsorge-Erziehung, Jugendgericht und Jugendgefängnis, die staatlichen Maßregeln gegen die Verwahrlosung und Kriminalität Jugendlicher. In: *Zeitschrift für die gesamte Strafrechtswissenschaft* 35, S. 660–675.

Fahrnberger, J. (1912): Über den Mißbrauch der Elternmacht und Elternrechte. In: *Zeitschrift für Kinderforschung* 17. Jg., H. 1, S. 26–27.

Foucault, Michel (1976): *Überwachen und Strafen. Die Geburt des Gefängnisses.* Frankfurt/M.: Suhrkamp.

Goerth, Albrecht (1902): Die Erziehung zu Gehorsam und Ordnungsliebe. In: *Allgemeine Deutsche Lehrerzeitung* 54. Jg., H. 37, 38, S. 439–440, 461–464.

Hafeneger, Benno (2011): *Strafen, prügeln, missbrauchen. Gewalt in der Pädagogik.* Frankfurt/M.: Brandes & Apsel.

Hanselmann-Heufemann, Heinrich (1916): Die Arbeitslehrkolonie und Beobachtungsanstalt Steinmühle (Obererlenbach, Kreis Friedberg i. H.). Erzieherische Aufgaben und grundsätzliche Bedeutung der Organisation. In: *Zeitschrift für Kinderforschung* 21. Jg., H. 2, 3, S.117–132, 233–248.

Hävernick, Walter (1964): *„Schläge" als Strafe. Ein Bestandteil der heutigen Familiensitte in volkskundlicher Sicht.* Hamburg: Verlag Hamburger Museumsverein.

Kessl, Fabian (2011): Punitivität in der Sozialen Arbeit. Von der Normalisierungs- zur Kontrollgesellschaft. In: Dollinger, Bernd/Schmidt-Semisch, Henning (Hrsg.): *Gerechte Ausgrenzung? Wohlfahrtsproduktion und die neue Lust am Strafen*, S. 131–143. Wiesbaden: Springer VS.

Kiefer, Otto (1904): *Die körperliche Züchtigung bei der Kindererziehung in Geschichte und Beurteilung. Ein Buch für Eltern und Erzieher.* Berlin: Kohler.

Kiefer, Otto (1908): *Die Prügelstrafe in der Erziehung.* Langensalza: Beyer & Söhne.

Kuhn-Kelly, [] (1910): Lüge und Ohrfeige. Eine Studie auf dem Gebiete der psychologischen Kinderforschung und der Heilpädagogik. In: *Zeitschrift für Kinderforschung* 15. Jg., H. 3, 4, S. 72–82, 101–108.

Landsberg, Julius Ferdinand (1908): *Das Recht der Zwangs- und Fürsorgeerziehung. Einführung, Kritik, Vorschläge.* Berlin/Leipzig: W. Rothschild.

Lutz, Tilman (2010): *Soziale Arbeit im Kontrolldiskurs. Jugendhilfe und ihre Akteure in postwohlfahrtsstaatlichen Gesellschaften.* Wiesbaden: VS.

Mönkemöller, Otto (1914): Die Strafe in der Fürsorgeerziehung. In: *Zeitschrift für Kinderforschung* 19. Jg., H. 1, 2, 3, 4, 5, S. 24–27, 85–93, 148–155, 209–215, 282–288.

Müller-Münch, Ingrid (2012): *Die geprügelte Generation. Kochlöffel, Rohrstock und die Folgen.* 3. Aufl. Stuttgart: Klett-Cotta.

Niemeyer, Christian (2003): *Sozialpädagogik als Wissenschaft und Profession. Grundlagen, Kontroversen, Perspektiven.* Weinheim/München: Juventa.

o.A. (1895): Die psychologische Grundlage der Strafe mit besonderer Bezugnahme auf die körperliche Züchtigung. In: *Allgemeine Deutsche Lehrerzeitung*, 47. Jg., H. 13, Seite 123–125.

o.A. (1897): Die Ursachen des allzuhäufigen Gebrauchs des Züchtigungsrechts. In: *Allgemeine Deutsche Lehrerzeitung*,49. Jg., H. 8, S. 71–74.

o.A. (1903): Befreiung der Schule von der Kirche! In: *Allgemeine Deutsche Lehrerzeitung*, 55. Jg., H. 13, S. 149–151.

Oetloff, Hermann (1891): Die Überschreitungen des Züchtigungsrechts. Neuwied/Leipzig: Heuser.

Ortlieb, Wilhelm (1911): *Strafen in der Fortbildungsschule. Mit besonderer Berücksichtigung des Züchtigungsrechts.* Breslau: Priebatsch.

Peters, Karl Gustav (1926): *Um die Seele der Asozialen. Beiträge zur Lösung im pädagogischen und wohlfahrtspflegerischen Sinne.* Freiburg im Breisgau: Caritasverlag.

Priester, Jens-Michael (1999): *Das Ende des Züchtigungsrechts. Eine historische, dogmatische und straftheoretische Untersuchung.* Baden-Baden: Nomos.

Rohrbach, Jürgen (1962): *Die körperliche Züchtigung in der Volksschule. Eine pädagogische und rechtliche Betrachtung.* Essen: Neue Deutsche Schule.

Stechow, Elisabeth v. (2015): *Von Störern, Zerstreuten und ADHS-Kindern. Eine Analyse historischer Sichtweisen und Diskurse auf die Bedeutung von Ruhe und Aufmerksamkeit im Unterricht vom 16. bis zum 21. Jahrhundert.* Bad Heilbrunn: Klinkhardt Verlag.

Stengel, Georg (1898): Pädagogische Würdigung des Disziplinarmittels der Körperstrafe. In: *Allgemeine Deutsche Lehrerzeitung*, 50. Jg., H. 11, S. 95–97, 109–111, 121–122.

Sturges, Octavius (1901): Schularbeit und Schulzucht in ihrer Bedeutung hinsichtlich der Entstehung von Chorea. Übersetzt von []. Wiedeburg. In: *Zeitschrift für Kinderforschung*, 6. Jg., H. 1, S. 22–31.

Trüper, Johann (1906): Zur Frage der Behandlung unserer jugendlichen Missetäter. 1. Ein Fehlschlag unserer Fürsorgeerziehung. In: Zeitschrift für Kinderforschung 11. Jg. H. 5, S. 138–144.

Trüper, Johann (1911): Mieltschin. Das Anstaltspersonal an den in Preussen vorhandenen Fürsorge-Erziehungsanstalten. In: Zeitschrift für Kinderforschung 16. Jg. H. 5, S. 129–142.

Turmel, André (2008): Das normale Kind: Zwischen Kategorisierung, Statistik und Entwicklung. In: Kelle, Helga/Tervooren, Anja (Hrsg.) (2008): *Ganz normale Kinder. Heterogenität und Standardisierung kindlicher Entwicklung*, S. 17–40. Weinheim/München: Juventa.

Ufer, Christian (1907): Prügelstrafe und Simulation bei Kindern. In: *Zeitschrift für Kinderforschung*, 12. Jg., H. 4, S. 125–127.

Wensierski, Peter (2006): *Schläge im Namen des Herrn. Die verdrängte Geschichte der Heimkinder in der Bundesrepublik.* München: Spiegel.

Werner, Sven (2017): Wie aus Kindern Patient_innen wurden. Krankheits- und Störungsbilder vor dem Hintergrund pädagogischer Defizitkonstruktionen. In: Stenger, Ursula/Nolte, Doris/Edelmann, David/Schulz, Marc (Hrsg.): *Diversität in der Pädagogik der frühen Kindheit. Im Spannungsfeld zwischen Konstruktion und Normativität*, S. 219–233. Weinheim/Basel: Beltz Juventa.

Wrede, Richard (1908/2004): *Die Körperstrafe bei allen Völkern von der Urzeit bis zum 20. Jahrhundert. Kulturgeschichtliche Studien*. Nachdruck. Wiesbaden: Marix.

Jugendberufsagenturen – Die „richtige" Hilfe?

Perspektiven auf die rechtskreisübergreifende Zusammenarbeit

Thomas Verlage, Bianca Lenz und Christian Kolbe

Einleitung

Die vom Bundeskongress Soziale Arbeit 2015 aufgenommene Thematik des Wandels einer „Politik der Verhältnisse" zu einer „Politik des Verhaltens" manifestiert sich im Übergang von der Schule in den Beruf in paradigmatischer Weise. So geben Diskurse rund um das Thema „Beschäftigungsfähigkeit" in der Grundsicherungsdebatte im Zusammenhang mit dem SGB II ebenso wie die ebenfalls regelmäßig auftauchende „Ausbildungsreife" (vgl. dazu u.a. Christe 2014, S. 358ff.) beredte Auskunft darüber, wo das Problem bei der gelingenden Einmündung in den Arbeitsmarkt gesehen wird. Der Fehler für die offensichtlichen Dysfunktionalitäten und Passungsprobleme zur Bearbeitung der ANR (Angebot-Anfrage-Relation) wurde gesucht und gefunden, nämlich bei den Jugendlichen und jungen Erwachsenen, die damit zum Ziel pädagogischer Intervention und sozialer Arbeit werden. Zur (Wieder)Herstellung der Fähigkeit bzw. der Reifung für eine Ausbildung bedarf es der Korrektur individuellen Verhaltens („people changing technology", vgl. Hasenfeld 1983). Ein sozial- und gesellschaftspolitisches Problem wird, einmal mehr, transformiert in einen Aufruf zu pädagogischer Intervention.

Zweifellos geben die Arbeitslosenzahlen unter Jugendlichen in Deutschland (7,7% 2014) (Statistisches Bundesamt 2016) im Vergleich zu anderen europäischen Ländern (EU-Durchschnitt 2014 22,2%; Portugal, Kroatien, Italien, Spanien, Griechenland zwischen 34,8 und 53,2% [ebd.]) Anlass zu der Annahme, dass u.a. die wirtschaftliche Konjunktur es jungen Menschen besser ermöglicht in den Arbeitsmarkt integriert zu werden als anderswo in der EU. Den Umkehrschluss zu ziehen, es der Zielgruppe in Deutschland wesentlich selbst zuzuschreiben, wenn dies nicht gelingt, greift jedoch wesentlich zu kurz. Nach wie vor zeigt der Blick auf Bildungs- und Berufsbiographien in Deutschland vielfältige Formen „institutioneller Diskriminierung" (Gomolla/Radtke 2009), die mit der Anrufung „Seid Subjekte" nicht nur nicht hinreichend bearbeitet werden können, sondern durch die Umkehrung der Bringschuld zynisch gewendet werden.

Gleichwohl lassen sich Entwicklungen in der Arbeits- und Ausbildungsförderung aufzeigen, die zumindest reflektieren, dass angesichts dieser Benachteiligungen die Förderung im Sinne eines rein vermittelnden „Matchingprozesses" der Lebenssituation junger Menschen ohne Ausbildung nicht angemessen ist. Vielmehr steht außer Frage, dass strukturelle Benachteiligungen dazu führen, dass Integration in den Arbeitsmarkt nicht ohne eine Unterstützung der gesamten Lebenssituation vieler junger Menschen zu haben ist. Dieser Einsicht ist auch die Einrichtung so genannter Jugendberufsagenturen in zahlreichen Kommunen geschuldet, in denen eine Verbreiterung der Perspektive auf die Zielgruppe stattfindet, indem neben den klassischen Akteuren der Arbeitsförderung aus den Rechtskreisen SGB II und SGB III, nun die Jugendberufshilfe aus dem SGB VIII zu Hilfe gerufen wurde.

Mit diesem Beitrag wollen wir diese neuere Entwicklung im wohlfahrtsstaatlich institutionalisierten Übergang von der Schule in den Beruf näher betrachten: Die Zusammenlegung verschiedener Organisationen in den sogenannten Jugendberufsagenturen (JBA). Konkret beziehen wir uns auf das Jugendjobcenter Frankfurt am Main[1] und versuchen uns den Antworten auf die Frage zu nähern, wie darin verschiedene, teils vielleicht sogar widersprüchliche Perspektiven „unter einem Dach" vereint werden. Dahinter verbirgt sich die Frage nach der „richtigen" Hilfe. Die Frageperspektive in diesem Aufsatz ist also auf die Frage nach dem wie? sowie den vermeintlichen Wirkungen auf die Zielgruppe gerichtet. Wir versuchen damit Einblicke in Mechanismen dieses komplizierten Konstrukts JBA zu geben.

---

1 Gleichwohl gehen wir davon aus, mit der Analyse durchaus typische strukturelle Merkmale dieser flächendeckend eingeführten Neukonzeptualisierung zur Integration junger Leute in den Arbeits- und Ausbildungsmarkt sichtbar machen zu können.

1 Die Jugendberufsagentur als neues Instrument am Übergang Schule – Beruf

Die pädagogische Relevanz von Übergängen ist unumstritten (Walther 2013, S. 17).

Übergänge bedeuten Anforderung und Ungewissheit, müssen als solche bewältigt werden, dies wiederum erfordert Kompetenz(en) (wenn nicht Bildung) und verweist auf die (gesellschaftliche) Notwendigkeit pädagogischen Handelns. (ebd.)

Den Übergang Schule – Beruf bezeichnen Düker et al (2013) als zentralen Transmissionsriemen in der Reproduktion sozialer Ungleichheit. Hier werden Weichen gestellt, die das Arbeitslosigkeitsrisiko und daher auch das Armutsrisiko beeinflussen (z.B. Giesselmann/Goebel 2013) und somit auch soziale Ungleichheiten reproduzieren. Die Wirkmächtigkeit des scheinbar für alle erreichbaren „Normallebenslaufs" gilt also nach wie vor, während er gleichermaßen durch den Wohlfahrtsstaat institutionell durchgesetzt wird (Walther 2013, S. 19).

Mit dem Inkrafttreten des Sozialgesetzbuches (SGB) II im Jahr 2005 sind drei Akteure für Jugendliche im Übergang von der Schule in den Beruf zuständig. Die Agentur für Arbeit mit ihren BerufsberaterInnen ist vor allem zuständig für die Berufsberatung. Die Jobcenter sind in erster Linie zuständig für die Grundsicherung und die Vermittlung in Arbeit und schließlich die Jugendämter, die für die Jugendberufshilfe zuständig sind.

In den folgenden Jahren wurde die Erfahrung gemacht, dass die Koordinierung der verschiedenen Angebote eine große Herausforderung ist. Beklagt wurden mangelnde Abstimmungen, die zu Brüchen im Integrationsprozess geführt haben, sowie fehlende Transparenz für förderbedürftige Jugendliche (Bundesagentur für Arbeit 2014). Letztendlich ging es also um die Frage: „Wer ist für mich zuständig?". Neben den Erkenntnissen der BA ist hier aber sicher auch die anhaltende Kritik an der nicht ausreichenden Koordination der verschiedenen Rechtskreise aus unterschiedlichsten Richtungen (BMFSFJ 2013, S. 227; Münder 2013; Schruth/Pütz 2006) zu nennen. Diesen Einsichten folgend sollen Kooperationen und Vernetzungen, wie in vielen anderen Handlungsfeldern Sozialer Arbeit auch (vgl. Böllert 2008), helfen, den Jugendlichen passendere Unterstützung gewährleisten zu können und dadurch dem Ziel Integration in Arbeit näher zu kommen.

Im Jahr 2010 wurde daraufhin das Arbeitsbündnis „Jugend und Beruf" ins Leben gerufen (Bundesagentur für Arbeit 2010). Ziel des Bündnisses war es, über intensive Kooperationen die Ressourcen der unterschiedlichen beteiligten Akteure sinnvoll miteinander zu verbinden. Insgesamt 20 Standorte nahmen daran teil. Sie bilden die Vorläufer der heutigen Jugendberufsagenturen. Seitdem im Koalitionsvertrag der Bundesregierung (CDU, CSU und SPD 2013) die „flächendeckend(e)" Einrichtung der Jugendberufsagenturen proklamiert wurde, entstehen diese Kooperationen bundesweit. Ziel ist es, neben Veränderungen auf organisatorischer Ebene bei den Jugendlichen anzusetzen und diese „gezielt (zu) begleiten" (ebd.). Die Zielsetzung liegt damit auf einer Linie mit dem zu Beginn angesprochenen Wandel von der Politik der Verhältnisse zu einer Politik des Verhaltens. Bis Januar 2015 gab es bereits 186 dieser Arbeitsbündnisse, die jedoch sehr unterschiedlich ausgestaltet sind. Auch firmieren nicht alle Kooperationen unter dem Begriff Jugendberufsagentur. In Frankfurt ist es beispielsweise das Jugendjobcenter und in Bielefeld das Jugendhaus. Aufgrund der unterschiedlichen Ausgestaltungen der Kooperationen ist es notwendig, sich die jeweiligen lokalen Ebenen genauer anzuschauen. Lokale Kräfteverhältnisse und darin agierende Akteure prägen die Ausgestaltungen der Zusammenarbeit und gründen jenseits der programmatischen Ansage auf geteilten Vorstellungen der Arbeit (vgl. Hasenfeld 1983), auf gemeinsam eingeübten Routinen, auf genutzten oder ungenutzten Freiheiten im Beratungsprozess (vgl. Lipsky 1980) und werden darüber hinaus irritiert von eigensinnigen Interaktionen (vgl. Goffman 1994). Will man mehr über lokale Operationalisierung erfahren, müssen (auch) diese „Regeln der Situation" (vgl. Steinert 1973) mitgedacht werden.

Der Blick auf die lokalen Verhältnisse ist umso bedeutender, wenn man sich vergegenwärtigt, dass im Koalitionsvertrag zwar der politische Wille geäußert wurde, Jugendberufsagenturen flächendeckend einzuführen, zusätzliche Mittel für die beteiligten Akteure dafür allerdings nicht bereit gestellt werden sollen (Deutscher Bundestag-Drucksache 2014). Auch gibt es keine gesetzlichen Regelungen, die vorgeben, wie eine Jugendberufsagentur ausgestaltet werden soll. Entsprechend lassen sich bundesweit nahezu alle denkbaren (und undenkbaren) Zusammenstellungen von Akteuren „unter einem Dach" finden. Begründet wird das Ausbleiben von Vorgaben damit, dass in den Regionen selbst, ausgerichtet an den Bedarfen vor Ort, am besten festgelegt werden kann, wie eine effektive Kooperation auszusehen hat. Inwieweit damit neben den Bedarfen der beteiligten Organisationen auch die Bedarfe der Jugendlichen Berücksichtigung finden, ist eine offene empirische Frage, die vor Ort sicherlich sehr unterschiedlich beantwortet wird.

Durch diese Vernetzungen findet so etwas wie eine Renaissance des SGB VIII in diesem Handlungsfeld statt. Renaissance deshalb, weil vielerorts die Angebote der kommunalen Jugendberufshilfe im Zusammenhang mit dem Inkrafttreten des SGB II 2005 zurück gefahren wurden. Eine Entwicklung, vor der der Deutsche Verein bereits 2005 gewarnt hatte (Deutscher Verein 2005). Die Abteilungen u25 der Jobcenter hatten fortan die Federführung bei der Frage danach, wie Jugendliche an den Arbeitsmarkt herangeführt werden. Damit ging eine Verschiebung der Schwerpunktsetzung der Unterstützungsangebote, in Richtung reiner Vermittlung in Arbeit, einher. Erst allmählich setzte sich die Erkenntnis durch, dass es auch anderer Angebote bedarf, für die es die Akteure des SGB VIII braucht. Diese von uns etwas euphemistisch bezeichnete Rückkehr von SGB VIII-Akteuren in das Feld in Form von Beteiligung an Jugendberufsagenturen wirft zumindest die Frage danach auf, ob dadurch andere als eng am Arbeitsmarkt orientierte Aspekte künftig eine größere Rolle spielen oder so etwas wie eine Entschleunigung des Verfahrens eintritt. Wie die (Macht)Verhältnisse ausgestaltet sind, wer darin die Deutungshoheit hat, ob sich die Perspektiven überhaupt so grundlegend unterscheiden und inwiefern sich die SGB VIII-Akteure in den Dienst der SGB II-Logik stellen müssen und/oder wollen oder Jugendsozialarbeit mit anderen Inhalten gestärkt wird, sind offene Fragen. Mit dem Einblick in diese neu geschaffenen Organisationen wollen wir uns diesen Fragen etwas annähern.

Konkreter Kontext im Handlungsfeld

In der Stadt Frankfurt a.M. eröffnete 2012 das Jugendjobcenter (JJC), ein Kooperationsprojekt zwischen dem Jobcenter, der Berufsberatung der Agentur für Arbeit und der Jugendberufshilfe der Stadt als ein Modellprojekt. Das JJC wurde mit dem Ziel gegründet, die Hilfsangebote für junge Erwachsene unter 25 Jahren, die direkt oder mittelbar über ihre Familie Leistungen der Grundsicherung beziehen („SGB II-Bezug"), „besser untereinander abzustimmen" sowie die „jungen Menschen langfristig beruflich und sozial in den Arbeitsmarkt und in die Gesellschaft zu integrieren" (Stadt Frankfurt 2012). Inzwischen ist es etabliert und für alle Jugendlichen im SGB II-Bezug unter 25 Jahren in Frankfurt zuständig.

Im JJC arbeiten die Mitarbeitenden der drei Institutionen unter einem Dach. Davon gehören die meisten Mitarbeitenden dem Jobcenter an und kümmern sich um die Vermittlungsdienstleistungen der jungen Menschen in Ausbildung und Arbeit. Die Leistungsabteilung des Jobcenters im JJC ist für die Jugendlichen zuständig, die eine eigenständige Bedarfsgemeinschaft bilden, also nicht mehr bei ihren Eltern wohnen. Die persönlichen Ansprechpartner (im Folgenden verwenden wir die im Handlungsfeld gebräuchliche Abkürzung pAp) des Jobcenters können bei Bedarf mit einer Mitarbeitenden der Agentur für Arbeit kooperieren und diese in Fragen der Berufsberatung bei Nicht-SchülerInnen und Ausbildungsinteressierten hinzuziehen bzw. die Jugendlichen zu der Mitarbeiterin entsenden. Ähnliches gilt für die Mitarbeitenden der Jugendberufshilfe, die im Jugendjobcenter arbeiten. Sie können von den pAp's angerufen werden, wenn sie bei Jugendlichen einen Bedarf an Betreuung und Beratung durch die Jugendberufshilfe feststellen. Die sogenannten „warmen Übergaben" gelten als eine besondere Stärke des Konzepts der Jugendberufsagenturen. Dabei werden Jugendliche von den pAp's direkt zur Jugendberufshilfe begleitet, so dass das Risiko minimiert wird, dass zwischen den Institutionen ein Jugendlicher „verloren" geht, d.h. sich den Institutionen kurzfristig entzieht. Die oder der betreffende Jugendliche kann in diesem Fall für zunächst sechs Monate in die Betreuung durch eine/n MitarbeiterIn der Jugendberufshilfe wechseln.

Die im Jugendjobcenter unter einem Dach vereinten Institutionen, die Rechtsgrundlage, auf der die drei unterschiedlichen Institutionen arbeiten sowie ihr Fokus in der Arbeit mit den Jugendlichen sind in der folgenden Übersicht dargestellt.

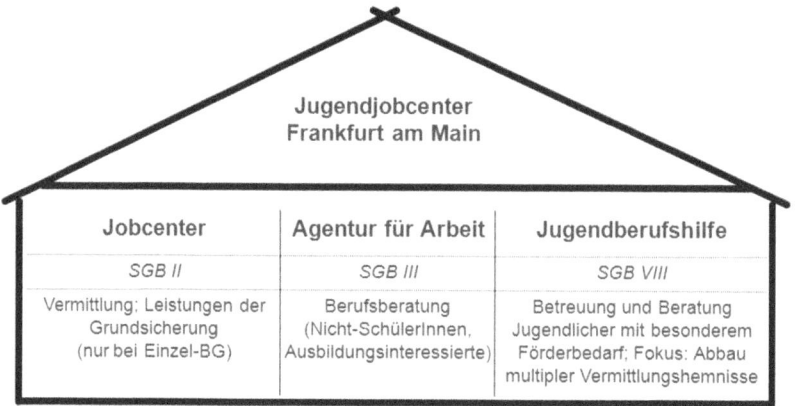

Abbildung 1   Jugendjobcenter Frankfurt a.M. – Institutionen unter einem Dach (eigene Darstellung).

2   Der Fall Frankfurt a.M.: Der kooperative Ansatz und erste Beobachtungen der Praxis

Das JJC verfolgt das Ziel, durch den kooperativen Ansatz Jugendliche besser betreuen zu können. Wir nehmen jedoch nicht die Wirkungen in den Blick, sondern schildern erste Beobachtungen, welche Wirklichkeit das JJC für die unterschiedlichen Akteure – Fachkräfte der unterschiedlichen Institutionen und Jugendliche – schafft.

Die Beobachtungen basieren auf zwei verschiedenen Datenquellen und beleuchten die unterschiedlichen Perspektiven der Akteure sowie die Organisation des JJC. Es handelt sich um erste Eindrücke, die im Rahmen zweier Dissertationsvorhaben zum JJC gewonnen wurden (siehe Abbildung 2).

Die Perspektive der Fachkräfte und der Organisation nimmt das Dissertationsvorhaben von Thomas Verlage mit dem Arbeitstitel „Das Jugendjobcenter – SGB II, III und VIII ‚unter einem Dach'. Eine Fallstudie am Beispiel des Jugendjobcenters Frankfurt am Main" ein.

Den Blick auf die Jugendlichen im JJC richtet das Dissertationsvorhaben „Die richtige Hilfe? Passungsverhältnisse aus der Perspektive junger Menschen im Jugendjobcenter" von Bianca Lenz.[2]

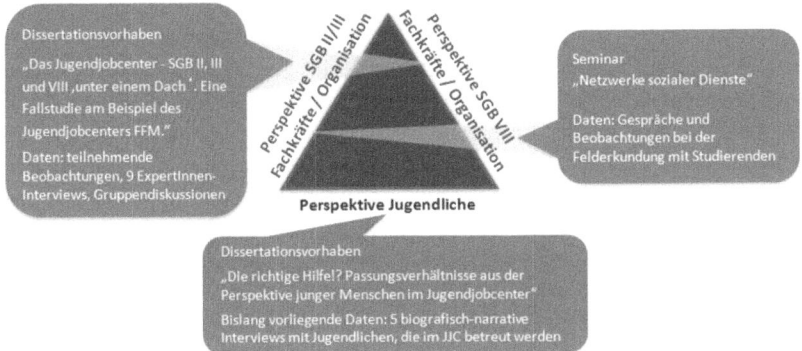

Abbildung 2 Perspektiven auf den Fall: Datenbasis (eigene Darstellung).

Konzeptionell angelegte und zu beobachtende Konfliktlinien

Die im Folgenden aufgezeigten konzeptionell angelegten und zu beobachtenden Konfliktlinien sind einige ausgewählte Ergebnisse erster empirischer Erhebungen und Material-Sichtungen der oben angesprochenen Vorhaben.

Vorrangige Zielperspektive: Arbeitsmarkt versus Persönlichkeitsentwicklung
Die drei Institutionen, welche im JJC unter einem Dach vereint sind, haben sich auf das übergeordnete Ziel geeinigt, alle Jugendlichen und jungen Erwachsenen im gemeinsamen Zuständigkeitsbereich beruflich, sozial und gesellschaftlich zu integrieren (Jugendjobcenter FFM 2013, S. 2). Dennoch arbeiten die Institutionen des JJC auf Basis unterschiedlicher Gesetze mit verschiedenen Ziellogiken. Dies wird insbesondere im Vergleich zwischen SGB VIII versus SGB II/SGB III deutlich:

---

2 Ergänzt werden die empirischen Studien von Beobachtungen im Zusammenhang zweier Felderkundungen von Christian Kolbe mit Seminargruppen des Fachbereichs Soziale Arbeit und Gesundheit an der Fachhochschule Frankfurt.

Das Jobcenter (SGB II) und die Agentur für Arbeit (SGB III) folgen der Prämisse der Vermittlung in den Arbeitsmarkt. (Berufliche) Qualifizierung ist ein zentrales Mittel, um Personen in den Arbeitsmarkt zu integrieren. Im SGB VIII ist die Integration in den Arbeitsmarkt ein Ziel im Rahmen der Persönlichkeitsentwicklung – die Entwicklung zu einer eigenverantwortlichen und gemeinschaftsfähigen Persönlichkeit steht an oberster Stelle (vgl. § 1 Abs. 1 SGB VIII).

Aus Sicht der Jugendlichen[3] verfolgt das JJC das Ziel der Integration in Ausbildung und Arbeit und ist für die finanzielle Absicherung zuständig – weitere Ziele sind für sie nicht erkennbar. Das Jobcenter – innerhalb des JJC – wird als sehr formal erlebt. Das Leben der Jugendlichen wird stark davon bestimmt, dem Normallebenslauf entsprechen zu wollen und eine Ausbildungsstelle zu finden. Doch nur wenige Jugendliche setzen noch Hoffnung in die Unterstützung durch das Jobcenter, ihnen dabei zu helfen. Eine Jugendliche beschreibt, dass sie die Stellensuche nun alleine in die Hand nähme, da das Jobcenter sie primär in eine Berufsvorbereitende Bildungsmaßnahme im Reha-Bereich vermitteln wolle, was sie nicht wolle. Ein Jugendlicher setzt seine letzte Hoffnung in eine neu begonnene Maßnahme. Die regelhaften Gespräche mit Mitarbeitenden im Jobcenter beschreibt er als für ihn nutzlos, da er den Eindruck gewonnen habe, dass die Mitarbeitenden sich nicht für sein Schicksal interessierten. Entsprechend öffnet er sich nicht soweit, dass ein Arbeitsbündnis entstehen und Hilfeleistungen greifen könnten. Wie im folgenden Abschnitt ausgeführt wird, beschreiben die Jugendlichen, welche auch in der Jugendberufshilfe betreut werden, dass sie die Unterstützung durch die Mitarbeitenden der Jugendberufshilfe wertschätzen. Dennoch liegt in ihrer Wahrnehmung auch hier der alleinige Fokus auf der Arbeitsmarkt- bzw. Ausbildungsmarktintegration. Dies gilt auch für die Berufsberatung der Agentur für Arbeit, deren Leistungen vermittelt durch die pAp's abgerufen werden.

Zielkonflikte werden – zumindest aus Sicht der Jugendlichen – keine ausgetragen. Die geleisteten Unterstützungsangebote der verschiedenen Institutionen haben alle die Ausbildungs- und Arbeitsmarktintegration zum Ziel. Fraglich ist,

---

3   Die jungen Erwachsenen waren zum Zeitpunkt des Interviews – aufgrund ihrer materiellen Bedürftigkeit bzw. der ihrer Eltern – seit mindestens einem halben Jahr im JJC angebunden (Auswahlkriterium). Sie waren zwischen 18 und 22 Jahren alt. Zwei der Interviewpersonen wurden auch von der Jugendberufshilfe im JJC betreut. Eine junge Erwachsene hatte auch Kontakt zur Berufsberatung im JJC gehabt. Die Jugendlichen wurden über Aushänge im JJC, über Gruppeninformationsveranstaltungen, an denen auch die Interviewerin teilnahm und kurz ihre Dissertation vorstellte, sowie über Kontaktvermittlung durch Mitarbeitende in der Jugendberufshilfe gewonnen. Die folgenden Schilderungen basieren auf den Memos, die zu allen Interviews angefertigt wurden, sowie auf zusätzlichen Materialsichtungen.

ob für die Jugendlichen Unterschiede zwischen den Institutionen in der (pädagogischen) Praxis erkennbar werden.

Standardisierung versus Bedürfnisorientierung
Die Abläufe in den Agenturen für Arbeit und vielfach auch in Jobcentern sind stark standardisiert. Es existieren feste Schemata im Prozessablauf mit „Kunden". In der Jugendberufshilfe ist das so nicht der Fall. Während die jungen Menschen, die im Jugendjobcenter betreut werden, in den institutionellen Zielen keine Unterschiede erkennen, verhält es sich in den Gesprächssituationen anders. Die Beschreibungen eines Jugendlichen lassen deutliche Unterschiede in den Beratungsgesprächen und den Unterstützungsleistungen erkennen. Ein relevanter Faktor scheint dabei die zur Verfügung stehende Zeit der Mitarbeitenden für den einzelnen Jugendlichen zu sein. Basti[4] erläutert, dass die Mitarbeitende der Jugendberufshilfe Bewerbungen mit ihm schreibt, diese kontrolliert und prüft. Im Jobcenter werden solche Leistungen über Maßnahmen erbracht, die persönlichen Ansprechpersonen haben hierfür keine Zeitressourcen, sondern übermitteln – mitunter auch unpassende – Stellenausschreibungen.[5]

> Basti: *[...] ja er [der Mitarbeiter aus dem Jobcenter (pAp), Anm. d. Autoren] schickt mir ab und zu mal – hat er mir eine Stellenausschreibung zugesandt. Ja, der hat mir leider nicht so gut geholfen wie [die Mitarbeiter/in aus der Jugendberufshilfe] jetzt von der Jugendberufshilfe, weil ich kann dort bei ihr direkt die Bewerbungen schreiben. Äh, sie guckt mir über die Schulter, sie hilft mir bei der Formulierung. Ich hatte halt früher immer nur so wirklich das Standardschreiben, wo ich immer nur den Briefkopf geändert hab und so. Sie hilft mir dann halt auch, ähm, so stellenbezogene, Bewerbungen zu schreiben.*

Er beschreibt es als positiven Druck im Sinne des Kümmerns, dass die Mitarbeitende der Jugendberufshilfe seine Bewerbungen prüft.

> Basti: *[...] ja und es halt schwer auch für mich, selbst den Arsch zu bewegen, wenn keiner drauf schaut, weil meine Eltern, die treten ja nicht in den Arsch, die sagen, ja mach was du willst. Und ja, seit ich jetzt in der Jugendberufshilfe bin, schreib ich auch intensiv Bewerbungen, weil ich einfach jemanden hab, der das auch kontrolliert und nachprüft.*

---

4   Die Namen der interviewten Personen wurden anonymisiert.
5   Gerhard Christe weist darauf hin, dass trotz der vergleichsweise günstigen Arbeitsmarktsituation „von einer auswahlfähigen Ausbildungsplatzsituation keine Rede sein" könne (Christe 2014, S. 351).

Ein anderer Jugendlicher, Dennis, der „nur" im Jobcenter betreut wird, erzählt hingegen, dass ihm der Aspekt des Kümmerns fehlt. Er kann nicht erkennen, dass die Mitarbeitenden ihm wirklich helfen wollen. Deshalb öffnet er sich auch nicht gegenüber Mitarbeitenden des Jobcenters – ein Arbeitsbündnis kann nicht entstehen.

> Dennis: *[...] das fehlt mir wirklich so bei denen, wo ich mir denke wirklich ej das macht er wirklich mit Herzblut, oder das macht sie mit Herzblut, wo sie wirklich, sie möchte helfen, sie möchte dich wirklich aus dem Dreck ziehen, ist leider, kommt mir nicht so vor, gar nicht, nicht bei einem.*

> Dennis: *naja, da hab ich auch um ehrlich zu sein hab ich da auch einfach irgendwas hin geklatscht, weißt du, weil, wenn du dein Job einfach so nebenbei machst, öffne ich mich nicht, [...].*

Dennis gewinnt den Eindruck, dass es den Mitarbeitenden des Jobcenters nicht nur an Engagement, sondern auch an Zeit mangelt – jedenfalls gleicht die Betreuung und Beratung aus seiner Sicht einer „Abfertigung".

> Dennis: *[...] die servieren einen Kunden nach dem anderen ab, ja, warum auch immer, keine Ahnung vielleicht haben die nen Schnitt den die am Tag äh einhalten müssen oder so. Ist mir auch egal, ja? Aber es kommt mir so vor, dass sie so wie beim Schlachter so ein Huhn nach dem anderen da rein ja, und, deswegen, viel halten tu ich vom Jobcenter nicht. [...] Also große Stücke dürfen die von mir nicht erwarten.*

Die ersten Interviews legen nahe, dass es den Mitarbeitenden in der Jugendberufshilfe eher gelingt, sich bedürfnisorientiert der Jugendlichen anzunehmen und Unterstützungsleistungen zu erbringen. Die Jugendlichen nehmen implizit wahr, dass die Mitarbeitenden des Jobcenters in einem engen zeitlichen Korsett stecken. Die Vermittlung in Maßnahmen nehmen die Jugendlichen überwiegend negativ wahr.

Zwang versus Freiwilligkeit
Die mit Zwang versus Freiwilligkeit überschriebene Konfliktlinie drängt sich geradezu auf, wenn es um die Betrachtung der Arbeitsweisen von Jobcentern und Jugendberufshilfe und die dahinterliegenden unterschiedlichen pädagogischen Konzepte geht. Schematisch betrachtet gibt es auf der einen Seite die sanktionsbewehrten Jobcenter, die, durch sie festgestelltes Fehlverhalten der Jugendlichen, bestrafen können bzw. müssen und so auf Verhaltensänderungen der Jugendlichen hinwirken wollen. Auf der anderen Seite gibt es die Jugendberufshilfe, die stets

die Freiwilligkeit der Inanspruchnahme der Hilfeleistungen betont und damit ein weniger punitives als viel mehr ermächtigendes pädagogisches Konzept verfolgt. Tatsächlich stehen sich die Aussagen der Fachkräfte nahezu stereotyp gegenüber:

Das einzige Mittel, was wirklich auch hilft bei den Jugendlichen, sind Sanktionen.
(pAp)
Ich finde das auch ne ganz schwierige Geschichte, diese bescheuerten Sanktionen.
(Mitarbeiter/in JBH).

Auch wenn ohne Frage zwischen diesen beiden schwarz/weiß Positionen viel grau existiert, so sind sie doch typisch und in umgekehrter Konstellation kaum zu finden. Dies birgt jedoch Konfliktpotenzial zwischen den Mitarbeitenden der beteiligten Organisationen.

Nichtsdestotrotz verspricht man sich durch die gemeinsame Umsetzung einer Jugendberufsagentur auch auf der Ebene der Mitarbeitenden Vorteile. Auf Seiten der Jobcenter gibt es immer wieder die Erkenntnis, dass zumindest in manchen Konstellationen Sanktionen eher kontraproduktiv bei der Integration in Arbeitswelt und Gesellschaft sein können. Durch die Kooperation und die Übergabe eines Jugendlichen an die Jugendberufshilfe werden diese quasi einem sanktionsfreien Raum zugeführt, so dass an multiplen „Vermittlungshemmnissen" gearbeitet werden kann, ohne dass zusätzlich Sanktionen die Stabilisierung des Jugendlichen erschweren. Andererseits eröffnen sich für die Jugendberufshilfe, die zunächst über keinerlei Sanktionspotenzial verfügt, neue Möglichkeiten Jugendliche zur Zusammenarbeit „zu bewegen". Eine Fachkraft der Jugendberufshilfe:

Naja, Vorteile sind die, dass [...] wenn zum Beispiel, ich denjenigen nicht erreichen kann, man das Instrument pAp mit Rechtsfolgebelehrung auch noch mal nutzen kann um jemanden an den Tisch zu bekommen.

Über den Umweg pAp schleichen sich also auf diese Weise Sanktionen in das Repertoire der Jugendberufshilfe ein.

Welche Auswirkungen diese Arrangements auf die Arbeit der Fachkräfte und die Jugendlichen vor Ort haben, ist eine empirische Frage, der die oben angesprochenen Dissertationen unter anderem nachgehen. Sicher ist, dass sowohl die Jobcenter als auch die Jugendberufshilfe sich durch die Kooperation verändern und weiter werden verändern müssen und dass diese Veränderungen bisher kaum reflektiert werden.

3 Fazit

Die Grundidee der Vernetzung im Bereich sozialer Dienste sieht vor, dass sich Organisationen systematisch mit ihren Grenzen auseinandersetzen, um an bestimmten Stellen sukzessive in der Lage zu sein, sich aufeinander zuzubewegen, im besten Fall miteinander ganz eigensinnige Regeln zu entwerfen. Dies, um den NutzerInnen an ihren Bedürfnissen orientierte und angemessene Hilfe leisten zu können, mit den Kompetenzen, die ihnen gemeinsam zur Verfügung stehen und um eine neue Dienstleistung zu erfinden. Nimmt man sich den Entstehungsprozess des Jugendjobcenters exemplarisch vor, wie wir das hier kursorisch haben tun können, so lassen sich durchaus Spuren finden, wie man versucht, einander besser kennen und verstehen zu lernen (u.a. Workshop vor Beginn der Umsetzung), um diesen Prozess anzuschieben. Eine Kultur der gemeinsamen Unterstützungsarbeit erscheint zumindest in den Darstellungen und Wahrnehmungen der Akteure jedoch nur in Ansätzen ausgebildet zu sein. Nimmt man sich beispielhaft die Wahrnehmungen der drei geschilderten Komplikationen für eine erste Analyse vor, so stehen die Widersprüche einer Zusammenarbeit zwar nicht konfrontativ gegeneinander. Im Bereich der Zielformulierung werden die Teilteams sogar offenbar nicht grundsätzlich unterschieden, als Zielausrichtung wird die des SGB II und SGB III genannt. Hier taucht das SGB VIII in den Darstellungen nicht auf. Lediglich das Zugehen auf die Klientel wird bei den NutzerInnen als unterschiedlich (an)erkannt. Bezogen auf die Frage nach den Begriffspaaren Standardisierung/ Bedürfnisorientierung und Zwang/Freiwilligkeit legen die Schilderungen nahe, dass unter einem Dach sehr unterschiedliche Ausprägungen von Hilfe vorgehalten werden. Statt „integrierter Hilfe aus einer Hand" oder zumindest mit „einer Stimme" liest sich das empirische Material eher wie eine Aufteilung der verschiedenen Organisationseinheiten in good guy vs. bad guy „unter einem Dach". Zwar ist über die Hegemonie und Deutungshoheit des Verfahrens damit eine Art Pattsituation angedeutet, jedoch besieht man sich die personellen Kräfteverhältnisse, so erscheint die Fraktion der good guys als eine Art Bonbon, das wenigen Jugendlichen überhaupt zu Gute kommt, während die zentrale Arbeitsweise weiterhin hoch erwerbsarbeitszentriert und sanktionsbewehrt stattfindet. Die Hoheit über das Verfahren und die damit verbundenen Grundperspektiven bleiben der Zielorientierung des SGB II verpflichtet. Die als „die Guten" adressierten Personen aus der Jugendberufshilfe spielen bei der Kreation dieses neuen Organisationspfades, die mit der Zusammenlegung der Akteure aus drei Rechtskreisen erfolgte (vgl. Beyer 2005), in der Wahrnehmung der Akteure demnach nur eine untergeordnete Rolle. Die hegemoniale Arbeitsweise bleibt die des SGB II. So scheint die Vernetzung wohl stattzufinden, eine polyzentrische Struktur, in der alle unterschiedlichen Zielperspektiven der Beteiligten gleichwertig verhandelt werden jedoch hat sie nicht. Zu stark bleiben die Parameter der Forder- und Förderlogik für die Arbeit bestimmend.

Damit kristallisiert sich heraus, dass es mit den Jugendberufsagenturen keineswegs zu einem Paradigmenwechsel am Übergang von der Schule in den Beruf kommt, sondern vielmehr eine konsequente Weiterentwicklung der Politik des Verhaltens eingeläutet wird. Konsequent ist sie deshalb, weil die Korrektur individuellen Verhaltens durch die Integration des SGB VIII sozialpädagogisch professioneller und damit umfassender vorangetrieben wird.

Literatur

Beyer, Jürgen (2005): Pfadabhängigkeit ist nicht gleich Pfadabhängigkeit! Wider den impliziten Konservatismus eines gängigen Konzepts. In: *Zeitschrift für Soziologie*, 34. Jg., H. 1, S. 5–21.

Böllert, Katrin (2008): Zauberwort Vernetzung. In: Rietmann, Stephan/Hensen, Gregor (Hrsg.): *Tagesbetreuung im Wandel. Das Familienzentrum als Zukunftsmodell*, S. 59–68. Wiesbaden: VS.

Bundesagentur für Arbeit (2010): Projekt Arbeitsbündnis Jugend und Beruf. Verbesserung der Zusammenarbeit zwischen Berufsberatung, Jugendhilfe und Grundsicherung im Bereich U 25. Grobkonzept, unter: http://rmhserver2.netestate.de/koop_jsa/media/raw/BA_Konzept_Arbeitsbuendnis_Jugend_Beruf_1010_1.pdf.

Bundesagentur für Arbeit (2014): Chancen ergreifen im Arbeitsbündnis Jugend und Beruf. Sozialleistungsträger kooperieren – Junge Menschen profitieren, unter: http://www.dji.de/fileadmin/user_upload/toolbox/ABJub-Broschuere_Chancen_ergreifen.pdf.

Bundesministerium für Familie, Senioren, Frauen und Jugend (BMFSFJ) (2013): 14. Kinder- und Jugendbericht. Berichte über die Lebenssituation junger Menschen und die Leistungen der Kinder- und Jugendhilfe in Deutschland, unter: https://www.bmfsfj.de/bmfsfj/service/publikationen/14--kinder--und-jugendbericht/88912?view=DEFAULT.

CDU, CSU, SPD (2013): Deutschlands Zukunft gestalten. Koalitionsvertrag zwischen CDU, CSU und SPD. 18. Legislaturperiode. http://www.bundesregierung.de/Content/DE/_Anlagen/2013/2013-12-17-koalitionsvertrag. pdf. [Stand 20.09.2016].

Christe, Gerhard (2014): Aktuelle und künftige Herausforderung in der Jugendberufshilfe. In: *Unsere Jugend*, 66. Jg., H. 9, S. 354–366.

Deutscher Verein für öffentliche und private Fürsorge (2005): SGB II und Jugendsozialarbeit: Empfehlung des Deutschen Vereins zur Zuständigkeit und Kooperation zwischen den Trägern der Jugendhilfe und den Trägern der Grundsicherung für Arbeitsuchende. Berlin, unter: http://www.blja.bayern.de/imperia/md/content/blvf/bayerlandesjugendamt/jugendschutz/dt.verein_empfehlungen__sgbii_jugendsozialarbeit.pdf.

Deutscher Bundestag Drucksache (2014): Drucksache 18/3223 – Kleine Anfragen: Jugendberufsagenturen – Aufgaben, Finanzierung, Unterstützung.

Düker, Jan/Ley, Thomas/Löhr, Christian (2013): Von institutioneller Bearbeitung zu realistischen Erwerbsperspektiven? Verwirklichungschancen Jugendlicher zwischen Schule und Beruf. In: Walther, Andreas/Weinhardt, Marc (Hrsg.) *Beratung im Übergang. Zur sozialpädagogischen Herstellung von biografischer Reflexivität*, S. 171–190. Weinheim/Basel: Beltz Juventa.

Giesselmann, Marco/Goebel, Jan (2013). Soziale Ungleichheit in Deutschland in der Längsschnittperspektive. Befunde zur Armutsproblematik auf Basis des Soziooekonomischen Panels (SOEP). In: *Analyse & Kritik*, 35 Jg., H. 2, S. 277–302.

Goffman, Erving (1994): Die Interaktionsordnung. In: Ders., *Interaktion und Geschlecht*. S. 50–104, Frankfurt/M.: Campus.

Gomolla, Mechthild/Radtke, Frank-Olaf (2009): *Institutionelle Diskriminierung. Die Herstellung ethnischer Differenz in der Schule*. Wiesbaden: VS-Verlag.

Hasenfeld, Yeheskel (1983): *Human Service Organizations*. New York: Prentice-Hall.

Jugendjobcenter Frankfurt am Main (2013): Konzept zur Umsetzung des Jugendjobcenters Frankfurt am Main (Stand: 08.11.2013). Unveröffentlichtes Dokument.

Lipsky, Michael (1980): *Street-Level Bureaucracy – Dilemmas of the individual in public services*. New York: Russel Sage Foundation.

Münder, Johannes (2013): *Finanzierungsmöglichkeiten von Leistungen nach dem SGB VIII und SGB II (SGB III) für junge Menschen bis zum 25.Lebensjahr*. Berlin, unter: https://www.diakonie-portal.de/system/files/2013-04_munder_gutachten_leistungen_ sgbviii_u_ii.pdf.

Schruth, Peter/Pütz, Thomas (2006): Zur Abgrenzung und Zusammenarbeit zwischen Jugendhilfe und Jobcenter. In: *Jugend, Beruf, Gesellschaft*, H. 1.

Stadt Frankfurt (2012): Jugendjobcenter (JJC), unter: www.frankfurt.de/sixcms/detail. php?id=8907719. veröffentlicht: 27.01.2012 [Stand: 05.05.2017].

Statistisches Bundesamt (2016): Datenreport 2016. https://www.destatis.de/DE/Publikationen/Datenreport/Downloads/Datenreport2016.pdf.

Steinert, Heinz (Hrsg.) (1973): *Symbolische Interaktion. Arbeiten zu einer reflexiven Soziologie*. Stuttgart: Klett.

Walther, Andreas (2013): Beratung im Spiegel von subjektorientierter Übergangsforschung und Sozialpädagogik des Übergang. In: Walther, Andreas/Weinhardt, Marc (Hrsg.): *Beratung im Übergang. Zur sozialpädagogischen Herstellung von biographischer Reflexivität*, S. 16–34. Weinheim/Basel: Beltz Juventa.

Freiwilligkeit, Selbstbestimmung, Verlässlichkeit

Perspektiven niederschwelliger Jugendhilfe für junge Menschen in besonderen Lebenslagen

Claudia Steckelberg und Manuela Grötschel

Jugendliche und junge Erwachsene in besonderen Lebenslagen, die ohne festen Wohnsitz leben, sind gefordert mit biografischen Belastungen und ohne eigenen privaten Rückzugsraum ihren Alltag zu bewältigen. In der Jugendhilfe werden diese jungen Menschen auch mit dem Begriff „hard to reach" (Labonté-Roset u.a. 2010) bezeichnet. Damit wird umschrieben, dass die jungen Menschen durch Konzepte und Angebote der Jugendhilfe kaum oder nicht dauerhaft erreicht werden, obwohl bei ihnen ein hoher Hilfebedarf diagnostiziert oder angenommen wird.

Niederschwellige Handlungskonzepte wurden ursprünglich entwickelt, um für diese jungen Menschen auf eine lebensweltnahe und akzeptierende Weise zumindest Überlebenshilfen anzubieten und Vertrauen und Zugang zum Hilfesystem zu schaffen. Im letzten Jahrzehnt ist jedoch zu beobachten, dass die erzieherisch-disziplinierende Logik des „Förderns und Forderns" zunehmende Akzeptanz und Wirkmächtigkeit als ein Grundprinzip des Helfens erfährt (vgl. Galuske 2008, S. 15). Dadurch wirken niederschwellige Handlungskonzepte, die Überlebenshilfen nicht an Bedingungen knüpfen und denen eine konsequente emanzipatorische Subjektorientierung zugrunde liegt, nahezu anachronistisch. Hier wird pädagogisches Handeln umgesetzt, das Verhältnisse und Verhalten im Blick behält und dabei die Selbstbestimmung, die Teilhabe und den Eigensinn der betreffenden jungen Menschen achtet.

Die Frage, welchen Handlungsbedarf es angesichts der Tatsache gibt, dass eine nicht unerhebliche Zahl[1] an Jugendlichen und jungen Erwachsenen ohne adäquaten Wohnungsraum, mit vielfältigen Ausschlusserfahrungen und Unterstützungsbedarf kaum passende oder gelingende Hilfen erfahren, richtet sich nicht nur an die Sozialpädagogik, sondern ist auch von gesellschaftspolitischer Relevanz.

In diesem Beitrag werden zunächst die Jugendhilfekarrieren dieser Adressat_innen skizziert. Es wird diskutiert, inwiefern eine zunehmende Intensivierung der Intervention und auch von Zwang vor dem Hintergrund der biografischen Erfahrungen der betreffenden jungen Menschen sinnvoll oder eher kontraproduktiv ist. Konzeptionelle Leitlinien lebensweltorientierter niederschwelliger Jugendhilfe werden in Abgrenzung zu Ansätzen dargestellt, die vermehrt auf Disziplinierung und Zwang setzen. Welche gesellschaftspolitischen Dimensionen, im Sinne einer Politik der Verhältnisse, diese konzeptionell-methodische Diskussion hat, wird abschließend aufgezeigt.

Niederschwellige Handlungskonzepte in der Jugendhilfe, so unsere These, bringen eine emanzipatorische pädagogische Praxis hervor, die gesellschaftspolitisch wichtig und für eine demokratische Gesellschaft konstitutiv ist. Es wird in diesem Beitrag eine konfliktorientierte Perspektive eingenommen, die die sogenannten Straßenkinder nicht nur als zu lösendes (und zu befriedendes) Problem ansieht, sondern als einen Indikator für einen sozialen Konflikt, der in seinen Widersprüchen, Spannungsfeldern und Implikationen thematisiert werden muss. Dabei werden zum einen Ergebnisse aus einem laufenden Forschungsprojekt zu methodischem Handeln in der niederschwelligen Jugendhilfe einbezogen. Hier wurden mit einer qualitativ Vorgehensweise Gruppendiskussionen und Einzelinterviews mit Professionellen und Nutzer_innen niederschwelliger Einrichtungen geführt und ausgewertet, um Orientierungen und Sinnstrukturen im Handeln zu rekonstruie-

---

1 Es gibt keine seriösen Statistiken und Schätzungen zum quantitativen Ausmaß des Phänomens (vgl. auch Mögling u.a. 2015, S. 38), so dass an dieser Stelle auf Zahlen verzichtet wird. Ausgehend von der hohen Auslastung niederschwelliger Einrichtungen für diese Zielgruppe, kann man jedoch von einem Phänomen sprechen, das quantitativ von Relevanz für die Jugendhilfe ist.

ren.² Zum anderen wird auf Erfahrungen aus der Praxis und der politischen Arbeit des Bündnisses für Straßenkinder³ zurückgegriffen.

1 Biografische Verläufe und Erfahrungen

Jugendliche, die ihren Lebensmittelpunkt auf die Straße „verlegen", haben dafür verschiedene Gründe. Einige machen diesen Schritt eher aus einem Mangel an Alternativen und empfinden dies nicht als eine gelungene oder selbstbestimmte Lösungsstrategie. Entgegen einer allgemein oft vorherrschenden Wahrnehmung ist nicht für alle das (männlich konnotierte) Bild des Jugendlichen (in der Regel des Punks) zutreffend, der oder die die „Straße" für sich als öffentlichen Raum besetzt und sich bewusst dort inszeniert (vgl. Steckelberg 2010, S. 197). Biografische Gemeinsamkeiten lassen sich dennoch wie folgt benennen. Die meisten jungen Menschen haben zum Teil lange Jugendhilfekarrieren hinter sich, in aller Regel mit sich vielfach wiederholenden (Beziehungs-)Abbrüchen. Lebensweltnahe Studien zeigen, dass schwere weitere Traumatisierungen, prekäre und armutsgeprägte Lebensbedingungen, sowie Gewalterfahrung, Vernachlässigung oder Parentifizierungen die Lebensgeschichten dieser Jugendlichen in den meisten Fällen geprägt haben, häufig in der Folge begleitet von vermeidenden oder desorganisierten Bindungsmustern (vgl. u.a. Bodenmüller/Piepel 2003, S. 21–23; Mögling u.a. 2015, S. 20–21). Gleichzeitig verhindern genau diese Bindungsunsicherheiten, oft in Verbindung mit hoher Loyalität zu den Herkunftsfamilien, eine dauerhafte Anbindung an das Jugendhilfesystem und die dort angebotenen Beziehungen, und führen zu einer Hinwendung zu riskanten Szenen, von denen wiederum durch Ausbeutung, weitere Prekarisierung und Gewalt weiter Gefährdungen ausgehen. Menno Baumann weist in seiner „Systemsprengerstudie" darauf hin, dass ein Teil der Jugendlichen das Jugendhilfesystem in diesem Kontext als Verlust von Kont-

---

2 Das Forschungsprojekt „Die Praxis niederschwelliger Sozialer Arbeit mit Jugendlichen und jungen Erwachsenen" unter der Leitung von Claudia Steckelberg beschäftigt sich mit einem qualitativ-rekonstruktiven Ansatz mit niederschwelligem methodischen Handeln in der Jugendhilfe und wird 2018 abgeschlossen. Für nähere Informationen vgl. https://www.hs-nb.de/fachbereich-soziale-arbeit-bildung-und-erziehung/ppages/claudia-steckelberg/forschungresearch/.

3 www.buendnis-fuer-strassenkinder.de ist ein bundesweiter Zusammenschluss verschiedener Einrichtungen, die mit dieser Zielgruppe arbeiten und insbesondere Öffentlichkeitsarbeit, Förderung von Selbstorganisation und einen fachlichen Austausch, sowie die Weiterentwicklung dieser sozialarbeiterischen Ansätze und Projekte zum Ziel haben.

rolle und Gegner im Kampf um Autonomie wahrnimmt und folglich richtiggehend bekämpft (vgl. Baumann 2010).

2 Mehr hilft mehr? Jugendhilfe und Jugendhilfekarrieren

Die Problemlagen, in denen sich die Jugendlichen befinden und mit denen sie auffallen, sind äußerst vielschichtig: Sucht, psychische Auffälligkeiten, häufig verbunden mit einer hohen Fremd- und/oder Selbstgefährdung sowie dem Entziehen oder sogar Eskalieren jeglichen verbindlichen Kontaktes und Regelsystems. Im gegenwärtigen Jugendhilfesystem gibt es kaum eine Toleranz für diese Symptome, besonders nicht in dieser Dichte. Leistung und Versorgung sind zumeist an Bedingungen und Regeln geknüpft, also z.b. einen regelmäßigen Schulbesuch, die Abstinenz von Drogen und Suchtmitteln. Die Fremdunterbringung in pädagogischen Einrichtungen oder die Installation der Hilfen findet in Teilen immer noch ohne die Überprüfung zentraler Wirkfaktoren statt, wie sie beispielsweise Macsenaere mit wesentlichen Begriffen wie u.a. der Zuweisungsqualität der Jugendämter, einem geeigneten Diagnoseverfahren und tatsächlicher Partizipation und Kooperation der Adressat_innen beschreibt (vgl. Macsenaere 2014). Gefragt sind hier Angebote mit der erforderlichen hohen „Symptomtoleranz", wie sie von Baumann (2010) formuliert und gefordert wird. Mitwirkung im Sinne des SGB VIII wird vielfach reduziert auf die klare Artikulation von Bedürfnissen und die verbindliche Einhaltung der daran geknüpften Regeln und Rahmenbedingungen seitens der jungen Menschen. Eingestellt wird die Hilfe häufig in Folge der fehlenden Kooperation, „welches zweifellos in vielen der Fälle zutreffend ist, als Erklärung für scheiternde Erziehungshilfe aber […] zu kurz greift, da auch Kooperationsverweigerung nur als Interaktionsprozess zu begreifen ist." (Baumann 2010, S. 49) Hinter den hohen Anforderungen steht oft die pädagogische Überzeugung, ein anderes Verhalten muss von den Adressat_innen nur „gewollt" sein und entschieden werden, damit es umsetzbar werde sowie die Idee, Strenge und Regeln oder sogar Zwangsmaßnahmen würden den Weg dahin vereinfachen. Dies widerspricht den lebensgeschichtlichen Erfahrungen und angeeigneten reaktiven Verhaltensmustern der Adressat_innen. Schwerwiegende Traumatisierungen und erlernte, unsichere und prägende Bindungsmuster verhindern ein einfaches „Umkonditionieren". Vielmehr sind in solch einer prekären und meist krisenhaften Lebenssituation korrektive Beziehungserfahrungen und Stabilisierung dringend notwendig (vgl. Scherwath/Friedrich 2014, S. 95f.). Dies erfordert eine akzeptierende, geduldige, prozeßorientierte und bedarfsgerechte Begleitung, die in einer

„Begegnung auf Augenhöhe" ausgehandelt und gestaltet wird und die Ressourcen und Strategien der Jugendlichen anerkennt und respektiert.

Reguläre Jugendhilfe hingegen reagiert angesichts dieser Herausforderungen oft nach dem Schema: Eine extreme Verhaltensauffälligkeit bedarf eines extremen Settings. Letztendlich wird Hilfeplanung dann häufig gesteuert von einem Intensivieren dessen, was bereits keine Verbesserung brachte. Die Hilfesettings steigen dabei von niedrigschwellig nach hochschwellig an, auch im Kostenprinzip, von ambulant nach stationär, von geringer nach intensiverer Intervention, bis am Ende eines scheiternden Prozesses schließlich gar nichts mehr kommt und die Entlassung auf die Straße erfolgt. Dazwischen wird der Ruf nach geschlossenen und sehr intensiven oder therapeutischen Hilfeformen laut, weil diese aus einer scheinbar ohnmächtigen pädagogischen Position als Notlösung wahrgenommen werden. Die Entscheidung für diese Notlösung ist dann weniger das Ergebnis einer profunden diagnostisch-verstehenden Diagnose. Vielmehr lässt sich dahinter auch der Wunsch nach dem Verschieben der Zuständigkeit und dem Abgeben von Verantwortung an andere Institutionen vermuten. Dabei treten zwangsläufig der Wunsch und das unbedingte Bestreben des betreffenden jungen Menschen nach dem Zurückerlangen von Selbstwirksamkeit und Kontrolle über das eigene Leben und Handeln vollkommen in den Hintergrund.

3 Niederschwellige Konzepte der Jugendhilfe

Als Konsequenz der lebensgeschichtlich oft als schmerzhaft erfahrenen Beziehungen ist die hohe Bindungsunsicherheit der Jugendlichen und der oft reflexhafte Fluchtimpuls nicht nur nachvollziehbar, sondern sogar hoch sinnhaft im Kontext einer Bewältigungsstrategie, die vor weiteren Verletzungen schützt und Abbrüche als wirksames präventives „Gegenmittel" erscheinen lässt, oder Loyalität zum Herkunftssystem sicher stellt (vgl. Baumann 2010, S. 157ff.).

Nicht die (Flucht-)Reaktionen darauf können hier als Störung verstanden werden, sondern die biografischen Erfahrungen der betreffenden Jugendlichen müssen als eine Störung ihrer kindlichen Entwicklung in sicheren Räumen und Beziehungen gesehen werden. Der in der Traumapädagogik als „sichere Ort" bezeichnete Schutzraum muss hier interpretiert werden als der Ort, an dem die Art und Intensität der Beziehungen selbstbestimmt gewählt und gesteuert wird und damit die als überlebenswichtig erfahrene Autonomie nicht in Frage gestellt wird. Professionelle niedrigschwellige Konzepte bieten genau diesen Rahmen.

Entstanden in den späten 1980er Jahren, sind niedrigschwellige Einrichtungen ein wichtiger Bestandteil der Jugendhilfe für junge Menschen in besonderen Lebenslagen geworden. Das Ziel war und ist, junge Menschen in Notlagen zu unterstützen, die bisher vom Hilfesystem nicht erreicht wurden. In Notschlafstellen, Streetworkprojekten, mobiler Jugendarbeit oder Tagesanlaufstellen werden seitdem weitgehend voraussetzungsfrei Überlebenshilfen, Beratung und Unterstützung angeboten. Hier finden sich junge Menschen wieder, die sonst keine stabile Anbindung an das Hilfesystem oder ihre Herkunftsfamilie haben.

Längst fungieren niederschwellige Angebote nicht mehr vorrangig als erste Kontaktstelle zum Hilfesystem. Es ist vielmehr zu beobachten, dass junge Menschen mit zum Teil langjährigen Jugendhilfeerfahrungen niederschwellige Einrichtungen nutzen und zum Teil auch von Jugendämtern dorthin verwiesen werden. Dies jedenfalls sind die Einschätzungen von Nutzer_innen und Sozialpädagog_innen aus der Praxis.[4] Zudem ist die Nutzung meistens nicht auf eine kurze Übergangsphase beschränkt. Vielmehr beschreiben sowohl Nutzer_innen wie auch professionell Handelnde es als wesentliches Merkmal niederschwelliger Arbeit, dass die jungen Menschen über die Dauer der Nutzung und das Tempo von Veränderungen selbstbestimmt entscheiden. Dies führt dazu, dass niederschwellige Einrichtungen vielfach als verlässlicher Bezugspunkt über mehrere Jahre in der Lebenswelt der jungen Menschen verfügbar sind und sich tragfähige Beziehungen zu den pädagogischen Fachkräften entwickeln. Damit erreichen sie ein Ziel und schaffen eine Grundlage pädagogischen Handelns, um die sich mit anderen Konzepten der Jugendhilfe vergeblich bemüht wurde. Niederschwellige Jugendhilfe fungiert längst nicht mehr ausschließlich als Überlebenshilfe und Grundversorgung, um die jungen Menschen rudimentär versorgt zu wissen, sondern als sozialpädagogisches Konzept für eine spezifische Zielgruppe.

Aus der einschlägigen Literatur und den Ergebnissen des genannten Forschungsprojekts zur Praxis niederschwelliger Handlungskonzepte in der Jugendhilfe lassen sich die folgenden Handlungsprinzipien und Ziele dieser Einrichtungen skizzieren.

3.1 Stabilisierung der Lebenswelt

Überlebenshilfen in Form von Nahrung, Kleidung und Unterkunft, die Beziehungsarbeit mit einem verlässlichen Gegenüber sowie die Lobbyarbeit gegen

---

4 Diese Einschätzungen wurden zum einen deutlich in den Gruppendiskussionen und Interviews des genannten Forschungsprojekts, zum anderen im Austausch mit Kolleg_innen auf Tagungen und in Netzwerken und mit Nutzer_innen im Rahmen des 2. Bundeskongresses der Straßenkinder, vgl. dazu Karuna e.V. 2016.

Stigmatisierung und Ausgrenzung der Adressat_innen zielen ab auf die Stabilisierung der Lebenswelt der Nutzer_innen. Dabei sollen mit einer akzeptierenden Grundhaltung Routinen und Sicherheiten geschaffen werden, die die Bewältigung alltäglicher Anforderungen ermöglichen und erleichtern. Niederschwellige Überlebenshilfen zielen also nicht ausschließlich auf die Linderung existenzieller Not ab, sondern sichern und stärken die Handlungsfähigkeit ihrer Adressat_innen als Grundvoraussetzung für Veränderungen im Alltag (Thiersch 2006, S. 43). Zugleich stellen Überlebenshilfen eine Zuwendung dar, die zur Stärkung der Selbstachtung und des Selbstwertgefühls der Adressat_innen beitragen und auch insofern stabilisierend wirken.

3.2 Freiwilligkeit und Selbstbestimmung

Freiwilligkeit meint, dass die jungen Menschen selbst entscheiden, ob, wann, wie häufig und in welcher Form sie das Angebot nutzen. Das bedeutet, dass es keine negativen Konsequenzen, Sanktionen oder einen Ausschluss aus der Hilfe gibt, wenn bestimmte, pädagogisch erwünschte oder erwartete Nutzungsformen oder Hilfeverläufe seitens der Jugendlichen nicht eingehalten oder erreicht werden. Ob und in welchem Zeitraum Veränderungsprozesse in Erwägung gezogen, initiiert oder umgesetzt werden, bestimmen die Jugendlichen selbst. Begründet wird dieses Prinzip von den professionellen Fachkräften vor allem damit, dass es methodisch wirksam ist, um die betreffenden jungen Menschen zu erreichen und ihr Vertrauen zu erhalten. Dies wiederum ermöglicht den Aufbau von voraussetzungsfreien und verlässlichen Beziehungen zu erwachsenen Bezugspersonen, was für viele Jugendliche eine biografisch neue Erfahrung darstellt. Die Praxis hat gezeigt, dass fremdbestimmte Vorgaben oder Zwang in der Regel zum Abbruch der Hilfen führen und dass es sich lohnt, den Jugendlichen Zeit zu lassen, ihre eigenen Ideen entwickeln zu lassen, die in der Regel sehr viel adäquatere Problemlösungen sind, als die von professioneller Seite vorgegebenen.

3.3 Verstehen und Selbstverstehen

Der verstehende Zugang zu den jungen Menschen stellt ein zentrales Moment methodischen Handelns in niederschwelligen Einrichtungen dar. Verstehen ist darauf ausgerichtet, vergangene und aktuelle Entscheidungen und Handlungen vor dem Hintergrund biografischer und lebensweltlicher Erfahrungen als sinnhaft zu erkennen. Dies geschieht, indem den Erzählungen der jungen Menschen mit einer offenen Haltung zugehört wird und ihren unterschiedlichen Äußerungen Aufmerksamkeit zu Teil wird (vgl. Rätz 2015, S. 191). Zudem muss im Arbeitsalltag ausreichend Zeit zum Austausch und zur Reflexion über das Gehörte und Beobachtete im Team zur Verfügung stehen. Dadurch wird es möglich, den Standpunkt und die Perspektiven der Nutzer_innen empathisch nachzuvollziehen und auf dieser Grundlage lebensweltorientiert Hilfen anzubieten. Noch wichtiger ist jedoch, dass durch diese Haltung und Vorgehensweise Selbstverstehensprozesse der jungen Menschen initiiert und professionell begleitet werden. Regina Rätz (2015) bezeichnet Selbstverstehen als „eine Form der Selbstreflexion, der Selbstvergewisserung und der Selbsterkenntnis" (S. 191). In der sinnhaften Auseinandersetzung mit der eigenen Lebensgeschichte und Lebenswelt mit Unterstützung eines wertschätzenden und verlässlichen Gegenübers wird die Grundlage geschaffen für die Entwicklung und Umsetzung eigener Pläne für die Zukunft.

Niederschwellige Handlungsansätze unterscheiden sich von den meisten anderen Jugendhilfemaßnahmen, weil hier nicht gefordert wird, dass die Jugendlichen bereits zu Beginn des Hilfeprozesses in der Lage sind, eigene Ziele zu formulieren und an deren Umsetzung mitzuwirken. Vielmehr stellt die professionelle Unterstützung und Begleitung bei diesem Prozess den Kern niederschwelliger Hilfe dar. Es geht um den Prozess, die eigene Lebensgeschichte und die eigenen Handlungsmotive so weit zu reflektieren und zu verstehen, dass daraus Erkenntnisse entstehen können über eigene Wünsche und Pläne und die Möglichkeiten der Umsetzung. Dieser möglichst selbstbestimmte Prozess, der ausreichend Zeit benötigt und nur begrenzt planbar ist, ist (nicht nur) für jungen Menschen die unabdingbare Voraussetzung für eine gelingende und beharrliche Verfolgung dieser Ziele.

4 Über den Einzelfall hinaus: gesellschaftspolitische Dimensionen niederschwelliger Jugendhilfe

Verstehende Haltung, Freiwilligkeit und Selbstbestimmung sind nicht nur im Hilfeprozess mit den Jugendlichen bedeutsam, sondern haben auch gesellschaftspolitische Dimensionen. Junge Menschen, denen mit einer verstehenden und akzeptierenden Haltung begegnet wird, haben die Chance, selbst eine solche Haltung einzuüben – eine Haltung, der Vorsicht und Skepsis gegenüber vorschnellen und vereinfachenden Erklärungen und Zuschreibungen fremd erscheinenden Phänomenen gegenüber immanent ist. Eine demokratische Gesellschaft, für die Menschenrechte als universale und nicht hintergehbare Werte konstitutiv sind, braucht Menschen, die in sozialen (und pädagogischen) Zusammenhängen sozialisiert werden, in denen diese Werte gelebt werden. Eine pädagogische Praxis hingegen, die allzu sehr auf Anpassung und autoritäre Strukturen setzt, erzieht eher zur Unmündigkeit und Unterwerfung, schränkt die Selbstachtung, das kritische Denken und die Fähigkeit zum solidarischen Handeln ein. Demütigung zu erfahren verletzt die Selbstachtung eines Menschen und, so konstatiert Micha Brumlik (2008), schränkt deren Fähigkeit ein, andere Menschen zu achten und anzuerkennen. Demokratie als Staatsform braucht Demokratie als Lebensform, gelebt durch Menschen, deren Selbstbestimmung und Eigensinn gefördert wurde. Deswegen sollte das Nachdenken über gelingende Konzepte in der Jugendhilfe sich nicht auf Wirkungen auf die betreffenden Individuen oder den Fall beschränken, sondern auch (wieder vermehrt) fragen, welche gesellschaftspolitischen Implikationen oder Konsequenzen unterschiedliche pädagogische Konzepte haben.

Diskutiert man die Frage nach den Zielen der pädagogischen Arbeit mit jungen Menschen auf der Straße, kann die Frage nach den Werten und der Haltung eines Systems und einer Gesellschaft, in welche „integriert" werden soll, und wem dies dienen wird, nicht ignoriert bleiben. Untrennbar damit verbunden ist die Frage nach systemimmanenten und gesellschaftlichen Widersprüchen und Konflikten, die solche Symptome womöglich erst entstehen lassen oder zumindest verschärfen und sich nicht zuletzt auch im Handeln in den Ansätzen sozialer Arbeit widerspiegeln.

Paolo Freire hat diese Überlegungen bereits in seiner „Pädagogik der Unterdrückten" aufgegriffen und folgendermaßen resümiert:

> In Wahrheit sind jedoch die Unterdrückten keineswegs ‚Randerscheinungen', keineswegs Menschen, die ‚außerhalb' der Gesellschaft leben. Sie waren schon immer ‚innerhalb' [...]. Die Lösung besteht nicht darin, sie in die Struktur der Unterdrückung zu integrieren, sondern diese Struktur so zu verändern, dass sie ‚Wesen für sich selbst' werden können. (Freire 1991, S. 59)

Freire hat in seiner Heimat Brasilien mit diesem politischen Bildungsansatz und dem der „Befreiungspädagogik" auch insbesondere die Straßenpädagogik stark beeinflusst, der er eine besondere Bedeutung im Hinblick auf die conscientização, dem Vorgang des kritischen Bewusstwerdens, beimisst. Für ihn ist Erziehung niemals neutral und dient in diesem Sinne immer einer solchen Bewusstwerdung oder aber den Herrschenden (vgl. Freire 1991, S. 25). Deutlich wird, dass er die Erscheinung von Randgruppen einer Gesellschaft immer als ein in der Dependenz von ihr entstehendes Phänomen versteht und die Lösung keinesfalls in einer Integration in die Struktur sieht. Vielmehr plädiert er für die Entwicklung kritischer und daraus entstehender neuer Strukturen, die hinterfragend auf Missstände hinweisen und deren Betroffene damit die Legitimation erlangen, eigene „Wesen für sich selbst" werden zu können, die nicht mehr ausschließlich über ihre Abhängigkeit zum System und ihre Defizite im Verhältnis dazu definiert werden und mit einer eigenen Stimme und Form für neue Entwicklungsimpulse stehen. Freire sieht eine Chance in der Bewusstwerdung des Einzelnen, und von sogenannten Randgruppen, auf deren Stimme eine freiheitlich orientierte Gesellschaft nicht verzichten kann und sollte.

An dieser Stelle kann keine umfängliche Bewertung von Freires Ideen diskutiert werden, aber sein Ansatz birgt dennoch die Möglichkeiten, eine pädagogische Praxis kritisch zu reflektieren. Zielgruppen niederschwelliger Angebote zeigen in besonderer Weise Problemlagen und Konflikte der gegenwärtigen Gesellschaft auf. Das Wiedererlangen von Kontrolle kann sowohl für das (erzieherische) System, als auch für die Straßenjugendlichen als zentrales Motiv begriffen werden und ist somit kaum von der Frage nach Macht zu trennen (vgl. hierzu auch Baumann 2010, S. 179). Viel zu oft wird hier unhinterfragt versucht, eine Anpassung an das Regelsystem herzustellen, ohne die entstandenen besonderen Erfahrungen und Ressourcen zu berücksichtigen oder Lebenswelten im gesamtgesellschaftlichen Kontext zu reflektieren. So thematisiert auch Maria Bitzan in ihrer Forderung nach einem konfliktorientierten Ansatz eine Repolitisierung der (lebensweltorientierten) Sozialen Arbeit (Bitzan 2000, S. 335). Demnach unterliegt soziale Arbeit sonst der Gefahr, in der Betrachtung oder Gestaltung ihrer Arbeit mit der Zielgruppe, „[...] die Analyse der Lebenswelt in ihrer sozialpolitisch hergestellten Dimension [...]" zu unterlassen, [...] ohne Optionen/Ansprüche der Adressat_innen (bzw. deren Scheitern) sozialpolitisch rückzubeziehen." (ebd., S. 337)

Ungenutzt oder ungenannt bleibt dabei das Potential, welches in der Entwicklung alternativer Formen, Ideen und Forderungen und daraus entstehender Gegenentwürfe resultiert. Gerade diese können aber eine wichtige Hilfe und Inspiration sein für die Gestaltung einer solidarischeren und vielfältigen Gesellschaft, die Konflikte nicht nur befriedet und damit ihre Ursachen häufig ausblendet, sondern sie aufzeigt, nutzt und alternative Entwürfe daraus entwickelt. Bitzan weist ausdrücklich darauf hin, dass Partizipation in diesem Zusammenhang als Übergeben von Verantwortung im Sinne von Gestaltungsbefugnis und nicht nur als Bereitstellung formaler Beteiligungsmöglichkeiten erfolgen und gelebt werden muss (ebd., S. 337f.).

Deutlich wurde dies beispielsweise in der Umsetzung der ersten beiden Straßenkinderkonferenzen in Berlin in den Jahren 2014 und 2015, in der bis zu 150 Kinder und Jugendliche aus niedrigschwelligen Jugendhilfeeinrichtungen und von der Straße in eindrucksvoller Weise zusammen diskutierten, Kritik formulierten, Forderungen erstellten und sich in der Öffentlichkeit Gehör verschafften. Ein Erfahrungsschatz, Impulse und geballtes Wissen wurden sichtbar, wie sie aus professionellen Reihen nicht so klug und erfahren hätten formuliert werden können. Die Konferenzen und der daraus entstandene Forderungskatalog[5] können in diesem Sinne als ein gelungener Ansatz verstanden werden, lebenswelt- und subjektorientierte Ansätze so zu gestalten, dass in ihnen die Adressat_innen als handelnde Akteure sichtbar werden und in dem auch Dynamik und Symptome sozialpolitischer Spaltung deutlich werden und sein dürfen.

---

5 Vgl. dazu den Ideen- und Forderungskatalog des 1. Bundeskongresses der Straßenkinder an die Ministerin für Familie, Senioren, Frauen und Jugend, KARUNA e.V., Berlin 2014

Literatur

Baumann, Menno (2010): *Kinder, die Systeme sprengen – Wenn Jugendliche und Erziehungshilfe aneinander scheitern*. Baltmannsweiler: Schneider Verlag Hohengehren.
Bitzan, Maria (2000): Konflikt und Eigensinn: die Lebensweltorientierung repolitisieren. In: *neue praxis*, 30. Jg., H. 4, S. 335–346.
Bodenmüller, Martina/Piepel, Georg (2003): *Streetwork und Überlebenshilfen*. Weinheim/Basel: Beltz.
Brumlik, Micha (2008): „Dass Auschwitz sich nie wiederhole…" Pädagogische Reaktionen auf Antisemitismus, unter: http://www.bpb.de/politik/extremismus/rechtsextremismus/41277/dass-auschwitz-sich-nie-wiederhole-?p=all.
Freire, Paulo (1991): *Pädagogik der Unterdrückten*. Reinbek bei Hamburg: Rowohlt.
Galuske, Michael (2008): Fürsorgliche Aktivierung – Anmerkungen zu Gegenwart und Zukunft Sozialer Arbeit im aktivierenden Staat. In: Bütow, Birgit/Chassé, Karl August/Hirt, Rainer (Hrsg.): *Soziale Arbeit nach dem sozialpädagogischen Jahrhundert. Positionsbestimmungen Sozialer Arbeit im Post-Wohlfahrtsstaat*, S. 9–28. Opladen/Farmington Hills: Barbara Budrich.
Karuna e.V.: Zeitdruck. Das Magazin für Ein-und Aussteiger. Sonderausgabe: Die Konferenzen der Straßenkinder und Flüchtlingskinder in Deutschland. Berlin.
Labonté-Roset, Christine/Hoefert, Hans-Wolfgang/Cornel, Heinz (Hrsg.) (2010): *Hard to Reach. Schwer erreichbare Klienten in der Sozialen Arbeit*. Berlin: Schibri-Verlag.
Macsenaere, Michael (2014): Was wirkt in der Erziehungshilfe? Wirkfaktoren und Effektivität bei der Arbeit mit schwierigen Kindern und Jugendlichen. In: Arbeitsgruppe Fachtagung Jugendhilfe im deutschen Institut für Urbanistik: *Grenzgänger, Systemsprenger, Verweigerer. Wege, schwierig(st)e Kinder und Jugendliche ins Leben zu begleiten: Dokumentation*, S. 25–34. Berlin: Deutsches Institut für Urbanistik.
Mögling Tanja/Tillmann, Frank/Reißig, Birgit (2015): Entkoppelt vom System. Jugendliche am Übergang ins junge Erwachsenenalter und Herausforderungen für Jugendhilfestrukturen. Eine Studie des Deutschen Jugendinstituts im Auftrag der Vodafone Stiftung Deutschland, unter: https://www.vodafone-stiftung.de/…/Entkoppelt-vom-System.pdf.
Rätz, Regina (2015): Selbstverstehen. In: Rätz, Regina/Völter, Bettina (Hrsg.): *Wörterbuch Rekonstruktive Soziale Arbeit*, S. 191–192. Opladen/Berlin/Toronto: Barbara Budrich.
Scherwath, Corinna/Friedrich, Sibylle (2014): *Soziale und pädagogische Arbeit bei Traumatisierung*. München: Ernst Reinhardt
Steckelberg, Claudia (2010): *Zwischen Ausschluss und Anerkennung. Lebenswelten wohnungsloser Mädchen und junger Frauen*. Wiesbaden: VS.
Thiersch, Hans (2006): *Die Erfahrung der Wirklichkeit. Perspektiven einer alltagsorientierten Sozialpädagogik*. Weinheim/München: Juventa.

Prävention zwischen vorausschauender Unterstützung und normierender Disziplinierung?

Ethnografische Perspektiven auf drei Handlungsfelder Sozialer Arbeit

Ursula Unterkofler, Rebekka Streck und Kathrin Aghamiri

Einleitung

Prävention ist ein Handlungsprinzip Sozialer Arbeit und in der Praxis zentraler Bestandteil konzeptioneller Überlegungen und Begründungen. Als Referenz der Kinder- und Jugendhilfe oder der Drogenarbeit wird Prävention von wissenschaftlichen Akteur_innen jedoch auch kritisch beleuchtet. Diese Kritik kann dazu dienen, Situationen einer präventiven Praxis Sozialer Arbeit zu reflektieren, indem sie beispielsweise darauf hinterfragt werden, inwieweit präventive Handlungen als vorausschauende Unterstützung für Adressat_innen interpretierbar sind, oder ob sie als normierende oder gar disziplinierende Maßnahmen als *Politik des Verhaltens* kritisiert werden müssen. Damit wird die Frage aufgeworfen, ob das Prinzip Prävention gesellschaftliche Problemlagen individualisiert und a priori als Verhaltensprobleme von Adressat_innen antizipiert und inwieweit durch präventive Handlungsmuster die Partizipation der Adressat_innen an der Veränderung von *Verhältnissen* sogar grundlegend verhindert wird.

Diesen Fragen gehen wir nach, indem wir zunächst die theoretische Kritik am Handlungsprinzip Prävention skizzieren (1). Im Anschluss reflektieren wir drei Situationen aus unterschiedlichen Feldern der Sozialen Arbeit, in denen Sozialarbeitende präventiv handeln (2). Die erste Situation stammt aus einem Klassenseminar in der Grundschule, ein Feld, das per definitionem über Prävention definiert wird (2.1). Die zweite ist eine Situation offener Jugendarbeit, in der Prävention

© Springer Fachmedien Wiesbaden GmbH, ein Teil von Springer Nature 2018
J. Stehr et al. (Hrsg.), *Konflikt als Verhältnis – Konflikt als Verhalten – Konflikt als Widerstand*, Perspektiven kritischer Sozialer Arbeit 30,
https://doi.org/10.1007/978-3-658-19488-8_23

zwar nicht zentrale Handlungsmaxime ist, aber eine wichtige Rolle spielt (2.2). Die dritte Situation kommt aus der offenen Drogenarbeit, die sich durch eine sekundärpräventive Positionierung – über Risikominimierung beim Drogengebrauch – legitimiert (2.3).

Mit diesem Beitrag möchten wir einer bisher vorwiegend theoretisch geführten Diskussion über Nutzen und Schaden einer präventiven Logik in der Sozialen Arbeit eine handlungspraktische Perspektive hinzufügen. Wie von Lüders im Streitgespräch mit Kappeler (2016, S. 88f.) gefordert, zeichnen wir anhand konkreter Situationen Sozialer Arbeit die Struktur präventiver Handlungstypen nach und verdeutlichen darin eingebettete Paradoxien.

Empirische Grundlage des Beitrags sind drei Dissertationsstudien, aus denen die einzelnen Situationen entnommen sind. Aghamiri (2015) untersucht sozialpädagogische Klassenseminare zum Sozialen Lernen, Unterkofler (2014) Gewaltbearbeitung in der offenen Jugendarbeit und Streck (2016) Nutzungsstrategien offener Drogenarbeit. Gemeinsam ist den Studien der ethnografische Blick auf die Praxis Sozialer Arbeit, den wir in unserer gemeinsamen Analysearbeit im Rahmen einer Forschungswerkstatt einnahmen. Dabei wurde deutlich, dass in den drei sehr unterschiedlichen Handlungsfeldern durch Prävention geprägte Situationen stattfinden, in denen ähnliche Handlungsmuster zu erkennen sind. In der Rekonstruktion von präventiven Handlungen in der Praxis zeigt sich hierbei, dass diese auf spezifische Weise dialogisches Handeln unterbinden (3).

1 Prävention – ein kritischer Blick

Prävention wird nicht nur als spezifische sozialpädagogische Perspektive oder Strukturmaxime der Sozialen Arbeit identifiziert (z. B. Thiersch 2000), Soziale Arbeit selbst kann gesellschaftlich gesehen als Produkt präventiven Denkens angesehen werden (Reder/Ziegler 2010, S. 366).

So verwundert es nicht, dass sich Prävention als Handlungsmaxime und Legitimationsmuster in Fachliteratur und Praxis Sozialer Arbeit hoher Beliebtheit erfreut, zumal ein möglichst frühes Eingreifen bei sich entwickelnden Problemen kaum kritisierbar erscheint (Dollinger 2006, S. 146). Dennoch wurde Prävention schon früh kritisch diskutiert, und diese Kritik hält weiterhin an (z.B. Otto 1991, Lindner/Freund 2001, Reder/Ziegler 2010, Quensel 2010, Lüders/Kappeler 2016).

Zentrale Kritikpunkte beziehen sich auf theoretische und handlungspraktische Implikationen des Präventionsbegriffs, die das emanzipatorische Potenzial Sozialer Arbeit konterkarieren: Er unterstellt Adressat_innen Sozialer Arbeit a priori *Defizite*, bevor sich negative Entwicklungen (Konflikte, Gewalt, Substanzmissbrauch o.ä.) einstellen. Dies basiert auf diffusen *Normalitätsvorstellungen*, die nicht expliziert, doch als Maßstab für Interventionen herangezogen werden, und nicht nur vermeintlich schädliches, sondern auch produktiv abweichendes Verhalten von Adressat_innen unterbinden. Auch weisen präventive Handlungen eine *Immunität gegen Kritik* auf, weil im Nachhinein nie geklärt werden kann, ob eine schädliche Entwicklung ohne präventives Eingreifen stattgefunden hätte – oder eben nicht (vgl. zusf. Lindner/Freund 2001, S. 69ff.).

Diese grundlegenden, immanenten Strukturen von Prävention als Handlungsmaxime bedeuten einerseits normierendes Eingreifen in die selbstbestimmte Lebensgestaltung von Adressat_innen, als spezifische Form sozialer Kontrolle, die normalisierend oder gar disziplinierend wirkt. Problemlagen werden dadurch individualisiert – eine *Politik des Verhaltens* wird praktiziert. Andererseits wird auch betont, dass Soziale Arbeit als Prävention unterstützend tätig sein kann, wenn sie den Bezug zum Einzelfall sowie einen sozialpolitischen Impetus nicht verliert – und somit auch als *Politik der Verhältnisse* verstanden werden kann (vgl. Reder/Ziegler 2010, S. 366f.).

2 Interventionen der Prävention in Arbeitsfeldern der Sozialen Arbeit – drei Beispiele

Diese theoretisch formulierte Kritik eröffnet Reflexionsmöglichkeiten, stellt man die Frage, wie präventive Interventionen Sozialer Arbeit konkret in den Alltag von Adressat_innen eingreifen. Im Folgenden werfen wir deshalb einen ethnografischen Blick auf drei Situationen Sozialer Arbeit, in denen präventive Handlungsstrategien sichtbar werden. Wir arbeiten Strukturen der Situationen heraus und reflektieren diese an Hand der zuvor skizzierten Kritik.

2.1 Prävention als Normierung in Institutionen

Den Anfang macht eine Sequenz aus der Studie von Aghamiri (2015)[1], die eine sozialpädagogische Gruppenarbeit zum Sozialen Lernen in einer zweiten Grund-

---

1 Aghamiri fragt in ihrer ethnografischen Fallstudie danach, wie sich Kinder einer Grundschulklasse eine sozialpädagogische Gruppenarbeit zum Sozialen Lernen im Kontext Schule aneignen. Die einzelnen Einheiten der Gruppenarbeit beinhalten verschiedene Übungen zu Aspekten sozialer Kompetenz wie Wahrnehmung, Kommunikation, Umgang mit Konflikten etc.

schulklasse teilnehmend beobachtete. Die Förderung „Sozialer Kompetenz", die in zahlreichen „Klassenseminaren" oder „Sozialtrainings" den Bezugspunkt sozialpädagogischen Handelns darstellt, soll einer befürchteten, negativen Entwicklung im Schulalltag vorbeugen sowie zu einem erwünschten Verhalten von Kindern führen, die bereits durch nicht angepasste Aktionen auf sich aufmerksam gemacht haben. Präventive Arbeit gilt als eine der fachlichen Grundsätze und Kernaufgaben von Schulsozialarbeit.

Das folgende Beispiel hinterfragt das Handlungsprinzip Prävention dahingehend, was das Ziel des Abwendens einer als negativ konstruierten Entwicklung für die Interaktion von Kindern bedeutet bzw. wie sich das Verhältnis von Individuen und institutionellem Setting in präventiver Perspektive darstellt. Die Beobachtungssequenz zeigt eine Situation im Übergang zu einer Gruppenaufgabe.

Stefan [Sozialpädagoge] fordert die Kinder auf, sich in zwei Reihen vor der Tafel aufzustellen. Die Kinder drängeln, lachen, hüpfen, schubsen und stupsen sich. Phlippo und Serhat boxen. Sie knicken dabei auf dem Boden zusammen, grunzen, ächzen und stöhnen. Dann stellen sie sich seitlich zueinander und rammen sich mit ihren Schultern an. Dabei springen sie etwas vom Boden hoch. Phlippo ruft: „Arrgh, aua!" und umfasst Serhat an den Hüften. Er versucht, ihn umzureißen. Jessica, Hendrina und Nelly umarmen sich und drehen sich im Kreis. Anja [Sozialpädagogin] sagt zu Phlippo und Serhat, dass sie aufhören sollen. Die beiden Kämpfer machen weiter. Anja besteht auf eine Unterbrechung des Kampfes (lauter): „Hey, hört auf. Geschlagen wird nicht." Serhat und Phlippo halten inne und lassen sich los. Sie schauen Anja an und sagen, dass sie doch Freunde seien. Dann rangeln sie weiter. Frau Knopf [Lehrerin]: „Wer schlägt, der geht!" (Beobachtungsprotokoll2/Zeile 94–118)

Der Übergang zur nächsten Übung wird von den Kindern als freiwerdende Nische genutzt, d.h. ein Ort, der noch nicht pädagogisch gerahmt ist. In dieser Nische zwischen den Ordnungen des Unterrichts und des Regelspiels agieren die Kinder ihre Freundschaftsinteressen aus. Einige Kinder umarmen sich, die anderen ringen. Sie berühren sich, bewegen sich gemeinsam und stellen Zusammengehörigkeit her. Während die Pädagoginnen die Umarmungen der Mädchengruppe tolerieren, intervenieren sie in die kindliche Freundschaftsinszenierung des Ringens der beiden Jungen. Die körperliche Annäherung der Kinder wird als Schlagen interpretiert und soll in präventiver Absicht verhindert werden. Dass die Kinder ihr Handeln mit Freundschaft begründen, also ihre friedliche Absicht betonen, ändert nichts an der absoluten Norm der Regel. Die Konstruktion gefährdenden Verhaltens steht über der situativen Sinngebung durch die Kinder als Verbundenheit. Kindliche Leiblichkeit wird in der Situation als bedrohlich für die allgemein gültige Ordnung interpretiert und muss als potentielle Störung präventiv unterbunden werden.

Kindheit und Kindsein werden in pädagogischen Diskursen eng mit Entwicklung verknüpft. In sozialisationstheoretischer Perspektive ist Entwicklung ein potentiell störanfälliger Prozess, denn das Entwicklungsparadigma geht einher mit Vorstellungen von einer „normalen" Kindheit (Kelle 2009, S. 84). Diese Konstruktion wiederum ist eingebettet in einen Kontext der Synchronisierung von Lernprozessen und Lerngruppen in pädagogischen Institutionen (ebd., S. 87): Alle Kinder einer Klasse sollen sich zu einem bestimmten Zeitpunkt desselben Themas annehmen.

Diese Konstruktion überträgt sich auch auf sozialpädagogische Gruppenangebote, die die gesamte Schulklasse adressieren. Um die Gruppe zu synchronisieren und zu normieren, sind Regeln zentral. Angemessenes Verhalten der Einzelnen wird entlang der Einhaltung dieser Regeln definiert, nicht entlang individuell bedeutsamer Situationen. Regeln werden auf diese Weise zum zentralen Gradmesser für allgemein erwünschtes Verhalten von Kindern. Ein sozial kompetentes Kind ist in dieser Konstruktion ein Kind, das sich situationsunabhängig an Regeln halten kann. Der Präventionsgedanke dient hier vor allem der Normierung in pädagogischen Institutionen.

2.2 Prävention als Strukturierung offener Situationen

Im Gegensatz zur sozialpädagogischen Gruppenarbeit in der Schule ist offene Jugendarbeit als Setting nicht per se präventiv strukturiert. Im Mittelpunkt steht die Förderung der Entwicklung der Jugendlichen (§ 11 SGB VIII). Dennoch spielt der Präventionsgedanke im Alltag eine bedeutende Rolle, zwar nicht programmatisch, doch verankert im professionellen Wissen der Sozialpädagog_innen strukturiert er alltägliche Situationen.

In ihrer Studie zu Gewaltbearbeitung in der offenen Jugendarbeit[2] rekonstruiert Unterkofler (2014) als professionellen Wissensbestand eine spezifische Konstruktion von Gewalt, welche dem Präventionsgedanken entspricht. Sie kommt zur Erkenntnis, dass die Sozialpädagog_innen Gewalt *als Risiko* interpretieren: Obwohl Gewaltsituationen selten auftreten, ist Gewalt als Risiko omnipräsent für die Sozialpädagog_innen.

---

2 Die Dissertationsstudie (Unterkofler 2014) fragt, wie Sozialarbeiter_innen in der offenen Jugendarbeit Gewalt interpretieren und bearbeiten. Empirische Grundlage ist eine ethnografische Studie im Stil der Grounded Theory Methodologie, die in fünf Jugendtreffs durchgeführt wurde.

Der Bezug des Risikobegriffs (Beck 2007, S. 62ff.) zum Präventionsgedanken ist augenscheinlich: Beide gehen davon aus, dass negative Entwicklungen antizipiert und die Wahrscheinlichkeit ihres Eintretens durch entsprechendes Handeln minimiert werden kann. Der Präventionsgedanke ist mit der Strategie der „*Vorsorge durch Vorbeugung*" (ebd., S. 64, Hervorh. im Orig.) gleichzusetzen. Vorgebeugt werden soll in der offenen Jugendarbeit gewaltförmiger Eskalation, welche antizipiert und kontrolliert werden soll. Interventionen sind auf präventive Deeskalation ausgerichtet (Unterkofler 2014, S. 195ff.).

Die Analyse der folgenden Situation konkretisiert, wie präventive Interventionen Alltagssituationen offener Jugendarbeit strukturieren.

Zahir [Jugendlicher] und Semin [J.] sind am Computer. [...] Janette [J.] kommt von hinten und hängt sich an Semins Hals, zieht ihn nach unten. Semin ignoriert sie [...].
Janette macht weiter, er ignoriert sie weiter.
Nach einiger Zeit haut sie ihm mit der flachen Hand mehrmals auf den Kopf. Er reagiert noch immer nicht.
Janette wendet sich von Semin ab und geht zu Zahir. Sie hängt sich von hinten an seinen Hals, zieht ihn nach unten, dann schlägt sie ihm mit den Fingern auf die Wange. Dabei lacht sie.
Zahir springt auf und fasst Janette mit beiden Händen im Würgegriff um den Hals. Er brüllt und schüttelt sie vor und zurück. Sie lacht und haut ihm mehrmals auf den Kopf.
Thomas [Sozialpädagoge], der gerade Billard mit einem Jugendlichen spielt, ruft durch den Raum: Zahir!
Fast gleichzeitig ruft Markus [Sozialpädagoge] von der Theke: Zahir!
Zahir reagiert nicht auf die beiden und macht weiter.
Thomas läuft durch den Raum zu den beiden, stellt sich neben sie und ruft: „Zahir, jetz reichts!"
Zahir schüttelt Janette weiter und ruft empört: „He, des is meine Freundin!"
Thomas sagt: „Ja, aber so nicht."
Zahir schüttelt weiter Janette, Thomas dreht sich um und sagt noch einmal: „So nicht."
Dann geht er, ohne sich noch einmal umzuwenden, zurück zum Billardtisch und spielt weiter.
Zahirs Schütteln wird langsam weniger stark, dann hört er auf. Er geht mit Janette zum Sofa und setzt sich mit ihr zusammen hin.
(Beobachtungsprotokoll 67, Abs. 20–35)

Janette nähert sich in diesem Beispiel körperlich zwei Jungen (am Kopf ziehen, schlagen). Nach einiger Zeit geht Zahir – ebenfalls körperlich, durch Würgen und Schütteln – darauf ein. Janette zeigt Spaß an der Situation (Lachen, Zurückschlagen), und Zahir rahmt die Situation als freundschaftliche. Der schnelle Wechsel zwischen Bedrohung/Verletzung und gemeinsamem Sitzen am Sofa weist darauf hin, dass beide hier einen symbolischen Kampf inszenieren.

Dies wirkt sich nicht auf die Intervention der Sozialpädagogen aus: Sie versuchen, (nur) Zahir zum Aufhören zu bringen. Sie interpretieren die Situation als Risikosituation, die gewaltförmig eskalieren könnte. Sie versuchen, das Risiko zu minimieren, indem sie intervenieren. Diese Definition der Situation wird zentral von den Sozialpädagogen gesetzt, indem sie die alternative Rahmung der Jugendlichen nicht einbeziehen.

Diese Setzung impliziert eine *Defizitorientierung* – die Jugendlichen wissen selbst nicht, wo die Grenze ihres Spaßes liegt, und würden sich verletzen; sie reproduziert diffuse *Normalitätsvorstellungen* – gesetzt wird, wie weit ein Spaß gehen oder wie Körperlichkeit gelebt werden darf (was augenscheinlich geschlechtsspezifisch unterschiedlich konstruiert wird); gleichzeitig kann nicht beurteilt werden, ob das Geschehen ohne Intervention der Sozialpädagogen eskaliert wäre (*Immunität gegen Kritik*).

Insofern wird hier ein Spannungsfeld deutlich, in dem sich präventives Handeln ereignet: Einerseits wird eine u.U. riskante Situation ohne Eskalation zu einem friedvollen Ende begleitet. Andererseits geschieht das – ähnlich wie im Beispiel zur sozialpädagogischen Gruppenarbeit – unabhängig von der Bedeutung der aktuellen Situation für die Jugendlichen – diese kann somit auch nicht thematisiert werden.

2.3 Prävention als Belehrung

Während in der Kinder- und Jugendarbeit die Norm der Gewaltfreiheit Sozialarbeiter_innen zum Eingreifen drängt, ist die normative Priorisierung eines gesundheitsfördernden Verhaltens zentrale Legitimation für die Drogenhilfe. So sind Maßnahmen der Gesundheitsförderung im Sinne einer Sekundärprävention, d.h. eines Verhinderns von ‚Schlimmerem', zentraler Bestandteil des handlungsmethodischen Repertoires der offener Drogenarbeit.[3] Grundlage des folgenden Abschnitts ist die Analyse eines Beobachtungsprotokolls, das Streck (2016) im Rahmen der Datenerhebung für ihre Studie zu Nutzung und Aneignung offener Drogenarbeit erhob.[4]

---

3 Kennzeichen dieses Handlungsfeldes sind: feste Öffnungszeiten, ein umfangreiches Angebotsspektrum, das Konsument_innen illegaler psychoaktiver Substanzen entsprechend ihrer Bedürfnisse nutzen können und eine akzeptierende Haltung gegenüber dem Drogenkonsum der Besucher_innen (Streck 2016, S. 39ff.).

4 Streck (2016) beobachtete das Geschehen in einem Kontaktladen für Drogenkonsument_innen sowie an Bussen mobiler Drogenarbeit und führte Interviews mit Nut-

Nutzung offener Drogenarbeit zeichnet sich durch ein hohes Maß an Eigenverantwortlichkeit und Bestimmbarkeit in Zeit, Art und Intensität des Rückgriffs auf die Angebote aus. Das heißt, dass Sozialarbeiter_innen zumeist erst in Aktion treten, wenn sie adressiert werden (Streck 2016, S. 202ff.). Von dieser prinzipiellen Logik der Zurückhaltung pädagogischer Intervention unterscheiden sich Interaktionen, die auf gesundheitspräventive Botschaften fokussieren. Im Gegensatz zu themenoffenen Gesprächen wird hier das zu besprechende Problem von den Mitarbeitenden definiert. In der folgenden Interaktion spricht der Sozialarbeiter Frank die Besucherin Maria auf ein Ereignis im Konsumbus an, das er als Gelegenheit zu einer präventiven Botschaft nutzt.

Maria steigt aus dem Konsumbus aus und Frank [S] folgt ihr aus dem Bus heraus. Er geht hinter ihr her und sagt: „Kann ich dir noch was zu den Leisten erzählen?" Maria sagt „ja" und setzt sich. [...] Frank [S]: „In der Leiste ist es extrem schwer zu treffen. Es gibt Leute die können das, weil die das schon lange machen." Maria: „Ja, der [ein anderer Besucher] hat dann eben gesagt, dann zeig ich dir wie das geht und hat gesagt, dass man das immer wieder machen könne." Frank [S]: „Ja, deshalb bin ich jetzt hier draußen, weil man da drinne ja nicht so viel erklären kann und dann schiebe ich das immer noch mal ganz gerne nach. Und ich sag dir, lass die Finger von der Leiste." Maria: „Ich hab dann auch gehört, dass man sieht, ob man getroffen hat oder nicht." Er erklärt ihr, dass dort Arterie und Vene ganz nah beieinanderliegen und es sehr gefährlich wäre die Arterie zu treffen. Auch Nerven können getroffen werden. Dann erzählt er ihr von Menschen, die ein Bein verloren haben. [...] Maria: „Ich bin ja auch jeden Tag im C-Konsumraum und da haben die das alle gemacht. Die haben auch Cocktails⁵ gespritzt, das will ich ja auch nicht machen." Frank [S]: „Nee, mit dem Koka das ist auch gefährlich und macht dich auch noch gieriger." Maria: „Ja nur mit der Leiste, hier die Einstiche", sie streift ihren Pullover über ihre Hände, „sind extrem hässlich und ist auch peinlich. Aber ich würd ja auch nie in den Hals spritzen." „Ja, ist besser so. Ich verstehe das ja, dass das attraktiv ist, aber mit einem Bein biste auch nicht schöner. Hast du mal jemanden drauf gucken lassen?" „Ja, im C-Konsumraum. Die haben mir das dann auch erklärt." „Ok. Mir ist es nur wichtig, das noch mal nachzuschieben." „Ja, danke. Ich hab ja auch tierisch Schiss davor. Ich nehme jetzt seit acht Jahren Heroin und habe auch Angst vor Cocktails." Sie verabschieden sich und sie geht (Busse, Protokoll 5, Z. 459–489).

Der Mitarbeiter Frank ergreift hier die Initiative und gibt sowohl Thema als auch Zeitpunkt des Gesprächs vor. Er problematisiert das Injizieren in die Leiste, indem er gesundheitliche Risiken betont. So stellt er den Aussagen des Drogenkon-

---

zer_innen der Angebote. In der Methodik ihrer Studie verband sie die ethnografische Erkenntnisstrategie mit der Forschungsstrategie der Grounded Theory.

5   Cocktails (Szenebegriff): Mischung aus Kokain (Koka) und Heroin.

sumenten, mit dem Maria im Konsumbus sprach, seine Sicht entgegen. Sie zeigt ihre Ambivalenz gegenüber dem Thema, indem sie sowohl ihre Unsicherheit verbalisiert als auch mögliche Vorteile benennt. Daraufhin dramatisiert der Sozialarbeiter eindringlich mögliche Folgen des Spritzens in die Leiste. Nachdem er abgeklärt hat, ob es weiteren Aufklärungs- und Handlungsbedarf gibt („Hast du mal jemanden drauf gucken lassen?"), beendet er das Gespräch. Insbesondere sein letzter Satz („Mir ist es nur wichtig, das noch mal nachzuschieben") verdeutlicht, dass es hier um sein und nicht das Anliegen der Besucherin geht.

Intervenierende Gespräche mit Präventionsinhalten kennzeichnen sich dadurch, dass sie durch die Mitarbeiter_innen initiiert werden.[6] Den Besucher_innen wird die Rolle der Zuhörenden zugewiesen. Aufgrund der Freiwilligkeit des Angebots und der Möglichkeit der Besucher_innen, jederzeit zu gehen, erfolgen diese Gespräche dem Gebot: viel Information in geringer Zeit. Hierbei treten sozialarbeiterische Handlungsmaximen wie die Orientierung an lebensweltlichen Themen, Förderung eines gelingenden Alltags oder eine klient_innenzentrierte, nicht-direktiven Gesprächsführung deutlich in den Hintergrund. In Präventionsinteraktionen sind die Besucher_innen nicht mehr Nutzer_innen einer sozialen Dienstleistung, sondern Objekte von Belehrungen.[7] Während unterstützende Interventionen an den Lebenswirklichkeiten der Drogenkonsument_innen andocken und gesellschaftliche Widersprüche aufgreifen, folgen präventive Interventionen einem standardisierten Muster mit deutlicher Dominanz der sozialarbeiterischen Deutungen.

3 Wenn präventive Disziplinierung Chancen auf dialogisches Handeln verstellt

Die drei Beispiele machen deutlich, dass sich präventive Situationen in unterschiedlichsten Handlungsfeldern darin gleichen, dass ihre Strukturierung maßgeblich durch die Sozialarbeitenden stattfindet. In diesen Situationen treten die lebensweltlichen Deutungen der Adressat_innen in den Hintergrund. Letztere sollen dazu gebracht werden, sich situationsunabhängig an bestimmte – von anderen als gut, richtig oder gesund angesehene – Regeln oder Vorstellungen an-

---

6 Auslöser für solche Präventionsinterventionen sind Wunden oder Abszesse, die die Mitarbeiter_innen sehen oder auch als riskant eingeschätzte Konsumformen, von denen sie erfahren.

7 Präventionsinterventionen weisen Merkmale von ‚Belehrungen' nach Schützeichel (2004, S. 279) auf. Der Belehrende bewertet Handlungsoptionen und drängt zur Übernahme seiner Situationsdefinitionen.

zupassen. Dies widerspricht dem Prinzip der Partizipation der Adressat_innen bereits auf der Ebene der Aushandlungsprozesse zwischen ihnen und Sozialarbeitenden, da diese zu Gunsten der Sicht der Sozialarbeitenden vorstrukturiert werden. Im Zuge dessen findet eine *Normierung* oder gar *Disziplinierung* statt. Dabei könnte Prävention durchaus auch *vorausschauende Unterstützung* bedeuten. Dies würde jedoch voraussetzen, dass Sozialarbeitende unterschiedliche oder gar widersprüchliche Situationsdefinitionen nicht zu Gunsten der eigenen Sichtweise vernachlässigen, sondern zum Anlass nehmen, mit den Beteiligten ins Gespräch zu kommen. Dies wäre ein Schritt, keine (reine) Politik des *Verhaltens* zu praktizieren, sondern (alternativen) lebensweltlichen Deutungen den Raum zu geben, in einem Aushandlungsprozess vertreten zu sein, um eine Veränderung von *Verhältnissen* zumindest nicht grundlegend zu verhindern.

Literatur

Aghamiri, Kathrin (2015): *Das Sozialpädagogische als Spektakel. Eine Fallstudie sozialpädagogischer Gruppenarbeit in der Grundschule*. Opladen: Budrich UniPress.
Beck, Ulrich (2007): Leben in der Weltrisikogesellschaft. In: Ders. (Hrsg.): *Generation Global*, S. 57–73. Frankfurt/M.: Suhrkamp.
Dollinger, Bernd (2006): Prävention. Unintendierte Folgen guter Absichten. In: Dollinger, Bernd/Raithel, Jürgen (Hrsg.): *Aktivierende Sozialpädagogik*, S. 145–154. Wiesbaden: VS.
Kelle, Helga (2009): Kindliche Entwicklung und die Prävention von Entwicklungsstörungen. In: Honig, Michael-Sebastian (Hrsg.): *Ordnungen der Kindheit*, S. 79–102. Weinheim: Juventa.
Lindner, Werner/Freund, Thomas (2001): Der Prävention vorbeugen? Zur Reflexion und kritischen Bewertung von Präventionsaktivitäten in der Sozialpädagogik. In: Freund, Thomas/Lindner, Werner (Hrsg.): *Prävention*, S. 69–96. Opladen: Leske+Budrich.
Lüders, Christian/Kappeler, Manfred (2016): Abschaffen oder seinen ideologisch-technokratischen Gebrauch verhindern? Eine Kontroverse über den Begriff „Prävention", seine Bedeutungen und Wirkungen. In: *Widersprüche*, 36. Jg., H. 139, S. 87–110.
Otto, Hans-Uwe (1991): *Sozialarbeit zwischen Routine und Innovation*. Berlin/New York: De Gruyter.
Quensel, Stephan (2010): *Das Elend der Suchtprävention*. Wiesbaden: VS.
Reder, Robin/Ziegler, Holger (2010): Kriminalprävention und Soziale Arbeit. In: Dollinger, Bernd/Schmidt-Semisch, Henning (Hrsg.): *Handbuch Jugendkriminalität*, S. 365–377. Wiesbaden: VS.
Schützeichel, Rainer (2004): Skizze zu einer Soziologie der Beratung. In: Schützeichel, Rainer/Brüsemeister, Thomas (Hrsg.): *Die beratene Gesellschaft*, S. 273–285. Wiesbaden: VS.
Streck, Rebekka (2016): *Nutzung als situatives Ereignis. Eine ethnografische Studie zu Nutzungsstrategien und Aneignung offener Drogenarbeit*. Weinheim: Beltz Juventa.
Thiersch, Hans (2000): *Lebensweltorientierte Soziale Arbeit*. Weinheim: Juventa.
Unterkofler, Ursula (2014): *Gewalt als Risiko in der offenen Jugendarbeit. Eine professionstheoretische Analyse*. Opladen: Budrich UniPress.

Biographie und sozialstaatliche Transformation

Methodologische Erörterungen zu ihrer Vermittlung

Kerstin Discher, Christian Gräfe und Anna Kristina Hartfiel

Anliegen des Beitrags ist es, den Stellenwert biographisch orientierter Forschungsverfahren für eine „sozialstaatliche Transformationsforschung" aufzuzeigen. Dabei geht es weniger um eine Begründung der Vorgehensweisen und um Einsatzmöglichkeiten der Biographieanalyse im Kontext der Transformationsforschung – der Beitrag setzt grundlegender an: Wie wird die Kategorie der „Biographie" im Kontext gegenwärtiger Transformationsprozesse der Sozialpolitik relevant? Welche methodologischen Konsequenzen sind damit für die Biographieforschung verbunden? Vor dem Hintergrund der zeitdiagnostischen These der zunehmenden Verlagerung sozialpolitischer Intervention auf die sinnhafte Orientierung im Lebensverlauf werden wir beispielhaft Dimensionen von Biographizität erörtern, die in diesem Kontext politisch fragwürdig werden und gerade deshalb einer theoretischen Explikation bedürfen. Dabei wird zu zeigen sein, dass biographieanalytische Perspektiven zu einem Verständnis von Transformation beitragen, das die Wechselseitigkeit von politischer Strukturiertheit biographischen Sinns und lebensweltlicher Sinnbildung einbezieht.

© Springer Fachmedien Wiesbaden GmbH, ein Teil von Springer Nature 2018
J. Stehr et al. (Hrsg.), *Konflikt als Verhältnis – Konflikt als Verhalten – Konflikt als Widerstand*, Perspektiven kritischer Sozialer Arbeit 30,
https://doi.org/10.1007/978-3-658-19488-8_24

1 Problemstellung: Zur Sinndimension sozialstaatlicher Transformation

Es ist kennzeichnend für die neueren Entwicklungen im Diskurs um sozialstaatliche Transformation, zunehmend auch die Konsequenzen sozialpolitischer Veränderungen für Lebensführungsweisen zu thematisieren, wodurch eine ganze Bandbreite neuer Forschungsfelder, die je spezifische disziplinäre und methodische Zugänge nahe legen, eröffnet werden. Auch der disziplinäre Beitrag der Sozialen Arbeit ist im Kontext dieser Entwicklung zu verstehen, denn zunehmend rücken Nutzungsmuster, alltägliche Handlungsorientierungen, soziale Praktiken im Umgang mit sozialen Risiken sowie nicht zuletzt die Lebensläufe der Adressat_innen von Sozialpolitik und Sozialer Arbeit in den Fokus. Vor dem Hintergrund erscheint es fragwürdig, dass die methodologisch-methodischen Zugangsweisen der Biographieforschung bisher eher eine randständige Rolle spielen, weisen doch alle diese Aspekte eine biographische Dimension auf. So wird z.B. in der Studie von Dörre et al. (2013) zu den „sozialen Folgen aktivierender Arbeitsmarktpolitik" (so der Untertitel des Buches) explizit untersucht, inwieweit die Aktivierungslogiken eine Entsprechung in den habituellen Dispositionen, den längerfristigen Erwerbsorientierungen, finden, ohne jedoch die biographische Genese dieser Orientierungen zu rekonstruieren. Bemerkenswert ist zudem, dass sich lebenslaufsensible Perspektiven (z.B. in der Forschung zur Rentenpolitik) etabliert haben, wohingegen auf die Methodologie der Biographieforschung kein oder nur sehr selektiv Bezug genommen wird (vgl. Brettschneider/Klammer 2016).

Es mag sicherlich viele Gründe für die weitgehende Irrelevanz der Biographieforschung geben: Neben einer vor allem in der deutschsprachigen (Sozialpolitik-)Forschung etablierten Trennung von Biographie- und Lebenslaufansatz ist die Kritik an einer Subjektzentrierung schlagkräftiges Argument. An prominenter Stelle wird sie von Pierre Bourdieu als Vorwurf einer „biographischen Illusion" (Bourdieu 1990) erhoben. Demnach stellt „Biographie" ein gesellschaftliches Deutungsmuster dar, dessen Kern die Idee eines konstanten Subjektes als Zentrum und Quellpunkt eines je einzigartigen Ablaufes von Ereignissen ist. Die biographischen Selbstbeschreibungen ermöglichen folglich keinen Zugang zu den sozialen „Laufbahnen", den Positionsfolgen und ihrer sozialen Strukturiertheit, sondern verschleiern diese. Der Hinweis von Seiten der Biographieforscher_innen, dementgegen die „soziale Konstitution" biographischer Konstruktionen (vgl. Fischer-Rosenthal/Rosenthal 1997) in den Blick zu nehmen, verschiebt lediglich das Problem: Die Rekonstruktion biographischen Sinns nimmt dessen soziale und sozialstaatliche Konstitutionsbedingungen als gegeben hin. Die Kritiken sind somit ein notwendiger Fingerzeig, der zur gesellschaftlichen Kontextualisierung biographischer Analysen mahnt. Es ist hier aber nicht der Ort, die kritischen Stimmen gegenüber der Biographieforschung im Einzelnen zu überprüfen, denn es mangelt keineswegs an überzeugenden Gegenstimmen (vgl. u.a. ebd., S. 136ff.). Was jedoch weder von der einen noch von der anderen Seite beachtet wird, ist, dass Biographie im Zuge sozialstaatlicher Transformation einer politischen Neuverhandlung unterliegt.

Die Strukturierung von Lebenszeit stellt einen Grundzug von Sozialpolitik dar und man kann Entstehung und Entwicklung des Sozialstaats als „historische Konstruktion eines kontinuierlichen Lebenslaufes" (Kohli 1994, S. 223) lesen. Wie bereits Kohli betont, ist die Rolle der Sozialpolitik keineswegs auf die Hervorbringung von kontinuierlichen Lebensphasen und ihrer geregelten Abfolge, also auf die „äußere Struktur" des Lebenslaufs begrenzt. Politische Institutionalisierung von Lebenszeit umfasst auch die Konstitution biographischen Sinns (Biographizität), also den Übergang zu einer „vom Ich aus strukturierten und verzeitlichten [...] Selbst- und Weltauffassung" (ebd., S. 220) bzw. allgemeiner die Anforderung an den_die Einzelne_n, sich in der Lebenszeit zu orientieren und diese planerisch und bilanzierend zu gestalten. Es ist daher von vornherein unzureichend, wenn die Frage des Wandels der Lebenslauforordnung lediglich mit dem Hinweis auf neue Diskontinuitäten innerhalb der Erwerbsphase sowie an ihrem Anfang und Ende (und ihrer Ursachen: Erosion des Normalarbeitsverhältnisses, Flexibilisierung, Pluralisierung von Lebensstilen, etc.) beantwortet wird. Der Kern des Wandels besteht vielmehr darin, dass sich (parallel zu diesen Entwicklungen) die Anforderung der Biographisierung des Lebens radikalisiert, und zwar als Anspruch, sich selbst *immer wieder neu* zur eigenen Vergangenheit, Gegenwart und Zukunft in Bezug zu setzen.[1]

Unter diesem Blickwinkel lässt sich eine Biographisierung der Sozialpolitik diagnostizieren. Denn der Anspruch wirkt nicht nur dort, wo (sozialstaatlich einst gewährleistete) materielle Sicherheiten wegbrechen, sondern ist politisch über sozialstaatliche Instrumente vermittelt und durchgesetzt, die insbesondere in biographischen Übergängen (z.B. der Übergang von der Schule in den Beruf oder in die Elternschaft) zum Tragen kommen: Verlieren einerseits standardisierte Rollenvorgaben und rigide Ablaufmuster ihre Geltung, werden andererseits vom Einzelnen eigenständige Strukturierungsleistungen des Lebenslaufes und dafür erforderliche Kompetenzen abverlangt. Ob in der Arbeitsmarktpolitik, die das Handeln u.a. über

---

1   Vgl. hierzu Diewald (2010), der von einem Lebenslaufregime spricht, das die „individuelle Kontinuitätssicherung bei schwankender Erwartungssicherheit zum bestimmenden Merkmal hat." (ebd., S. 38) Vgl. ferner Schmeisers (2006) Aufsatz: „Von der äußeren zur inneren Institutionalisierung des Lebenslaufes".

die Kürzung von Geldleistungen und Sanktionen auf einen flexiblen Arbeitsmarkt ausrichtet, oder in der Familienpolitik, die u.a. mit finanziellen Leistungen Anreize zu spezifischen Mustern privater Lebensführung setzt – die politische Intervention greift über auf die Haltung des_r Einzelnen gegenüber dem Verlauf seines_ihres Lebens; in prinzipiell allen Lebensphasen.

Kommt aus dieser Perspektive Biographizität als inhärenter Bestandteil und Gegenstand einer sozialstaatlichen Neuverhandlung in den Blick, sind die Vorbehalte gegenüber dem Biographieansatz in der Transformationsforschung zu überdenken und produktiv zu wenden. Das heißt zum einen, negativ: Wenn anerkannt wird, dass Lebensverläufe einen irreduziblen subjektiv-sinnhaften Aspekt aufweisen, der aber immer schon bzw. immer stärker politisch strukturiert ist, wird es fragwürdig, die perspektivischen Deutungen zugunsten ‚faktischer' Lebensabläufe vorschnell zu entschleiern oder gänzlich auszuklammern. Zum anderen, positiv: Indem sie die Sinn-Ebene einer Transformation von Lebenszeit zur Sprache bringt, eröffnet die Biographieanalyse neue Perspektiven der Transformationsforschung: Inwiefern kommen Akteure dem politischen Anspruch biographischer Orientierung nach? Unter welchen Bedingungen sind sie in der Lage, – zunehmend diskontinuierliche – Verläufe, in denen sie involviert sind, als Biographie anzueignen und damit zu gestalten?

2 Dimensionen von Biographizität

Im weiteren Gedankengang werden drei basale Dimensionen von Biographizität thematisiert, die im Zuge von Transformationsprozessen in den politischen Fokus rücken und einer politischen Gestaltung zugeführt werden: Zeitlichkeit, Narrativität, Körperlichkeit. Eine Vermittlung von Biographie- und sozialstaatlicher Transformationsforschung erfordert es – so die These –, diese Dimensionen sowohl anhand biographietheoretischer Grundlagen zu erschließen als auch deren (verstärkte und selektive) politische Fokussierung zu reflektieren.

Zeitlichkeit

„Biographische Perspektivität" (Schieck 2010, S. 35ff.), also das Primat der Perspektive des_r Biographen_in als irreduzibler Ausgangs- und Bezugspunkt der Auslegung und damit methodologischer Grundbegriff des hier betrachteten Ansatzes insgesamt, basiert auf einer Begrifflichkeit von Zeit, die sich von einem linearen Zeitmodell (im Sinne einer Reihe von Jetzt-Punkten) abgrenzt, das eine_n Beobachter_in voraussetzt, der_die selbst außerhalb der Zeit steht (vgl. Fischer 1982, S. 5). Dagegen in Anschlag gebracht wird die perspektivische, sinnhafte Gegebenheit der Zeit. „Da wir selbst in das Zeitgeschehen verwickelt sind, fehlt uns die Distanz, die uns einen Überblick über die Zeit und einen Zugriff auf sie ermöglichen könnte" (Waldenfels 2009, S. 217). Der Rückgang auf die Involvierung in einem zeitlichen Geschehen erzwingt eine Doppelung der Analyserichtung, die in der Kritik an einer subjektzentrierten Biographieforschung allzu leicht in Vergessenheit gerät: Biographische Thematisierungen sind nicht nur situative Zuwendungen zu Vergangenheit, Gegenwart und Zukunft, sondern immer auch Ausdruck der andauernden Prozesse selbst, in denen sich diese Perspektiven bilden und verändern (vgl. Fischer 1982, S. 17; Fischer-Rosenthal/Rosenthal 1997, S. 138); die biographische Thematisierung verdoppelt sich in eine beredete Zeit und eine Zeit der Rede (vgl. Waldenfels 1999).

Eine zeittheoretische Begründung, wie sie in der Biographieforschung vorliegt, wird in einem gesellschaftlichen und politischen Kontext der Neuverhandlung von Zeit relevant: Im Zuge einer Biographisierung von Sozialpolitik stehen die „lebenszeitlichen Perspektiven" (Burkart 1997, S. 235ff.) – oder in Bourdieus Worten: die „praktischen Erwartungen" (2001), die inkorporierte Realität sozialer Verläufe – als politisch zu gestaltende selbst infrage. Quasi exemplarisch für eine solche Fokusverschiebung von den externen gesellschaftlichen Zeitstrukturen zu den inkorporierten Zeitperspektiven steht die Familienpolitik im deutschen Wohlfahrtsstaat. Parallel zu einem Geltungsverlust des „familistischen" Wohlfahrtsregimes (Lessenich 2003), das divergente Zeitlogiken der Erwerbs- und Familiensphäre über das Konstrukt der Normalfamilie und entsprechender standardisierter Geschlechterrollen aufeinander bezogen hat, vermittelt familienpolitische Intervention den Anspruch, kohärent strukturierte Zeitperspektiven in der privaten Lebensführung (Familienplanung, Karriereplanung, Vereinbarkeitsarrangements) selbst auszubilden. Diese veränderte Logik spiegelt sich neben einer zunehmenden Relevanz der pädagogischen Interventionsform nicht zuletzt in den familienpolitischen Geldleistungen wider (vgl. Schutter/Zerle-Elsäßer 2012): Das einkommensabhängige Elterngeld, das an das Ausmaß der Erwerbsbeteiligung vor der Elternschaft gekoppelt ist, legt Paaren die Aufgabe auf, vor der Familiengründung eine gemeinsam geteilte Überzeugung der Gestaltung der weiteren beruflichen Zukünfte auszubilden. So richtig es also ist, dass Politik spezifische (in dem Beispielfall: erwerbszentrierte) Lebensführungen fördert, grundlegend sind sie daran orientiert, dass die AdressatInnen Lebenszeit eigenständig strukturieren.[2]

---

2 Dieser Entwicklung wird zunehmend auch in der Paar- und Familiensoziologie Rechnung getragen, die familienrelevante Ereignisse im Lebenslauf, wie Paarbildung, Haushaltsgründung und Familiengründung, als Prozesse der „Selbst-Institutionalisierung" konzipiert (vgl. Maiwald 2009).

Eine solche Politisierung von Zeitlichkeit ist in sich ambivalent, verlangt sie den Akteuren doch ab, sich in ihrem Handeln mit pluralen Prozessen und ihren Unwägbarkeiten in Bezug zu setzen und zugleich diese auf Grundlage internalisierter Haltungen planerisch, berechnend und bilanzierend zu gestalten. Dass die Einlösung dessen voraussetzungsvoll ist, hat bereits Bourdieu (2000; 2001, Kap. 6) aufgezeigt, dem zufolge die Zeiterfahrung danach differiert, je nachdem, ob sich eine „praktische Erwartung", die den Logiken sozialer Felder angepasst ist, ausbilden kann. Dies spiegelt sich wider in einer sozialen Polarisierung zwischen Lebensläufen (vgl. Furstenberg Jr. 2010), in denen Ungewissheiten deshalb kein lebenspraktisches Problem darstellen, weil sie auf Basis einer kontinuierlichen inkorporierten Haltung gestaltet werden können, und solchen Verläufen, in denen die Akteure den auferlegten Diskontinuitäten ausgesetzt sind, sodass sich eine kohärente Zeitperspektive nicht stabilisieren kann und Lebenszeit folglich als kaum gestaltbar, „verlaufskurvenhaft" (Schütze 1984) wahrgenommen wird.

Die Frage, wie Akteure den Zeitverläufen, deren Teil sie sind, subjektiven Sinn verleihen, kommt vor diesem Hintergrund zu spät. Vielmehr rekonstruiert Biographieforschung die Prozesse der Bildung von Zeitperspektiven in der Hinsicht, wie und ob Akteure in biographischen Übergängen die divergenten Verläufe in sich aufnehmen können. Der Gehalt der biographischen Rekonstruktion besteht darin, sowohl die Bedingungen, unter denen die Stabilisierung einer Zeitperspektive möglich oder eben unmöglich ist, als auch die biographischen Konsequenzen dessen in den Blick zu nehmen.

Narrationen
Biographizität ist Bestandteil sozialstaatlicher Neuverhandlung, da mit dem Umbau des Sozialstaats – z.B. bezogen auf das Feld der Arbeitsmarktpolitik – auch auf das Selbstverständnis der Subjekte in der „Aktivierungsgesellschaft" (Lessenich 2012) abgezielt wird. Die sozialstaatliche Neuausrichtung braucht zu ihrer Umsetzung Subjekte, um wirksam zu werden. Aus ideologiekritischer Perspektive werden nämlich beispielsweise von der Aktivierungspolitik arbeitsideologische „Anrufungen" (vgl. Althusser 2010; Butler 2013) an Subjekte herangetragen, zu denen diese sich verhalten (müssen). Im öffentlichen Diskurs werden dabei wünschenswerte Eigenschaften und Lebensführungsweisen nicht Nichterwünschten gegenübergestellt. Mediale Inszenierungen tun ihr Nötigstes hinzu, um erstrebenswerte Identitäten (vgl. Reckwitz 2011, S. 304) darzustellen. Denn sie beinhalten Anrufungen an eigenverantwortliche, beschäftigungsfähige Subjekte, die sich als „Unternehmer_innen ihrer Selbst" (vgl. Bröckling 2007) verstehen (sollen), während es zugleich zur Abwertung und Stigmatisierung erwerbsloser Personen kommt. Diese werden vor allem in der Weise als selbst verantwortlich für ihre

Lebenssituation dargestellt, als dass Arbeitslosigkeit und die desolate Lebenssituation, die damit einhergehen kann, in der medialen Darstellung als selbst verschuldet erscheint.

In der Narration nehmen Personen (während des biografischen Interviews) nicht nur Bezug auf ihre Lebenserfahrungen, sondern sie konstruieren zudem im Sprechen durch ihre Erzählung ihre Identität. Gerade weil Personen ihre Biographie nur über Sprache äußern können, stellen Narrationen eine Dimension von Biographizität dar. Im Sprechen nehmen die Interviewten Bezug auf ihre Lebenserfahrungen, auf welche sie aus der gegenwärtigen Situation heraus zurückblicken. In der Biographieforschung herrscht bereits die Annahme vor, dass Erfahrungen, die im biografischen Interview geäußert werden, nicht immer den tatsächlichen Erlebnissen der Interviewten entsprechen, eben weil das Erlebte nur aus der gegenwärtigen Perspektive geschildert werden kann. Was jedoch noch nicht ausreichend Berücksichtigung findet, ist der Einfluss des Diskurses selbst auf die Narration und die Identitätskonstruktion, die (im biografischen Interview) geschaffen werden (vgl. Stehr 2015, S. 125). Der Einfluss des Diskurses wird hier so ernst genommen, dass Identität verstanden wird als Vernähung mit dem Lauf der Diskurse (vgl. Hall 2004, S. 173). Denn nimmt man die Eigenschaft der Identität, sprachlich konstruiert zu sein, ernst, wird deutlich, dass die Beschreibung der eigenen Person und anderer im biografischen Interview erzählter Personen immer vor dem Hintergrund des aktuellen Diskurses bzw. mit Rückbezug auf Deutungsmuster dieses Diskurses passiert.

Narrative Identität als empirisches Konstrukt kann insofern als Her- und Darstellung der eigenen Identität, die situativ und für den Moment geschaffen wird (vgl. Lucius-Hoene/Deppermann 2002, S. 55), gelesen werden. Positionierungsakte im biografischen Interview sind dabei grundlegend dafür, „Identitäten in sozialen Interaktionen zu konstruieren und auszuhandeln" (ebd., S. 196). Zugleich stellen gerade sie die Schnittstelle von Subjekt und Diskurs im biographischen Interview dar, denn durch die Selbst- und Fremdpositionierung nehmen die Befragten zugleich Bezug auf gegenwärtig akzeptierte und weniger akzeptierte (Subjekt)Positionen und Lebensführungsweisen.

Mit Blick auf eine Transformation in Richtung eines aktivierenden Sozialstaats ermöglicht das biographische Interview den Blick darauf zu richten, wie junge Erwachsene in der Narration ihren biographischen Erfahrungen Sinn verleihen und inwieweit sie dies mithilfe von Argumentationen tun, die dem arbeitsideologischen Diskurs entstammen. Als Frage gewendet: Wie generieren Akteure in ihren Narrationen Sinn und inwieweit greifen sie dafür auf Diskurselemente des arbeitsideologischen Diskurses zurück? Wie antworten Akteure mit ihren Identitätskonstruktionen auf den arbeitsideologischen Diskurs? Insbesondere durch den Fokus darauf, was im biographischen Interview für wen sagbar ist, ließe sich so eine Verbindung zwischen arbeitsideologischen Anrufungen und den Identitätskonstruktionen erforschen. Erkennbar könnte auch werden, inwieweit die Produktion biographischen Sinns staatlicher Steuerung unterliegt, sei es nun durch die Veränderungen auf der Strukturdimension gesellschaftlicher Praxis (beispielsweise in Form von Gesetzesänderungen und Kürzungen), die Einfluss auf die Biographie und so auch auf die biographische Erzählung haben oder auch durch Identitätsanforderungen, die auf der Dimension der symbolischen Repräsentation im Sinne von „Anrufungen" an Subjekte herangetragen werden und zu welchen sich die Personen dann schließlich mit ihrer Identitätskonstruktion – auch im biographischen Interview – verhalten (müssen). Wenn Biographie dieser Logik entsprechend verstanden wird als Schnittstelle von Subjekt und Diskurs (vgl. auch Spies 2010; Tuider 2007; Karl 2007), verliert die Kritik an einer subjektzentrierten Biographieforschung, die der „biographischen Illusion" (vgl. Abs. 1) unterliege, zugleich ihren Nährboden.

Körperlichkeit

Auch Körperlichkeit stellt eine wichtige Dimension von Biographizität dar. Biographien sind Ausdruck eines mit und durch Körper und Leib erlebten und gefühlten Lebens, denn biographisches Erleben findet über den Körper statt: Allein sich selbst im Verhältnis zur Umwelt stehend zu begreifen, setzt das eigene Leibsein voraus (vgl. Alheit 1999). Biographische Selbstpräsentationen, wie sie beispielsweise im biographischen Interview getätigt werden, *gründen* insofern einerseits auf körperlich-leiblichen Erfahrungen, andererseits ist das Erzählen dieser Erfahrungen, also die Artikulation des Leibes und des Körpers, nur über sprachliche Konstruktionen möglich, sodass jede (narrative) Bezugnahme auf den eigenen Körper oder auf leibliche Empfindungen nicht außerhalb ihres (sozialen) Kontextes gelesen werden kann (vgl. u.a. Jäger 2004; Villa 2006). Dies rückt Körperlichkeit auch in ein grundlegendes Verhältnis zu gesellschaftlichen und sozialstaatlichen Transformationsprozessen.

Die exzentrische Positionalität des Menschen (vgl. Plessner 1975) ermöglicht und erzwingt es gleichermaßen, Dinge nicht unmittelbar zu erfahren, sondern sie immer in Relation zur Umwelt zu erkennen und zu verstehen, denn die Struktur des Menschlichen ist darin gekennzeichnet, dass Menschen nicht nur die Umwelt erfahren, sondern auch sich selbst als Umwelt erfahrend erfahren. Zum Beispiel knüpft das Erleben von Schmerzen immer auch an vergangene biographische Erfahrungen an, weil das eigene Wissen und die Erfahrung über die Anatomie des Körpers sowie Erfahrungen von anderen Personen hinzugezogen werden, um das leibliche Erleben auf diesem Wege zu lokalisieren und zu *be*-greifen (vgl. Lindemann 2016). Menschen greifen in Situationen leiblicher Erfahrung also auf Wissen zurück, das biographisch erworben worden ist.

Dieses Wissen steht im Wechselverhältnis zur gesellschaftlichen Dimension, denn um Körper und Leib zur Sprache zu bringen muss sich bestimmter Bezeichnungen bedient werden, die eingelassen sind in eine Ordnung symbolischer Repräsentationen. So ist auch die Vorstellung, die sich Menschen von ihrem eigenen Körper machen, immer schon durch Normen reguliert (vgl. Villa 2006). Diese konstituieren sich über eine sich „ständig wiederholende und zitierende [performative, d. Verf.] Praxis" (Butler 1997, S. 22). Bestimmte Körperbilder werden dabei idealisiert, andere werden diesen als Negativfolie gegenübergestellt und ihrer Anerkennung entzogen. Gegenwärtig werden erstrebenswerte Körperbilder vor allem über Optimierungsdiskurse artikuliert, die über Fitness- und Gesundheitsideale sowie Disziplinierungsanforderungen durchgesetzt und über das Verweisen auf und Beschämen von nicht-optimierten Körpern untermauert werden (vgl. u.a. Graf 2013; Schorb 2015). Die Normativität sozialer Ordnung materialisiert sich insofern nicht nur am Körper, sie schafft auf diesem Wege auch leibliche Erfahrungswelten, weil das Erleben von zum Beispiel verweigerter oder gewährter Anerkennung nicht nur über Diskurse verbalisierbar wird, sondern auch qua des eigenen Leibes genuin biographisch erfahrbar ist.

Wenn Sozialpolitik im Zuge sozialstaatlicher Veränderungen nun verstärkt Einfluss auf biographische Orientierungen nimmt, tangiert sie Körper und Leib der Subjekte. Dies tut sie nicht nur in grundlegender Weise, weil Körperlichkeit eine basale Dimension von Biographizität abbildet – das allein kennzeichnet nicht die Radikalisierung der Einflussnahme; sie tut dies vor allem, weil Körperlichkeit vor dem Hintergrund gegenwärtiger diskursiver Repräsentationen erfasst und wahrgenommen und hier verstärkt explizit thematisiert und verhandelt wird. Dabei zeigt sich, dass anerkannte Subjektpositionen, die über politische Programmatiken formuliert werden, eine hohe Korrespondenz mit jenen gegenwärtigen Körperdiskursen aufweisen. Besonders deutlich wird dies im Falle der (bedingungslosen) Aktivierung erwerbsloser Personen zur Integration in den Erwerbsarbeitsmarkt. Das als erstrebenswert geltende „unternehmerische Selbst" (Bröckling 2007) managt sich selbst – es handelt eigenverantwortlich und optimiert das eigene Verhalten bestmöglich, um im „Wettkampfregime" (Dörre et. al. 2013) zu bestehen. Der sozialstaatliche Zugriff auf erwerbslose Personen zielt vor diesem Hintergrund vor allem auf die Veränderung individueller Verhaltensweisen, da Erwerbslose im Diskurs als nicht ausreichend aktiviert betrachtet werden (vgl. Kessl 2006, S. 222). Bedeutsam ist dabei, dass auch ihre Körper dabei zum Messinstrument des sozialpolitischen Anspruches an Aktivierung werden, indem sie sich als aktiviertes Subjekt im sozialstaatlichen Gefüge positionieren. Aktivierung wird so sozialpolitisch zugleich ‚auf den Leib geschrieben'.

Sozialstaatliche Transformationsprozesse schaffen also leibliche Erfahrungswelten. Subjekte müssen sich zu den an sie herangetragenen ‚Anrufungen' verhalten (vgl. Hall 2004; Butler 2013). Sie positionieren sich dabei über ihre Körper oder füllen Subjektpositionen gar mit Hilfe ihres Körpers aus – und konstituieren darüber ihre Biographie, so, wie diese wiederum über sozialstaatliche Zugriffe mit konstituiert wird. Im so bestehenden Wechselverhältnis von identitärer und struktureller Dimension bildet Körperlichkeit also ein wichtiges Scharnier ab.

3 Fazit

Die Frage nach der Relevanz der Biographieforschung für die Transformationsforschung wird durch gesellschaftliche Entwicklungen aufgeworfen, im Zuge derer Biographizität als gestaltbare und gestaltungsbedürftige Dimension des Sozialen in den politischen Fokus rückt. Eine Biographieanalyse, die von dieser Fragwürdigkeit ausgeht, also die gesellschaftlichen und staatlichen Voraussetzungen ihres eigenen forscherischen Tuns reflektieren will, muss ihre methodologischen Begriffe und Ansätze mit den Transformationsprozessen ins Verhältnis setzen und neu justieren. Einige der erarbeiteten Einsichten, Fragen und Aufgaben seien abschließend hervorgehoben.

Steht grundsätzlich in Frage, wie sich in biographischen Selbstbeschreibungen gesellschaftliche und staatliche Strukturen einschreiben, weist Biographizität auf ein Ineinanderwirken von Aktivität und Passivität hin. Sie bedeutet für Subjekte einerseits Akteure sein und als Akteure handeln sowie andererseits – und dies in zunehmender Weise – ebenso durch strukturelle Rahmungen als Akteure vereinnahmt zu werden. Biographische Erzählungen antworten auf Anrufungen, die im sozialpolitischen Diskurs formuliert werden und damit Subjekte spezifisch (sozial) positionieren. Diese sind dann aber auch als (darüberhinausgehende) *Antworten* lesbar zu machen, als „*performative* Praktiken, [...] in denen die Individuen sich ihrer selbst vergewissern und als sinnhaft Handelnde in einer spezifischen Weise konstituieren" (Karl 2007, S. 21, Herv. i. Orig.). Eine Biographie, so konstatiert auch Bettina Völter (2006, S. 269), hat man eben nicht einfach, sondern sie wird in der Erzählung aktiv hergestellt.

Die Erörterung der drei (hier vorgestellten) Dimensionen von Biographizität – Narrativität, Körperlichkeit, Zeitlichkeit – hat gezeigt, dass Biographien nicht auf identitätslogische Zuschreibungen zurückgeführt werden können, sondern vielmehr ein Wechselverhältnis gesellschaftlicher Strukturen, symbolischer Repräsentationen und Subjektivität angenommen werden muss. Gesellschaftlich-diskursive Deutungsmuster, körperlich-leibliche Erfahrungen sowie lebenszeitliche

Prozesse sind soziale Momente der Biographie, die sich der subjektiven Gestaltung bis zu einem bestimmten Maße entziehen. Anders als die Kritik an einer Subjektzentrierung unterstellt, setzt Biographieforschung an diesen Momenten an und fragt, wie (und unter welchen Bedingungen) die Akteure von den Erfahrungen in den Verläufen, deren Teil sie sind, von den Geschichten, in denen sie ‚verstrickt' sind, zu sich selbst bzw. einer Erzählung ihrer selbst kommen (können).

In einem Gesellschaftskontext, in dem die Konstitution solcher Selbst-Verhältnisse zunehmend Fluchtpunkt sozialpolitischer Intervention ist, hat Biographieforschung die Aufgabe, die Paradoxien dieser Neuverhandlung kenntlich zu machen. Der politisch vermittelte Anspruch der Biographisierung fordert, sich immer wieder neu mit der eigenen Lebenszeit in Bezug zu setzen, also die permanente Bereitschaft zu Flexibilität und Veränderung. Die Akteure werden so mit einer andauernden Erwartung konfrontiert, die im Grunde genommen niemals zu einem Ende finden kann: Den lebenszeitlichen Prozess einzuholen, Körper verfügbar sowie Erfahrungen konform erzählbar und damit auch verfügbar zu machen. Gleichzeitig ist aber Biographizität in der Hinsicht basal, dass ein reflexiver Zugriff auf Biographien nicht in Gänze möglich ist. Infrage steht dann, unter welchen (sozial ungleichen) Bedingungen Akteure diese Paradoxien lebenspraktisch einlösen und bearbeiten können oder diesen ausgesetzt bleiben und welche Konsequenzen im Lebenslauf damit einhergehen. Dies geht über die Analyse der Nutzungsmuster von Adressat_innen von Sozialpolitik und Sozialer Arbeit hinaus, da es die Konstitutionsbedingungen, unter denen Akteure handeln können, mit einschließt. Nicht zuletzt in der Wahrnehmung und Bearbeitung dieser Fragen liegt der zeitdiagnostische Gehalt der Biographieforschung.

Literatur

Alheit, Peter (Hrsg.) (1999): *Biographie und Leib.* Gießen: Psychosozial-Verlag.
Althusser, Louis (2010): *Gesammelte Schriften.* Hamburg: VSA-Verlag.
Bourdieu, Pierre (1990): Die biographische Illusion. In: *Bios* 3 (1), S. 75–81.
Bourdieu, Pierre (2000): *Die zwei Gesichter der Arbeit. Interdependenzen von Zeit- und Wirtschaftsstrukturen am Beispiel einer Ethnologie der algerischen Übergangsgesellschaft.* Konstanz: UVK.
Bourdieu, Pierre (2001): *Meditationen. Zur Kritik der scholastischen Vernunft.* Frankfurt/M.: Suhrkamp.
Brettschneider, Antonio/Klammer, Ute (2016): *Lebenswege in die Altersarmut. Biografische Analysen und sozialpolitische Perspektiven.* Berlin: Duncker & Humblot.
Bröckling, Ulrich (2007): *Das unternehmerische Selbst. Soziologie einer Subjektivierungsform.* Frankfurt/M.: Suhrkamp.
Burkart, Günter (1997): *Lebensphasen, Liebesphasen. Vom Paar zur Ehe, zum Single und zurück?* Opladen: Leske + Budrich.
Butler, Judith (1997): *Körper von Gewicht. Die diskursiven Grenzen des Geschlechts.* Frankfurt/M.: Suhrkamp.
Butler, Judith (2013): *Haß spricht. Zur Politik des Performativen.* 4. Aufl. Berlin: Suhrkamp.
Diewald, Martin (2010): Lebenslaufregime. Was leistet der Begriff für das Verständnis sozialen Wandels? In: Bolder, Axel/Epping, Rudolf/Klein, Rosemarie/Reutter, Gerhard/Seiverth, Andreas (Hrsg.): *Neue Lebenslaufregimes. Neue Konzepte der Bildung Erwachsener?,* S. 25–41. Wiesbaden: VS.
Dörre, Klaus/Scherschel, Karin/Booth, Melanie/Haubner, Tine/Marquardsen, Kai/Schierhorn, Karen (2013): *Bewährungsproben für die Unterschicht? Soziale Folgen aktivierender Arbeitsmarktpolitik.* Frankfurt/New York: Campus.
Fischer-Rosenthal, Wolfram/Rosenthal, Gabriele (1997): Narrationsanalyse biographischer Selbstpräsentation. In: Hitzler, Ronald/Honer, Anne (Hrsg.): *Sozialwissenschaftliche Hermeneutik. Eine Einführung,* S. 133–164. Opladen: Leske + Budrich.
Fischer, Wolfram (1982): Alltagszeit und Lebenszeit von chronisch Kranken. In: *Zeitschrift für Soziologie der Erziehung und Sozialisation* 2 (2), S. 5–19.
Furstenberg Jr., Frank F. (2010): On a New Schedule: Transitions to Adulthood and Family Change. In: *The Future of Children* 20 (1), S. 67–87.
Graf, Simon (2013): Leistungsfähig, attraktiv, erfolgreich, jung und gesund: Der fitte Körper in post-fordistischen Verhältnissen. In: *Body Politics* 1 (1), S. 139–157.
Hall, Stuart (2004): *Ausgewählte Schriften 1.* Hamburg: Argument.
Jäger, Ulle (2004): *Der Körper, der Leib und die Soziologie. Entwurf einer Theorie der Inkorporierung.* Königstein: Helmer.
Karl, Ute (2007): Metaphern als Spuren von Diskursen in biographischen Texten. In: *Forum Qualitative Sozialforschung. Forum: Qualitative Sozialforschung* (8, 1, Art. 3). Online verfügbar unter: http://www.qualitative-research.net/index.php/fqs/article/view/211/465.
Kessl, Fabian (2006): Aktivierungspolitik statt wohlfahrtstaatlicher Dienstleistung? Das aktivierungspolitische Re-Arrangement der bundesdeutschen Kinder- und Jugendhilfe. In: *Zeitschrift für Sozialreform* Jg. 52, H. 2, S. 217–232.

Kohli, Martin (1994): Institutionalisierung und Individualisierung der Erwerbsbiographie. In: Beck, Ulrich/Beck-Gernsheim, Elisabeth (Hrsg.): *Riskante Freiheiten. Individualisierung in modernen Gesellschaften*, S. 219–244. Frankfurt/M.: Suhrkamp.

Lessenich, Stephan (2003): *Dynamischer Immobilismus. Kontinuität und Wandel im deutschen Sozialmodell*. Frankfurt/New York: Campus.

Lessenich, Stephan (2012): *Die Neuerfindung des Sozialen. Der Sozialstaat im flexiblen Kapitalismus*. Bielefeld: transcript.

Lindemann, Gesa (2016): Leiblichkeit und Körper. In: Gugutzer, Robert/Klein, Gabriele/Meuser, Michael (Hrsg.): *Handbuch Körpersoziologie. Band 1: Grundbegriffe und theoretische Perspektiven*, S. 57–66. Wiesbaden: Springer VS.

Lucius-Hoene, Gabriele/Deppermann, Arnulf (2002): *Rekonstruktion narrativer Identität. Ein Arbeitsbuch zur Analyse narrativer Interviews*. Opladen: Leske + Budrich.

Maiwald, Kai-Olaf (2009): Paarbildung als Selbst-Institutionalisierung. Eine exemplarische Fallanalyse. In: *Sozialer Sinn* 10 (2), S. 283–315.

Plessner, Helmuth (1975): *Die Stufen des Organischen und der Mensch. Einleitung in die philosophische Anthropologie*. 3., unveränd. Aufl. Berlin u.a.: Walter de Gruyter.

Reckwitz, Andreas (2011): Ernesto Laclau: Diskurse, Hegemonien, Antagonismen. In: Stephan Moebius, Stephan/Quadflieg, Dirk (Hrsg.): *Kultur. Theorien der Gegenwart*. 2., erw. und aktual. Aufl., S. 300–310. Wiesbaden: VS.

Schieck, Daniela (2010): *Aktivisten der Normalbiographie. Zur biographischen Dimension prekärer Arbeit*. Wiesbaden: VS.

Schmeiser, Martin (2006): Von der äußeren zur inneren Institutionalisierung des Lebenslaufs. In: *Bios* 19 (1), S. 51–92.

Schorb, Friedrich (2015): *Die Adipositas-Epidemie als politisches Problem. Gesellschaftliche Wahrnehmung und politische Intervention*. Wiesbaden: Springer VS.

Schutter, Sabina/Zerle-Elsäßer, Claudia (2012): Das Elterngeld: Wahlfreiheit und Existenzsicherung für (alle) Eltern? In: *WSI-Mitteilungen* (3), S. 216–225.

Schütze, Fritz (1984): Kognitive Figuren des autobiographischen Stegreiferzählens. In: Kohli, Martin/Robert, Günther: *Biographie und soziale Wirklichkeit. Neue Beiträge und Forschungsperspektiven*, S. 78–117. Stuttgart: Metzler.

Spies, Tina (2010): *Migration und Männlichkeit. Biographien junger Straffälliger im Diskurs*. Bielefeld: transcript.

Stehr, Johannes (2015): Über einige Bedingungen von biographischer Forschung als widerständiger Praktik. In: Dörr, Margret/Füssenhäuser, Cornelia/Schulze, Heidrun: *Biografie und Lebenswelt. Perspektiven einer Kritischen Sozialen Arbeit*, S. 123–139. Wiesbaden: Springer VS.

Tuider, Elisabeth (2007): Diskursanalyse und Biographieforschung. Zum Wie und Warum von Subjektpositionen. In: *FQS Forum: Qualitative Sozialforschung* 8 (2. Art.6). Online verfügbar unter: http://www.qualitative-research.net/index.php/fqs/article/view/249/549.

Villa, Paula-Irene (2006): *Sexy Bodies. Eine soziologische Reise durch den Geschlechtskörper*. 3., aktualisierte Aufl. Wiesbaden: VS.

Völter, Bettina (2006): Die Herstellung von Biographie(n). Lebensgeschichtliche Selbstpräsentationen und ihre produktive Wirkung. In: Burkart, Günter/Heidel, Marlene (Hrsg): *Die Ausweitung der Bekenntniskultur – neue Formen der Selbstthematisierung*, S. 261–283. Wiesbaden: VS.

Waldenfels, Bernhard (1999): *Vielstimmigkeit der Rede. Studien zur Phänomenologie des Fremden.* Band 4. Frankfurt/M.: Suhrkamp.
Waldenfels, Bernhard (2009): *Ortsverschiebungen, Zeitverschiebungen. Modi leibhaftiger Erfahrung.* Frankfurt/M.: Suhrkamp.

Zukunftsvisionen

Zur Subjektivierung diskursiver Ordnungen einer Politik des Verhaltens

Tina Spies

Seit den 1970er Jahren und nochmals verstärkt seit den 1990er Jahren lässt sich eine Transformation der Sozial- und Arbeitsmarktpolitik beobachten, die sich vom ‚aktiven Staat' hin zum ‚aktivierenden Staat' entwickelt. Kennzeichnend für diese Entwicklung ist ein „Aktivierungsdiskurs" (Dollinger 2006, S. 8), innerhalb dessen „strukturell begründete soziale Probleme in individuelles Fehlverhalten und Subjektqualitäten" umgedeutet werden (ebda., S. 12). Gleichzeitig werden gesellschaftliche Kontexte und institutionelle Mechanismen, die soziale Ungleichheit und Herrschaftsverhältnisse produzieren, ausgeblendet (vgl. z.B. Stehr/Schimpf 2012, S. 38; Pieper 2007; Stehr 2007). Es lässt sich hier eine Verschiebung von der Politik der Verhältnisse zur Politik des Verhaltens beobachten (vgl. Anhorn et al. 2018), die mit einer bestimmten sprachlichen Terminologie einhergeht, innerhalb derer ‚Eigenverantwortung', ‚soziales Engagement', ‚Eigeninitiative' und ‚Selbstvorsorge' gefördert werden, während gleichzeitig diejenigen, die in öffentlichen Verwaltungen und Institutionen Sozialer Arbeit beschäftigt sind, zu ‚Fallmanager*innen' und ‚Berater*innen' werden (vgl. Dollinger 2006, S. 8).[1]

---

1 Als fast schon klassische Beispiele gelten in diesem Zusammenhang die Gesetzesänderungen zur Neuordnung der Erwerbslosen- und Daseinsfürsorge im Rahmen der Agenda 2010, die auf Empfehlung der sogenannten ‚Hartz-Kommission' umgesetzt wurden (vgl. z.B. Pieper 2007).

© Springer Fachmedien Wiesbaden GmbH, ein Teil von Springer Nature 2018
J. Stehr et al. (Hrsg.), *Konflikt als Verhältnis – Konflikt als Verhalten – Konflikt als Widerstand*, Perspektiven kritischer Sozialer Arbeit 30,
https://doi.org/10.1007/978-3-658-19488-8_25

Dieser ‚Aktivierungsdiskurs' bzw. dieser Diskurs um eine ‚Politik des Verhaltens' schlägt sich jedoch nicht nur in der Sprache nieder, sondern beeinflusst auch die Handlungsfelder und Handlungsanweisungen von Sozialpolitik und Sozialer Arbeit (vgl. z.B. Bitzan/Bolay 2011). Dabei spielt es sicherlich eine Rolle, dass die unterschiedlichen Formen einer Aktivierenden Sozialen Arbeit an eine lange konzeptionelle Tradition individualisierender Problembehandlung innerhalb der Sozialen Arbeit anknüpfen (vgl. Kessl/Otto 2003). Insofern muss in diesem Zusammenhang sicherlich auch nach der Beteiligung Sozialer Arbeit an der Herstellung einer ‚neoliberalen Ordnung' gefragt werden, die mit einer ‚Politik des Verhaltens' einhergeht (vgl. z.B. Stehr/Schimpf 2012, S. 27; Bührmann 2007).[2] Gleichzeitig schlägt sich eine ‚Politik des Verhaltens' aber auch auf diejenigen nieder, an die sich die Programme und Maßnahmen von Sozialpolitik und Sozialer Arbeit richten. Und genau hier möchte ich in meinem Beitrag ansetzen: Ausgangspunkt meiner Überlegungen ist die Annahme, dass es sich bei dem, was hier als ‚Politik des Verhaltens' bzw. ‚Aktivierungsdiskurs' beschrieben wird, tatsächlich um einen ‚Diskurs' handelt. Und zwar im Sinne Foucaults, der Diskurse als Praktiken versteht, „die systematisch die Gegenstände bilden, von denen sie sprechen" (Foucault 1981, S. 74). Es geht mir um die Macht der (geschriebenen oder reproduzierten) Sprache, die gesellschaftliche Effekte hervorbringen und Subjekte konstituieren kann (vgl. Butler 1998, S. 52). Insofern interessiere ich mich für die Subjektivierung diskursiver Ordnungen einer Politik des Verhaltens.

Am Beispiel von zwei kurzen Ausschnitten aus narrativ-biographischen Interviews mit straffällig gewordenen Jugendlichen möchte ich zeigen, inwiefern sich eine ‚Politik des Verhaltens' in die Biographien von Adressat*innen einschreibt; wie also selbst Erzählungen über das eigene Ich von der Zuschreibung lebensweltlicher Selbstzuständigkeit beeinflusst (und dominiert) werden. Hierzu werde ich zunächst die Beispiele kurz vorstellen (1), um dann auf methodologischer Ebene die Subjektivierung diskursiver Ordnungen auszuloten (2). Anschließend soll der Frage nachgegangen werden, inwiefern sich in den biographischen Erzählungen der Jugendlichen der Diskurs um eine ‚Politik des Verhaltens' rekonstruieren lässt – und was eine solche diskursanalytische bzw. diskurskritische Perspektive für die Soziale Arbeit (mit sich) bringt (3).

---

2   Auch wenn innerhalb einer Politik des Verhaltens sicherlich zum Teil Konzepte adaptiert wurden, die zuvor als selbstverständlich emanzipatorisch galten und mit gesellschaftskritischem Potential ausgestattet waren (vgl. Kessl 2007, S. 214).

1 Zukunftsvisionen – zwei Beispiele

*jetzt bei der [Firma xy] das ist meine, sehr große Hoffnung /m/ sag=ich mal vielleicht geht jetzt alles ((pfeift kurz leise)) aufwärts /m m/ weil wenn keine **Kohle** stimmt, stimmt gar nichts /m/ ich mein Kohle hat=man ja aber nicht so viel und, man will n **Auto** haben n **Führer**schein haben und (1) wenn das nicht **geht** wie soll=ich dann mein Leben planen? wie soll=ich meine **Frau**, versorgen mein **Kind** versorgen? /m/ weil ich mein, ich kenn jetzt mittlerweile paar Leute die haben **Kinder** keine **Arbeit** /m/ kein **Auto** kein **Haus** wohnen bei der **Freundin** ich mein, was **trauen** die dass die überhaupt n **Kind** machen? /m/ und deswegen, hoffentlich läuft alles gut /m/ ich will auch mal ne Familie haben sag=ich=mal=so ((ganz kurz etwas lächelnd)) /m/ na ja (1).* (Interview mit Murat, 03/47–04/06)

Der hier zitierte Interviewausschnitt stammt aus einer Studie, in der ich straffällig gewordene junge Männer gebeten habe, mir ihre Lebensgeschichten zu erzählen (vgl. Spies 2010). Murat – so der anonymisierte Name des jungen Mannes – beschreibt hier seine Zukunftsvorstellungen. Dabei orientiert er sich am „verblüffend ungebrochene[n] Ideal des männlichen Erwerbsarbeiters" (Bereswill 2007, S. 93). Er möchte (mehr) Geld verdienen (als bisher) und von dem Geld den Führerschein machen und sich ein Auto kaufen. Nur so kann er sich dann auch eine Zukunft vorstellen: „wenn das nicht **geht** wie soll=ich dann mein Leben planen? wie soll=ich meine **Frau**, versorgen mein **Kind** versorgen?" Denn für Murat scheint eines völlig klar: wenn er kein Auto und kein Haus hat, dann wird er auch keine Familie gründen. Murat orientiert sich hierbei an gesellschaftlichen (und auch an familiären) Vorgaben (vgl. Spies 2010, S. 245ff.). Arbeit und eine Identität als Mann bzw. Familienvater sind für ihn eng miteinander verknüpft (vgl. hierzu auch Spindler 2007, S. 120f.). Dass ein solches Identifikationsangebot über Arbeit gesellschaftlich immer weniger abgefedert ist (vgl. z.B. Bereswill 2007, S. 93; Dollinger 2006, S. 12) und dass es – zumal ohne abgeschlossene Ausbildung – schwierig werden könnte, dauerhaft Arbeit zu finden, scheint er in keiner Weise zu sehen bzw. sehen zu wollen. Denn eine Alternative wird von Murat nicht mitgedacht: Entweder es „läuft alles gut" oder ... – „na ja".

Auch Serdar, ein anderer Jugendlicher, den ich im Rahmen der Studie interviewt habe (vgl. Spies 2010, S. 301ff.), hält am „Ideal des männlichen Erwerbsarbeiters" fest. Er möchte eine Ausbildung machen und „einen Beruf mit [...] Zukunft" erlernen:

*ich will ne Ausbildung machen /m/ so ne für Feinmechaniker oder Industriemechaniker Chemiekant (1) das=sind=alles Berufe wo gefragt sind weißt du? /ja/ und, isch will einen Beruf mit mit mit **Zukunft** /m/.* (Interview mit Serdar, 23/37–23/39)

Seiner Vorstellung zufolge muss er nur einen Ausbildungsplatz finden und den richtigen Beruf wählen, einen der gefragt ist; alles andere ergibt sich dann von selbst:

> *Zukunft für misch für meine Familie, und=später=auch (1) für **meine** Familie weißt du? /m/ isch=will=auch irgendwann Familie gründen und so /m/ (2) das geht nicht auf die ge- Art und Weise, man kommt **nie** an das große Geld ran auf die Art=und Weise /m/.* (Interview mit Serdar, 23/39–23/43)

Serdar erhofft sich von der Erwerbsarbeit eine „Zukunft" – sowohl für sich als auch für seine Familie. Offenbar möchte er mit dem Geld, das er einmal verdienen wird, auch seine Eltern und Geschwister unterstützen. Und er möchte eine eigene Familie gründen. Dies scheint für ihn völlig selbstverständlich, aber nur denkbar zu sein, wenn es eine Perspektive gibt – und dies bedeutet: erst Erwerbsarbeit, dann Familie.

2 Subjektivierung diskursiver Ordnungen

Die hier präsentierten Zukunftsvisionen wurden von den beiden Jugendlichen im Rahmen narrativ-biographischer Interviews formuliert. Dabei habe ich sie nicht nach ihren Zukunftsvorstellungen gefragt, sondern mir ihre Familien- und Lebensgeschichten erzählen lassen.[3] In der Biographieforschung wird davon ausgegangen, dass Biographien – egal ob sie innerhalb einer Forschungssituation oder im Alltag produziert werden – sowohl durch die gegenwärtige Lebenssituation als auch durch die Gesprächssituation beeinflusst werden. Sie werden gemeinsam von Sprecher*in und Hörer*in hervorgebracht, wobei die (hierarchische) Beziehung zwischen beiden die Interviewsituation beeinflusst und damit auch was und wie erzählt wird. Gleichzeitig wirken aktuelle (Präsentations-)Interessen auf das Erzählte ein (vgl. Fischer-Rosenthal 1996, S. 151; Völter 2006, S. 276). Die in einem

---

3 Die zitierte Textstelle aus Serdars Interview entstammt der Haupterzählung, also jenem Teil des Interviews, der auf die Eingangsfrage hin – ohne weitere Interventionen seitens der Interviewerin – folgt. Bei Murat endete die Haupterzählung bereits nach wenigen Sekunden. Hier stammt der zitierte Textausschnitt aus dem immanenten Nachfrageteil, in dem ich ihn nach der Zeit fragte, in der seine Familie in eine andere Stadt gezogen war. Murat war damals drei Jahre alt und sein Vater begann bei der in der Textstelle genannten Firma zu arbeiten. Vgl. zum methodischen Vorgehen u.a. Fischer-Rosenthal/Rosenthal 1997; Rosenthal/Fischer-Rosenthal 2000; Spies 2010, S. 71ff.

Interview hervorgebrachten Lebensgeschichten sind daher als „*interaktive und konstruktive* Leistung aller an der Situation Beteiligten" zu verstehen (Dausien/ Mecheril 2006, S. 159, Hervorh. im Orig.). Der Begriff des ‚doing biography' trägt dieser Annahme der Herstellung von Biographien in der Interaktion Rechnung und kann als Kritik an Vorstellungen verstanden werden, „die Biographie[n] in erster Linie als Repräsentation einer individuellen Erfahrungsgeschichte oder gar einer ‚inneren Wahrheit' begreifen" (Dausien/Kelle 2005, S. 200). Seit einigen Jahren wird darüber hinaus vermehrt darauf verwiesen, dass biographische Erzählungen auch eng mit gesellschaftlichen Diskursen und damit mit gesellschaftlichen Normen, Regeln und Erwartungen sowie mit den sozialen Bedingungen ihrer Konstruktion verbunden sind (vgl. Dausien et al. 2005). Es lässt sich hier ein vermehrtes Interesse innerhalb der Biographieforschung an Diskursen bzw. an poststrukturalistischen Ansätzen und Überlegungen beobachten, die bislang vor allem in der Diskursforschung aufgegriffen wurden (vgl. die Beiträge in Spies/Tuider 2017; Truschkat 2017).

Zentral sind in diesem Zusammenhang die (späten) Arbeiten Foucaults (1986a; 1986b; 1994), aber auch Louis Althusser (1977), Jacques Lacan (1991) und später auch Ernesto Laclau (1990; 2002), Chantal Mouffe (Laclau/Mouffe 2006), Stuart Hall (1994a; 1996) und Judith Butler (1998; 2001) sind wichtige Referenzen, wenn es um Fragen der Subjektivierung geht. Dabei wird – z.B. im Anschluss an Judith Butler (2001) – davon ausgegangen,

> dass das Subjekt [...] als sprachliche Kategorie aufzufassen ist, als Platzhalter, als in Formierung begriffene Struktur. Individuen besetzen die Stelle, den Ort des Subjekts (als welcher ‚Ort' das Subjekt zugleich entsteht), und verständlich werden sie nur, soweit sie gleichsam zunächst in der Sprache eingeführt werden. (ebda., S. 15)

Louis Althussers (1977) Begriff der ‚Anrufung' (*interpellation*) wird in diesem Zusammenhang häufig zitiert, da davon ausgegangen wird, dass ein konkretes Individuum erst auf das diskursive Ereignis einer Anrufung (bei Althusser verkörpert durch den Ruf des Polizisten) reagieren muss und dadurch sich selbst als adressierbare bzw. adressierte Instanz akzeptiert und zu einem Subjekt wird. Um sprechen zu können, muss also eine Subjektposition innerhalb eines Diskurses eingenommen werden bzw. eine Anrufung muss angenommen und es müssen bestimmte Subjektcodes vom Individuum angeeignet werden (vgl. hierzu z.B. auch Hall 1996).

Stuart Hall, der sich in seinen Arbeiten immer wieder mit dem Einfluss dominanter Diskurse und Herrschaftsstrukturen auseinandergesetzt hat (vgl. Spies 2017), vergleicht in diesem Zusammenhang Identität mit einem Bus: Man könne –

so Hall (1995, S. 65f.) – nur irgendwo ankommen, indem man in den Bus einsteige. Dabei sei völlig klar, dass das Ticket, das man hierzu brauche, niemals die ganze Person verkörpere; dennoch müsse man ein Ticket kaufen, um den Bus benutzen zu können. In gleicher Weise müsse man eine Position einnehmen, um etwas sagen zu können. Selbst wenn wir uns nur positionieren, um diese Position später wieder aufzugeben, müssen wir „in die Sprache eintreten, um aus ihr herauszukommen" (Hall 1994b, S. 77).

3 Diskursanalytische bzw. diskurskritische Perspektiven in der Sozialen Arbeit?

Was hat dies nun zu tun mit den ‚Zukunftsvisionen' der von mir interviewten Jugendlichen, die ich zu Beginn des Textes vorgestellt habe? Wenn ich davon ausgehe, dass es sich bei dem, was die Jugendlichen im Rahmen ihrer biographischen Erzählungen hervorbringen, um das Resultat individueller und interaktiver Konstruktionsprozesse handelt, und sie sich gleichzeitig innerhalb bestimmter Diskurse verorten *(müssen)*, dann kann *(und muss)* ich danach fragen, warum sie mir diese Geschichten erzählen – und keine andere an ihrer Stelle? Was sind das für Diskurse, innerhalb derer sich die Jugendlichen positionieren, und die dazu führen, dass ihre Zukunftsvorstellungen nahezu identisch ausfallen?[4]

Zunächst einmal geht es in den Zukunftsvisionen der Jugendlichen um Armutsbekämpfung und Arbeitsbeschaffung. Die jungen Männer wollen sich – aus eigener Kraft – aus der Armut befreien und eine Arbeitsstelle finden, um genügend Geld zu verdienen, um ihre (eigene) Familie zu ernähren bzw. diese erst einmal zu gründen. Dass es bei 2,76 Mio. von der Statistik der Bundesagentur für Arbeit (2017) ausgewiesenen Arbeitslosen[5] und knapp 675.000 gemeldeten offenen Stellen unter Umständen schwierig werden könnte, Arbeit zu finden, spielt in den Erzählungen der Jugendlichen (fast) keine Rolle. Dabei haben beide lediglich einen – in der Jugendstrafanstalt nachgeholten – Hauptschulabschluss nachzuweisen und weder eine Ausbildung noch langjährige berufliche Erfahrungen. Bei Serdar ist darüber hinaus zum Zeitpunkt des Interviews der Aufenthaltsstatus in Deutschland weitgehend ungeklärt und auch Murat hat – obwohl in Deutschland geboren – keine dauerhafte Aufenthaltsberechtigung. Dennoch halten sie am Ideal des männ-

---

4   Interessanterweise finden sich ganz ähnliche Vorstellungen von der eigenen Zukunft fast in allen, von mir im Rahmen der Studie durchgeführten Interviews.

5   Zum Zeitpunkt der Interviews 2006/07 waren es noch 3,76 Mio. gemeldete Arbeitslose (vgl. bpb 2017).

lichen Erwerbsarbeiters fest und positionieren sich innerhalb eines Diskurses, der „Armutsbekämpfung als Selbsttechnologie" (Pieper 2007) versteht: Armut wird in diesem Zusammenhang nicht mehr als Phänomen sozialer Ungleichheit verstanden und auch nicht in ökonomischen Bedingungen lokalisiert. Stattdessen „werden Ursachen von Armut als Problem individueller Motivation und Qualifikation und als sogenanntes ‚miss-match-problem' am Arbeitsmarkt diskutiert" (Pieper 2007, S. 101; vgl. auch Dollinger 2006, S. 12; King 2002, S. 242; Spindler 2007; Stehr/Schimpf 2012).[6]

Diese „Armutsbekämpfung als Selbsttechnologie" korrespondiert mit einem Bild hegemonialer bzw. anerkannter Männlichkeit, in das die Jugendlichen in ihren Erzählungen investieren (vgl. Spies 2011).[7] Bei der ‚Ausstattung' dieser Männlichkeit spielen der eigene Körper[8] sowie Bildung, Beruf und Vermögen eine wichtige Rolle. Dies alles sind Kategorien – darauf verweisen z.B. Gabriele Winker und Nina Degele (2009, S. 54ff.), die ihre naturalisierten Bedeutungen weitgehend verloren haben. Es seien in Bezug auf diese Kategorien gesellschaftliche Diskurse dominant, die „sich den Leistungsdiskursen meritokratischer Klassenideologie an[nähern]" (ebda., S. 58). Dabei wird davon ausgegangen, dass der*die Einzelne die Kategorien beeinflussen kann und als „Unternehmer seiner Selbst" (Foucault 2006, S. 314) bzw. mithilfe von Muskeltraining und Ernährungsplan Status erlangen kann. Indem die Jugendlichen in das von ihnen angestrebte (und modifizierte) Bild hegemonialer bzw. anerkannter Männlichkeit investieren, investieren sie in ein Feld, in dem sie durch ihr eigenes Tun (scheinbar) ihren Status verbessern können. Sie positionieren sich also auch hier innerhalb eines Diskurses einer Politik des Verhaltens.

Für die jungen Männer können solche Positionierungen fatale Folgen haben, denn es liegt eben – entgegen der gesellschaftlichen ‚Aktivierungsdiskurse' – nicht (nur) in der Eigenverantwortung der Jugendlichen, ob sie trotz steigender Arbeitslosenzahlen und prekärer Beschäftigungsverhältnisse ihre Ziele (auf legalem Weg) erreichen können. Und genau hier sehe ich die Bedeutung einer diskursanalytischen oder – wenn man so möchte – auch diskurskritischen Perspektive in der Sozialen Arbeit: Es geht darum, den Einfluss dominanter Diskurse in den Erzäh-

---

6   Stephan Lessenich (2005) spricht in diesem Zusammenhang auch von „activation without work".

7   Ob es sich hierbei tatsächlich um eine Form hegemonialer Männlichkeit – im Sinne Connells (2006) – handelt, lässt sich durchaus diskutieren (vgl. Spies 2010, S. 391 ff.). In jedem Fall handelt es sich jedoch um eine in weiten Teilen der Gesellschaft nach wie vor anerkannte Form von Männlichkeit.

8   Sowohl für Murat als auch für Serdar ist der eigene, durchtrainierte Körper bzw. das tägliche Muskeltraining ein wichtiges Thema im Interview (vgl. Spies 2010).

lungen der Jugendlichen ausfindig zu machen; und zwar nicht nur innerhalb eines – wie von mir beschriebenen – Forschungssettings, sondern auch in der alltäglichen Praxis. Denn diese Diskurse verweisen auf Machtverhältnisse; Machtverhältnisse, die von einer Politik des Verhaltens zunehmend verdeckt werden. Insofern gilt es – gerade hier – entgegen zu steuern und sich den Zukunftsvisionen zu entziehen; auch wenn diese noch so verlockend klingen. Ziel ist letztlich ein kritisches Adressat*innenverständnis, das durch den Einbezug einer biographischen *und* diskursanalytischen Perspektive „die sozialen Bedingungen und Formierungen der Subjektbildung" analysiert und „dabei deren Abhängigkeit von Strukturen sozialer Ungleichheit in Rechnung [stellt]" (Bitzan/Bolay 2011, S. 21; vgl. auch Anhorn/Stehr 2012, S. 72ff.).

Literatur

Althusser, Louis (1977): *Ideologie und ideologische Staatsapparate*. Hamburg/Westberlin: VSA.
Anhorn, Roland/Stehr, Johannes (2012): Grundmodelle von Gesellschaft und soziale Ausschließung: Zum Gegenstand einer kritischen Forschungsperspektive in der Sozialen Arbeit. In: Schimpf, Elke/Stehr, Johannes (Hrsg.): *Kritisches Forschen in der Sozialen Arbeit: Gegenstandsbereiche – Kontextbedingungen – Positionierungen – Perspektiven*, S. 57–76. Wiesbaden: Springer VS.
Anhorn, Roland/Schimpf, Elke/Stehr, Johannes/Rathgeb, Kerstin/Spindler, Susanne/Keim, Rolf (Hrsg.) (2018): *Politik der Verhältnisse – Politik des Verhaltens. Widersprüche der Gestaltung Sozialer Arbeit*. Wiesbaden: Springer VS.
Bereswill, Mechthild (2007): Undurchsichtige Verhältnisse: Marginalisierung und Geschlecht im Kontext der Männlichkeitsforschung. In: Klinger, Cornelia/Knapp, Gudrun-Axeli/Sauer, Birgit (Hrsg.): *Achsen der Ungleichheit. Zum Verhältnis von Klasse, Geschlecht und Ethnizität*, S. 84–99. Frankfurt/New York: Campus.
Bitzan, Maria/Bolay, Eberhard (2011): Adressatin und Adressat. In: Otto, Hans-Uwe/Thiersch, Hans (Hrsg.): *Handbuch Soziale Arbeit*, 4. Aufl., S. 18–24. München: Ernst Reinhardt.
bpb (2017): Arbeitslose und Arbeitslosenquote. In: Bundeszentrale für politische Bildung, 09.03.2017, http://www.bpb.de/nachschlagen/zahlen-und-fakten/soziale-situation-in-deutschland/61718/arbeitslose-und-arbeitslosenquote (10.03.2017).
Bührmann, Andrea D. (2007): Soziale Arbeit und die (Trans-)Formierung moderner Subjektivierungsweisen. In: Anhorn, Roland/Bettinger, Frank/Stehr, Johannes (Hrsg.): *Foucaults Machtanalytik und Soziale Arbeit: Eine kritische Einführung und Bestandsaufnahme*, S. 59–74. Wiesbaden: VS.
Bundesagentur für Arbeit (2017): Arbeitslosigkeit, Unterbeschäftigung und gemeldetes Stellenangebot – Die aktuellen Entwicklungen in Kürze – Februar 2017, https://statistik.arbeitsagentur.de/Navigation/Statistik/Statistik-nach-Themen/Arbeitslose-und-gemeldetes-Stellenangebot/Arbeislose-und-gemeldetes-Stellenangebot-Nav.html (10.03.2017).
Butler, Judith (1998): *Hass spricht. Zur Politik des Performativen*. Frankfurt/M.: Suhrkamp.
Butler, Judith (2001): *Psyche der Macht. Das Subjekt der Unterwerfung*. Frankfurt/M.: Suhrkamp.
Connell, Robert W. (2006): *Der gemachte Mann. Konstruktion und Krise von Männlichkeit*, 3. Aufl. Wiesbaden: VS.
Dausien, Bettina/Kelle, Helga (2005): Biographie und kulturelle Praxis. Methodologische Überlegungen zur Verknüpfung von Ethnographie und Biographieforschung. In: Völter, Bettina/Dausien, Bettina/Lutz, Helma/Rosenthal, Gabriele (Hrsg.) (2005): *Biographieforschung im Diskurs*, S. 189–212. Wiesbaden: VS.
Dausien, Bettina/Lutz, Helma/Rosenthal, Gabriele/Völter, Bettina (2005): Einleitung. In: Dies. (Hrsg.): *Biographieforschung im Diskurs*, S. 7–20. Wiesbaden: VS.
Dausien, Bettina/Mecheril, Paul (2006): Normalität und Biographie. Anmerkungen aus migrationswissenschaftlicher Sicht. In: Bukow, Wolf-Dietrich/Ottersbach, Markus/Tuider, Elisabeth/Yildiz, Erol (Hrsg.): *Biographische Konstruktionen im multikulturellen*

Bildungsprozess. Individuelle Standortsicherung im globalisierten Alltag, S. 155–175. Wiesbaden: VS.

Dollinger, Bernd (2006): Zur Einleitung: Perspektiven aktivierender Sozialpädagogik. In: Dollinger, Bernd/Raithel, Jürgen (Hrsg.): *Aktivierende Sozialpädagogik: Ein kritisches Glossar*, S. 7–22. Wiesbaden: VS.

Fischer-Rosenthal, Wolfram (1996): Strukturale Analyse biographischer Texte. In: Brähler, Elmar/Adler, Corinne (Hrsg.): *Quantitative Einzelfallanalysen und qualitative Verfahren*, S. 147–208. Gießen: Psychosozial-Verlag.

Fischer-Rosenthal, Wolfram/Rosenthal, Gabriele (1997): Warum Biographieanalyse und wie man sie macht. In: *Zeitschrift für Soziologie der Erziehung und Sozialisation*, 17. Jg., H. 4, S. 405–427.

Foucault, Michel (1981): *Archäologie des Wissens*. Frankfurt/M.: Suhrkamp.

Foucault, Michel (1986a): *Sexualität und Wahrheit. Band 2: Der Gebrauch der Lüste*. Frankfurt/M.: Suhrkamp.

Foucault, Michel (1986b): *Sexualität und Wahrheit. Band 3: Die Sorge um sich*. Frankfurt/M.: Suhrkamp.

Foucault, Michel (1994): Das Subjekt und die Macht. In: Dreyfus, Hubert L./Rabinow, Paul: *Michel Foucault. Jenseits von Strukturalismus und Hermeneutik*, S. 241–261. Weinheim: Beltz.

Foucault, Michel (2006): *Die Geburt der Biopolitik. Geschichte der Gouvermentalität II*. Frankfurt/M.: Suhrkamp.

Hall, Stuart (1994a): Alte und neue Identitäten, alte und neue Ethnizitäten. In: Mehlem, Ulrich/Bohle, Dorothee/Gutsche, Joachim/Oberg, Matthias/Schrage, Dominik (Hrsg.): *Rassismus und kulturelle Identität. Ausgewählte Schriften 2*, S. 66–88. Hamburg: Argument.

Hall, Stuart (1994b): Der Westen und der Rest: Diskurs und Macht. In: Mehlem, Ulrich/Bohle, Dorothee/Gutsche, Joachim/Oberg, Matthias/Schrage, Dominik (Hrsg.): *Rassismus und kulturelle Identität. Ausgewählte Schriften 2*, S. 137–179. Hamburg: Argument.

Hall, Stuart (1995): Fantasy, Identity, Politics. In: Carter, Erica/Donald, James/Squires, Judith (Hrsg.): *Cultural remix. Theories of politics and the popular*, S. 63–69. London: Lawrence & Wishart.

Hall, Stuart (1996): Introduction: Who needs ‚identity'? In: Ders./Du Gay, Paul (Hrsg.): *Questions of cultural identity*, S. 1–17. London u.a.: Sage.

Kessl, Fabian (2007): Wozu Studien zur Gouvernementalität in der Sozialen Arbeit? Von der Etablierung einer Forschungsperspektive. In: Anhorn, Roland/Bettinger, Frank/Stehr, Johannes (Hrsg.): *Foucaults Machtanalytik und Soziale Arbeit: Eine kritische Einführung und Bestandsaufnahme*, S. 203–225. Wiesbaden: VS.

Kessl, Fabian/Otto, Hans-Uwe (2003): Aktivierende Soziale Arbeit. In: Dahme, Heinz-Jürgen/Otto, Hans-Uwe/Trube, Achim/Wohlfahrt, Norbert (Hrsg.): *Soziale Arbeit für den aktivierenden Staat*, S. 57–73. Opladen: Leske + Budrich.

King, Vera (2002): *Die Entstehung des Neuen in der Adoleszenz. Individuation, Generativität und Geschlecht in modernisierten Gesellschaften*. Opladen: Leske + Budrich.

Lacan, Jacques (1991): Das Spiegelstadium als Bildner der Ichfunktion wie sie uns in der psychoanalytischen Erfahrung erscheint. In: Ders. (Hrsg.): *Schriften I, Band 1*, S. 61–70. Weinheim/Berlin: Quadriga.

Laclau, Ernesto (1990): *New reflections on the revolution of our time*. London: Verso.

Laclau, Ernesto (2002): Macht und Repräsentation. In: Ders. (Hrsg.): *Emanzipation und Differenz*, S. 125–149. Wien: Turia + Kant.
Laclau, Ernesto/Mouffe, Chantal (2006): *Hegemonie und radikale Demokratie. Zur Dekonstruktion des Marxismus*. Wien: Passagen Verlag.
Lessenich, Stephan (2005): „Activation without work" – Das neue Dilemma des „konservativen" Wohlfahrtsstaats. In: Dahme, Heinz-Jürgen/Wohlfahrt, Norbert (Hrsg.): *Aktivierende Soziale Arbeit. Theorie – Handlungsfelder – Praxis*, S. 21–29. Baltmannsweiler: Schneider Verlag.
Pieper, Marianne (2007): Armutsbekämpfung als Selbsttechnologie. Konturen einer Analytik der Regierung von Armut. In: Anhorn, Roland/Bettinger, Frank/Stehr, Johannes (Hrsg.): *Foucaults Machtanalytik und Soziale Arbeit: Eine kritische Einführung und Bestandsaufnahme*, S. 93–107. Wiesbaden: Springer VS.
Rosenthal, Gabriele/Fischer-Rosenthal, Wolfram (2000): Analyse narrativ-biographischer Interviews. In: Flick, Uwe/Kardorff, Ernst von/Steinke, Ines (Hrsg.): *Qualitative Forschung. Ein Handbuch*, S. 456–468. Reinbek bei Hamburg: Rowohlt.
Spies, Tina (2010): *Migration und Männlichkeit. Biographien junger Straffälliger im Diskurs*. Bielefeld: transcript.
Spies, Tina (2011): ‚Alte' Männlichkeiten und ‚neue' Ethnizitäten – Positionierungen junger Migranten in transnationalen Räumen. In: *Gender. Zeitschrift für Geschlecht, Kultur und Gesellschaft*, H. 1, S. 65–80.
Spies, Tina (2017): Subjektpositionen und Positionierungen im Diskurs. Methodologische Überlegungen zu Subjekt, Macht und Agency im Anschluss an Stuart Hall. In: Spies, Tina/Tuider, Elisabeth (Hrsg.): *Biographie und Diskurs. Methodologische Verbindungen und empirisches Vorgehen*, S. 69–90. Wiesbaden: Springer VS.
Spies, Tina/Tuider, Elisabeth (Hrsg.) (2017): *Biographie und Diskurs. Methodologische Verbindungen und empirisches Vorgehen*. Wiesbaden: Springer VS.
Spindler, Susanne (2007): Im Netz hegemonialer Männlichkeit: Männlichkeitskonstruktionen junger Migranten. In: Bereswill, Mechthild/Meuser, Michael/Scholz, Sylka (Hrsg.): *Dimensionen der Kategorie Geschlecht: Der Fall Männlichkeit*, S. 119–135. Münster: Westfälisches Dampfboot.
Stehr, Johannes (2007): Normierungs- und Normalisierungsschübe – Zur Aktualität des Foucaultschen Disziplinbegriffes. In: Anhorn, Roland/Bettinger, Frank/Stehr, Johannes (Hrsg.): *Foucaults Machtanalytik und Soziale Arbeit: Eine kritische Einführung und Bestandsaufnahme*, S. 29–40. Wiesbaden: VS.
Stehr, Johannes/Schimpf, Elke (2012): Ausschlussdimensionen der Sozialen-Probleme-Perspektive in der Sozialen Arbeit. In: Schimpf, Elke/Stehr, Johannes (Hrsg.): *Kritisches Forschen in der Sozialen Arbeit: Gegenstandsbereiche – Kontextbedingungen – Positionierungen – Perspektiven*, S. 27–42. Wiesbaden: VS.
Truschkat, Inga (2017): Diskurstheoretische Ansätze der Biographieforschung. In: Lutz, Helma/Schiebel, Martina/Tuider, Elisabeth (Hrsg.): *Handbuch Biographieforschung*. Wiesbaden: Springer VS (im Ersch.).
Völter, Bettina (2006): Die Herstellung von Biografie(n). Lebensgeschichtliche Selbstpräsentationen und ihre produktive Wirkung. In: Burkart, Günter (Hrsg.): *Die Ausweitung der Bekenntniskultur – neue Formen der Selbstthematisierung?*, S. 261–283. Wiesbaden: VS.

Winker, Gabriele/Degele, Nina (2009): *Intersektionalität. Zur Analyse sozialer Ungleichheit*. Bielefeld: transcript.

Normierungsprozesse im Lebenslauf

Claudia Buschhorn, Mark Humme und Martin Wazlawik

Der Lebenslauf von Personen wird durch Vergesellschaftungsprozesse moderiert, unterstützt, oft gar kontrolliert. Im folgenden Beitrag geht es um den zentralen Gedanken, dass die gesellschaftliche Konstruktion des Lebenslaufes sich als Institution mit normativer Kraft für die Individuen einer Gesellschaft erweisen kann, im Sinne einer Leitfigur eigener Lebensgestaltung. Wie stark sich die Wirkung dieser Normalisierungsfunktion entfaltet, wird vor allem dann ersichtlich, wenn die Gestaltung eines der Norm entsprechenden Lebenslaufes nicht – oder nur ansatzweise – gelingt. So können sich nicht nur fehlende materielle Ressourcen als belastend erweisen, sondern die Abweichungen von einem als „normal" anerkannten Lebenslauf führen auf Seiten der Personen möglicherweise zum Gefühl, sich rechtfertigen zu müssen und langfristig zu einer als notwendig empfundenen Um- und Neudeutung der eigenen Biografie (vgl. Hanses 2008). Gesellschaft bzw. ihre Institutionen reagiert/reagieren oftmals mit verhaltenspräventiven bis hin zu punitiven Maßnahmen für markierte Personen(-gruppen), um (vermeintlichen) Normabweichungen zu begegnen. Hierbei lassen sich entlang des Lebenslaufes eines Menschen – im Folgenden exemplarisch gewählt der Übergang in Elternschaft, die Lebensphase Jugend sowie der Übergang Schule-Beruf – unterschiedliche Normierungsprozesse nachzeichnen.

© Springer Fachmedien Wiesbaden GmbH, ein Teil von Springer Nature 2018
J. Stehr et al. (Hrsg.), *Konflikt als Verhältnis – Konflikt als Verhalten – Konflikt als Widerstand*, Perspektiven kritischer Sozialer Arbeit 30,
https://doi.org/10.1007/978-3-658-19488-8_26

1 Normierungsprozesse im Übergang in Elternschaft

Seit den 2000er Jahren zeigen sich „Neue Aufmerksamkeiten für Familie" (Fegter et al. 2015) und Elternschaft. Die elterlichen Praktiken der sogenannten „Krisenfamilie" (Mierendorff/Olk 2007) waren stets Gegenstand sozialpädagogischer Betrachtung und Diskussionen. Jedoch ist das derzeit beobachtbare Interesse für elterliche Praktiken übergreifender und tangiert Elternschaft generell, wie etwa Fegter et al. (2015) herausstellen. Fragen, ob und wie Eltern ihre Verantwortung für Versorgung, Erziehung und Bildung wahrnehmen und ihrem Kind eine möglichst optimale Förderung und Unterstützung im Prozess des Aufwachsens zukommen lassen, werden nicht allein in spezifischen sozialpädagogischen oder therapeutischen Fachdiskursen sondern vermehrt öffentlich verhandelt und gelten zunehmend weniger als familiale Privatangelegenheit – oft erörtert unter dem Schlagwort „Aufwachsen in öffentlicher Verantwortung" (BMFSFJ 2002, 2013).

Wie grundlegend Familie und Elternschaft unter öffentlicher Beobachtung stehen, zeigt sich etwa an dem gegenwärtig vor allem medial geführten Diskurs elterlicher Praxen zu den so genannten „Helikopter-Eltern" (bspw. Spiegel-Online 2017). „Helikopter-Eltern" – so die hier beschriebene und diskutierte Figur – kreisen unentwegt beschützend über ihren Kindern, um eine möglichst erfolgreiche Entwicklungs- und Bildungsbiografie zu modellieren. Wird hier einerseits eine Kritik an elterlichem Handeln sichtbar, so zeigt sich an der Debatte um Helikopter-Eltern und der aus ihr hervorgehenden Adressierung von Eltern andererseits, wie sich Familie und „gute" Elternschaft gegenwärtig transformiert. Es wird der Anspruch an alle Eltern formuliert, Bildungs-, Erziehungs- und Betreuungsangebote (neu) zu arrangieren, um Kinder institutionell und im familialen, privaten Kontext optimal zu fördern (vgl. Fegter et al. 2015). Beides setzt ein hohes Maß an zeitlichen, materiellen und individuellen Ressourcen von Eltern voraus. (Frühe) Bildung und Förderung wird damit vermehrt zu einer Leitkategorie, elterliche Bildungsanstrengungen und -aktivitäten werden bereits im frühkindlichen Bereich zu einem Hauptcharakteristikum von „guter" Elternschaft. Vor diesem Hintergrund gerät auch die „klassische Krisenfamilie" (s.o.) – in ihrer Abweichung – noch einmal neu in den öffentlichen Fokus. Sie wird häufig als Ort des Mangels, der Kindeswohlgefährdung sowie des Risikos verhandelt und aktuell vor allem durch Angebote Früher Hilfen explizit adressiert.

1.1 Angebote Früher Hilfen

Der Begriff „Frühe Hilfen" kennzeichnet ein interdisziplinäres System auf kommunaler Ebene mit koordinierten Beratungs-, Bildungs- und Unterstützungsangeboten für (werdende) Eltern und Familien mit Kindern bis zum dritten Lebensjahr. Ziele Früher Hilfen sind dem Nationalen Zentrum Frühe Hilfen (NZFH) zufolge die frühzeitige und nachhaltige Verbesserung von Entwicklungsmöglichkeiten von Kindern und Eltern in Familie und Gesellschaft, alltagspraktische Unterstützung sowie die Förderung der Beziehungs-, Erziehungs- und Versorgungskompetenz von (werdenden) Eltern. Frühe Hilfen sollen damit maßgeblich zum gesunden Aufwachsen von Kindern beitragen und deren Rechte auf Schutz, Förderung, Teilhabe an Gesellschaft und Erziehung sichern (vgl. auch § 1 SGB VIII).

„Grundlegend sind Angebote, die sich an alle (werdenden) Eltern mit ihren Kindern im Sinne der Gesundheits-förderung richten (universelle/primäre Prävention). Darüber hinaus wenden sich Frühe Hilfen insbesondere an Familien in Problemlagen (selektive/sekundäre Prävention)" (NZFH 2009). D.h. als Adressat_innen von Angeboten werden zunächst alle Schwangeren, Väter und Mütter mit Kindern zwischen 0 und 3 Jahren genannt. Das Attribut „früh" in dem Begriff „Frühe Hilfen" meint hier somit die biografische Perspektive im Sinne einer besonderen Aufmerksamkeit für die Anfangszeit des Lebens eines Kindes (vgl. Bathke 2014). Insbesondere richten sich die Angebote jedoch an (werdende) Eltern in Problemlagen (vgl. NZFH 2009), was auf eine gewissen „Diffusität" (Hentschke et al. 2011) hindeutet: Die einerseits weit gefasste Zielgruppe und die andererseits erfolgte Eingrenzung auf „Familien in Problemlagen" kann als widersprüchlich ausgewiesen werden. In diesem Sinne meint das Attribut „früh" nämlich die präventive Absicht der Angebote, welche Eltern und Familien erreichen sollen, bevor das Wohl der Kinder möglicherweise gefährdet ist (vgl. Bathke 2014). Diese Intention wird auch in einem nachfolgenden Abschnitt der Begriffsdefinition des NZFH aufgegriffen: „Frühe Hilfen tragen in der Arbeit mit den Familien dazu bei, dass Risiken für das Wohl und die Entwicklung des Kindes frühzeitig wahrgenommen und reduziert werden." (NZFH 2009). Deutlich wird an dieser Passage, dass Frühe Hilfen nach dem angeführten Verständnis eben auch eine Kontrollfunktion innehaben, da Lebenslagen und -weisen, die zuvor als risikohaft, als potentiell kindeswohlgefährdend und damit eben als „nicht optimal" (s.o.) markiert wurden, im Rahmen von Angeboten Früher Hilfen identifiziert werden sollen (vgl. Buschhorn/Böllert 2015).

Zwar gibt es Hinweise darauf, dass einige Lebenslagen, wie bspw. die Tatsache, alleinerziehend zu sein, mit deutlichen Herausforderungen verbunden sind. So kann mit Blick auf den 5. Armuts- und Reichtumsbericht der Bundesregierung aus dem Jahr 2017 konstatiert werden, dass überdurchschnittlich viele alleinerziehende Elternteile von Armutsrisiken betroffen und auf staatliche Transferleistungen angewiesen sind (vgl. BMAS) 2017). Auch die AGJ (2015) verweist darauf, dass die Armutsgefährdungsquote bei Alleinerziehenden seit Jahren konstant bei 40% liegt (ebd.). Darüber hinaus zeigt der aktuelle Monitor Hilfen zur Erziehung, dass Ein-Eltern-Familien im Kontext der Hilfen zur Erziehung (in den ambulanten aber auch in den stationären Settings) vergleichsweise überrepräsentiert sind (vgl. Fendrich et al. 2017). Jedoch allein anhand dieser Tatsachen zu schlussfolgern, in Ein-Eltern-Familien wäre das Wohl der dort lebenden Kinder möglicherweise gefährdet und daher sei es nötig, durch Angebote Früher Hilfen insbesondere Alleinerziehende zu adressieren, ist eine deutliche Verkürzung. Hier stellt sich vielmehr die Frage, inwieweit mit Blick auf Alleinerziehende bspw. bestimmte Selektions- und Zuweisungsprozesse in der Wahrnehmung der Fachkräfte in den Sozialen Diensten wirkmächtig werden (vgl. weiterführend BJK 2017).

Eltern in als prekär markierten Lebenslagen mit vermeintlichen Einschränkungen hinsichtlich ihrer Erziehungs-, Beziehungs- und Versorgungskompetenz erfahren damit – auch medial bedingt – eine (politische) Aufmerksamkeit, die zu einer sozialpädagogischen Konstruktion von risikobehafteter Elternschaft führt.

1.2 Überlegungen zum Präventionsgedanken im Kontext Früher Hilfen

Prävention wird als Schlagwort in Praxiskontexten der Kinder- und Jugendhilfe und damit auch im Kontext der Angebote Früher Hilfen vielfach verwendet, aber eine einheitliche Systematik und eine inhaltliche Bestimmung fehlen bislang (vgl. u.a. Ziegler 2006; Buschhorn/Böllert 2015). Mit den Definitionsschwierigkeiten des ursprünglich aus dem medizinischen Kontext entlehnten Präventionsbegriffes geht auch eine Kritik an zugrunde gelegten Prämissen einher: So wurde der Prävention bereits 1990, etwa von Schrottmann (1990), eine ideologische, ökonomische sowie kontrollierende und stigmatisierende Funktion vorgeworfen (vgl. ebd.). Nach Lindner (2003) entwickelten sich moderne Lebensentwürfe und -lagen offener, flexibler oder gar unberechenbarer, sodass er die Zukunftsorientierung von Prävention problematisch sieht: Sie könne nicht ein zukünftiges (unerwünschtes) Handeln verhindern, wenn es keine zuverlässigen Prädiktoren für künftig erwartbares Handeln gibt. „Denn man kann nicht verhüten, was man nicht weiß, und schon gar nicht das, was man nicht wissen kann" (ebd.). Herriger merkt hierzu bereits 1986 an: „Prävention, […] das sind alle jene gesellschaftlich organisierten Maßnahmen, mittels derer die Bedingungen hergestellt werden, die die Kon-formität der Gesellschaftsmitglieder mit den Verhaltenserwartungen des sozialen Systems erzielen und das Auftreten normabweichender Verhaltensweisen verhindern sollen" (ebd., S. 6). Ziegler (2006) stellt darüber hinaus das Risiko der Stigmatisierung durch Prävention heraus: Denn oftmals zielen Präventionskonzepte pauschal auf sogenannte „Problemgruppen" (ebd.) oder „Krisenfamilien" (s.o.) ab. Dabei werden Personen anhand von zuvor definierten Risikofaktoren, wie z.B. „alleinerziehend" oder „wirtschaftlich arm" (s.o.) in Problemgruppen und Nicht-Problemgruppen eingeteilt und als Adressat_innen präventiver Maßnahmen – wie im vorliegenden Beispiel von Angeboten Früher Hilfen – konstruiert.

In diesem Zusammenhang wirft das Bundesjugendkuratorium (2017) die Frage auf, ob diese in den letzten zehn Jahren etablierten Präventionspolitiken und -praktiken noch in allen Fällen eine angemessene Balance halten zwischen öffentlicher Beobachtung des Auswachsens von Kindern auf der einen Seite und den privaten Freiheitsrechten von Eltern und deren Kinder auf der anderen Seite. „Es ist auch zu fragen, ob das Wächteramt des Staates in Präventionspraktiken nicht bisweilen überinterpretiert wird" (ebd., S. 41). Deutlich wird in diesem Kontext eine Defizitorientierung: Alle Lebensweisen und Ansichten, die nicht einer vorher definierten gesellschaftlichen Norm – wie bspw. dem Bild der traditionellen bürgerlichen Kleinfamilie – entsprechen, gelten als risikoreich und werden damit mögliches Ziel von Präventionsmaßnahmen (vgl. Holthusen et al. 2011).

Die damit einhergehende stigmatisierende Wirkung ergibt sich aus der (notorischen) Defensiv- und Defizitorientierung der Präventionsabsicht. Denn Prävention geht von Mängeln, Gefahren oder möglichen Normabweichungen aus, um diesen Abweichungen zuvor zu kommen: Aus dieser Logik heraus kann der Prävention eine „misstrauens- und verdachtsgeleitete Wirklichkeitskonstruktion" (ebd.) vorgeworfen werden. Angesichts dessen, dass es in der Gesellschaft zunehmend weniger klar ist, was (von der Gesellschaft) als „normal" akzeptiert wird, können sich solche Normalitätsannahmen lediglich als „Normalitätsfiktionen" erweisen und laufen somit eigentlich automatisch ins Leere. „Verallgemeinerbare Normalitätsentwürfe verlieren zu Gunsten einer Ausdifferenzierung unterschiedlichster Lebensentwürfe zunehmend mehr an Bedeutung" (Böllert 2011, S. 1127), was dazu führt, dass viele Angebote, wie etwa im Kontext Früher Hilfen, das ihnen zugrunde liegende Verständnis von Normalität mit Blick auf (werdende) Eltern kritisch reflektieren sollten (vgl. Buschhorn/Böllert 2015). Diese Individualisierungsprozesse, so Böllert (2011) weiter, können einerseits als Zugewinn an individuellen Gestaltungsmöglichkeiten begriffen werden. Andererseits sind die Zugangsmöglichkeiten zu diesen Gestaltungsmöglichkeiten oftmals ungleich verteilt. Materielle und soziale Ressourcen werden als notwendige Voraussetzungen für die Teilhabe an Individualisierungsprozessen und zur Realisierung selbstbestimmter

Lebensentwürfe angesehen, die jedoch erst auf der Grundlage individueller Kompetenzen und Fähigkeiten entwickelt werden können. In diesem Sinne bedeutet Prävention dann „strukturelle und kontextuelle Möglichkeiten und Voraussetzungen dafür zu schaffen, dass selbstbestimmte Lebensentwürfe tatsächlich realisiert werden können" (ebd., S. 1125). Prävention umfasst hiernach solche strukturbezogenen Angebote, die über die Gestaltung von Lebensbedingungen individuelle Teilhabemöglichkeiten beeinflussen. Diesem Präventionsverständnis folgend geht es also vielmehr darum, die vielfältigen und heterogenen Verhältnisse, in denen Kinder in Familien aufwachsen, stärker in den Blick zu nehmen, um bestmögliche Rahmenbedingungen für gedeihliches Aufwachsen zu schaffen, statt einseitig auf verhaltenspräventive Maßnahmen zu fokussieren und auf damit verbundene vermeintliche Normalvorstellungen von Familie und Elternschaft zu rekurrieren (vgl. BJK 2017).

Eltern, insbesondere zu Beginn ihrer Elternschaft, stehen zunehmend im Fokus der Öffentlichkeit und werden in diesem Zusammenhang mit teilweise diffusen, normativen geprägten Vorstellungen von „guter Elternschaft" konfrontiert. Mit Blick auf Angebote Früher Hilfen, durch welche insbesondere auch „Problemfamilien" adressiert werden, kann herausgestellt werden, dass sich diese im Spannungsfeld von Allgemeiner Förderung der Erziehung in der Familie und der Prävention von Kindeswohlgefährdung, zwischen Angebot an (werdende) Eltern und Kontrolle von (werdenden) Eltern bewegen. Die sozialpolitische Relevanz beider Kategorien hat mit Blick auf gewandelte familiale Kontexte und veränderte Anforderungen an Elternschaft zugenommen (vgl. Buschhorn/Böllert 2015).

Diese Tatsache kann zu einer verstärkten Adressierung von (werdenden) Eltern durch verschiedene Angebote insbesondere auch im Kontext der Kinder- und Jugendhilfe führen. Wenn diese Angebote konzipiert sind als freiwillige Angebote und allgemein fördernd im Sinne einer Dienstleistung, die zum gedeihlichen Aufwachsen von Kindern in Familien sowie zur Gestaltung einer familienfreundlichen Umwelt beitragen, sind sie fachlich zu begrüßen. Werden jedoch Eltern – vor allem (werdende) Eltern in als risikohaft markierten Lebenslagen – unter dem Generalverdacht (zukünftiger) Kindeswohlgefährder_innen als Adressat_innen konstruiert, ist zu diskutieren, wie die derart markierten Adressat_innen selbst diese Zuschreibungsprozesse erleben bzw. ob und wie sich diese Zuschreibungen auf ihre je individuelle Ausgestaltung von Elternschaft auswirken.

2 Normierungsprozesse im Kontext des Schutzes von Jugendlichen vor Gefährdungen

Die oben beschriebenen Facetten der Diskussion zeigen sich ebenfalls in der gesamten „Kinderschutzdebatte". Während sich die Debatte um Verbesserungen des „Kinderschutzes" jedoch in der Breite auf Säuglinge und jüngere Kinder beschränkte, wurden Gefährdungen im Jugendalter erst spät und auch dann relativ marginal diskutiert. Diskurse um Ab- und Einschätzregelungen und -verfahren sowie um die Aufgaben, die Jugendämter und freie Träger im Kinderschutz verstärkt wahrnehmen sollen, werden zumeist mit der Blickrichtung auf jüngere Kinder geführt. Jugendliche als zu Schützende werden bisher im Kontext des Schutzes von Kindern und Jugendlichen nur punktuell und begrenzt diskutiert. Eher werden Jugendliche als Gefährdende denn als Gefährdete wahrgenommen oder als „schwierig" für wen oder was auch immer thematisiert. Wenn überhaupt, dann werden Jugendliche als Täter im Zusammenhang mit Delinquenz, massiven Gewaltdelikten und Suchtproblematiken thematisiert (vgl. Brumlik 2008; Wazlawik 2011). Implizit werden Jugendliche oder noch besser „die Jugend" (vgl. Anhorn 2010, S. 33ff.) hier zumeist als individuell selbstverantwortlich für ihre Lebenslagen verhandelt, was zumeist reflexhaft den Ruf nach härteren Bestrafungen oder einem punitivistisch geprägten Kontrollverständnis nach sich zieht.

In dem Kontext bleibt zu fragen, was denn eigentlich mit Wohlergehen, Schutz und Gefährdung gemeint ist und welche Prozesse der Normierung sich daraus ergeben. Graßhoff (2015) unterscheidet als Praktik der Normierung zwischen zwei Modi der Ein- und Ausschließung, nämlich zum einen den systematischen Ausschluss von Jugendlichen und deren Familien von Leistungen der Kinder- und Jugendhilfe, bspw. durch zweifelhafte Auslegung rechtlicher Bestimmungen oder anderer Zugangsbarrieren, und zum anderen durch Organisationslogiken, „die nicht zufällig bestimmte Adressatengruppen systematisch in Institutionen der Jugendhilfe einschließen" (vgl. ebd., S. 79). Beide Modi lassen sich in der Debatte um den Schutz von Jugendlichen identifizieren.

Das „Wohl" von Jugendlichen wird ebenso wie das „Kindeswohl" nicht abschließend zu bestimmen und zu definieren sein, sondern immer auch durch historische oder bspw. religiöse Ansichten mitbestimmt sein und wird überdies beeinflusst durch biographische und wertbasierte Ansichten des Betrachters (vgl. dazu ausführlich Schone/Hensen 2011). Zudem lässt sich terminologisch und inhaltlich eine große Nähe zu juristischen Konstrukten und Regelungen, wie etwa aus dem Familienrecht, konstatieren, die häufig nur begrenzt reflektiert in Kontexte der Sozialen Arbeit übernommen werden. Jugendliche gelten – wie Kinder auch – grundsätzlich dann als gefährdet, wenn ihre physische, psychische und/

oder seelische Integrität bzw. Entwicklung beeinträchtigt ist (vgl. Schone/Hensen 2011). Dabei ist zu beachten, dass sich, in Abgrenzung zur Frage von Kindeswohlgefährdungen im Säuglings- und Kindesalter, die Frage der Operationalisierung dieser allgemein gehaltenen Gefährdungsbereiche komplexer darstellt. So lassen sich auch bei Jugendlichen „klassische Gefährdungslagen", also Formen von Misshandlung, Vernachlässigung oder sexueller Gewalt in der Familie konstatieren. Gleichzeitig lassen sich jedoch insbesondere im Jugendalter Gefährdungen identifizieren, die durch ein Handeln oder Unterlassen der Jugendlichen selbst auftreten und in einer wie auch immer gearteten Weise als „Problemverhalten" markiert werden. Hier ist es zentral zu unterscheiden und zu verstehen, welche Ursachen und Hintergründe für das markierte Verhalten der Jugendlichen vorliegen. Das ist dahingehend wichtig, da ansonsten gesellschaftlich oder institutionell bedingte Ursachen als individuell bedingte Ursachen konstatiert werden und es zu Prozessen der Responsibilierung von Jugendlichen kommt und Organisationslogiken greifen, die Jugendliche als „Adressatengruppe systematisch in Institutionen der Jugendhilfe" einschließen (Graßhoff 2015, S. 79). Ebenso bleibt hier die Bewertung des elterlichen Verhaltens im Kontext einer Kindeswohlgefährdung diskutabel. Während in Fällen, wo Eltern Jugendliche misshandeln oder vernachlässigen, die Einschätzungsaufgabe relativ klar ist, bleibt zu konstatieren, dass ein wie auch immer markiertes Verhalten von Jugendlichen erst einmal ätiologisch offen, also in ihrer Ursache zunächst unklar ist und daher insbesondere die Herausforderung besteht zu prüfen, ob Eltern etwas Notwendiges zur Verbesserung der Lebenssituation oder zur Abwendung einer Gefährdung für das Wohl eines Jugendlichen unterlassen (vgl. Kindler/Lillig 2011). Dieser Blickwinkel ist zentral, da ansonsten die Gefahr besteht, dass das Konstrukt der Kindeswohlgefährdung für die Identifizierung und Sanktionierung gesellschaftlich unerwünschter Verhaltensweisen von Jugendlichen genutzt wird und ein Hilfeauftrag von gesellschaftlich-punitiven Tendenzen verdrängt wird (vgl. ebd.).

In dem Zusammenhang verweist Oelkers (2011) in der Folge auf einen historischen Bezugspunkt der Debatte um das Wohl von Kindern und Jugendlichen. Oelkers (2011) formuliert in Anlehnung an Plewig (1994), dass auf Eltern gerichtete Kontrollaspekte aus einer historischen Perspektive mit der Konstruktion des Kindeswohls im BGB verknüpft wurden, welche als Maßstab das Bild der bürgerlichen Kleinfamilie hatte. Dieses Bild war jedoch in besonderem Maße für proletarische Familien aufgrund der Überlebensnotwendigkeit der einzelnen Familienmitglieder und der z.B. damit verbundenen Kinderarbeit, etc. nicht kompatibel. Dies traf auch zum Teil auf bürgerliche Familien zu. Vor diesem Hintergrund lässt sich ein „klassenspezifischer Zugang" (Oelkers 2011, S. 267) konstatieren, der sich am Grad der Kontrolle entfaltet und infolgedessen bürgerliche Familien kaum Einschränkungen in ihrer Autonomie erfuhren, während „sich der ordnungsrechtliche Anspruch, Kinder besser an die gesellschaftlichen Erfordernisse anzupassen, auf die proletarischen Familien richtet" (ebd.). Dabei diente das eingeführte Konstrukt des „Kindeswohls" als „passendes Eingriffsinstrument für Kinder unter der Strafmündigkeitsgrenze [...] sowie für Verstöße gegen Ordnungsvorstellungen, die keine strafrechtliche Relevanz besaßen" (ebd.).

Im Rückgriff auf diese doppelte historische Zielsetzung der Kindeswohlkonstruktion im BGB lassen sich zum einen verstärkte Prozesse der Responsibilisierung von Eltern feststellen (vgl. dazu z.b. Oelkers 2007 und der erste Abschnitt dieses Textes), zum anderen verstärkte Tendenzen zu Eingriffen in die elterliche Sorge, wenn Kinder z.b. unterhalb der Strafmündigkeitsgrenze zu Täter_innen werden und das Konstrukt der Kindeswohlgefährdung als Eingriffsinstrument benutzt wird (vgl. Oelkers 2011, S. 274). Ob dabei das Konstrukt der Kindeswohlgefährdung bei einem zunächst ursachenoffenen Verhalten von Jugendlichen, bspw. im Kontext von Jugenddelinquenz, immer schlüssig ist und ein „Problemverhalten" per se als gewichtiger Anhaltspunkt für eine Kindeswohlgefährdung diskutiert werden kann, bleibt zweifelhaft (vgl. Kindler 2010; Kindler/Lillig 2011). Eher scheint hier mitdiskutiert werden zu müssen, ob es sich nicht vielmehr um kontrollierende Praktiken handelt, in denen über das Konstrukt der Kindeswohlgefährdung „(neo-)korrektionalistische Tendenzen" zum Tragen kommen (vgl. Oelkers 2011, S. 277).

Unstrittig ist, dass natürlich auch Jugendliche aus ihrer Grundrechtsträgerschaft und aufgrund ihres Alters die gleichen Rechte wie Kinder auf ein unversehrtes Aufwachsen und dabei auf eine professionelle Unterstützung ihrer Rechtsposition und in ihrem Schutz- und Förderungsbedürfnis haben sowie diese auch nicht durch ein wie auch immer gezeigtes „Problemverhalten" verwirken. Es scheint, dass möglichen Gefährdungslagen von Jugendlichen mit den bekannten (wenn auch ebenfalls nicht immer bewährten) Mitteln und Instrumenten eines „defensiven Kinderschutzes" (Ziegler 2010, o.S.), der sich in einer reinen Abwehr von unmittelbaren Gefahren für Leib und Leben erschöpft und dabei Verwirklichungschancen von Jugendlichen nicht betrachtet, nicht hinreichend zu begegnen ist.

Die Gefährdungslagen und Problembeschreibungen von Jugendlichen verweisen in einer expliziten Art und Weise zumeist darauf, dass sich der Schutz von Jugendlichen (und auch von Kindern) nicht über die reine Abwehr von fremdverantwortlichen Gefährdungen im Sinne eines ausschließlichen Schutzes von Leib und Leben realisiert. Verknüpft mit dem Gedanken der Gefährdungsabwehr muss die Frage nach dem Wohlergehen und der Umsetzung von Menschwerdungs- und Persönlichkeitsentfaltungsrechten ausgestaltet werden. Da bei Jugendlichen die Frage nach einem unmittelbaren Schutz von Leib und Leben eine andere Relevanz als bei (Klein-)Kindern hat, wird sie bei ihnen besonders virulent. Im Kontext des Schutzes von Jugendlichen vor Gefährdungen zeigt sich in einer expliziten Art und Weise die Verknüpfung beider zentraler Aspekte der Jugendhilfe, die sowohl auf die Förderung des Wohls von Kindern und Jugendlichen als auch auf eine Abwehr von Gefährdungen für das Wohl von Kindern und Jugendlichen abzielt. Diese Verschränkung scheint sich in der Debatte um den Schutz von Kindern und vor allem von Jugendlichen aufzulösen und sich hin zu einer stärkeren Betonung des ordnungsrechtlichen Eingriffsdenkens zu verschieben, welches sich eher auf „Muster der Fürsorgetradition" (vgl. Bundesjugendkuratorium 2007, S. 9) bezieht. Dies führt in Bezug auf Jugendliche eher zu einer verkürzten Problembeschreibung, zu unzureichenden und nicht passenden Hilfsangeboten. Gleichzeitig wird deutlich, dass das Konstrukt der Kindeswohlgefährdung, welches auch bei Jugendlichen mit einer möglichen Einschränkung von elterlichen Rechten oder einer erhöhten Legitimation von Kontrollaspekten verbunden ist, nur in einem bestimmten und eng definierten Bereich greift. Ein Großteil der als „problematisch" oder „schwierig" bezeichneten Verhaltensweisen wird eher unter der Betrachtung von pädagogischen Konzepten, guten Kooperationsbeziehungen zwischen verschiedenen Hilfesystemen oder sozialstrukturellen Verbesserungen diskutiert werden müssen, will der Schutz von Jugendlichen nicht als ausschließlich kontrollierende oder normierende Praktik verstanden werden.

3 Normalisierungsprozesse in der Übergangsgestaltung von der Schule in den Beruf

Kontrollierende oder normierende Praktiken finden sich ebenso in der Übergangsgestaltung von der Schule in den Beruf. Die Übergangsgestaltung hat dabei in den letzten Jahren eine hohe politische und mediale Aufmerksamkeit erfahren. Bei den sozial- und bildungspolitischen Maßnahmen zur Eingliederung in die Ausbildung und Arbeit ist seit dem politischen Transformationsprozess mit Inkrafttreten des Gesetzes zur Verbesserung der Eingliederungschancen am Arbeitsmarkt am 1. April 2012 eine Problematisierung von Individuen feststellbar, wobei gesellschaftliche Prozesse der Benachteiligung aus dem Blick geraten. Durch diese politische Neujustierung haben sich auch die Grundlagen der arbeitsmarktbezogenen Jugendhilfe verschoben. Die spannende Frage in diesem Wandlungsprozess ist, wie sich politische Programmierung und pädagogische Praxis im Verhältnis gestalten. Also: Wie wird die feldtypische Spannung zwischen Individualisierung, Normalisierung und Befähigung auf Seiten der politischen Programmatik und der pädagogischen Praxis bearbeitet?

Durch die explizite Formulierung von Zielgruppen und deren Zuordnung zu spezifischen Maßnahmen sowie durch die Instrumente der Diagnostik (z.b. Kompetenzfeststellung, Potenzialanalyse etc.) werden die Lebenslagen der Jugendlichen im Übergangsprozess nicht mit den herrschenden Gestaltungsweisen in Verbindung gebracht, sondern mit subjektiven Verhaltensweisen und Lebensstilen der Betroffenen. Kessl (2005) spricht im Kontext des neo-sozialen Arrangements von einer „verhaltensverändernden Individualintervention" (ebd., S. 221).

Die Gestaltung des Übergangs stellt eine Klassifizierung und unterschiedliche Behandlung von Jugendlichen dar. Durch die Zuordnung von Adressat_innen zu spezifischen Gruppierungen wird im Übergangsprozess ein „Stufensystem von Benachteiligung" (Galuske/Rietzke 2008, S. 413) etabliert, oder vielmehr ein Stufensystem von Benachteiligung der bereits Benachteiligten. Es sind entweder die Nicht-Ausbildungsreifen, die Lernbeeinträchtigten, die Menschen mit Behinderung, die Nicht-Berufsgeeigneten, die Nicht-Berufswahlkompetenten oder die Migrant_innen. Durch die Markierung von Jugendlichen über Diagnoseverfahren und Klassifikationen, wie z.B. „ausbildungsunreif", „berufsunfähig" oder „lernbeeinträchtigt", werden bestimmte Subjektivierungsweisen angeboten, die „anrufende" Funktion für die Jugendlichen haben. Diese „Sozialkartographierung durch Verhaltensweisen" (vgl. Kessl 2005, S. 183) von Jugendlichen ist Bestimmungsfaktor für Angebote von Maßnahmen im Übergangsprozess. Dies verdeutlicht z.B. das „Neue Übergangssystem Schule-Beruf NRW", in dem klare Zielgruppen definiert und diesen konkrete Maßnahmen zugeordnet werden.

Bereits im Vorwort des Konzepts Neues Übergangssystem Schule – Beruf in NRW des Ministeriums für Arbeit, Integration und Soziales des Landes Nordrhein-Westfalen (M.A.I.S.) sind zentrale Zielstellungen dargestellt: Es geht darum, „erfolgreicher als bisher" die „Wettbewerbsfähigkeit der Unternehmen" zu stärken. Jugendliche sollen „schneller und gezielter [...] Ausbildung abschließen" und das Übergangssystem stellt ein präventives „Element" der „Jugend-, Sozial-, Wirtschafts- und Arbeitsmarktpolitik" dar. Zur Erreichung dieser Ziele sollen insbesondere Angebote im Übergang systematisiert und reduziert, die Zugangssteuerung in die Angebote optimiert sowie der Abgleich von Maßnahmeangebot und -nachfrage durch kommunale Koordinierung systematisiert werden. Diese instrumentelle Orientierung zeigt das Interesse der Politik an einem hohen Beschäftigungsstand, um so die Wirtschaftsleistung zu steigern.

Dabei hat die pädagogische Dimension der Übergangsmaßnahmen durchaus signifikante Gemeinsamkeiten mit eben diesen politischen Programmatiken. Bei den pädagogischen Bearbeitungsweisen, wie z.B. Beratung, geht es durchaus auch darum, an Kompetenzen, Einstellungen und Motivation – kurz an den Lebensführungsweisen junger Menschen – zu arbeiten, aber nicht zwangsläufig um die

Behauptung, dass die Dispositionen dieser Jugendlichen die Ursache ihrer Positionierung in strukturell ungleichen gesellschaftlichen Lagen sind (vgl. Düker et al. 2013).

Wie Düker et al. (2013) ausführen, ist die Fallkonstitution durchaus an pädagogischen Prämissen wie Freiwilligkeit und der Ausrichtung an den Wünschen und Anliegen der Jugendlichen orientiert. In diesem Zusammenhang wird immer betont, dass es „den" Fall als solchen nicht gibt, sondern dieser sich durch individuelle Problemlagen konstituiere, die keinesfalls unmittelbar aus gesellschaftlichen Normalisierungsanforderungen oder vermeintlich objektiven „Entwicklungsaufgaben" abgeleitet werden, sondern – zumindest in den Aussagen der Professionellen – in einem hohen Maße auf subjektiven Einschätzungen, Relevanzen und Aspirationen der Jugendlichen basieren, wobei jedoch das eigentliche Ziel der Maßnahme letztlich nicht verhandelbar ist.

Zwar wird sich an den Jugendlichen orientiert, aber sie haben sich fraglos an der Erwerbssphäre zu orientieren. Die Jugendlichen haben im Prozess der Übergangsgestaltung von der Schule in die Ausbildung durchaus die Möglichkeit zur freien Wahl, aber nur insoweit sie die richtige Entscheidung treffen. Fakt ist, sie müssen sich für den Arbeitsmarkt entscheiden. Damit stellt der Entscheidungsprozess zur Auswahl eines Berufs eine erzwungene Freiheit dar, in welcher die Jugendlichen auf Grundlage der Arbeitsmarktsituation, ihrer persönlichen Potenziale und der Ausbildungs- bzw. Berufsmöglichkeiten auf dem Arbeitsmarkt die richtigen Entscheidungen treffen müssen. Somit implementiert das „sozialpädagogisches Handeln [...] in den Leistungsadressaten Vorstellungen einer prinzipiellen Legitimität der gegebenen Ordnung [...], indem Vorschriften und Verhaltensimperative übergeordneter, machtvoller Institutionen pädagogisch übersetzt und flexibilisiert werden" (Dollinger 2011, S. 232). Diese Form und Beeinflussung der Subjektivierung ihrer Adressat_innen muss die Sozialpädagogik auf unterschiedlichen Ebenen – sowohl disziplinär wie auch in den Praxisvollzügen – zunächst aufklären, bevor sie strukturelle Veränderungsprozesse einleiten kann. Die Frage, welche sich hier stellt, ist, ob das professionelle Subjekt überhaupt Möglichkeiten hat, aus der hegemonial-symbolischen Ordnung der Arbeitsmarktzentrierung herauszutreten, ohne sich selbst in seiner Funktion bzw. Position und damit auch als professionelles Subjekt zu gefährden.

Die Jugendlichen müssen in diesem Prozess der Konstitution des Herrensignifikanten (vgl. Zizek 1998) – verstanden als Inbegriff des symbolischen Systems und Regelwerks der durch Zeichen strukturierten sozialen Welt; er verleiht Bedeutung, misst Wert zu und begründet Autorität – der lohnzentrierten Arbeitsgesellschaft als Ursache für soziale Konflikte herhalten. Dies geschieht aus dem Grund, dass es immer eine Notwendigkeit zur Verschleierung realer historisch-spezifischer

Konflikte geben muss. Der Herrensignifikant überträgt die realen antagonistischen Verhältnisse auf die Jugendlichen bzw. jungen Menschen. Sie werden für ihre Arbeitslosigkeit und den wirtschaftlichen (Miss-)Erfolg verantwortlich gemacht. Dabei bleiben die kontingenten Ursachen in Gestalt der Jugendlichen verborgen. Daher kann konstatiert werden, dass paradoxerweise in der Übergangsgestaltung in Gestalt des Jugendlichen das Reale, dass es kein einheitliches Soziales gibt, konkrete Form annimmt. An diesen konstituierten Herrensignifikanten mit seinen Konnotationen schließen professionelle Subjekte an. Ihnen bleibt auch nichts anderes übrig, wenn sie Anerkennung auf den unterschiedlichen Ebenen (rechtlich, professionell, Adressat_innen etc.) erfahren möchten. Ohne Anschluss an die symbolische Ordnung kann sozialpädagogische Praxis nicht existieren. Bei Nicht-Verfolgung der spezifischen Ziele, Regeln und Aufgaben der symbolischen Ordnung würde sie ihre Rechtfertigung verlieren und früher oder später ihre politische Verankerung aufgeben. Man stelle sich nur vor, dass professionelle Subjekte in ihrer sozialpädagogischen Praxis die Adressat_innen dahingehend beraten würden, nicht in den Ausbildungs- bzw. Arbeitsmarkt einzutreten. Abgesehen davon, dass eine Instrumentalisierung der Jugendlichen für die gewollten Veränderungsprozesse der professionellen Subjekte im Raum stünde, würde sie auch irgendwann ihre politische Implementierung in diesem Feld verlieren. Es wäre nicht davon auszugehen, dass sozialpädagogische Einrichtungen weiterhin Aufträge im Übergangsfeld erhalten würden.

Demgegenüber ist die sozialpädagogische Praxis dennoch in der Lage Veränderungsprozesse hervorzurufen. Dafür wäre allerdings ein wirklicher Akt (vgl. Zizek 1999) nötig. Der Akt würde die (kurzzeitige) Aussetzung der lohnzentrierten symbolischen Ordnung bedeuten. Damit würde versucht werden den Raum des Möglichen für Adressat_innen der arbeitsmarktbezogenen Jugendsozialarbeit zu erweitern. Den Akt zu vollziehen, bedeutet das vom Herrensignifikaten Ausgelassene zu ermöglichen. Der Vollzug eines solchen Akts stellt sich für professionelle Subjekte äußerst prekär dar. Er kann dazu führen, dass das professionelle Subjekt aus Positionen der symbolischen Ordnung heraus deutlich in institutionelle Schranken verwiesen wird und dies ggf. sogar sanktioniert wird (vgl. Kessl 2005). Ein Akt kann daher nicht ausschließlich von einem einzelnen professionellen Subjekt ausgehen. Vielmehr sollte sich eine diskursive Praxis konstituieren, welche die unhinterfragte Lohnzentrierung und die Schuldzuweisungen von Jugendlichen aus unterschiedlichen Situationen und Positionen (also nicht nur aus der arbeitsmarktbezogenen Sozialarbeit heraus) diachronisch und simultan aussetzt.

4 Ausblick und Perspektiven

Anhand der exemplarisch gewählten Aspekte im Lebenslauf eines Menschen konnten vielfältige Normierungsprozesse nachgezeichnet werden. Deutlich wurde insgesamt eine verstärkte Fokussierung auf verhaltenspräventive Ansätze statt die jeweiligen Strukturen und Verhältnisse in den Blick zu nehmen, in denen Kinder und Jugendliche in Familien aufwachsen, bzw. in denen Jugendliche und junge Menschen den Übergang von der Schule in weiterführende Ausbildung/in den Beruf bewältigen (müssen).

Im Zuge dessen erweist sich auch die Reflexion institutioneller Adressierungs-und Zuschreibungsprozesse, die in verschiedenen politischen Programmen und Angeboten wie „Frühe Hilfen" oder „Kein Abschluss ohne Anschluss" erkennbar sind, als erforderlich: Im Kontext der Initiierung und Ausgestaltung dieser Angebote und Programme stehen oftmals eben nicht wie auch immer ausgeprägte individuelle Lebenssituationen und -weisen von Personen im Vordergrund, sondern es werden pauschale Adressierungsprozesse wirkmächtig und Soziale Arbeit trägt möglicherweise so zu einer Reproduktion sozialer Ungleichheit bei.

Aus diesem Grund sollte es zukünftig vielmehr darum gehen, die individuellen Handlungsmöglichkeiten und -beschränkungen in Abhängigkeit von Strukturen sozialer Ungleichheit zu reflektieren und diese Analysen als Ausgangspunkt zur Gestaltung von Angeboten Sozialer Arbeit zu nehmen. Es geht mit dieser Perspektive um die Verbesserung von individuellen und allgemeinen Verwirklichungschancen – hier insbesondere von Kindern, Jugendlichen und deren Familien – statt um eine einseitige und primäre Fokussierung auf Probleme, Defizite und Hemmnisse. Nicht Lebensbewältigung gilt somit als Zielkategorie, sondern Lebensentfaltung und Selbstverwirklichung (vgl. Otto/Ziegler 2008).

Als anschlussfähig erweist sich hier die Idee des Capabilities Approach. Dieser Ansatz verbindet das Streben nach individueller Entfaltung mit dem gleichzeitigen Streben nach gesellschaftlicher Veränderung. Ausgangspunkt ist die Überzeugung, dass jeder Mensch das Recht auf ein gutes Leben hat, wobei jeder Mensch selbst definiert, was für ihn/sie ein gutes Leben ausmacht. Gelingende Lebensentfaltung braucht jedoch Verwirklichungschancen, welche – wie angeführt – einerseits gesellschaftlich bedingt sind, andererseits aus eigenen Fähigkeiten erwachsen. Darüber hinaus sind Faktoren einer gelingenden Lebensentfaltung das Gefühl, als Akteur seines eigenen Lebens selbstwirksam zu sein und respektiert zu werden, wertschätzende Beziehungen sowie Anerkennungsquellen (vgl. Oelkers/Schrödter 2008). Mit Blick auf die Ausgestaltung von Angeboten der Sozialen Arbeit bedeutet dies dann, eben nicht nach vorgefertigten Rastern der Bedarfs- und Problemdefinition zu entscheiden, sondern auf der Basis einer vertrauensvollen Beziehung flexible Angebote bereitzustellen, die den Menschen eben auch die Erfahrung des sozialen Verortetseins – im Sinne von Zugehörigkeit – vermitteln.

Literatur

Anhorn, Roland (2010): Von der Gefährlichkeit zum Risiko – Zur Genealogie der Lebensphase „Jugend" als soziales Problem. In: Dollinger, Bernd/Schmidt-Semisch, Henning (Hrsg.): *Handbuch Jugendkriminalität. Kriminologie und Sozialpädagogik im Dialog*, S. 23–43. Wiesbaden: VS.
Arbeitsgemeinschaft für Kinder- und Jugendhilfe – AGJ (2015): *Kinderarmut und Familienpolitik in Deutschland – eine fachpolitische Einordnung*. Verfügbar unter: https://www.agj.de/fileadmin/files/positionen/2015/Diskussionpapier_Kinderarmut.pdf. Gesehen: 01.07.2017.
Bathke, Sigrid (2014): Entwicklung, Praxen und Perspektiven Früher Hilfen. In: *Sozialmagazin*, 39. Jg., H. 7/8, S. 7–12.
Böllert, Karin (2011): Intervention und Prävention. In: Otto, Hans-Uwe/Thiersch, Hans (Hrsg.): *Handbuch Soziale Arbeit. Grundlagen der Sozialarbeit und Sozialpädagogik*, S. 1125–1140. München/Basel: Ernst Reinhardt.
Brumlik, Micha (Hrsg.) (2008): *Ab nach Sibirien? Wie gefährlich ist unsere Jugend?* Weinheim/Basel: Beltz.
Bundesjugendkuratorium (Hrsg.) (2017): *Prävention, Kinderschutz und Gesundheitsförderung bei Kindern und Jugendlichen. Anmerkungen zu aktuellen Präventionspolitiken und -diskursen*. München.
Bundesministerium für Arbeit und Soziales (2017): *Lebenslagen in Deutschland. Der Fünfte Armuts- und Reichtumsbericht der Bundesregierung*. Berlin.
Bundesministerium für Familien, Senioren, Frauen und Jugend (Hrsg.) (2002): *11. Kinder- und Jugendbericht. Bericht über die Lebenssituation junger Menschen und die Leistungen der Kinder und Jugendhilfe in Deutschland*. Berlin.
Bundesministerium für Familien, Senioren, Frauen und Jugend (Hrsg.) (2013): *14. Kinder- und Jugendbericht. Bericht über die Lebenssituation junger Menschen und die Leistungen der Kinder und Jugendhilfe in Deutschland*. Berlin.
Buschhorn, Claudia/Böllert, Karin (2015): Adressierung von (werdenden) Eltern in Familienbildung und Frühen Hilfen. In: *neue praxis (Sonderheft 12)*, S. 98–111.
Dollinger, Bernd (2011): Die politische Identität der Sozialpädagogik. Bruchstücke einer herrschaftstheoretischen Reformulierung. In: *neue praxis*, 41. Jg., S. 228–242.
Düker, Jan/Lay, Thomas/Ziegler, Holger (2013): Realistische Perspektiven? – Ungleichheiten, Verwirklichungschancen und institutionelle Reflexivität im Übergangssektor. In: Böllert, Karin/Alfert, Nicole/Humme, Mark (Hrsg.): *Soziale Arbeit in der Krise*, S. 61–83. Wiesbaden: Springer VS.
Fegter, Susanne/Heite, Catrin/Mierendorff, Johanna/Richter, Martina (2015): Neue Aufmerksamkeiten für Familie – Diskurse, Bilder und Adressierungen in der Sozialen Arbeit. In: *neue praxis (Sonderheft 12)*, S. 3–11.
Fendrich, Sandra/Pothmann, Jens/Tabel, Agathe (2017): *Monitor Hilfen zur Erziehung*. Dortmund. Verfügbar unter: http://hzemonitor.akjstat.tu-dortmund.de/. Gesehen 01.07.2017
Galuske, Michael/Rietzke, Tim (2008): Aktivierung und Ausgrenzung – Aktivierender Sozialstaat, Hartz-Reformen und die Folgen für die Soziale Arbeit und die Jugendberufshilfe. In: Anhorn, Roland/Bettinger, Frank/Stehr, Johannes (Hrsg.): *Sozialer Ausschluss und Soziale Arbeit*. 2. Aufl., S. 398–416. Wiesbaden: VS.

Graßhoff, Gunther (2015): Praktiken der Ein- und Ausschließung in der Kinder- und Jugendhilfe unter dem Blickwinkel der Partizipation. In: Kommission Sozialpädagogik (Hrsg.): *Praktiken der Ein- und Ausschließung*, S. 78–92. Weinheim/Basel: Beltz Juventa.
Hanses, Andreas (2008): Biografie. In Homfeldt, Hans Günther/Hanses, Andreas (Hrsg.). *Lebensalter und Soziale Arbeit. Band 1: Eine Einführung*, S. 6–26. Baltmannsweiler: Schneider.
Helming, Elisabeth/Sandmeir, Gunda/Sann, Alexandra/Walter, Michael (2008): *Kurzevaluation von Programmen zu Frühen Hilfen für Eltern und Kinder und soziale Frühwarnsysteme in den Bundesländern. Abschlussbericht.* München.
Hentschke, Anna-Kristen/Bastian, Pascal/Dellbrügge, Virginia/Lohmann, Anne/Böttcher, Wolfgang/Ziegler, Holger (2011): Parallelsystem Frühe Hilfen? Zum Verhältnis von frühen präventiven Familienhilfen und ambulanten Erziehungshilfen. In: *Soziale Passagen*, 3. Jg., H. 1, S. 49–59.
Herriger, Norbert (1986): *Präventives Handeln und Soziale Praxis.* Weinheim: Beltz.
Holthusen, Bernd/Hoops, Sabrina/Lüders, Christian/Ziegleder, Diana (2011): Über die Notwendigkeit einer fachgerechten und reflektierten Prävention. Kritische Anmerkungen zum Diskurs. In: *DJI Impulse*, H. 2, S. 22–25.
Kessl, Fabian (2005): *Der Gebrauch der eigenen Kräfte: eine Gouvernementalität Sozialer Arbeit.* Weinheim: Juventa.
Kindler, Heinz (2010): Kommentar: Gewichtige Anhaltspunkte (im Jugendalter). In: *Frühe Hilfen auch für Jugendliche? Tagungsdokumentation der Fachtagung der Arbeitsgruppe Jugendhilfe im Deutschen Institut für Urbanistik*, S. 132–147. Berlin: Eigenverlag.
Kindler, Heinz/Lillig, Susanna (2011): Kinderschutz bei Jugendlichen? – Schutzauftrag, Gefährdungsformen und Hilfen jenseits des 14. Lebensjahres. In: *IzKK-Nachrichten: Gefährdungen im Jugendalter*, H. 1, S. 10–16.
Lindner, Werner (2003): Verlassen von allen guten Geistern? Anmerkungen zum Verhältnis von Innerer Sicherheit, Prävention und fachlichen Maximen der Kinder- und Jugendarbeit. In: Dahme, Heinz-Jürgen/Otto, Hans-Uwe/Trube, Achim/Wohlfahrt, Norbert (Hrsg.), *Soziale Arbeit für den aktivierenden Staat*, S. 277–294. Opladen: Barbara Budrich.
Mierendorff, Johanna/Olk, Thomas (2007): Kinder- und Jugendhilfe. In: Ecarius, Jutta (Hrsg.): *Handbuch Familie*, S. 542–567. Wiesbaden: VS.
Nationales Zentrum Frühe Hilfen (Hrsg.) (2009): *Begriffsbestimmung „Frühe Hilfen".* Verfügbar unter: http://www.fruehehilfen.de/wissen/fruehe-hilfen-grundlagen/begriffsbestimmung/. Gesehen 01.07.2017.
Oelkers, Nina (2007): *Aktivierung von Elternverantwortung: Zur Aufgabenwahrnehmung in Jugendämtern nach dem neuen Kindschaftsrecht.* Bielefeld: transcript.
Oelkers, Nina (2011): Kindeswohlgefährdung: Selektive Korrektur elterlicher Erziehungspraktiken in der Kinder- und Jugendhilfe. In: Dollinger, Bernd/Schmidt-Semisch, Henning (Hrsg.): *Gerechte Ausgrenzung? Wohlfahrtsproduktion und die neue Lust am Strafen*, S. 263–281. Wiesbaden: VS.
Oelkers, Nina/Schrödter, Mark (2008): Soziale Arbeit im Dienste der Befähigungsgerechtigkeit. In: Bielefelder Arbeitsgruppe 8 (Hrsg.): *Soziale Arbeit in Gesellschaft*, S. 44–49. Wiesbaden: VS.

Schone, Reinhold/Hensen, Gregor (2011): Der Begriff der Kindeswohlgefährdung zwischen Recht und Praxis. In: Deegener, Günther/Körner, Wilhelm (Hrsg.): *Erfassung von Kindeswohlgefährdung in Theorie und Praxis*, S.13–29. Göttingen: Hogrefe.
Schrottmann, Ria (1990): *Prävention oder Ist Vorbeugen besser als Heilen? Zur Präventions-Disskussion im psychosozialen Bereich*. Heidelberg.
Wazlawik, Martin (2011): Adressaten der Kinderschutzdebatte. In: Böllert, Karin (Hrsg.): *Soziale Arbeit als Wohlfahrtsproduktion*, S. 15–30. Wiesbaden: VS.
Ziegler, Holger (2006): Prävention und soziale Kontrolle. In: Scherr, Albert (Hrsg.): *Soziologische Basics*, S. 146–153. Wiesbaden: VS.
Ziegler, Holger (2010): Offensiver Kinderschutz für Jugendliche. Manuskript zum gleichnamigen Vortrag, gehalten auf der Fachtagung „Frühe Hilfen auch für Jugendliche" der Fachgruppe Jugendhilfetagungen im Deutschen Institut für Urbanistik, 22.10.2010.
Zizek, Slavoj (1999): *Sehr innig und nicht zu rasch. Zwei Essays über sexuelle Differenz als philosophische Kategorie*. Wien: Turia + Kant.

Wie normal ist es, verschieden zu sein?

Normalistischer Homogenisierungszwang trifft auf professionelles Heterogenitätsverständnis

Daniela Reimer, Birgit Papke und Marcus Windisch

Bis heute wird in manchen Bereichen der Sozialen Arbeit die bereits von 1993 stammende Aussage Richard von Weizäckers „Es ist normal, verschieden zu sein!" als handlungsleitende Parole zitiert. Im Kontext gemeinsamer Erziehung und Bildung von Kindern mit und ohne Behinderung weist Hans Wocken auf die Unvollständigkeit dieses Statements hin und formuliert alternativ den Satz: „Man kann verschieden normal sein" (Wocken 2013, S. 76). Fraglich bleibt aber, ob dem tatsächlich so ist und was solch ein Grundsatzpostulat angesichts vielfältiger gesellschaftlicher Besonderungs-, Stigmatisierungs- und Diskriminierungsprozesse bedeuten kann. Das Zugeständnis verschieden sein zu dürfen muss auch den Schutz vor Abwertung und Marginalsierung sicherstellen. Oder im Fachduktus der sozialwissenschaftlichen Disziplinen ausgedrückt: Wie verträgt sich der Gedanke der Wertschätzung und Ermöglichung von Diversität mit Normalisierungs- bzw. Denormalisierungsstrategien der Moderne?

Im Folgenden werden wir unter anderem mit Hilfe von Jürgen Links (2009) theoretischen Überlegungen über den Normalismus diesen Fragen nachgehen. Dafür werden wir einleitend das Verhältnis von Normalität und Sozialer Arbeit skizzieren, den Normalitätsbegriff betrachten sowie Links Normalismustheorie vorstellen und Soziale Arbeit und Normalität miteinander in Bezug setzen. Im Anschluss werden anhand von Studien – die mit unterschiedlichen Methoden arbeiten – die Themen Körper und Körpernormen, Bildung sowie Identität unter der Frage von Normalität und Abweichung näher beleuchtet. Zum Abschluss formulieren wir anknüpfend an die vorgestellten Studien einige grundlegende Überlegungen zum Phänomen der Normalität in der Sozialen Arbeit.

1 Zum Begriff der Normalität

Die Soziale Arbeit bezieht sich regelmäßig auf ‚Normalität'. Seelmeyer (2008, S. 14) formuliert, dass man der Normalität in der Sozialen Arbeit nicht entrinnen kann, Dollinger/Oelkers (2015) gehen noch einen Schritt weiter, wenn sie beschreiben, dass Soziale Arbeit generell eine Grenzbearbeitung zwischen normal und unnormal vornimmt.

Es ist umso problematischer und auch erstaunlich, dass bislang wenige Bemühungen um eine Klärung des Begriffs der Normalität und seines Bezugs zur Sozialen Arbeit zu erkennen sind. Seelmeyer (2008) unterteilt den deutschsprachigen Diskurs um Normalität in der Sozialen Arbeit in drei große Bereiche: er identifiziert einerseits *Normalisierung als Funktion Sozialer Arbeit* und verortet die Themen Hilfe und Kontrolle, aber auch Prävention in diesem Diskursstrang. Andere Diskurse rekurrieren auf die *Normalisierung der Settings Sozialer Arbeit*. Dieser Diskursstrang adressiert vor allem die Institutionen der Sozialen Arbeit und geht auf die kritische Diskussion um Stigmatisierung und Etikettierung von Personen und Personengruppen der 1970er Jahre zurück. Effekte zeigen diese Diskurse ab den 1980er Jahren in Deutschland beispielsweise in neuen Ansätzen in der Heimerziehung, der Behindertenhilfe und im Psychiatriebereich. Schließlich macht Seelmeyer *Normalisierung als selbstreflexive Kategorie in der Sozialen Arbeit* aus. Dieser Diskurs liegt quer zu den vorherigen, geht es hier doch vor allem um die Position von Sozialpädagogik und Sozialer Arbeit als (normaler oder nicht normaler) wissenschaftlicher Disziplin und/oder als Profession.

In allen drei Diskussionssträngen bleibt weitgehend unklar, was mit „Normalität" überhaupt gemeint ist. Betrachtet man den soziologischen Normalitätsbegriff, so rekurriert dieser in der Regel auf makrogesellschaftliche Phänomene und Entwicklungen (vgl. Link 2009). Bei genauerer Betrachtung lassen sich auch hier mehrere Linien der Begriffsbedeutung feststellen, von denen einige nachfolgend skizziert werden (ausführlich: Reimer 2017). Der letztgenannte Ansatz des Normalismus bei Link (2009) dient als Ausgangspunkt für die weiteren Überlegungen dieses Textes.

Normalität als Alltag und als das Selbstverständliche. Dieses Verständnis ist sehr breit gefasst, und wird auch als der weite Begriff von Normalität bezeichnet (Link 2009; Seelmeyer 2008, S. 175). Teils bezugnehmend auf Schütz Konzept der Lebenswelt (1971) wird hier (wenn auch Schützs Konzept vereinfachend) das Normale mit der den Menschen als selbstverständlich gegebenen Alltagswelt gleichgesetzt. Offen bleibt bei dieser Begriffsnutzung jedoch, woraus sich diese Selbstverständlichkeit speist.

Normalität in Bezug auf gesellschaftliche Normen/Normativität. Ein Normalitätsverständnis, wie es sich in der Rede von der geschlechtstypischen Normalbiografie (Kohli 1981; Levy 1977), dem Normalarbeitsverhältnis (Mayer-Ahuja 2003; Besters 1988) oder der Normalfamilie (Cierpka 1988) findet, ist insofern präziser, als dass sich all diese Diskurse kritisch reflektierend auf den Wandel gesellschaftlicher Normen beziehen (die Biografie mit ihren normativen geschlechtsspezifischen Ablaufmustern; das Arbeitsverhältnis, das den normativen Implikationen eines guten Arbeitsverhältnisses entspricht; die Familie, die in ihrer Zusammensetzung und den Innenbeziehungen der Norm entspricht). Zugespitzt wird dieses Verständnis bei Foucault (1976), der von der Normierung – die bei ihm einer Standardisierung gleichkommt – der Menschen in der Moderne und verschärft in der Postmoderne ausgeht. Normierung kann und muss in diesem Kontext auch als Machtstrategie thematisiert werden, als Teil einer tiefgreifenden Internalisierung gesellschaftlicher Normen, die eine Steuerung von außen zugunsten von Selbststeuerungsprozessen zunehmend ersetzt (vgl. Bröckling 2007).

Normalität in Bezug auf die massenhafte statistische Verdatung. Link (2009, S. 154ff.) geht davon aus, dass die massenhafte statistische Verdatung gesellschaftlicher Phänomene ab dem 19. Jahrhundert zum einen das menschliche Denken und die Sicht auf die Welt und die Mitmenschen grundlegend verändert und zum anderen den Normalitätsbegriff grundlegend geprägt haben. Der Philosoph Ian Hacking skizziert:

> The systematic collection of data about people has affected not only the ways in which we conceive of a society, but also the ways in which we describe our neighbour. It has profoundly transformed what we choose to do, who we try to be, and what we think of ourselves. (Hacking 1990, S. 3)

Link entwirft vor diesem Hintergrund ein prozessbezogenes Konzept des Normalismus, in dem er aus linguistischer Perspektive Normalität von anderen existierenden Begriffsbedeutungen abgrenzt: Normalität ist in seinem Konzept ungleich Normativität, Alltagsroutine/Alltäglichkeit, Angleichung an natürliche Parameter, industrieller Normung, sozialer Normierung/Disziplinierung, ästhetischer Banalität und konstruierter sozialer Wirklichkeit (vgl. Link 2009, S. 33ff.). Stattdessen rekurriert für Link Normalität immer auf der in einer Gesellschaft oder einem bestimmten Milieu tatsächlichen oder wahrgenommenen statistischen Normalverteilung (verdeutlicht in der zentralen Figur der Gaußkurve). Normalität stellt aber nicht einfach den statistischen Durchschnitt dar. Was normal ist und was nicht wird in jeder Gesellschaft ständig in einem dynamischen Prozess ausgehandelt. Link versteht demnach Normalität als eine zentrale Diskurs- und Machtstrategie moderner, massenhaft statistisch verdateter Gesellschaften. Die Setzungen und Verschiebung der Normalitätsgrenzen werden durch spezifische Mechanismen reguliert. Link (2009) unterscheidet diesbezüglich zwei Strategien: Die protonormalistische und historisch ältere Strategie zielt darauf ab, in diversen Normalitätsfeldern (Lebensstil, Familie, Körper, Leistung, Intelligenz etc.) eine Punktnormalität zu etablieren, deren Grenzen eng gezogen sind. Im Protonormalismus gibt es entsprechend einen sehr verengten Normalitätsbereich und harte Stigmagrenzen. Der flexible Normalismus als historisch jüngere Strategie ist dagegen bestrebt, Normalitätsgrenzen zu erweitern und größtmöglich auszudehnen. Grenzen werden weiter und flexibel aushandelbar, sie stellen keine harten Stigmagrenzen mehr dar, die Übergänge zwischen normal und unnormal verlaufen fließend. Proto- und flexibler Normalismus beeinflussen sich wechselseitig und – auch wenn eine Strategie dominiert – existieren sie parallel:

> In der Gegenwartsgesellschaft wird vom Individuum zwar immer noch erwartet, sich Normen anzupassen, deren Einhaltung Institutionen und Organisationen wie Justiz, Polizei, Medizin und Sozialarbeit kontrollieren. Zusätzlich allerdings sind wir mehr und mehr konfrontiert mit Managementtechniken und Selbsttechnologien, die auf der suggestiven Kraft der flexiblen Normalität basieren. (Link 2009, S. 193f.)

Heilmann (2011, S. 40f.) geht davon aus, dass genau die paradoxe Parallelität beider Strategien und die Möglichkeit der Subjekte, auf beide Machttechnologien kontext- und situationsabhängig zurückgreifen zu können, notwendige Bedingung ist, mit deren Hilfe es gelingt, „das Problem der Kontingenzbewältigung in modernen Gesellschaften zu managen" (ebd., S. 40). An ihnen formieren sich „deviante Subjektivierungen" (ebd.), die Widerstandspunkte bilden, „von denen aus Subjekte auch als Akteure eigensinnig in die hegemoniale Ordnung eingreifen" (ebd., S. 41). Die gesellschaftliche Produktion von Normalität findet also in einem anhaltenden Dualismus zwischen normierender Punktnorm mit dem Versuch, Normalitätsgrenzen zu verengen und dem flexibelnormalistischen Rekurs auf Durchschnittsverteilung mit dem Versuch, Normalitätsgrenzen zu weiten, statt. Obgleich jeder Mensch seine Verortung im Normalspektrum immer wieder mit sich selbst und seiner Umwelt aushandeln muss (Reimer 2017), gibt es Mechanismen, die die Justierung der Normalitätsgrenzen in einer bestimmten Gesellschaft sehr zuverlässig regeln. Darunter fallen vor allem Anerkennung oder Missachtung (vgl. Honneth 1992) für Normalität und für Optimierungsleistungen, sowie Beschämung (vgl.

Neckel 1991) und Stigmatisierung (vgl. Goffman 1975) bei Überschreitung von Normalitätsgrenzen (vgl. Reimer 2017). So werden gesellschaftliche Normalitätsgrenzen gezogen, die exkludieren und inkludieren.

Wie die gesellschaftliche und individuelle Bearbeitung von Normalität erfolgt, soll nun mit Blick auf einzelne Aspekte in den Bereichen Körper und Bildung sowie für den Bereich Pflegekinder erarbeitet werden.

2 Normalität und Körper

Im folgenden Abschnitt soll pointiert der Frage nachgegangen werden, was passiert, wenn ein menschlicher Körper als anormal etikettiert wird. Die Ausführung beruhen auf der Durchführung eines Forschungsprojektes zur Wahrnehmung von und Umgang mit ‚verkörperten Differenzen' (Windisch, in Arbeit).

Ein entscheidendes Merkmal des gesellschaftlichen Normalismus besteht in der Konstituierung von Grenzen zwischen einem Normalfeld und einem Anormalfeld. Dadurch entstehen eingegrenzte und ausgegrenzte soziale Gruppen, welche durch diverse Etikettierungs- und Kategorisierungsprozesse manifestiert werden. Die separierenden „semantisch-qualitativen Schwellen" (Link 2006) sind weder natürlich gesetzt noch von absoluter Dauerhaftigkeit, sondern verschiebbar und im Hinblick auf ihre Durchlässigkeit veränderbar. Ort und Stärke der Grenzfixierung sind abhängig von der vorherrschenden Denormalisierungsangst und der Flexibilität der normalistischen Strategien.

Der menschliche Körper stellt ein zentrales Diskursfeld dar, auf dem die Grenzziehung zwischen normal und anormal festgemacht wird. Er ist permanent Zielscheibe von Etikettierungsprozessen, denn das individuelle Erscheinungsbild (z.B. Verhalten, Sprache, Aussehen, Bewegungen) stellt die einprägsamste Realität für die Wahrnehmung von Differenzen dar.

Jeder Körper ist einzigartig und besonders, aber manche Körper überschreiten eine soziokulturell konstruierte Normalitätsgrenze und werden damit als ‚zu besonders' bzw. als ‚anormal' etikettiert. Daraufhin werden sie medizinisch untersucht und klassifiziert und bei entsprechender Diagnose als behindert kategorisiert. Ist der Körper als behindert kategorisiert, wird er auch als solcher behandelt und wahrgenommen. Diese Verzahnung von Ursache und Ziel ist prägend für die Konstruktion von Normalität bzw. Anormalität: Der Körper bietet gleichzeitig die Bühne für die Beweisführung, aber auch die Bühne, auf der das Urteil vollstreckt wird. Er wird über die Kategorie Behinderung stigmatisiert und zu einem Objekt der Besonderung. Dies dient wiederum als Beweis für die Etikettierung ‚anormal' und die Kategorisierung ‚behindert'. Das folgende Zitat belegt dies anschaulich:

> Ich lernte auch, daß ein Krüppel sorgfältig darauf achten muß, nicht anders zu handeln, als die Leute von ihm erwarten. Vor allem erwarten sie von dem Krüppel, daß er verkrüppelt ist; daß er unfähig und hilflos ist; daß er, gemessen an ihnen, inferior ist; und sie werden argwöhnisch und unsicher werden, wenn der Krüppel hinter diesen Erwartungen zurückbleibt. Es ist ziemlich befremdlich, aber der Krüppel muß die Rolle des Krüppels spielen, gerade so, wie viele Frauen das sein müssen, was die Männer von ihnen erwarten, halt Frauen. (Goffman 1975, S. 137)

Auf diesen Anteil gesellschaftlicher Konstruktion verweist auch Bernhard Waldenfels, wenn er konstatiert:

> Als leibliche Wesen sind wir mehr als das, was wir aus eigener Kraft und eigener Absicht zustande bringen. (Waldenfels 1998, S. 11)

Bezogen auf die Wahrnehmung von Menschen mit Behinderungen dominierte lange Zeit zu der verhängnisvolle Rückschluss, dass nur in einem gesunden und wohlgeformten Körper eine gesunde und gute Seele ‚wohnen' kann. Der Pädagoge Hans Würtz (1875–1958) erfand unter dieser Prämisse die sogenannte ‚Krüppelseele', eine Konstruktion, die bis weit in die 60er Jahre eine große Anhängerschaft in der Behindertenhilfe fand. Das folgende Zitat belegt eindrucksvoll die stigmatisienden Schlussfolgerungen, die Würtz aus der Annahme zieht, diese sogenannte Anormalität des Körpers führe automatisch zu einer ‚Verkrüppelung' der Seele:

> Jede körperliche Abweichung vom Normalen wirft auf das Bewußtsein des Verunstalteten einen Schatten, trübt sein Selbstgefühl und bringt den Willen ins Stocken und Schwanken. Wenn der Kranke sein Mindervermögen mit dem Mehrkönnen der Gesunden häufig und lebhaft vergleicht, tritt nur zu leicht eine mehr oder minder starke Beeinträchtigung seines Wohlbefindens ein. Es entstehen dann leicht seelische Entgleisungen und Schwächen, die das typische Krüppeltum begründen: verstärkte Selbstfühligkeit, Benachteiligungs- und Beeinträchtigungsempfindungen, erhöhte Empfindlichkeit, Reizbarkeit, Neid, Mißtrauen, Starrheit und Härte der Selbstbehauptung sowie übersteigertes Selbstgefühl. (Würtz 1921, S. 4)

Die Denormalisierung, die Anhand physiologischer Differenzen durchgeführt wird, wird hierbei automatisch auf die Psyche der betroffenen Personen übertragen.

Es kann davon ausgegangen werden, dass es grundsätzlich bis heute so ist, dass die soziale Normalität sehr stark von der medizinischen und rechtlichen Normativität abhängig ist und sich unsere soziale Wahrnehmung in erster Linie nach biologischen Merkmalen ausrichtet: „Jede Abweichung von der Normalität der

Körperkurve", so formuliert es Jürgen Link, „symbolisiert schwindende Normalität der Lebenskurve insgesamt" (Link 2009, S. 414).

Je protonormalistischer die Grenzziehung zwischen normal und anormal verläuft, umso wirkmächtiger wird der binäre Code normal/behindert. Es gibt dann nur noch ein Entweder-Oder, das heißt zwei Lebenszustände die vollkommen diskontinuierlich sind. Diese Verabsolutierung führt in den meisten Fällen dazu, dass die Betroffenen zuvorderst als hilfsbedürftige Objekte wahrgenommen werden. Der normalistischen Gesellschaft – wie sie Jürgen Link beschreibt – ist ein aktiv intervenierender Normalisierungszwang eigen, ganz nach dem Motto: ‚Was nicht passt, wird passend gemacht':

> Überall wo behauptet wird, eine Situation oder eine Person sei ‚nicht mehr normal', da wird der berühmte ‚Handlungsbedarf' eingeklagt – und dieser Handlungsbedarf ist in unserer Moderne […] in aller Regel konkret Normalisierungsbedarf. (Link 2013, S. 11, Herv. i. O.)

Darin besteht die Begründung, warum als ‚behindert' kategorisierte Menschen in spezialisierten Einrichtungen zu nützlichen Gesellschaftsmitgliedern erzogen, zu produktiven Erwerbsfähigen gefördert und in die bestehenden Strukturen integriert werden müssen. In den Fällen, in denen dies nicht gelingt bzw. als nicht sinnvoll erachtet wird, werden die Betroffenen zumeist von der Normalität ausgeschlossen. Je flexibler die normalistischen Strategien allerdings sind, umso kontinuierlicher ist die Ordnungsskala. Der Binarismus des Entweder-Oder wird zu einem gradualisierten Kontinuum (vgl. Link 2006, S. 163–164). Link spricht in diesem Zusammenhang von der „normalistischen Ersetzung von Entweder-Oder-Binarismen durch kontinuierlich-skaliertbare Normalfelder" (ebd., S. 167).

Die Erkenntnis, dass es sich bei Behinderung nicht um eine natürlich geben Gesellschaftskategorie, sondern um eine historisch wandelbare soziokulturelle Konstruktion handelt, kann dabei helfen, das klassifikatorische Denken und Handeln zu überwinden und damit einen starren normal/anormal Binarismus zugunsten einer Akzeptanz von Verschiedenheit zu ersetzen.

3 Normalität und Bildung

Die Konstruktion von Behinderung beschreibt im Kern eine Abweichung von Normalität und zieht dauerhaft wirksame diskriminierende und segregierende Effekte nach sich. Im Bildungsbereich spielen insbesondere Aushandlungen über Normalität im Leistungssektor eine zentrale Rolle (vgl. Prengel 2009). In welchem Zusammenhang stehen dabei die Konstrukte von Bildung und von Behinderung? Dieser Frage soll im Folgenden aufbauend auf eine historisch orientierte Literaturanalyse nachgegangen werden (vgl. Papke 2016).

Traditionell werden die Grenzen der Bildungsfähigkeit systemwirksam mit der Zuschreibung einer Behinderung markiert. Stigmatisierende Grenzziehungen und Etikettierungen bilden sich entsprechend sowohl im Bildungssystem als auch in der professionsbezogenen Theoriebildung ab – immerhin sind Kinder und Jugendliche, denen eine Behinderung zugeschrieben wird, in Deutschland die einzige Personengruppe, für die spezielle Bildungseinrichtungen geschaffen wurden. Besonders evident werden die Wechselwirkungen zwischen dem Ausbau einer spezifischen Angebotsstruktur (Kindergärten, Schulen, Beschäftigungsangebote) und der theoretischen und professionsspezifischen Absicherung dieser strukturellen Besonderung in der sogenannten ‚Geistigbehindertenpädagogik', wie sie sich in den 1960er Jahren etabliert: Wurde doch hier als grundlegendes Theoriekonzept die Konstruktion der sogenannten praktischen Bildbarkeit eingeführt, die geradezu den Gegenpol zur Idee der abstrakten und theoretische Inhalte erfassenden Bildbarkeit markiert. Ist schon die ‚geistige Behinderung' ein Konstrukt (vgl. Feuser 1996), so begründet und legitimiert der Begriff der ‚praktischen Bildbarkeit' (Bach 1969) den kompletten Ausschluss der darunter zusammengefassten Personengruppe von der Bildungsidee, indem er eine Unterscheidung zwischen theoriegeleiteter und praktischer Bildung erzwingt. In den genannten Bildungskonzepten manifestieren sich je extrem unterschiedliche Konstruktionen und Vorstellungen über Bildung, über Lern- und Entwicklungsprozesse und deren Bedingungen und Wirkungen, die bis heute der gemeinsamen Erziehung und Bildung aller Kinder im Weg stehen (vgl. Papke 2016).

Folgend sollen einige Aspekte skizziert werden, die für die Konstruktionsprozesse praktischer Bildbarkeit eine Rolle spielen. In den 1950er Jahren geht es der schulischen Sonderpädagogik um die sichere Diagnostik und Früherkennung von Beeinträchtigungen mit dem Ziel der Zuweisung von Kindern in verschiedene Programme scheinbar passgenauer Erziehung und Bildung. Als Minimalausweis der Bildungsfähigkeit gilt die (zumindest prognostizierte) Fähigkeit, Lesen und Schreiben zu lernen. Es sind maßgeblich die Eltern, die sich gegen diese Verengung des Bildungsbegriffs stellen und Bildungsangebote für die Kinder fordern, die bisher als bildungsunfähig von der Schulpflicht ausgenommen werden (vgl. Lebenshilfe 1960). Die Gründung erster sogenannter Schulen für Geistigbehinderte gilt vor diesem Hintergrund als Erfolg, erhalten Kinder mit sogenannter geistiger Behinderung dadurch erstmals systematisch abgesichert Zugang zum Bildungssystem. Damit gehen allerdings essentialistisch begründete Typisierungen des Bildungs- und Lernverhaltens einher (vgl. Bach 1969; Wittmann 1950), die eine neue Schüler*innengruppe mit eigenen Merkmalen konstruieren. Rückblickend wird deutlich, wie sehr die Überlegungen in der Auffassung verhaftet sind, in den als geistig behindert bezeichneten und kategorisierten Schüler*innen eine homogene Gruppe vorzufinden. So schreibt Heinz Bach in seinem grundlegenden Lehrbuch zur neuen Geistigbehindertenpädagogik:

> Als geistig behindert werden diejenigen Kinder bezeichnet, welche wegen der Schwere ihrer intellektuellen Beeinträchtigung eine Sonderschule für Lernbehinderte (Hilfsschule) nicht mit ausreichendem Erfolg besuchen könnten, die jedoch zu sinnvoller Tätigkeit und ausreichender Einordnung zu führen sind. (Bach 1969, S. 1)

Die Grenzen der dominierenden Bildungsvorstellungen führen dazu, dass gewissermaßen am unteren Rand des Bildungssystems eine neue Kategorie der Bildbarkeit eröffnet wird: die praktische Bildbarkeit. Sie bezeichnet die vermeintliche Unfähigkeit, abstrakte Gegenstände zu erfassen und wird gleichsam zum gemeinsamen definitorischen Merkmal ihrer Adressat*innen erhoben:

> Vorausgesetzt, dass es sich wirklich um geistig behinderte Kinder handelt und nicht um lernbehinderte, die eigentlich an der Sonderschule für Lernbehinderte ihren Platz finden und behalten sollten, muss als das Kennzeichnende ihre praktische Bildbarkeit gesehen werden. (Bach 1969, S. 38)

Für Kinder mit der Zuschreibung einer geistigen Behinderung führt ihre neu errungene und entdeckte Bildbarkeit nicht dazu, dass sie nun zu den Bildungsfähigen subsummiert werden. Das vorherrschende Bildungsverständnis wird nicht verändert und erweitert, sondern quasi um eine neue Unterart der Bildbarkeit ergänzt. Diese neue Art der Bildung wird fast ausschließlich in defizitärer Abgrenzung zu dem formuliert, was bis dato als Bildung galt. Das Konstrukt der praktischen Bildbarkeit wird der Gegenpol zur abstrakten Bildbarkeit, die versinnbildlicht wird in der Deutung und im Gebrauch von Symbolen und Zeichen, von Regeln und Formeln, in Sprache und Schrift. Dem abstrakten Lernen wird nun das anschaulich-vollziehende Lernen als Gegensatz gegenübergestellt. Die Zuschreibung eines spezifischen Lernverhaltens verdichtet sich zum Wesensmerkmal der ‚praktischen Bildbarkeit' (der ‚praktisch Bildbaren'), die fortan für viele Jahre das Bildungsangebot bestimmt und die Inhalte limitiert:

> Zwar ist es beachtlich, wenn ein geistig behindertes Kind ein b und ein d oder ein m und ein n unterscheiden kann. Ist es aber nicht wesentlich erfreulicher und dienlicher, wenn es einen Mantel von dem ähnlichen seines Nachbarn, wenn es Handtücher, Zahnbürsten, Serviettenringe, Schubfächer, Kartons usw. unterscheiden lernt? (Bach 1969, S. 40)

Die komplementäre Konstruktion zweier qualitativ gänzlich verschiedener Bildungsbegriffe verschärft die Abgrenzungen und verfestigt die Sonderstellung der Kinder mit sogenannter geistiger Behinderung. Die Konstruktion des grundsätzlichen Andersseins mit Blick auf Prozesse der Auseinandersetzung mit der Welt wird quasi bildungstheoretisch abgesichert. Die Differenz betrifft damit Kernprozesse menschlicher Entwicklung und immunisiert Kinder mit Lernschwierigkeiten für lange Zeit auch gegenüber Reformgedanken innerhalb der Erziehungswissenschaft. So werden beispielsweise während der Bildungsreformphase der ausgehenden 1960er Jahre die Erkenntnisse der empirischen Lehr- und Lernforschung mit ihrer fundamentalen Kritik am biologistisch ausgerichteten Begabungsbegriff (vgl. Roth 1969) nicht auf Kinder im Zuständigkeitsbereich der Sonderpädagogik bezogen (vgl. Papke 2016). Mit den beginnenden 1980er Jahren geben erneut maßgeblich Elterninitiativen den Anstoß für die gemeinsame Erziehung und den gemeinsamen Unterricht. Diese werden wissenschaftlich evaluiert und die Erfahrungen und Beobachtungen fließen in integrations- und inklusionspädagogische Theorieentwicklung ein. In ihnen repräsentieren sich andere Vorstellungen, die die Gemeinsamkeiten menschlicher Entwicklungs- und Bildungsprozesse betonen und damit neue Handlungsoptionen der gemeinsamen Erziehung und Bildung in sehr heterogenen Gruppen und Klassen eröffnen (Feuser/Meyer 1987; Klein et al. 1987).

Veranschaulichend sei daher ein Lexikonartikel zum Stichwort ‚Bildung' zitiert, dessen Autorin das Down Syndrom hat:

> Bildung. Für die Bildung ist es für das ganze leben wichtig das man schreiben kann, ja das ist sehr wichtig das man schreiben kann. Weil dann hast du das Gefühl, das du wirklich eine persönlichkeit bist. (Koenig 2008)

Was sie ausdrückt, ist wohl kaum spezifisch für Menschen, denen das Konstrukt einer Lernschwierigkeit anhängt, sondern steht für Sinn- und Bedeutungszusammenhänge, mit denen viele Menschen etwas anfangen können: sich Informationen erschließen und Informationen weitergeben zu können, Geschichten lesen zu können, Phantasie und Sinn zu erfahren, Beziehung zu erleben und zu gestalten, sich mitzuteilen, sich orientieren zu können – sich als Persönlichkeit in einer Informationsgesellschaft zu erleben, in der die einzelnen nicht zuletzt auch durch die aktive Konstruktion und Darstellung der eigenen Individualität und Identität für sich selbst und für andere sichtbar werden. Ob Texte selbst geschrieben werden oder ob sie assistiert oder diktiert werden, rückt dabei in den Hintergrund. Bildung ist nicht pauschal über Ergebnisse oder Inhalte zu beschreiben, sie eröffnet Sinn und Bedeutung und ermöglicht Verortung in der Welt. In diesem Sinne betrifft Bildung jeden Menschen gleichermaßen.

4 Normalität und Identität

Normalität ist nicht nur auf der gesellschaftlichen Ebene relevant, sondern auch ein zentrales Identitätsthema für jeden Menschen: wir alle sind ständig mit Normalitäten, Normalitätsvorstellungen und Normalitätserwartungen konfrontiert. Menschen sind kontinuierlich aufgerufen, sich selbst in verschiedenen Normalitätsbereichen in die Normalitätsverteilung einzuordnen und ordnen auch andere Menschen regelmäßig ein, indem sie sie als normal, unnormal, gerade noch normal, nicht normal oder gar nicht normal bezeichnen. Je mehr Bereiche es im Leben eines Menschen gibt, in denen er oder sich außerhalb gesellschaftlicher Normalitätsvorstellungen befindet oder davon abweicht, desto wichtiger und intensiver wird die ständige Arbeit an der „Normalitätsbalance", die Mollenhauer (1987) als zentrale Aufgabe der Jugendhilfe bezeichnet hat, aber nie explizit hat, was er genau damit meint.

In einer Studie (Reimer 2017) wurden Biografien ehemaliger Pflegekinder zum Thema Normalität analysiert. Pflegekinder stellen eine besonders geeignete Gruppe zur Untersuchung von Normalität auf der subjektiven Ebene dar: Sie weisen alle in ihrer Lebensgeschichte im Normalfeld Familie die Abweichung auf, dauerhaft oder zeitweilig nicht bei den leiblichen Eltern aufgewachsen zu sein; gleichzeitig stellen sie in anderen Merkmalen (Bildung, Beruf, eigene Familie, Intelligenz, ökonomische Situation, psychische und physische Gesundheit) eine höchst diverse Gruppe dar; ihre Abweichung ist nicht sichtbar und sie entwickeln unterschiedliche Formen des Stigmamanagements (Goffman 1999).

Normalitätskonstruktionen – im Sinne einer subjektiven Verortung in verschiedenen Normalitätsfeldern und einer Selbstbeschreibung der eigenen (A-)normalität – und die Normalitätsbalance – die die Leistungen zur Aufrechterhaltung der Normalitätskonstruktion beschreibt – werden jeweils als prozesshaft und dynamisch wandelbar verstanden. Sowohl Normalitätskonstruktion als auch Normalitätsbalance gestalten sich in den untersuchten Biografien sehr divers – es kann deshalb davon ausgegangen werden, dass den Menschen die von der Gesellschaft an sie gestellten Normalitätserwartungen durchaus bekannt sind, sie aber auf unterschiedliche Weise angeeignet werden (vgl. de Certeau 1988) und es im Aneignungsprozess auch die Möglichkeit gibt, Erwartungen subversiv zu umgehen, umzudeuten, in eigene Logiken umzufrisieren oder durch Sprache umzuwandeln (ebd.).

Im Ergebnis der Studie zeigt sich, dass die präsentierte Normalitätskonstruktion und -balance immer beeinflusst sind von diversen Variablen, die auf unterschiedlichen Ebenen Einfluss nehmen, z.B. gesellschaftliche Normalitätsvorstellungen, Bewertung von Fremdunterbringung, das subjektive Erleben und die Deutung biografischer Erfahrungen, aber auch die Interaktionssituation im Interview (vgl. ausführlich Reimer 2017). Aus einem Set verschiedener Dimensionen der Normalitätskonstruktionen, die interdependent miteinander verflochten sind, und den dazugehörigen Taktiken (de Certeau 1988) der Normalitätsbalance ergibt sich die komplexe individuelle Normalitätskonstruktion. Die Dimensionen umfassen: die subjektive Verortung auf dem Kontinuum Normal – Unnormal; proto- vs. flexibelnormalistische Haltungen und Lebensstile; Abgrenzung von einzelnen Menschen, Gruppen, Normen und Werten; Zugehörigkeit zu einzelnen Menschen, Gruppen, Normen und Werten; Herstellen von Eindeutigkeit vs. Anerkennen von Vielschichtigkeit; Bedeutung von Reflexion; die Art und Notwendigkeit eines Stigmamanagements und (nicht) vorhandene Möglichkeiten zur Kompensation (vgl. ausführlich Reimer 2017). Aus dem individuellen Zusammenspiel dieser Dimensionen ergibt sich die jeweilige Normalitätskonstruktion und -balance.

In einer Typologie wurden aus den Dimensionen und ihrem verschiedenen Zusammenspiel vier Typen von Normalitätskonstruktionen und -balancen herausgearbeitet (vgl. ebd.):

- *Typ 1: Normalität behaupten – gegen alle Widerstände*: Dieser Typus präsentiert sich als überaus normal und negiert Bereiche und Aspekte, in denen er von gesellschaftlichen Normalitätsvorstellungen abweicht. Zum Schutz der Normalitätskonstruktion wird das soziale Umfeld stark kontrolliert und eingeschränkt. Chancen sind ein hohes Maß an Klarheit und Handlungsfähigkeit, Risiken sind das Festgelegtsein auf eine eingeschränkte Gruppe vertrauter Personen und erschwerte Bedingungen für die Autonomieentwicklung.
- *Typ 2: Normalität vorleben – Risiken entgehen*: Dieser Typus kennt seine Anteile, in denen er von gesellschaftlichen Normalitätsvorstellungen abweicht. Wichtig ist es ihm aber, vor sich und anderen so normal wie möglich zu sein. Deshalb werden die Lebensbereiche, in denen Normalität vorliegt, besonders hervorgehoben (zum Beispiel Bildung, Beruf und/oder Geschlechterrolle), es erfolgt ein hohes Maß an Orientierung an denen, die als Normale gesehen werden und jegliches für die eigene Normalität riskante Verhalten wird vermieden. Chancen sind ein hohes Maß an Handlungsfähigkeit und Orientierung. Es besteht aber das Risiko, dass die starke Orientierung an „den Normalen" und an der Vermeidung von Risiken Lebensmöglichkeiten beschneidet.
- *Typ 3: Über fehlende Normalität philosophieren – und sie (auch dadurch) teilweise relativieren*: Dieser Typus reflektiert sich und sein schwieriges Verhältnis zu gesellschaftlichen Normalitätsvorstellungen in sämtlichen Dimensionen, nimmt in allen Lebensbereichen und bei allen wichtigen Personen Vielschichtigkeiten wahr und relativiert die fehlende Normalität durch umfassende Reflexion. Die Reflexionsfähigkeit und vielschichtige Wahrnehmung bietet in ihrer Differenziertheit viele Chancen. Sie birgt aber auch das Risiko der Einsamkeit und Eigenbrötlerei.

- *Typ 4: Fehlende Normalität zelebrieren – und Exklusion riskieren*: Dieser Typus sieht sich außerhalb der Normalität und begründet dies ausgiebig mit der Lebensgeschichte und diversen daraus hervorgehenden Einschränkungen. Chancen sind ein hohes Maß an Freiheit von Druck und Zwang, gesellschaftlichen Normalitätserwartungen entsprechen zu müssen. Das längerfristige Risiko ist soziale und gesellschaftliche Exklusion.

Es zeigt sich, dass es keine Normalitätskonstruktion und -balance gibt, aus der sich ausschließlich Chancen oder ausschließlich Risiken ergeben, vielmehr ergeben sich immer Chancen und Risiken und gerade aus besonders riskante Verortungen in einer Dimension oder riskanten Taktiken gehen besondere Ressourcen her. So zeigt sich beispielsweise in der Dimension Vielschichtigkeit zulassen vs. Eindeutigkeit herstellen, dass die Konstruktion harter Wendepunkte Eindeutigkeit schafft und damit Klarheit und Handlungsfähigkeit hervorbringt. Auch harte Abgrenzungen bringen Klarheit mit sich, die ebenfalls die Handlungsfähigkeit befördern. Gleichzeitig gibt es einige Aspekte und Kombinationen, die besondere Risiken und Chancen hervorbringen: Harte Konstruktionen von Unnormalität, bei denen von der fehlenden Normalität stark profitiert wird, bergen ein besonders hohes Risiko gesellschaftlicher Exklusion. Dies kann langfristig dazu führen, dass die Ressourcen, die aus der Konstruktion hervorgehen, wegbrechen, was dramatische Auswirkungen bis hin zur Verlaufskurve (Schütze 1981) haben kann. Ebenso bergen Konstruktionen vollständiger Normalität, bei denen alle Ambivalenzen ausgelöscht werden, das Risiko zu scheitern. Kritische Lebensereignisse, die diese Konstruktionen zu sprengen drohen, können für die Biografieträger*innen besonders dramatisch sein. Bei einer notwendigen Reorganisation der Normalitätskonstruktion und der -balancen besteht die Gefahr, dass eine vollständige Neuinterpretation vorgenommen wird und biografische Ressourcen so verschlossen werden.

Aufgabe sozialpädagogischer Begleitung und Intervention muss daher immer sein, die individuellen Normalitätskonstruktionen nachzuvollziehen und anzuerkennen, ressourcenreiche Normalitätskonstruktionen und Balancetaktiken zu unterstützen und die jeweiligen Risiken abzumildern.

5 Schlussfolgerungen

Abschließend möchten wir noch einmal auf den Ausgangsslogan verweisen: „Es ist normal, verschieden zu sein!" – und auf die Frage, ob dieses vielversprechende Statement einer kritischen Betrachtung standhalten kann. Angesichts der vorgestellten Strategien im Umgang mit Normalität und Abweichung – sowohl auf der gesellschaftlichen Ebene als auch auf der Subjektebene – ist dies keinesfalls eine so klar zu beantwortende Frage, wie der bekannte Slogan es propagiert.

Für die Soziale Arbeit erscheint es vielmehr entscheidend, Prozesse und Strategien der Grenzziehungen im Zuge von Normalität wahrzunehmen und zu reflektieren, um Grenzübergänge zu schaffen, Grenzkontrollen zu entschärfen oder Grenzen aufzuweichen. Dafür ist es notwendig, Handlungslogiken zu entwickeln, die die gesellschaftliche Regulierungsfunktion des Normalismus als soziale Konstruktion erkennen und die unterschiedlichen Logiken einer gleichberechtigten Diversität und einer konkurrierenden Leistungsorientierung zusammenbringen können. Gleichzeitig ist es notwendig, subjektive Normalitätskonstruktionen von Adressatinnen im Einzelfall zu verstehen, auch in ihren Widersprüchlichkeiten und sie in ihrer Eigenartigkeit als Bewältigungsversuche zu würdigen. Wenn die Soziale Arbeit ein reflexives und kritisches Bewusstsein für die Grenzziehungen und die entsprechenden Grenzzonen entwickelt, kann sie Menschen dabei unterstützen, möglichst wenig riskante und gleichzeitig besonders hilfreiche Muster im Umgang mit (prekärer) Normalität und mit Verschiedenheit zu entwickeln.

Die Soziale Arbeit tut gut daran, ihr Verhältnis zu Normalität selbstreflexiv zu untersuchen, sowohl in der Praxis als auch in Forschung und Wissenschaft. Wichtige, kritische Fragen in diesem Zusammenhang sind:

- In welchen Bereichen ist Soziale Arbeit ein Spezialdiskurs, der die Grenzen zwischen „normal" und „anormal" verfestigt?
- Wo kann Soziale Arbeit helfen, Grenzen aufzuweichen und damit neue, erweiterte Handlungsoptionen für ihr Adressat*innen schaffen?
- Führt die Forderung nach Inklusion und die dazu notwendigen Zugänge aller Kinder und Jugendlichen zu allgemeinen Kindertagesstätten, Schulen und Angeboten der Jugendhilfe bereits automatisch zur Zunahme von Akzeptanz der Verschiedenheit und zu verbesserter Chancengerechtigkeit oder bedarf es nicht viel mehr einer stärkeren Auseinandersetzung mit den zugrundeliegenden Vorstellungen und Konzepten von Entwicklung und Bildung, die nach wie vor Ausgrenzungs- und Stigmatisierugsprozesse evozieren?
- In welchen Bereichen konserviert Soziale Arbeit unreflektiert protonormalistische Normalbilder von einem ‚guten' und ‚richtigen' Leben, von pathologischem versus gesundem Verhalten und den entsprechenden (kindlichen) Entwicklungsprozesssen?

Literatur

Bach, Heinz (1969): *Geistigbehindertenpädagogik*. Berlin: Marhold.
Besters, Hans (Hrsg.) (1988): *Auflösung des Normalarbeitsverhältnisses?* Unter Mitarbeit von Eduard Gaugler. Baden-Baden: Nomos.
Bröckling, Ulrich (2007): *Das unternehmerische Selbst. Soziologie einer Subjektivierungsform*. Frankfurt/M.: Suhrkamp.
Certeau, Michel de (1988): *Kunst des Handelns*. Berlin: Merve.
Cierpka, Manfred (hrsg.) (1988): *Wie normal ist die Normalfamilie? Empirische Untersuchungen*. Berlin: Springer.
Dollinger, Bernd/Oelkers, Nina (Hrsg.) (2015): *Sozialpädagogische Perspektiven auf Devianz*. Weinheim/Basel: Beltz Juventa.
Feuser, Georg (1996): „Geistigbehinderte gibt es nicht!". Zum Verhältnis von Menschenbild und Integration. Verfügbar unter: http://bidok.uibk.ac.at/library/feuser-geistigbehinderte. html (Zugriff am 05.10.2016).
Feuser, Georg/Mayer, Heike (1987): *Integrativer Unterricht in der Grundschule. Ein Zwischenbericht*. Solms: Jarick Oberbiel.
Foucault, Michel (1976): *Mikrophysik der Macht. Über Strafjustiz, Psychiatrie und Medizin*. Berlin: Merve.
Goffman, Erving (1975): *Stigma. Über Techniken d. Bewältigung beschädigter Identität*. Frankfurt/M.: Suhrkamp.
Hacking, Ian (1990): *The taming of chance*. Cambridge: Cambridge University Press.
Heilmann, Andreas (2011): *Normalität auf Bewährung. Outings in der Politik und die Konstruktion homosexueller Männlichkeit.*. Bielefeld: transcript.
Honneth, Axel (1992): *Kampf um Anerkennung. Zur moralischen Grammatik sozialer Konflikte*. Frankfurt/M.: Suhrkamp.
Klein, Gabriele/Kreie, Gisela/Kron, Maria/Reiser, Helmut (1987): *Integrative Prozesse in Kindergartengruppen. Über die gemeinsame Erziehung von behinderten und nichtbehinderten Kindern*. Weinheim: Juventa.
Koenig, Michaela (2008): Bildung. In: Bärbel Peschka/Katja de Braganca (Hrsg.): *Das Wörterbuch. Ohrenkuss*. Bonn: Downtown – Werkstatt für Kultur und Wissenschaft.
Kohli, Martin (1981): Zur Theorie der biographischen Selbst- und Fremdthematisierung. In: Joachim Matthes (Hrsg.): *Lebenswelt und soziale Probleme. Verhandlungen des 20. Deutschen Soziologentages zu Bremen 1980*, S. 502–520. Frankfurt/M.: Campus.
Lebenshilfe für das geistig behinderte Kind e.V. (1960): *Denkschrift zur Lage der geistig behinderten Kinder, die noch bildungsfähig sind, aber nicht durch öffentliche Bildungseinrichtungen erfasst werden*. Marburg: Archiv der Bundesvereinigung Lebenshilfe e.V.
Levy, René (1977): *Der Lebenslauf als Statusbiographie. Die weibliche Normalbiographie in makrosoziologischer Perspektive*. Stuttgart: Enke.
Link, Jürgen (2009): *Versuch über den Normalismus. Wie Normalität produziert wird*. 4. Aufl. Göttingen: Vandenhoeck & Ruprecht.
Link, Jürgen (2013): *Normale Krisen? Normalismus und die Krise der Gegenwart*. Konstanz: Konstanz University Press.
Mayer-Ahuja, Nicole (2003): *Wieder dienen lernen? Vom westdeutschen „Normalarbeitsverhältnis" zu prekärer Beschäftigung seit 1973*. Berlin: Edition Sigma.

Mollenhauer, Klaus (1996): Kinder- und Jugendhilfe. Theorie der Sozialpädagogik – ein thematisch-kritischer Grundriß. In: *Zeitschrift für Pädagogik* 42 (6), S. 869–886.

Neckel, Sighard (1991): *Status und Scham. Zur symbolischen Reproduktion sozialer Ungleichheit.* Frankfurt/M.: Campus.

Papke, Birgit (2016): *Das bildungstheoretische Potenzial inklusiver Pädagogik. Meilensteine der Konstruktion von Bildung und Behinderung am Beispiel von Kindern mit Lernschwierigkeiten.* Bad Heilbrunn: Klinkhardt.

Prengel, Annedore (2009): Zur Dialektik von Gleichheit und Differenz in der Bildung. Impulse der Integrationspädagogik. In: Hans Eberwein/Sabine Knauer (Hrsg.): *Handbuch Integrationspädagogik*, S. 140–147. Weinheim/Basel: Beltz.

Reimer, Daniela (2017): *Normalitätskonstruktionen in Biografien ehemaliger Pflegekinder.* Weinheim/Basel: Beltz Juventa.

Roth, Heinrich (Hrsg.)(1969): *Begabung und Lernen. Ergebnisse und Folgerungen neuer Forschungen. Im Auftrag des Deutschen Bildungsrats – Gutachten und Studien der Bildungskommission, Band 4.* Stuttgart: Klett.

Schütz, Alfred (1971): *Das Problem der sozialen Wirklichkeit.* Unter Mitarbeit von Benita Luckmann. Den Haag: Nijhoff.

Schütze, Fritz (1981): Prozessstrukturen des Lebenslaufs. In: Matthes, Joachim/Pfeifenberger, Arno/Stosberg, Manfred (Hrsg.): *Biographie in handlungswissenschaftlicher Perspektive. Kolloquium am Sozialwissenschaftlichen Forschungszentrum der Universität Erlangen-Nürnberg*, S. 67–156. Nürnberg: Verlag der Nürnberger Forschungsvereinigung.

Seelmeyer, Udo (2008): *Das Ende der Normalisierung? Soziale Arbeit zwischen Normativität und Normalität.* Weinheim/München: Juventa.

Waldenfels, Bernhard (1998): *Studien zur Phänomenologie des Fremden.* Frankfurt/M.: Suhrkamp.

Windisch, Marcus (in Arbeit): 'Verschieden sein – Wahrnehmung von und Umgang mit verkörperten Differenzen'.

Wittmann, Max (1950): Typenlehre und Hilfsschulkind. In: *Heilpädagogische Blätter*, 1. Jg., S. 7–23.

Wocken, Hans (2013): Inklusion & Integration. Ein Versuch, die Integration vor der Abwertung und die Inklusion vor Träumereien zu bewahren. In: Hans Wocken (Hrsg.): *Das Haus der inklusiven Schule. Baustellen – Baupläne – Bausteine*, S. 59–90. Hamburg: Feldhaus.

Würtz, Hans (1921): *Das Seelenleben des Krüppels.* Leipzig: Leopold Voß Verlag.

Soziale Arbeit als Psychotechnik?

Risiken und Nebenwirkungen gesundheitsorientierter Sozialer Arbeit

Thomas Schübel

Der Beitrag fragt nach der Bedeutung medizinischen Wissens für eine gesundheitsorientierte Soziale Arbeit. „Gesundheitsförderung" erweist sich als weit weniger selbstverständliches Ziel als dies zunächst erscheinen mag. Eine einseitige Orientierung an medizinischen Kategorien würde, etwa im Rahmen klinischer Sozialarbeit, darauf hinauslaufen, die Lebensweltorientierung zugunsten einer rationalistischen Risikoorientierung aufzugeben. Damit ist eine ethische Frage aufgeworfen, die auf eine Legitimationskrise Sozialer Arbeit hinausläuft.

1 Einleitung: Medizinisches Wissen in der Sozialen Arbeit

In unterschiedlichen Feldern der Sozialen Arbeit gilt seit geraumer Zeit Gesundheitsförderung als Kriterium guter Praxis. Es ist in diesem Zusammenhang die Rede von einer „Sozialarbeit im Gesundheitswesen" (z.B. Lützenkirchen 2005), von „klinischer Sozialarbeit" (z.B. Pauls 2013) und auch von Gesundheitsförderung als generellem Paradigma Sozialer Arbeit (z.B. Daiminger et al. 2015). Auch Ansätze „sozialer Diagnostik" (z.B. Pantucek 2012) spiegeln ein zunehmendes Selbstverständnis als medizinnahes Fach wider. Soziale Arbeit gewinnt auf diese Weise neue Handlungsspielräume und Handlungsfelder. Doch die Berufung auf „Gesundheit" als Interventionskriterium Sozialer Arbeit bedarf der kritischen Ref-

© Springer Fachmedien Wiesbaden GmbH, ein Teil von Springer Nature 2018
J. Stehr et al. (Hrsg.), *Konflikt als Verhältnis – Konflikt als Verhalten – Konflikt als Widerstand*, Perspektiven kritischer Sozialer Arbeit 30,
https://doi.org/10.1007/978-3-658-19488-8_28

lektion. Denn nur scheinbar handelt es sich dabei um eine Selbstverständlichkeit. Anliegen dieses Beitrages ist zu fragen, worauf sich Soziale Arbeit eigentlich bezieht, wenn sie sich an medizinischen Kriterien orientiert. „Gesundheit" und auch „Lebensqualität" erweisen sich in der Medizin als inhaltlich relativ unklar und von Interessen an der Legitimierbarkeit medizinischer Entscheidungen in hohem Maße geformt (Schübel 2016a). Ausgehend von einer kritischen Bestandsaufnahme der medizinischen Forschung sollen Möglichkeiten und Grenzen der Adaption medizinischer Kriterien für Belange der Sozialen Arbeit ausgelotet werden, die letztlich auf ethische Fragen verweisen.

Zur Entfaltung der Argumentation wird im ersten Schritt nach den gesellschaftlichen Konstruktionsbedingungen medizinischen Wissens gefragt. Anschließend wird am Beispiel der medizinischen Thematisierung von „Lebensqualität" gezeigt, dass medizinisches Wissen stets ein Produkt interessegeleiteter diskursiver Prozesse ist. Abschließend wird dargelegt, warum eine Soziale Arbeit zur bloßen Psychotechnik zu verkommen droht, wenn sie sich nicht kritisch-reflektiert mit medizinischen Kategorien auseinandersetzt sondern sie lediglich übernimmt. Insbesondere wird dafür plädiert, dass ein solches Vorhaben einer verstärkten ethischen Reflexion bedarf.

2 Was ist medizinisches Wissen?

Krankheit und Gesundheit sind keine festen Größen. Der Blick in die Geschichte zeigt, dass es sich um historisch kontingente Etiketten für Phänomene handelt, die in einer bestimmten Kultur in einer bestimmten Zeit Verwendung finden (vgl. zur Kulturgeschichte der Krankheit: Rosenberg 1989; zu Gesundheit: Bergdolt 1999; zur Sozialgeschichte der Medizin: Jordanova 1995). Die damit einhergehenden Vorstellungen beeinflussen die Wahrnehmung von und den Umgang mit in dieser Weise bezeichneten Phänomenen im Sinne eines gesellschaftlichen „Framing Diseases" (Rosenberg und Golden 1992). Kulturelle Vorstellungen von Krankheit und Gesundheit sind stets eng verwoben mit gesellschaftlichen Strukturen, kulturellen Mustern und Lebensweisen (Rosenberg 1989; Lachmund und Stollberg 1992; Aronowitz 2008). Die Entstehung der „modernen" Medizin, für die Gesundheit prinzipiell als gestaltbarer Zielzustand gilt, ist Resultat eines historisch höchst voraussetzungsvollen Prozesses.

Im 19. Jahrhundert kommt es zu beachtenswerten Veränderungen in der Medizin, die weitreichende Folgen haben sollten. Rabkin (1998) identifiziert „25 changes under way in academic medicine", darunter solche ökonomischer Art, aber auch „relative autonomy of the physician evolving to increasing interdependence, both clinical and financial". Die Entdeckung von Krankheitserregern und die Entwicklung neuer Therapieansätze eröffneten ungeahnte Möglichkeiten, Krankheiten aktiv zu bekämpfen. Bereits Ende des 18. Jahrhunderts war der politische Wille gewachsen, im Zusammenhang mit der aufkommenden Arbeits- und Sozialmedizin dem „Volkselend" (vgl. Schweickardt 2006) etwas entgegenzusetzen. Bereits 1872 war die „American Public Health Association" gegründet worden. Im 19. Jahrhundert wurde das Leid der Menschen, die in Elendsquartieren lebten, von den privilegierteren sozialen Schichten nicht nur bemerkt, sondern das Leid schien ihnen gleichzeitig auch verringerbar.

Das Interesse an einer funktionierenden öffentlichen Gesundheitsversorgung hatte auch wirtschaftliche Gründe. Vor dem Hintergrund merkantilistischer Güterproduktion, d.h. mit der gesellschaftlichen Erfindung von Massenproduktion und Massenbeschäftigung, wuchs im 18. Jahrhundert das wirtschaftliche Interesse an der Erhaltung von Arbeitskräften (Rosen 1975, S. 74ff.). Hygiene und Prävention wurden zu gewichtigen politischen Themen. Bereits seit 1902 hatte es erste internationale Gesundheitsorganisationen gegeben. Doch erst nach dem Zweiten Weltkrieg unternimmt die WHO den Versuch, Gesundheit jenseits des Freiseins von Krankheit zu definieren als „Zustand des vollständigen körperlichen, geistigen und sozialen Wohlergehens und nicht nur das Fehlen von Krankheit oder Gebrechen" (WHO 1946, S. 1). Die Definition ist oft gescholten worden für ihre Alltagsferne (vgl. z.B. Bergdolt 1999, S. 13), andererseits ist sie die wohl am häufigsten zitierte. Zu beachten ist in jedem Fall, dass es sich um eine gesundheits*politische* Formulierung handelt und dass die Frage der Realisierbarkeit und mithin Nützlichkeit der darin formulierten Gesundheitsziele politischer Einschätzung und politischem Kalkül unterliegt. Die Definition der WHO ist politischer Natur, weil sie eine „im positiven Sinne utopische, zum Handeln ermunternde Qualität" aufweist (ebd.). Politisch gesehen wurde auf diese Weise Gesundheit zum Menschenrecht erklärt (Diesfeld 2006: 21). In den USA entstand ab den 1960er Jahren eine Vielzahl von Gesundheitsbewegungen (Hoffman 1989; Hildebrandt 1992). Gesundheit wurde zu einem zentralen gesellschaftlichen Wert, ausgelöst durch mehrere „Gesundheitsrevolutionen" (vgl. für einen kurzen Überblick Schmidt-Semisch und Paul 2010). Das Resultat war auch ein verstärkter gesellschaftlicher Zugriff auf individuelle Lebensweisen unter dem Primat der Gesundheitsförderung (vgl. gesellschaftskritisch hierzu Koppelin und Müller 2010). Bereits 1975 hatte Ivan Illich von der „Enteignung der Gesundheit" (Illich 1975) durch ÄrztInnenschaft und Pharmaindustrie gesprochen, von der *Medikalisierung* der Gesellschaft dahingehend, dass in steigendem Maße menschliche Eigenheiten zu medizinischen Problemen umdefiniert würden (Zola 1972).

Innerhalb der Medizin bzw. der Medizintheorie gibt es keine einheitliche Definition von Krankheit noch von Gesundheit. (Rothschuh 1975; Labisch 1992, S. 13; Franke 2006). Labisch (1992, S. 13) weist darauf hin, dass es „im engeren medizinischen Bereich keinen einheitlichen Krankheitsbegriff gibt". Krankheit ist – zumindest im Kontext „westlicher" Medizin – meist konnotiert mit Dysfunktionalität. Medizinisch betrachtet ist Krankheit Anlass für ärztliche Hilfe. Der Begriff kennzeichnet den „Störfall körperlicher Handlungsmöglichkeiten" (Labisch 1992, S. 12). Ärztliches Handeln ist auf die patientengerechte Versorgung im Krankheitsfall (BÄ 1994) ausgerichtet. In dieser Hinsicht gibt es für die Medizin keine Notwendigkeit, Krankheit einheitlich zu definieren, sondern vielmehr geht es darum, Anlässe ärztlichen Handelns und darauf bezogene Leitlinien in Übereinkunft festzulegen.

Der Gesundheitsbegriff erweist sich bei näherer Betrachtung als noch vager und nicht an medizinisch begründete Handlungsanlässe geknüpft. Äußerst verschiedene Sichtweisen auf Gesundheit aus unterschiedlichen Disziplinen und Zeiten hat Franke (2006, S. 28f.) zusammengestellt. Gesundheit wurde immer wieder als nicht recht greifbar beschrieben, als *„Steady State* des Wohlbefindens" (Bergdolt 1999, S. 13, Hervorh. i.O.). Immerhin hat das geheime Wesen der Gesundheit stets – wenn schon nicht zu Definitionen – dann zumindest zu Aphorismen angeregt. Hans-Georg Gadamer sprach von der „Verborgenheit der Gesundheit" und vom „wohltuenden Schweigen der Organe" (Gadamer 1993). Das Problem, über Gesundheit etwas positiv Definierbares und Substanzielles auszusagen, mag ganz einfach daran liegen, dass sich der Gesundheitsbegriff insgesamt dem theoretischen Begreifen entzieht. Aus wissenschaftstheoretischer Perspektive hat Mittelstraß (2004) darauf hingewiesen, dass der Gesundheitsbegriff in sich kein Maß bereit hält, sondern es immer nur darauf ankomme, wie gesund wir sein wollen bzw. können.

Gesundheit wird im Laufe des 20. Jahrhunderts „riskant", wird als Risiko problematisiert (Paul und Schmidt-Semisch 2010), wird zur „sozialen Praxis" (Hanses 2012), zu einem Leitwert, über den sich Gesellschaft definiert (vgl. zur „gesunden Gesellschaft": Hensen/Kölzer 2011). Mit der Entwicklung von einer kurativen zu einer präventiven Medizin (Lachmund 1987; Lengwiler und Madarász 2010) und der Etablierung einer Risikofaktorenmedizin (vgl. kulturhistorisch Timmermann 2010; kritisch diskutiert bei Bock 1982) gerät der „Patient als Ressource" (Lachmund 1987, S. 360) in den Fokus medizinischer Aufmerksamkeit. Mit dem Konzept des „Gesundheitsrisikos" und der „Risikofaktoren" geraten Dispositionen und vor allem vergangene Lebens- und Verhaltensweisen (z.B. „falsche Ernährung") in das Blickfeld. Auch „Lebensqualität" kann begriffen werden als Ausdruck einer präventiven Risikomedizin (vgl. exemplarisch Klotz et al. 2006). Entsprechend findet sich im Lebensqualitätsdiskurs zugespitzt wieder, was Lachmund (1987) bereits in den 1980er Jahren für eine an Risikofaktoren orientierte Medizin konstatierte: Medizinisches Wissen wird verstärkt zur Hüterin der (Verhaltens-)Moral (vgl. Lachmund 1987, S. 361; vgl. bereits Freidson 1970, S. 252: Medizin als „moral entrepreneur"). Die Möglichkeit der „Risikoabwehr" an sich ist ein Narrativ der Moderne, die Risikokenntnis an sich wird zur Abwehrstrategie (vgl. Beck 1986). Schon Lachmund (1987, S. 361; Hervorh. i.O.) formulierte, dass „die Abstraktheit der Risikomedizin [...] ihre Orientierungs*fähigkeit* gegenüber dem Patienten sehr stark einschränkt". Auch die an Risiken ausgerichtete Präventivmedizin beansprucht Expertenwissen, i.e. ein in Entscheidungssituationen fachlich maßgebliches Wissen, ohne jedoch länger Entscheidungsorientierung bieten zu können. Schubert (2008, S. 146) formuliert als Dilemma des „Ärztestandes" die Gleichzeitigkeit von Rationalisierung und Kontrolle auf der einen Seite und auf der anderen Seite Autonomie als Möglichkeit, „sich im Zweifel einer sozialen Kontrolle [zu] entziehen". In der Praxis zeigt sich das zum Beispiel darin, dass ein statistisch berechnetes Risiko kaum Information bereithält für ein individuelles, lebensweltlich betrachtetes Risiko (alles andere wäre – statistisch gesprochen – ein individualistischer Fehlschluss). Die medizinische Thematisierung von „Lebensqualität" erweist sich in ihren Vagheiten und Ausflüchten als gesellschaftlicher Pseudo-Konsens, mithin als Rationalitätsfiktion. Diskursanalytisch zeigt sich genau darin eine gesellschaftliche Antwort auf das Dilemma moderner Wissensproduktion, die in der späten Moderne umso mehr an ihre Grenzen stößt, je mehr sie an Wissen produziert (Schübel 2016a). Ein solches Wissen kann entgegen anderslautender Beteuerungen lediglich Argumente hervorbringen, aber keine Handlungssicherheit.

3 Diskursive Konstruktion medizinischen Wissens am Beispiel „Lebensqualität"

Die medizinische Thematisierung von „Lebensqualität" und ähnlichen Phänomenen zeichnet sich durch eine Fülle von begrifflichen Unklarheiten aus. Die Bedeutung von „Lebensqualität" zeigt sich im medizinischen Kontext in verschiedenen Varianten (ausführlich: Schübel 2016b) – und nicht immer wird deutlich, welche Variante gerade angesprochen ist. Aus den vielfältigen Dimensionen, die in Lebensqualitätsdefinitionen aufscheinen, ergeben sich mannigfaltige Konzeptualisierungsmöglichkeiten in Bezug auf „Lebensqualität". Immer wieder wurde die Meinung vertreten, dass „Lebensqualität" gar nicht definierbar sei (z.B. Barofsky 2012). Der Politikwissenschaftler Alex C. Michalos (2004) attestiert der Medizin ein Scheitern ihrer Definitionsversuche und plädiert dafür, den Terminus

„gesundheitsbezogene Lebensqualität" zu streichen. In einem systematischen Review zur Lebensqualitätsforschung in der Medizin ziehen Bakas et al. (2012) eine kritische Bilanz über "wide variations in terminology for analogous HRQOL concepts, making cross-study comparisons virtually impossible" (Bakas et al. 2012, S. 10).[1] Die inhaltliche Unschärfe des Lebensqualitätsthemas hat immer wieder zu Kritik geführt. Einen kritischen Ansatz verfolgt der Psychologe Rapley, der in „Lebensqualität" eher ein „sensitizing concept" (2003, S. 212) denn ein anwendbares Forschungskriterium sieht. Rapley (2003, S. 214) bringt in Erinnerung, dass es sich bei „Lebensqualität" nicht um irgendeine Kategorie handle, die nicht zu definieren sei, sondern um den zentralen Terminus, der das thematische Feld erst aufspanne. Der Begriff sei auffallend unbestimmt, was verwundern müsse angesichts seiner Funktion als „Orientierungsgröße" (ebd.) in der Medizin.

Der Streit darum, inwieweit „Lebensqualität" ein objektives oder subjektives Maß sei, ob der Begriff aufgrund begrifflicher Abgrenzungsprobleme auch in der Psychiatrie anwendbar und notwendig sei sowie der immer wieder auffindbare Hinweis darauf, dass es auch ohne Definition sinnvoll sei, „Lebensqualität" zu erheben, zeigt die mit dem Ausdruck eingehandelten Dilemmata. Kritisch ist zu fragen: Welche Aspekte menschlichen Daseins können nicht mit „Lebensqualität" in Verbindung gebracht werden? Was kann nicht, in der einen oder anderen Weise, in bekannten oder unbekannten Wirkungen und Wechselwirkungen, „Lebensqualität" bedeuten? Die Gefahr, in begrifflicher Referenz auf „Lebensqualität" einer theoretischen Leerformel aufzusitzen ist wissenschaftstheoretisch und ethisch auch nicht dadurch zu umgehen, dass auf etablierte Skalen und Fragebogenbatterien zurückgegriffen wird. Denn es setzen sich lediglich diejenigen durch, die diskriminierungsfähige Verteilungen über Merkmalsausprägungen produzieren, auf deren Grundlage dann eine Intervention als begründet oder nicht begründet ausgewiesen werden kann. Kriterien der „Lebensqualität" sind in der Medizin immer handlungsgenerierende Kriterien – keine anderen. Sie spiegeln stets medizinische Interessen an der Handlungsfähigkeit der Disziplin wider. Der Lebensqualitätsdiskurs folgt eher den Regeln eines politischen als eines wissenschaftlichen Diskurses.

„Lebensqualität" dient als Argument medizinischer Rationalisierbarkeit *jenseits* der Abwesenheit von Krankheit. Was medizinisch als „Lebensqualität" gilt, so das Ergebnis der Diskursanalyse, hat weniger mit Aussagen über das „gute Leben" zu tun, sondern mit Aussagen darüber, was als Argument konsensfähig ist angesichts (ökonomisch, technisch, ethisch) schwierig gewordener medizinischer

---

[1] HRQOL ist die englische Abkürzung für gesundheitliche Lebensqualität: Health Related Quality of Life.

Entscheidungen, die letztlich rational nicht mehr zu begründen sind. An die Stelle tritt eine „Rationalitätsfiktion" (Schimank 2006), welche die Gültigkeit von Lebensqualitätskriterien als außerhalb der Medizin liegend deklariert (vor allem als „selbstverständlich"/„intuitiv" und als „sozialwissenschaftlich"/„psychologisch"). In der Folge entstehen intervenierende Konzepte, die *als medizinische Konzepte* eine Legitimierungslücke hinterlassen.

Die Rede von der „Lebensqualität" im medizinischen Kontext produziert gleichzeitig Ambiguität *und* Wertekonsens. Damit weicht der argumentative Bezug auf Lebensqualitätskriterien Widersprüchen aus, die sich ergeben aus den Anforderungen an die Medizin im Spagat aus regulativen (politischen, ökonomischen, wissenschaftlichen, ethischen, praktischen) Anforderungen und den Versuchen, medizinische Deutungsautonomie zu wahren in Zeiten medizinischen Wissens, das stets „Wissen an der Grenze" (Peter/Funcke 2013) ist. Das gilt für den gesamten Gesundheitsdiskurs, von dem der Lebensqualitätsdiskurs ja nur ein Teil ist.

„Lebensqualität" und „Gesundheit" fungieren als begriffliche Klammer in Hinblick auf Fragen, die allesamt die reflexive Selbstverständigung des modernen Subjekts (Zima 2010) anlangen: Wie geht es mir angesichts der Bedingungen, in denen ich lebe, angesichts meiner unmittelbaren Lebensverhältnisse? Angesichts meines Gesundheitszustandes, meiner Krankheit? Angesichts der gesellschaftlichen Verhältnisse? Die Rede von der „Lebensqualität" verspricht in diesem Sinne individuellen Nutzen aus gesellschaftlichen Modernisierungsprozessen. Vielleicht ist ganz grundsätzlich der diskursive Antagonismus zwischen „Pathogenese" und „Salutogenese", zwischen „Krankheit" und „Gesundheit", zwischen „Gesundheitsrisiko" und „Gesundheitsförderung", zwischen „Krise" und „Lebensqualität" ein Ausdruck der „Ambivalenzen der Moderne" (Bauman 1992). In dieser Weise kann auch der medizinische Lebensqualitätsdiskurs gedeutet werden als typisch „modern" in dem Sinne, dass er darauf ausgerichtet ist, rationale Orientierungskriterien um ihrer selbst willen zu produzieren. Erst die Gefährdung des für die Moderne typischen Versprechens beständigen gesellschaftlichen Fortschritts schafft in der fortgeschrittenen Moderne ein Problem des Nicht-Selbstverständlichen subjektiven Wohlergehens. Der medizinische Lebensqualitätsdiskurs steht für weit mehr als für Fragen nach medizinischen Erfolgs- und Entscheidungskriterien. Er wirkt wie ein Brennglas, wie ein Stellvertreterdiskurs, in dem es insgesamt um gesellschaftliche Orientierungssuche geht. „Lebensqualität" ist gleichzeitig immer „messbare Lebensqualität" im Interessensfeld der Suche nach „rationalen" Kriterien. Der kritische Blick auf den medizinischen Lebensqualitätsdiskurs kann der Sozialen Arbeit vor Augen führen, wie schwierig es ist, Interventionshandeln mit „Wissenschaft" zu begründen.

4 Einseitige Risikoorientierung schafft Legitimationsdefizit

Wissen gründet im medizinischen Kontext auf anderen Interessen als innerhalb Sozialer Arbeit. Der Hervorbringung medizinischen Wissens sind immer schon die Bedingungen ärztlicher Handlungsverpflichtung einbeschrieben, somit auch diejenigen Machtstrukturen, welche diese Handlungspraxis ermöglichen. Diese zielen auf Herstellung und Wahrung der Autonomie ärztlichen Handelns und auf die Deutungsautonomie bezüglich der Hervorbringung eines darauf ausgerichteten Wissens. Begriffe wie „Lebensqualität" oder „psychische Gesundheit" sind diskursiv kontextualisiert, d.h. sie bedeuten, so wie sie in Forschung und Praxis Verwendung finden, nichts „an sich" und können deshalb auch nicht einfach in der Sozialen Arbeit übernommen werden (weder als Konzepte noch als Fragebögen).

Als Aspekt der „Lebensqualität" gilt im medizinischen Diskurs nicht einfach das, was sich sinnvollerweise über Zusammenhänge zwischen Therapieansatz und Therapieerfolg sagen lässt, sondern was ein zustimmungsfähiges Argument zur Legitimation einer (oftmals schwerwiegenden) Intervention ist. Praxisfelder Sozialer Arbeit kommen nicht umhin, ihre eigenen Interessen zu reflektieren, wenn sie auf medizinisch konnotierte Themen, Begriffe, „Modelle" usf. zurückgreifen. Bedeutungszuschreibungen sind nicht transferierbar. Kritisch zu prüfen wäre in einem ersten Schritt, inwieweit bestimmte medizinische Themen und Termini tatsächlich aus der Perspektive Sozialer Arbeit begründbar sind (ethisch und theoretisch) oder ob sie lediglich Anschluss an den medizinischen Diskurs herstellen sollen in der Hoffnung auf einen Transfer von Legitimation aus der Medizin in die Soziale Arbeit hinein (im Sinne einer „Professionalisierungsstrategie"). Was unter Umständen auf der Strecke bleibt, ist das sozialpolitische Ziel der Emanzipation benachteiligter Bevölkerungsgruppen, die Hilfe zur Mündigkeit und die Idee der Solidarität. Diese Prinzipien sind genuin diejenigen Sozialer Arbeit. Die Ausrichtung an der Lebenswelt von unterstützungsbedürftigen Menschen gerät nur allzu leicht ins Hintertreffen, indem Risiken, Prävalenzen und Präventionsstrategien zum handlungsauslösenden Moment Sozialer Arbeit werden.

Leitbegriffe wie „Gesundheit" oder „Lebensqualität" liefern keine Entscheidungsheuristiken und beantworten keine Fragen nach Ethik oder „richtigen" Outcomes. Sie sind programmatische und keine Erkenntnisbegriffe und hinterlassen genau deshalb stets ein Legitimationsdefizit. Die aus dem medizinischen Diskurs entnommene Ausrichtung an „Risikofaktoren" produziert in der Sozialen Arbeit systematisch Wissen, das sich der Begründungspflicht und damit auch der Kritik entzieht. Entsprechende Praktiken („Interventionen") beanspruchen Gültigkeit, die jenseits gesellschaftlicher Verhältnisse angesichts „objektiver" Risikofaktoren

(„Prävalenzen") und allgemeiner Lebensziele („gutes Leben") immer schon gerechtfertigt scheinen. Wird dies nicht ausreichend reflektiert, droht Soziale Arbeit mit der Orientierung an Gesundheitskriterien zur paternalistischen Psychotechnik zu verkommen, die aktuelle Tendenzen individualisierter Selbstoptimierung (Self-Enhancement) verstärkt. Diskursanalytisch lässt sich gesellschaftliches Wissen über (psychische) Gesundheit und Lebensqualität als höchst voraussetzungsvolle gesellschaftliche Konstruktion rekonstruieren. Die Folge einer zunehmenden Ausrichtung am medizinischen Diskurs in der Sozialen Arbeit besteht in der Gefahr einer unreflektierten Referenzierung auf medizinische Bedeutungszusammenhänge.

Konzepte wie „Gesundheit", „psychische Gesundheit" und „Lebensqualität" sind in der Sozialen Arbeit nur eingeschränkt für die wissenschaftliche Begründung von Interventionshandeln brauchbar, weil ihnen die Tendenz zur inhaltlichen Beliebigkeit innewohnt. In der Sozialen Arbeit sprechen solche Indikatoren keine selbstverständliche Sprache. Will sie nicht zur risikofixierten Psychotechnik werden, sind eine Reihe kritischer Fragen immer wieder aufs Neue zu stellen: Welche sind die institutionellen Bedingungen, Interessen, Machtasymmetrien, Aufträge und Verantwortungen hinter selbstverständlich klingenden Anliegen wie z.B. „Gesundheitsförderung"? Wie ist der lebensweltliche Zugriff Sozialer Arbeit in solchen Kontexten (nach den Maßstäben Sozialer Arbeit) begründet? Was wäre kein gerechtfertigter Handlungsanlass? Wer kontrolliert diesbezüglich eine gesundheitsbezogene Soziale Arbeit nach welchen Kriterien? Nur durch solche Infragestellungen kann vermieden werden, dass in Praxisfeldern der Sozialen Arbeit Interventionen aufgrund der scheinbaren Ad-hoc-Plausibilität von Leitbegriffen der Gesundheitsförderung als nicht weiter begründungsbedürftig gelten. Indem Soziale Arbeit in Verantwortung tätig wird, vermeidet sie, unreflektiert ihres gesellschaftlichen Zusammenhangs enthobene Normalitätskonstruktionen zu reproduzieren und dabei die Vielfalt menschlicher Lebenswelten an scheinbar selbstverständlichen Kriterien zu messen, die sie für „wissenschaftlich" erklärt.

Literatur

Aronowitz, R. A. (2008): Framing disease: An underappreciated mechanism for the social patterning of health. In: *Social Science & Medicine*, 67, S. 1–9.

BÄ – Bundesärztekammer & Deutscher Ärztetag (1994): *Gesundheitspolitisches Programm der deutschen Ärzteschaft*. Köln: Deutscher Ärzte-Verlag.

Bakas, Tamilyn/McLennon, Susan M./Carpenter, Janet S./Buelow, Janice M./Otte, Julie L./Hanna, Kathleen M./Ellett, Marsha L./Halder, Kimberly A./Welch, Janet L. (2012): Systematic review of health-related quality of life models. In: *Health and Quality of Life Outcomes*, 134(10), S. 1–12.

Barofsky, Ivan (Hrsg.) (2012): *Quality: Its definition and measurement as applied to the medically ill*. New York: Springer.

Bauman, Zygmunt (1992): *Moderne und Ambivalenz: das Ende der Eindeutigkeit*. Hamburg: Hamburger Edition.

Beck, Ulrich (1986): *Risikogesellschaft. Auf dem Weg in eine andere Moderne*. Frankfurt/M.: Suhrkamp.

Bergdolt, Klaus (1999): *Leib und Seele. Eine Kulturgeschichte des gesunden Lebens*. München: C. H. Beck.

Bock, K. D. (1982): *Risikofaktoren-Medizin. Fortschritt oder Irrweg*. Braunschweig: Vieweg.

Daiminger, Christine/Hammerschmidt, Peter/Sagebiel, Juliane (2015): *Gesundheit und Soziale Arbeit*. Neu-Ulm: AG-SPAK.

Diesfeld, Hans Jochen (2006): Von Rudolf Virchow zu den Millenniums-Entwicklungszielen 2000. In: Razum, Oliver/Zeeb, Hajo/Laaser, Ulrich (Hrsg.): Globalisierung – Gerechtigkeit – Gesundheit: Einführung in International Public Health, S.19–26. Bern: Huber.

Franke, Alexa (2006): *Modelle von Gesundheit und Krankheit*. Bern: Huber.

Freidson, Eliot (1970): *Professional dominance: The social structure of medical care*. Chicago: Aldine.

Gadamer, Hans-Georg (1993): *Über die Verborgenheit von Gesundheit*. Frankfurt/M.: Suhrkamp.

Hanses, Andreas (2012): Gesundheit als soziale Praxis. Zur Relevanz von Interaktions-und Wissensordnungen professionellen Handelns als soziale Praxis. In: Hanses, Andreas/Sander, Kirsten (Hrsg.): *Interaktionsordnungen*, S. 35–51. Wiesbaden: Springer VS.

Hensen, Peter/Kölzer, Christian (2011): *Die gesunde Gesellschaft*. Wiesbaden: VS.

Hildebrandt, Helmut (1992): *Gesundheitsbewegungen in den USA. Neue Initiativen im „anderen Amerika"*. Opladen: Leske + Budrich.

Hoffman, Lily M. (1989): *The politics of knowledge. Activist movement in medicine and planning*. Albany: State University of New York Press.

Illich, Ivan (1975): The medicalization of life. In: *Journal of Medical Ethics*, 1(2), S. 73–77.

Jordanova, Ludmilla (1995): The social construction of medical knowledge. In: *Social History of Medicine*, 8(3), S. 361–381.

Klotz, Theodor/Haisch, Jochen/Hurrelmann, Klaus (2006): Prävention und Gesundheitsförderung: Ziel ist anhaltend hohe Lebensqualität. In: *Deutsches Ärzteblatt*, 103(10), A606-A609.

Koppelin, Frauke/Müller, Rainer (2010): Gesundheit und Krankheit in „biopolitischen Zeiten". In: Paul, Bettina/Schmidt-Semisch, Henning (Hrsg.): *Risiko Gesundheit*, S. 73–87. Wiesbaden: VS.
Labisch, Alfons (1992): *Homo hygienicus. Gesundheit und Medizin in der Neuzeit.* Frankfurt/M.: Campus.
Lachmund, Jens (1987): Die Profession, der Patient und das medizinische Wissen – Von der kurativen Medizin zur Risikoprävention. In: *Zeitschrift für Soziologie*, 16(5), S. 353–366.
Lachmund, Jens/Stollberg, Gunnar (1992) (Hrsg.): *The Social Construction of Illness: Illness and Medical Knowledge in Past and Present.* Stuttgart: Franz Steiner Verlag.
Lengwiler, Martin/Madarász, Jeannette (2010): *Das präventive Selbst. Eine Kulturgeschichte moderner Gesundheitspolitik.* Bielefeld: transcript.
Lützenkirchen, Anne E. (2005): *Soziale Arbeit im Gesundheitswesen: Zielgruppen, Praxisfelder, Institutionen.* Stuttgart: Kohlhammer.
Michalos, Alex C. (2004): Social indicators research and health-related quality of life research. In: *Social Indicators Research*, 65(1), S. 27–72.
Mittelstraß, Jürgen (2004): Gesundheitsmaße oder: wie gesund wollen (können) wir sein? In: Schumpelick, Volker/Vogel, Bernhard (Hrsg.): *Grenzen der Gesundheit*, S. 142–154. Freiburg: Herder.
Pauls, Helmut (2013): *Klinische Sozialarbeit: Grundlagen und Methoden psycho-sozialer Behandlung.* Weinheim/Basel: Beltz Juventa.
Pantucek, Peter (2012): *Soziale Diagnostik.* Wien: Böhlau Verlag.
Peter, Claudia/Funcke, Dorett (2013): *Wissen an der Grenze. Zum Umgang mit Ungewissheit und Unsicherheit in der modernen Medizin.* Frankfurt/M.: Campus.
Rabkin, Mitchell T. (1998): A paradigm shift in academic medicine? In: *Academic Medicine*, 73(2), S. 127–31.
Rapley, Mark (2003): *Quality of life research: A critical introduction.* London: Sage.
Rosen, George (1975): Die Entwicklung der sozialen Medizin. In: Deppe, Hans Ulrich/Regus, Michael (Hrsg.): *Seminar: Medizin, Gesellschaft, Geschichte. Beiträge zur Entwicklungsgeschichte der Medizinsoziologie*, S. 74–131. Frankfurt/M.: Suhrkamp.
Rosenberg, Charles E. (1989): Disease in history: frames and framers. In: *Milbank Quarterly*, 67, Supplement 1, S. 1–15.
Rosenberg, Charles E./Golden, Janet L. (1992) (Hrsg.): *Framing disease: studies in cultural history.* New York: Rutgers University Press.
Rothschuh, Karl E. (1975): *Was ist Krankheit?* Darmstadt: Wissenschaftliche Buchgesellschaft.
Schimank, Uwe (2006): Rationalitätsfiktionen in der Entscheidungsgesellschaft. In: Tänzler, Dirk/Knoblauch, Hubert/Soeffner, Hans-Georg (Hrsg.) (2006): *Zur Kritik der Wissensgesellschaft*, 57–82. Konstanz: UVK.
Schmidt-Semisch, Henning/Paul, Bettina (2010): Risiko Gesundheit: Eine Einführung. In: Dies., (Hrsg.): *Risiko Gesundheit:* Über Risiken und Nebenwirkungen der Gesundheitsgesellschaft, S. 57–82. Wiesbaden: VS.
Schübel, Thomas (2016a): *Grenzen der Medizin: Zur diskursiven Konstruktion medizinischen Wissens über Lebensqualität.* Wiesbaden: Springer VS.
Schübel, Thomas (2016b): Gesundheit und Lebensqualität. In: Jungbauer-Gans, Monika/Kriwy, Peter (Hrsg.): Handbuch Gesundheitssoziologie, S. 1–19. Wiesbaden: Springer VS.

Schweikardt, Christoph (2006): Zur Geschichte des Gesundheitswesens im 19. und 20. Jahrhundert. In: Schulz, Stefan/Steigleder, Klaus/Fangerau, Heiner/Paul, Norbert W. (Hrsg.): *Geschichte, Theorie und Ethik der Medizin: Eine Einführung*, S. 155–164. Frankfurt/M.: Suhrkamp.

Timmermann, Carsten (2010): Risikofaktoren: Der scheinbar unaufhaltsame Erfolg eines Ansatzes aus der amerikanischen Epidemiologie in der deutschen Nachkriegsmedizin. In: Lengwiler, M/Madarász, J. (Hrsg.): *Das präventive Selbst. Eine Kulturgeschichte moderner Gesundheitspolitik*, S. 251–277. Bielefeld: transcript.

WHO – World Health Organization (1946): Preamble to the Constitution of the World Health Organization as adopted by the International Health Conference, New York, 19–22 June, 1946. Geneva: World Health Organization.

Zima, Peter V. (2010): *Theorie des Subjekts: Subjektivität und Identität zwischen Moderne und Postmoderne*. Tübingen: Francke.

Zola, Irving K. (1972): Medicine as an institution of social control. In: *The Sociological Review*, 20(4), S. 487–504.

Teil IV
Macht- und Wissensverhältnisse in Ausbildung und (Lohn-)Arbeit

Kapital(istisch) finanzierte soziale Arbeit

Wirkungsorientierte Finanzierungsformen sozialer Dienste als Instrument einer verhaltensbezogenen sozialen Dienstleistungspolitik[1]

Monika Burmester und Norbert Wohlfahrt

1 Vorbemerkung: Stärkung von Eigenverantwortung als Leitidee der Sozialstaatsreformen in Deutschland und Europa

Mit den Sozialstaatsreformen zu Beginn des neuen Jahrtausends wurden auch in Deutschland Reformkonzepte in der Sozialpolitik aufgegriffen und implementiert, die auf der internationalen Ebene – insbesondere von der Organisation für ökonomische Zusammenarbeit und Entwicklung (OECD) und der Europäischen Union (EU) – schon länger propagiert wurden. Diese neuen Konzepte basieren auf einer stärkeren Markt- und Wettbewerbsorientierung der nationalstaatlichen Volkswirtschaften als Ausdruck einer Fokussierung auf Angebotspolitik. Es ging um die Verbesserung der Angebotsbedingungen für Unternehmen, was deren Entlastung von Lohnnebenkosten sowie Unternehmenssteuersenkungen einschloss. Das zunehmende Vertrauen auf die Marktkräfte ging einher mit einer zunehmenden Skepsis hinsichtlich politischer Steuerungsfähigkeit. Vorstellungen von Staatsver-

---

[1] Der Aufsatz fasst einige Thesen zusammen, die dem gleichnamigen Vortrag auf dem Bundeskongress Soziale Arbeit in Darmstadt zugrunde gelegen haben. Der Vortrag setzte sich vornehmlich mit dem Thema des Sozialen Wirkungskredits als neuer Finanzierungsform auseinander. Vgl. hierzu: Burmester/Wohlfahrt 2015; Burmester/Wohlfahrt 2017.

© Springer Fachmedien Wiesbaden GmbH, ein Teil von Springer Nature 2018
J. Stehr et al. (Hrsg.), *Konflikt als Verhältnis – Konflikt als Verhalten – Konflikt als Widerstand*, Perspektiven kritischer Sozialer Arbeit 30,
https://doi.org/10.1007/978-3-658-19488-8_29

sagen, Missmanagement in staatlichen Unternehmen und der Glaube an die Dominanz von Märkten führten zu Privatisierung, Deregulierungen und zur Etablierung von Wettbewerb oder Quasi-Märkten in politisch bestimmten und finanzierten Bereichen wie Bildung, Soziales, Gesundheit und öffentliche Verwaltung.

In der Europäischen Union wurden mit der Lissabon-Strategie, Resultat der Beratungen des Europäischen Rats im März 2000 in Lissabon, veränderte Eckpfeiler gesetzt. In der neuen Strategie wurde unter dem Thema „Beschäftigung, Wirtschaftsreform und sozialer Zusammenhalt als Bestandteil einer wissensbasierten Wirtschaft" die Vision einer wettbewerbsfähigen und wissensbasierten Gesellschaft entwickelt. Teil dieser Strategie war die „Modernisierung des europäischen Gesellschaftsmodells durch Investitionen in die Humanressourcen, eine aktive Arbeitsmarktpolitik, die Reform des Sozialschutzes und die Bekämpfung von sozialer Ausgrenzung" (Scherb 2012, S. 9). Ein wettbewerbsfähiges Europa – so die Quintessenz – macht sozialpolitische Reformen notwendig, die Sozialpolitik anders als bis dahin den Anforderungen der Wirtschaft unterordnet. Die Neuausrichtung der Sozialpolitik begründet sich aus den Herausforderungen durch die Wissensgesellschaft. Im internationalen Wettbewerb soll sich Europa über Wissensvorteile positionieren. Das stellt spezifische Anforderungen an die Bürgerinnen und Bürger und damit auch an die Sozialpolitik. Die Stärkung von Humankapital rückt in den Fokus, soziale Investitionen in Bildung und Beschäftigung(sfähigkeit) bekommen ein erhöhtes Gewicht in der sozialpolitischen Ausrichtung.

Diesem Leitbild folgte in Deutschland die Agenda 2010 der Schröder-Regierung: Auf der Basis des von ihr geprägten Leitbildes des Aktivierenden Staates wurde ein dem forcierten Standortwettbewerb entsprechendes Sozialmodell entwickelt. Um den Wirtschaftsstandort Deutschland für Investoren attraktiv zu machen, waren Maßnahmen zu ergreifen, die auf eine Senkung der Lohnkosten für Unternehmen zielten sowie auf eine Begrenzung des öffentlichen Ausgabenwachstums. Damit hat die Regierung einen wesentlichen Schritt zur Umsetzung der in der EU vorgedachten sozialpolitischen Neuausrichtung gemacht. Nach den Vorstellungen der EU sollen die europäischen Wohlfahrtsstaaten so gestaltet werden, dass „alle in Europa lebenden Menschen [...] die Chance haben, sich an den gesellschaftlichen Wandel anzupassen" (Europäische Kommission 2000, S. 3). Es ging und geht um nicht weniger als um den Umbau von einem „statuskonservierenden" in einen „sozialinvestiven" Sozialstaat. Hierfür ist Bildung zentral, die stark auf beschäftigungsorientierte Qualifizierung („employability") fokussiert, allerdings nicht auf formale Ausbildung und berufliches Statusdenken. Vielmehr verlangen die sich ständig ändernden Anforderungen an Beschäftigte von ihnen Flexibilität und Anpassungsfähigkeit. Diese Anpassungsanforderungen an die jeweiligen

Arbeitsbedingungen korrespondieren – bezogen auf Erwerbstätigkeit – mit dem Konzept des „lebenslangen Lernens". Das Konzept ist aber weiter gefasst und nicht nur auf arbeitsmarkttaugliche Kompetenzen bezogen. Die Bevölkerung soll sich in allen Lebensphasen als lern- und anpassungsfähig zeigen.

Das Aktivierungsgebot beschränkt sich entsprechend nicht nur auf die Gruppe der Arbeitssuchenden, die sich nach der Forder- und Förderlogik als Konkurrenzsubjekte für den Markt verwertbar halten sollen. Das sozialinvestive Sozialstaatsmodell weist vielmehr allen Bürgerinnen und Bürgern mehr Eigenverantwortung für die Bewältigung ihrer Lebenslage zu, womit sich der Sozialstaat partiell aus seiner Versorgungszuständigkeit entlässt: Jeder Einzelne hat seinen Beitrag für die Vermeidung (i.S.v. Prävention) und ggf. die Überwindung quasi-notwendig entstehender sozialer, gesundheitlicher und/oder pflegerischer Notlagen zu leisten. Damit ist unterstellt, dass Betroffene tatsächlich Subjekte der Vermeidung und Überwindung entsprechender Notlagen sind, sie diese durch ihr eigenes Handeln und Verhalten beeinflussen können. Eigenverantwortung meint entsprechend nichts anderes als die Verpflichtung darauf, diese – dem Individuum zugeschriebene – Handlungs- und Beeinflussungskompetenz zur Entfaltung zu bringen. Die Menschen werden damit als Verursacher ihrer Problemlagen gesehen, die es selbst in der Hand haben, belastende Situationen zu überwinden.[2]

2 Die Stärkung von „employability" befördert die Herausbildung einer verhaltensorientierten sozialen Dienstleistungspolitik

Das von der EU verfolgte Aktivierungskonzept ist eng mit dem Begriff der sozialen Inklusion verbunden, die primär über Arbeitsmarktpartizipation zu realisieren ist: „Die Bekämpfung von Armut und sozialer Ausgrenzung ist ein zentrales Anliegen der Europäischen Union und der Mitgliedstaaten" (Europäische Kommission 2006, S. 2). Darüber, wie dies geschehen soll, herrscht weitgehender Konsens. Es ist eine Mischung aus Einkommenssicherung (Grundsicherung) auf möglichst niedrigem Niveau und Förder(an)geboten durch soziale Dienstleistungen. Als wesentliche Herausforderung wird diagnostiziert, „dass Sozialschutzmaßnahmen wirksam zur Mobilisierung der Erwerbsfähigen beitragen" (Europäische Kom-

---

2 Diesem Perspektivenwechsel entspricht die Verschiebung des Ideals von Sozialpolitik als Korrektur von sozialer Ungleichheit hin zu Inklusion. Die Teilhabe an den gesellschaftlichen Verhältnissen (an welchen auch immer) gilt es zu fördern (vgl. hierzu Wohlfahrt 2014).

mission 2006, S. 2) sollen. Grundsicherungsleistungen sind also kein bedingungsloser Anspruch, sondern werden unter der Voraussetzung der Mitwirkung an Mobilisierungsmaßnahmen gewährt. Mit verhaltensändernden Maßnahmen soll erreicht werden, dass Erwerbsfähige „wollen, was sie wollen sollen" (Bernhard 2010, S. 346). Diese Forderung richtet sich nicht nur an die sozialstaatlichen Sicherungssysteme, die gemäß des Investitionsgedankens so reformiert werden müssen, dass sie als „Trampolin" (Hombach 1998) des Sprungs in den Arbeitsmarkt fungieren, sondern auch an die soziale Dienstleistungspolitik und ihre konzeptionelle Ausrichtung (Dahme/Wohlfahrt 2015). Soziale Dienstleistungen, die zweite Säule des Sozialleistungssystems, haben spätestens seit der Politik des Dritten Weges und der von ihr in den Mittelpunkt gerückten aktivierenden Arbeitsmarktpolitik und der daraus resultierenden Workfarepolitik (Peck 1999, 2001) einen neuen sozialpolitischen Stellenwert bekommen. Die beiden zentralen wohlfahrtsstaatlichen Teilsysteme – die soziale Sicherung durch Transferzahlungen und hier insbesondere die Grundsicherung wie das System der sozialen Dienstleistungen (soziale personenbezogene Hilfen) – wurden enger miteinander verzahnt.

Der soziale Dienstleistungsbereich ist seit einiger Zeit dadurch gekennzeichnet, dass die Fachkräfte und Professionen (wie z.B. Medizin, Kranken- und Altenpflege, Sozialarbeit, Elementar- und (Sozial-)Pädagogik) in wachsendem Maße zur Lösung von behaupteten Funktionsproblemen der Transfer- und Finanzierungssysteme verpflichtet sind. Ebenso werden sie dazu angehalten, sich den Zielen von kontinuierlich aufgelegten Modernisierungsagenden anzupassen. Das bedeutet in der Praxis, die Ziele und Standards der jeweiligen Profession den Modernisierungsanforderungen unterzuordnen bzw. sie an die so genannten Sachzwänge anzupassen. So sollen die sozialen Professionen helfen, die Leistungs- und Hilfeempfänger zu einem sozialstaatlich korrekten – und das heißt von Leistungen unabhängig werdenden – Verhalten der Inanspruchnahme zu bewegen. Dafür müssen sie sich die Ziele der Modernisierungsagenda zu Eigen machen wie bspw. im Bereich der Armutsbekämpfung bei Erwerbsfähigen die Pflicht zur Arbeitsaufnahme und zur Weiterbildung, also zum Erhalt der Beschäftigungsfähigkeit, um Armut durch Arbeitslosigkeit möglichst bereits präventiv zu vermeiden. Eine so verstandene Inklusionspolitik (i.S.v. sozialer Integration durch Erwerbsintegration) setzt sowohl auf „Freiheit schaffende Interventionen [...] als auch auf Verhaltensstil ändernde Interventionen" (Bernhard 2010, S. 286). Individuelle Entscheidungen sollen in eine gewünschte Richtung gelenkt werden wie z.B. die Teilnahme am Arbeitsmarkt selbst unter „widrigen" Bedingungen (Lohndumping usw.). Gelingt dies in Einzelfällen nicht, sind „konstitutive Korrektivmaßnahmen" (ebd.) zu ergreifen. Verhaltensstil ändernde Investitionen zielen auch darauf, dass sich Erwerbsfähige gemäß der Leitlinie „Investieren in das eigene (Human-)Kapital" verhalten und in Wissen „investieren", um Beschäftigung zu erlangen oder Beschäftigungsfähigkeit zu erhalten.

Die „Politik der Lebensführung" (in Anlehnung an Giddens 1997, S. 259ff.) knüpft an individuelle Entscheidungen an und verbindet diese mit der Aktivierungsstrategie. Interventionen im Rahmen von „life politics" wie „workfare" können mit der Wahrung des Gemeinwohls begründet werden, sie können aber ebenso gut individualistisch begründet sein: Leistungsempfänger werden zu bestimmten Verhaltensweisen gedrängt und angehalten, weil das (eigentlich) in ihrem eigenen Interesse liegt (help and hassle).

Verhaltensstil ändernde soziale Dienstleistungen lassen sich durch drei Bezugspunkte charakterisieren. Sie sind zum einen arbeitszentriert und um die Restrukturierung der Arbeitszeiten bemüht (Zeitkonten, Elternzeiten, Verlängerung der Arbeitszeiten, Schaffung von Arbeitsmöglichkeiten für ältere Arbeitnehmer u.ä.). Zum anderen sind sie stark bildungsfokussiert, um durch eine organisierte Bildung mit entsprechender Vernetzung der Bildungsaufträge von Familie, Kindergarten, Schule und Erstausbildung, in frühen Stadien des Lebenslaufs beginnend, die Grundlagen für das erfolgreiche Einmünden in den späteren Beruf zu legen. Drittens sind sie durch eine Politik zur Einwirkung auf die individuelle Lebensführung und Lebensplanung (Geissler 2004) gekennzeichnet. Die bildungspolitische Dimension Verhaltensstil ändernder Interventionen hat dabei eine doppelte Funktion, die durch die Fokussierung auf Beruf und Erwerbsarbeit gekennzeichnet ist. Neben der Vermittlung von schulischen oder beruflichen Qualifizierungen geht es vor allem um das Erlernen sog. sozialer Kompetenzen, die in der Praxis eher als Einüben von Disziplin und Anpassung an die Erfordernisse des Arbeitsmarkts und weniger im sozialpädagogischen Sinne als Ermöglichung der Selbstorganisation und des dazu notwendigen Organisierens von Lernprozessen verstanden werden (Arnold/Böhnisch/Schroer 2005, S. 91ff.).

3 Die Aufwertung der Wirkungsdimension im Rahmen Verhaltensstil orientierter sozialer Dienstleistungspolitik

Die Neujustierung sozialer Dienstleistungspolitik geht unmittelbar mit der Frage einher, wie deren Finanzierung verändert und neu ausgerichtet werden kann. Im Zentrum der – von der OECD und der EU vorangetriebenen – Überlegungen steht dabei die Frage, wie die klassische staatliche soziale Dienstleistungspolitik mit ihrer geringen Effizienz überwunden werden kann. Die theoretische Skizze hierfür liefert das im Jahr 2000 von Horesh veröffentlichte Buch „Injecting Incentives

Into the Solution of Social and Environmental Problems: Social Policy Bonds". Horesh argumentiert wie folgt: die Wohlfahrtsstaaten, die im Schnitt fast 50% des Bruttoinlandproduktes verbrauchen und umverteilen, verwalten die Abgaben der Steuerzahler ineffizient. Die Steuerzahler haben aber ein Recht darauf, dass die von ihnen zur Verfügung gestellten Mittel sinnvoll, d.h. effektiv und wirtschaftlich zum Einsatz kommen. Das ist durch die Struktur des Wohlfahrtsstaates nicht gewährleistet und im Rahmen einer steuerfinanzierten Sozial-, Gesundheits- und Bildungspolitik auch nicht möglich. Der Wohlfahrtsstaat sitzt in der Klemme, aus der ihn nur neue Finanzierungskonzepte, die Horesh Social Policy Bonds nennt, heraus führen können. Diese neuen Finanzierungsinstrumente müssen – im Unterschied zu der durch sozialgesetzliche Normen bestimmten staatlichen Finanzierung – auch streng wirkungsorientiert ausgerichtet sein. Wie oben ausgeführt, können Verhaltensstil beeinflussende soziale Dienstleistungen als Investitionen in das Humankapital der Leistungsempfänger verstanden werden. Sie sind Investitionen, weil die Dienstleistungen darauf angelegt sind, einen zukünftigen Ertrag abzuwerfen. Dieser Ertrag ist messbar und lässt sich (irgendwie) in monetären Größen beziffern. Die Neuausrichtung auf Wirkungsorientierung meint entsprechend Quantifizierbarkeit und in letzter Konsequenz die Kalkulation von Einsparungen.

Die Forderung nach einer wirksameren Interventionspraxis war von Anfang an mit der Vision verbunden, dass der Staat als direkter Finanzier sozialer Dienste zurück tritt, indem er privatem Anlagekapital Möglichkeiten erschließt. Grundlage dafür sind die diagnostizierten Mängel, die Ineffizienz politischer Entscheidungen und administrativer Verfahren. Der Sozialbereich soll entsprechend stärker (und in Teilen anders) als bislang als eine Sphäre für privates Investment fungieren. Von privaten Investoren wird erwartet, dass sie das leisten, wozu der Staat – vermeintlich – nicht in der Lage ist: Sie sorgen dafür, dass die eingesetzten finanziellen Mittel bessere Resultate zeitigen. Dazu soll u.a. ein neues Finanzierungsmodell beitragen, der Social Impact Bond (SIB), in Deutschland auch Sozialer Wirkungskredit genannt (Burmester/Wohlfahrt 2015).

Der Soziale Wirkungskredit schafft einen neuen funktionalen Wirkungskreis. Wenngleich es unterschiedliche Ausgestaltungsformen gibt (Schäfer/Höchstötter 2015) so lassen sich dennoch einige grundlegende Charakteristika benennen. Die Grundidee ist, dass private Anleger Kapital investieren, um eine Sozialdienstleistung mit einem klar festgelegten Wirkungsziel (ggf. über mehrere Jahre) vorzufinanzieren. Die Leistung wird von einem oder mehreren Dienstleistern erbracht. Am Ende prüft (im idealtypischen Ansatz) ein unabhängiger Gutachter, ob das vorgegebene Wirkungsziel erreicht wurde. Ist dies der Fall, erhalten die privaten Investoren ihr eingesetztes Kapital inklusive einer Verzinsung von der öffentlichen Hand zurück. Wird das Wirkungsziel verfehlt, muss die öffentliche Hand keinerlei Auszahlung leisten, hat also keine finanziellen Aufwendungen. Damit dieses Konstrukt zustande kommt und hält, wird häufig ein weiterer Akteur einbezogen, der Intermediär. Er hält die Fäden in der Hand, initiiert in der Praxis häufig den Wirkungskredit und sorgt für die Durchführung und Einhaltung der vertraglichen Verpflichtungen.

Das finanzielle Risiko liegt in diesem Konstrukt ausschließlich auf Seiten der privaten Investoren. Dass sie dieses Risiko eingehen, liegt in den unterstellten Motiven der Investoren. Die hier betrachteten privaten Investoren sind nicht primär an einer finanziellen Rendite interessiert, sondern an einer gesellschaftlichen Rendite, also an einem Ertrag für die Gesellschaft.[3] Einen solchen gesellschaftlichen Ertrag glauben sie mit ihrem konkreten Investment erzielen zu können. Worin der gesellschaftliche Ertrag letztendlich liegt, darüber besteht Konsens: Es sind zukünftige Einsparungen des Staates durch gelungene Integration von (jungen) Arbeitslosen, durch die Senkung der Rückfallquote von Straftätern, durch die Vermeidung von Fremdunterbringung von Kindern, um nur einige Beispiele zu nennen.

Warum der Staat auf privates Kapital setzt und erfolgversprechende Projekte nicht von vornherein selbst finanziert, erschließt sich aus einem grundsätzlichen Misstrauen gegenüber effizientem staatlichen Handeln und damit korrespondierend einem großen Vertrauen in die Effizienz privaten Handelns. Die Unterstellung, dass private Akteure sehr viel effizienter arbeiten als staatliche Behörden, hat bereits seit Jahren zu „public private partnership-Projekten" geführt, die mehr oder weniger gut gelungen sind. Solche Projekte werden auch für den Sozialbereich seit längerem diskutiert und praktiziert (Hoffer/Piontkowski 2007). Insbesondere bei der Finanzierung von Sozialimmobilien spielen Formen der privaten Finanzierung eine Rolle (Bangert 2010). Bei diesen Finanzierungsvariante wird unterstellt, dass private Anleger ausschließlich an einem möglichst hohen Geldrückfluss auf das eingesetzte Kapital (Rendite) interessiert sind. Das unterscheidet sie von Anlegern in einen Sozialen Wirkungskredit, denen unterstellt wird, dass sie wegen ihrer Orientierung auf soziale Rendite auf Teile der finanziellen Rendite verzichten. Das bedeutet keinesfalls einen Verzicht auf finanzielle Rendite. Es sagt auch nichts über die tatsächliche Höhe der erwarteten finanziellen Rendite aus, in die das in dem Konstrukt enthaltene Kreditausfallrisiko eingepreist ist.

Formen wirkungsorientierter Finanzierung sind nicht gänzlich neu. Schon im vergangenen Jahrzehnt wurden in den USA so genannte „Payment by Results"-Ver-

---

3 Empirisch variieren die SIB-Modelle zwischen einem anglo-amerikanischen Modell, in dem die finanzielle Rendite hervorgehoben wird, und einem kontinentaleuropäischen Modell, in dem die soziale Rendite hervorgehoben wird (vgl. zu dieser Unterscheidung Burmester/Wohlfahrt 2017).

träge entwickelt. Die Vergütung sozialer Dienstleistungen ist in diesen Konstrukten an die Erreichung vorab festgelegter Ziele geknüpft. Das Finanzierungsrisiko liegt damit bei den Leistungserbringern, den non-profit-Organisationen. Da sie i.d.R. nicht über die finanziellen Ressourcen verfügen, um die Kosten und Risiken eines Investments vorab zu tragen, kann das Modell des Social Impact Bond als gelungene Weiterentwicklung angesehen werden.[4] Private philanthropisch gesinnte Investoren übernehmen das Risiko und finanzieren Leistungen vor (Newman 2014).

Ganz im Sinne der Humankapital-Strategie der EU gilt in den bereits existierenden SIB-Projekten die Vermittlung in den ersten Arbeitsmarkt als ein zentrales Leitziel Sozialer Arbeit. Die dahinter stehende (angebotspolitische) These ist aus der Wirtschafts- und Sozialpolitik bekannt und sieht die gesellschaftliche Lösung sozialer Probleme darin, dass prosperierende Unternehmen durch (Voll-)Beschäftigung soziale Interventionen überflüssig machen. Dementsprechend werden die Projekte konzipiert und „gelenkt". Sozialpädagogische Aufgaben und Ziele werden im Sinne der an entsprechenden Wirkungen interessierten refinanzierenden Leistungsträger definiert. Die Zielsetzungen bestimmen sich nach den funktionalen Anforderungen, die an die jugendlichen und älteren Arbeitslosen, Schulverweigerer, Straffällige, Wohnungslose etc. herangetragen werden: Vermittlung in ein Ausbildungs- oder Beschäftigungsverhältnis, Senkung der Schulverweigerungsquote, damit zukünftige Beschäftigungschancen nicht durch fehlende Abschlüsse verschlechtert werden usw. Oberstes Ziel aller Maßnahmen ist die Senkung von Kosten bzw. die Vermeidung von Sozialausgaben, die im Bedarfsfall aus sozialrechtlichen Verpflichtungen resultieren. Diese gelten zunehmend als ineffizient, weil eventuelle Förderungen durch soziale Dienstleistungen auch denjenigen zugutekommen, die gar nicht willens sind, sie entsprechend der sozialpolitischen Zielsetzungen umzusetzen. Die konsequente Verknüpfung von projektbezogenen Zahlungen mit vereinbarten Wirkungszielen ist damit auch ein Instrument der Steuerung der Fachlichkeit der in den Projekten tätigen Fachkräfte der So-

---

4   Social Impact Bonds gelten in der Betriebswirtschaft als „Payment-by-Results-Anlageformen", da die Zahlung erst bei Ergebnislieferung bzw. Zielerreichung erfolgt. Die Bezahlung einer Leistung ist damit direkt mit dem Erfolgsgrad der durch die Kapitalvergabe ermöglichten sozialen Maßnahmen verbunden. „Durch die Finanzierung von vor allem präventiven Maßnahmen im Sozialbereich wird zudem angestrebt, Folgekosten von sozialen Problemen in der Gesellschaft zu verringern oder gar zu vermeiden, sodass Einsparungen im öffentlichen Sektor erzielt werden. Zur Messung des Impacts ist eine Ergebnismetrik erforderlich, die mit den zahlungswirksamen Einsparungen aus dem öffentlichen Sektor zu verknüpfen ist." (Schäfer/Höchstötter 2015, S. 17)

zialen Arbeit. Die „Lösung gesellschaftlicher Probleme", die mit der Wirkungsorientierung sozialer Arbeit in Angriff genommen wird, liegt ganz auf der Linie sozialinvestiver Sozialpolitik: Vermittlung in den Arbeitsmarkt, Resozialisierung Straffälliger, Verminderung von Erziehungshilfe usw. um (beinahe) jeden Preis. Lassen sich private Investoren auf die Vorfinanzierung ein, dann kann das für die Leistungsträger nur von Vorteil sein. Sie gewinnen in jedem Fall. Entweder bekommen sie mehr messbaren Erfolg (und damit geringere zukünftige Kosten) oder sie refinanzieren nicht, weil die vereinbarte Wirkung nicht erreicht wurde.

4 Wirkungsmessung als Instrument verhaltensbezogener sozialer Arbeit

In der Konzeption einer Reihe von SIB-Projekten zeigt sich, dass zur Fundierung der Interventionspraxis auch auf evidenzbasierte Studien zurückgegriffen wird. Dies ist eine Folge der verhaltenszentrierten und individualisierenden Sichtweise, mit der die „Lösung sozialer Probleme" in den Blick genommen wird. Gemäß des sozialinvestiven Ansatzes basieren evidenzbasierte Studien zumeist auf Modellen, die davon ausgehen, dass durch soziale Investitionen (häufig wird auf die frühkindliche Erziehung Bezug genommen, weil hier die „Renditen" besonders hoch sein sollen) soziales Verhalten im Sinne der Vermeidung von sozial schädlichem Verhalten (disorder) beeinflusst werden kann.[5] Politische Programme, die bspw. staatlichen Behörden die Aufsicht über Familien und die Minderung von Gefahren für Kinder übertragen, legitimieren sich mit evidenzbasierten Studien, die bspw. die Veränderung von Verhaltensauffälligkeiten und Entwicklungsverzögerungen zum Gegenstand haben (Barlow et al. 2015). Evidenzbasierte Modelle der Bewertung und Behandlung dienen dem „Erreichen von selbst gesteckten Zielen" und der Verbesserung der „Funktionalität von Familien" (Barlow et al. 2015, S. 3). Sozio-ökonomische Bedingungen, Armut und andere gesellschaftliche Verursachungsfaktoren für als korrekturbedürftig definiertes Elternverhalten werden konsequent ausgeblendet zugunsten einer – wie Wastell und White (2016) es nennen – epigenetischen Pathologisierung des Klientels. Aus evidenzbasierten Studien (die u.U. mit sehr kleinen Stichproben arbeiten) werden dann staatliche

---

5 Vgl. hierzu den Beitrag von Wastell und White (2016) zur evidenzbasierten Prävention in der Familienwohlfahrt in England. Die Autoren identifizieren einen unaufhaltsamen Aufstieg der Präventionswissenschaft, die sie zu Recht als Verhaltenswissenschaft kennzeichnen. Diese geht konsequent von ökonomischen Modellen der Verhaltensbeeinflussung aus, die zudem noch biologisch-neurowissenschaftlich unterfüttert sind.

Interventionsprogramme abgleitet, die konsequent auf die Beeinflussung und Veränderung von Verhaltensweisen ausgerichtet sind.

Auch die Social-Impact-Bond-Projekte operieren im Sinne einer Veränderung von Verhaltensweisen und Lebensstilen. Nicht allen – aber doch einigen – Projekten liegen dabei evidenzbasierte Studien zugrunde, die die Basis für die daraus abgeleiteten Interventionen darstellen. Evidenzbasierte Soziale Arbeit könnte damit aus ihrem bisherigen Schattendasein heraus treten und über die wirkungsorientierten Finanzierungskonzepte dazu eingesetzt werden, das Erreichen vorab definierter Wirkungsziele zu messen. Das wäre eine mögliche Voraussetzung für den Übergang in eine standardisierte Interventionspraxis. Damit würde an eine Entwicklung angeknüpft, wie sie für das Gesundheitswesen bereits weitgehend vollzogen ist. Klinische (getestete) Studien bilden die Grundlage für die Einschätzung erreichbarer Wirkungen und normieren die Praxis der Dienstleistungsanbieter. Die für evidenzbasierte Studien charakteristische Verbindung von Modellannahmen mit den Folgewirkungen sozialinvestiver Maßnahmen verspricht eine strenge wissenschaftliche Basis für öffentliche Investitionen und ist damit für die Begründung und Legitimation politischer Interventionsprogramme höchst attraktiv.[6]

Im Zentrum der zu erzielenden Wirkungen steht die Änderung von Einstellungen und Verhaltensweisen der jeweiligen Zielgruppe. Damit gehen auf der Ebene der konkreten Dienstleistungserbringung in der Klienteninteraktion gravierende Veränderungen einher, denn die Arbeit der Professionellen mit den Klienten wird spürbar normiert und einem neuen, dem sozialen Dienstleistungssektor bislang unbekannten Management unterworfen. Die sozialen Professionen sollen nicht nur – wie bislang – Klienten betreuen und sozial integrieren, sondern auch einen Beitrag zur Lösung der Funktionsprobleme der Transfer- und Finanzierungssysteme leisten, was nachhaltige Konsequenzen für die Ziele und Standards professionellen Handelns hat. Professionelle Selbststeuerung und einzelfallbezogene Expertise wird durch standardisierte Assessment- und Diagnoseverfahren ersetzt, um die Interventionsbasis vergleichbar zu machen. Das Ideal, die Nachfrage nach sozialen Dienstleistungen ebenso wie den Hilfebedarf standardisiert bestimmen zu können, korrespondiert mit einer Sichtweise, in der der Blick auf die Ursachen für Notlagen und Hilfebedarfe ausgelöscht ist. Faktoren wie Arbeitslosigkeit, Wohnsituation,

---

6 Vgl. hierzu die geradezu programmatischen Aussagen von Cunha et al. 2010: „Mit unserer viel stufigen Technologie erfassen wir die verschiedenen Entwicklungsphasen im Leben eines Kindes. Wir identifizieren und schätzen die Substitutionsparameter ab, welche die Bedeutung frühkindlicher Investitionen für die spätere Lebensleistung der Kinder bestimmen, ebenso wie die Kosten späterer korrektiver Maßnahmen, falls frühe Investitionen nicht vorgenommen wurden" (S. 884).

Geldmangel etc. führen – so das Credo der neuen Wirkungslogik – zu defizitären Verhaltensweisen, die es zu ändern gilt.

So korrespondieren die europaweit gültigen Empfehlungen, die nationalen Arbeitsmärkte zu deregulieren, Lohnsysteme zu dezentralisieren und die Sozialversicherungen nach finanzpolitischen Kriterien umzustrukturieren (Schellinger 2015), mit der Förderung privaten Finanzengagements im Sozialbereich. Dass private Investoren die sozialen Probleme „lösen", die durch die verschärften austeritätspolitischen Anstrengungen auf allen Staatsebenen erzeugt werden, ist das Ideal wirkungsorientierter Finanzierung sozialer Dienstleistungen. Aber dieses Ideal hat praktische Auswirkungen: es verändert die Trägerstrukturen, die Arbeitsprozesse der sozialen Arbeit und die Wirkungsbestimmungen dahingehend, dass es den Blick auf die „Strukturen" gänzlich dem Blick auf individuelle Vermittlungshemmnisse und Anpassungsnotwendigkeiten und ihrer funktionalen Unterstützung opfert. Der Soziale Wirkungskredit fördert insofern eine verhaltensbezogene soziale Arbeit, die die jeweiligen Konkurrenzbedingungen kapitalistischer Gesellschaften als unhinterfragbaren Maßstab sozialer Interventionen auffasst und handhabt.

Literatur

Arnold, Helmut/Böhnisch, Lothar/Schroer, Wolfgang (Hrsg.) (2005): *Sozialpädagogische Beschäftigungsförderung. Lebensbewältigung und Kompetenzentwicklung im Jugend- und jungen Erwachsenenalter.* Weinheim/München: Juventa.
Bangert, Christopher (Hrsg.) (2010): *Finanzierung von Sozialimmobilien. Arbeitshilfe für Verantwortliche im Finanz- und Wirtschaftsbereich.* Freiburg i. Br.: Lambertus.
Barlow, Jane/Dawe, Sharon/Coe, Chris/Harnett, Paul (2015): An Evidence-Based, Pre-Birth Assessment Pathway for Vulnerable Pregnant Women. In: *British Journal of Social Work*, Heft 2, S. 1–14.
Bernhard, Stefan (2010): *Die Konstruktion von Inklusion. Europäische Sozialpolitik aus soziologischer Perspektive.* Frankfurt/M.: Campus.
Burmester, Monika/Wohlfahrt, Norbert (2015): Der soziale Wirkungskredit – die Lösung sozialer Probleme durch wirkungsorientiertes Investieren? In: *neue praxis* 6, S. 559–571.
Burmester, Monika/Wohlfahrt, Norbert (2017): Sozialinvestive Sozialpolitik und die Messbarkeit sozialer Interventionen: Impact Investment und Social Impact Bonds als Katalysator der Wirkungsdebatte im Sozialsektor, erscheint in: Burmester, Monika/Dowling, Emma/Wohlfahrt, Norbert (Hrsg.): *Neue Wege der Finanzierung der Sozialwirtschaft? Kapitalfinanzierte soziale Dienste und ihre Folgen für die Soziale Arbeit.* Baltmannsweiler: Schneider Hohengehren.
Cunha, Flavio/Heckman, James J./Schennach, Susanne M. (2010): Estimating the technology of cognitive and noncognitive skill formation. In: *Econometrica* 3, S. 883–931.
Dahme, Heinz-Jürgen/Wohlfahrt, Norbert (2015): *Soziale Dienstleistungspolitik – eine kritische Bestandsaufnahme.* Wiesbaden: Springer VS.
Europäische Kommission (2000): *Memorandum über Lebenslanges Lernen.* Brüssel: Kommission der Europäischen Gemeinschaft. https://www.hrk.de/uploads/tx_szconvention/memode.pdf. Zugriff: 26.05.2016.
Europäische Kommission (2006): *Mitteilungen über eine Anhörung zu Maßnahmen auf EU-Ebene zur Förderung der aktiven Einbeziehung von arbeitsmarktfernen Personen.* KOM(2006)44 endgültig. Brüssel Europäische Kommission. http://eur-lex.europa.eu/legal-content/DE/TXT/PDF/?uri=CELEX:52006DC0044&qid=1462530785302&from=EN. Zugriff: 26.05.2016.
Geissler, Birgit (2004): Das Individuum im Wohlfahrtsstaat: Lebenslaufpolitik und Lebensplanung. In: *Zeitschrift für Sozialreform* 1–2, S. 105–125.
Giddens, Anthony (1997): *Jenseits von Links und Rechts. Die Zukunft radikaler Demokratie.* Frankfurt/M.: Suhrkamp.
Hoffer, Heike/Piontkowski, Kerstin (Hrsg.) (2007): *PPP: Öffentlich-private Partnerschaften. Erfolgsmodelle auch für den sozialen Sektor?* Berlin: Lambertus.
Hombach, Bodo (1998): *Aufbruch – Die Politik der Neuen Mitte.* Mit einem Nachwort von Gerhard Schröder. München: Econ.
Horesh, Ronnie (2000): *Injecting Incentives Into the Solution of Social and Environmental Problems: Social Policy Bonds.* Bloomington: iUniverse.
Newman, Jane (2014). Finanzierung neu gedacht. In: corporAid. Die österreichische Initiative für Wirtschaft und globale Entwicklung. http://www.corporaid.at/?story=2411. Zugriff: 26.05.2016.

Peck, Jamie (1999): „Help and hassle". Mittel, Motive und Methoden lokaler Workfare-Strategien. In: Lang, Sabine/Mayer, Margit/Scherrer, Christoph (Hrsg.): *Jobwunder USA – Modell für Deutschland?*, S. 192–209. Münster: Westfälisches Dampfboot.
Peck, Jamie (2001): *Workfare States*. New York: The Guilford Press.
Schäfer, Henry/Höchstötter, Denise (2015): *Social Impact Bonds. Vertrags- und Transaktionsstrukturen sowie eingebettete Optionen*. Stuttgart: Universität Stuttgart (Working Paper 02/2015).
Schellinger, Alexander (2015): *Wie sozial ist die EU? Eine Perspektive für eine soziale Dimension*. Reihe: Internationale Politikanalyse. Berlin: Friedrich Ebert Stiftung.
Scherb, Johannes (2012): Lissabon-Strategie (Lissabon-Prozess). In: Bergmann, Jan (Hrsg.): *Handlexikon der Europäischen Union*. Baden-Baden: Beck-online.
Wastell, David/White, Sue (2016): Evidenzbasierte Prävention in der Familienwohlfahrt des Vereinigten Königreiches. In: *neue praxis* 1, S. 4–19.
Wohlfahrt, Norbert (2014): Vom „Klassenkompromiss" zur klassenlosen Staatsbürgergesellschaft? Zu einigen Widersprüchen einer „inklusiven" Sozialpolitik. In: *Widersprüche*, 34. Jg., Heft 133, S. 11–24.

Überlegungen zu einer genderkritischen Professionalisierung unter neoliberalen Bedingungen

Nadine Balzter und Florian Cristobal Klenk

> *Das ist es, was eine k/Kritische Wissenschaft auszeichnet: das kontinuierliche, unabschließbare Bemühen um die Vermeidung von Verletzungen, und dazu ist ihr Beitrag die Sichtbarmachung des Verschatteten, da in der permanenten Ignoranz des Anderen das Potential der Verletzung liegt. (Kessl 2013, S. 123)*

Einleitung

New Public Management Strategien führen seit den 1980er Jahren zu einer Transformation des Wohlfahrtstaates, durch die sowohl pädagogische Multiplikator_innen als auch deren Adressat_innen verstärkt in die individuelle Verantwortung für die Bearbeitung gesellschaftlicher Problemlagen genommen werden. Der sich damit abzeichnende Wandel „in einen aktivierenden Sozialstaat sowie die wachsende soziale Ungleichheit mit zunehmender Prekarisierung, steigender Arbeitslosigkeit und sich ausweitender Armut" (Hünersdorf/Hartmann 2013, S. 7) weist eine qualitative Veränderung im Hinblick auf die Thematisierung sozialer Macht- und Herrschaftsverhältnisse auf, die – in Anlehnung an den Call des Bundeskongresses Soziale Arbeit 2015 – als Wandel von einer *Kritik der Verhältnisse* hin zu einer *Kritik des Verhaltens* bezeichnet werden kann. Vor dem Hintergrund dieser Transformation(en) erörtert der Beitrag die Frage, wie eine genderkritische Professionalisierung, die den Anspruch aufrechterhält, Verhältnisse und Verhalten (selbst-)kritisch zu hinterfragen, unter neoliberalen Bedingungen einer unternehmerischen Hochschule vermittelt und gelehrt werden kann. Hierzu wird zunächst (1) das aktuelle Spannungsfeld neoliberaler Transformationsprozesse und dessen Relevanz für die gesellschaftliche und (sozial-)pädagogische Auseinandersetzung mit Differenz(en) skizziert und (2) die unternehmerische Hochschule als Bedingung der Möglichkeit einer genderkritischen Professionalisierung in den Blick genommen.

© Springer Fachmedien Wiesbaden GmbH, ein Teil von Springer Nature 2018
J. Stehr et al. (Hrsg.), *Konflikt als Verhältnis – Konflikt als Verhalten – Konflikt als Widerstand*, Perspektiven kritischer Sozialer Arbeit 30,
https://doi.org/10.1007/978-3-658-19488-8_30

Anhand der Dialektik von Affirmation und Kritik werden (3) gesellschaftliche, institutionelle und subjektive Verstrickungen mit Macht- und Herrschaftsverhältnissen am Beispiel der Auseinandersetzung um Professionalität und Geschlecht (Gender Mainstreaming, Kompetenzorientierung) aufgezeigt und (4) Impulse für eine kritisch-dekonstruktive Professionalisierung pädagogischer Akteur_innen in der Hochschullehre gesetzt.

1 (Sozial-)Pädagogik und Differenz im Spannungsfeld neoliberaler Transformationsprozesse

Im Spannungsfeld globaler, nationaler und supranationaler (Re-)Organisationsstrategien werden, wie etwa im lissaboner Memorandum zur Implementierung lebenslangen Lernens, Ökonomie und Bildung verstärkt aneinander gekoppelt. Die damit einhergehenden marktaffirmativen Tendenzen tangieren sowohl die Erziehungswissenschaften im Allgemeinen (vgl. Höhne 2007) als auch die Soziale Arbeit (vgl. Thiele 2013). Sie wirken sich somit auf den pädagogischen Umgang mit und die Thematisierung von Differenzdimensionen, wie etwa Geschlecht, Sexualität oder Dis/Ability aus. Die Verwobenheit von Differenzdimensionen und Normalitätsvorstellungen unter Prämissen einer neoliberalen Logik zeigt sich in der Sozialen Arbeit in einer besonderen Weise. Einer dekonstruktiven Perspektive folgend, kann diese

> als eine Instanz verstanden werden, die durch den gleichsam doppelten Bezug auf Differenz – im Sinne einer epistemischen Grundorientierung auf Andersheit und im Sinne eines praktischen Umgangs mit Andersheit – subjektivierend wirkt, Adressaten und Adressatinnen differenzierend ordnet, diese als normal oder als anders konstruiert [...] Die ‚Aktivierung' von arbeitslosen Menschen im Rahmen von Beschäftigungsmaßnahmen oder die Durchführung von Sozialen Trainingskursen mit jugendlichen Straftäterinnen können als Beispiele für diese Normalisierungsfunktion Sozialer Arbeit gelesen werden. (Plößer 2010, S. 223)

Die Normalisierung von Differenzdimensionen unter neoliberalen Verhältnissen verweist dabei auf eine Widerspruchskonstellation, die sich analytisch als Gleichzeitigkeit von *Freisetzung und Unterwerfung* beschreiben lässt. Diese Widerspruchskonstellation spiegelt sich beispielsweise an der Pädagogisierung gesellschaftlicher Machtverhältnisse im Kontext des Lebenslangen Lernens, wie subjektorientierte Lerndiskurse in der Erwachsenenbildung verdeutlichen (vgl. Klingovsky 2009; Pongratz 2011) oder an der sozialpädagogischen Aktivierung jener Menschen, die dem auf dem Arbeitsmarkt geforderten Leistungsprinzip (noch) nicht (mehr) folgen können. Sie lässt sich ebenfalls an der sozioökonomischen Integrationsfunktion des Erziehungs- und Bildungssystems veranschaulichen, das für die gezielte Generierung versteckter Leistungsträger_innen sorgen soll, wie etwa die Bestrebung, mehr Mädchen für die MINT-Fächer zu gewinnen, veranschaulicht. In Interdependenz zu Differenzdimensionen wird im Sinne eines fähigen und zu befähigenden ökonomischen Subjekts auf neoliberale Normalitätsvorstellungen zurückgegriffen, die über die (Arbeits-)Diskurse und pädagogische Maßnahmen hergestellt werden (sollen). Gesellschaftliche Integration und die damit einhergehende Freisetzung neuer Perspektiven zur Gestaltung des eigenen Lebens erfolgt dadurch, dass sich die Subjekte zugleich neoliberalen Normalitätsordnungen unterwerfen. Die hierdurch bedingte gesellschaftliche Anerkennung, partielle Freisetzung von Wahlmöglichkeiten und der Gewinn an Handlungsfähigkeit (z.B. von jungen Frauen oder sog. gut ausgebildeten Geflüchteten) legitimiert sich im Verweis auf bestimmte ökonomisierte oder ökonomische Tätigkeitsfelder (z.B. MINT-Berufe), auf denen die neugewonnenen Möglichkeiten genutzt und die entwickelten Fähigkeiten eingesetzt werden sollen.

Neoliberale Transformationsprozesse bedingen nicht nur eine veränderte (sozial-)pädagogische Bezugnahme auf Differenz(en), sondern tangieren ebenso die Struktur von gesellschaftlichen Differenzverhältnissen, wie sich anhand der verändernden Organisation von Arbeit und Familie am Beispiel des westlichen Geschlechterverhältnisses veranschaulichen lässt. Während historische Untersuchungen nachzeichnen konnten, dass das kapitalistische System auf die Unterscheidung in die binäre Gruppe „Besitzende und Arbeitende (Besitzlose, ‚abhängig Beschäftigte')" (Voß 2017, S. 64) angewiesen ist und diese Unterscheidung in Wechselwirkung zu hierarchisierenden Kategorisierungen wie Ethnizität, Sexualität und Geschlecht zu sehen ist, erkennt Katharina Walgenbach (2015) in der Abkehr vom ‚Ernährermodell', welches noch auf eine geschlechtsspezifische Spaltung in reproduktive und produktive Arbeit angewiesen war, hin zum *scheinbar* egalitären und geschlechtsneutralen *Adult Worker Model* eine zentrale Veränderung innerhalb geschlechtlicher Arbeitsteilung. Die mit neoliberalen Transformationen und dem Adult Worker Model einhergehenden diskursiven sowie gesellschaftlich-materiellen Verschiebungen verweisen auf die zuvor skizzierte widersprüchliche Gleichzeitigkeit von Freisetzung und Unterwerfung. Indem das Adult Worker Model von einem *autonomen, fähigen* und *leistungsstarken* Subjekt ausgeht, adressiert es alle potentiell erwerbsfähigen Personen als relevantes Humankapital und ist nicht mehr in gleichem Maße auf eine vergeschlechtlichte und ethnisierte Kategorisierung und damit einhergehende Hierarchisierung von Menschen angewiesen, wodurch bestimmte Differenzkategorien zuweilen an Bedeutung verlieren, was wiederum zur Freisetzung von Entfaltungs- und Entwicklungsmöglichkeiten führen kann.

Dies ist jedoch nicht zu verwechseln mit einem tatsächlichen Verschwinden von Macht- und Herrschaftsverhältnissen, denn in der

> neoliberalen Logik findet soziale Integration auf der Basis von Verwertbarkeit und Leistungsfähigkeit statt. In der Folge kommt es im Spätkapitalismus zu einem Abbau von Diskriminierung, bei gleichzeitiger Verschärfung von sozialer Ungleichheit. Die Gesellschaftsmitglieder, die sich in die Sphäre der Produktion bzw. Verwertbarkeit eingliedern lassen und den Staat von Transferleistungen entlasten, erfahren eine partielle Integration in ein Privilegiensystem, das zuvor konsequent nach Geschlecht, Sexualität, Ethnizität, sozialem Milieu, (Dis-)Ability unterschieden hat. Für diejenigen, die sich jenseits des Leitungskollektives platziert sehen, verschärfen sich allerdings die Prozesse sozialer Spaltung. (Walgenbach 2015, S. 41)

Demnach erfahren insbesondere jene Subjekte eine *partielle* Anerkennung, die sich durch (sozial-)pädagogische Institutionen und Angebote dazu befähigt, als kompetent und nutzbringend für den Erhalt der Wettbewerbsfähigkeit erweisen, während die sich zuspitzende soziale Ungleichheit für jene Subjekte, die dieser neoliberalen Norm nicht bzw. weniger entsprechen können, als Einzelschicksal, freie Wahl oder individuelle Unzulänglichkeit verschleiert wird. Volker Woltersdorff konstatiert vergleichbare Transformationen im Hinblick auf die Normalisierung vielfältiger geschlechtlicher und sexueller Lebensweisen. Unter dem Titel *neoliberale Prekarisierung als gouvernementales Projekt* zeigt er auf, dass gesellschaftliche „Entsolidarisierung [...] die historische Bedingung für die Anerkennung und Normalisierung bestimmter nicht-traditioneller Lebensweisen und Verwandtschaftsverhältnisse" (Woltersdorff 2016, S. 37) darstellt, wodurch es zu neuen Ein- und Ausschlussmechanismen kommt. Die neoliberale Prekarisierung der Arbeits- und Lebenszusammenhänge kennzeichnet sich durch eine widersprüchliche Gleichzeitigkeit von Wandel und Persistenz, wie aktuell die Debatte um die sogenannte „Ehe für alle" verdeutlicht.[1]

> Auf diese Weise gelingt es, sowohl heteronormativitätskonforme als auch heteronormativitätsnonkonforme Menschen zu disziplinieren: die einen durch die Androhung ihre Privilegien zu suspendieren, die anderen durch die Inaussichtstellung, sie an diesen Privilegien teilhaben zu lassen. Die strukturelle mehrdimensionale Ungleichheit ist dadurch aber noch nicht verschwunden, obwohl oder gerade weil die Entgarantierung von heteronormativen Privilegien alle betrifft. (ebd., S. 40)

---

1 Aus Perspektive der Queer Theory sei kritisch anzumerken: „Wer sind alle und warum sind sie nur zu zweit?"

2 Unternehmerische Hochschule als Bedingung der Möglichkeit genderkritischer Professionalisierung

Es liegt auf der Hand, dass die Verbreitung von New Public Management (NPM) Strategien in Zeiten, in denen Wissen, Können und Wollen der Subjekte als bedeutsame Ressourcen gehandelt und zu einem wichtigen Wettbewerbsfaktor geworden sind, Eingang in Universitäten und Hochschulen gefunden haben und sich gerade auch auf die Ausbildung (sozial-)pädagogischer Multiplikator_innen auswirken.

Der Begriff NPM verweist auf die Herstellung einer quasi-marktwirtschaftlichen Wettbewerbssituation zwischen und innerhalb staatlicher Institutionen und deren Organisationseinheiten. New Public Management zielt auf eine ganzheitliche Reformierung des öffentlichen Sektors durch Etablierung privatwirtschaftlicher Steuerungs- und Wirkungsmechanismen.

Die wesentlichen Elemente sind

- die Steuerung durch ergebnisorientierte Verfahren,
- mehr Flexibilität beim Ressourceneinsatz,
- organisatorische Dezentralisierung und Kontraktmanagement,
- die Auslagerung von Aufgaben auf private Unternehmen und Non-Profit-Organisationen,
- Verstärkung von Wettbewerbselementen durch die Bildung von Quasimärkten und schließlich
- die Betonung der Kundenorientierung. (Bogumil 1997, S. 25)

An Hochschulen führt NPM u.a. über die Dezentralisierung der Ressourcenverantwortung zu individuellen Leistungsvereinbarungen und bedingt dadurch einen stetigen Zwang zum Qualitätsmanagement, sprich zur Evaluation und Selbstoptimierung. Neue Steuerungs- und Kontrollmechanismen zeigen sich nicht selten in Form einer betriebswirtschaftlichen Kosten-Nutzen-Rechnung und einer verstärkten Abhängigkeit von positiver Bewertung durch die ‚Kund_innen' bzw. Adressat_innen. Bildungsinhalte und Fragen ‚sozialer Gerechtigkeit' rücken demgegenüber in den Hintergrund. Universitäten haben sich zudem in den letzten 20 Jahren aufgrund europapolitischer Vorgaben in einem Maße verändert, dass hierdurch ihre vormals anerkannten Grundsätze einer Einheit von Forschung und Lehre ebenso ‚über Bord geworfen' wurden wie ihre gesellschaftliche Verantwortung gegenüber wissenschaftlicher Erkenntnis und der Bildung eines Teils der nächsten Generation zur Verbesserung der menschlichen Angelegenheiten (vgl. Comenius 1991). Unter neoliberalen Vorzeichen werden Hochschulen als „unternehmerische Einheit" entworfen, „deren vorrangige Aufgabe nicht länger die Produktion guter Bürger, sondern die Sicherung globaler Wettbewerbsfähigkeit ist" (Hark 2013, S. 200). Eine solche ökonomische Beschäftigungsstrategie kann als eine „moderne und subtile Form der Entpolitisierung [verstanden werden], indem bewusst Raum für kollektive Prozesse genommen und organisatorische Pflichten gesteigert werden" (Klinger/Kagerbauer 2013, S. 132). Übrig geblieben ist eine unternehmerische Universität – wie es Derrida bereits am Ende des letzten Jahrhunderts in aller Deutlichkeit formulierte –, *die Gefahr läuft* „schlicht und einfach besetzt, erobert, gekauft, zur Zweigstelle von Unternehmen und Verbänden zu werden" (Derrida 2001, S. 17). Legitimiert wird dieser Transformationsprozess mit einer Effizienzsteigerung gegenüber den alten Entscheidungsmodellen. Prozesse der Verunternehmerung schlagen sich so auch auf Akteur_innenebene nieder und bedingen – gouvernementalitätstheoretischen Perspektiven folgend – einen „Wandel hin zu einer neuen Form des Regierens: In diesem Regierungsdispositiv sollen Menschen nicht mehr – wie noch in den Industriegesellschaften – diszipliniert werden, sondern sie sollen sich selbst freiwillig – allerdings entsprechend unternehmerischer Imperative – kontrollieren" (Bührmann 2013, S. 221).

Differenzdimensionen wie Gender werden somit zunehmend aus einer ökonomischen Perspektive für die Steuerung von Hochschulen relevant, wie sich z.B. anhand der veränderten Bewertung und Realisierung gender- und diversitätsfokussierender Angebote und Maßnahmen zeigt (z.B. Gender-/Diversitykompetenz, Gender Mainstreaming). So erweist sich die Berücksichtigung von Heterogenität und Vielfalt ebenso wie ein „umfassendes Gleichstellungskonzept [...] mittlerweile als Wettbewerbsvorteil bei der Beantragung von Forschungsmitteln oder der Nachbesetzung von Professuren" (Roski/Schacherl 2014, S. 45). Genderpädagogische und gleichstellungspolitische Arbeit, die sich vor allem an Management-Instrumenten orientiert, läuft entsprechend Gefahr, *verstärkt* Bestandteil eines neoliberalen Geschlechterregimes zu werden, „indem sie strukturelle Phänomene so rahmt, dass sie als individuell handhabbar erscheinen" (Soiland 2009, S. 40). Gleichzeitig werden gender- und differenzreflexive Inhalte unter den Bedingungen einer unternehmerischen Hochschule, wie sich anhand zahlreicher zeitlich befristeter Initiativen und Projekte verdeutlichen lässt, zwar als ‚nice to have' (also nicht unbedingt notwendig) angesehen, die sich ‚to go' (ohne inneruniversitäre Umstrukturierungen) mitnehmen lassen, wenn sie für kurze Zeit ‚for free' (es gibt Fördergelder) angeboten werden, jedoch selten nachhaltig etabliert und strukturell verankert. Angelika Wetterer beschreibt solche Entwicklungen, die häufig durch eine *Gleichheitssemantik* und weniger durch praktische Veränderungen gekennzeichnet sind, mit dem Begriff der „rhetorischen Modernisierung" und verweist demgegenüber auf eine nach wie vor bestehende „Praxis der Differenzierung und vielfach auch Hierarchisierung der Geschlechter" (Wetterer 2009, S. 53).

Obgleich die Reichweite dieser hegemonialen Transformationsprozesse noch nicht vollständig erfasst werden kann und die skizzierten universitären Veränderungen vor dem Hintergrund der zu Beginn angeführten Widerspruchskonstellation von Freisetzung und Unterwerfung auch Potenziale im Hinblick auf die Thematisierung von Differenzdimensionen bieten, erscheint es für die Konzeptualisierung und Gestaltung genderkritischer Professionalisierungsprozesse notwendig, darüber nachzudenken, was es bedeutet, wenn Wissenschaft und Bildung in einer ökonomisierten Institution stattfinden, in der Wissenschaftler_innen und Studierende qua Struktur und Organisation involviert sind.

3 Professionalität und Geschlecht im Spannungsverhältnis von Affirmation und Kritik

Aktuell werden Fragen zu Professionalität und Geschlecht in pädagogischen Arbeitsfeldern insbesondere unter dem Begriff der *Genderkompetenz* verhandelt, so z.B. in der Lehrer_innenbildung (vgl. Horstkemper 2013), im Kontext von Gender Mainstreaming (vgl. Andresen/Koreuber/Lüdke 2009) oder in der Sozialen Arbeit (Kunert-Zier 2005; Böllert/Karsunky 2008). In Rekonstruktion der Hintergründe, die zur Forderung nach genderkompetenten Akteur_innen führten, wird ersichtlich, dass die in Deutschland erfolgte Etablierung des *Begriffs* der *Genderkompetenz* an der Schnittstelle von *Gender Mainstreaming* (vgl. Wegrzyn 2014) und (*bildungspolitischer*) *Kompetenzorientierung* verortet werden kann (siehe hierzu auch Kahlert 2011, S. 80). Der Begriff konstituiert sich damit im Kontext zweier gesellschaftlicher Reorganisationsstrategien, die kritischen Stimmen zufolge, bereits in hohem Maße Ausdruck neoliberaler Modernisierungsprozesse sind (Wetterer 2005; Pongratz 2011). Gleichzeitig verdankt sich die gestiegene Relevanz von Genderkompetenz, die bis hin zu einer Schlüsselqualifikation reicht (vgl. Metz-Göckel/Roloff 2002), nicht zuletzt diesen neoliberalen Verhältnissen, die den (individuellen) Erwerb von Genderkompetenz unter ökonomischer Perspektive – und damit ggf. überhaupt – attraktiv werden lassen.

Unter Bedingungen einer unternehmerischen Hochschule und neoliberalen Gesellschaft sollen Individuen mittels Kompetenzentwicklung dazu befähigt werden, ausgewählte Handlungsprobleme eigenständig zu bewältigen, wodurch ein „Raum möglichen und sozial erwünschten Handelns [konstituiert wird], in welchem den Subjekten permanent (potentielle) Fähigkeiten zugeschrieben werden" (Höhne 2007, S. 41f.). Paul Mecheril (2003) folgend können Modelle zum Erwerb von Kompetenz, wie er anhand pädagogischer Konzepte Interkultureller Kompetenz veranschaulicht, dazu tendieren, eine „technologische Suggestionskraft" zu entfalten, die zu der Fehlvorstellung verleiten kann, dass es sich bei Kompetenzen um technologische Fertigkeiten handle, mit denen sich gesellschaftliche Macht- und Herrschaftsverhältnisse *allein* durch das Handeln der Individuen bewältigen ließen. Eine solches, *primär* an individuellen Fähigkeiten orientiertes Verständnis (sozial-)pädagogischer Professionalität, das „in erster Linie auf die Selbstbestimmung des Einzelnen setzt, ohne diesen Einzelnen in sozialen Beziehungen zu betrachten, in Verhältnissen gegenseitigen Aufeinander-angewiesen-Seins" (Messerschmidt/Pongratz 2009), verlagert die Verantwortung hinsichtlich des (Miss-)Erfolges (sozial-)pädagogischer Interventionen in das Individuum, welches, will es innerhalb neoliberaler Strukturen bestehen, zugleich ein Eigeninteresse am Erwerb sozial erwünschter Kompetenzen entwickeln muss. Als veränderungsbedürftig erscheinen in der Folge primär die Einzelnen (zum Beispiel Sozialarbeiter_innen, Lehrkräfte und deren Adressat_innen), wodurch die für diese

> normativen Selbstdisziplinierungs- und Subjektivierungsweisen notwendigen strukturellen Bedingungen und Voraussetzungen, wie auch die dafür notwendigen ökonomischen und sozialen Ressourcen, im Zuge der Reorganisation des Wohlfahrtstaates zunehmend aus dem Blick (auch aus dem der Sozialen Arbeit) [geraten]. (Plößer 2013, S. 206)

Vor dem Hintergrund der dargelegten erziehungswissenschaftlichen Tendenz zur Individualisierung von (In-)Kompetenz, die als Teil des benannten Wandels von einer Kritik der Verhältnisse hin zu einer Kritik des Verhaltens interpretiert werden kann, stellt sich für (sozial-)pädagogische Professionalisierungsprozesse die Frage, welche theoretischen und praktischen Möglichkeiten existieren, um Verhalten und Verhältnisse (selbst-)kritisch zu betrachten? *Ein* möglicher Antwortversuch stellt eine veränderte Perspektive auf das Verhältnis von Affirmation und Kritik dar. Obwohl sich durchaus neoliberale Vereinahmungstendenzen sowohl in der Folge einer pädagogischen Kompetenzorientierung (Pongratz/Reichenbach/Wimmer 2007) als auch im Kontext feministischer Institutionalisierungsprozesse (Gender Mainstreaming) rekonstruieren lassen, darf die temporale Logik des Erzählens sowie die Annahme einer „Unvereinbarkeit des Ökonomischen und des Kritisch-Widerständigen" (Martens 2016, S. 117) nicht dazu verleiten, „die widerständige Begriffsschöpfung aus der Sphäre des Kritischen […] ex post facto als ursprünglich *rein* wiederständig und erst später *verunreinigt* durch die Berührungen mit dem Ökonomischen" (ebd., S. 117) zu betrachten. Eine *dialektische* Verhältnisbestimmung von *Affirmation und Kritik* in der Bildungsarbeit verweigert sich vereindeutigender Zuschreibungen, die zwei klar voneinander zu trennende

– quasi rein affirmative oder kritische – Positionen voraussetzen, und versucht demgegenüber, Pädagogik innerhalb historischer und gesellschaftlicher Verhältnisse in ihrer widersprüchlichen Gleichzeitigkeit von Freisetzung und Unterwerfung sowie Integration und Subversion (Koneffke 1969) zu denken. Nimmt man die angezeigte Dialektik ernst, bedeutet dies, Affirmation in der Kritik zu suchen und Kritik in der Affirmation zu finden. Eine solche Verhältnisbestimmung fordert dazu auf, pädagogische Theorie und Praxis *in ihrer Widersprüchlichkeit* zu denken. Denn beide

> Formen verdrängter Widersprüchlichkeit lassen Bildung auf unterschiedliche Weise affirmativ werden. In der emanzipatorischen Variante verliert Bildung jede Negativität und wird zu einem humanistischen Versprechen. In der neoliberalen Variante verschwindet Bildung, um die mit ihr verbundenen Ansprüche in die praktikabler erscheinenden Konzepte von Kompetenz, Qualifikation und Training zu transformieren, in denen kompetentes Handeln zum Selbstzweck wird. (Messerschmidt 2009, S. 235)

Geht man hingegen davon aus, dass Regulierung und Kritik „zwar spannungsreich, gleichwohl intim miteinander verkoppelt sind" (Hark 2013, S. 205) und sowohl gleichstellungsorientierte als auch bildungspolitische Arbeit vielstimmig, das heißt, *in sich* bereits widersprüchlich ist, fordert dies geschlechterreflektierende (Sozial-)Pädagogik heraus, die Vermittlung und Konzeptualisierung genderkritischer Professionalität auf die darin angelegten Verstrickungen mit Macht- und Herrschaftsverhältnissen zu befragen, ohne diese einseitig aufzulösen. Für pädagogische Theorie und Praxis bedeutet dies, die eigene (Gender-, Diversity- oder Regenbogen-)Kompetenzorientierung vor dem Hintergrund einer neoliberalen Gesellschaft und unternehmerischen Hochschule in ihrer Dialektik von Affirmation und Kritik zu thematisieren, und in ihrer Widersprüchlichkeit zu reflektieren.

4 Impulse einer kritisch-dekonstruktiven Professionalisierung

Was also, „wenn nicht nur das, was beschrieben werden soll, sich als hegemonial erweist, sondern auch die Bedingungen des kritischen Geschäfts selbst?" (Hartmann/Hünersdorf 2013, S. 15). Folgt man den vorangestellten Überlegungen zum Verhältnis von Affirmation und Kritik, wird ersichtlich, dass es einer solchen Perspektive „um den Verweis auf die Notwendigkeit einer kritischen Betrachtung der Bedingungen der Möglichkeit des kritischen Denken und Handelns selbst" (ebd.,

S. 13) geht. Bevor im Folgenden die Zugänge des an der Technischen Universität Darmstadt angesiedelten Lehr- und Forschungsprojekts „Gender-MINT: Verbesserung der Unterrichtsqualität in den MINT-Fächern" vorgestellt und diskutiert werden, gilt es zunächst, (selbst-)kritisch auf die Dialektik und widersprüchliche Gleichzeitigkeit der Ermöglichung und Begrenzung der Erarbeitung dieser Vermittlungszugänge unter neoliberalen Verhältnissen aufmerksam zu machen. So verweist insbesondere die Verbindung von *Gender* und *MINT* sowie die Zielperspektive der Verbesserung von Unterrichtsqualität im Projekttitel auf das immanente Versprechen, zur gesellschaftlichen Generierung des Humankapitals beizutragen und dem Fachkräftemangel im MINT-Bereich durch die Professionalisierung von Lehrkräften entgegen zu wirken. Der Professionalisierungsansatz des Projekts folgt damit einem kritisch zu betrachtenden „doppelten Versprechen von Handlungsfähigkeit" (Kleiner/Klenk 2017), das sowohl Lehrende als auch Lernende für die individuelle Bearbeitung genderspezifischer Ungleichheiten adressiert und ist damit selbst Teil der zuvor kritisierten neoliberalen Tendenzen innerhalb der Erziehungswissenschaft und einer zunehmend ökonomisierten Hochschule. Das Projekt und die darin erarbeiteten Perspektiven legitimieren sich somit über eine funktionalisierende Rahmung, durch die dem Genderthema – besonders an einer *technischen* Universität – eine erhöhte Relevanz zugesprochen wird und entsprechende Fördergelder bereitgestellt werden. Neben dieser neoliberal bedingten Ermöglichung der Umsetzung (de)konstruktiver Genderperspektiven, die zu einer subversiven Praxis im Umgang mit Heteronormativität und weiteren hierarchischen Differenzverhältnissen ermutigen sollen, führen New Public Management Instrumente, wie etwa eine Effizienz- und Outputorientierung der entwickelten Zugänge, regelmäßige Evaluation, Innovationsdruck und Dokumentationspflicht gleichzeitig zu „einem systematischen Verschluss politischer Reflexions- und Partizipationsräume" (Klinger/Kagerbauer 2013, S. 132) und damit zu einer Begrenzung der inhaltlichen Auseinandersetzung und praktischen Professionalisierung innerhalb des Projekts. Dies spiegelt sich nicht zuletzt an thematischen Vorgaben und der Tatsache, dass es sich um ein befristetes, mittlerweile abgeschlossenes Projekt handelt, in dem zahlreiche Menschen unter prekären Beschäftigungsverhältnissen jenseits einer strukturellen Implementierung und dementsprechender Ressourcenausstattung auf unterschiedliche Weise mitwirkten.

Ausgehend von diesen widersprüchlichen Bedingungen wird genderkritische Professionalisierung im Projekt als eine kritisch-dekonstruktive Auseinandersetzung mit Professionalität und Geschlecht – also auch mit Genderkompetenz verstanden. Die kritisch-dekonstruktive Perspektive gründet in der Konstellation eines kritischen Bildungsverständnisses (vgl. Koneffke 1969) und eines heteronormativitätskritischen Subjektverständnisses im Anschluss an Judith Butler (1991,

1997, 2006; zur pädagogischen Rezeption siehe Ricken/Balzer 2012).[2] Ohne den Anspruch zu erheben, dem Pädagogik konstituierenden Widerspruch und dessen Dialektik von Affirmation und Kritik ungebrochen entgehen zu können, bieten die theoretischen Auseinandersetzungen um die Paradoxie geschlechtlich-sexueller Subjektivierungsprozesse geeignete Anknüpfungspunkte, um dem konstitutiven Verhältnis von Individuum und Gesellschaft nachzugehen und die gesellschaftlichen Bedingungen hinter den Phänomenen der Mikroebene sichtbarer zu machen. Der im Projekt verfolgte Professionalisierungsansatz nähert sich diesem Verhältnis in der Praxis über eine (4.1) *historisch-systematische*, (4.2) *biographische* und (4.3) *theorie-praxis-reflektierende* Perspektive.

4.1 Reflektierte Geschichte als Bedingung der Möglichkeit gestaltbarer Zukunft

Über die Auseinandersetzung mit Geschichte erschließen sich gesellschaftliche Verhältnisse im zeithistorischen Kontext und deren Bedeutung für die Gegenwart. Das heißt vor allem aus einer retrospektiven Perspektive lassen sich die zuvor erörterten Widerspruchskonstellationen enthüllen. Ziel des historisch-systematischen Zugangs ist es demnach, zukünftigen Pädagog_innen ein Wissen um die Konstitution der Erziehungswissenschaft als eine widersprüchliche Praxis zu vermitteln, die seit jeher an der Reproduktion von – nicht nur, aber auch heteronormativen – hierarchischen Ungleichheitsverhältnissen beteiligt ist. Die historische Genese erscheint dafür als ein geeignetes Instrument für Studierende, um Zusammenhänge zu verstehen und Entwicklungen nachvollziehen zu können, die beispielsweise verdeutlichen, dass Geschlecht als eine historisch-diskursive und sozio-kulturelle Konstruktion zu verstehen ist, die eng mit materiellen (Re)Produktionsverhältnissen verwoben ist (vgl. exemplarisch Hausen 1976; Voß 2017). Hinsichtlich der Professionalisierung von Lehrkräften kann dies dazu beitragen, in Distanz zu gewohnten subjektiven Wahrnehmungen und Deutungen zu treten und damit quasi-wissenschaftliche Vorstellungen, wie etwa eine biologistisch begründete Unveränderlichkeit geschlechtlicher Lebensweisen, zu hinterfragen. So gewinnt die butlerische

---

2 Begrifflich lehnt sich der Beitrag u.a auch an Jutta Hartmanns kritisch-dekonstruktive Perspektive in der Pädagogik an (vgl. insbesondere Hartmann 2013). Dies stellt einen Versuch dar, kritische Bildungstheorie und dekonstruktivistische Gendertheorie zu verschränken und für die Professionalisierung von Lehrkräften produktiv werden zu lassen.

Pointe, dass Subjekte immer nur in ihrer gesellschaftlich-historischen Konstitution begriffen werden können, [...] ihre volle Reichweite erst durch eine erweiterte Analyse der historischen Bedingungen, die bestimmte Formen und Wirksamkeiten performativer Praxis überhaupt erst ermöglichen. (Meißner 2010, S. 69)

Über die historische Reflexion kann somit die eigene Position und Involviertheit in Verhältnisse sowie deren Kontingenz wahrgenommen und perspektivisch bearbeitbar werden.

4.2 Biographische Spurensuche als Medium der Selbstreflexion

Führt man sich vor Augen, dass pädagogisches Handeln durch das eigene biographische Werden und Gewordensein innerhalb des fortlaufenden Prozesses der Sozialisation bzw. – poststrukturalistisch gesprochen – Subjektivation geprägt wird, leuchtet es ein, dass eine genderkritische Professionalisierung die Reflexion biographischer Welt- und Selbstverhältnisse ermöglichen sollte, um der „sedimentierten Geschichte" (Cankarpusat/Haueis 2007, S. 18) der eigenen Existenzweise und den darin aufgehobenen Normen gewahr zu werden. Dies gilt auch im Hinblick auf geschlechtliche Implikationen und fordert dazu heraus, (unbewusste) Übertragungen bereits während des Studiums – also bevor sich bestimmte Deutungs- und Handlungsmuster in der Praxis festigen – zu erkennen und zu hinterfragen. Die Konfrontation der eigenen geschlechtlichen Selbstverständlichkeit mit deren Bedingtheit kann Anlass zur (Selbst)Reflexion werden. Entgegen einer singulären Innenschau fordert Biographiearbeit dazu heraus, „die eigene Lebensgeschichte immer auch im Spiegel von gesellschaftlichen, kulturellen und sozialen Bedingungen zu betrachten, worin eine Chance für individuelle Veränderungen und Entwicklungen zu sehen ist" (Winheller 2015, S. 473). Das bedeutet, das eigene Selbst (Verhalten) in Beziehung zu den historischen und aktuellen gesellschaftlichen Bedingungen (Verhältnissen) zu setzen und auszugraben, wo und wie die eigene Existenzweise *Ausdruck* eben dieser, Wertehierarchien erzeugender, Bedingungen ist. Ziel biografischer Selbstreflexion ist somit „eine verständnisvolle, wache Aufmerksamkeit gegenüber sich selbst. Sie meint nicht das Verbot von Projektionen, sondern das Ernstnehmen ihrer Existenz als Versuch eine selbstreflexiven Haltung" (Graff 2008, S. 69).

4.3 Theorie-Praxis-Reflexion als Voraussetzung professioneller Handlungsdispositionen

Ausgehend von der unaufhebbaren Differenz und gleichzeitigen Verschränktheit von Theorie und Praxis in der Pädagogik, stellt sich die Frage, welche Konsequenzen für professionelles pädagogisches Handeln zu ziehen seien. Versteht man Ungewissheit als konstitutiven Teil pädagogischen Handelns, wird ersichtlich, dass genderkritische Professionalität nicht lediglich auf individuelle Kompetenzen oder eine quasi-instrumentelle Steuer- und Veränderbarkeit der (geschlechtlichen) Adressat_innen zu reduzieren ist, sondern sich in Form eines reflektierten Umgangs mit Antinomien in der pädagogischen Praxis (Helsper 2003) widerspiegelt. Zur Vergegenwärtigung von Antinomien eignen sich insbesondere fallorientierte Methoden (z.B. die Analyse von videographierten Unterrichtssequenzen und transkribierten Fallbeispielen), da diese zur theoretischen Reflexion pädagogischer Situationen auffordern, zugleich jedoch eine distanzierte Position hinsichtlich des Geschehens ermöglichen und durch die Multiperspektivität bei der gemeinsamen Analyse für die Vielfalt an möglichen Deutungs- und Handlungsoptionen sensibilisieren. Durch Fallbeispiele können (gender)theoretische Ansprüche und (sozial-) pädagogische Widersprüche, wie etwa der zuvor skizzierte Widerspruch von Integration und Subversion in der Bildungsarbeit, die Paradoxie von Ermöglichung und Unterwerfung im Prozess der geschlechtlichen Subjektivation, oder die Bearbeitung und gleichzeitige Erzeugung von Differenzverhältnissen durch sozialpädagogische Maßnahmen und Angebote, soweit wie möglich zum Gegenstand der Reflexion gemacht werden. Vergegenwärtigt man sich hierbei, dass strukturelle Antinomien (z.B. Nähe und Distanz), ebenso wie professionelle Deutungs- und Handlungsmuster in Wechselwirkung mit Differenzverhältnissen stehen können (vgl. exemplarisch Hoffmann 2015 hinsichtlich sexualbezogener Deutungsmuster), gilt es, die sich in der Fallarbeit artikulierenden Situationsinterpretationen und vorgeschlagenen Bearbeitungsmöglichkeiten auf die darin ex- und implizit zum Tragen kommenden Differenzordnungen, Normalitätserwartungen und Ausschlüsse zu befragen. Durch eine solche Reflexion kann ersichtlich werden, dass (sozial-)pädagogisch Tätige durch ihr Handeln und Sprechen zur (Re-)Produktion von Differenzen beitragen, die sie lediglich zu bearbeiten suchen. (Sozial-)pädagogische Arbeit kann damit als eine *„performative Praxis"* (Plößer 2010) gedacht werden, die durch die Bearbeitung von Differenzverhältnissen zugleich in deren (Re-)Produktion und Transformation involviert ist.

5 Fazit und Ausblick

Unter neoliberalen Bedingungen und der Logik einer unternehmerischen Hochschule, die zunehmend unter marktwirtschaftlichen Prämissen agiert, erscheint eine kritisch-dekonstruktive Perspektive in historisch-systematischer, biographischer und praxisreflektierender Hinsicht, die in ihrer Verschränkung Reflexionsmöglichkeiten eröffnet, um Normalisierungs- und Verwertungsstrategien erkennen zu können, ebenso notwendig wie herausfordernd. Wird im Kontext (sozial-) pädagogischer Professionalisierungsangebote, die sich mit Geschlecht und Differenz beschäftigen, versucht, die in pädagogischer Arbeit wirkende Dialektik von Affirmation und Kritik ernst zu nehmen, hieße dies, gerade *nicht* zu einem idealisierten kritischen Bildungsbegriff ‚zurückzukehren', der sich von jeglicher Affirmation freispricht, und diesen in Stellung gegenüber einem scheinbar affirmativen Kompetenzbegriff zu bringen, der jeglicher Kritik entbehrt, sondern beide Begriffe *in ihrer Widersprüchlichkeit* zu lesen und *in ihrer Dialektik* zu thematisieren.

Konkret bedeutet dies etwa, anzuerkennen, dass Pädagog_innen auf einem globalisierten Arbeits- und Bildungsmarkt Kompetenzen zur Selbsterhaltung der eigenen Arbeit benötigen, dass pädagogische Professionalität sich aber gleichwohl nicht auf das Einüben bestimmter Wissens- und Handlungselemente reduzieren lässt und in dieser Selbsterhaltungsfunktion aufgeht. Der Fokus auf die *Interdependenzen von Verhalten und Verhältnissen* kann pädagogisch Tätige im Prozess der Professionalisierung darin unterstützen, zu reflektieren, wie ihr eigenes Handeln an der (Re-)Produktion machtvoller Differenzordnungen beteiligt ist, ohne die Verantwortung für die Veränderung gesellschaftlicher Macht- und Herrschaftsverhältnisse zu individualisieren.

> In der akademischen Lehre geht es daher nicht darum, in einer distanzierten Pose über problematische gesellschaftliche Entwicklungen aufzuklären, sondern zur Diskussion zu stellen, wie Hochschulen selbst in diese Prozesse involviert sind und welche Möglichkeiten es gibt, kritische Perspektiven zu entwickeln. [...] Statt einer Position der Überlegenheit nehmen Lehrende dabei eine Position des Involviert-Seins ein und stellen Begriffe und Analyseperspektiven für Studierende zur Verfügung, um sich im Studium und im späteren Beruf nicht einfach mit den Gegebenheiten zu arrangieren, sondern die eigenen Handlungsspielräume zu erweitern. (Messerschmidt 2016, S. 67)

Da Macht- und Herrschaftsverhältnisse durch die Art und Weise der Organisation von Bildungsinstitutionen sowie durch den Prozess der (geschlechtlichen) Subjektivation tief in die Struktur des Bildungssystems und der darin tätigen Individuen eingeschrieben sind, bedarf es eines längerfristigen Auseinandersetzungs- und Reflexionsprozesses, um eine genderkritische Perspektive auf Geschlecht und Differenz zu erarbeiten und diese im professionellen pädagogischen Handeln wirksam werden zu lassen. Oftmals wird ein solcher Professionalisierungsprozess jedoch aufgrund der beschriebenen Verhältnisse, die sich in Form curricularer Vorgaben, prekärer Beschäftigungsverhältnisse und fehlender struktureller Verankerungen niederschlagen, erschwert. Dies fordert heraus, Professionalisierung nicht nur von den (geschlechtlichen) Subjekten ausgehend, sondern unter Berücksichtigung der sich aktuell transformierenden Organisationen, bildungspolitischen Strukturen und gesellschaftlichen Bedingungen zu denken und nach Möglichkeiten zu suchen, nicht nur das eigene Verhalten, sondern auch die Verhältnisse, in die Lehrende und Studierende involviert sind, zu transformieren. Im unabschließbaren Bemühen um die Aufrechterhaltung der Dialektik zeigt sich die (Un)Möglichkeit einer pädagogischen Professionalisierung, der es um die Vermeidung von Verletzungen geht.

Literatur

Andresen, Sünne/Koreuber, Mechthild/Lüttke, Dorothea (Hrsg.) (2009): *Gender und Diversity: Albtraum oder Traumpaar?* Wiesbaden: VS.
Bogumil, Jörg (1997): Modernisierung des Staates durch Public Management – Stand der aktuellen Diskussion. In: Grande, Edgar/Prätorius, Rainer (Hrsg.): *Modernisierung des Staates? Staatslehre und politische Verwaltung*, Band 1, S. 21–44. Baden-Baden: Nomos.
Butler, Judith (1991): *Das Unbehagen der Geschlechter*. Frankfurt/M.: Suhrkamp.
Butler, Judith (1997): *Körper von Gewicht*. Frankfurt/M.: Suhrkamp.
Butler, Judith (2006): *Haß spricht. Zur Politik des Performativen*. Frankfurt/M.: Suhrkamp.
Böllert, Karin/Karsunky, Silke (Hrsg.) (2008): *Genderkompetenz in der Sozialen Arbeit*. Wiesbaden: Springer VS.
Bührmann, Andrea (2013): Wissensgesellschaften und soziale Ungleichheitsverhältnisse. In: Binner, Kristina/Kubicek, Bettina/Rozwandowicz, Anja/Weber, Lena (Hrsg.): *Die unternehmerische Hochschule aus der Perspektive der Geschlechterforschung. Zwischen Aufbruch und Beharrung*, S. 209 -225. Münster: Westfälisches Dampfboot.
Cankarpusat, Ali/Hauseis, Godwin (2007): Gernot Koneffke und Hans-Jochen Gamm im Gespräch über die Darmstädter Pädagogik. In: Bierbaum, Harald/Euler, Peter/Messerschmidt, Astrid/Zitzelsberger, Olga (Hrsg.): *Nachdenken in Widersprüchen. Gernot Koneffkes Kritik Bürgerlicher Pädagogik*, S. 13–30. Wetzlar: Büchse der Pandora.
Comenius, Johann Amos (1991): *Pampaedia, Allerziehung*. In deutscher Übersetzung Hrsg. von Klaus Schaller. Heidelberg: Academia.
Derrida, Jacques (2001): *Die unbedingte Universität*. Frankfurt/M.: Suhrkamp.
Graff, Ulrike (2008): Gut zu wissen! Biographische Selbstreflexion als Genderkompetenz. In: Böllert, Karin/Karsunky, Silke (Hrsg.): *Genderkompetenz in der Sozialen Arbeit*, S. 63–76. Wiesbaden: Springer VS.
Hark, Sabine (2013): Widerstreitende Bewegungen. Geschlechterforschung in Zeiten hochschulischer Transformationsprozesse. In: Binner, Kristina/Kubicek, Bettina/Rozwandowicz, Anja/Weber, Lena (Hrsg.): *Die unternehmerische Hochschule aus der Perspektive der Geschlechterforschung. Zwischen Aufbruch und Beharrung*, S. 194–208. Münster: Westfälisches Dampfboot.
Hartmann, Jutta (2013): Bildung als kritisch-dekonstruktives Projekt – pädagogische Ansprüche und *queere* Einsprüche. In: Hünersdorf, Bettina/Hartmann, Jutta (Hrsg.): *Was ist und wozu betreiben wir Kritik in der Sozialen Arbeit? Disziplinäre und interdisziplinäre Diskurse*, S.253–278. Wiesbaden: VS Springer.
Hausen, Karin (1976): Die Polarisierung der ‚Geschlechtscharaktere' – Eine Spiegelung der Dissoziation von Erwerbs- und Familienleben. In: Werner, Conze (Hrsg.): *Sozialgeschichte der Familie in der Neuzeit Europas*, S. 363–393. Stuttgart: Klett.
Helsper, Werner (2003): Ungewissheit im Lehrerhandeln als Aufgabe der Lehrerbildung. In: Helsper, Werner/Hörster, Reinhard/Kade, Jochen (Hrsg.): *Ungewissheit: Pädagogische Felder im Modernisierungsprozeß*, S. 142–161. Weilerswist: Velbrück.
Hoffmann, Markus (2015): *Schulische Sexualerziehung. Deutungsmuster von Lehrenden*. Opladen/Berlin/Toronto: Barbara Budrich.
Höhne, Thomas (2007): Der Leitbegriff ‚Kompetenz' als Mantra neoliberaler Bildungsreformer. Zur Kritik seiner semantischen Weitläufigkeit und inhaltlichen Kurzatmigkeit.

In: Pongratz, Ludwig A./Reichenbach, Roland/Wimmer, Michael (Hrsg.): *Bildung – Wissen – Kompetenz*, S. 30–43 Bielefeld: Janus.

Horstkemper, Marianne (2013): Genderkompetenz und Professionalisierung: Wie lässt sich Genderkompetenz im Lehrberuf erwerben und ausbauen? In: Stadler- Altmann, Ulrike (Hrsg.): *Genderkompetenz in pädagogischer Interaktion*, S. 29–42. Opladen/Berlin/Toronto: Barbara Budrich.

Hünersdorf, Bettina/Hartmann, Jutta (2013): Was ist und wozu betreiben wir Kritik in der Sozialen Arbeit? Eine Einführung In: Dies. (Hrsg.): *Was ist und wozu betreiben wir Kritik in der Sozialen Arbeit? Disziplinäre und interdisziplinäre Diskurse*, S. 9–30. Wiesbaden: VS Springer.

Kahlert, Heike (2011): Gender Mainstreaming: ein Konzept für Geschlechtergerechtigkeit in der Schule? In: Krüger, Dorothea (Hrsg*.): Genderkompetenz und Schulwelten. Alte Ungleichheiten – neue Hemmnisse,*S. 69–86. Wiesbaden: VS.

Kessl, Fabian (2013): Warum und wie Kritik und k/Kritische Soziale Arbeit? Eine Positionierung. In: Hünersdorf, Bettina/Hartmann, Jutta (Hrsg.): *Was ist und wozu betreiben wir Kritik in der Sozialen Arbeit? Disziplinäre und interdisziplinäre Diskurse*, S. 87–108. Wiesbaden: VS Springer.

Kleiner, Bettina/Klenk, Florian Cristobal (2017):Genderkompetenzlosigkeitskompetenz: Grenzen pädagogischer Professionalisierung in der Perspektive der Queer Theory In: *Jahrbuch Frauen und Geschlechterforschung in der Erziehungswissenschaft*. Opladen/Berlin/Toronto: Barbara Budrich.

Klinger, Sabine/Kagerbauer, Linda (2013): (De)Thematisierungen und neoliberale Verdeckungen am Beispiel feministischer Mädchen_arbeit – ein Zwischenruf. In: *GENDER. Zeitschrift für Geschlecht, Kultur und Gesellschaft*, 5. Jg., H. 2: Feministische Perspektiven auf Ökonomie und Geschlechterordnung, S. 129–138.

Klingovsky, Ulla (2009): *Schöne Neue Lernkultur. Transformationen der Macht in der Weiterbildung. Eine gouvernementalitätstheoretische Untersuchung*. Bielefeld: transcript.

Koneffke, Gernot (1969): Integration und Subversion. Zur Funktion des Bildungswesens in der spätkapitalistischen Gesellschaft. In: *Das Argument*, 11. Jg., H. 54, S. 389–430.

Kunert-Zier, Margitta (2005): *Erziehung der Geschlechter. Entwicklungen, Konzepte und Genderkompetenz in sozialpädagogischen Feldern*. Wiesbaden: VS.

Martens, Eike (2016): Überwindung und Aneignung als wirkmächtige Narrative der wissenschaftlichen Diskussion über die Beziehung zwischen Diversity und Gender. In: *GENDER. Zeitschrift für Geschlecht, Kultur und Gesellschaft*. Sonderheft 3: Bewegung/en. Beiträge zur 5. Jahrestagung der Fachgesellschaft Geschlechterstudien S. 109–120.

Mecheril, Paul (2003): „Kompetenzlosigkeitskompetenz". Pädagogisches Handeln unter Einwanderungsbedingungen. In: Auernheimer, Georg (Hrsg.): *Interkulturelle Kompetenz und pädagogische Professionalität*, S. 15–33. Wiesbaden: Springer VS.

Meißner, Hanna (2010): *Jenseits des autonomen Subjekts. Zur gesellschaftlichen Konstitution von Handlungsfähigkeit im Anschluss an Butler, Foucault und Marx*. Bielefeld: transcript.

Messerschmidt, Astrid (2009): *Weltbilder und Selbstbilder. Bildungsprozesse im Umgang mit Globalisierung, Migration und Zeitgeschichte*. Frankfurt/M.: Brandes & Apsel.

Messerschmidt, Astrid (2016): Involviert in Machtverhältnisse. Rassismuskritische Professionalisierungen für die Pädagogik in der Migrationsgesellschaft. In: Doğmuş, Aysun/

Karakaşoğlu, Yasemin/Mecheril, Paul (Hrsg.): *Pädagogisches Können in der Migrationsgesellschaft*, S. 59–70. Wiesbaden: Springer VS.

Messerschmidt, Astrid/Pongratz, Ludwig (2009): Kritische Theorie und Bildungstheorie als Grundlagen der Erwachsenenbildung. In: *Enzyklopädie Erziehungswissenschaft Online. Fachgebiet Erwachsenenbildung.* DOI 10.3262/EEO16090028. Weinheim/München: Juventa.

Metz-Göckel, Sigrid/Roloff, Christine (2002): Genderkompetenz als Schlüsselqualifikation. In: *Journal Hochschuldidaktik*, 1, S. 7–9.

Plößer, Melanie (2010): Differenz performativ gedacht. Dekonstruktive Perspektiven auf und für den Umgang mit Differenzen. In: Kessl, Fabian/Plößer, Melanie (Hrsg.): *Differenzierung, Normalisierung, Andersheit. Soziale Arbeit als Arbeit mit den Anderen*, S. 218–232. Wiesbaden: VS.

Plößer, Melanie (2013): Die Macht der (Geschlechter-)Norm. Überlegungen zur Bedeutung von Judith Butlers dekonstruktiver Gendertheorie für die Soziale Arbeit. In: Sabla, Kim-Patrick/Plößer, Melanie (Hrsg.): *Gendertheorien und Theorien Sozialer Arbeit. Bezüge, Lücken und Herausforderungen*, S. 199–216. Leverkusen/Opladen: Barbara Budrich.

Pongratz, Ludwig (2011): *Sammlung. Fundstücke aus 30 Hochschuljahren.* Darmstadt: tuprints.

Pongratz Ludwig/Reichenbach Roland/Wimmer, Michael (Hrsg.) (2007): *Bildung – Wissen – Kompetenz.* Bielefeld: Janus.

Ricken, Norbert/Balzer, Nicole (Hrsg.) (2012): *Judith Butler: Pädagogische Lektüren.* Wiesbaden: Springer VS.

Roski, Melanie/Scharcherl, Ingrid (2014): Die Professionalisierung der Gleichstellung im Reformprozess – Ausbau von Gleichstellungswissen und Genderkompetenz in Hochschulen. In: *GENDER. Zeitschrift für Geschlecht, Kultur und Gesellschaft*, 6. Jg., H. 1, S.44–64.

Soiland, Tove (2009): Gender als Selbstmanagement. Zur Reprivatisierung des Geschlechts in der gegenwärtigen Gleichstellungspolitik. In: Sünne, Andresen/Koreuber, Mechthild/Lüdke, Dorothea (Hrsg.): *Gender und Diversity: Albtraum oder Traumpaar? Interdisziplinärer Dialog zur „Modernisierung" von Geschlechter- und Gleichstellungspolitik*, S. 35–53. Wiesbaden: VS.

Thiele, Günter (2013): Ökonomischer Umgang mit dem Sozialen. In: Hünersdorf, Bettina/Hartmann, Jutta (Hrsg.): *Was ist und wozu betreiben wir Kritik in der Sozialen Arbeit? Disziplinäre und interdisziplinäre Diskurse*, S.207–218. Wiesbaden: VS Springer.

Voß, Heinz-Jürgen (2017): Kapitalismus – Geschlecht und Sexualität. In: Balzter, Nadine/Klenk, Florian Cristobal/Zitzelsberger, Olga (Hrsg.): *Queering MINT. Impulse für eine dekonstruktive Lehrer_innenbildung*, S. 59–72. Opladen/Berlin/Toronto: Barbara Budrich.

Walgenbach, Katharina (2015): Geschlecht in gesellschaftlichen Transformationsprozessen. In: Dies./Stach, Anna (Hrsg.): *Geschlecht in gesellschaftlichen Transformationsprozessen*, S. 21–48. Opladen/Berlin/Toronto: Barbara Budrich.

Wegrzyn, Eva. (2014): Genderkompetenz. In: Gender-Glossar. Zugriff am 04. Februar 2015 unter http://gender-glossar.de/de/glossar/item/27-genderkompetenz/27-genderkompetenz.

Wetterer, Angelika. (2005). *Gleichstellungspolitik und Geschlechterwissen – Facetten schwieriger Vermittlung*. Vortrag im GenderKompetenzZentrum.

Wetterer, Angelika 2009: Gleichstellungspolitik im Spannungsfeld unterschiedlicher Spielarten von Geschlechterwissen Eine wissenssoziologische Rekonstruktion In: *GENDER. Zeitschrift für Geschlecht, Kultur und Gesellschaft*, 1. Jg., H. 2, S. 45–60.

Winheller, Sandra (2015): Biografische Selbstreflexion und Genderkompetenz – Ein Seminarkonzept für die universitäre Lehramtsausbildung zum Umgang mit geschlechterbedingter Heterogenität in der Schule. In: Wedl, Juliette/Bartsch, Annette (Hrsg.): *Teaching Gender? Zum reflektierten Umgang mit Geschlecht im Schulunterricht und in der Lehramtsausbildung*, S. 461–487. Bielefeld: transcript.

Woltersdorff, Volker (2016): Das gouvernementale Projekt der Prekarisierung von Heteronormativität. In: Vivar Herrera, Maria Teresa/Rostock, Petra/Schrimer, Uta/Wagels, Karen (Hrsg.): *Über Heteronormativität. Auseinandersetzungen um gesellschaftliche Verhältnisse und konzeptuelle Zugänge*, S. 32–50. Münster: Westfälisches Dampfboot.

Das Verhalten zu den Verhältnissen

Oder: Wie sozialpolitisch sind Wissenschaftler_innen der Sozialen Arbeit/Sozialpädagogik?

Stefan Köngeter, Andreas Herz und Nicola Sievert

1 Einleitung

„Kommst du mit zur Demo?", hätte insbesondere in den 1970er und 1980er Jahren die Frage einer/eines Kolleg_in lauten können, welche_r, allgemeiner formuliert, den sozial- und wohlfahrtspolitischen Gestaltungsauftrag Sozialer Arbeit adressiert und danach fragt, wie die gesellschaftlichen Verhältnisse gestaltet oder transformiert werden sollten. Heutzutage ist die Lage sehr viel komplizierter und neben den früher gängigen Formen politischen Handelns – vor allem neben jenen aus der außerparlamentarischen Opposition und aus der radikalen Kritik an einer systemkonformen Sozialen Arbeit – hat sich das konkrete sozialpolitische Engagement von Sozialpädagog_innen und Sozialarbeiter_innen weiterentwickelt und ausdifferenziert. Unter dem international gängigen Titel „policy practice" geht es allgemein formuliert um jene

> activities, undertaken by social workers as an integral part of their professional activity in diverse fields and types of practice, that focus on the formulation and implementation of new policies, as well as on existing policies and suggested changes in them. These activities seek to further policies on the organizational, local, national and international levels that are in accord with social work values. (Gal/Weiss-Gal 2013a, S. 4f.)

© Springer Fachmedien Wiesbaden GmbH, ein Teil von Springer Nature 2018
J. Stehr et al. (Hrsg.), *Konflikt als Verhältnis – Konflikt als Verhalten – Konflikt als Widerstand*, Perspektiven kritischer Sozialer Arbeit 30,
https://doi.org/10.1007/978-3-658-19488-8_31

Darüber hinaus hat die Reflexion über eine kritische Theorie der Sozialen Arbeit sich weiter entwickelt und ausdifferenziert (Anhorn et al. 2012; Scherr 2012) sowie historisch und systematisch eine neue Tiefenschärfe gewonnen (Bütow/Chassé/Lindner 2014). In diesem Kontext stellt sich insbesondere die Frage, welche Theorie die Soziale Arbeit benötigt (Sandermann 2015) und welche normativen Grundlagen für eine solche Theorie grundlegend sein könnten (Otto/Ziegler 2012). Wir führen diese unterschiedlichen Stränge der Diskussion um die politische Dimension der Sozialen Arbeit als Profession und Disziplin zusammen und fragen nach der sozialpolitischen Dimension und, konkreter, nach der *policy practice* der akademischen Sozialen Arbeit. Dabei beziehen wir uns im Wesentlichen auf einen internationalen Diskurszusammenhang zum sozialpolitischen Engagement unter Sozialpädagog_innen/-arbeiter_innen, der sich in den letzten Jahren entwickelt hat (Gal/Weiss-Gal 2017).

Dazu werden wir zunächst unterschiedliche theoretische Reflexionen zur Sozialpolitik im deutschsprachigen Diskurs zur Sozialen Arbeit/Sozialpädagogik vorstellen. Im Anschluss erfolgt eine Darstellung der Eckpunkte der von uns durchgeführten Studie zum sozial- und wohlfahrtspolitischen Engagement von Wissenschaftler_innen der Sozialen Arbeit/Sozialpädagogik in Deutschland. Schließlich geben wir einen Überblick über die zentralen Ergebnisse und diskutieren dabei die Fragen, wie sich Wissenschaftler_innen (unterschiedlich) zu den Verhältnissen verhalten und wer sich sozialpolitisch gegenüber den gesellschaftlichen Verhältnissen in welcher Weise positioniert.

2 Sozialpolitik und policy practice – Unterschiedliche Zugänge zur Sozialpolitik

Soziale Arbeit entwickelte sich als berufliches Feld – historisch betrachtet – am Ende des 19. und Anfang des 20. Jahrhunderts als Antwort auf die sich zuspitzende „Soziale Frage" im Sog eines sich radikalisierenden Industriekapitalismus. Auch wenn sich Soziale Arbeit und Sozialpädagogik in ihrer jeweiligen professionellen und disziplinären Ausgestaltung nicht auf das „sozialpolitische Prinzip" (Böhnisch/Schröer 2012, S. 13) zurückführen lässt, sondern in ihrer Eigenlogik immer darüber hinausweist, sind Wechselwirkungen zwischen sozialpolitischen Entwicklungen und sozialarbeiterischer und -pädagogischer Praxis evident (Seithe 2012). Die Soziale Arbeit ist demnach nicht nur konfrontiert mit den ungleichen Verwirklichungschancen und der sozialen Exklusion ihrer Adressat_innen, sondern zugleich auch involviert in die sozialpolitischen Strukturen, die jene Verwirklichungschancen erweitern oder einengen und soziale Exklusionsprozesse befördern oder verhindern. Daraus ergibt sich notwendigerweise die Aufgabe für die Soziale Arbeit, sich als Teil dieser sozialpolitischen Prozesse zu verstehen, sich darin zu verorten und zu engagieren.

In den letzten Jahren können wir feststellen, dass es (wieder) eine breite Diskussion und Reflexion über die ‚Rolle' der Sozialen Arbeit im Kontext dieses sozialpolitischen Prinzips gibt. Die Etablierung zahlreicher Netzwerke und Zusammenschlüsse einer sogenannten „kritischen Sozialen Arbeit" sind hierfür genauso Beleg wie das Publikationsaufkommen zu diesem Themenfeld (Anhorn et al. 2012; Kessl 2012; Kessl/Maurer 2012; Stender/Kröger 2013). Trotzdem wird die vielfach geforderte Repolitisierung der Sozialen Arbeit durchaus kritisch diskutiert. Winkler (2014) zum Beispiel unterscheidet zwischen „politisch sein" und „politisch handeln": „Politisch sein" verweise auf die Bemühungen, die gesellschaftlichen Mechanismen, die Verwirklichungschancen begrenzen und soziale Exklusion fördern, kritisch zu untersuchen. Demgegenüber impliziere „politisch handeln" im Kontext einer (Post-)Wohlfahrtsgesellschaft, dass Soziale Arbeit sich einschreibt in die Unterstützung eines politischen und wirtschaftlichen Systems, das die exkludierten Gruppen in der Gesellschaft weiterhin benachteiligt.

In diesen theoretischen Reflexionen finden jedoch die empirisch vorzufindenden sozialpolitischen Prozesse in den unterschiedlich sozialpolitisch gerahmten Handlungsfeldern der Sozialen Arbeit keine Berücksichtigung. Häufig werden daher nur zwei idealtypische Handlungsmöglichkeiten unterschieden (vgl. Seithe 2012): Die Akteur_innen der Sozialen Arbeit können sich entweder anpassen und damit begnügen, Soziale Arbeit als Exekutive sozialpolitischer Vorgaben zu begreifen. Oder sie können sich gegen sozialpolitische Vorgaben wehren, indem Soziale Arbeit „versucht, sich aus ihrer Profession heraus für Menschen einzusetzen und sich gegen unzureichende Bedingungen für die Ausübung ihrer eigenen Kunst zu wehren" (ebd., S. 400). Diese grobe Differenzierung kann aber keine Bestandsaufnahme der sozialpolitischen Praxis im Kontext der Handlungsfelder der Sozialen Arbeit ersetzen. Während international bereits seit längerem die konkrete sozialpolitische Praxis analysiert, evaluiert und kritisiert wird (Gal/Weiss-Gal 2013b), finden sich in den deutschsprachigen Wissenschaften der Sozialen Arbeit kaum empirische Befunde zum sozialpolitischen Handeln der professionellen Akteur_innen in der Sozialen Arbeit.

Diese Besonderheit des deutschsprachigen Diskurses spiegelt sich auch in der Reflexion der sozialpolitischen Funktion der Wissenschaften der Sozialen Arbeit wider. Während wie selbstverständlich in den theoretischen Reflexionen zur Sozialen Arbeit das Sozialpolitische eine prominente Rolle spielt, wird diese Reflexion von der eigenen wissenschaftlichen Praxis sorgsam abgetrennt. Hingegen zeigt bereits ein kursorischer Blick in die Geschichte der Sozialen Arbeit und der Sozialpolitik, dass die Sozialwissenschaften ein wesentlicher Motor in der Entwicklung der Sozialpolitik waren (Brückweh et al. 2012; May 2012). Anzunehmen ist, dass dies auch heute noch der Fall ist, da bei aller Plausibilität der Unterscheidung von Grundlagenforschung, Theoriegenerierung und sozialpolitischer Praxis häufig diese unterschiedlichen Praktiken in ein und derselben Person des Wissenschaftlers/der Wissenschaftlerin der Sozialen Arbeit zusammenlaufen. Damit stellt sich die Frage, wie die Wissenschaften der Sozialen Arbeit bzw. ihre Repräsentant_innen diese öffentliche und sozialpolitische Aufgabe wahrnehmen, deuten und sich dazu verhalten. Während diese Auseinandersetzung in der Soziologie in den letzten Jahren intensiv geführt wurde (Burawoy 2015), fehlt eine solche Diskussion über das Sozialpolitische der Wissenschaften der Sozialen Arbeit – möglicherweise auch, weil sich Theorien der Sozialen Arbeit per se schon als sozialpolitisch definieren. Vor allem mangelt es aber auch an Wissen darüber, inwiefern Wissenschaftler_innen tatsächlich in sozialpolitische Prozesse involviert sind und welchen Einfluss sie haben.

3 Die Studie „Where Acdemia and Policy Meet"

In diesem Beitrag möchten wir Ergebnisse einer international vergleichenden Studie zum sozial- und wohlfahrtspolitischen Engagement von Wissenschaftler_innen der Sozialen Arbeit und Sozialpädagogik an Hochschulen und Universitäten, die von Idit Weiss-Gal und John Gal initiiert wurde, vorstellen. Neben Deutschland wurden noch elf weitere Länder (Australien, Costa Rica, Israel, Finnland, Großbritannien, Kanada, Portugal, Schweden, Spanien, Südafrika und USA) mit einbezogen (Gal/Weiss-Gal 2017). Die folgenden Darstellungen konzentrieren sich auf die von den Autor_innen dieses Beitrags durchgeführte Teilstudie für Deutschland.

Um die in der Sozialen Arbeit tätigen Wissenschafter_innen möglichst umfassend repräsentieren zu können, nutzten wir für Deutschland die Datenbank der Studienprogramme des Hochschulkompasses. Hierüber identifizierten wir im Juli 2014 insgesamt 282 Studiengänge der Sozialen Arbeit und der Sozialpädagogik an insgesamt 94 Berufsakademien, Hochschulen und Universitäten. Über die Internetseiten der Studiengänge bzw. der involvierten Institute und Fachbereiche konnten wir insgesamt ca. 3.000 Dozent_innen in Studiengängen der Sozialen Arbeit und Sozialpädagogik identifizieren, von denen wiederum zwei Drittel als Professor_innen tätig waren. Dabei konnten wir die Herkunftsdisziplin auf dieser Basis nicht ausmachen.[1] Wir sammelten alle öffentlich zugänglichen Email-Adres-

---

1 Im Fragebogen wurde dies jedoch berücksichtigt und entsprechende Fragen formuliert, um vor allem die eigene Positionierung gegenüber der Disziplin Soziale Arbeit

sen und luden im November 2014 insgesamt 2.929 Teilnehmer_innen[2] zu unserer schriftlichen Online-Befragung ein (vgl. hierzu ausführlich Herz/Köngeter 2017). Nach Ablauf der Teilnahmefrist bestand das Sample aus n=396 Befragten, welche in der Sozialen Arbeit oder Sozialpädagogik an Hochschulen oder Universitäten beschäftigt waren. Von den Befragten waren 43,9% (174) männlich und 50,3% (199) weiblich. 2,5% (10) der Befragten wählten in der Angabe ihres Geschlechts die offene Antwortmöglichkeit und 3,3% (13) beantworteten die Frage nicht. Über zwei Drittel (68,9%) aller Befragten haben eine unbefristete Stelle. Die Teilnehmer_innen lehrten überwiegend an Hochschulen (78,3%, incl. BA, PH, etc.), ein kleinerer Prozentteil (21,7%) an Universitäten. Des Weiteren waren 61,3% des Samples Professor_innen und 22,4% wissenschaftliche Mitarbeiter_innen (einschließlich Lehrkräfte für besondere Aufgaben 12,1%, andere 4,3%). Die Mehrheit (57,9%) der Befragten gab an, dass ihr höchster Abschluss die Promotion ist; 32,5% haben ein Diplom, Master of Arts oder Magister; 9,7% sind habilitiert und 0,8% gaben an, einen Bachelorabschluss zu haben.

4 Wie verhalten sich Wissenschaftler_innen zu den Verhältnissen?

Die folgende deskriptive Analyse stellt vor, in welcher Rolle sich die Wissenschaftler_innen der Sozialen Arbeit selbst sehen, welche Formen des sozialpolitischen Engagements gewählt werden, wie kompetent sie sich dabei erleben, in welchen sozialpolitischen Feldern sie sich engagieren und welche Strategien sie dabei anwenden.

Mit welcher Rolle identifizieren sich also die Wissenschaftler_innen der Sozialen Arbeit? In der Studie wurden fünf verschiedene Rollen differenziert (siehe Abbildung 1), die mit Hilfe einer Batterie von insgesamt 15 Items erfasst wurden. In der Analyse wurden gewichtete Indizes aus den Zustimmungswerten der einzelnen Items für die unterschiedlichen Rollen gebildet (siehe Gal/Weiss-Gal 2013a).

---

zu berücksichtigen. Es stellte sich jedoch heraus, dass die disziplinären Hintergründe der befragten Personen für die untersuchten Fragestellungen keine Rolle spielten.

2 Dies stellt eine Vollerhebung dar – mit der Einschränkung, dass wir von den Lehrenden einiger, weniger Hochschulen (n<10), die über ihre Homepage keine E-Mail-Adressen zur Verfügung stellten, keine Kontaktinformationen hatten.

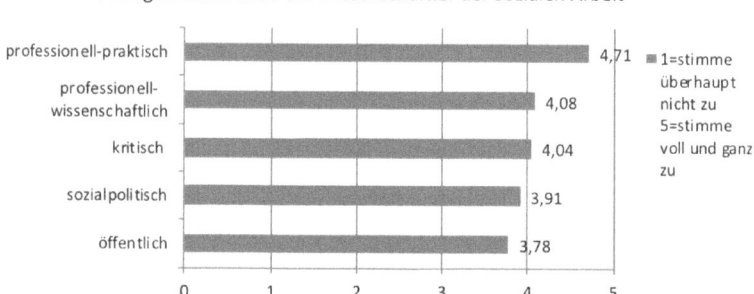

Abbildung 1 Wahrgenommene persönliche Rolle als Wissenschaftler_innen der Sozialen Arbeit (n=396) – Skala von 1 („stimme überhaupt nicht zu") bis 5 („stimme voll und ganz zu"). Quelle: Gal/Gal-Weiss 2013a.

Die höchste Zustimmungsrate erzielten Aussagen zur Verbesserung oder Beeinflussung der Praxis der Sozialen Arbeit (M^3=4,71). Hierunter fallen Aussagen wie z.b. das Generieren von Wissen, das der Praxis der Sozialen Arbeit dient und die Einflussnahme darauf, wie in der Sozialen Arbeit die Probleme von Nutzer_innen sozialer Dienstleistungen wahrgenommen werden. Die zweitgrößte Bedeutung hat die professionell-wissenschaftliche Rolle, bei der es um das Generieren von Wissen für die Wissenschaft, die Theorieentwicklung und die Weiterentwicklung der Kenntnisse, die zur wissenschaftlichen Diskussion beitragen, umfasst (M=4,08). Nur unmerklich weniger relevant ist die kritische Rolle, die für das Generieren von Wissen und das Fördern des kritischen Denkens steht (M=4,04). Weniger Zuspruch findet sich für die sozialpolitische (M=3,91) und die öffentliche Rolle der Wissenschaft (M=3,78). Während die Items zur öffentlichen Rolle vor allem den Einfluss der Wissenschaftler_innen auf die Wahrnehmung von sozialen Problemen in der Öffentlichkeit und die Generierung von Wissen für die breite Öffentlichkeit abgebildet haben, wurden mit den Items zur sozialpolitischen Rolle der Einfluss auf die Politik und auf den Prozess der Politikgestaltung abgefragt. Deutlich wird an diesen Ergebnissen unseres Erachtens zweierlei: Zum einen erhalten alle Rollen hohe Zustimmungsraten. Zum anderen zeigt die geringere Zustimmung zu Aussagen, bei denen es um die sozialpolitische und öffentliche Rolle der Wissenschafler_innen geht, dass die Veränderung gesellschaftlicher Rahmenbedingungen weniger im Fokus der von uns befragten Personen steht.

---

3   M steht für Arithmetisches Mittel.

Dieses Ergebnis wird auch in anderer Hinsicht noch einmal bestätigt: Wir haben danach gefragt, welche gesellschaftliche Funktion Wissenschaft im Allgemeinen hat. Für jede der drei folgenden Funktionen sollten unsere Befragten auf einer Skala von 1 („stimme überhaupt nicht zu") bis 5 („stimme voll und ganz zu") ihre Bewertung abgeben: 1) „Die Gesellschaft darin unterstützen, ihre Probleme zu lösen", 2) „Die soziale Ordnung kritisch hinterfragen", und 3) „Machtverhältnisse in der Gesellschaft verändern". Es ist angesichts der vorherstehenden Ergebnisse wenig verwunderlich, dass die kritische Funktion im Mittel von allen Befragten besonders hervorgehoben wird (M=4,28; SD[4]=1.06), während die Problemlösungsfunktion schon geringer bewertet wird (M=3,97; SD=1,11) und eine Veränderung der Machtverhältnisse noch einmal gegenüber den anderen Funktionen deutlich abfällt (M=3,55; SD=1,19).

Wenn wir danach fragen, in welcher Form Wissenschaftler_innen sich sozialpolitisch engagieren, dann zeigen sich folgende Häufigkeiten:

Tabelle 1 Engagement in der Politik: Mittelwert, Standardabweichung und Verteilung (N=396). Die Skala verlief von 1 (nie), 2 (einmal), 3 (ein paar Mal) bis 4 (häufig).

Formen des Engagements	M (SD)	Nie	einmal/ ein paar Mal	häufig
In einer Kooperation von Organisationen (z.B. Interessengruppen) teilgenommen	2.86 (1.01)	16.2	55.6	28.3
An einer Protestaktion teilgenommen	2.70 (1.11)	23.5	48.7	27.8
Sich als Mitglied eines sozialpolitischen Gremiums engagiert	**2.70 (1.14)**	**24.7**	**45.2**	**30.1**
An der Formulierung eines Positionspapiers teilgenommen	2.55 (1.04)	24.0	58.3	17.7
Interviews mit der Presse	2.55 (0.99)	22.2	63.1	14.6
Nutzer_innen der Sozialen Arbeit darin unterstützt, sich zu organisieren	2.53 (1.13)	28.5	49.2	22.2
Ein sozialpolitisches Gremium beraten	2.53 (1.09)	26.5	53.0	20.5
Einen Beitrag in der Presse veröffentlicht	**2.43 (1.07)**	**28.3**	**55.3**	**16.4**
Mit Studierenden zusammengearbeitet, um Einfluss auf Politik zu nehmen	**2.42 (1.10)**	**30.8**	**52.0**	**17.2**
An einer sozialpolitischen Aktivität von Sozialarbeiter_innen teilgenommen	2.39 (1.10)	32.1	52.0	15.9

---

4   SD steht für Standardabweichung.

Formen des Engagements	M (SD)	Nie	einmal/ ein paar Mal	häufig
Politische Entscheidungsträger_innen auf der Ebene des Bundes, des Landes oder der Kommunen beraten	2.33 (1.13)	35.6	47.7	16.7
Eine Interessenvertretung bzw. Lobbygruppe beraten	2.18 (1.12)	41.4	45.2	13.4
Ihre Publikationen an politische Entscheidungsträger_innen auf der Ebene des Bundes, des Landes oder der Kommunen übermittelt	2.09 (1.10)	44.7	43.4	11.9
Ein sozialpolitisches Gremium geleitet	1.84 (1.10)	58.3	30.6	11.1
Eine Protestaktion organisiert	1.60 (0.89)	64.1	32.3	3.5
Eine Politikanalyse für politische Entscheidungsträger_innen oder eine Interessenvertretung durchgeführt	1.57 (0.93)	68.7	26.3	5.1
Eine Rede auf einer Demonstration gehalten	1.38 (0.75)	75.5	22.2	2.3
In einem Gesetzgebungsverfahren Bericht erstattet	1.29 (0.67)	82.1	16.7	1.3
Ein Blog in sozialen Medien verfasst	1.27 (0.71)	85.6	11.1	3.3
An einem Berufungsgericht/Schöffengericht teilgenommen	1.13 (0.52)	93.4	4.5	2.0

Die Tabelle 1 zeigt, dass die Wissenschaftler_innen einzelne Formen sozialpolitischen Engagements überwiegend ein bzw. ein paar Mal zeigen. Von der Frequenz her herausstechend sind die Formen „In einer Kooperation von Organisationen (z.B. Interessengruppen) teilgenommen", „An einer Protestaktion teilgenommen" und „Sich als Mitglied eines sozialpolitischen Gremiums engagiert", wobei rund ein Viertel der Befragten angeben, dies häufig zu tun. Auch interessant ist es, dass „Interviews mit der Presse" und „An der Formulierung eines Positionspapiers teilgenommen" wichtige Möglichkeiten des Engagements sind, die aber von den befragten Wissenschaftler_innen seltener als zuvor genannte genutzt werden. Außerdem ist auffällig, dass neue Medien kaum eingesetzt werden; mehr als 85% haben diese Möglichkeit noch nie genutzt.

Die Studie thematisierte auch, welche Einstellungen und Kompetenzen sich die Befragten zuschreiben, wenn es darum geht, sich sozialpolitisch zu engagieren. Dabei wurden fünf Dimensionen unterschieden (siehe Tabelle 2):

Tabelle 2 Persönliche Kompetenzen im sozialpolitischen Engagement (N=390)

Kompetenzen (gekürzt)	M (SD)	Gar nicht	in hohem Maße
Motivation	3,55(1,07)	4,9%	19,7%
Wissen	3,51(1,00)	3,1%	16,4%
Verpflichtung	3,46(1,25)	9,7%	22,1%
Fähigkeiten	3,28(1,00)	4,1%	10,0%
Selbstwirksamkeit	2,60(1,05)	15,9%	4,4%

Anmerkung: Die Skala verlief von 1 (gar nicht) bis 5 (in hohem Maße).

Im Allgemeinen glauben die meisten Wissenschaftler_innen der Sozialen Arbeit, dass sie willens und auch in der Lage sind, Sozialpolitik zu beeinflussen. Die Mittelwerte für die Fragen, ob sie über das Wissen und die Motivation verfügen, die Sozialpolitik zu beeinflussen, bewegen sich um 3,5. Allerdings sind sie etwas skeptischer, wenn es darum geht, ob sie auch die entsprechenden Fähigkeiten besitzen oder ob sie auch tatsächlich in der Lage sind, sozialpolitisch wirksam zu sein (M = 2,6). Die Gruppe derjenigen, die von sich denken, sie verfügen nicht über das Wissen, umfasst 3,1%, und 4,1% fühlen sich nicht in der Lage dazu, die Sozialpolitik zu beeinflussen. Allerdings ist die wahrgenommene Selbstwirksamkeit bei einer größeren Gruppe (15,9%) gering; dieses Sechstel glaubt nicht daran, dass sie in der Sozialpolitik etwas beeinflussen können.

Weiterhin wurde in dem Fragebogen die Möglichkeit gegeben, unterschiedliche Bereiche der Sozialpolitik zu benennen, in denen sich die befragten Personen engagieren. Die Tabelle zeigt eine Auswahl an Bereichen, die wir auf der Basis der Antworten auf die offen gestellte Frage kategorisiert haben (Mehrfachnennung möglich). Es lässt sich erkennen, dass sich der Großteil auf den institutionellen Bereich der Kinder- und Jugendhilfe konzentriert.

Tabelle 3 Bereiche des sozialpolitischen Engagements (N=396)

Bereiche	Prozente
Kinder- und Jugendhilfe	21,0
Migration und Flucht	14,1
Kinder und Jugendliche	7,1
Familie	6.8
Armut	5,6
Schulsozialarbeit	3,5
Wohnungslosigkeit	2,5

Mit zusammen 35,2% sind die Bereiche der Kinder- und Jugendhilfe, die Arbeit mit Kindern und Jugendlichen und mit Familien mit Abstand die größten Bereiche des sozialpolitischen Engagements der Wissenschaftler_innen. Auch die Kategorie „Migration/Asyl/Flucht" kann einen relativ hohen Prozentsatz aufweisen. Auffällig ist allerdings, dass gerade die Bereiche „Armut" mit 5,6% und „Wohnungslosigkeit" mit 2,5% nur sehr selten von den Teilnehmer_innen genannt wurden. Auch die Schule ist unter den Befragten kein bevorzugtes sozialpolitisches Feld.

Wenn wir nach den Strategien fragen, mit denen Wissenschaftler_innen versuchen, sozialpolitisch Einfluss zu nehmen, finden wir die folgenden Aussagen.[5] Eine relativ gern genutzte Strategie ist das Veröffentlichen von Beiträgen (8,1%). Kommissionsarbeit oder Teilnahme an Gremien ist mit 7,3% eine weitere beliebte Strategie. Nur ganz knapp dahinter folgt die Netzwerkarbeit mit 6,6%. In den offenen Antworten wurde ein Beispiel aus der Bürgerrechtsbewegung genannt. Der/die Wissenschaftler_in schrieb: „stelle ihnen meine Netzwerke und Ressourcen zur Verfügung". So gelingt es, Netzwerke zu erweitern, theoretisches Wissen mit praktischer Erfahrung zu verknüpfen und vielleicht auch eine Kooperation verschiedener Handlungsfelder der Sozialen Arbeit hervorzurufen. Strategien, die nur von sehr wenigen Wissenschaftler_innen genutzt werden, sind u.a. Teilnahme an Demonstrationen oder die Mitgliedschaft in Interessengruppen. Zusammengenommen fällt auf, dass der Großteil der Wissenschaftler_innen versucht, über institutionalisierte Prozesse und Netzwerkarbeit sozialpolitisch Einfluss zu nehmen und nur ein kleinerer Teil sich für die Interessen der Adressat_innen und Professionellen direkt einsetzt (z.B. über Theorie-Praxis-Austausch, Demonstrationen und andere Formen der Interessenvertretung).

---

5 Vgl. Tabelle 4 mit ausgewählten Antworten, die auf der Basis von offenen Antworten kategorisiert wurden.

Tabelle 4 Strategien des sozialpolitischen Engagements (N=396)

Strategien	Prozente
Veröffentlichungen	8,1
Kommissionsarbeit/Gremien	7,3
Netzwerkarbeit	7,1
Diskussionen	3,8
Theorie-Praxis Austausch	2,0
Demonstrationen	1,8
Interessenvertretung	1,3

5 Wer verhält sich sozialpolitisch zu den Verhältnissen?

Im Weiteren soll den Fragen nachgegangen werden, welche Wissenschaftler_innen der Sozialen Arbeit sich sozialpolitisch engagieren. Bei der hierfür zunächst durchgeführten Regressionsanalyse[6] stellt sich überraschenderweise heraus, dass einige Variablen, von denen wir annehmen, dass sie relevant sein könnten, keinen Einfluss auf das sozialpolitische Engagement haben (siehe im Detail Herz/Köngeter 2017): Die Art der Hochschule, das Geschlecht, die akademische Position und auch die Art der Anstellung (tenure oder nicht) scheinen keinen Einfluss auf das Engagement zu haben. Demgegenüber erweisen sich folgende Variablen als durchaus einflussreich – und zwar mit aufsteigender Tendenz:

- Alter (je älter desto engagierter)
- Aufgabe als Wissenschaftler_innen, Einfluss auf Öffentlichkeit zu nehmen (je stärker dies als Aufgabe wahrgenommen wird, desto engagierter)
- Jahre an Hochschule (je länger, desto engagierter)
- Jahre in der Praxis (je länger, desto engagierter)

---

6   In der Regressionsanalyse bildete ein Index der 20 in Tabelle 1 genannten Aussagen das Kriterium, also Engagement zusammengefasst über alle Engagementformen hinweg. Die Prädiktoren wurden blockweise eingeführt. Stufe 1: demographische und karrierebezogene Faktoren (Alter, Geschlecht, Seniorität an Hochschule, Dauer der Anstellung an der Hochschule), Typus der Hochschule, Seniorität in Sozialer Arbeit, akademischer Rang (z.B. Professor_in), Typus der Anstellung (z.B. tenure). Stufe 2: gesellschaftliche Funktion. Stufe 3: fünf Variablen zur wahrgenommenen Rolle als Wissenschaftler_innen. Finale Stufe: Bedeutung der zur Verfügung stehenden Ressourcen bzw. Kompetenzen. Finales R^2= 0,61.

- Wahrnehmung eigener Kompetenzen: Wissen, Fähigkeiten, Motivation, Verpflichtung, Selbstwirksamkeit (je höher, desto engagierter)

Insbesondere die Wahrnehmung der eigenen Kompetenzen spielt eine zentrale Rolle. Dies mag kaum überraschen, weil anzunehmen war, dass Personen mit ausgeprägtem Wissen, Fähigkeiten, Motivation zum sozialpolitischen Engagement etc. dies auch tatsächlich stärker ausagieren. Allerdings ist doch überraschend, dass gerade die Praxiserfahrung einer der wichtigsten Einflussfaktoren darstellt.

Wir haben diesen Ergebnissen weiter nachgespürt, indem wir unterschiedliche Kombinationen sozialpolitischer Engagementformen durch eine Clusteranalyse identifiziert haben. Während bei der oben genannten Regressionsanalyse die Engagementformen zusammengefasst als Index in die Analyse eingingen, erlaubt die Clusteranalyse typische Kombinationen in den 20 genannten Engagement-Formen von Tabelle 1 auszumachen.[7] Dadurch ist es möglich, sozialpolitische Engagementprofile der Wissenschaftler_innen der Sozialen Arbeit herauszuarbeiten, wie viele der Befragten sich in der jeweiligen, typischen Kombination engagieren und ggf. auch für weitere Variablen den Zusammenhang mit den unterschiedlichen Engagementprofilen zu prüfen. Wir können auf dieser Basis sechs unterschiedliche Typen des sozialpolitischen Engagements unterscheiden:

1. *Engagement pro Adressat_innen.* In diesem Cluster können wir ein leicht unterdurchschnittliches sozialpolitisches Engagement feststellen. Der Fokus dieser Wissenschaftler_innen liegt vor allem auf solchen Engagement-Formen, die die Belange der Adressat_innen in den Mittelpunkt rücken. Außerdem sind die Personen in diesem Cluster vor allem in der Presse aktiv.
2. *Beratungsorientiertes Engagement.* In diesem Cluster sind Wissenschaftler_innen leicht überdurchschnittlich sozialpolitisch engagiert. Der Fokus liegt hier auf beratende Tätigkeiten, Gremienarbeit und die Einflussnahme über Publikationen.
3. *Überdurchschnittliches Engagement.* Dieses Cluster besteht aus Wissenschaftler_innen, die sich weit überdurchschnittlich sozialpolitisch engagieren. Sie liegen in beinahe allen Engagement-Formen über dem Durchschnitt.

---

7   Zunächst haben wir eine hierarchische Clusteranalyse nach dem Ward-Verfahren angewandt. Auf der Basis des Dendrogrammes erwies sich eine 6-Cluster-Lösung am plausibelsten. Die Clusterzentren der Ward-Analyse wurden anschließend als Grundlage zur Optimierung der Clusterzuordnung über das K-Means-Verfahrens genutzt, um die Typen (Cluster) festzulegen (Wiedenbeck/Züll 2001).

4. *Protestorientiertes Engagement.* Die Wissenschaftler_innen dieses Clusters sind unterdurchschnittlich sozialpolitisch engagiert. Allerdings sind sie häufig auf Protestveranstaltungen aktiv und nutzen neue Medien um sozialpolitisch wirksam zu werden.
5. *Unterdurchschnittliches Engagement.* Dieses Cluster bildet das Pendant zum Cluster 3. Das sozialpolitische Engagement ist auf allen Ebenen unterdurchschnittlich.
6. *Fachpolitisch orientiertes Engagement.* In diesem Cluster wurden jene Wissenschaftler_innen zusammengeführt, die insgesamt überdurchschnittlich sozialpolitisch engagiert und dabei einen besonderen Fokus auf den Interessen der Nutzer_innen und auf dem fachpolitischen Engagement legen.

Diese Clusteranalyse verweist also darauf, dass sich durchaus unterschiedliche Formen des sozialpolitischen Engagements identifizieren lassen und jenseits der deskriptiven Auswertungen erhebliche Differenzen in der scientific community im Feld der Sozialen Arbeit sichtbar werden. Dabei lässt sich zum Ersten eine hohe Kongruenz mit der Regressionsanalyse mit ihren Hinweisen auf Einflussfaktoren ablesen, wie in der folgenden Tabelle 5 ersichtlich wird: Das sozialpolitische Engagement hängt eng mit dem Alter, der Praxiszeit sowie der wahrgenommenen Kompetenz zusammen. Darüber hinaus wird aber auch deutlich, dass die Engagement-Formen auch mit dem Verständnis der eigenen Rolle als Wissenschaftler_innen der Sozialen Arbeit übereinstimmen. Entsprechend weist das Cluster „Engagement pro Adressat_innen" hohe Zustimmungsraten zur Rolle als Wissenschaftler_innen, die Praxis der Sozialen Arbeit zu fördern, auf. Die Wissenschaftler_innen im Cluster „Überdurchschnittliches Engagement" hingegen betonen die öffentliche und sozialpolitische Rolle, während im Cluster „Protestorientiertes Engagement" die Wissenschaftler_innen ihre kritische Rolle betonen. Schließlich verbinden die sehr engagierten Wissenschaftler_innen mit einer fachpolitischen Orientierung die kritische mit der praktisch-professionellen Rolle.

Tabelle 5 Engagement-Cluster und ihre biographischen Merkmale sowie sozialpolitischen Einstellungen

	Anzahl	Alter (M)	Position	Eigene Rolle als Wissenschaftler_in (vgl. Abb. 1)	Praxiszeit in Jahren (M)	Wahrgenommene Kompetenz (1–5) (M)
Engagement pro Adressat_innen	55 (14%)	46	Gemischt	Soziale Arbeit fördern (professionell-praktisch)	8	2,75
Beratungsorientiertes Engagement	74 (19%)	51	Profs	Durchschnittlich in allen Bereichen	6	3,48
Überdurchschnittliches Engagement	64 (16%)	55	Profs	Öffentlichkeit und Sozialpolitik beeinflussen (öffentlich und sozialpolitisch)	12	4,14
Protestorientiertes Engagement	64 (16%)	43	Wiss. MA/ LfbA	Kritische Rolle (kritisch)	6	3,26
Unterdurchschnittliches Engagement	72 (18%)	41	Wiss. MA	Unterdurchschnittlich in allen Bereichen	5	2,54
Fachpolitisch orientiertes Engagement	61 (16%)	51	Gemischt	Kritische Rolle, Soziale Arbeit fördern (kritisch und praktisch-professionell)	12	3,48
Insgesamt/Ø	390	48			8	3,28

Schließlich wird an der Tabelle 5 auch deutlich, dass die am stärksten sozialpolitisch engagierten Wissenschaftler_innen der Sozialen Arbeit auch die mit dem höchsten Durchschnittsalter sind. Sie sind es auch, die über eine große Praxiserfahrung verfügen und überwiegend Professor_innen sind. Angesichts dieser Zahlen kommt hier nur allzu leicht der Verdacht auf, dass wir es auch mit intergenerationalen Verschiebungen zu tun haben. Es könnte vermutet werden, dass die Jahrzehnte der Politisierung bei der Generation der 50+-Jährigen ihre Spuren hinterließen. Demgegenüber ist die jüngere Generation eher gespalten zwischen einerseits einer Gruppe von Wissenschaftler_innen, die protestorientiert sind und die kritische Rolle der Sozialen Arbeit hervorheben, und einer vergleichsweise großen Gruppe von unterdurchschnittlich sozialpolitisch engagierten Wissenschaftler_innen, die sich auch insgesamt wenig mit den verschiedenen Rollen als Wissenschaftler_innen identifizieren können. Diese Hinweise für eine starke intergenerationale Differenz müssen aber gleichzeitig mit Vorsicht behandelt werden. Denn zum einen können sich die heutigen Wissenschaftler_innen, die sich vor allem protestorientiert engagieren, sich zukünftig stärker fachpolitisch orientieren oder insgesamt stärker sozialpolitisch engagieren – wenn sie erst einmal in einflussreicheren Positionen angelangt sind. Zum anderen aber könnte es auch sein, dass es in den Wissenschaften der Sozialen Arbeit schon immer eine größere Zahl von wenig sozialpolitisch engagierten Kolleg_innen gab, die aber dann im Laufe der Zeit aus dem Wissenschaftsbetrieb ausgestiegen sind. Mit anderen Worten: Ohne längsschnittliche Daten lassen sich nur bedingt valide Aussagen über diese intergenerationalen Differenzen generieren.

6 Ausblick

Diese Ergebnisse weisen darauf hin, dass Wissenschaftler_innen der Sozialen Arbeit zu Teilen stark sozialpolitisch engagiert sind. Darüber hinaus lässt sich zeigen, dass sowohl die Formen als auch das Ausmaß des sozialpolitischen Engagements stark variieren: Nicht alle Wissenschaftler_innen, die sich sozialpolitisch engagieren, sind zugleich kritisch orientiert. Wie bereits von Winkler (2014) angemerkt läuft die Diskussion über eine (Sozial-)Politisierung der Sozialen Arbeit daher möglicherweise sogar am Problem vorbei, wenn festgestellt werden kann, dass Soziale Arbeit bereits politisiert ist, wir aber nichts über die Art des sozialpolitischen Engagements wissen. Möglicherweise müsste also die Frage anders gestellt werden und stärker die Strategien, die Intentionen und die (intendierten und nicht-intendierten) Folgen des sozialpolitischen Engagements näher untersucht werden. Mit dieser quantitativen Studie ist ein erster Schritt für die Wissenschaften der Sozialen Arbeit erfolgt. Es fehlen hier aber erstens qualitative Zugänge, die für eine notwendige Tiefenschärfe sorgen könnten. Vor allem bedarf es aber auch Studien, die nicht nur das sozialpolitische Engagement der Wissenschaftler_innen, sondern auch das der Professionellen in den Mittelpunkt rückt (vgl. Gal/Weiss-Gal 2013b). Erst dadurch könnten wir empirisch fundiert über das sozialpolitische Verhalten der Akteur_innen der Sozialen Arbeit zu den Verhältnissen Auskunft geben.

Literatur

Anhorn, Roland/Bettinger, Frank/Horlacher, Cornelis/Rathgeb, Kerstin (Hrsg.) (2012): *Kritik der Sozialen Arbeit – kritische Soziale Arbeit*. Wiesbaden: Springer VS.
Böhnisch, Lothar/Schröer, Wolfgang (2012): *Sozialpolitik und Soziale Arbeit: eine Einführung*. Weinheim: Beltz Juventa.
Brückweh, Kerstin/Schumann, Dirk/Wetzell, Richard F./Ziemann, Benjamin (Hrsg.) (2012): *Engineering society: the role of the human and social sciences in modern societies, 1880–1980*. Basingstoke: Palgrave Macmillan.
Burawoy, Michael (2015): *Public Sociology. Öffentliche Soziologie gegen Marktfundamentalismus und globale Ungleichheit*. Weinheim/Basel: Beltz Juventa.
Bütow, Birgit/Chassé, Karl August/Lindner, Werner (Hrsg.) (2014): *Das Politische im Sozialen. Historische Linien und aktuelle Herausforderungen der Sozialen Arbeit*. Opladen: Barbara Budrich.
Gal, John/Weiss-Gal, Idit (2013a): Policy practice in social work: an introduction. In: Dies. (Hrsg.): *Social workers affecting social policy. An international perspective on policy practice*, S. 1–16. Bristol: Policy Press.
Gal, John/Weiss-Gal, Idit (Hrsg.) (2013b): *Social workers affecting social policy. An international perspective on policy practice*. Bristol: Policy Press.
Gal, John/Weiss-Gal, Idit (Hrsg.) (2017): *Where academia and policy meet – A cross-national perspective on the involvement of social work academics in social policy*. Bristol: Policy Press.
Herz, Andreas/Köngeter, Stefan (2017): Social work academia and policy in Germany. In: Gal, John/Weiss-Gal, Idit (Hrsg.): *Where academia and policy meet – A cross-national perspective on the involvement of social work academics in social policy*, S. 77–94. Bristol: Policy Press.
Kessl, Fabian (2012): Warum eigentlich „kritisch"? Eine Kontextualisierung gegenwärtiger Projekte der Kritik in der Sozialen Arbeit. In: Anhorn, Roland/Bettinger, Frank/Horlacher, Cornelis/Rathgeb, Kerstin (Hrsg.): *Kritik der Sozialen Arbeit – kritische Soziale Arbeit*, S. 191–206. Wiesbaden: Springer VS.
Kessl, Fabian/Maurer, Susanne (2012): Radikale Reflexivität als zentrale Dimension eines kritischen Wissenschaftsverständnisses Sozialer Arbeit. In: Schimpf, Elke/Stehr, Johannes (Hrsg.): *Kritisches Forschen in der Sozialen Arbeit Gegenstandsbereiche – Kontextbedingungen – Positionierungen – Perspektiven*, S. 43–56. Wiesbaden: Springer VS.
May, Christina (2012): Wiederkehr und Neubeginn. Zur Aktualität historisch-soziologischer Perspektiven in der Sozialpolitikforschung. In: Eigmüller, Monika (Hrsg.): *Zwischen Gemeinschaft und Gesellschaft. Sozialpolitik in historisch-soziologischer Perspektive*, S. 30–52. Weinheim/Basel: Beltz Juventa.
Otto, Hans-Uwe/Ziegler, Holger (Hrsg.) (2012): *Das Normativitätsproblem der Sozialen Arbeit. Zur Begründung des eigenen und gesellschaftlichen Handelns*. Lahnstein: Verlag neue praxis.
Sandermann, Philipp (2015): Funktion und Stellenwert von Kritik in Beiträgen zur Sozialen Arbeit und ihr Verhältnis zu Normativität: eine Positionierung. In: Kommission Sozialpädagogik der DGfE (Hrsg.): *Praktiken der Ein- und Ausschließung in der Sozialen Arbeit*, S. 287–298. Weinheim/Basel: Beltz Juventa.

Scherr, Albert (2012): Reflexive Kritik. Über Gewissheiten und Schwierigkeiten kritischer Theorie, auch in der Sozialen Arbeit. In: Anhorn, Roland/Bettinger, Frank/Horlacher, Cornelis/Rathgeb, Kerstin (Hrsg.): *Kritik der Sozialen Arbeit – kritische Soziale Arbeit*, S. 107–122. Wiesbaden: Springer VS.
Seithe, Mechthild (2012): *Schwarzbuch Soziale Arbeit*, 2., durchgesehene und erweiterte Aufl. Wiesbaden: VS.
Stender, Wolfram/Kröger, Danny (Hrsg.) (2013): *Soziale Arbeit als kritische Handlungswissenschaft. Beiträge zur (Re-)Politisierung sozialer Arbeit*. Hannover: Blumhardt-Verlag.
Wiedenbeck, Michael/Züll, Cornelia (2001): Klassifikation mit Clusteranalyse: Grundlegende Techniken hierarchischer und K-Means-Verfahren. ZUMA-How-to-Reihe. Retrieved from http://www.gesis.org/fileadmin/upload/forschung/publikationen/gesis_reihen/howto/how-to10mwcz.pdf.
Winkler, Michael (2014): Kritische Sozialarbeit? Kritische Sozialarbeit! In: Bütow, Birgit/Chassé, Klaus August/Lindner, Werner (Hrsg.). *Das Politische im Sozialen. Historische Linien und aktuelle Herausforderungen der Sozialen Arbeit*, S. 223–238. Opladen: Barbara Budrich.

Rahmenbedingungen von Wissenspolitik(en) in der Hochschulausbildung

Trends und Gegenbewegungen

Matthias Müller und Alf Scheidgen

1 Einleitende Überlegungen und theoretische Bezugspunkte

Ausgangspunkt für die Idee zu einem Workshop zu Wissenspolitiken war ein Unbehagen. Einerseits sind die theoretischen Überlegungen des BUKO 2015 plausibel. Überall in der Sozialpolitik wie in der Sozialen Arbeit lassen sich Trends einer ‚Politik des Verhaltens' beobachten. Theoretische Stichworte sind Aktivierung oder Ökonomisierung, Handlungsfelder sind Gesundheitspolitik, Rentenpolitik, nicht zuletzt – und auch für die Soziale Arbeit folgenreich – die Arbeitsmarkt-Reformen. Dabei wird die Mitte der Gesellschaft, werden auch wir in der Sozialen Arbeit selbst zu Akteuren individualisierender Praxen.

Heißt das aber, andererseits, dass eine ‚Politik der Verhältnisse' gänzlich über Bord gegangen ist? Gerade die von Foucault inspirierten Begriffe zeigen, dass ‚Politik' nicht (nur) im engen Sinne ein politisches Programm und dessen Inhalte darstellt. Im Sinne Foucaults zielt Politik als Politik des *Wissens* immer auch auf die ‚Regierung des Selbst'. Insofern muss es bei der Frage nach „Widersprüchen der Gestaltung Sozialer Arbeit" insbesondere auch um Wissen, um Handlungsorientierungen von Akteuren in der Sozialen Arbeit gehen. Insbesondere hier, so die These des Panels ‚Macht- und Wissensverhältnisse in Ausbildung und Lohnarbeit', realisiert sich zunehmend eine (Wissens-)Politik des Verhaltens.

© Springer Fachmedien Wiesbaden GmbH, ein Teil von Springer Nature 2018
J. Stehr et al. (Hrsg.), *Konflikt als Verhältnis – Konflikt als Verhalten – Konflikt als Widerstand*, Perspektiven kritischer Sozialer Arbeit 30,
https://doi.org/10.1007/978-3-658-19488-8_32

Genau hier liegt das Unbehagen und begründet sich die Brisanz: Die eigene, seit Jahren engagiert geleistete Lehre an einer universitären Ausbildungsstätte für Soziale Arbeit soll nicht mehr sein als eine Zurichtung im Sinne ‚neoliberaler' oder ‚neosozialer' Ideen? Hier tut Klärung Not, die in Form eines offenen Workshops kollektiv und kritisch geführt werden sollte: Alf Scheidgen (TH Köln) referierte zum Thema ‚Das Studium der Sozialen Arbeit im Spannungsfeld fachlicher Ansprüche, bildungspolitischer Rahmenbedingungen und ökonomischer Zwänge'. Im Rahmen des Vortrags wurde der Frage nachgegangen, wie sich fachliche Standards im Studium der Sozialen Arbeit, bildungspolitische Transformationen und hochschulbezogene Ökonomisierungstendenzen gegenseitig überlagern, einander ausschließen oder ergänzen. Matthias Müller (Uni Kassel) thematisierte die Frage nach ‚Service Learning als „Gegenbewegung" in der ökonomisierten Hochschule?' Anhand eines Fallbeispiels wurde das Lehr- und Lernformat Service Learning vorgestellt und in Bezug auf Wissenspolitiken reflektiert.[1]

Die Hochschullehre ist, wie andere Bereiche Sozialer Arbeit auch, seit Jahren durch Ökonomisierungstendenzen gekennzeichnet.[2] Kritiker beobachten im Kontext der Bologna-Reformen die zunehmende Verschulung der Lehre und des Lernens, und die Verkürzung der Studienzeiten aus ökonomischem Kalkül. Durch die umfassende Vermessung und Standardisierung der Hochschullehre, wie z.B. durch die Quantifizierung eines angenommenen Workloads, würden Selbstrationalisierungen von Lehrenden und Lernenden in Gang gesetzt, welche die Anforderungen, aber auch den Charakter der Hochschulausbildung weiter verändern. Darüber hinaus beklagt werden eine Engführung und geringere Spielräume für Lehr- und Lernformate sowie der Fokus auf ‚Beschäftigungsfähigkeit'.

Jedoch lassen sich nicht nur andere Trends in der Länderpolitik, sondern auch in der Lehre beobachten, die womöglich als ‚Gegenbewegungen' interpretierbar sind. Die Debatte um Service Learning an Universitäten und Fachhochschulen

---

1 Tobias Cepok (GEW Hessen, Frankfurt/Main) trug darüber hinaus vor zum Thema ‚Was bleibt vom Eigensinn? Selbstlernprozesse und Außensteuerung nach dem Bologna-Prozess'.

2 Hier geht es nicht darum, den Stand der Diskussion hierzu nachzuzeichnen. Hilfreich ist aber, Ökonomisierung allgemein zu verstehen als Prozess, welcher der Durchsetzung der Prinzipien der Effizienz und Marktlogik in ursprünglich nicht ökonomischen Gesellschaftsbereichen dient. Konkreter lässt sich die ‚Ökonomisierung' der Hochschullehre als Herstellung eines Marktes (mit Bildungsanbietern und Studierenden als ‚Kunden') oder mit Standardisierung der Lehre (Modularisierung oder ‚Bachelorisierung') fassen. Im Sinne der Effizienz lassen sich auch straffere Bildungsangebote (Vorlesungen mit Klausuren statt Seminare mit Hausarbeiten, das Streichen von komplexen Lehrangeboten etc.) als Ökonomisierung der Lehre interpretieren.

adressiert teilweise explizit den Bologna-Prozess. Hier geht es um eine neue Lehr- und Lernform, um einen pädagogischen Ansatz, der erfahrungsorientiertes Lernen mit demokratiepädagogischen Zielen verknüpft.

Der vorliegende Beitrag widmet sich der Hochschulausbildung als zentralem Bereich der Sozialen Arbeit. Dieser fungiert maßgeblich als Ort der Reproduktion des Feldes (im Sinne der Ausbildung von Personal), und dient gleichzeitig der Distribution von Wissen. Wissen spielt für eine reflexive Fachlichkeit bzw. Professionalität in der Sozialen Arbeit eine fundierende Rolle (Dewe/Otto 2001). Insbesondere implizites Professionswissen jenseits rezeptartiger Handlungsanweisungen ist für die Fallanalyse und Fallbearbeitung vonnöten. Hier lässt sich an strukturalistische Wissenstheorien anknüpfen. Foucault wie Bourdieu gehen von der sozialen Konstruktion der Wissensordnung aus und „stellen [sich] die Frage, wie das Wissen über diese Wirklichkeit – vornehmlich auf sprachlichem Wege – von Institutionen durchgesetzt, gewissermaßen ‚selbstverständlich' wurde, und damit auf individueller und kollektiver Ebene wahrnehmungs- und handlungsleitend wurde" (Landwehr 2001, S. 91; vgl. Foucault 1978; Bourdieu 2014). Beiden geht es darum, unhinterfragte Denk- und Wahrnehmungsschemata zu problematisieren. Theoretisch betrachtet stellt eine ‚Politik des Verhaltens' insofern eine neue „Sprache der Macht [dar] mit neuem politischen Vokabular, neuen Verweis- und Bezugssystemen, Metaphern und Euphemismen" (Landwehr 2001, S. 94). Bildungsinstitutionen spielen hierbei eine Schlüsselrolle. Für Bourdieu war klar, dass diese als *staatliche* Institutionen die symbolische Ordnung reproduzieren und auf diesem Wege auch symbolische Macht ausüben (Bourdieu 2014). Auch Soziale Arbeit ist hier einzuordnen. Diese steht in Abhängigkeit von Sozialpolitik und öffentlicher Verwaltung bzw. ist ein Teil von ihr. Soziale Arbeit greift in die Lebensführung potentiell aller Menschen ein. Insofern darf der Einfluss individualisierender politischer Metaphern und Normative nicht unterschätzt werden.

2 Das Studium der Sozialen Arbeit im Spannungsfeld fachlicher Ansprüche, bildungspolitischer Rahmenbedingungen und ökonomischer Zwänge

Hochschulpolitik ist seit Beginn des Bologna-Prozesses von Tendenzen durchsetzt, die als Ökonomisierung im eingangs skizzierten Sinne beschrieben werden können. An diesem Punkt wird die Frage aufgeworfen, in welcher Weise sich das Studium Sozialer Arbeit – als Reproduktionssystem der Disziplin und Profession – durch die Ökonomisierungstendenzen verändert und in welcher Wechselwirkung die ökonomisierte Hochschulbildung und das Fachstudium Soziale Arbeit stehen.

Im Mittelpunkt der Betrachtung stehen zwei bildungspolitische Entwicklungstendenzen. Einerseits ist eine zunehmende Hinwendung zum Bildungsziel „Beschäftigungsfähigkeit" zu beobachten, die als Funktionalisierung der Hochschulbildung verstanden werden kann. Andererseits wird die Einführung modularisierter Studiengänge von einer umfassenden Standardisierung in Lernzeiten und Workloads begleitet. Kern der folgenden Betrachtung ist, inwieweit die Ökonomisierungstendenzen in der Hochschulbildung in das fachliche Selbstverständnis Sozialer Arbeit integrierbar sind oder diesem zuwider laufen.

Im Vordergrund des Studiums stehen in Zeiten von Bologna der Kompetenzerwerb und die berufliche Qualifizierung (vgl. Hochschulrektorenkonferenz 2012). Ohne an dieser Stelle einen bildungstheoretischen Diskurs führen zu können, ist der Kompetenzbegriff dadurch charakterisiert, dass Wissen, Können und Wollen anwendungsspezifisch und funktional verstanden werden (vgl. Weinert 2001) und weniger in der Tradition eines humanistischen Bildungsideals stehen. Ziel eines Studiums ist die Beschäftigungsfähigkeit (Employability), wobei die potenzielle Beschäftigung in der Regel außerhalb der Hochschule liegt (vgl. Kerst u.a. 2012). Auf struktureller Ebene zeugt die Einrichtung von Hochschulräten und ähnlichen Gremien von der Öffnung der Hochschulen hin zu funktionalen Anforderungen des Beschäftigungssystems. Didaktisch untermauern die Stärkung von Praxisbezügen im Studium, die frühzeitige Hinwendung zu potenziellen Arbeitsfeldern und die groß angelegte Vermessung von Kompetenzentwicklungsprozessen im Studium (vgl. Blömeke/Zlatkin-Troitschanskaia 2011) die bildungspolitisch motivierte Funktionalisierungstendenz. Überspitzt formuliert, bewegen sich Hochschulen hin zur Produktionsstätte von auf dem Arbeitsmarkt verwertbaren, kompetenten Humanressourcen. Doch wie lässt sich die Funktionalisierung des Studiums im Allgemeinen mit den fachlichen Ansprüchen und dem Selbstverständnis Sozialer Arbeit in Einklang bringen?

Geht man von der disziplinären Bezeichnung ‚Soziale Arbeit' aus, ergibt sich daraus bereits ein direkter Verwertungszusammenhang. Im Sinne einer „Handlungswissenschaft" (Staub-Bernasconi 2007) schließt die Soziale Arbeit als wissenschaftliche Forschung und Reflexion unmittelbar an Handeln, d.h. auch Funktionalität an. Curricular spiegelt sich die Verwertungstendenz in der Tatsache, dass Praxiskompetenzen und Handlungsmethoden nach bezugswissenschaftlichen Grundlagen die am häufigsten anzutreffenden Studieninhalte in Studiengängen Sozialer Arbeit sind (vgl. Borrmann 2014). An die Dominanz der Bezugswissenschaften ließe sich als Nebenschauplatz die Frage anschließen, inwieweit die Soziale Arbeit von Bezugswissenschaften, wie beispielsweise Ökonomie und Sozialmanagement funktionalisiert wird. Dies soll hier aber nicht weiter verfolgt werden. Zusammenfassend lässt sich feststellen, dass das Studium Sozialer Arbeit – im

Wesentlichen an Fachhochschulen verankert – in der Tradition einer berufspraktischen Orientierung steht, die sich im professionellen Selbstverständnis Studierender und in den Curricula der Hochschulen spiegelt. Insofern steht die Disziplin mit der allgemeinen Tendenz zur Funktionalisierung und Verwertung von Hochschulbildung bis zu einem gewissen Grad im Einklang (vgl. auch Roth/Gabler 2012), wenngleich die Berufs- und Praxisorientierung gemeinnützige Zwecke verfolgt und mit anderen Begriffen als ‚Employability' akzentuiert wird.

Ein weiteres Kernmerkmal modularisierter Studiengänge ist die Standardisierung von Lernprozessen in Credit Points. Standardisierung kann als eines der Strukturmerkmale moderner Ökonomie verstanden werden, bedeutet sie doch Kosteneinsparung durch Austauschbarkeit, und insofern kann die Einführung des European-Credit-Transfer-System (ECTS) als Ökonomisierungstendenz im Hochschulwesen aufgefasst werden. Standardisierung erhält nicht erst in Zeiten von Bologna Einzug in die Hochschulbildung, sondern ist in unterschiedlich ausgeprägter Form immer Merkmal von Bildungssystemen in industrialisierten Gesellschaften im Sinne von Curricula, Rahmenprüfungsordnungen, Notensystemen und dergleichen. Dennoch ist unverkennbar, dass die Standardisierung durch die Einführung des ECTS eine neue Qualität gewonnen hat, beschränkt sie sich doch nicht mehr ausschließlich auf die qualitative Beschreibung von Bildungsinhalten und die quantitative Bewertung des Outputs von Bildungsprozessen (Noten), sondern quantifiziert den Lernprozess selbst in Form von Arbeitspaketen, Kontakt- und Selbstlernzeiten. Als Legitimation für die umfassende Standardisierung wird die Harmonisierung des europäischen Hochschulraums durch Austauschbarkeit im Sinne von (inter-)nationaler Mobilität angeführt. Aktuelle Studien belegen jedoch, dass die minutiöse Vermessung des Studiums kaum Effekte auf die internationale Mobilität der Studierenden hat (vgl. Woisch/Willige 2015). Ganz abgesehen von der Frage, ob Bildungsprozesse überhaupt in dieser Weise verlässlich standardisiert werden können, wirft dies die Frage auf, warum unter diesen Umständen daran festgehalten wird.

Betrachtet man die Frage nach der Standardisierbarkeit personenbezogener sozialer Dienstleistungen (als solche kann auch Bildung aufgefasst werden) aus der Perspektive Sozialer Arbeit, ergibt sich kein einheitliches Bild. Dem Postulat der Nicht-Standardisierbarkeit der interventionspraktischen Komponente Sozialer Arbeit, beispielhaft vertreten durch Oevermann (2009, S. 117), stehen Forschungsarbeiten zur empirischen Evidenz und Wirksamkeit sozialpädagogischer Interventionen in Form von standardisierten, randomisierten, experimentellen Studien gegenüber (vgl. auch Otto/Polutta/Ziegler 2010). Professionstheoretisch übersetzt stehen sich die Denkfiguren der reflexiven Praxis und des Sozialexpertentums gegenüber. Während im angelsächsischen Raum Evidence-based-Practice Mainstream Sozialer Arbeit ist, dominiert in Deutschland ein Verständnis reflexiver Praxis, aus dem heraus Standardisierung mit Skepsis betrachtet und das unkalkulierbare Element menschlicher Sozialisation, Entwicklung, Erziehung und Bildung betont wird. Erstaunlicherweise zeigte sich die Disziplin bezogen auf die Einführung curricularer Standards in Zeiten von Bologna besonders eifrig, war Soziale Arbeit doch das erste Studienfach im deutschsprachigen Raum, für das ein fachspezifischer Qualifikationsrahmen verabschiedet wurde (vgl. Fachbereichstag Soziale Arbeit 2010). Vor diesem Hintergrund betrachtet sollte die Soziale Arbeit in der Lage sein, Standardisierungen im Hochschulsystem in den disziplinären Professionsdiskursen kritisch zu reflektieren. Gleichwohl widerstrebt ein minutiös vermessener Lehrbetrieb der weit verbreiteten Grundauffassung individueller, nicht-standardisierbarer Fallarbeit (im weiten Sinne verstanden).

3 Service Learning als Gegenbewegung in der ökonomisierten Hochschule?

Beim Service Learning handelt es sich um ein Lehr- und Lernkonzept, welches aus der Demokratiebildung (‚citizenship') der USA kommt. In den USA findet sich eine breite konzeptionelle Debatte, sichtbar etwa an eigenen Fachzeitschriften zum Thema. Trotz bisweilen kritisierter konzeptioneller Unübersichtlichkeit (Butin 2010) lassen sich einige Essentials festhalten: Eine häufig zitierte Definition formulieren Bringle und Hatcher (1995, S. 112):

> We consider service-learning to be a course-based, credit-bearing educational experience in which students (a) participate in an organized service activity that meets identified community needs and (b) reflect on the service activity in such a way as to gain further understanding of course content, a broader appreciation of the discipline, and an enhanced sense of civic responsibility.

Bildung wird demnach als in der Community eingebettet begriffen, als praktischer Prozess auch außerhalb von Bildungsinstitutionen. Die ‚Früchte' des Lernens kommen demnach nicht nur den Studierenden, sondern zugleich dem Gemeinwesen zugute. ‚Service' in diesem Sinne kann etwa konkrete Hilfe für Personen im Quartier sein, denkbar ist aber auch die Kooperation mit gemeinnützigen Einrichtungen mit Blick auf die Entwicklung von Angeboten. Es handelt sich jedoch nicht um eine Art von Praktikum: Grundlegend, und in Bezug auf Credits relevant, ist die Reflektion und wissenschaftliche Einordnung von Lernerfahrungen im Seminarkontext. Butin spricht hier von „relevance, and reflection" (2010, S. 5).

Das Lehr- und Lernkonzept findet sich an einer Vielzahl von Schulen und Hochschulen in den USA, erhält aber auch in deutschsprachigen Ländern wachsenden Zuspruch (Backhaus-Maul/Roth 2013; Müller 2014). Auch hierzulande bedeutet dies, wissenschaftliches Lernen der Studierenden mit dem Anspruch gesellschaftlichen Nutzens zu verknüpfen (z.B. HRK 2014; Campus vor Ort 2017). Im ‚Hochschulnetzwerk Bildung durch Verantwortung' sind derzeit fast 40 Fachhochschulen wie Universitäten aus dem deutschsprachigen Raum versammelt mit dem Ziel, Demokratie zu gestalten durch Übernahme von Verantwortung für das Gemeinwesen (Hochschulnetzwerk 2017). Service Learning kann als ein in Bologna-Zeiten (bildungs-)politisch gewolltes Lehrkonzept gelesen werden. Die Hochschulrektorenkonferenz als Lobbyorganisation deutscher Hochschulen nimmt sich im „Projekt nexus – Konzepte und gute Praxis für Studium und Lehre" (HRK 2014) des Themas an. Auf der Website der HRK wird eine Verknüpfung zu den jüngsten Hochschulreformen hergestellt: Begründungskontext sind explizit die Bologna-Leitlinien nach handlungs- und erfahrungsorientierter Lehre in der BA-Ausbildung. Kritisch kann dies als Versuch betrachtet werden, praktische Anteile in ökonomisierten BA-Studiengängen zu sichern.

Inwiefern lässt sich von Service Learning als didaktische ‚Gegenbewegung' zu einem effizienzorientierten, durch Standardisierung womöglich enggeführten Studium sprechen? Nahe liegt der Arbeitsaufwand. Untersuchungen in der Ausbildung Sozialer Arbeit zeigen wenig überraschend, dass der zeitliche Aufwand in Service Learning-Seminaren seitens der Studierenden als sehr hoch eingeschätzt wird (Maccio/Voorhies 2012). Diese Einschätzung deckt sich mit eigenen Erfahrungen zum Arbeitsaufwand sowie mit Beobachtungen bei Studierenden in verschiedenen Service Learning-Seminaren (Müller 2014; 2017). Insofern können die ‚fehlende Effizienz' sowie das Aufbrechen eng geführter Ausbildungsinhalte als Gegenbewegung einer ökonomisierten Hochschule betrachtet werden. Interessant sind mögliche Gegenbewegungen mit Blick auf Wissenspolitiken der Verhältnisse. Zentral wäre hierbei die Vermittlung von Kompetenzen, konkret die Notwendigkeit, im Lehrkontext über Aspekte komplexer Hilfeerbringung, über den erbrachten Service sowie dessen gesellschaftlichen Kontext zu reflektieren. Als Beispiel wurde im Workshop ein Service Learning-Projekt im Rahmen der Forschungsmethodenausbildung im Bachelorstudium Soziale Arbeit skizziert.[3] Die Verknüpfung von Service Learning und Forschung erhält bislang wenig Aufmerksamkeit. Einen Anknüpfungspunkt bietet Tollson Knee (2002), der die Vermittlung empirischer Forschungsmethoden im Bachelor-Studium der Sozialen Arbeit am Beispiel von

---

[3] Ausführliche inhaltliche wie methodische Darstellungen zum Projekt finden sich in Müller 2014, 2015, 2017.

Service Learning-Seminaren diskutiert. Eine zentrale Schwierigkeit dabei sei die schwache Motivation für Forschung und forschungsrelevante Kompetenzen bei Studierenden. Tollson Knee kommt auf der Grundlage der Analyse eigener Projekte zu dem Schluss, dass Service Learning-Projekte Forschungsmethoden in ihrer Praxisrelevanz für Studierende greifbarer machen können und solche Projekte zudem positiv seien für die Entwicklung einer professionellen Haltung. Ähnlichkeiten dieser Beschreibungen aus den USA in Bezug auf Problembeschreibung und Diskussion in Deutschland sind erstaunlich (vgl. Müller 2015).

Das Projektbeispiel zielt darauf, soziale Integration von Menschen mit Demenz sowie deren gesellschaftliche Bedingtheit zu analysieren. Das Seminar (im Modul Empirische Zugänge zu Praxisfeldern der Sozialen Arbeit, Institut für Sozialwesen der Universität Kassel) beruht, entsprechend dem Service Learning-Konzept, auf einer Praxiskooperation mit einer Altenhilfeeinrichtung. Über einen Zeitraum von insgesamt mehr als drei Jahren konnten so partizipativ Forschungsfragen entwickelt, Erhebungen geplant sowie durchgeführt, und im Seminarkontext ausgewertet werden. Die Seminare entsprechen dem Charakter von zweisemestrigen Forschungswerkstätten (Müller 2015, 2017). Solche Seminare bieten gute Möglichkeiten der Reflektion sowie der Entwicklung professioneller Habitus. Die Notwendigkeit der Reflektion knüpft an bildungswissenschaftliche Diskussionen an. Den ‚harten', wissensbezogenen Kompetenzen des Fach- (‚was') und des Methodenwissen (‚wie') stehen personale, auf soziale Zusammenhänge und das Selbst bezogene Kompetenzen (etwa durch Reflexions- und Urteilsvermögen) zur Seite. Personalen Kompetenzen kommt eine besondere Qualität zu, da sie die ‚objektiven' Kompetenzformen unterlegen (Grunert 2012, S. 58). Im (forschungsorientierten) Service Learning besteht also die Möglichkeit, integriert Kompetenzen zu erwerben.

Für das beispielhafte Service Learning-Projekt sind zwei Momente maßgeblich: Zum einen ist Service Learning an der Uni Kassel seit 2011 institutionalisiert (Uni Kassel Transfer 2016). Seminare werden insofern von Seiten der Universität gefördert. Zum anderen besteht das Seminar im Rahmen einer verbindlichen Praxiskooperation. Die Erfahrung mit dem Service Learning-Seminar legt nahe, den Rahmen der forschungsbezogenen Praxiskooperation als ausgesprochen kompetenzfördernd zu betrachten. Dies gilt auch in dem Sinne, durch reflektionsorientierte Bildung eine Haltung zu ermöglichen, die es Studierenden erlaubt, einer ‚Politik des Verhaltens' zu widerstehen. Allerdings geht diese These einher mit einer interessanten Beobachtung: Im Jahr 2011 wurde am Institut für Sozialwesen die Studienordnung im Modul Empirische Zugänge geändert. Hierdurch bekamen die Studierenden die Möglichkeit, die ‚Option Forschung' ‚abzuwählen', bei der sie zu einem Seminar (2 SWS) zusätzlich eine zweisemestrige Forschungswerkstatt

(4 SWS) besuchen müssen. Die große Mehrzahl der Studierenden wählte im Anschluss die Option ‚Anwendung', verbunden lediglich mit einer Klausur. Insofern liegt eine weitere These nahe: Es sind nicht nur die Hochschulen, die unter gegebenen strukturellen Bedingungen (Bologna und Ökonomisierung) agieren. Bildung als koproduktiver Prozess wird vor allem auch durch die Studierenden selbst gestaltet. Womöglich lässt sich daher die Entscheidung zur Abwahl von didaktisch fruchtbaren Seminarformaten als Akt der ‚Selbst-Ökonomisierung' deuten. Im Sinne der Regierung des Selbst würde dies eine besonders effektive Strategie der Selbstrationalisierung im studentischen Curriculum darstellen (Motto: ‚schnell zum Job'). Nebeneffekt wäre eine vermutlich schwächere Reflektionskompetenz. Ob aber und inwiefern dies einer ‚neoliberalen' ‚Politik des Verhaltens' in die Hände spielt, sei dahin gestellt.[4]

4 Ausblick

Es bleibt abzuwarten, wie sich die veränderten bildungspolitischen Rahmenbedingungen, die zumindest teilweise von Ökonomisierungstendenzen durchsetzt sind und zugleich die Leitplanken für das Reproduktionssystem der Sozialen Arbeit bilden, zukünftig in den Feldern sozialer Dienste abbilden. In Arbeitsgruppen der Wohlfahrtspflege wird längst darüber diskutiert, wie mit einer zunehmend ökonomistischen Haltung junger Absolventinnen und Absolventen der Sozialen Arbeit umzugehen ist. Die zunehmende Standardisierung und Funktionalisierung des Studiums – das ‚hidden curriculum' hinter den fachlichen Inhalten – tragen ihren Teil dazu bei. Möglicherweise kann die Entwicklung neuer didaktischer Formate

---

[4] Zur Situation im Workshop: Dort herrschte zunächst eine offene Atmosphäre und großes Interesse am überwiegend unbekannten Service Learning. Eine Studentin berichtet von ihrer Erfahrung mit Service Learning im Bachelorstudium an einer Fachhochschule. Die Präsentation der Hypothese der Selbst-Ökonomisierung jedoch führte zu deutlichem Widerspruch seitens der teilnehmenden Studierenden. Von diesen wurden Gründe ins Feld geführt, die massive Zeitnot im Studium bewirken. Dies gelte umso mehr unter Bedingungen der Modularisierung des Studiums. Phasen des Probierens, des Scheiterns, der Alternativen, auch des Ehrenamts seien demnach nur mehr schwerlich möglich. Vonseiten der teilnehmenden Professorinnen wurde diesen Beschreibungen zugestimmt. Sichtbar wird, dass bei den anwesenden Studierenden der Sozialen Arbeit die beschriebene Selbst-Ökonomisierung zumindest nicht im Selbstbild verankert ist, keineswegs dem eigenen Selbstverständnis entspricht. Jedoch prägt die Selbst-Ökonomisierung den Beschreibungen nach die eigene Praxis unfreiwillig durch gegebene Bedingungen. Zeit für solch ein Seminarformat müsse man sich erst einmal nehmen können, so lautete der Tenor.

innerhalb der Bologna-Struktur, wie beispielweise das Service Learning, einen Ausweg aus dem Dilemma weisen, wenngleich zu vermuten ist, dass grundlegende Widersprüche zwischen ökonomisierter Hochschule und fachlichen Ansprüchen Sozialer Arbeit nur auf struktureller Ebene aufgelöst werden können.

Die Skizze des exemplarischen Service Learning-Seminars verdeutlicht dessen Komplexität: zwar bietet dieses Format durch breite Kompetenzentwicklung das Potential, einer ‚Wissenspolitik des Verhaltens' zu widerstehen. Von einer Gegenbewegung zu sprechen, scheint aber nicht nur aus dem quantitativen Grund der Verbreitung als überzogen. Studierende, selbst Teil ökonomisierter Hochschulen, müssen allgegenwärtigen Effizienzanforderungen widerstehen, um sich für Service Learning zu erwärmen. Der skizzierte Fall steht für universitäre Ausbildung in der Sozialen Arbeit. Anzunehmen ist jedoch, dass insbesondere Hochschulen für angewandte Wissenschaften durch ihre Nähe zur Praxis ein hohes Potential für Service Learning-Projekte haben. Im ‚Hochschulnetzwerk Bildung durch Verantwortung' sind diese bereits vertreten (Hochschulnetzwerk 2017).

Literatur

Backhaus-Maul, Holger/Roth, Christiane (2013): *Service Learning an Hochschulen in Deutschland. Ein erster empirischer Beitrag zur Vermessung eines jungen Phänomens*. Wiesbaden: VS.
Blömeke, Sigrid/Zlatkin-Troitschanskaia, Olga. (2011): Kompetenzmodellierung und Kompetenzerfassung im Hochschulsektor – Aufgaben und Herausforderungen des BMBF-Forschungsprogramms KoKoHs. In: *Das Hochschulwesen*, 59 (6), S. 205–209.
Borrmann, Stefan (2014): Der Kern der Sozialen Arbeit?!. *Newsletter der Deutschen Gesellschaft für Soziale Arbeit (DGSA)*, 1, S. 3–5. http://dgsainfo.de/fileadmin/Dokumente/Newsletter/Newsletter_1_2014.pdf [Zugriff. 03.10.2016].
Bourdieu, Pierre (2014): *Über den Staat. Vorlesungen am Collège de France 1989–1992* (Herausgegeben von Patrick Champagne u.a.). Frankfurt/M.: Suhrkamp.
Bringle, Robert G./Hatcher, Julie A. (1995). A Service-Learning Curriculum for Faculty. In: *Michigan Journal of Community Service-Learning 2*, S. 112–122.
Butin, Dan W. (2010): *Service-learning in theory and practice: the future of community engagement in higher education*. New York: Palgrave Macmillan.
Campus vor Ort (2017): *Engagiert Lehren und Studieren*. http://www.campus-vor-ort.de/ [Zugriff: 09.08.2017].
Dewe, Bernd/Otto, Hans-Uwe (2001): Profession. In: Otto, Hans-Uwe/Thiersch, Hans (Hrsg.): *Handbuch der Sozialarbeit/Sozialpädagogik*, 2. völlig überarbeitete und aktualisierte Auflage, S. 1399–1423. Neuwied: Luchterhand.
Fachbereichstag Soziale Arbeit (FBTS) (2010). *Qualifikationsrahmen Soziale Arbeit (QR SArb)*. Eichstätt.
Foucault, Michel (1978): *Dispositive der Macht. Michel Foucault über Sexualität, Wissen und Wahrheit*. Berlin: Merve.
Grunert, Cathleen (2012): *Bildung und Kompetenz. Theoretische und empirische Perspektiven auf außerschulische Handlungsfelder*. Wiesbaden: Springer VS.
Hochschulnetzwerk Bildung durch Verantwortung (2017): *Über das Hochschulnetzwerk*. http://www.bildung-durch-verantwortung.de [Zugriff: 09.08.2017].
Hochschulrektorenkonferenz (HRK) (2012): *Kompetenzorientierung im Studium. Vom Konzept zur Umsetzung*. http://www.hrk-nexus.de/fileadmin/redaktion/hrk-nexus/07-Downloads/07–02-Publikationen/impulse_Onlineversion.pdf [Zugriff: 03.10.2016].
Hochschulrektorenkonferenz (HRK) (2014): *Service Learning – Lernen durch Engagement. Von der Idee zur Umsetzung*. http://www.hrk-nexus.de/aktuelles/tagungsdokumentation/service-learning-2014 [Zugriff: 09.08.2017].
Kerst, Christian/Rauschenbach, Thomas/Weishaupt, Horst/Wolter, Andrä/Züchner, Ivo (2012): Studienabschlüsse und Arbeitsmarkt. In: *Datenreport Erziehungswissenschaft 2012*, S. 99–135. Opladen u.a.: Barbara Budrich.
Landwehr, Achim (2001): *Geschichte des Sagbaren. Einführung in die historische Diskursanalyse*. Tübingen: Edition Diskord.
Maccio, Elaine M./Voorhies, Roxanne A. (2012): Social Work Students' Perceptions of Service-Learning. In: *Journal of Service-Learning in Higher Education 1*, S. 50–69.
Müller, Matthias (2018): Die Konstruktion von Demenz. Ethnographie eines Forschungsprozesses. In: Aghamiri, Kathrin/Reinecke-Terner, Anja/Streck, Rebekka/Unterkofler,

Ursula (Hrsg.): *Doing Social Work. Ethnographische Forschung als Theoriebildung,* S. 171–190. Opladen: Barbara Budrich.

Müller, Matthias (2015): Service Learning: Forschung in der Lehre Sozialer Arbeit? In: Schneider, Armin/Molnar, Daniela/Link, Sabine/Köttig, Michaela (Hrsg.): *Forschung in der Sozialen Arbeit. Grundlagen – Konzepte – Perspektiven,* S. 89–102. Opladen: Budrich.

Müller, Matthias (2014): Dement in der Arbeitsgesellschaft. Inklusionspotentiale und Inklusionsrisiken. In: *ARBEIT. Zeitschrift für Arbeitsforschung, Arbeitsgestaltung und Arbeitspolitik 4,* S. 292–302.

Oevermann, Ulrich (2009): Die Problematik der Strukturlogik des Arbeitsbündnisses und der Dynamik von Übertragung und Gegenübertragung in einer professionalisierten Praxis von Sozialarbeit. In: Becker-Lenz, Roland/Busse, Stefan/Ehlert, Gudrun/Müller-Hermann, Silke (Hrsg.): *Professionalität in der Sozialen Arbeit. Standpunkte, Kontroversen, Perspektiven,* S. 113–142. Wiesbaden: VS.

Otto, Hans-Uwe/Polutta, Andreas/Ziegler, Holger (Hrsg.) (2010): *What Works – Welches Wissen braucht die Soziale Arbeit? Zum Konzept evidenzbasierter Praxis.* Opladen: Barbara Budrich.

Roth, Alexandra/Gabler, Heinz (2012): Praxisorientierung im Studium. Aspekte zur Komplementarität der Lernorte (Fach-) Hochschule und Berufspraxis im Bachelorstudium Soziale Arbeit. In: *Sozial extra 36 (1–2),* S. 24–28.

Staub-Bernasconi, Sylvia (2007): *Soziale Arbeit als Handlungswissenschaft: Systemische Grundlagen und professionelle Praxis.* Bern: Haupt.

Tolleson Knee, Ryan (2002): Can Service Learning Enhance Student Understanding of Social Work Research? In: *Journal of Teaching in Social Work 22:1–2,* S. 213–225.

Uni Kassel Transfer (2016): *Service Learning und gesellschaftliches Engagement.* https://www.uni-kassel.de/ukt/unsere-angebote/service-learning-und-gesellschaftliches-engagement/startseite.html [Zugriff: 09.08.2017].

Weinert, Franz Emanuel (2001): Concept of Competence: A Conceptual Clarification. In: Rychen, Dominique Simone/Salganik, Laura Hersh (Hrsg.): *Defining and Selecting Key Competencies,* S. 45–65. Seattle: Hogrefe & Huber.

Woisch, Andreas/Willige, Janka (2015): *Internationale Mobilität im Studium 2015. Ergebnisse der fünften Befragung deutscher Studierender zur studienbezogenen Auslandsmobilität.* https://www.daad.de/medien/der-daad-analysen-studien/daad_dzhw_internationale_mobilit%C3%A4t_im_studium_2015.pdf [Zugriff: 03.10.2016].

Professionalisierung trotz „marktgerechter" Studiengänge?

Carina Fischer

Der erhebliche Einfluss der neoliberalen Programmatik auf die Praxis der Sozialen Arbeit ist mittlerweile offenkundig. Umso bedeutender erweisen sich im Post-Wohlfahrtsstaat normative Bezugspunkte und eine berufsethische Fundierung für das professionelle Handeln. Zur Bewältigung der „komplexen, ungewissen, mehrdeutigen sowie von Wert- und politischen Interessenkonflikten geprägten Situationen" (Dewe 2013, S. 110) bedarf es eines umfassenden „*Bewertungs- bzw. Wertwissens im Hinblick auf ethische Entscheidungen*" (Staub-Bernasconi 2013, S. 35; Hervorh. i. Orig.). Notwendig ist ein Rüstzeug, das eine „Unterscheidung zwischen Legalität und Legitimität von Gesetzgebungen ermöglicht" (Staub-Bernasconi 2012, S. 180), um sich gegebenenfalls auch gegen gesellschaftliche Wert-, Norm- und Gerechtigkeitsvorstellungen oder sozialpolitische Versuche der Instrumentalisierung der Praxis der Sozialen Arbeit positionieren zu können. Neben den verfügbaren Wissensbeständen der Fachkräfte tangiert dies ebenfalls ihren professionellen Habitus, der unter anderem auf der Verinnerlichung einer berufsethischen Grundhaltung basiert und dessen Grundstein im Studium gelegt wird (vgl. Becker-Lenz/Müller 2009). Zur Realisierung dieses voraussetzungsvollen Professionalisierungsauftrages müsste den berufsethischen Aspekten in den Studiengängen insgesamt mehr Raum zur Verfügung gestellt werden als dies bisher der Fall war (vgl. Ebert 2010). Aber auch das sozialpädagogische Studium unterliegt gesamtgesellschaftlichen Entwicklungen und politischen Steuerungsstrategien, wie der Bologna-Prozess eindrücklich dokumentiert. Während noch einige

Zeit nach der Einführung des Bachelor-/Master-Systems die Hoffnung auf eine „Jahrhundertchance [...] zur Selbstbestimmung und Neuordnung von Studium und Professionalität" (Otto 2007, S. 107) bestand, muss mittlerweile konstatiert werden, dass diese Gelegenheit verspielt wurde.

> Den BA als neue Kennmarke der Bologna-Verfachlichung der Sozialen Arbeit zu definieren, ist in seiner weitflächig praktizierten Form kurzschlüssig und schlichtweg nicht hinreichend, um den gesellschaftlichen und den sozial-politischen (sic) Herausforderungen in der Entwicklung einer eigenen identitätsstabilisierenden Befähigung in der Sozialen Arbeit zu entsprechen. (Otto 2011, S. 192)

Im Beitrag soll vor diesem Hintergrund der Frage nachgegangen werden, wie die Strukturen in den Bachelor-Studiengängen die Herausbildung eines professionellen Habitus konterkarieren. Der Fokus liegt dabei auf einigen Widersprüchen zwischen dem einerseits von den Studierenden zu entwickelnden *Sinn für das Spiel* (vgl. Bourdieu 1993a, S. 122) im Feld der Hochschule und andererseits der angestrebten Modifikation resp. Transformation ihrer ethischen Grundhaltungen.

1 Professioneller Habitus und Studium

Der individuelle Habitus ist als ein relativ konstantes Dispositionssystem von „Wahrnehmungs-, Denk- und Handlungsschemata" (Bourdieu 1993a, S. 112) zu verstehen, der sowohl eine strukturierte als auch strukturierende Struktur darstellt (vgl. Bourdieu 1987, S. 279). Er ist ein *praktischer Sinn*, der als Vermittlungsprinzip zwischen Feld und Praxis dient, indem er „‚Entscheidungen' (leitet), die zwar nicht überlegt, doch durchaus systematisch, und zwar nicht zweckgerichtet sind, aber rückblickend durchaus zweckmäßig erscheinen" (Bourdieu 1993a, S. 122). Den Agierenden gibt der individuelle Habitus in ihrer Alltagspraxis sowie in komplexen Situationen Orientierung und Sicherheit und eröffnet Handlungsoptionen, ohne dass damit stets bewusste Reflexionsprozesse einhergehen müssen. Für die Soziale Arbeit mit ihrer „Funktion der stellvertretenden Krisenbewältigung" (Oevermann 2013, S. 120) und ihrer damit einhergehenden nicht-standardisierbaren Praxis, in der „Entscheidungsbegründung(en) unter Ungewissheitsbedingungen" (Dewe 2013, S. 107) konstitutiv sind, offeriert Bourdieu vielfältige Ansatzpunkte für professionalisierungstheoretische Überlegungen. So schließen sich beispielsweise Becker-Lenz und Müller (2009) den Habituskonzeptionen von Bourdieu und Oevermann an und entwickeln auf Basis der Ergebnisse ihrer Studie über Habitusbildungsprozesse von Studierenden einen idealtypischen professionellen Habitus für die Soziale Arbeit. Dieser zeichnet sich durch die Komponenten eines „spezifische(n) Berufsethos, die Fähigkeit zur Gestaltung von Arbeitsbündnissen sowie die Fähigkeit des Fallverstehens unter Einbeziehung wissenschaftlicher Erkenntnisse" (Müller-Hermann/Becker-Lenz 2012, S. 36) aus. Die verinnerlichte berufsethische Grundhaltung kann dabei „als dem professionellen Habitus zugrunde liegend verstanden werden" (Müller/Becker-Lenz 2008, S. 36) und bildet somit auch das Fundament des professionellen Handelns.

Kontrovers kann darüber diskutiert werden, welchen Beitrag das Studium für die Herausbildung eines professionellen Habitus leisten kann resp. sollte. Die Professionalisierungsforschung gibt hierzu relativ ernüchternde Einblicke. In den vorliegenden Studien zeigt sich, dass das Studium kaum zur Entwicklung eines professionellen Habitus beiträgt, hingegen sind (berufs)biographische Sozialisationsprozesse primär bedeutend (zusammenfassend Schneider 2012). In Anbetracht des *Hysteresis-Effekts*[1] (vgl. Bourdieu 1993a, S. 116) und der Gegebenheit, dass der professionelle Habitus stets nur ein Bestandteil des sozialisatorisch gebildeten Gesamthabitus der (zukünftigen) Fachkraft ist, sind diese Ergebnisse auch nicht allzu verwunderlich. Es bestehen jedoch trotz der Persistenz und Trägheit des Habitus Möglichkeiten zur Veränderung und Transformation. Ausgangspunkt hierfür können Passungsschwierigkeiten zwischen dem bisherigen individuellen Habitus und den Bedingungen des neuen sozialen Feldes sein. In solchen Momenten sind Anpassungsleistungen und Bildungsprozesse möglich (u.a. von Rosenberg 2011, S. 80ff., Krais/Gebauer 2014, S. 61f.). Das Studium als Eintritt in das Feld der Sozialen Arbeit hat somit ebenfalls das Potenzial zur Bewirkung von Habitustransformationen resp. -modifikationen und kann einen Teilbeitrag zur Herausbildung eines professionellen Habitus leisten. Dieser sollte vor allem hinsichtlich der berufsethischen Grundhaltung realisiert werden.[2] Es kann nämlich nicht davon ausgegangen werden, dass alle Studierende der Sozialen Arbeit bereits über entsprechende Haltungen verfügen – wie beispielsweise Untersuchungen zu Motivlagen von Studierenden verdeutlichen (u.a. Müller-Hermann 2012) – oder Organisationen, insbesondere durch die zunehmende Ökonomisierung der Praxis, Orte der Habitualisierung von stets professionsethisch konformen Orientierungen sind. Vorwiegend diejenigen Studierenden müssen erreicht werden, bei denen ungünstige Habitusformationen vorliegen.

---

1 „Hysteresis" kann als Trägheit oder Beharrlichkeit des Habitus verstanden werden (Krais/Gebauer 2014, S. 21).

2 Die vielfältigen Vorstellungen über ethische Bezugspunkte zur Grundlage einer Berufsethik der Sozialen Arbeit können im Rahmen des Beitrages leider nicht verhandelt werden.

Aus curricularer und didaktischer Perspektive wären Lehr-Lern-Arrangements zu forcieren, die biographische Bildungsprozesse (vgl. Graßhoff/Schweppe 2013, Schneider 2012) und vertiefte, reflexive Wissensaneignungen von gesellschaftsanalytischen Inhalten, theoretischen Konzeptionen und berufsethischen Grundlagen ermöglichen (vgl. Müller/Becker-Lenz 2008, Ebert 2010, 2012; Tetzer 2013), um ein Brüchig-Werden der lebensweltlichen *doxa* zu bewirken. Zielsetzend ist somit zum einen die Irritation, Verunsicherung und Infragestellung von Alltagsgewissheiten, Selbstverständlichkeiten sowie der biographisch bestimmten Wertebasis. Zum anderen aber auch die gezielte Bewusstmachung und Verdeutlichung von eventuellen Passungsschwierigkeiten zwischen individuellen und professionellen Orientierungen. Solch eine „krisenhafte Auseinandersetzung mit einer Sache" (Müller/Becker-Lenz 2008, S. 26) kann Bildungsprozesse einleiten und es besteht die Chance, sowohl eine Selbstdistanzierung von den bisher für gültig gehaltenen Norm- und Wertvorstellungen zu fördern als auch die lebensweltlichen Erfahrungen sowie Orientierungs-, Deutungs- und Bewertungsmuster im Sinne und zu Gunsten berufsethischer Prinzipien – falls notwendig – zu transformieren.

Im Zuge der Bologna-Reform haben sich jedoch Rahmenbedingungen entwickelt, die dem Studium als solch einem Bildungsort eines professionellen Habitus zuwiderlaufen (vgl. hierzu auch Tetzer 2013).

2 Vorherrschendes Prüfungssystem, zunehmende Leistungsfokussierung und Inkorporation einer berufsethischen Grundhaltung

Das Hochschulsystem sowie die Soziale Arbeit können als Praxisfelder bestimmt werden, die Spielräume mit einer jeweils eigenen Logik darstellen. Die involvierten Akteure müssen zur erfolgreichen Teilnahme sowohl den grundsätzlichen Glauben an den Sinn des feldspezifischen Spiels – die *illusio* – teilen als auch einen *praktischen Sinn* für das Spiel entwickeln, d.h. also feldspezifische Wahrnehmungs-, Denk-, und Handlungsschemata besitzen (vgl. Bourdieu 1993a, S. 122; Krais/Gebauer 2014, S. 58ff.).

Bereits eine holzschnittartige Analyse einiger Strukturen der Praxis im hochschulischen Feld nach der Bologna-Reform verdeutlicht, dass die notwendige Anpassung an zentrale Erfordernisse der Bachelor-Studiengänge erheblich die Herausbildung eines feldspezifischen Habitus für die Soziale Arbeit im Studium erschwert. Ein Konglomerat aus verkürzter Studiendauer, hohem Verschulungsgrad sowie Verdichtung und Modularisierung der Studieninhalte bedingt auf Seiten der Studierenden sowohl bewusste als auch unbewusste Strategien, um den Anforderungen der dadurch Einzug gehaltenen Kombination aus problematischen Prüfungssystemen und zunehmender Leistungsfokussierung entsprechen zu können. Zwar ist anzuerkennen, dass für Hochschulen als Bildungsinstitution das Leistungsprinzip konstitutiv ist und sie seit jeher Selektion durch Leistungsbewertung betreiben, gleichwohl ist zu konstatieren, dass die reformierte Studienorganisation eine „Radikalisierung des Leistungsgedankens" (Otto 2011, S. 191) bewirkt hat. Anzuführen ist in diesem Kontext insbesondere der starke Bedeutungszuwachs von studienbegleitenden Prüfungen und deren Benotungen sowie die Tendenz, dass die meisten dieser Prüfungsleistungen in die Endnote miteinfließen. Verschärfend kommt die parallel verlaufende Entwicklung hinzu, dass Zensuren mittlerweile zum einzigen Auslesekriterium des Zugangs zu knappen Master-Studienplätzen als auch zum nahezu ausschließlichen Befähigungsnachweis für den Arbeitsmarkt geworden sind (vgl. Otto 2011, S. 192f.). Hochschulen sind „selbst zu Akkreditierungsagenturen (sic) geworden [...]. Sie akkreditieren Menschen" (Dörpinghaus 2014, S. 543) oder eben auch nicht. Die ohnehin stattfindenden Kämpfe um institutionell anerkanntes kulturelles Kapital werden folglich geradezu geschürt. Damit steigt auch die Relevanz, das Spiel möglichst erfolgreich zu meistern.

So erfordert einerseits der hohe quantitative Umfang der zu erbringenden Studienleistungen unweigerlich eine dichtere, schnellere und effizientere Produktion und gleichzeitig führt die hohe Bedeutung von guten Zensuren andererseits zu einer Fokussierung auf benotete Prüfungsleistungen. Animiert wird hierdurch unter anderem ein kurzfristiges, prüfungsbezogenes Lernen, bei dem vor allem arbeitsökonomisch vorgegangen, fleißig auswendig gelernt und das wiedergegeben wird, was vermutlich die/der Korrigierende hören will. Die Studie „ZEITLast" von Metzger und Schulmeister (2011) zeigt beispielsweise, dass sich das Selbststudium mittlerweile zum überwiegenden Teil auf die Prüfungsvorbereitung kurz vor den Prüfungsterminen beschränkt. Als wesentlicher Grund für diese Bewältigungsstrategie wird das vorherrschende Prüfungssystem angesehen, denn „(d)ie hohe Zahl von Prüfungen sowie deren gehäuftes Auftreten am Ende der Vorlesungszeit, so zeigen die Daten, führen zum ‚Bulimie-Lernen'" (Metzger/Schulmeister 2011, S. 76). Neben den Lernpraktiken wird immer öfter auch die Seminarbelegung sowie die Anwesenheit und das Engagement in Lehrveranstaltungen am Kriterium der Prüfungsrelevanz ausgerichtet oder aber unter Kosten-Nutzen-Kalkulationen in Bezug auf zu erbringender Leistung und zu erwerbenden Kreditpunkten getroffen. Nicht selten fallen diese Strategien der Studierenden zu Ungunsten von Lehr-Lern-Arrangements aus, die als vielversprechend zur Herausbildung von professionellen Habitusformationen anzusehen sind, wie beispielsweise Fall-, Forschungs- und Reflexionswerkstätten, Veranstaltungen zur Professionsethik, aber auch die eigene Praxis auswertende und reflektierende Seminare (vgl. Ebert 2010, 2012, Tetzer 2013. Becker-Lenz/Müller 2009). Grund hierfür ist, dass diese häufig entweder zeit- und arbeitsintensiv, nicht auf die Vergabe von Noten ausgelegt oder freiwillig sind. Vor dem Hintergrund, dass sich ohnehin „der Habitus vor Krisen und kritischer Befragung (schützt)" (Bourdieu 1993a, S. 114), stellt sich eine nicht verpflichtende Belegung und Anwesenheit solcher Seminare noch zusätzlich als schwierig dar.

Einen illustrierenden Einblick in Praktiken von Studierenden gibt Kalpaka (2010). In einer von ihr durchgeführten forschenden Lern- bzw. Reflexionswerkstatt reflektierten die beteiligten Bachelor-Student_innen den eigenen Umgang mit „Verschulung" und trugen Folgendes zusammen (vgl. Kalpaka 2010, S. 39):

- Selten eigene Fragen/Interessen am Thema entwickeln können,
- manchmal eigene Fragen verfolgen,
- Versuch, eigene Literatur zu benutzen,
- Interessantes für später zurücklegen,
- auf gute Noten achten, Erwartungen entsprechen/erfüllen,
- Auswendig lernen,
- schnell abhaken,
- vergleichen, was die Parallelgruppen machen und einfordern, ‚gerecht' behandelt zu werden,
- nicht anecken,
- nicht auffallen,
- ‚ich schalte ab',
- Sympathie der Lehrenden gewinnen,
- ohne Erfolg protestieren und
- Spickzettel machen.

Auch wenn Generalisierungen zu vermeiden sind, demonstrieren diese Selbstauskünfte dennoch, dass Studierende zwar einerseits eine hohe Anpassungsfähigkeit besitzen und einen praktischen Sinn für das Spiel herausbilden, andererseits verdeutlichen sie auch, dass zielführend zu studieren bzw. erfolgreich um kulturelles Kapital zu kämpfen für Studierende bedeutet, die Studiengestaltung einer zunehmenden Verwertungslogik zu unterwerfen, Unternehmer_innen ihrer/seiner selbst zu sein und im foucaultschen Sinne sich selbst zu regieren, um letztlich einen marktanerkannten und zertifizierten Abschluss resp. akademischen Titel erreichen zu können. Der Bologna-Prozess hat eine rezeptive Struktur hervorgebracht, die wenig Zeit und Raum lässt für vertiefte Auseinandersetzungen mit Inhalten, die Einübung kritischen Denkens und die Reflexion biographischer Anteile sowie eigener Haltungen und Werte. Ob dies einer Inkorporation einer spezifischen Professionalität dienlich ist, darf aufgrund dessen kritisch hinterfragt werden.

Aber die Anpassungsleistungen an die Logik des Feldes der Hochschule erfordern nicht nur bestimmte Strategien von den Studierenden, sondern auch eine gewisse Identifikation mit dem Spiel und den Glauben an die Legitimität seiner expliziten und impliziten Regeln und Praktiken. Notwendig ist also die „Kenntnis und Anerkenntnis der immanenten Gesetze des Spiels" (Bourdieu 1993b, S. 108) von Seiten der Mitspieler_innen. Deshalb sollte sich ferner der Frage gewidmet werden, welche Haltungen sowie Wert- und Gerechtigkeitsvorstellungen den Studierenden durch die zunehmende Leistungsfokussierung im Studium auf habitueller Ebene vermittelt werden. Diese entsprechen bisweilen vielmehr einer aktivierungspolitischen Programmatik als einem sozialpädagogischen Berufsethos. Es werden den Studierenden implizit Normen, Werte und Einstellungen vermittelt, die explizit den berufsethischen Grundhaltungen konträr laufen sowie in Übereinstimmung mit der ansonsten im sozialpädagogischen Diskurs vorzufindenden Kritik an der zunehmenden Ökonomisierung und neoliberalen Restrukturierung der Bildung und der gesellschaftlichen Verhältnisse sind. Die Studierenden erleben so in ihren alltäglichen, lebensweltlichen Erfahrungen im Studium als für richtig konstituierte Praktiken sowie Werte und Bewertungen ihrer selbst, gegen die sie sich in ihrer späteren Berufstätigkeit kritisch und widerständig positionieren sollen, wie beispielsweise gegen eine allesumgreifende Forderung nach Selbststeuerung, gegen Normalisierungen und Disziplinierungen, gegen propagierte Gerechtigkeitsvorstellungen einer Leistungsgesellschaft oder gegen die Entfaltung von „neoliberalen Tendenzen, in denen die Menschen nicht als Menschen erscheinen, sondern als Humankapital" (Thiersch 2013, S. 34). So darf durchaus nachdenklich stimmen, dass bereits 38% der an Universitäten und 19% der an Fachhochschulen Studierenden im Bereich der Sozialwissenschaften das Gefühl haben, dass Leistung das einzige ist, was an der Hochschule zählt (vgl. Ramm et al. 2014, S. 238ff.). Hierdurch zeigt sich zunächst einmal ein Glaubwürdigkeits- und Authentizitätsproblem des sozialpädagogischen Studiums, da es eigentlich in das Spiel der Sozialen Arbeit und die darin geltenden Regeln einführen soll, selbst aber die ethischen Grundhaltungen kaum im Hochschulalltag erlebbar resp. erfahrbar macht oder vertritt. Gleichzeitig tangieren diese Widersprüche den Professionalisierungsauftrag des Studiums. Die primäre Zielgruppe, nämlich diejenigen Studierenden, bei denen aus berufsfachlicher Perspektive ungünstige Habitusformationen vorliegen, deren Norm-, Wert- und Gerechtigkeitsvorstellungen jedoch mit dem des Feldes der Hochschule übereinstimmen, werden so vermutlich vielmehr bestärkt in ihren Wahrnehmungs- und Bewertungsschemata. Schließlich fungiert der „Habitus als Grundlage einer selektiven Wahrnehmung von Indizien" und trachtet gerade nach

Erfahrungen, „die eher zu seiner Bestätigung und Bekräftigung als zu seiner Verwandlung taugen" (Bourdieu 1993a, S. 120). Die Entwicklung eines professionellen Habitus kann somit nicht losgelöst von der Transformation des Gesamthabitus gesehen werden und aufgrund dessen müssten sich die sozialpädagogischen Akteure an den Hochschulen nicht nur inhaltlich in Lehrveranstaltungen „[a]uf der Ebene der Berufsethik [...] eindeutig positionieren" (Becker-Lenz/Müller-Hermann 2013, S. 212), wie einige im Professionalisierungsdiskurs fordern. Ersichtlich werden schließlich auch die allgemeinen Grenzen des Beitrags des Studiums zur Modifikation biographisch grundgelegter Orientierungssysteme in komplexere, berufsethische, gerechtigkeitstheoretische Problemstellungen genauso wie zur Förderung professioneller Wahrnehmungsschemata, Denk- und Sichtweisen sowie Prinzipien des Urteilens und Bewertens (vgl. Krais/Gebauer 2014, S. 5), die das Handeln der zukünftigen Fachkräfte strukturieren werden.

3 Kritische und subversive Hochschulpraxis

Auch wenn einige vorzufindende Ansprüche und Forderungen an das sozialpädagogische Studium vielleicht zu ambitioniert und nur schwer einlösbar sind, muss Soziale Arbeit als Akteurin für soziale Gerechtigkeit nicht minder, was die eigenen Ausbildungsinstitutionen anbelangt, stets eine selbstkritische Instanz bleiben und sich fragen, welche Form von „Professionalität" sie eigentlich erzeugt. Hierzu sind curriculare und didaktische Aspekte, aber auch die Rahmenbedingungen in den Blick zu nehmen und vor allem müssen kritische Forschungsprojekte realisiert werden. Eine Reform der Reform scheint derzeit dringend notwendig zu sein. Auch das Hochschulsystem stellt ein Kraft- und Kampffeld dar, das nicht invariant von den Beteiligten reproduziert wird. „[D]ie ständigen *Teilrevolutionen*, die im Feld stattfinden" (Bourdieu 1993b, S. 109f.; Hervorh. i. Orig.), ermöglichen Veränderungen. Es gilt sich deshalb den Gestaltungsspielräumen unterschiedlicher Agierender im Hochschulsystem wieder bewusst zu werden und „die Logik des Feldes gut genug (zu) kennen, um sich konträr zu ihr verhalten und sie gleichzeitig ausbeuten zu können" (Bourdieu 1993b, S. 111). Es geht letztlich darum, „den Bologna-Prozess zu ‚zähmen', d.h. ihn produktiv einzusetzen und nicht sein ‚Opfer' zu werden" (Otto 2007, S. 109) resp. zu bleiben.

Literatur

Becker-Lenz, Roland/Müller, Silke (2009): *Der professionelle Habitus in der sozialen Arbeit. Grundlagen eines Professionsideals*. Bern: P. Lang.
Becker-Lenz, Roland/Müller-Hermann, Silke (2013): Die Notwendigkeit von wissenschaftlichem Wissen und die Bedeutung eines professionellen Habitus für die Berufspraxis der Sozialen Arbeit. In: Becker-Lenz, Roland/Busse, Stefan/Ehlert, Gudrun/Müller-Hermann, Silke (Hrsg.): *Professionalität in der Sozialen Arbeit*, S. 203–229. Wiesbaden: VS.
Bourdieu, Pierre (1987): *Die feinen Unterschiede. Kritik der gesellschaftlichen Urteilskraft*. Frankfurt/M.: Suhrkamp.
Bourdieu, Pierre (1993a): *Sozialer Sinn. Kritik der theoretischen Vernunft*. Frankfurt/M.: Suhrkamp.
Bourdieu, Pierre (1993b): *Soziologische Fragen*. Frankfurt/M.: Suhrkamp.
Dewe, Bernd (2013): Reflexive Sozialarbeit im Spannungsfeld von evidenzbasierter Praxis und demokratischer Rationalität. In: Becker-Lenz, Roland/Busse, Stefan/Ehlert, Gudrun/Müller-Hermann, Silke (Hrsg.): *Professionalität in der Sozialen Arbeit*, S. 95–116. Wiesbaden: VS.
Dörpinghaus, Andreas (2014): Post-Bildung. Vom Unort der Wissenschaft. In: *Forschung & Lehre*, 21. Jg., H. 7, S. 540–543.
Ebert, Jürgen (2010): Professioneller Habitus. In: Wilken, Udo/Thole, Werner (Hrsg.): *Kulturen Sozialer Arbeit*, S. 198–207. Wiesbaden: VS.
Ebert, Jürgen (2012): *Erwerb eines professionellen Habitus im Studium der Sozialen Arbeit*. Hildesheim: Georg Olms Verlag.
Graßhoff, Gunther/Schweppe, Cornelia (2013): Biographie und Professionalität in der Sozialpädagogik. In: Becker-Lenz, Roland/Busse, Stefan/Ehlert, Gudrun/Müller-Hermann, Silke (Hrsg.): *Professionalität in der Sozialen Arbeit*, S. 317–329. Wiesbaden: VS.
Kalpaka, Annita (2010): Lehr-Lern-Verhältnisse an der Hochschule – „Verdeckten Verhältnissen" auf der Spur. In: *Widersprüche*, 30. Jg., H. 115, S. 25–59.
Krais, Beate/Gebauer, Gunter (2014): *Habitus*. Bielefeld: transcript.
Metzger, Christiane/Schulmeister, Rolf (2011): Die tatsächliche Workload im Bachelorstudium. Eine empirische Untersuchung durch Zeitbudget-Analysen. In: Nickel, Sigrun (Hrsg.): *Der Bologna-Prozess aus Sicht der Hochschulforschung. Analysen und Impulse für die Praxis*, S. 68–78. Gütersloh: Centrum für Hochschulentwicklung.
Müller, Silke/Becker-Lenz, Roland (2008): Der professionelle Habitus und seine Bildung in der Sozialen Arbeit. In: *neue praxis* 38, H. 1, S. 25–41.
Müller-Hermann, Silke/Becker-Lenz, Roland (2012): Krisen als Voraussetzung der Bildung von Professionalität. In: Becker-Lenz, Roland/Busse, Stefan/Ehlert, Gudrun/Müller-Hermann, Silke (Hrsg.): *Professionalität Sozialer Arbeit und Hochschule*, S. 33–49. Wiesbaden: VS.
Müller-Hermann, Silke (2012): *Berufswahl und Bewährung. Fallrekonstruktionen zu den Motivlagen von Studierenden der Sozialen Arbeit*. Wiesbaden: VS.
Oevermann, Ulrich (2013): Die Problematik der Strukturlogik des Arbeitsbündnisses und der Dynamik von Übertragung und Gegenübertragung in einer professionalisierten Praxis von Sozialarbeit. In: Becker-Lenz, Roland/Busse, Stefan/Ehlert, Gudrun/Müller-Hermann, Silke (Hrsg.): *Professionalität in der Sozialen Arbeit*, S. 119–147. Wiesbaden: VS.

Otto, Hans-Uwe (2007): Die Jahrhundertchance – ein Zeitfenster zur Selbstbestimmung und Neuordnung von Studium und Professionalität in der Sozialen Arbeit. In: *neue praxis*, H. 1, S. 107–109.
Otto, Hans-Uwe (2011): Die Ausgeschlossenen. Über die neue Bologna-Norm für Studium und Praxis in der Sozialen Arbeit. In: *neue praxis*, H. 2, S. 191–193.
Ramm, Michael/Multrus, Frank/Bargel, Tino/Schmidt, Monika (2014): Studiensituation und studentische Orientierungen. 12. Studierendensurvey an Universitäten und Fachhochschulen. Hrsg. v. Bundesministerium für Bildung und Forschung (BMBF). Online verfügbar unter: https://www.bmbf.de/pub/12._Studierendensurvey_Langfassung_bf.pdf.
Schneider, Sabine (2012): Jenseits von Forschungsseminaren… In: Becker-Lenz, Roland/Busse, Stefan/Ehlert, Gudrun/Müller-Hermann, Silke (Hrsg.): *Professionalität Sozialer Arbeit und Hochschule*, S. 271–284. Wiesbaden: VS.
Staub-Bernasconi, Silvia (2012): Der „transformative Dreischritt" als Vorschlag zur Überwindung der Dichotomie von wissenschaftlicher Disziplin und praktischer Profession. In: Becker-Lenz, Roland/Busse, Stefan/Ehlert, Gudrun/Müller-Hermann, Silke (Hrsg.): *Professionalität Sozialer Arbeit und Hochschule*, S. 163–186. Wiesbaden: VS.
Staub-Bernasconi, Silvia (2013): Der Professionalisierungsdiskurs zur Sozialen Arbeit (SA/SP) im deutschsprachigen Kontext im Spiegel internationaler Ausbildungsstandards. In: Becker-Lenz, Roland/Busse, Stefan/Ehlert, Gudrun/Müller-Hermann, Silke (Hrsg.): *Professionalität in der Sozialen Arbeit*, S. 23–48. Wiesbaden: VS.
Tetzer, Michael (2013): Habitus und Haltung – Soziale Arbeit im Kontext des Bologna-Prozesses. Eine reformbedürftige Reform. In: Blaha, Kathrin/Meyer, Christine/Colla, Herbert/Müller-Teusler, Stefan (Hrsg.): *Die Person als Organon in der Sozialen Arbeit*, S. 395–413. Wiesbaden: VS.
Thiersch, Hans (2013): Perspektiven einer selbstbestimmten Sozialen Arbeit. In: Stender, Wolfgang/Kröger, Danny (Hrsg.): *Soziale Arbeit als kritische Handlungswissenschaft. Beiträge zur (Re-)Politisierung Sozialer Arbeit*, S. 15–36. Hannover: Blumhardt Verlag.
von Rosenberg, Florian (2011): *Bildung und Habitustransformation. Empirische Rekonstruktionen und bildungstheoretische Reflexionen*. Bielefeld: transcript.

Macht- und Wissensverhältnisse in der spezialisierten ambulanten Palliativversorgung

Michael May und Christian Schütte-Bäumner

Der folgende Beitrag fokussiert das Erbringungsverhältnis personenbezogener, sozialer Dienstleistungen in der spezialisierten ambulanten Palliativversorgung (SAPV) unter einer an Norbert Elias orientierten machtanalytischen Perspektive. Dabei wird neben dem Verhältnis von expertokratischem und lebensweltlichem Wissen auch dem Aspekt der Arbeit an den Gefühlen besondere Aufmerksamkeit geschenkt.

1 Aufträge und Ausgestaltung der SAPV

Auf spezialisierte ambulante Palliativversorgung (SAPV) als Leistung des SGB haben seit 2007 Menschen mit der Prognose einer unheilbaren, weit fortgeschrittenen und lebenszeitverkürzenden Erkrankung mit „komplexer Symptomatik" Anspruch, deren Sterben demnach kurz bevorsteht. Zielsetzung dieser Leistung ist ein Sterben zuhause zu ermöglichen, Krankenhausaufenthalte zu vermeiden und die „Lebensqualität" Sterbender zu erhalten oder zu verbessern. Die Versorgung wird als Teamleistung erbracht, orientiert sich an den Leitlinien der Palliative Care und findet aufsuchend statt.

Dabei haben die Professionellen nach § 37b SGB V „ärztliche und pflegerische Leistungen einschließlich ihrer Koordination insbesondere zur Schmerztherapie und Symptomkontrolle" zu erbringen. In § 3, Abs. 3 der SAPV-Richtlinie des Gemeinsamen Bundesausschusses (gem. § 92 SGB V) wird im Zusammenhang mit den als Versorgungsvoraussetzung ausbuchstabierten „Anforderungen an die Erkrankung" zudem herausgestellt, dass „die Verbesserung von Symptomatik und Lebensqualität sowie die psychosoziale Betreuung im Vordergrund der Versorgung stehen".

Was die real ausgeübten Tätigkeiten betrifft, gaben in einer von uns[1] durchgeführten Online-Befragung (n=116) von SAPV-Teams in der Bundesrepublik 98% an, dass Kompetenzen zur Gesprächsführung von ihnen am häufigsten eingesetzt werden, dicht gefolgt von Kenntnissen in der psychosozialen Betreuung (95%). Auch Kenntnisse im strukturierten und organisierten Arbeiten kommen mit 93% in der Praxis der SAPV noch leicht häufiger zum Tragen als Kenntnisse in der medizinisch-technischen Arbeit (Medikamentenumgang, Hilfsmittelversorgung) mit 91%. Selbst die Kenntnisse gesetzlicher Regelungen scheinen mit 85% noch wichtiger zu sein als körperbezogene Arbeiten mit 78% und Symptomkontrolle mit 77%.

Haupterkenntnisquelle waren für uns jedoch zwei Wellen fokussierter Ethnographie: In einer ersten Phase haben wir dabei verschiedene SAPV-Teams in ihrer Arbeit begleitet, um so die Logiken zu rekonstruieren, in denen die Professionellen ihre Arbeit strukturieren. In einer zweiten Welle haben wir uns auf verschiedene „Fälle" konzentriert, um die Aushandlungs- und Abstimmungsprozesse zwischen den tödlich Erkrankten, ihren An- und Zugehörigen sowie den Professionellen zu untersuchen. Zusammengenommen geht es sowohl nach den Befunden der online-Befragung, wie diesen ethnographischen Beobachtungen in der SAPV vor allem um die (Re-)Produktion eines Sorgearrangements, welches sogar die absehbaren krisenhaften Zuspitzungen im Krankheitsverlauf so antizipiert, dass sie aus der Perspektive der Professionellen noch im Zuhause der tödlich Erkrankten bewältigbar erscheinen.

---

1 Der Praxisforschungsverbund „Transdisziplinäre Professionalität in der spezialisierten ambulanten Palliativversorgung (www.tp-sapv.de)" wurde unter dem Förderkennzeichen 03FH001SA/B2 vom Bundesministerium für Bildung und Forschung im Rahmen der Linie SILQUA-FH gefördert. Die Verantwortung für den Inhalt dieser Veröffentlichung liegt bei den Autor*innen.

2 Grundoperationen der Praxis von SAPV

In Weiterführung von Überlegungen von Gildemeister (1995) und Kunstreich (2005) zum Erbringungsverhältnis Sozialer Arbeit lassen sich im Hinblick auf die (Re-)Produktion des Sorgearrangements die beiden miteinander verbundenen Grundoperationen *Transformierung* und *Relationierung* unterscheiden (vgl. May 2016). *Transformierung* meint zunächst einmal auf einer ganz grundlegenden Ebene die Umwandlung des besonderen sozialen Ereignisses der Begegnung von Menschen, die nach Gesetz und Richtlinie eine Anspruchsberechtigung auf SAPV haben, sowie ihrer An- und Zugehörigen, mit den Fachkräften eines SAPV-Teams in eine professionelle Handlungsaufforderung für Letztere. Im Speziellen bezieht sich dieser Begriff dann auf die *Transformierung* einer vorgefundenen *häuslichen Ordnung* in einen *palliativen Raum* (Hayek 2006) nach professionellen Maßstäben und bezeichnet damit *das* Spezifikum des *Settings* (Müller i.E.) der SAPV. Dabei bilden sich für bestimmte Konstellationen charakteristische *Aushandlungsordnungen* (Nadai/Maeder 2008) aus.

Relationierung bedeutet in diesem Zusammenhang, dass die Ressourcen der Anspruchsberechtigten und ihres sozialen Umfeldes mit denen des SAPV Teams und anderer in die ärztliche und pflegerische Versorgung einbezogenen Institutionen, sowie ehrenamtlicher, hospizlicher Begleitung, von den SAPV-Professionellen miteinander in Beziehung gesetzt werden im Hinblick auf ein von ihnen als Professionelle für förderlich und verantwortbar erachtetes palliatives Sorgearrangement. So beziehen nach den Ergebnissen unserer Onlinebefragung 96% der Teams ambulante Pflegedienste, 90% Hausärzt*innen und 84% Kräfte zur hauswirtschaftlichen Entlastung mit ein, während Professionelle aus dem Bereich Sozialer Arbeit von nur 30%, aus dem Bereich Psycho-Onkologie von nur 24% und aus dem Bereich Psychotherapie sogar von nur 17% einbezogen werden.

Dass demgegenüber 94% angeben, Kontakte mit An- und Zugehörigen, 82% spezielle Gespräche mit An- und Zugehörigen, sowie 86% ehrenamtliche Unterstützung zu vermitteln, zeigt, dass sie offensichtlich die Präambel der Empfehlungen des GKV-Spitzenverbandes nach § 132d Abs. 2 SGB V für die spezialisierte ambulante Palliativversorgung sehr ernst nehmen, demzufolge der individuelle Hilfebedarf „das Maß des Notwendigen nicht überschreiten [darf und] wirtschaftlich erbracht werden [muss]".

Im Hinblick auf die andere Grundoperation der *Transformation* hat dies zur Konsequenz, dass sie sich auch auf die erzieherische Transformierung ihrer An- und Zugehörigen, zu Koproduzierenden in der Sorge erstreckt, was selbstverständlich auch für die Anspruchsberechtigten gilt. Die Bedeutung des ‚erzieherischen Aspektes' im Kontext der Gestaltung eines ambulanten Versorgungssettings wurde insbesondere auch in der Analyse der ethnographischen Feldprotokolle deutlich. Jener ‚erzieherische bzw. edukative Zusammenhang' bezog sich zum einen auf die Vermittlung palliativmedizinischer und -pflegerischer *Fertigkeiten*. Schmerztherapeutische Interventionen beziehen sich unter anderem auf die Applikation schmerzlindernder und beruhigender Medikamente. Diese wiederum werden in Tablettenform, als Schmerzpflaster, oder auch als Nasenspray verabreicht, was sich nicht selten als technisch und – bezogen auf die gesamte Versorgungsorganisation – voraussetzungsreiche Tätigkeit darstellt, die erlernt werden muss.

Zum anderen übernehmen An- und Zugehörige organisatorisch-koordinierende Aufgaben. Das ambulante SAPV-Sorgearrangement setzt sich meist aus sehr unterschiedlichen Diensten zusammen. Deren Einsätze müssen präzise abgestimmt werden, um Überschneidungen verschiedener Dienste (Hausarzt, Facharzt, Pflege, Sanitätshaus etc.) möglichst zu vermeiden. Angehörige unterstützen SAPV-Professionelle im Kontext dieser Feinabstimmungsprozesse (vgl. hierzu ergänzend Schwabe et al. 2017).

Für den Bereich der offenbar notwendigen Edukation pflegender Angehöriger, der sie damit als zentrale Pflegeakteure adressiert, stellen auch Menzel-Begemann et al. (2015) zusammenfassend fest, dass insbesondere die Transition vom stationären Setting in das häusliche Umfeld der sterbenden Menschen

> aufgrund des Wechsels des Versorgungssettings mit Gefahren und Unsicherheiten verbunden [ist], die sich häufig aufgrund von Wissensdefiziten, risikoreichen Verhaltensweisen und fehlenden (pflege)praktischen Kompetenzen ergeben. Es bedarf daher Maßnahmen, die mit einer am Alltag und der Lebenswelt der Betroffenen und ihrer Angehörigen ansetzenden edukativen Unterstützung auf die Aufgaben und physischen wie psychischen Herausforderungen bei der häuslichen (Selbst-)Versorgung vorbereiten. (ebd., S. 101)

Ziel solcherart edukativer Maßnahmen im Rahmen der von uns beobachteten SAPV-Teams war es, die häusliche Selbstversorgung zwischen den Einsätzen der Professionellen sicherzustellen. Auf diese Weise konnten potentielle Störungen der Versorgung, die sich unter anderem auch in einer unzureichenden Relationierung professioneller Ordnung und Alltagsordnung zeigten, entschärft und Übergänge der SAPV in stationäre Settings vermieden werden.

3 Probleme in der Koproduktion

Neben solch gelingenden Koproduktionen wird im Erbringungsverhältnis der personenbezogenen, sozialen Dienstleistung (Schaarschuch/Oelerich 2005) der SAPV jedoch häufig von Professionellen und Nutzenden an ganz unterschiedlichen Gegenständen gearbeitet. So zeigte sich in unseren ethnographischen Studien, dass Nutzende gemeinsam mit ihren An- und Zugehörigen angesichts der Ungewissheit des für sie durchaus in unterschiedlicher Weise möglicherweise als bedrohlich erlebten nahen Todes sehr häufig daran arbeiten, solange als möglich ihre häusliche „Normalität" aufrechtzuerhalten. Dies lässt sich durchaus auch als „interpersonale Abwehr" (Mentzos 1988) dieser schwierigen, oft nur diffus gespürten Gefühle und inneren Konflikte lesen. Damit aber kommt es schon allein aufgrund der unterschiedlichen Zeitperspektiven zu Problemen in der Koproduktion zwischen den Nutzenden der SAPV, die auf diese Weise sehr stark noch mit der Vergangenheit beschäftigt sind, und den Professionellen, die zukünftige Krisen sowie die sich daraus ergebenden Vorkehrungen für deren häusliche Bewältigung zu antizipieren haben.

Aber auch die Professionellen sind angesichts der komplexen Symptomatik, die ja Voraussetzung einer Anspruchsberechtigung auf Leistungen der SAPV darstellt, bezüglich ihres gesetzlichen Auftrages der „Symptomkontrolle" mit Ungewissheit und damit in Verbindung stehenden schwierigen Gefühlen konfrontiert. Hinzu kommt, dass umso mehr sie sich auf eine Beziehung zu den tödlich Erkrankten einlassen, sie nach deren Versterben Trauerarbeit zu leisten haben, ganz unabhängig davon, dass Sorgearbeiten – wie Ilona Ostner überzeugend herausgearbeitet hat – schon allein „deshalb gefühls-, weil berührungsintensiv, wenn nicht gar invasiv sind, weil sie ‚kulturell gesetzte Distanzen zwischen Menschen' [...] außer Kraft" (Ostner 2011, S. 470) setzen. Dazu erforderlich ist – wie dies schon Ende der 1980er Jahre Forschungen zur personenbezogenen sozialen Dienstleistungsproduktion herausgearbeitet haben – ein „berufsangemessene[s] Gefühlsmanagement" (Ostner 2011, S. 469), zu dem „dann auch die Arbeit an den unvermeidbaren Asymmetrien in der Beziehung zwischen Dienstleistendem und Dienstempfänger" (Ostner 2011, S. 469; vgl. dazu auch Madörin 2007) gehört.

So sind die Professionellen sowohl mit dieser von ihnen zu leistenden Gefühlsarbeit, wie mit der Arbeit an den eigenen Emotionen (Hochschild 2006) in gleich doppelter Weise mit affektiven Aspekten im Rahmen ihrer Sorgetätigkeit beschäftigt. Dabei kann es auch zu „emotionalen Dissonanzen" kommen, wenn sie in ihrer Sorge um die tödlich Erkrankten in hohem Ausmaß „positive Emotionen" zeigen, die jedoch nicht mit ihren wirklichen Gefühlen übereinstimmen (Widegger et al. 2011). Und so liegt nicht nur im Falle einer solchen „emotionalen Dissonanz", sondern auch bei bedrohlichen Gefühlen angesichts von Ungewissheit nahe, dass diese von den Professionellen interpersonal im Rahmen eines bestimmten „Gefühlsmanagements" oder sogar „institutionell" (Mentzos 1988) durch ein bestimmtes Arrangement – z.B. Vermeidung von bezugspflegerischen Ansätzen – abgewehrt werden.

Nun kann es zwischen der Abwehr der Nutzenden der SAPV und den Professionellen durchaus zu funktionierenden psychosozialen Abwehrkonstellationen kommen, indem beispielsweise die Professionellen trotz realer Ungewissheit sich souverän geben und dies die Unsicherheit sowie die mit ihnen verbunden (bedrohlichen) Gefühle der Nutzenden zumindest momenthaft zu dämpfen vermag. Sehr viel häufiger jedoch kommt es unseren ethnographischen Beobachtungen zu Folge nicht zu solchen Abwehrkonstellationen, sondern zu Schwierigkeiten und Reibungen in der Koproduktion, weil der Versuch der *Transformierung* einer vorgefundenen *häuslichen Ordnung* in einen *palliativen Raum* (Hayek 2006) nach professionellen Maßstäben mit der *häuslichen Ordnung* zugleich auch die damit verbundenen Konstellationen der darin institutionalisierten psychosozialen Abwehr der tödlich Erkrankten und ihrer An- und Zugehörigen betrifft, was in der Regel von den Professionellen so nicht erkannt wird. In solchen Fällen bilden sich dann auch keine die beiden Grundoperationen der *Transformierung* und *Relationierung* betreffenden *Aushandlungsordnungen* (Nadai/Maeder 2008) heraus, vielmehr gestaltet sich das Erbringungsverhältnis der SAPV zwischen den Professionellen und den von ihnen in diesem Zusammenhang als Ko-Produzierende adressierten tödlich Erkrankten sowie ihren An- und Zugehörigen als äußerst konfliktreich.

4 Zur Analytik des Erbringungsverhältnisses der SAPV

Um sowohl die Ausbildung einer vergleichsweisen stabilen *Aushandlungsordnung* im Erbringungsverhältnis der SAPV, wie auch die konflikthafte Zuspitzung der beiden Grundoperationen von *Transformierung* und *Relationierung* innerhalb eines einheitlichen theoretischen Bezugssystems analysieren zu können und zugleich die im Begriff der psychosozialen Abwehr angesprochene unbewusste Dimension mit einzubeziehen, scheinen uns die Begriffe von Norbert Elias relationaler Soziologie sehr geeignet. Diese fokussieren

> Menschen, die kraft ihrer elementaren Ausgerichtetheit, ihrer Angewiesenheit aufeinander und ihrer Abhängigkeit voneinander auf die verschiedenste Weise aneinander gebunden sind und demgemäß miteinander Interdependenzgeflechte oder Figurationen mit mehr oder weniger labilen Machtbalancen verschiedenster Art bilden. (Elias 1981, S. 10)

Der von Elias entfaltete Analyserahmen erlaubt dabei nicht nur Dynamiken zu rekonstruieren, „die sich nicht mehr adäquat aus der bloßen Summation der Einzelaktivitäten derjenigen Menschen, die diese Verflechtungen miteinander bilden, deuten lassen" (Häußling 2010, S. 66). Darüber hinaus misst Elias bezüglich der Frage, „was Menschen in Figurationen zusammenbindet" (Elias 1981, S. 144), den „emotionalen Bindungen der Menschen aneinander [...] keine geringere Bedeutung" (ebd., S. 150) zu als denjenigen „Typen der Ausgerichtetheit und der Bindung von Menschen, [...] die auf Funktionsteilung, auf beruflicher Spezialisierung, [...] auf Gemeinsamkeiten der Identifizierung, der Ich- und Wir-Ideale [...] oder der Sprech- und Denktraditionen beruhen" (ebd., S. 12).

Dass Elias „fluktuierende Machtbalancen [...] zu den Struktureigentümlichkeiten jedes Figurationsstromes (ebd., S. 143) zählt, verrät, dass er auch den Machtbegriff – wie alle anderen soziologischen Begriffe – von einem „Substanzbegriff in einen Beziehungsbegriff" (ebd., S.142) wandelt. Im Unterschied zu Max Weber, der *Macht* als „Chance" fasst, „innerhalb einer sozialen Beziehung den eigenen Willen auch gegen Widerstreben durchzusetzen, gleichviel, worauf diese Chance beruht" (Weber 2002, S. 28), ist für Elias Macht nicht etwas „das der eine besitzt und der andere nicht" (Elias 1981, S. 77), sondern „eine Struktureigentümlichkeit [...] *aller* menschliche[n] Beziehungen" (ebd.).

Macht wird von ihm in diesem Zusammenhang nicht nur streng relational gefasst. Er geht darüber hinaus auch von einem „*polymorphen Charakter der Machtquellen*" (ebd., S. 97) aus:

> Insofern als wir mehr von anderen abhängen als sie von uns, mehr auf andere angewiesen sind als sie auf uns, haben sie Macht über uns, ob wir nun durch nackte Gewalt von ihnen abhängig geworden sind oder durch unsere Liebe oder durch unser Bedürfnis, geliebt zu werden, durch unser Bedürfnis nach Geld, Gesundung, Status, Karriere und Abwechslung. (Elias 1981, S. 77)

5 Macht im Erbringungsverhältnis der SAPV

Kaum erläuterungsbedürftig ist wohl die Abhängigkeit der tödlich Erkrankten sowohl von der medizinischen und pflegerischen Versorgung des SAPV-Teams wie von der Sorgetätigkeit ihrer An- und Zugehörigen. Ebenso dürfte die Abhängigkeit Letzterer von den Professionellen der SAPV-Teams einleuchtend sein, die sich sowohl auf die angesprochenen *edukativen* Anteile beziehen, die für eine erfolgreiche *Transfomierung* der *häuslichen Ordnung* in ein Pflegearrangement notwendig sind, die aber auch eine psychosoziale Begleitung bei ihren eigenen Belastungen als An- oder Zugehörige beinhalten können. Umgekehrt sind jedoch auch die Professionellen in ihren Grundoperationen der *Transformierung* und *Relationierung* nicht nur auf die Kooperation der An- und Zugehörigen, sondern auch der tödlich Erkrankten selbst angewiesen. Dabei ergeben sich ganz typische Konstellationen von *Machtbalancen*.

Zwar gibt es tödlich Erkrankte, die aufgrund ihrer Behandlungserfahrung in der Klink (Heuer et al. 2013) sich in ihr Schicksaal als *objects of care* (Tronto 1993, S. 127ff.) fügen und im *care taking* eine entsprechende *responsiveness* zeigen. Andere jedoch akzeptieren nicht so ohne weiteres die Rolle eines Behandlungsobjektes. Aufgrund ihrer Krankheit haben sie eine hohe Sensibilität für ihre leiblichen Vorgänge entwickelt und wollen mit dieser ihrer Selbsterfahrung und Selbstbeobachtung auch über eine gewöhnliche Anamnese zur Klärung der komplexen Symptomatik hinaus von den Professionellen ernst genommen werden.

Nicht immer ist es jedoch in der SAPV so, wie dies Heuer et al. (2013, S. 275) in idealtypischer Weise für das Hospiz herausgearbeitet haben, dass wenn „die Kategorisierung eines durch den Professionellen zu beurteilenden und zu bewertenden Eingriffs am Patienten bzw. an der Patientin in den Hintergrund [tritt], andererseits die Perspektivität der schwer Kranken an Bedeutung" (ebd.) gewinnt und „eine neue Beziehungsqualität zwischen Professionellen und Patientinnen bzw. Patienten [entsteht], in der die Professionalität nicht durch einen Wissensvorsprung im Sinne eines Expertentums, als vielmehr durch das Eingehen und die Berücksichtigung individueller Patientinnen- und Patientenbedürfnisse hergestellt wird" (ebd.). Selbst wenn „es nicht mehr um eine richtige oder um eine falsche Anwendung standardisierter Prozeduren gehen" (ebd.) kann, findet in der SAPV nicht immer ein „Zurücknehmen professioneller Valuations- und Handlungsmächtigkeit [...] im rekursiven Prozess auf den Patienten bzw. der Patientin, als Kenner bzw. Kennerin seiner bzw. ihrer selbst" (ebd.) statt. Vielmehr beanspruchen zum Teil Professionelle selbst im Angesicht der Ungewissheit, die mit komplexen Symptomatiken immer mehr oder weniger stark einhergeht, eine Deutungshoheit bezüglich Diagnose und Behandlung, so dass in solchen Fällen, in denen die tödlich Kranken nicht bereit sind, sich als *objects of care* (Tronto 1993, S. 127ff.) auf eine entsprechende *responsiveness* im *care taking* reduzieren zu lassen, es weniger zu einer wie auch immer labilen *Machtbalance*, sondern eher zu „entsprechenden Machtproben" (Elias 1981, S. 12) im Erbringungsverhältnis der SAPV kommt.

Statt „dass professionelles Vorgehen durch kommunikative Validierung an den Patientinnen- und Patientenwünschen ausgerichtet wird" (Heuer et al. 2013, S. 275), finden dann auch neben medizinisch/pflegerischen Fachfragen unter den Professionellen z.B. Debatten statt, warum ein Patient immer noch stöhnt, obwohl er physisch aufgrund der Medikation keine Schmerzen mehr empfinden dürfte.

Unseren ethnographischen Befunden zufolge scheint dieses klassische Professionsverständnis in an Kliniken angebundenen SAPV-Teams stärker ausgeprägt zu sein, als in solchen mit einer anderen Form der Trägerschaft.

6 Machtverhältnisse unter den Professionellen der SAPV

Auch scheinen bei den an eine Klinik angebundenen Teams die *Machtbalancen* unter den Professionellen noch ähnlich strukturiert zu sein, wie in der Klinik, z.b. dergestalt, dass im Doctor/Nurse-Game (Stein 1967) weibliche Pflegekräfte ihr Erfahrungswissen so einbringen, dass die männlich-medizinische Deutungshoheit nicht in Frage gestellt wird und es auch nicht zu *Machtproben* zwischen den beiden Berufsgruppen kommt. In abgemilderter Form zeigt sich diese Form einer *Machtbalance* zwischen den Professionsgruppen auch bei umgekehrten Geschlechterverhältnissen.

Weiter zeigen unsere ethnographischen Studien, dass diese *Machtbalancen* zwischen Professionellen in den SAPV-Teams, wie auch ihre konkrete Arbeitsteilung, sehr stark von der jeweiligen Organisationskultur (Klatetzki 1993) geprägt sind.[2]

Trotz der in der Regel „knappen Ressource" spezifischer Kompetenzen z.B. im Bereich Pharmakologie oder bestimmter Diagnose- und Therapietechniken, die auch rechtlich an ein absolviertes Medizinstudium gebunden sind, in den SAPV-Teams im Vergleich zu pflegerischen Kompetenzen, die mit 70% gegenüber allen andern Berufsgruppen weitaus am stärksten in den Teams repräsentiert sind, haben sich dennoch nach unseren Analysen von Teamgesprächen je nach *Organisationskultur* spezifische *Machtbalancen* ausgebildet, in denen es – bis auf die an Kliniken angebundenen Teams – auch nicht zu einer Dominanz derjenigen kam, die ein Medizinstudium absolviert haben. Dies mag auch damit zusammenhängen, dass – wie schon zu Beginn skizziert –die (Re-)Produktion des Sorgearrangements, die stets eine starke psychosoziale Komponente beinhaltet, das Zentrum der Tätigkeit im Rahmen der Hausbesuche ausmacht und diesbezügliche Probleme auch in den Teamgesprächen weitaus mehr Raum einnehmen als pharmakologische Fragen, die klar eine ärztliche Kompetenzdomäne sind.

---

2 vgl. dazu auch die Ergebnisse der online-Befragung (May et al. 2016).

7 Machtbalancen in den Grundoperationen der SAPV

Was nun die (Re-)Produktion des Sorgearrangements betrifft, so sind die dazu notwendigen Grundoperationen von *Transformation* und *Relationierung* ebenfalls von spezifischen, in der Regel recht „labilen Machtbalancen" (Elias 1981, S. 12) gekennzeichnet. Auch wenn wir davon gesprochen haben, dass sich in der *Transformierung* einer vorgefundenen *häuslichen Ordnung* in einen *palliativen Raum* (Hayek 2006) nach professionellen Maßstäben – als Spezifikum des *Settings* (Müller i.E.) der SAPV – sich für bestimmte Konstellationen charakteristische *Aushandlungsordnungen* (Nadai/Maeder 2008) ausbilden, muss mit Elias daran festgehalten werden, dass die über diese Grundoperationen hergestellten „fundamentalen Verflechtungen der einzelnen, menschlichen Pläne und Handlungen [...] Wandlungen und Gestaltungen herbeiführen [können], die kein einzelner Mensch geplant oder geschaffen hat" (Elias 1997, S. 324f.). Die in dieser Weise aus der *Interdependenz* der beteiligten Professionellen und Nutzenden der SAPV – sowie der damit verknüpften *Machtbalancen* zwischen ihnen – entstehenden *Aushandlungsordnungen* bilden von daher eine Ordnung „von ganz spezifischer Art, [...] die zwingender und stärker ist, als Wille und Vernunft der einzelnen Menschen, die sie bilden" (ebd.).

Dabei kann es auch zu *Machtbalancen* kommen, die auf eine *Enteignung* der An- und Zugehörigen der tödlich Erkrankten von Seiten der Professionellen der SAPV zu Koproduzierenden in der Pflege hinauslaufen (vgl. May 2014, S.43). Dass sich die An- und Zugehörigen nicht gegen eine solche *Enteignung* wehren, liegt den im Rahmen unserer Ethnographie mit ihnen geführten ero-epischen[3] Gesprächen (Girtler 2004, S. 66ff.) zufolge daran, dass sie sich angesichts des Leides der ihnen nahestehenden tödlich Erkrankten eine eigene Bedürftigkeit nicht zugestehen. Nicht selten führt dies dazu, dass sie sich bis zur eigenen physischen und psychischen Erschöpfung in der Pflege ‚aufopfern'.

Auf der anderen Seite kommt es jedoch auch häufig zu *Machtproben* besonders zwischen weiblichen, pflegenden An- und Zugehörigen und den Professionellen, sei es dass sie ihre Arbeit durch die Professionellen entwertet oder eine persönliche Kompetenzdomäne bedroht sehen oder aber auch nicht wollen, dass Fremde – erst recht nicht des anderen Geschlechts – Sorgetätigkeiten durchführen, die den

---

3   Der Begriff des ero-epischen Gesprächs setzt sich aus den zwei altgriechischen Wörtern Erotema (Frage) bzw. erotemai (fragen, befragen, nachforschen) und Epos (Erzählung, Nachricht, Kunde) zusammen. Grundlegend für diese ethnographische Erhebungsmethode ist, dass sich sowohl Befragte wie auch Forschende auf einen offenen Dialog einlassen.

Intimbereich ihrer Geliebten betreffen. Letzteres kann durch die tödlich Erkrankten selbst so geteilt werden, muss aber nicht, denn zum Teil werden sie auch von ihren pflegenden Angehörigen recht lieblos zu *objects of care* entsubjektiviert, was bei Professionellen mit einem entsprechenden „Gefühlsmanagement" möglicherweise sehr viel weniger der Fall wäre.

Wenn solche pflegende Angehörige weiblichen Geschlechts ihr Leben lang in einen *family mode of production* (Delphy 1977) unter patriarchalen Verhältnissen eingespannt waren, in denen sich ihr Ehemann (!) ihre unbezahlte Arbeit aneignet hat, kann dies – unabhängig von entsprechenden *Transformierungen* und *Relationierungen* der SAPV-Professionellen – als querer Versuch gelesen werden, Selbstregulierungen im eigenen Binnen- wie Beziehungsverhältnis zur Außenwelt vor Enteignung zu bewahren. Wurde in dieser familialen Produktionsweise unter patriarchalen Produktionsverhältnissen und wird auch noch in dem von ihnen jetzt zu leistenden *palliativ care-work* über sie als *carer* verfügt, verfügen sie selbst (nun) umgekehrt in ihrer behandelnden Versorgung über die dadurch zu *objects of care* Entsubjektivierten (vgl. May 2014, S. 43). Es handelt sich dabei also um eine schlichte Verdrehung der häuslichen *Machtbalancen* aufgrund der nun veränderten Abhängigkeiten. Während die finanzielle Abhängigkeit der pflegenden Frau an Bedeutung verloren hat, ist nun der ehemalige ‚Versorger' der Familie aufgrund seiner Erkrankung in sehr viel stärkere Abhängigkeit von den sorgenden Tätigkeiten seiner weiblichen Familienmitglieder geraten.

Zusammengenommen unterstreichen diese unsere Analysen die Bedeutung solcher *Machtbalancen* und *Machtproben* für die Praxis der SAPV. Allerdings werden diese bisher noch unzureichend von den Professionellen reflektiert, was auch auf eine Leerstelle entsprechender Qualifizierungsmaßnahmen verweist.

Literatur

Delphy, Christine (1977): *The main enemy. A materialist analysis of women's oppression.* London: Women's Research and Resources Centre Publications.

Elias, Norbert (1981): *Was ist Soziologie?* München: Juventa.

Elias, Norbert (1997) *Über den Prozess der Zivilisation. Soziogenetische und psychogenetische Untersuchungen. Zweiter Band: Wandlungen der Gesellschaft: Entwurf zu einer Theorie der Zivilisation.* Frankfurt/M.: Suhrkamp.

Gildemeister, Regine (1995): Kunstlehren des Fallverstehens. In: Langhanky, Michael (Hrsg.): *Verständigungsprozesse der Sozialen Arbeit. Beiträge zur Theorie- und Methodendiskussion*, S. 20–37. Hamburg: Agentur des Rauhen Hauses.

Girtler, Roland (2004): *10 Gebote der Feldforschung.* Münster: Lit.

Häußling, Roger (2010): Relationale Soziologie. In: Stegbauer, Christian/Häußling, Roger (Hrsg.): *Handbuch Netzwerkforschung*, S. 63–87. Wiesbaden: VS.

Hayek, Julia von (2006): *Hybride Sterberäume in der reflexiven Moderne. Eine ethnographische Studie im ambulanten Hospizdienst.* Hamburg u.a.: Lit.

Heuer, Katrin/Kathleen Paul/Andreas Hanses (2013): Professionalitätskonstruktionen in der Arbeit mit sterbenden Menschen. Einblicke in ein laufendes Forschungsprojekt. In: Becker-Lenz, Roland/Ehlert, Gudrun/Busse, Stefan/Müller-Hermann, Silke (Hrsg.): *Bedrohte Professionalität. Aktuelle Gefahren und Einschränkungen für Soziale Arbeit*, S. 259–278. Wiesbaden: Springer VS.

Hochschild, Arlie Russel (2006): *Das gekaufte Herz. Die Kommerzialisierung der Gefühle.* Frankfurt/M.: Campus.

Klatetzki, Thomas (1993): *Wissen, was man tut. Professionalität als organisationskulturelles System.* Bielefeld: Karin Böllert.

Kunstreich, Timm (2005): Dialogische Sozialwissenschaft. Versuch eine generative Methodik in der Sozialen Arbeit handlungstheoretisch zu begründen. In: Braun, Wolfgang/Nauerth, Matthias (Hrsg.): *Lust an der Erkenntnis. Zum Gebrauchswert soziologischen Denkens für die Praxis sozialer Arbeit*, S. 49–66. Bielefeld: Kleine.

Madörin, Mascha (2007): Neoliberalismus und die Organisation der Care-Ökonomie. Eine Forschungsskizze. In: Denknetz (Hrsg.): *Zur politischen Ökonomie der Schweiz: Eine Annäherung: Analysen und Impulse zur Politik*, S. 141–162. Zürich: Edition 8.

May, Michael (2014): Auf dem Weg zu einem dialektisch-materialistischen Care-Begriff. In: Widersprüche 134: *Arbeit am Leben: Care-Bewegung und Care-Politiken*, S. 11–51.

May, Michael (2016): Zur Psychologisierung und Therapeutisierung der Methoden Sozialer Arbeit. In: Anhorn, Roland/Balzereit, Marcus (Hrsg.): *Handbuch Therapeutisierung und Soziale Arbeit*, S. 725–748. Wiesbaden: Springer VS.

May, Michael/Smeaton, Susan/Sittig, Melanie (2016): Die psychosoziale Dimension der Spezialisierten Ambulante Palliativversorgung. Ergebnisse einer Bestands- und Bedarfserhebung. In: neue praxis 5, S. 320–330.

Menzel-Begemann, Anke/Klünder, Britta/Schaeffer, Doris (2015): Edukative Unterstützung Pflegebedürftiger und ihrer Angehörigen zur Vorbereitung auf die häusliche (Selbst-)Versorgung während der stationären Rehabilitation – Herausforderungen und Erfordernisse. In: *Pflege & Gesellschaft* 20 (2), S. 101–115.

Mentzos, Stavros (1988): *Interpersonale und institutionalisierte Abwehr.* Frankfurt am Main: Suhrkamp.

Müller, Falko(i.E.): Die „häusliche Umgebung" als Wohnraum und Setting. Konflikte um Raumsouveränität in der ambulant-aufsuchenden Palliativversorgung. In: Meth, Miriam (Hrsg.): *Pädagogisch-institutionelles Wohnen*. Wiesbaden: Springer VS.

Nadai, Eva/Christoph Maeder (2008): Negotiations at all Points? Interaction and Organization. In: *Forum Qualitative Sozialforschung/Forum: Qualitative Social Research* 9 (1), Art 32, http://nbn-resolving.de/urn:nbn:de:0114-fqs0801327.

Ostner, Ilona (2011): Care – eine Schlüsselkategorie sozialwissenschaftlicher Forschung? In: Evers, Adalbert (Hrsg.): *Handbuch Soziale Dienste*, S. 461–481. Wiesbaden: VS.

Schaarschuch, Andreas/Gertrud Oelerich (2005): Theoretische Grundlagen und Perspektiven sozialpädagogischer Nutzerforschung. In: Dies. (Hrsg.): *Soziale Dienstleistungen aus Nutzersicht. Zum Gebrauchswert sozialer Arbeit*, S. 9–25. München: Reinhardt.

Schwabe, Sven/Ates, Guelay/Hasselaar, Jeroen/Jaspers, Birgit/Linge-Dahl, Lisa/Radbruch, Lukas (2017): „Etwas mehr Vertrauen, dass ich es schaffe…". Pflegende Angehörige in der spezialisierten ambulanten Palliativversorgung. In: *Zeitschrift für Palliativmedizin*, 18, S. 90–96.

Stein, Leonard I. (1967): The Doctor Nurse Game. In: *Archives of general Psychiatry* (16), S. 699–703.

Tronto, Joan C. (1993): *Moral boundaries. A political argument for an ethic of care*. New York: Routledge.

Weber, Max (2002): *Wirtschaft und Gesellschaft. Grundriss der verstehenden Soziologie*. Tübingen: Mohr-Siebeck.

Widegger, Sonja/Schulc, Eva/Them, Christa (2011): Emotionsarbeit in der End-of-Life-Care. Eine quantitative Explorationsstudie zur Erhebung der Emotionsarbeit von diplomiertem Gesundheits- und Krankenpflegepersonen in der End-of-Life-Care. In: *Pflegewissenschaft*, 2, S. 100–112.

Die Übernahme von sorgenden Tätigkeiten im Postfordismus

Freiwilliges Engagement und die Reproduktion von Geschlechterungleichheiten

Yvonne Rubin

Seit Einführung der Pflegeversicherung wird für die Übernahme von sorgenden Tätigkeiten für eine älter werdende Bevölkerung zunehmend freiwilliges Engagement gefordert. Appellative Regelungen als Bestandteil der Pflegeversicherung heben „auf eine neue Kultur des Helfens" (Klie 2009a, S. 574) ab, explizit wird im § 8 SGB XI die pflegerische Versorgung der Bevölkerung als gesamtgesellschaftliche Aufgabe verstanden. Begründet wird die Notwendigkeit eines solchen Engagements mit einer steigenden Erwerbstätigkeit von Frauen und dem damit verbundenen abnehmenden familialen Pflegepotential und demographischen Veränderungen, wie zunehmenden Geburtenrückgängen, einer älter werdenden Bevölkerung und rückläufigen Bevölkerungszahlen (vgl. Statistische Ämter des Bundes und der Länder 2010, S. 5). Begriffe wie ‚Versorgungs'- oder ‚Wohlfahrtsmix' verdeutlichen, dass Versorgung ‚gemeinsam' gestaltet werden muss.

Die benötigten Unterstützungsleistungen, die sich unter dem Begriff ‚Care' subsumieren lassen, sind Tätigkeiten, die im Kontext der Privatisierung und Feminisierung sowohl im Privaten, als auch im Öffentlichen als Arbeit keine angemessene Anerkennung gefunden haben (vgl. Aulenbacher/Dammayr 2014, S. 129). Unter ‚Care' wird hier der gesamte „Bereich der Fürsorge und Pflege, d.h. familialer und institutionalisierter Aufgaben der Gesundheitsversorgung, der Erziehung und Betreuung im Lebenszyklus (Kinder, pflegebedürftige und alte Menschen), sowie der personenbezogenen Hilfe in besonderen Lebenssituationen" (Brückner 2009, S. 39) verstanden. Dieser Care-Begriff beinhaltet sowohl „die Übernahme von Aufgaben als auch Zeit für Zuwendung auf der Basis der Herstellung von Bindung in familialen ebenso wie in professionellen Kontexten" (ebd.). ‚Care' beinhaltet die „Gesamtheit der bezahlten und unbezahlten Sorgearbeit" (Winker 2011, S. 336), zur Übernahme dieser Tätigkeiten werden sowohl im privaten als auch im öffentlichen Raum strukturelle Voraussetzungen „wie materielle und zeitliche Ressourcen sowie inhaltliche, beziehungsfördernde Gestaltungsmöglichkeiten" (Brückner 2004, S. 9) benötigt.

In diesem Beitrag[1] wird die These vertreten, dass durch die Übernahme von freiwilligem Engagement in der pflegerischen Versorgung der älter werdenden Bevölkerung eine traditionelle Geschlechterordnung reproduziert wird, in der „weibliches Sorgen" (Brückner 2004, S.8) auch weiterhin als „frei verfügbare" (ebd.) Ressource in Anspruch genommen wird. Die Analyse von Geschlechterungleichheiten ist dabei wie folgt aufgebaut: Zunächst werden mit der inhaltlichen Ausgestaltung der Pflegeversicherung und der Anforderung an eine ‚Vereinbarkeit' von sorgenden Tätigkeiten mit der Erwerbsarbeit die strukturellen Bedingungen dargestellt, die den Rahmen für die Übernahme von sorgenden Tätigkeiten bieten. Die Analyse von geschlechtsbezogenen Ungleichheiten erfolgt hier entlang eines Verständnisses von Geschlecht als Strukturkategorie, als ‚soziale Platzierung', innerhalb derer Frauen und Männern bestimmte Tätigkeiten zugeschrieben und diese Tätigkeiten in Hierarchie zueinander gesetzt werden (vgl. Maihofer 2002, S.84). Daran anschließend folgt die Darstellung des konkreten Engagements der Bürgerhilfevereine. Hier findet ein Perspektivwechsel statt: Die Diskussion der empirischen Ergebnisse erfolgt entlang der Fragestellung, *wie* Geschlechterunterschiede hergestellt und aufrechterhalten werden und mit welchen Bedeutungen diese Unterscheidungen einhergehen. Geschlecht wird hier als sozial konstruiert verstanden, also als Ergebnis sozialer Prozesse, „in denen „Geschlecht" als sozial folgenreiche Unterscheidung hervorgebracht und reproduziert wird" (Gildemeister 2008, S. 167).

---

[1] Hierbei handelt es sich um Ergebnisse meiner Doktorarbeit. Im Rahmen dieser Studie wurden in drei Bürgerhilfevereinen insgesamt 9 leitfadengestützte und 8 narrative Interviews mit engagierten Freiwilligen geführt. Zusätzlich dazu fand in den Jahren 2014–2017 eine regelmäßige Teilnahme an den monatlich stattfindenden Vorstandssitzungen eines Bürgerhilfevereins statt.

1 Strukturelle Ungleichheiten: Sozialpolitische und gesellschaftliche Rahmungen zur Übernahme von sorgenden Tätigkeiten

Die Pflegeversicherung ist, bedingt durch die einnahmenorientierte Ausgabenpolitik und die damit verbundene Teilleistungsfinanzierung, auf informelles Pflegepotential angewiesen. Dieses informelle Pflegepotential setzt sich zusammen aus familialem Pflegepotential und freiwillig engagierten Menschen. Da die Familie – und nach wie vor zu einem wesentlich größeren Anteil die Frauen der Familien (vgl. Wetzstein et al. 2015, S. 3f.) – als „Pflegedienst der Nation" (Landtag Nordrhein-Westfalen und Enquête-Kommission „Situation und Zukunft der Pflege in NRW" 2005, S. 103) schwerpunktmäßig die Pflege von pflegebedürftigen Angehörigen übernehmen, ist diese Lebensgemeinschaft für die Leistungsstruktur der Pflegeversicherung besonders bedeutsam. Um informelles familiales Pflegepotential zu fördern und familiale Pflege zu unterstützen sind im Pflegeversicherungsgesetz (SGB XI) verschiedene Maßnahmen vorgesehen: So erhalten bspw. pflegebedürftige Menschen, die keine professionelle Pflege in Anspruch nehmen und deren Pflege und/oder Betreuung von An- oder Zugehörigen übernommen wird, monatlich ein Pflegegeld. Dieses Pflegegeld soll verwendet werden, um „selbst beschaffte Pflegehilfen" (§ 37 SGB XI) finanziell für ihre Tätigkeiten zu entlohnen und stellt aus Sicht des Gesetzgebers einen Anreiz dar, um die Bereitschaft für familiale Pflege zu fördern (vgl. Kunstmann 2010, S. 299ff.). Eine weitere Maßnahme zur Stärkung des familialen Pflegepotentials ist die 2015 eingeführte Pflegezeit. Personen, die die Pflege für einen Angehörigen organisieren, können durch die Einführung der Pflegezeit verschiedene Unterstützungsmöglichkeiten erhalten: Sie können sich bis zu 10 Tagen von ihrer Erwerbsarbeit freistellen lassen und für diese Tage Pflegeunterstützungsgeld als Lohnersatzleistung beantragen. Darüber hinaus haben sie einen Rechtsanspruch darauf sich – je nach Pflegesituation für 3, 6, oder 24 Monate – teilweise von der Erwerbsarbeit freistellen zu lassen. Zur Überbrückung finanzieller Engpässe können sie für diesen Zeitraum ein zinsloses Darlehen beantragen. Diese teilweise Freistellung bei Rückkehr zum vorherigen Arbeitsverhältnis – so wird beim Bundesministerium Familie, Senioren, Frauen und Jugend angenommen – hilft insbesondere Frauen bei der Vereinbarkeit von Pflege und Beruf (vgl. https://www.wege-zur-pflege.de/themen/pflegezeit.html).

Zusätzlich zu der Stärkung häuslicher Pflege und zur Generierung von weiterem, informellem Pflegepotential wird durch die Pflegeversicherung finanziell die Schaffung ehrenamtlicher Strukturen gefördert. Durch freiwillig engagierte Menschen soll „der Pflegebereich notwendige Unterstützung angesichts bereits erkennbarer Lücken" (Reggentin/Dettbarn-Reggentin 2012, S. 52) erhalten. Freiwillig engagierte Menschen können sich sowohl institutionalisiert bei Anbietern professioneller Pflege engagieren, sie können aber auch unabhängig von professioneller Pflege tätig werden: So können bspw. Bürgerhilfevereine bestimmte Leistungen, die im Rahmen des freiwilligen Engagements erbracht werden, mit den Pflegekassen abrechnen (§ 45a SGB XI).

Das von der Pflegeversicherung benötigte informelle Pflegepotential setzt sich also zusammen aus der familialen Pflege und freiwillig engagierten Menschen. Unter anderem mit einer gestiegenen Integration von Frauen in den Erwerbsarbeitsmarkt und einem damit verbundenen Wandel der sogenannten ‚weiblichen Normalbiografie' wird die Sorge begründet, dass die Pflegebereitschaft von Angehörigen sinke (vgl. Kunstmann 2010, S. 123). Die Integration von Frauen in den Erwerbsarbeitsmarkt findet oftmals als atypisches Beschäftigungsverhältnis statt, die Beschäftigungsverhältnisse sind befristete Beschäftigungsverhältnisse, oder – insbesondere nach der Geburt eines Kindes – Teilzeitarbeitsverhältnisse (vgl. Bundesministerium für Familie, Senioren, Frauen und Jugend 2012, S. 20ff.). Hierdurch werden nicht nur Geschlechterungleichheiten auf dem Arbeitsmarkt manifestiert, gleichzeitig ist dies die Voraussetzung dafür, dass die häusliche geschlechtliche Arbeitsteilung erhalten bleibt, da die private Ungleichverteilung von Sorgearbeit oder ‚Care' wiederum die volle Erwerbsbeteiligung von Frauen behindert (vgl. Winker 2015, S. 110). Sollten Frauen aber ungeachtet dieser Ungleichverteilung von Sorgearbeit dennoch Vollzeit erwerbstätig sein, haben sie jetzt einen rechtlichen Anspruch darauf, ihre Arbeitszeit zu reduzieren, um familiale Pflegetätigkeiten zu übernehmen. Entstehende finanzielle Engpässe können sie mit einem zinslosen Darlehen überbrücken (selbstverständlich gilt dieser Rechtsanspruch auch für Männer).

Das benötigte informelle Pflegepotential zur Sicherstellung der Versorgung pflegebedürftiger Menschen und das abnehmende familiale Pflegepotential stellen die Rahmenbedingungen dar, die begründen, dass jetzt vermehrt freiwillig engagierte Menschen in der Versorgung der älter werdenden Bevölkerung tätig werden sollen.

2 Freiwilliges Engagement in Bürgerhilfevereinen

Mit der postfordistischen Gesellschaftstransformation hat sich auch das Verständnis von Freiwilligem Engagement gewandelt. In der fordistischen Regulation spielte ein solches Engagement eine eher untergeordnete Rolle. Sozialstaatliche Strukturen und die Konsumnorm stellten die zentralen Formen der sozioökonomischen Integration dar, die repräsentative Demokratie die politische Integration. Individuen galten als Konsument*innen mit sozialen Rechten und Wahlbürger*innen. Soziale und kulturelle Dienstleistungen wurden entweder eingekauft oder standen als staatliche Dienstleistungen zur Verfügung. Gemeinschaft wurde ‚privat' im Rahmen der Kleinfamilie vermittelt. Der fordistische Staat förderte Vorstellungen von staatlicher Machbarkeit gesellschaftlicher Verhältnisse und bewirkte kaum zivilgesellschaftliches Handeln. In der postfordistischen Regulation werden vermehrt kommunitaristische Ideen – bspw. unter dem Begriff der Bürgergesellschaft – und Fragestellungen zu freiwilligem Engagement diskutiert. Sie scheinen, sowohl bezogen auf die gesamtgesellschaftliche Kohäsion, als auch als sinnstiftende Elemente für die Individuen, geeignet zu sein, eine kollektive Identität und sozialen Zusammenhalt herstellen und fördern zu können und sind ein willkommener Ausgleich zu den Defiziten der marktförmigen Regulation (vgl. Kohlmorgen 2004, S. 211f.).

Diese „neue Richtung des Nachdenkens über Lebenszusammenhänge, Modernisierungs- und Reformkonzepte" (Evers 2011, S. 265) lässt sich mit dem Begriff ‚Wohlfahrtsmix' bezeichnen. Während ‚Wohlfahrtsmix' auf der einen Seite die Pluralität der Ressourcen für die Lebensumstände der Bürger*innen verdeutlicht – „es geht um Staat, Markt, den dritten Sektor von Assoziationen verschiedenster Art und um Gemeinschaftsformen auch jenseits von Familie" (ebd.) – wird dadurch auch deutlich, dass Gesellschaftsauffassungen, in denen einigen Instanzen (in der Regel Staat und Markt) eine vorrangige Bedeutung und anderen Instanzen (Familie und informellen Gemeinschaften) eine nachrangige Bedeutung zugemessen wurde, nicht länger das favorisierte Vergesellschaftungsmodell sind (vgl. ebd.). Dies wird insbesondere dadurch deutlich, dass – wie einleitend bereits erwähnt – die pflegerische Versorgung als gesamtgesellschaftliche Aufgabe verstanden wird, die sich „ohne Formen bürgerschaftlichen Engagements [...] nicht denken" (Klie 2009b, S. 1) lässt.

Eine Möglichkeit zur Erbringung freiwilligen Engagements für die älter werdende Bevölkerung ist ein Engagement innerhalb von sogenannten ‚Bürgerhilfevereinen'. Bürgerhilfevereine sind Vereine, die in der Regel als Ziele die Förderung der praktischen Jugend- und Altenhilfe, die Unterstützung von Personen in Verrichtungen des täglichen Lebens und die Förderung von Bildung und Erziehung verfolgen. Die Bürgerhilfevereine, die an dieser Studie beteiligt waren, sind vor dem Hintergrund gegründet worden, dass durch persönliche Erfahrungen der Engagierten mit dem professionellen pflegerischen Hilfesystem festgestellt wurde, dass professionelle pflegerische Leistungen nicht ausreichend sind, bzw. nicht ausreichend finanziert werden, und dass zudem die familiäre oder nachbarschaftliche Unterstützung oder Unterstützung durch Freunde nicht ausreichend verfügbar war. Die Bürgerhilfevereine wurden gegründet, um denjenigen Menschen zu helfen, die Unterstützung über ihre familialen und sozialen Kontakte hinaus brauchen. Um ihre Ziele zu erreichen bieten sie unterschiedliche Leistungen wie bspw. Kinderbetreuung und die Beaufsichtigung von Pflegebedürftigen, Besuchsdienste bei älteren und hilfsbedürftigen Mitbürger*innen, Begleitdienste zu Ärzten und organisierte Fahrten zu Friedhöfen und/oder kurzfristige Hilfen im Haushalt aller Art, wie bspw. kleinere Reparaturen oder Einkaufsfahrten an. Zusätzlich dazu bieten sie Veranstaltungen unterschiedlichster Art an. Hierbei handelt es sich bspw. um Vorträge oder Besichtigungen. Und als soziale Angebote werden regelmäßige Unternehmungen wie bspw. Spielnachmittage oder ‚Kaffeetrinken' organisiert.

3 Zur Reproduktion geschlechtlicher Ungleichheit im freiwilligen Engagement

Wie sich freiwilliges Engagement in Bezug auf geschlechtsbezogene Ungleichheiten im Rahmen des Engagements der Bürgerdienste konkretisiert, wird im Folgenden dargestellt. Ein zentraler Stellenwert kommt dabei der Analyse von Interaktionen zu: Interaktionen stellen einen formenden Prozess dar, innerhalb dessen sich die Teilnehmenden der Interaktion sowohl individuell, als auch kategorial verorten müssen und hierbei nimmt die Zugehörigkeit zu einem Geschlecht eine zentrale Rolle ein (vgl. Gildemeister 2010, S. 138): Aus interaktionstheoretischer Perspektive stellt sich zum einen die Frage danach, wie es zu einer binären und wechselseitig exklusiven Klassifikation von zwei Geschlechtern kommt und zum anderen, wie diese Klassifikation mit *Bedeutungen* aufgeladen, also sinnhaft strukturiert wird (vgl. ebd., S. 175). Dabei kann die Verschränkung von individuellen Handlungen (wie bspw. in Interaktionen) und soziostrukturellen Einflüssen als Syntheseleistung in sozialen Räumen bezeichnet werden, in denen „Geschlechterbilder reproduziert und als Strukturkategorie wirksam" werden (Spatscheck 2012, S. 2). Diesen Annahmen folgend wird im weiteren Verlauf dieses Abschnittes exemplarisch dargestellt, wie scheinbar eben diese strukturellen Einflüsse individuelle Handlungen (und Deutungen) beeinflussen. Die Analyse erfolgt dabei unter Bezugnahme auf Carol Hagemann-White aus „doppelter Blickrichtung" (Hagemann-White 1993, S. 75): ‚Doppelte Blickrichtung' meint, dass geschlechtsbezogene Differenzierungen aus alltagspraktischer Perspektive ernst genommen werden, in einer analytischen Perspektive aber, d.h. bei der Interpretation der Daten dann allerdings außer Kraft gesetzt und reflektiert werden (vgl. ebd.).

Dies wird im Folgenden anhand der von den Bürgerdiensten getroffenen Unterscheidungen in Bezug auf ihre Angebote diskutiert: Die Bürgerhilfevereine erbringen zum einen Leistungen, die sie als ‚Dienstleistungen' und helfende Tätigkeiten verstehen. Diese Dienstleistungen beinhalten haushaltsnahe Tätigkeiten wie z.B. Einkaufsdienste, Fahrdienste zu Ärzten, sowie kleinere Reparaturen im Haushalt. Zum anderen erbringen die Bürgerhilfevereine Leistungen, die sie als ‚soziale Angebote' bezeichnen. Soziale Angebote sind bspw. Kaffeenachmittage: Hier treffen sich Vereinsmitglieder in regelmäßigen Abständen zum Austausch, trinken gemeinsam Kaffee und essen Kuchen. Insgesamt betrachtet sind die Unterstützungsleistungen, die die Bürgerdienste erbringen, Tätigkeiten, die im vorherigen Lebensverlauf der Engagierten und in der Erwerbstätigkeit der privaten Sphäre zugeordnet werden konnten (einkaufen, saubermachen, sich kümmern). Es sind haushaltsnahe Tätigkeiten, die in der Regel unentgeltlich erbracht wurden und die nicht sonderlich prestigeträchtig waren. Innerhalb der Leistungserbringung des freiwilligen Engagements werden diese Leistungen jetzt unterteilt in prestigeträchtige und weniger prestigeträchtige Leistungen:

Naja, meistens hat es [die Dienstleistung, YR] doch irgendwas mit Technik zu tun oder mit was Manuellem. Also selbst das Einkaufen ist schon Technik genug, weil das Auto zu laden, das Zeug die Treppen hoch, nach dem Mülleimer zu gucken. Also das sind so Tätigkeiten, die im Haushalt anfallen, aber auch komplizierter sein können als PC oder sowas. (Herr Asdonk: 741–745)

Wie dieses Zitat zeigt, wird die erbrachte Leistung komplex beschrieben: Sie hat was „*mit Technik zu tun*", es gibt mehrere Arbeitsschritte, die geplant werden müssen, es müssen verschiedene Dinge berücksichtigt werden und insgesamt ist diese Dienstleistung „*auch komplizierter als PC oder sowas*". Im Vergleich hierzu werden die Tätigkeiten, die der Kategorie ‚soziale Angebote', als weiteres Leistungsangebot der Bürgerhilfevereine, zugeordnet werden, anders gedeutet:

Also mein Ding ist es jetzt nicht zum Beispiel, die anderen Dinge im Verein, die jetzt auch laufen, vom Kino übers Waffelcafé bis hin zu irgendwelchen Events und Veranstaltungen, das ist nicht meine Sache. Es gibt bestimmt auch Leute, die da sagen, okay, das macht mir Spaß, das hilft mir, macht mir Freude [...]. Okay, gut, ist halt etwas Anderes, als jemandem aus einer echten Klemme zu helfen. (Herr Asdonk: 513–534).

Während es auf der einen Seite also Tätigkeiten gibt, die als ‚Hilfe' bezeichnet werden und die bspw. als geeignet wahrgenommen werden, um jemandem „*aus einer echten Klemme zu helfen*" (Herr Asdonk, Zeile: 534), gibt es darüber hinaus „*die anderen Dinge im Verein*" (Herr Asdonk, Zeile: 514). Hier wird eine Unterscheidung zwischen Tätigkeiten getroffen, die einhergeht mit einer geringeren Anerkennung der Tätigkeiten, die als soziale Angebote der Schaffung von Kontaktmöglichkeiten dienen: Während ‚Hilfe' also dadurch gekennzeichnet scheint, dass damit jemandem *aus einer echten Klemme*' geholfen werden kann, stehen demgegenüber *‚die anderen Dinge'*. Diese Tätigkeiten werden als geeignet beschrieben, um denjenigen Freude zu bereiten, die diese Angebote erbringen: „*Es gibt bestimmt auch Leute, die da sagen, okay, das macht mir Spaß, das hilft mir, macht mir Freude*" (Herr Asdonk, Zeile: 532–533). Aussagen darüber, welche Notwendigkeit die Tätigkeiten für diejenigen haben, die sie in Anspruch nehmen, werden nicht getroffen, der Fokus liegt auf dem Nutzen, die ein Engagement im Rahmen dieser Tätigkeiten für diejenigen hat, die die Tätigkeiten erbringen (vgl. Frau Striepe, Zeile 461–473). Einigkeit darüber, dass die sozialen Angebote keine ‚Hilfeleistung' sind, herrscht auch innerhalb des Vorstandes eines der an dieser Untersuchung beteiligten Bürgerhilfevereine: Innerhalb einer Diskussion darüber, was für Projekte der Bürgerhilfeverein zukünftig anbieten will, wird von einem Vorstandsmitglied festgestellt: „*Ich kann doch so'n Waffelcafé nicht als Leistung abtun, das ist Freizeitbeschäftigung*".

Die sozialen Angebote werden also nicht nur nicht als Hilfeleistungen anerkannt, sie werden zudem auch als ‚Freizeitbeschäftigung' deklariert, womit ihnen eine unmittelbare Notwendigkeit abgesprochen wird. Geschlechtsbezogene Ungleichheiten scheinen hier ‚offensichtlich', da die sozialen Angebote des Vereins ausschließlich von Frauen angeboten und von Frauen in Anspruch genommen werden. Darüber hinaus bekommen die sozialen Angebote der Bürgerhilfevereine insofern eine weibliche Konnotation, als dass sie Aktivitäten zum Inhalt haben, die sich – mit Margrit Brückner gesprochen – zusammenfassen lassen als, „Mitfühlen und Anteilnahme, fragloses Mittun und Trost, Beistehen und Durchhalten" (Brückner 2004, S. 13), weiblich konnotierte „Fürsorgestrategien" (ebd.). Und die Nichtanerkennung dieser Tätigkeiten führt insofern zu einer Reproduktion geschlechtlicher Ungleichheiten, als dass diese Tätigkeiten auch in anderen gesellschaftlichen Zusammenhängen nicht als notwendige Tätigkeiten anerkannt werden.

4 Fazit

Strukturelle Bedingungen und hier insbesondere die inhaltliche Ausgestaltung der Pflegeversicherung und die geschlechtssegregierenden Strukturen des Arbeitsmarktes begründen, dass sorgende Tätigkeiten zu einem Großteil von Frauen erbracht werden. Gleichzeitig werden diese Tätigkeiten nicht als notwendige gesellschaftliche Tätigkeiten anerkannt. Das lässt sich daraus ableiten, dass sie nicht mit den zur Übernahme benötigten Ressourcen ausgestattet werden. Beispielhaft wurde dies an der oben skizzierten Konzeptionierung der Pflegeversicherung verdeutlicht: Im Unterschied zur Erwerbsarbeit – die ja finanziell entlohnt wird – wird die Übernahme sorgender Tätigkeiten dadurch ermöglicht, dass der – durch eine Reduzierung der Arbeitszeit – entstandene Verdienstausfall, mit der Aufnahme eines Kredites entgegengewirkt werden kann.

Und auch im freiwilligen Engagement werden – wenn auch auf anderen Ebene – sorgende Tätigkeiten nicht als notwendige Tätigkeiten anerkant: Im Rahmen des freiwilligen Engagements wird differenziert zwischen ‚echter Hilfe' und ‚Freizeitbeschäftigung': Die sorgenden Tätigkeiten werden innerhalb dieser Unterscheidung der ‚Freizeitbeschäftigung' zugeordnet und als nicht als Tätigkeiten wahrgenommen, die eine helfende Funktion haben.

Literatur

Aulenbacher, Brigitte/Dammayr, Maria (2014): Zwischen Anspruch und Wirklichkeit: Zur Ganzheitlichkeit und Rationalisierung des Sorgens und der Sorgearbeit. In: Aulenbacher, Brigitte/Riegraf, Birgit/Theobald, Hildegard (Hrsg.): *Sorge: Arbeit, Verhältnisse, Regime. Care: work, relations, regimes*, S. 125–140. Baden-Baden: Nomos.

Brückner, Margrit (2004): Der gesellschaftliche Umgang mit menschlicher Hilfebedürftigkeit. Fürsorge und Pflege in westlichen Wohlfahrtsregimen. In: *Österreichische Zeitschrift für Soziologie* 29, (2), S. 7–23.

Brückner, Margrit (2009): Die Sorge um die Familie – Care im Kontext Sozialer Arbeit und öffentlicher Wohlfahrt. In: *neue praxis. Zeitschrift für Sozialarbeit, Sozialpädagogik und Sozialpolitik* (Sonderheft 9), S. 39–48.

Bundesministerium für Familie, Senioren, Frauen und Jugend (Hrsg.) (2012): *Sinus Sociovision. Entgeltungleichheit zwischen Frauen und Männern. Einstellungen, Erfahrungen und Forderungen der Bevölkerung zum „gender pay gap".*

Evers, Adalbert (2011): Wohlfahrtsmix und soziale Dienste. In: Evers, Adalbert/Heinze, Rolf G./Olk, Thomas (Hrsg.): *Handbuch Soziale Dienste*, S. 265–283. Wiesbaden: VS.

Gildemeister, Regine (2008): Soziale Konstruktion von Geschlecht: „Doing gender". In: Wilz, Sylvia Marlene (Hrsg.): *Geschlechterdifferenzen – Geschlechterdifferenzierungen. Ein Überblick über gesellschaftliche Entwicklungen und theoretische Positionen*, S. 167–198. Wiesbaden: VS.

Gildemeister, Regine (2010): Doing Gender: Soziale Praktiken der Geschlechterunterscheidung. In: Becker, Ruth/Kortendiek, Beate (Hrsg.): *Handbuch Frauen- und Geschlechterforschung. Theorie, Methoden, Empirie*, S. 137–145. Wiesbaden: VS.

Hagemann-White, Carol (1993): Die Konstrukteure des Geschlechts auf frischer Tat ertappen? Methodische Konsequenzen einer theoretischen Einsicht. In: *Feministische Studien* 11 (2), S. 68–78.

Klie, Thomas (2009a): Bürgerschaftliches Engagement in der Pflege. In: Hartnuß, Birger/ Klein, Ansgar/Olk, Thomas (Hrsg.): *Engagementpolitik. Die Entwicklung der Zivilgesellschaft als politische Aufgabe*, S. 571–591. Wiesbaden: VS.

Klie, Thomas (2009b): *Care und Bürgerschaftliches Engagement. Zur Bedeutung freiwilligen Engagements in der Begleitung und Unterstützung von Menschen mit Behinderungen und Pflegebedarf*. Unter Mitarbeit von Andreas Hils. Hrsg. v. zze – Zentrum für zivilgesellschaftliche Entwicklung.

Kohlmorgen, Lars (2004): *Regulation, Klasse, Geschlecht. Die Konstituierung der Sozialstruktur im Fordismus und Postfordismus*. Münster: Westfälisches Dampfboot.

Kunstmann, Anne-Christin (2010): *Familiale Verbundenheit und Gerechtigkeit. Fehlende Perspektiven auf die Pflege von Angehörigen. Eine Diskursanalyse*. Wiesbaden: VS.

Landtag Nordrhein-Westfalen; Enquête-Kommission: „*Situation und Zukunft der Pflege in NRW"* (Hrsg.) (2005): Situation und Zukunft der Pflege in NRW. Bericht der Enquête-Kommission des Landtags Nordrhein-Westfalen.

Maihofer, Andrea (2002): Gender Studies: von der Frauen- zur Geschlechterforschung. In: *Zeitschrift für schweizerische Archäologie und Kunstgeschichte* 59 (2), S. 83–88.

Reggentin, Heike/Dettbarn-Reggentin, Jürgen (2012): *Freiwilligenarbeit in der Pflege. Pflegearrangements als zukünftige Versorgungsform*. Stuttgart: Kohlhammer.

Spatscheck, Christian (2012): *Hat der Sozialraum ein Geschlecht? Über die Genderdimensionen des sozialräumlichen Denkens und Handelns.* In: sozialraum.de 4, 1.
Statistische Ämter des Bundes und der Länder (Hrsg.) (2010): *Demografischer Wandel in Deutschland. Auswirkungen auf Krankenhausbehandlungen und Pflegebedürftige im Bund und in den Ländern.* Wiesbaden.
Wetzstein, Matthias/Rommel, Alexander/Lange, Cornelia (2015): *Pflegende Angehörige – Deutschlands größter Pflegedienst.* Hrsg. v. Robert Koch – Institut. Berlin (GBE Kompakt).
Winker, Gabriele (2011): Soziale Reproduktion in der Krise – Care Revolution als Perspektive. In: *Das Argument. Zeitschrift für Philosophie und Sozialwissenschaften* 53 (3), S. 333–344.
Winker, Gabriele (2015): *Care Revolution. Schritte in eine solidarische Gesellschaft.* Bielefeld: transcript.

Autor_innen

KATHRIN AGHAMIRI, Dr. phil., Professorin für Sozialpädagogik mit dem Schwerpunkt Schule und Soziale Arbeit an der Fachhochschule Münster, k.aghamiri@fh-muenster.de.

MONIKA ALISCH, Dr. phil. habil., Dipl. Soziologin, Professorin für Sozialraumorientierte Soziale Arbeit, Gemeinwesenarbeit und Sozialplanung, Fachbereich Sozialwesen der Hochschule Fulda.

ROLAND ANHORN, Dr. phil., Professur für Sozialarbeit an der Evangelischen Hochschule Darmstadt, Fachbereich Sozialarbeit/Sozialpädagogik, anhorn@eh-darmstadt.de.

NADINE BALZTER, M.A., wissenschaftliche Mitarbeiterin am Institut für Allgemeine Pädagogik und Berufspädagogik an der Technischen Universität Darmstadt.

MARIA BITZAN, Dr. rer. soc., Professur für Soziale Arbeit an der Hochschule Esslingen, Fakultät Soziale Arbeit, Gesundheit und Pflege, Maria.Bitzan@hs-esslingen.de.

MONIKA BURMESTER, Dr., Professorin für Ökonomie des Sozial- und Gesundheitswesens mit dem Schwerpunkt Betriebswirtschaftslehre an der Evangelischen Hochschule Rheinland-Westfalen-Lippe.

CLAUDIA BUSCHHORN, Dr., Fachberaterin beim Landesjugendamt Westfalen-Lippe, zuvor Lehrkraft für besondere Aufgaben im Arbeitsbereich Sozialpädagogik des Instituts für Erziehungswissenschaft an der Westfälischen Wilhelms-Universität Münster.

REGINA-MARIA DACKWEILER, Dr. phil. habil., Professorin für Politikwissenschaft, Hochschule RheinMain, Fachbereich Sozialwesen mit dem Schwerpunkt „Gesellschaftliche und politische Bedingungen Sozialer Arbeit".

KERSTIN DISCHER, M.A., Technische Hochschule Köln, Fakultät für Angewandte Sozialwissenschaften, kerstin.discher@th-koeln.de.

MIRIAM DÜBER, wissenschaftliche Mitarbeiterin am Zentrum für Planung und Evaluation Sozialer Dienste der Universität Siegen, dueber@zpe.uni-siegen.de.

SEVIM DYLONG, Master Bildungswissenschaften, studiert an der TU Darmstadt, Angestellte bei der Handwerkskammer Frankfurt-Rhein-Main im Bereich berufliche Bildung und Nachwuchskräftesicherung.

CARINA FISCHER, wissenschaftliche Mitarbeiterin am Lehrstuhl für Sozialpädagogik an der Otto-Friedrich-Universität Bamberg, seit 2017 Projektmitarbeiterin des DFG-Forschungsprojektes „Wissen aus situationsgebundenen Erfahrungen".

SUSANNE GERNER, Dr. phil., Dipl. Päd., Professorin für Theorien und Methoden Sozialer Arbeit an der Evangelischen Hochschule Darmstadt/Studienstandort Schwalmstadt-Treysa, susanne.gerner@eh-darmstadt.de.

CHRISTIAN GRÄFE, M.A., Universität Duisburg-Essen, Fakultät für Bildungswissenschaften, christian.graefe@uni-due.de.

MANUELA GRÖTSCHEL, Dipl. Päd., Einrichtungsleitung RAUM_58, Notschlafstelle für Jugendliche in Essen, Vorstand im Bündnis für Straßenkinder in Deutschland e.V.

ANNA KRISTINA HARTFIEL, Dipl. Päd., arbeitet in der Stätte der Begegnung in Vlotho, anna.hartfiel@staette.de.

FRANZ HERRMANN, Dr. rer. soc., Dipl.-Päd., Dipl.-Soz.arb. (FH), Professur für Soziale Arbeit an der Hochschule Esslingen, Fakultät Soziale Arbeit, Gesundheit und Pflege, Franz.Herrmann@hs-esslingen.de.

ANDREAS HERZ, Dr. phil., wissenschaftlicher Mitarbeiter Universität Hildesheim (beurlaubt), derzeit Vertretung der Professur für empirische Pädagogik/Forschungsmethoden an der Philipps-Universität Marburg, Institut für Erziehungswissenschaft, herz@staff.uni-marburg.de.

KERSTIN HERZOG, Dr. phil., Schulden- und Insolvenzberaterin, Lehrbeauftragte an der Hochschule Ludwigshafen, Fachbereich Sozial- und Gesundheitswesen, kercey@gmx.de.

MARK HUMME, Dr., Lehrkraft für besondere Aufgaben im Arbeitsbereich Sozialpädagogik des Instituts für Erziehungswissenschaft an der Westfälischen Wilhelms-Universität Münster.

TILMAN KALLENBACH, Wissenschaftlicher Mitarbeiter am Lehrstuhl für Sozialpädagogik der Uni Bamberg. Forscht zu den Themen Soziale Bewegungen, Migration und Asyl.

FABIAN KESSL, Dr. phil., Professur für Theorie und Methoden der Sozialen Arbeit an der Fakultät für Bildungswissenschaften, Institut für Soziale Arbeit und Sozialpolitik der Universität Duisburg-Essen.

ALEXANDRA KLEIN, Dr. phil., Professorin für Erziehungswissenschaft mit Schwerpunkt Soziale Ungleichheiten in Kindheit und Jugend an der Goethe-Universität Frankfurt am Main, Institut für Sozialpädagogik und Erwachsenenbildung.

FLORIAN CRISTOBAL KLENK, 1. Staatsexamen (Lehramt an Gymnasien), wissenschaftlicher Mitarbeiter am Institut für Allgemeine Pädagogik und Berufspädagogik an der Technischen Universität Darmstadt.

CHRISTIAN KOLBE, Dr. phil., Professor für Kommunale Sozialpolitik und Armutsprävention an der Frankfurt University of Applied Sciences, Fachbereich Soziale Arbeit und Gesundheit, cmkolbe@fb4.fra-uas.de.

STEFAN KÖNGETER, Dr. phil., habil., Professor für Sozialpädagogik an der Universität Trier, Fach Erziehungs- und Bildungswissenschaften, koengeter@uni-trier.de.

JACQUELINE KUNHENN, M.A., wissenschaftliche Mitarbeiterin, Arbeitseinheit Sozialpädagogik, Institut für Erziehungswissenschaft, Bergische Universität Wuppertal, kunhenn@uni-wuppertal.de.

TIMM KUNSTREICH, Dr. phil., em., Professur für Theorie und Methoden Sozialer Arbeit an der Evangelischen Hochschule für Soziale Arbeit & Diakonie Hamburg, TimmKunstreich@aol.com.

BIANCA LENZ, Dipl.-Sozialwiss., wissenschaftliche Mitarbeiterin und Promovendin im DFG-Graduiertenkolleg ‚Doing Transitions' an der Johann Wolfgang Goethe-Universität Frankfurt/M., B.Lenz@em.uni-frankfurt.de.

KATHARINA LIEBSCH, Dr. phil., Professorin für Soziologie unter besonderer Berücksichtigung der Mikrosoziologie an der Helmut Schmidt Universität/Universität der Bundeswehr Hamburg.

FRIEDERIKE LORENZ, Erziehungswissenschaftlerin, Sozialarbeiterin, Erzieherin. Derzeit Lehrvertretung von Prof. Dr. Sabine Wagenblass für „Geschichte und Theorien Sozialer Arbeit" an der Hochschule Bremen. Kontakt: friederike.lorenz@uni-due.de.

TILMAN LUTZ, Dr. phil., Professur für gesellschaftliche Bedingungen der Sozialen Arbeit und Diakonie an der Evangelischen Hochschule für Soziale Arbeit & Diakonie Hamburg, tlutz@rauheshaus.de.

MICHAEL MAY, Dr. phil., habil., Professur für Theorie und Methoden der Jugendarbeit, der Randgruppenarbeit und der Gemeinwesenarbeit an der Hochschule RheinMain, Wiesbaden, Fachbereich Sozialwesen, michael.may@hs-rm.de.

CHRISTINA MÜLLER, Wissenschaftliche Mitarbeiterin am Lehrstuhl für Sozialpädagogik der Uni Bamberg. Forscht zu den Themen Kindheit, Stadt und Migration.

MATTHIAS MÜLLER, Dr. phil., Sozialpädagoge und Soziologe, lehrt und forscht am Institut für Sozialwesen der Universität Kassel.

SEBASTIAN MUY, Studium der Sozialen Arbeit an der Hochschule Ludwigshafen am Rhein und an der Alice-Salomon-Hochschule (ASH) Berlin. Arbeitet als Sozialarbeiter im Beratungs- und Betreuungszentrum für junge Flüchtlinge und Migrant_innen (BBZ) und ist daneben als Lehrbeauftragter an der ASH tätig.

ANDREAS OEHME, Dr. phil., wissenschaftlicher Mitarbeiter am Institut für Sozial- und Organisationspädagogik der Universität Hildesheim, andreas.oehme@uni-hildesheim.de.

GERTRUD OELERICH, Dr. phil., Professorin für Sozialpädagogik/Kinder- und Jugendhilfe, Arbeitseinheit Sozialpädagogik, Institut für Erziehungswissenschaft, Bergische Universität Wuppertal, oelerich@uni-wuppertal.de.

MARION OTT, Dr. Phil, wissenschaftliche Mitarbeiterin der Goethe-Universität Frankfurt. Arbeitsschwerpunkte: Ethnographische Institutionenforschung in Feldern der Sozialen Arbeit, Geschlechter- und Kindheitsforschung sowie die methodologische Verknüpfung von Ethnographie und Machtanalytik.

BIRGIT PAPKE, Dr. phil., ist Lehrkraft für besondere Aufgaben in der Fakultät Bildung, Architektur, Künste und wissenschaftliche Mitarbeiterin im Zentrum für Planung und Evaluation Sozialer Dienste (ZPE) der Universität in Siegen, papke@zpe.uni-siegen.de.

KERSTIN RATHGEB, Dr. phil., Professur für Allgemeine Pädagogik an der Evangelischen Hochschule Darmstadt, Fachbereich Sozialarbeit/Sozialpädagogik, rathgeb@eh-darmstadt.de.

DANIELA REIMER, Dr. phil., Dipl.-Pädagogin und Dipl.-Sozialarbeiterin, ist wissenschaftliche Mitarbeiterin in der Forschungsgruppe Pflegekinder an der Universität Siegen, daniela.reimer@uni-siegen.de.

ECKHARD ROHRMANN, Dr., Professor im Bereich der Sozial- und Sonderpädagogik an der Philipps-Universität Marburg, rohrmann@staff.uni-marburg.de.

ALBRECHT ROHRMANN, Professor für Sozialpädagogik mit den Schwerpunkten soziale Rehabilitation und Inklusion an der Universität Siegen, rohrmann@zpe.uni-siegen.de.

YVONNE RUBIN, M.A. Soziale Arbeit im Schwerpunkt Sozialraumentwicklung und Organisation. Wissenschaftliche Mitarbeiterin in den Forschungsprojekten BUSLAR – Bürgerhilfevereine und Sozialgenossenschaften als Partner der Daseinsfürsorge im ländlichen Raum und PASTA – Partizipation in der stationären Altenhilfe an der Hochschule Fulda, yvonne.rubin@sw.hs-fulda.de.

ANDREAS SCHAARSCHUCH, Dr. phil., Professor für Sozialpädagogik/Soziale Dienste, Arbeitseinheit Sozialpädagogik, Institut für Erziehungswissenschaft, Bergische Universität Wuppertal, schaarschuch@uni-wuppertal.de.

ALF SCHEIDGEN, Dipl. Päd., Akademischer Mitarbeiter und Prodekan an der Fakultät für Angewandte Sozialwissenschaften der Technischen Hochschule Köln.

ALBERT SCHERR, Dr. phil., Professur für Soziologie an der Pädagogischen Hochschule Freiburg, Institut für Sozialwissenschaften, scherr@ph-freiburg.de.

ELKE SCHIMPF, Dr. rer. soc., Professur für Soziale Arbeit an der Evangelischen Hochschule Darmstadt, Fachbereich Sozialarbeit/Sozialpädagogik, schimpf@eh-darmstadt.de.

SILVIA SCHWARZ, M.A. Soziale Arbeit im Schwerpunkt Sozialraumentwicklung und -organisation, Diplom Sozialarbeiterin. Lehrkraft für besondere Aufgaben am Fachbereich Sozialwesen der Hochschule Fulda, silvia.schwarz@sw.hs-fulda.de.

THOMAS SCHÜBEL, Dr. phil., Professor für Soziale Arbeit und Sozialwissenschaften an der IUBH München, Gestalttherapeut und Supervisor, t.schuebel@iubh-dualesstudium.de.

CHRISTIAN SCHÜTTE-BÄUMNER, Dr. phil., Professor für Methoden Sozialer Arbeit unter besonderer Berücksichtigung von diversitätssensiblen Fragestellungen am FB Sozialwesen der Hochschule RheinMain.

RHEA SEEHAUS, Dr. phil., Diplom-Pädagogin, Mitarbeiterin am Gender- und Frauenforschungszentrum der Hessischen Hochschulen.

NICOLA SIEVERT, B.A., studiert im Master-Studiengang „Forschung und Entwicklung in der Sozialpädagogik/Sozialen Arbeit" am Institut für Erziehungswissenschaft der Universität Tübingen.

TINA SPIES, Dr., Professorin für Sozialwissenschaftliche Grundlagen der Sozialen Arbeit an der Evangelischen Hochschule Darmstadt.

CLAUDIA STECKELBERG, Dr. phil., Dipl. Sozialpädagogin/Sozialarbeiterin, Professorin für Sozialarbeitswissenschaft an der Evangelischen Hochschule Berlin, steckelberg@hs-nb.de.

JOHANNES STEHR, Dr. phil., Professur für Soziologie an der Evangelischen Hochschule Darmstadt, Fachbereich Sozialarbeit/Sozialpädagogik, stehr@eh-darmstadt.de.

REBEKKA STRECK, Dr. phil. Professorin für Sozialpädagogik an der Evangelischen Hochschule Berlin, Studiengang Soziale Arbeit, streck@eh-berlin.de.

EVA TOLASCH, Dr. phil., wissenschaftliche Mitarbeiterin im Projekt „Geschlechterordnungen der Diskriminierung dicker Körper. Eine Untersuchung der Biografien von Menschen mit hohem Körpergewicht" an der Frankfurt University of Applied Sciences, Fachbereich Soziale Arbeit und Gesundheit.

URSULA UNTERKOFLER, Dr. phil., Professorin für Theorien und Methoden der Sozialen Arbeit an der Katholischen Stiftungsfachhochschule München, Abteilung Benediktbeuern, ursula.unterkolfer@ksfh.de.

THOMAS VERLAGE, Dipl. Soz., Wissenschaftlicher Mitarbeiter an Goethe-Universität Frankfurt, FB Erziehungswissenschaften, Institut für Sozialpädagogik und Erwachsenenbildung.

MARTIN WAZLAWIK, Dr., Juniorprofessor für Erziehungswissenschaft mit dem Schwerpunkt „Pädagogische Professionalität und sexuelle Gewalt" im Arbeitsbereich Sozialpädagogik an der Westfälischen Wilhelms-Universität Münster.

NILS WENZLER, Dipl. Sozialpädagoge; M.A. Soziale Arbeit, Lehrkraft für besondere Aufgaben, TH Köln, Fakultät für angewandte Sozialwissenschaften.

SVEN WERNER, Dr. phil., Dipl. Päd., wissenschaftlicher Mitarbeiter am Institut für Sozialpädagogik, Sozialarbeit und Wohlfahrtswissenschaften der Technischen Universität Dresden.

MARCUS WINDISCH, Leiter der Koordinierungsstelle der Kompetenzzentren Selbstbestimmt Leben (KSL) in Nordrhein- Westfalen, marcus.windisch@nrw-projektsoziales.de.

NORBERT WOHLFAHRT, Dr. rer. Soc., Professor für Sozialmanagement an der Evangelischen Hochschule Rheinland-Westfalen-Lippe.

OLGA ZITZELSBERGER, Dr., Leitung Praxislabor am Institut für Allg. Pädagogik und Berufspädagogik der Technischen Universität Darmstadt.

The manufacturer's authorised representative in the EU is Springer Nature Customer Service Centre GmbH, Europaplatz 3, 69115 Heidelberg, Germany. If you have any concerns regarding our products, please contact ProductSafety@springernature.com

Printed and bound by CPI Group (UK) Ltd, Croydon, CR0 4YY

23/03/2026

02076745-0004